Digital Markets Act/Digital Services Act

Textbuch
Deutsches Recht

Digital Markets Act
Digital Services Act

Mit Data Governance Act

Stand: 1. Februar 2023

Zusammengestellt und herausgegeben von

Prof. Dr. Rolf Schwartmann

Leiter der Kölner Forschungsstelle für Medienrecht, Technische Hochschule Köln, Vorsitzender der Gesellschaft für Datenschutz und Datensicherheit (GDD) e.V.

Bibliografische Information der Deutschen Nationalbibliothek
Die Deutsche Nationalbibliothek verzeichnet diese Publikation in der Deutschen Nationalbibliografie; detaillierte bibliografische Daten sind im Internet über <https://portal.dnb.de> abrufbar.

ISBN 978-3-8114-5548-1

E-Mail: kundenservice@cfmueller.de
Telefon: +49 6221 1859 599
Telefax: +49 6221 1859 598

www.cfmueller.de

© 2023 C.F. Müller GmbH, Heidelberg

Dieses Werk, einschließlich aller seiner Teile, ist urheberrechtlich geschützt. Jede Verwertung außerhalb der engen Grenzen des Urheberrechtsgesetzes ist ohne Zustimmung des Verlages unzulässig und strafbar. Dies gilt insbesondere für Vervielfältigungen, Übersetzungen, Mikroverfilmungen und die Einspeicherung und Verarbeitung in elektronischen Systemen.

Satz: FotoSatz Pfeifer GmbH, Krailling
Druck: Beltz Grafische Betriebe, Bad Langensalza

Vorwort

Das vorliegende Textbuch vereint drei EU-Verordnungen zum Digitalrecht, die im Jahr 2022 in Kraft getreten sind und in den Jahren 2023 (DMA, DGA) und 2024 (DSA) Geltung beanspruchen werden. Das Gesetz über digitale Märkte (**Digital Markets Act – kurz DMA**) und das Gesetz über digitale Dienste (**Digital Services Act – kurz DSA**) sind im Paket entstanden, haben aber unterschiedliche Ziele. Während der DMA Wettbewerb und Märkte im Sinne von Kartellrecht regelt, zielt der DSA auf Haftung und Verantwortung für Inhalte im Netz ab und erlegt Plattformen Wohlverhaltenspflichten auf. Neben den beiden genannten Gesetzen wurde der **Daten-Governance-Rechtsakt – kurz DGA**) in das Textbuch aufgenommen. Dieses Gesetz ist dem Datenrecht der EU zuzuordnen und soll bis 2024 durch die KI-Verordnung, die KI-Haftungsrichtlinie und den Data Act ergänzt werden. Die Zusammenstellung ist insofern durch die Klammer des Digitalrechts bedingt, das 2023 und 2024 in Kraft treten wird. Auf den Abdruck von Entwurfsfassungen wurde im Sinne der Rechtssicherheit und der „Haltbarkeit" des Buches verzichtet.

Das Gesetz über digitale Märkte (**DMA**) vom 14. September 2022 ergänzt das Wettbewerbsrecht und beschränkt in diesem Bereich die Macht marktbeherrschender Digitalkonzerne. Es wirkt ab dem 2. Mai 2023 und enthält einen Verhaltenskodex für große Digitalunternehmen. Der DMA enthält spezifische Regelungen für sog. „Torwächter". Das sind nach der Begriffsdefinition des DMA Unternehmen, die zentrale Plattformdienste bereitstellen, wie u.a. Online-Vermittlungsdienste, Online-Suchmaschinen, Online-Dienste sozialer Netzwerke oder Video-Sharing-Plattform-Dienste. Ferner müssen für die Torwächter-Stellung besondere Anforderungen vorliegen. Danach sind Torwächter Unternehmen, die erheblichen Einfluss auf den Binnenmarkt haben und einen zentralen Plattformdienst bereitstellen, der für deren Nutzer ein wichtiges Zugangstor zu (deren) Endnutzern darstellt und die insofern eine gefestigte und dauerhafte Position inne haben. Der DMA enthält Vermutungen für eine Torwächter-Stellung sofern die dort genannten Voraussetzungen erfüllt sind. Es sind zahlreiche Verpflichtungen und Verhaltenspflichten für Torwächter statuiert, insbesondere Behinderungsverbote sowie Vorgaben zum Umgang mit Daten. Zudem haben Torwächter die Einhaltung der sie treffenden Verpflichtungen nachzuweisen und ein Umgehungsverbot zu beachten. Wichtige Regelungen betreffen die Möglichkeit einer Marktuntersuchung zur Feststellung der Torwächter-Stellung oder der systematischen Nichteinhaltung der Pflichten aus dem DMA. Für große Online-Plattformen wie zum Beispiel Suchmaschinen, soziale Netzwerke oder Online-Vermittlungsdienste gelten also mit dem DMA strengere Regeln. Diese dürfen etwa im Ranking eigene Angebote nicht mehr bevorzugen. Zuvor gab es nur in Deutschland mit dem GWB-Digitalisierungsgesetz, das 2021 in Kraft getreten ist, vergleichbare Regelungen.

Vorwort

Das Gesetz über digitale Dienste (**DSA**) vom 19. Oktober 2022 wird als „Grundgesetz für das Internet" bezeichnet und ab dem 17. Februar 2024 in allen EU-Staaten gelten. Es sieht einheitliche horizontale Regeln zu Wohlverhaltenspflichten im Netz, sowie Sorgfaltspflichten und Haftungsregeln für Vermittlungsdienste (wie etwa Online-Plattformen) vor und soll damit zu einem sicheren, vorhersehbaren und vertrauenswürdigen Online-Umfeld und einem reibungslosen Funktionieren des EU-Binnenmarkts für Vermittlungsdienste beitragen. So enthält der DSA spezifische Transparenzpflichten, die inhaltlich dem MStV und dem NetzDG vergleichbare Regelungen enthalten und den Diensten etwa die Pflicht zur Transparenz über ihre Allgemeinen Geschäftsbedingungen sowie zur Abgabe jährlicher Transparenzberichte über die Moderation von Inhalten, insbesondere in Bezug auf illegale auferlegen. Der Begriff der „illegalen Inhalte" ist weit und erfasst auch Informationen im Zusammenhang mit illegalen Inhalten. Dies ist insbesondere dann wichtig, wenn es um die Löschung von Beiträgen geht, die gegen Gesetzesrecht oder aber gegen die Gemeinschafts- und Kommunikationsstandards der digitalen Diensteanbieter verstoßen, insbesondere im Hinblick auf die Frage an welchem Maßstab sich die Rechtswidrigkeit eines Beitrags oder Inhalts letztlich bemisst. Die Weite der Begrifflichkeiten des DSA dürfte insoweit unter anderem der Achtung der mitgliedstaatlichen Kompetenzen im Bereich des Medienrechts geschuldet sein, bietet aber für Fragen der Reichweite eines virtuellen Hausrechts der digitalen Diensteanbieter wenig Hilfestellung. Der DSA verpflichtet die Dienste zur Vorhaltung von Abhilfe- und Meldeverfahren und erinnert hierbei an die entsprechenden Vorgaben im NetzDG. Der DSA enthält weitere Transparenzvorgaben für Online-Plattformen, insbesondere in Bezug auf Online-Werbung. Er statuiert zudem Transparenzpflichten für algorithmische Empfehlungssysteme und enthält damit eine vergleichbare Regelung zum mitgliedstaatlichen Recht der §§ 85, 93 MStV. Mit dem DSA werden das Telemediengesetz und das NetzDG in weiten Teilen gegenstandslos. Auswirkungen gibt es mittelbar auch auf den Medienstaatsvertrag, Jugendmedienschutzstaatsvertrag und auch auf das Jugendschutzgesetz, deren Fortgeltung für Plattformen bis Februar 2024 innerstaatlich geregelt sein muss. Speziellere Regulierungsakte, wie die Richtlinie über audiovisuelle Mediendienste (AVMD) und die Urheberrechts-Richtlinie (UrhR-RL) und deren innerstaatliche Umsetzungen sind nicht betroffen. Die innerstaatliche Ausformung soll in Deutschland durch ein „Digitale-Dienste-Gesetz" erfolgen, das die unmittelbar geltende Verordnung innerstaatlich nicht umsetzen, sondern nur ausformen wird, wie das durch das BDSG im Verhältnis zur DS-GVO erfolgt.

Der **Daten-Governance-Rechtsakt** (**DGA**) vom 30. Mai 2022 wird ab dem 24. September 2023 in jedem Mitgliedstaat gelten. Er ist dem Datenrecht zuzuordnen und dient der Förderung der Verfügbar- und Nutzbarkeit von Daten. Es geht insbesondere um die Ermöglichung der Bereitstellung von Daten des öffentlichen Sektors zur Weiterverwendung von Daten aus altruistischen Zwecken. Als Teil der EU-Datenstrategie soll der DGA gemeinsam mit dem im Entwurf vorliegenden Data Act ein neues Datenwirtschaftsrecht in der EU

Vorwort

schaffen. Eine solche Bereitstellung von Daten durch öffentliche Stellen muss dann unter Verzicht auf Ausschließlichkeitsvereinbarungen und unter erleichterten Bedingungen für die Weiterverwendung erfolgen. Der DGA adressiert öffentliche Stellen, die sich auf die neuen Pflichten einstellen müssen. Auch Unternehmen müssen sich mit der Frage befassen, wie sie diese Daten etwa zur Produktverbesserung und -entwicklung einsetzen können. Hier kommen beispielsweise Daten zur Erstellung von Kartenmaterial in Betracht. Durch den DGA wird ein Anmelde- und Aufsichtsregime für die Erbringung von Datenvermittlungsdiensten geschaffen. Zudem etabliert der DGA Plattformen als Vermittler zwischen Dateninhabern oder betroffenen Personen einerseits und Datennutzern andererseits. Die Zwischenschaltung der Datenvermittlungsdienste als objektiver Dritte (Datentreuhänder) soll die Grundlage einer umfassenden Datenverwertung werden; in diesem Zusammenhang soll es Siegel und Zertifikate für Vermittlungsdienste geben. Es müssen Einrichtungen und Institute geschaffen werden, die als unabhängige Datenvermittlungsdienste künftige Analysen und Datennutzungen übernehmen sollen. Hierzu ist eine Behörde für den Anmelde- und Aufsichtsrahmen zu schaffen. Künftig können sich Einrichtungen, die für altruistische Zwecke zur Verfügung gestellte Daten verarbeiten, fakultativ in ein öffentliches Register eintragen lassen, wenn ein solches errichtet wird. So soll Vertrauen der Allgemeinheit in altruistische Dienste entstehen, um etwa Daten für die Gesundheitsforschung und zu anderen Gemeinwohlzwecken zu nutzen. Mit dem DGA wird ein Expertengremium aus Vertretern der zuständigen und weiteren EU-Behörden eingerichtet. Dieser Europäische Dateninnovationsrat wird wie Datenschutzaufsichtsbehörden Leitlinien zum Schutz von Geschäftsgeheimnissen, Cybersicherheitsanforderungen, Normung (etwa zur Interoperabilität) und zu schaffende Datenräume entwickeln.

Wie in den Textbüchern zum Datenschutzrecht habe ich mich dazu entschieden, die Erwägungsgründe im Anschluss an den Verordnungstext abzudrucken, um den unmittelbaren Zugriff auf den für die Arbeit zunächst zentralen auf den „Haupttext" zu ermöglichen.

Herrn David Wasiliewski danke ich für die wertvolle Unterstützung bei der Zusammenstellung der Texte.

Köln, im Februar 2023　　　　　　　　　　　　　　　　　　*Rolf Schwartmann*

Inhaltsverzeichnis

Vorwort V

1. Verordnung (EU) 2022/1925 des Europäischen Parlaments und des Rates vom 14. September 2022 über bestreitbare und faire Märkte im digitalen Sektor und zur Änderung der Richtlinien (EU) 2019/1937 und (EU) 2020/1828 (**Gesetz über digitale Märkte**/DMA) 1

2. Erwägungsgründe zum Gesetz über digitale Märkte (EG DMA) . . . 3

3. Verordnung (EU) 2022/2065 des Europäischen Parlaments und des Rates vom 19. Oktober 2022 über einen Binnenmarkt für digitale Dienste und zur Änderung der Richtlinie 2000/31/EG (**Gesetz über digitale Dienste**/DSA) 101

4. Erwägungsgründe zum Gesetz über digitale Dienste (EG DSA) . . . 185

5. Verordnung (EU) 2022/868 des Europäischen Parlaments und des Rates vom 30. Mai 2022 über europäische Daten-Governance und zur Änderung der Verordnung (EU) 2018/1724 (**Daten-Governance-Rechtsakt**/DGA) 255

6. Erwägungsgründe zum Daten-Governance-Rechtsakt (EG DGA) . . 295

DMA 1
VERORDNUNG (EU) 2022/1925 DES EUROPÄISCHEN PARLAMENTS UND DES RATES

vom 14. September 2022 (Abl. L 265 S. 1)

über bestreitbare und faire Märkte im digitalen Sektor und zur Änderung der Richtlinien (EU) 2019/1937 und (EU) 2020/1828 (Gesetz über digitale Märkte*)

(Text von Bedeutung für den EWR)

KAPITEL I
GEGENSTAND, ANWENDUNGSBEREICH UND BEGRIFFSBESTIMMUNGEN

Art. 1 Gegenstand und Anwendungsbereich. (1) Zweck dieser Verordnung ist es, zum reibungslosen Funktionieren des Binnenmarkts beizutragen, indem harmonisierte Vorschriften festgelegt werden, die in der gesamten Union zum Nutzen von gewerblichen Nutzern und Endnutzern für alle Unternehmen bestreitbare und faire Märkte im digitalen Sektor, auf denen Torwächter tätig sind, gewährleisten.

(2) Diese Verordnung gilt für zentrale Plattformdienste, die Torwächter für in der Union niedergelassene gewerbliche Nutzer oder in der Union niedergelassene oder aufhältige Endnutzer bereitstellen oder anbieten, ungeachtet des Niederlassungsorts und Standorts der Torwächter und ungeachtet des sonstigen auf die Erbringung von Dienstleistungen anwendbaren Rechts.

(3) Diese Verordnung gilt nicht für Märkte im Zusammenhang mit
a) elektronischen Kommunikationsnetzen im Sinne des Artikels 2 Nummer 1 der Richtlinie (EU) 2018/1972;
b) elektronischen Kommunikationsdiensten im Sinne des Artikels 2 Nummer 4 der Richtlinie (EU) 2018/1972, ausgenommen nummernunabhängige interpersonelle Kommunikationsdienste.

(4) Was interpersonelle Kommunikationsdienste im Sinne des Artikels 2 Nummer 5 der Richtlinie (EU) 2018/1972 betrifft, so berührt diese Verordnung nicht die Befugnisse und Zuständigkeiten, die den nationalen Regulierungsbehörden und anderen zuständigen Behörden nach Artikel 61 der genannten Richtlinie übertragen werden.

(5) Um eine Fragmentierung des Binnenmarkts zu vermeiden, erlegen die Mitgliedstaaten Torwächtern keine weiteren Verpflichtungen im Wege von Rechts- oder Verwaltungsvorschriften auf, um bestreitbare und faire Märkte zu gewährleisten. Diese Verordnung hindert die Mitgliedstaaten nicht daran, Un-

---

* Erwägungsgründe im Anschluss.

[1]

ternehmen – einschließlich solcher, die zentrale Plattformdienste bereitstellen – für Angelegenheiten, die nicht in den Anwendungsbereich dieser Verordnung fallen, Verpflichtungen aufzuerlegen, sofern diese Verpflichtungen mit dem Unionsrecht vereinbar sind und nicht darauf zurückzuführen sind, dass die betreffenden Unternehmen den Status eines Torwächters im Sinne dieser Verordnung haben.

(6) Diese Verordnung berührt nicht die Anwendung der Artikel 101 und 102 AEUV. Sie lässt auch die Anwendung der folgenden Vorschriften unberührt:
a) nationaler Wettbewerbsvorschriften zum Verbot von wettbewerbswidrigen Vereinbarungen, Beschlüssen von Unternehmensvereinigungen, aufeinander abgestimmten Verhaltensweisen und der missbräuchlichen Ausnutzung einer beherrschenden Stellung,
b) nationaler Wettbewerbsvorschriften, mit denen andere Formen einseitiger Verhaltensweisen verboten werden, soweit sie auf andere Unternehmen als Torwächter angewandt werden oder Torwächtern damit weitere Verpflichtungen auferlegt werden, und
c) der Verordnung (EG) Nr. 139/2004 des Rates[23] und nationaler Fusionskontrollvorschriften.

(7) Die nationalen Behörden erlassen keine Entscheidungen, die einem von der Kommission nach dieser Verordnung erlassenen Beschluss zuwiderlaufen. Die Kommission und die Mitgliedstaaten arbeiten eng zusammen und koordinieren ihre Durchsetzungsmaßnahmen auf der Grundlage der in den Artikeln 37 und 38 genannten Grundsätze.

Art. 2 Begriffsbestimmungen. Für die Zwecke dieser Verordnung bezeichnet der Ausdruck
1. „Torwächter" ein Unternehmen, das zentrale Plattformdienste bereitstellt und nach Artikel 3 benannt worden ist;
2. „zentraler Plattformdienst" die folgenden Dienste:
    a) Online-Vermittlungsdienste,
    b) Online-Suchmaschinen,
    c) Online-Dienste sozialer Netzwerke,
    d) Video-Sharing-Plattform-Dienste,
    e) nummernunabhängige interpersonelle Kommunikationsdienste,
    f) Betriebssysteme,
    g) Webbrowser,
    h) virtuelle Assistenten,
    i) Cloud-Computing-Dienste,
    j) Online-Werbedienste, einschließlich Werbenetzwerken, Werbebörsen und sonstiger Werbevermittlungsdienste, die von einem Unternehmen, das einen der unter den Buchstaben a bis i genannten zentralen Plattformdienste bereitstellt, bereitgestellt werden;

---

[23] Verordnung (EG) Nr. 139/2004 des Rates vom 20. Januar 2004 über die Kontrolle von Unternehmenszusammenschlüssen („EG-Fusionskontrollverordnung") (ABl. L 24 vom 29.1.2004, S. 1).

Gesetz über digitale Märkte **DMA 1**

3. „Dienst der Informationsgesellschaft" einen Dienst im Sinne des Artikels 1 Absatz 1 Buchstabe b der Richtlinie (EU) 2015/1535;
4. „digitaler Sektor" den Sektor der Produkte und Dienstleistungen, die durch Dienste der Informationsgesellschaft bereitgestellt werden;
5. „Online-Vermittlungsdienste" Online-Vermittlungsdienste im Sinne des Artikels 2 Nummer 2 der Verordnung (EU) 2019/1150;
6. „Online-Suchmaschine" eine Online-Suchmaschine im Sinne des Artikels 2 Nummer 5 der Verordnung (EU) 2019/1150;
7. „Online-Dienst eines sozialen Netzwerks" eine Plattform, auf der Endnutzer mit unterschiedlichen Geräten insbesondere durch Unterhaltungen, Beiträge, Videos und Empfehlungen miteinander in Kontakt treten und kommunizieren sowie Inhalte teilen und andere Nutzer und Inhalte entdecken können;
8. „Video-Sharing-Plattform-Dienst" einen Video-Sharing-Plattform-Dienst im Sinne des Artikels 1 Absatz 1 Buchstabe aa der Richtlinie 2010/13/EU;
9. „nummernunabhängiger interpersoneller Kommunikationsdienst" einen nummernunabhängigen interpersonellen Kommunikationsdienst im Sinne des Artikels 2 Nummer 7 der Richtlinie (EU) 2018/1972;
10. „Betriebssystem" eine Systemsoftware, die die Grundfunktionen der Hardware oder Software steuert und die Ausführung von Software-Anwendungen ermöglicht;
11. „Webbrowser" eine Software-Anwendung, die Endnutzern den Zugriff auf und die Interaktion mit Web-Inhalten ermöglicht, die auf Servern gehostet werden, welche mit Netzwerken wie dem Internet verbunden sind, einschließlich eigenständiger Webbrowser sowie in Software integrierter oder eingebetteter oder vergleichbarer Webbrowser;
12. „virtueller Assistent" eine Software, die Aufträge, Aufgaben oder Fragen verarbeiten kann, auch aufgrund von Eingaben in Ton-, Bild- und Schriftform, Gesten oder Bewegungen, und die auf der Grundlage dieser Aufträge, Aufgaben oder Fragen den Zugang zu anderen Diensten ermöglicht oder angeschlossene physische Geräte steuert;
13. „Cloud-Computing-Dienst" einen Cloud-Computing-Dienst im Sinne des Artikels 4 Nummer 19 der Richtlinie (EU) 2016/1148 des Europäischen Parlaments und des Rates[24];
14. „Geschäfte für Software-Anwendungen" Online-Vermittlungsdienste, durch die in erster Linie Software-Anwendungen als Produkt oder Dienstleistung vermittelt werden;
15. „Software-Anwendung" ein digitales Produkt oder eine digitale Dienstleistung, das bzw. die über ein Betriebssystem genutzt wird;

---

24 Richtlinie (EU) 2016/1148 des Europäischen Parlaments und des Rates vom 6. Juli 2016 über Maßnahmen zur Gewährleistung eines hohen gemeinsamen Sicherheitsniveaus von Netz- und Informationssystemen in der Union (ABl. L 194 vom 19.7.2016, S. 1).

16. „Zahlungsdienst" einen Zahlungsdienst im Sinne des Artikels 4 Nummer 3 der Richtlinie (EU) 2015/2366;
17. „technischer Dienst zur Unterstützung von Zahlungsdiensten" einen Dienst im Sinne des Artikels 3 Buchstabe j der Richtlinie (EU) 2015/2366;
18. „Zahlungsdienst für in der Software-Anwendung integrierte Käufe" eine Software-Anwendung, einen Dienst oder eine Benutzeroberfläche, die den Kauf digitaler Inhalte oder digitaler Dienste innerhalb einer Software-Anwendung, einschließlich Inhalten, Abonnements, Merkmalen oder Funktionen, und die Zahlungen für solche Käufe ermöglicht;
19. „Identifizierungsdienst" einen Dienst, der zusammen mit oder zur Unterstützung von zentralen Plattformdiensten erbracht wird und unabhängig von der verwendeten Technologie eine Überprüfung der Identität von Endnutzern oder gewerblichen Nutzern ermöglicht;
20. „Endnutzer" eine natürliche oder juristische Person, die zentrale Plattformdienste nutzt und nicht als gewerblicher Nutzer auftritt;
21. „gewerblicher Nutzer" eine natürliche oder juristische Person, die im Rahmen einer geschäftlichen oder beruflichen Tätigkeit zentrale Plattformdienste zum Zweck oder im Zuge der Bereitstellung von Waren oder Dienstleistungen für Endnutzer nutzt;
22. „Ranking" die relative Hervorhebung von Waren und Dienstleistungen, die über Online-Vermittlungsdienste, Online-Dienste sozialer Netzwerke, Video-Sharing-Plattform-Dienste oder virtuelle Assistenten angeboten werden, oder die Relevanz, die den Suchergebnissen von Online-Suchmaschinen mittels entsprechender Darstellung, Organisation oder Kommunikation durch die Unternehmen, die Online-Vermittlungsdienste, Online-Dienste sozialer Netzwerke, Video-Sharing-Plattform-Dienste, virtuelle Assistenten oder Online-Suchmaschinen anbieten, zugemessen wird, unabhängig von den für diese Darstellung, Organisation oder Kommunikation verwendeten technischen Mitteln und unabhängig davon, ob nur ein einziges Ergebnis dargestellt oder kommuniziert wird;
23. „Suchergebnisse" alle Informationen in beliebigem Format, darunter in Text-, grafischer, gesprochener oder sonstiger Form, die als Antwort auf eine Suchanfrage ausgegeben werden und sich auf diese beziehen, unabhängig davon, ob es sich bei den ausgegebenen Informationen um ein bezahltes oder ein unbezahltes Ergebnis, eine direkte Antwort oder ein Produkt, eine Dienstleistung oder eine Information handelt, das bzw. die in Verbindung mit den organischen Ergebnissen angeboten oder zusammen mit diesen angezeigt wird oder teilweise oder vollständig in diese eingebettet ist;
24. „Daten" jegliche digitale Darstellung von Handlungen, Tatsachen oder Informationen sowie jegliche Zusammenstellung solcher Handlungen, Tatsachen oder Informationen, auch in Form von Ton-, Bild- oder audiovisuellem Material;
25. „personenbezogene Daten" personenbezogene Daten im Sinne des Artikels 4 Nummer 1 der Verordnung (EU) 2016/679;

Gesetz über digitale Märkte

26. „nicht personenbezogene Daten" Daten, bei denen es sich nicht um personenbezogene Daten handelt;
27. „Unternehmen" eine Einheit, die eine wirtschaftliche Tätigkeit ausübt, unabhängig von ihrer Rechtsform und der Art ihrer Finanzierung, einschließlich aller verbundenen Unternehmen, die durch die unmittelbare oder mittelbare Kontrolle eines Unternehmens durch ein anderes Unternehmen eine Gruppe bilden;
28. „Kontrolle" die Möglichkeit, im Sinne des Artikels 3 Absatz 2 der Verordnung (EG) Nr. 139/2004 bestimmenden Einfluss auf ein Unternehmen auszuüben;
29. „Interoperabilität" die Fähigkeit, Informationen auszutauschen und die über Schnittstellen oder andere Lösungen ausgetauschten Informationen beiderseitig zu nutzen, sodass alle Hardware- oder Softwarekomponenten mit anderer Hardware und Software auf die vorgesehene Weise zusammenwirken und bei Nutzern auf die vorgesehene Weise funktionieren;
30. „Umsatz" den von einem Unternehmen erzielten Umsatz im Sinne des Artikels 5 Absatz 1 der Verordnung (EG) Nr. 139/2004;
31. „Profiling" ein Profiling im Sinne des Artikels 4 Nummer 4 der Verordnung (EU) 2016/679;
32. „Einwilligung" eine Einwilligung im Sinne des Artikels 4 Nummer 11 der Verordnung (EU) 2016/679;
33. „nationales Gericht" ein Gericht eines Mitgliedstaats im Sinne des Artikels 267 AEUV.

KAPITEL II

TORWÄCHTER

Art. 3 Benennung von Torwächtern. (1) Ein Unternehmen wird als Torwächter benannt, wenn es
a) erheblichen Einfluss auf den Binnenmarkt hat,
b) einen zentralen Plattformdienst bereitstellt, der gewerblichen Nutzern als wichtiges Zugangstor zu Endnutzern dient, und
c) hinsichtlich seiner Tätigkeiten eine gefestigte und dauerhafte Position innehat oder absehbar ist, dass es eine solche Position in naher Zukunft erlangen wird.

(2) Es wird davon ausgegangen, dass ein Unternehmen die jeweiligen Anforderungen des Absatzes 1 erfüllt, wenn es
a) in Bezug auf Absatz 1 Buchstabe a in jedem der vergangenen drei Geschäftsjahre in der Union einen Jahresumsatz von mindestens 7,5 Mrd. EUR erzielt hat oder wenn seine durchschnittliche Marktkapitalisierung oder sein entsprechender Marktwert im vergangenen Geschäftsjahr mindestens 75 Mrd. EUR betrug und es in mindestens drei Mitgliedstaaten denselben zentralen Plattformdienst bereitstellt;

1 DMA
Gesetz über digitale Märkte

b) in Bezug auf Absatz 1 Buchstabe b einen zentralen Plattformdienst bereitstellt, der im vergangenen Geschäftsjahr mindestens 45 Millionen in der Union niedergelassene oder aufhältige monatlich aktive Endnutzer und mindestens 10 000 in der Union niedergelassene jährlich aktive gewerbliche Nutzer hatte, wobei die Ermittlung und Berechnung gemäß der Methode und den Indikatoren im Anhang erfolgt;
c) in Bezug auf Absatz 1 Buchstabe c die unter Buchstabe b des vorliegenden Absatzes genannten Schwellenwerte in jedem der vergangenen drei Geschäftsjahre erreicht hat.

(3) Wenn ein Unternehmen, das zentrale Plattformdienste bereitstellt, alle in Absatz 2 genannten Schwellenwerte erreicht, teilt es dies der Kommission unverzüglich, in jedem Fall aber innerhalb von zwei Monaten nach Erreichen der Schwellenwerte mit und übermittelt ihr die in Absatz 2 genannten einschlägigen Angaben. Die entsprechende Mitteilung muss die in Absatz 2 genannten einschlägigen Angaben für jeden zentralen Plattformdienst des Unternehmens enthalten, der die in Absatz 2 Buchstabe b genannten Schwellenwerte erreicht. Erreicht ein weiterer zentraler Plattformdienst, der von dem zuvor als Torwächter benannten Unternehmen erbracht wird, die in Absatz 2 Buchstaben b und c genannten Schwellenwerte, so teilt das Unternehmen dies der Kommission innerhalb von zwei Monaten nach Erreichen dieser Schwellenwerte mit.

Versäumt es das Unternehmen, das den zentralen Plattformdienst bereitstellt, die Kommission gemäß Unterabsatz 1 des vorliegenden Absatzes zu benachrichtigen und innerhalb der von der Kommission in dem Auskunftsverlangen gemäß Artikel 21 gesetzten Frist alle einschlägigen Angaben zu übermitteln, die die Kommission benötigt, um das betroffene Unternehmen gemäß Absatz 4 des vorliegenden Artikels als Torwächter zu benennen, so ist die Kommission dennoch berechtigt, das Unternehmen auf der Grundlage der ihr vorliegenden Angaben als Torwächter zu benennen.

Kommt das Unternehmen, das zentrale Plattformdienste bereitstellt, dem Auskunftsverlangen gemäß Unterabsatz 2 des vorliegenden Absatzes nach oder werden die Informationen übermittelt nachdem die in jenem Unterabsatz genannte Frist abgelaufen ist, so wendet die Kommission das Verfahren nach Absatz 4 an.

(4) Die Kommission benennt ein Unternehmen, das zentrale Plattformdienste bereitstellt und alle in Absatz 2 genannten Schwellenwerte erreicht, unverzüglich und spätestens innerhalb von 45 Arbeitstagen nach Erhalt der vollständigen Angaben nach Absatz 3 als Torwächter.

(5) Das Unternehmen, das zentrale Plattformdienste bereitstellt, kann im Rahmen seiner Mitteilung hinreichend substanziierte Argumente dafür vorbringen, dass es in Anbetracht der Umstände, unter denen der betreffende zentrale Plattformdienst bereitgestellt wird, die in Absatz 1 aufgeführten Anforderungen ausnahmsweise nicht erfüllt, obwohl es alle in Absatz 2 genannten Schwellenwerte erreicht.

Gesetz über digitale Märkte **DMA 1**

Ist die Kommission der Auffassung, dass die von dem Unternehmen, das zentrale Plattformdienste bereitstellt, gemäß Unterabsatz 1 vorgebrachten Argumente nicht hinreichend substanziiert sind, weil sie die Vermutungen nach Absatz 2 dieses Artikels nicht eindeutig entkräften, so kann sie diese Argumente innerhalb der in Absatz 4 genannten Frist zurückweisen, ohne das Verfahren nach Artikel 17 Absatz 3 anzuwenden.

Bringt das Unternehmen, das zentrale Plattformdienste bereitstellt, solche hinreichend substanziierten Argumente vor, die die Vermutungen nach Absatz 2 des vorliegenden Artikels eindeutig entkräften, so kann die Kommission ungeachtet des Unterabsatzes 1 des vorliegenden Absatzes innerhalb der in Absatz 4 dieses Artikels genannten Frist das Verfahren nach Artikel 17 Absatz 3 eröffnen.

Kommt die Kommission zu dem Schluss, dass das Unternehmen, das zentrale Plattformdienste bereitstellt, nicht nachweisen konnte, dass die von ihm erbrachten einschlägigen zentralen Plattformdienste die Anforderungen des Absatzes 1 des vorliegenden Artikels nicht erfüllen, so benennt sie dieses Unternehmen gemäß dem Verfahren nach Artikel 17 Absatz 3 als Torwächter.

(6) Der Kommission wird gemäß Artikel 49 die Befugnis übertragen, delegierte Rechtsakte zu erlassen, um diese Verordnung durch Festlegung der Methode zu ergänzen, anhand deren bestimmt wird, ob die in Absatz 2 des vorliegenden Artikels genannten quantitativen Schwellenwerte erreicht sind, und um diese Methode bei Bedarf regelmäßig an Marktentwicklungen und technologische Entwicklungen anzupassen.

(7) Der Kommission wird die Befugnis übertragen, gemäß Artikel 49 delegierte Rechtsakte zu erlassen, um diese Verordnung durch Aktualisierung der Methode und der Liste der Indikatoren im Anhang zu ändern.

(8) Die Kommission benennt jedes Unternehmen, das zentrale Plattformdienste bereitstellt und sämtliche in Absatz 1 des vorliegenden Artikels genannten Anforderungen erfüllt, aber nicht jeden der in Absatz 2 des vorliegenden Artikels genannten Schwellenwerte erreicht, nach dem Verfahren des Artikels 17 als Torwächter.

Dafür berücksichtigt die Kommission einige oder alle der folgenden Aspekte, soweit sie für das betreffende Unternehmen, das zentrale Plattformdienste bereitstellt, relevant sind:
a) die Größe dieses Unternehmens, einschließlich seines Umsatzes, seiner Marktkapitalisierung, seiner Tätigkeiten und seiner Position,
b) die Zahl der gewerblichen Nutzer, die den zentralen Plattformdienst nutzen, um Endnutzer zu erreichen, und die Zahl der Endnutzer,
c) Netzwerkeffekte und Datenvorteile, insbesondere im Zusammenhang mit dem Zugang des Unternehmens zu personenbezogenen und nicht personenbezogenen Daten und deren Erhebung sowie Analysefähigkeiten,
d) etwaige Skalen- und Verbundeffekte, von denen das Unternehmen profitiert, auch in Bezug auf Daten und gegebenenfalls auf seine Tätigkeiten außerhalb der Union,

e) die Bindung von gewerblichen Nutzern und Endnutzern, einschließlich Kosten für einen Wechsel und Verhaltensverzerrungen, die die Fähigkeit von gewerblichen Nutzern und Endnutzern zum Wechsel oder zur Parallelverwendung mehrerer Dienste einschränken,
f) eine konglomeratsartige Unternehmensstruktur oder vertikale Integration des Unternehmens, die es ihm beispielsweise ermöglicht, Quersubventionen vorzunehmen, Daten aus verschiedenen Quellen zusammenzuführen oder seine Position zu seinem Vorteil zu nutzen, oder
g) sonstige strukturelle Geschäfts- oder Dienstmerkmale.

Bei ihrer Bewertung nach diesem Absatz trägt die Kommission auch der absehbaren Entwicklung in Bezug auf die in Unterabsatz 2 aufgeführten Aspekte Rechnung, einschließlich etwaiger geplanter Zusammenschlüsse, an denen ein weiteres Unternehmen beteiligt ist, das zentrale Plattformdienste oder andere Dienste im digitalen Sektor bereitstellt oder die Erhebung von Daten ermöglicht.

Wenn ein Unternehmen, das einen zentralen Plattformdienst bereitstellt und die in Absatz 2 genannten quantitativen Schwellenwerte nicht erreicht, den von der Kommission angeordneten Untersuchungsmaßnahmen nicht hinreichend nachkommt und dieser Verstoß andauert, nachdem das Unternehmen aufgefordert wurde, den Maßnahmen innerhalb einer angemessenen Frist nachzukommen und dazu Stellung zu nehmen, darf die Kommission das Unternehmen auf der Grundlage der ihr vorliegenden Informationen als Torwächter benennen.

(9) Bei jedem Unternehmen, das gemäß Absatz 4 oder 8 als Torwächter benannt wurde, führt die Kommission im Benennungsbeschluss die einschlägigen zentralen Plattformdienste auf, die von dem Unternehmen bereitgestellt werden und für sich genommen gemäß Absatz 1 Buchstabe b gewerblichen Nutzern als wichtiges Zugangstor zu Endnutzern dienen.

(10) Der Torwächter muss die in den Artikeln 5, 6 und 7 genannten Verpflichtungen spätestens sechs Monate, nachdem einer seiner zentralen Plattformdienste im Benennungsbeschluss nach Absatz 9 des vorliegenden Artikels aufgeführt wurde, erfüllen.

Art. 4 Überprüfung des Torwächter-Status. (1) Die Kommission kann auf Antrag oder von Amts wegen jederzeit einen nach Artikel 3 erlassenen Benennungsbeschluss überprüfen, ändern oder aufheben,
a) wenn sich der Sachverhalt, auf den sich der Benennungsbeschluss stützte, in einem wesentlichen Punkt geändert hat oder
b) wenn der Benennungsbeschluss auf unvollständigen, unrichtigen oder irreführenden Angaben beruhte.

(2) Die Kommission überprüft regelmäßig, mindestens jedoch alle drei Jahre, ob die Torwächter die in Artikel 3 Absatz 1 genannten Anforderungen nach wie vor erfüllen. Diese Überprüfung prüft, ob die Liste der zentralen Plattformdienste des Torwächters, die jeweils für sich genommen gemäß Arti-

Gesetz über digitale Märkte **DMA 1**

kel 3 Absatz 1 Buchstabe b gewerblichen Nutzern als wichtiges Zugangstor zu Endnutzern dienen, geändert werden muss. Diese Überprüfungen haben keine aufschiebende Wirkung auf die Verpflichtungen des Torwächters.

Die Kommission überprüft außerdem mindestens einmal jährlich, ob neue Unternehmen, die zentrale Plattformdienste bereitstellen, die genannten Anforderungen erfüllen.

Stellt die Kommission anhand der Überprüfungen nach Unterabsatz 1 fest, dass sich der Sachverhalt, auf den sich die Benennung der Unternehmen, die zentrale Plattformdienste bereitstellen, als Torwächter stützte, geändert hat, so erlässt sie einen Beschluss zur Bestätigung, Änderung oder Aufhebung des Benennungsbeschlusses.

(3) Die Kommission veröffentlicht und aktualisiert laufend eine Liste der Torwächter und die Liste der zentralen Plattformdienste, in Bezug auf welche die Torwächter die in Kapitel III genannten Verpflichtungen einhalten müssen.

KAPITEL III

UNFAIRE ODER DIE BESTREITBARKEIT BESCHRÄNKENDE PRAKTIKEN VON TORWÄCHTERN

Art. 5 Verpflichtungen von Torwächtern. (1) Der Torwächter hält alle Verpflichtungen nach diesem Artikel in Bezug auf jeden seiner zentralen Plattformdienste ein, die im Benennungsbeschluss nach Artikel 3 Absatz 9 aufgeführt sind.

(2) Der Torwächter darf

a) personenbezogene Daten von Endnutzern, die Dienste Dritter nutzen, welche zentrale Plattformdienste des Torwächters in Anspruch nehmen, nicht zum Zweck des Betriebs von Online-Werbediensten verarbeiten,

b) personenbezogene Daten aus dem betreffenden zentralen Plattformdienst nicht mit personenbezogenen Daten aus weiteren zentralen Plattformdiensten oder aus anderen vom Torwächter bereitgestellten Diensten oder mit personenbezogenen Daten aus Diensten Dritter zusammenführen,

c) personenbezogene Daten aus dem betreffenden zentralen Plattformdienst nicht in anderen vom Torwächter getrennt bereitgestellten Diensten, einschließlich anderer zentraler Plattformdienste, weiterverwenden und umgekehrt und

d) Endnutzer nicht in anderen Diensten des Torwächters anmelden, um personenbezogene Daten zusammenzuführen,

außer wenn dem Endnutzer die spezifische Wahl gegeben wurde und er im Sinne des Artikels 4 Nummer 11 und des Artikels 7 der Verordnung (EU) 2016/679 eingewilligt hat.

Wurde die für die Zwecke des Unterabsatz 1 gegebene Einwilligung vom Endnutzer verweigert oder widerrufen, so darf der Torwächter sein Ersuchen um Einwilligung für denselben Zweck innerhalb eines Jahres nicht mehr als einmal wiederholen.

Dieser Absatz berührt nicht die Möglichkeit des Torwächters, sich gegebenenfalls auf Artikel 6 Absatz 1 Buchstaben c, d und e der Verordnung (EU) 2016/679 zu berufen.

(3) Der Torwächter darf die gewerbliche Nutzer nicht daran hindern, Endnutzern dieselben Produkte oder Dienstleistungen über Online-Vermittlungsdienste Dritter oder über ihre eigenen direkten Online-Vertriebskanäle zu anderen Preisen oder Bedingungen anzubieten als über die Online-Vermittlungsdienste des Torwächters.

(4) Der Torwächter gibt gewerblichen Nutzern die Möglichkeit n, Angebote gegenüber Endnutzern, die über seinen zentralen Plattformdienst oder über andere Kanäle akquiriert wurden, kostenlos zu kommunizieren und zu bewerben – auch zu anderen Bedingungen – und mit diesen Endnutzern Verträge zu schließen, unabhängig davon, ob sie zu diesem Zweck die zentralen Plattformdienste des Torwächters nutzen.

(5) Der Torwächter gibt Endnutzern die Möglichkeit, über seine zentralen Plattformdienste durch Nutzung der Software-Anwendung eines gewerblichen Nutzers auf Inhalte, Abonnements, Funktionen oder andere Elemente zuzugreifen und diese zu nutzen, auch wenn diese Endnutzer diese Elemente bei dem betreffenden gewerblichen Nutzer ohne Nutzung der zentralen Plattformdienste des Torwächters erworben haben.

(6) Der Torwächter darf gewerbliche Nutzer oder Endnutzer nicht direkt oder indirekt daran hindern, einer zuständigen Behörde, einschließlich nationaler Gerichte, eine etwaige Nichteinhaltung des einschlägigen Unionsrechts oder nationalen Rechts durch den Torwächter im Zusammenhang mit den Praktiken des Torwächters mitzuteilen, oder sie in dieser Hinsicht einschränken. Dies berührt nicht das Recht von gewerblichen Nutzern und Torwächtern, in ihren Vereinbarungen die Nutzungsbedingungen von Mechanismen für die Behandlung von rechtmäßigen Beschwerden festzulegen.

(7) Der Torwächter darf von Endnutzern oder gewerblichen Nutzern nicht verlangen, dass sie einen Identifizierungsdienst, eine Webbrowser-Engine oder einen Zahlungsdienst, oder technische Dienste zur Unterstützung der Erbringung von Zahlungsdiensten, beispielsweise Zahlungssysteme für in der Software-Anwendung integrierte Käufe, des Torwächters im Zusammenhang mit Diensten, die von gewerblichen Nutzern, die zentrale Plattformdienste des Torwächters nutzen, erbracht werden, nutzen bzw. – im Falle von gewerblichen Nutzern – nutzen, anbieten oder mit ihnen interoperieren.

(8) Der Torwächter darf von gewerblichen Nutzern oder Endnutzern nicht verlangen, dass sie weitere zentrale Plattformdienste, die im Benennungsbeschluss nach Artikel 3 Absatz 9 aufgeführt sind oder die die in Artikel 3 Absatz 2 Buchstabe b genannten Schwellenwerte erreichen, abonnieren oder sich bei diesen registrieren, um gemäß dem genannten Artikel aufgeführte zentrale Plattformdienste des Torwächters nutzen, darauf zugreifen, sich bei diesen anmelden oder sich bei diesen registrieren zu können.

Gesetz über digitale Märkte **DMA 1**

(9) Der Torwächter gibt jedem Werbetreibenden, für den er Online-Werbedienste erbringt, oder von Werbetreibenden bevollmächtigten Dritten auf Anfrage des Werbetreibenden hin täglich kostenlos Auskunft über jede vom Werbetreibenden geschaltete Anzeige, und zwar über
a) die vom Werbetreibenden gezahlten Preise und Gebühren, einschließlich etwaiger Abzüge und Aufschläge, für jede der vom Torwächter bereitgestellten einschlägigen Online-Werbedienste,
b) die vom Herausgeber erhaltene Vergütung, einschließlich etwaiger Abzüge und Aufschläge, vorbehaltlich der Zustimmung des Herausgebers, und
c) die Kennzahlen, anhand deren die einzelnen Preise, Gebühren und Vergütungen berechnet werden.

Stimmt ein Herausgeber der Weitergabe von Informationen über die erhaltene Vergütung gemäß Unterabsatz 1 Buchstabe b nicht zu, so gibt der Torwächter jedem Werbetreibenden kostenlos Auskunft über die durchschnittliche tägliche Vergütung, die dieser Herausgeber für die betreffenden Anzeigen erhält, einschließlich etwaiger Abzüge und Aufschläge.

(10) Der Torwächter gibt jedem Herausgeber, für den er Online-Werbedienste erbringt, oder von Herausgebern bevollmächtigten Dritten auf Anfrage des Herausgebers hin täglich kostenlos Auskunft über jede auf dem Inventar des Herausgebers angezeigte Anzeige, und zwar über
a) die vom Herausgeber erhaltene Vergütung und die von ihm gezahlten Gebühren, einschließlich etwaiger Abzüge und Aufschläge, für jede der vom Torwächter bereitgestellten einschlägigen Online-Werbedienste,
b) den vom Werbetreibendem gezahlten Preis, einschließlich etwaiger Abzüge und Aufschläge, vorbehaltlich der Zustimmung des Werbetreibenden, und
c) die Kennzahlen, anhand dessen die einzelnen Preise und Vergütungen berechnet werden.

Stimmt ein Werbetreibender der Weitergabe von Informationen nicht zu, so gibt der Torwächter jedem Herausgeber kostenlos Auskunft über den durchschnittlichen täglichen Preis, den dieser Werbetreibende für die betreffenden Anzeigen zahlt, einschließlich etwaiger Abzüge und Aufschläge.

Art. 6 Verpflichtungen von Torwächtern, die möglicherweise noch durch Artikel 8 näher ausgeführt werden. (1) Der Torwächter hält alle Verpflichtungen nach diesem Artikel in Bezug auf jeden seiner zentralen Plattformdienste ein, die im Benennungsbeschluss nach Artikel 3 Absatz 9 aufgeführt sind.

(2) Der Torwächter darf im Wettbewerb mit gewerblichen Nutzern keine nicht öffentlich zugänglichen Daten verwenden, die von diesen gewerblichen Nutzern im Zusammenhang mit der Nutzung der betreffenden zentralen Plattformdienste oder der zusammen mit den betreffenden zentralen Plattformdiensten oder zu deren Unterstützung erbrachten Dienste generiert oder bereitgestellt werden, einschließlich der von den Kunden dieser gewerblichen Nutzer generierten oder bereitgestellten Daten.

1 DMA
Gesetz über digitale Märkte

Für die Zwecke des Unterabsatzes 1 umfassen die nicht öffentlich zugänglichen Daten alle von gewerblichen Nutzern generierten aggregierten und nichtaggregierten Daten, die aus den kommerziellen Tätigkeiten gewerblicher Nutzer oder ihrer Kunden auf den betreffenden zentralen Plattformdiensten oder auf Diensten, die zusammen mit den betreffenden zentralen Plattformdiensten des Torwächters oder zu deren Unterstützung erbracht werden, abgeleitet oder durch diese erhoben werden können, einschließlich Klick-, Anfrage-, Ansichts- und Sprachdaten.

(3) Der Torwächter gestattet es Endnutzern und ermöglicht es ihnen technisch, Software-Anwendungen auf dem Betriebssystem des Torwächters auf einfache Weise zu deinstallieren; dies gilt unbeschadet der Möglichkeit des Torwächters, die Deinstallation von Software-Anwendungen zu beschränken, die für das Funktionieren des Betriebssystems oder des Geräts unabdingbar sind und die aus technischen Gründen nicht von Dritten eigenständig angeboten werden können.

Der Torwächter gestattet es Endnutzern und ermöglicht es ihnen technisch, Standardeinstellungen des Betriebssystems, virtuellen Assistenten und Webbrowsers des Torwächters, die Endnutzer zu vom Torwächter angebotenen Produkten oder Dienstleistungen leiten oder lenken, auf einfache Weise zu ändern. Dazu gehört, dass Endnutzer bei der ersten Nutzung einer Online-Suchmaschine, eines virtuellen Assistenten oder eines Webbrowsers des Torwächters, die bzw. der im Benennungsbeschluss nach Artikel 3 Absatz 9 aufgeführt sind, aufgefordert werden, aus einer Liste der wesentlichen verfügbaren Diensteanbieter die Online-Suchmaschine, den virtuellen Assistenten oder den Webbrowser, auf die bzw. den das Betriebssystem des Torwächters Nutzer standardmäßig leitet oder lenkt, sowie die Online-Suchmaschine, auf die der virtuelle Assistent und der Webbrowser des Torwächters Nutzer standardmäßig leitet oder lenkt, auszuwählen.

(4) Der Torwächter gestattet es und ermöglicht es technisch, Software-Anwendungen Dritter und von Dritten betriebene Geschäfte für Software-Anwendungen, die sein Betriebssystem nutzen oder mit diesem interoperieren, zu installieren und effektiv zu nutzen und auf diese Software-Anwendungen bzw. Geschäfte für Software-Anwendungen auf anderem Wege als über die betreffenden zentralen Plattformdienste des Torwächters zuzugreifen. Der Torwächter darf gegebenenfalls nicht verhindern, dass die heruntergeladenen Software-Anwendungen Dritter oder von Dritten betriebenen Geschäfte für Software-Anwendungen Endnutzer auffordern, zu entscheiden, ob sie die heruntergeladene Software-Anwendung oder das heruntergeladene Geschäft für Software-Anwendungen als Standard festlegen wollen. Der Torwächter muss es Endnutzern, die beschließen, die heruntergeladene Software-Anwendung oder das heruntergeladene Geschäft für Software-Anwendungen als Standard festzulegen, technisch ermöglichen, diese Änderung auf einfache Weise vorzunehmen.

Der Torwächter wird nicht daran gehindert, Maßnahmen zu ergreifen, soweit sie unbedingt erforderlich und angemessen sind, um sicherzustellen, dass Soft-

Gesetz über digitale Märkte **DMA 1**

ware-Anwendungen Dritter oder von Dritten betriebene Geschäfte für Software-Anwendungen die Integrität der vom Torwächter bereitgestellten Hardware oder des vom Torwächter bereitgestellten Betriebssystems nicht gefährden, sofern die Maßnahmen vom Torwächter hinreichend begründet werden.

Darüber hinaus wird der Torwächter nicht daran gehindert, Maßnahmen und Einstellungen, die keine Standardeinstellungen sind, vorzunehmen, soweit sie unbedingt erforderlich und angemessen sind, die es Endnutzern ermöglichen, die Sicherheit in Bezug auf Software-Anwendungen Dritter oder von Dritten betriebene Geschäfte für Software-Anwendungen wirksam zu schützen, sofern die Maßnahmen und Einstellungen keine Standardeinstellungen sind und vom Torwächter hinreichend begründet werden.

(5) Der Torwächter darf von ihm selbst angebotene Dienstleistungen und Produkte beim Ranking sowie bei der damit verbundenen Indexierung und dem damit verbundenen Auffinden gegenüber ähnlichen Dienstleistungen oder Produkten eines Dritten nicht bevorzugen. Der Torwächter muss das Ranking anhand transparenter, fairer und diskriminierungsfreier Bedingungen vornehmen.

(6) Der Torwächter darf die Möglichkeiten der Endnutzer, zwischen verschiedenen Software-Anwendungen und Diensten, auf die über die zentralen Plattformdienste des Torwächters zugegriffen wird, zu wechseln oder solche zu abonnieren, weder technisch noch anderweitig beschränken; dies gilt auch für die Wahl der Internetzugangsdienste für Endnutzer.

(7) Der Torwächter ermöglicht Diensteanbietern und Anbietern von Hardware kostenlos wirksame Interoperabilität mit – und Zugang für Zwecke der Interoperabilität zu – denselben über das Betriebssystem oder den virtuellen Assistenten, das bzw. der im Benennungsbeschluss nach Artikel 3 Absatz 9 aufgeführt ist, zugegriffenen oder gesteuerten Hardware- und Software-Funktionen, die für die vom Torwächter bereitgestellten Dienste oder die von ihm bereitgestellte Hardware zur Verfügung stehen. Darüber hinaus ermöglicht der Torwächter gewerblichen Nutzern und alternativen Anbietern von Diensten, die zusammen mit zentralen Plattformdiensten oder zu deren Unterstützung erbracht werden, kostenlos wirksame Interoperabilität mit – und Zugang für Zwecke der Interoperabilität zu – denselben Betriebssystem-, Hardware- oder Software-Funktionen, die der Torwächter bei der Erbringung solcher Dienste zur Verfügung hat oder verwendet, unabhängig davon, ob die Funktionen Teil des Betriebssystems sind.

Der Torwächter wird nicht daran gehindert, unbedingt erforderliche und angemessene Maßnahmen zu ergreifen, um sicherzustellen, dass die Integrität des Betriebssystems, des virtuellen Assistenten, der Hardware oder der Software-Funktionen, die vom Torwächter bereitgestellt werden, durch Interoperabilität nicht beeinträchtigt werden, sofern der Torwächter solche Maßnahmen hinreichend begründet.

(8) Der Torwächter gewährt Werbetreibenden und Herausgebern sowie von Werbetreibenden und Herausgebern beauftragten Dritten auf ihren Antrag hin

kostenlos Zugang zu seinen Instrumenten zur Leistungsmessung und zu den Daten, die sie benötigen, um ihre eigene unabhängige Überprüfung des Werbeinventars vorzunehmen, einschließlich aggregierter und nichtaggregierter Daten. Diese Daten werden so bereitgestellt, dass Werbetreibende und Herausgeber ihre eigenen Überprüfungs- und Messinstrumente einsetzen können, um die Leistung der von den Torwächtern bereitgestellten zentralen Plattformdienste zu bewerten.

(9) Der Torwächter ermöglicht Endnutzern und von ihnen beauftragten Dritten auf ihren Antrag hin kostenlos die effektive Übertragbarkeit der Daten, die vom Endnutzer bereitgestellt oder durch die Tätigkeit des Endnutzers im Zusammenhang mit der Nutzung des betreffenden zentralen Plattformdienstes generiert werden, auch indem kostenlos Instrumente bereitgestellt werden, die die effektive Nutzung dieser Datenübertragbarkeit erleichtern, und indem unter anderem ein permanenter Echtzeitzugang zu diesen Daten gewährleistet wird.

(10) Der Torwächter gewährt gewerblichen Nutzern und von einem gewerblichen Nutzer zugelassenen Dritten auf ihren Antrag hin kostenlos einen effektiven, hochwertigen und permanenten Echtzeitzugang zu aggregierten und nichtaggregierten Daten, einschließlich personenbezogener Daten, die im Zusammenhang mit der Nutzung der betreffenden zentralen Plattformdienste oder von Diensten, die zusammen mit den betreffenden zentralen Plattformdiensten oder zu deren Unterstützung erbracht werden, durch diese gewerblichen Nutzer und die Endnutzer, die die Produkte oder Dienstleistungen dieser gewerblichen Nutzer in Anspruch nehmen, bereitgestellt oder generiert werden, und ermöglicht die Nutzung solcher Daten. In Bezug auf personenbezogene Daten darf der Torwächter diesen Zugang zu den und die Nutzung von personenbezogenen Daten nur dann gewähren bzw. ermöglichen, wenn sie unmittelbar mit der Nutzung der vom betreffenden gewerblichen Nutzer über den betreffenden zentralen Plattformdienst angebotenen Produkte oder Dienstleistungen durch die Endnutzer im Zusammenhang stehen und sofern die Endnutzer einer solchen Weitergabe durch eine Einwilligung zustimmt.

(11) Der Torwächter gewährt Drittunternehmen, die Online-Suchmaschinen bereitstellen, auf ihren Antrag hin zu fairen, zumutbaren und diskriminierungsfreien Bedingungen Zugang zu Ranking-, Anfrage-, Klick- und Ansichtsdaten in Bezug auf unbezahlte und bezahlte Suchergebnisse, die von Endnutzern über seine Online-Suchmaschinen generiert werden. Alle derartigen Anfrage-, Klick- und Ansichtsdaten, bei denen es sich um personenbezogene Daten handelt, werden anonymisiert.

(12) Der Torwächter wendet für den Zugang gewerblicher Nutzer zu seinen im Benennungsbeschluss nach Artikel 3 Absatz 9 aufgeführten Geschäften für Software-Anwendungen, Online-Suchmaschinen und Online-Diensten sozialer Netzwerke faire, zumutbare und diskriminierungsfreie allgemeine Bedingungen an.

Zu diesem Zweck veröffentlicht der Torwächter allgemeine Zugangsbedingungen, einschließlich eines alternativen Streitbeilegungsmechanismus.

Die Kommission prüft, ob die veröffentlichten allgemeinen Zugangsbedingungen dem vorliegenden Absatz entsprechen.

(13) Die allgemeinen Bedingungen des Torwächters für die Kündigung eines zentralen Plattformdienstes dürfen nicht unverhältnismäßig sein. Der Torwächter stellt sicher, dass die Kündigungsbedingungen ohne übermäßige Schwierigkeiten eingehalten werden können.

Art. 7 Verpflichtung von Torwächtern zur Interoperabilität nummernunabhängiger interpersoneller Kommunikationsdienste. (1) Erbringt ein Torwächter nummernunabhängige interpersonelle Kommunikationsdienste, die im Benennungsbeschluss nach Artikel 3 Absatz 9 aufgeführt sind, so sorgt er für die Interoperabilität der grundlegenden Funktionen seiner nummernunabhängigen interpersonellen Kommunikationsdienste mit den nummernunabhängigen interpersonellen Kommunikationsdiensten anderer Anbieter, die solche Dienste in der Union anbieten oder anzubieten beabsichtigen, indem er auf Antrag kostenlos die im Sinne der Interoperabilität erforderlichen technischen Schnittstellen oder ähnliche Lösungen bereitstellt.

(2) Der Torwächter sorgt, wenn er diese Funktionen für die eigenen Endnutzer selbst bereitstellt, zumindest für die Interoperabilität der folgenden grundlegenden Funktionen nach Absatz 1:
a) im Anschluss an die Aufführung im Benennungsbeschluss nach Artikel 3 Absatz 9:
   i) Ende-zu-Ende-Textnachrichten zwischen zwei einzelnen Endnutzern;
   ii) Austausch von Bildern, Sprachnachrichten, Videos und anderen angehängten Dateien bei der Ende-zu-Ende-Kommunikation zwischen zwei einzelnen Endnutzern;
b) innerhalb von zwei Jahren nach der Benennung:
   i) Ende-zu-Ende-Textnachrichten innerhalb von Gruppen einzelner Endnutzer;
   ii) Austausch von Bildern, Sprachnachrichten, Videos und anderen angehängten Dateien bei der Ende-zu-Ende-Kommunikation zwischen einer Gruppenunterhaltung und einem einzelnen Endnutzer;
c) innerhalb von vier Jahren nach der Benennung:
   i) Ende-zu-Ende-Sprachanrufe zwischen zwei einzelnen Endnutzern;
   ii) Ende-zu-Ende-Videoanrufe zwischen zwei einzelnen Endnutzern;
   iii) Ende-zu-Ende-Sprachanrufe zwischen einer Gruppenunterhaltung und einem einzelnen Endnutzer;
   iv) Ende-zu-Ende-Videoanrufe zwischen einer Gruppenunterhaltung und einem einzelnen Endnutzer.

(3) Das Sicherheitsniveau, gegebenenfalls einschließlich der Ende-zu-Ende-Verschlüsselung, das der Torwächter seinen eigenen Endnutzern bietet, muss bei allen interoperablen Diensten beibehalten werden.

(4) Der Torwächter veröffentlicht ein Referenzangebot mit den technischen Einzelheiten und allgemeinen Bedingungen für die Interoperabilität mit seinen

nummernunabhängigen interpersonellen Kommunikationsdiensten, einschließlich der erforderlichen Einzelheiten zum Sicherheitsniveau und zur Ende-zu-Ende-Verschlüsselung. Der Torwächter veröffentlicht dieses Referenzangebot innerhalb der in Artikel 3 Absatz 10 festgelegten Frist und aktualisiert es erforderlichenfalls.

(5) Nach der Veröffentlichung des Referenzangebots gemäß Absatz 4 kann jeder Anbieter nummernunabhängiger interpersoneller Kommunikationsdienste, der solche Dienste in der Union anbietet oder anzubieten beabsichtigt, Interoperabilität mit den vom Torwächter erbrachten nummernunabhängigen interpersonellen Kommunikationsdiensten beantragen. Ein solcher Antrag kann sich auf einige oder alle der in Absatz 2 aufgeführten grundlegenden Funktionen erstrecken. Der Torwächter kommt jedem zumutbaren Antrag auf Interoperabilität innerhalb von drei Monaten nach Eingang des Antrags nach, indem er die beantragten grundlegenden Funktionen bereitstellt.

(6) Die Kommission kann die Fristen für die Einhaltung der Verpflichtungen nach Absatz 2 oder 5 auf begründeten Antrag des Torwächters ausnahmsweise verlängern, wenn der Torwächter nachweist, dass dies zur Gewährleistung wirksamer Interoperabilität und zur Aufrechterhaltung des erforderlichen Sicherheitsniveaus, gegebenenfalls einschließlich Ende-zu-Ende-Verschlüsselung, erforderlich ist.

(7) Den Endnutzern der nummernunabhängigen interpersonellen Kommunikationsdienste des Torwächters und des antragstellenden Anbieters nummernunabhängiger interpersoneller Kommunikationsdienste bleibt freigestellt, ob sie sich für die Nutzung der interoperablen grundlegenden Funktionen, die der Torwächter gemäß Absatz 1 bereitstellen kann, entscheiden.

(8) Nur diejenigen personenbezogenen Daten von Endnutzern, die für wirksame Interoperabilität unbedingt erforderlich sind, werden vom Torwächter erhoben und mit dem Anbieter nummernunabhängiger interpersoneller Kommunikationsdienste, der einen Antrag auf Interoperabilität stellt, ausgetauscht. Bei der Erhebung und dem Austausch der personenbezogenen Daten von Endnutzern sind die Verordnung (EU) 2016/679 und die Richtlinie 2002/58/EG vollumfänglich einzuhalten.

(9) Der Torwächter wird nicht daran gehindert, Maßnahmen zu ergreifen, um sicherzustellen, dass Dritte, die nummernunabhängige interpersonelle Kommunikationsdienste erbringen und Interoperabilität beantragen, die Integrität, die Sicherheit und den Schutz der Privatsphäre seiner Dienste nicht gefährden, sofern diese Maßnahmen unbedingt erforderlich und angemessen sind und vom Torwächter hinreichend begründet werden.

Art. 8 Einhaltung der Verpflichtungen durch Torwächter. (1) Der Torwächter hat die Einhaltung der Verpflichtungen aus den Artikeln 5, 6 und 7 dieser Verordnung sicherzustellen und weist diese nach. Die Maßnahmen, die der Torwächter ergreift, um die Einhaltung der genannten Artikel sicherzustellen, müssen dazu führen, dass die Zielsetzungen dieser Verordnung und der jeweiligen Verpflichtung wirksam erreicht werden. Der Torwächter stellt sicher, dass diese Maßnahmen im Einklang mit dem anwendbaren Recht, insbesondere der Verordnung (EU) 2016/679, der Richtlinie 2002/58/EG, den Rechtsvorschriften in Bezug auf Cybersicherheit, Verbraucherschutz, Produktsicherheit sowie den Anforderungen an die Barrierefreiheit durchgeführt werden.

(2) Die Kommission kann von Amts wegen oder auf Antrag des Torwächters gemäß Absatz 3 des vorliegenden Artikels ein Verfahren nach Artikel 20 einleiten.

Die Kommission kann Durchführungsrechtsakte erlassen, in denen die Maßnahmen festgelegt werden, die der betreffende Torwächter zu ergreifen hat, um den Verpflichtungen aus Artikel 6 und 7 wirksam nachzukommen. Dieser Durchführungsrechtsakt wird gemäß dem in Artikel 50 Absatz 2 genannten Beratungsverfahren erlassen innerhalb von sechs Monaten nach Einleitung des Verfahrens nach Artikel 20.

Leitet die Kommission von Amts wegen ein Verfahren wegen Umgehung nach Artikel 13 ein, so können diese Maßnahmen die Verpflichtungen aus den Artikeln 5, 6 und 7 betreffen.

(3) Ein Torwächter kann die Kommission ersuchen, ein Verfahren einzuleiten, um festzustellen, ob das Ziel der betreffenden Verpflichtung durch die Maßnahmen, die der Torwächter zur Gewährleistung der Einhaltung der Artikel 6 und 7 zu ergreifen beabsichtigt oder ergriffen hat, in Anbetracht der besonderen Umstände des Torwächters wirksam erreicht wird. Die Kommission entscheidet nach eigenem Ermessen über die Einleitung eines solchen Verfahrens, unter Wahrung der Grundsätze der Gleichbehandlung, der Verhältnismäßigkeit und der guten Verwaltungspraxis.

Der Torwächter fügt seinem Ersuchen einen mit Gründen versehenen Schriftsatz bei, in dem er die Maßnahmen erläutert, die er zu ergreifen beabsichtigt oder ergriffen hat. Darüber hinaus stellt der Torwächter eine nichtvertrauliche Fassung seines mit Gründen versehenen Schriftsatzes zur Verfügung, die gemäß Absatz 6 an Dritte weitergegeben werden kann.

(4) Die Absätze 2 und 3 des vorliegenden Artikels lassen die Befugnisse der Kommission nach den Artikeln 29, 30 und 31 unberührt.

(5) Im Hinblick auf den Erlass eines Beschlusses nach Absatz 2 gibt die Kommission dem Torwächter innerhalb von drei Monaten nach Einleitung des Verfahrens nach Artikel 20 ihre vorläufige Beurteilung bekannt. In dieser vorläufigen Beurteilung erläutert die Kommission, welche Maßnahmen sie zu ergreifen beabsichtigt bzw. der betreffende Torwächter ihrer Ansicht nach ergreifen sollte, um der vorläufigen Beurteilung wirksam Rechnung zu tragen.

(6) Um interessierten Dritten wirksam Gelegenheit zur Stellungnahme zu geben, veröffentlicht die Kommission bei Mitteilung ihrer vorläufigen Beurteilung an den Torwächter nach Absatz 5 oder so bald wie möglich danach eine nichtvertrauliche Zusammenfassung des Falls und der Maßnahmen, die sie zu ergreifen beabsichtigt oder die der betreffende Torwächter ihrer Ansicht nach

ergreifen sollte. Die Kommission legt für die Abgabe der Stellungnahmen einen angemessenen Zeitraum fest.

(7) Bei der Festlegung der Maßnahmen nach Absatz 2 stellt die Kommission sicher, dass die Ziele dieser Verordnung und der betreffenden Verpflichtung durch diese Maßnahmen wirksam erreicht werden und die Maßnahmen in Anbetracht der besonderen Umstände des Torwächters und der betreffenden Dienstleistung verhältnismäßig sind.

(8) Für die Zwecke der Festlegung der Verpflichtungen nach Artikel 6 Absätze 11 und 12 prüft die Kommission auch, ob die beabsichtigten bzw. durchgeführten Maßnahmen sicherstellen, dass kein Ungleichgewicht zwischen den Rechten und Pflichten der gewerblichen Nutzer mehr besteht und dass die Maßnahmen dem Torwächter keinen Vorteil verschaffen, der in Anbetracht seiner Dienstleistung für die gewerblichen Nutzer unverhältnismäßig wäre.

(9) Bei Verfahren nach Absatz 2 kann die Kommission auf Antrag oder von Amts wegen beschließen, das Verfahren wieder aufzunehmen, wenn
a) sich der Sachverhalt, auf den sich der Beschluss stützte, in einem wesentlichen Punkt geändert hat oder
b) der Beschluss auf unvollständigen, unrichtigen oder irreführenden Angaben beruhte oder
c) die im Beschluss genannten Maßnahmen nicht wirksam sind.

Art. 9 Aussetzung. (1) Weist der Torwächter in einem mit Gründen versehenen Antrag nach, dass die Einhaltung einer bestimmten Verpflichtung nach den Artikeln 5, 6 oder 7 für einen im Benennungsbeschluss nach Artikel 3 Absatz 9 aufgeführten zentralen Plattformdienst aufgrund außergewöhnlicher Umstände, auf die der Torwächter keinen Einfluss hat, die Rentabilität der Geschäftstätigkeit des Torwächters in der Union gefährden würde, so kann die Kommission einen Durchführungsrechtsakt erlassen, mit dem sie beschließt, die in dem mit Gründen versehenen Antrag genannte bestimmte Verpflichtung ausnahmsweise ganz oder teilweise auszusetzen. In diesem Durchführungsrechtsakt begründet die Kommission ihren Aussetzungsbeschluss, indem sie die außergewöhnlichen Umstände angibt, die die Aussetzung rechtfertigen. Dieser Durchführungsrechtsakt wird auf den Umfang und die Geltungsdauer beschränkt, die für die Beseitigung der Gefährdung der Rentabilität des Torwächters erforderlich sind. Die Kommission bemüht sich, diesen Durchführungsrechtsakt unverzüglich, spätestens jedoch drei Monate nach Eingang eines vollständigen mit Gründen versehenen Antrags, zu erlassen. Dieser Durchführungsrechtsakt wird gemäß dem in Artikel 50 Absatz 2 genannten Beratungsverfahren erlassen.

(2) Wird eine Aussetzung nach Absatz 1 gewährt, so überprüft die Kommission ihren Aussetzungsbeschluss jedes Jahr, es sei denn, in dem Beschluss ist ein kürzerer Zeitraum festgelegt. Infolge einer solchen Überprüfung hebt die Kommission die Aussetzung ganz oder teilweise auf oder beschließt, dass die Voraussetzungen des Absatzes 1 nach wie vor erfüllt sind.

Gesetz über digitale Märkte **DMA 1**

(3) In dringenden Fällen kann die Kommission auf mit Gründen versehenen Antrag eines Torwächters die Anwendung einer bestimmten Verpflichtung nach Absatz 1 auf einen oder mehrere einzelne zentrale Plattformdienste bereits vor dem Erlass eines Beschlusses nach dem genannten Absatz vorläufig aussetzen. Ein solcher Antrag kann jederzeit gestellt und bewilligt werden, bis die Kommission über den Antrag nach Absatz 1 befunden hat.

(4) Bei der Prüfung eines Antrags nach den Absätzen 1 und 3 berücksichtigt die Kommission insbesondere die Auswirkungen der Einhaltung der betreffenden Verpflichtung auf die Rentabilität der Geschäftstätigkeit des Torwächters in der Union sowie auf Dritte, insbesondere KMU und Verbraucher. Die Kommission kann die Aussetzung von geeigneten Bedingungen und Auflagen abhängig machen, um ein ausgewogenes Gleichgewicht zwischen diesen Interessen und den Zielen der vorliegenden Verordnung zu erreichen.

Art. 10 Befreiung aus Gründen der öffentlichen Gesundheit und der öffentlichen Sicherheit. (1) Die Kommission kann auf einen mit Gründen versehenen Antrag eines Torwächters hin oder von Amts wegen einen Durchführungsrechtsakt erlassen, in dem sie ihren Beschluss darlegt, den Torwächter ganz oder teilweise von einer bestimmten Verpflichtung nach den Artikeln 5, 6 oder 7 in Bezug auf einen im Benennungsbeschluss nach Artikel 3 Absatz 9 aufgeführten zentralen Plattformdienst zu befreien, falls die Befreiung aus den in Absatz 3 des vorliegenden Artikels genannten Gründen gerechtfertigt ist (im Folgenden „Befreiungsbeschluss"). Die Kommission erlässt einen solchen Befreiungsbeschluss innerhalb von drei Monaten nach Eingang eines vollständigen mit Gründen versehenen Antrags und legt eine Begründung vor, in der die Gründe für die Befreiung erläutert werden. Dieser Durchführungsrechtsakt wird gemäß dem in Artikel 50 Absatz 2 genannten Beratungsverfahren erlassen.

(2) Wird eine Befreiung gemäß Absatz 1 gewährt, so überprüft die Kommission ihren Befreiungsbeschluss, falls der Grund für die Befreiung nicht mehr besteht, mindestens aber einmal jährlich. Infolge einer solchen Überprüfung hebt die Kommission die Befreiung entweder ganz oder teilweise auf oder beschließt, dass die Voraussetzungen des Absatzes 1 nach wie vor erfüllt sind.

(3) Eine Befreiung nach Absatz 1 kann ausschließlich aus Gründen der öffentlichen Gesundheit oder der öffentlichen Sicherheit gewährt werden.

(4) In dringenden Fällen kann die Kommission auf einen mit Gründen versehenen Antrag eines Torwächters oder von Amts wegen die Anwendung einer bestimmten Verpflichtung nach Absatz 1 auf einen oder mehrere einzelne zentrale Plattformdienste bereits vor dem Erlass eines Beschlusses nach dem genannten Absatz vorläufig aussetzen. Ein solcher Antrag kann jederzeit gestellt und bewilligt werden, bis die Kommission über den Antrag nach Absatz 1 befunden hat.

(5) Bei der Prüfung eines Antrags nach den Absätzen 1 und 4 berücksichtigt die Kommission insbesondere die Auswirkungen der Einhaltung der betreffenden Verpflichtung auf die in Absatz 3 genannten Gründe sowie die Auswirkun-

gen auf den betreffenden Torwächter und auf Dritte. Die Kommission kann die Aussetzung von Bedingungen und Auflagen abhängig machen, um ein ausgewogenes Gleichgewicht zwischen den Zielen hinter den in Absatz 3 genannten Gründen und den Zielen der vorliegenden Verordnung zu erreichen.

Art. 11 Berichterstattung. (1) Innerhalb von sechs Monaten nach seiner Benennung gemäß Artikel 3 und im Einklang mit Artikel 3 Absatz 10 legt der Torwächter der Kommission einen Bericht vor, in dem er ausführlich und transparent beschreibt, welche Maßnahmen er ergriffen hat, um die Einhaltung der Verpflichtungen aus den Artikeln 5, 6 und 7 sicherzustellen.

(2) Innerhalb der in Absatz 1 genannten Frist veröffentlicht der Torwächter eine nichtvertrauliche Zusammenfassung des Berichts und übermittelt sie der Kommission.

Der Torwächter aktualisiert diesen Bericht und diese nichtvertrauliche Zusammenfassung mindestens einmal jährlich.

Die Kommission stellt auf ihrer Internetseite einen Link zu der nichtvertraulichen Zusammenfassung bereit.

Art. 12 Aktualisierung der Verpflichtungen der Torwächter. (1) Der Kommission wird die Befugnis übertragen, gemäß Artikel 49 delegierte Rechtsakte zu erlassen, um diese Verordnung in Bezug auf die in den Artikeln 5 und 6 festgelegten Verpflichtungen zu ergänzen. Diese delegierten Rechtsakte stützen sich auf eine Marktuntersuchung nach Artikel 19, in deren Rahmen festgestellt wurde, dass diese Verpflichtungen aktualisiert werden müssen, um Praktiken zu begegnen, die die Bestreitbarkeit zentraler Plattformdienste beschränken oder in gleicher Weise unfair sind wie die Praktiken, denen mit den in den Artikeln 5 und 6 genannten Verpflichtungen begegnet werden soll.

(2) Der Anwendungsbereich eines delegierten Rechtsakts, der gemäß Absatz 1 erlassen wird, ist auf Folgendes beschränkt:
a) die Ausweitung einer Verpflichtung, die nur für bestimmte zentrale Plattformdienste gilt, auf andere in Artikel 2 Nummer 2 aufgeführte zentrale Plattformdienste,
b) die Ausweitung einer Verpflichtung, die bestimmten gewerblichen Nutzern oder Endnutzern zugutekommt, sodass sie auch anderen gewerblichen Nutzern oder Endnutzern zugutekommt,
c) die Festlegung der Art und Weise, in der Torwächter die in den Artikeln 5 und 6 festgelegten Verpflichtungen erfüllen müssen, um die wirksame Einhaltung dieser Verpflichtungen zu gewährleisten,
d) die Ausweitung einer Verpflichtung, die nur für bestimmte Dienste gilt, die zusammen mit oder zur Unterstützung von zentralen Plattformdiensten erbracht werden, auf andere Dienste, die zusammen mit oder zur Unterstützung von zentralen Plattformdiensten erbracht werden,
e) die Ausweitung einer Verpflichtung, die nur für bestimmte Arten von Daten gilt, auf andere Arten von Daten,

Gesetz über digitale Märkte **DMA 1**

f) die Aufnahme weiterer Bedingungen, wenn durch eine Verpflichtung bestimmte Bedingungen für das Verhalten eines Torwächters festgelegt werden, oder
g) die Anwendung einer Verpflichtung, die das Verhältnis zwischen mehreren zentralen Plattformdiensten des Torwächters regelt, auf das Verhältnis zwischen einem zentralen Plattformdienst und anderen Diensten des Torwächters.

(3) Der Kommission wird die Befugnis übertragen, gemäß Artikel 49 delegierte Rechtsakte zu erlassen, um diese Verordnung in Bezug auf die Liste grundlegender Funktionen nach Artikel 7 Absatz 2 zu ändern, indem Funktionen nummernunabhängiger interpersoneller Kommunikationsdienste aufgenommen oder gestrichen werden.

Diese delegierten Rechtsakte stützen sich auf eine Marktuntersuchung nach Artikel 19, in deren Rahmen festgestellt wurde, dass diese Verpflichtungen aktualisiert werden müssen, um Praktiken zu begegnen, die die Bestreitbarkeit zentraler Plattformdienste beschränken oder in gleicher Weise unfair sind wie die Praktiken, denen mit den in Artikel 7 festgelegten Verpflichtungen begegnet werden soll.

(4) Der Kommission wird die Befugnis übertragen, gemäß Artikel 49 delegierte Rechtsakte zu erlassen, um diese Verordnung in Bezug auf die Verpflichtungen aus Artikel 7 zu ergänzen, indem sie festlegt, auf welche Art und Weise diese Verpflichtungen zu erfüllen sind, damit ihre wirksame Einhaltung gewährleistet ist. Diese delegierten Rechtsakte stützen sich auf eine Marktuntersuchung nach Artikel 19, in deren Rahmen festgestellt wurde, dass diese Verpflichtungen aktualisiert werden müssen, um Praktiken zu begegnen, die die Bestreitbarkeit zentraler Plattformdienste beschränken oder in gleicher Weise unfair sind wie die Praktiken, denen mit den in Artikel 7 festgelegten Verpflichtungen begegnet werden soll.

(5) Eine Praktik nach den Absätzen 1, 3 und 4 gilt als die Bestreitbarkeit zentraler Plattformdienste beschränkend oder unfair, wenn
a) sie von Torwächtern angewandt wird und Innovationen behindern und die Wahlmöglichkeiten für gewerbliche Nutzer und Endnutzer einschränken kann, da sie
   i) die Bestreitbarkeit eines zentralen Plattformdienstes oder anderer Dienste im digitalen Sektor dauerhaft beeinträchtigt oder zu beeinträchtigen droht, indem Hindernisse geschaffen oder verstärkt werden, die anderen Unternehmen den Markteintritt oder eine Expansion als Anbieter eines zentralen Plattformdienstes oder anderer Dienste im digitalen Sektor erschweren, oder
   ii) andere Betreiber daran hindert, denselben Zugang zu entscheidendem Input zu haben wie der Torwächter, oder
b) ein Ungleichgewicht zwischen den Rechten und Pflichten der gewerblichen Nutzer besteht und der Torwächter von den gewerblichen Nutzern einen Vorteil erhält, der in Anbetracht seiner Dienstleistung für diese gewerblichen Nutzer unverhältnismäßig wäre, oder

1 DMA

Art. 13 Umgehungsverbot. (1) Ein Unternehmen, das zentrale Plattformdienste bereitstellt, darf diese Dienste nicht auf vertraglichem, kommerziellem, technischem oder anderem Wege segmentieren, aufteilen, unterteilen, fragmentieren oder aufspalten, um dadurch die quantitativen Schwellenwerte nach Artikel 3 Absatz 2 zu umgehen. Eine solche Praktik eines Unternehmens hindert die Kommission nicht daran, es gemäß Artikel 3 Absatz 4 als Torwächter zu benennen.

(2) Hat die Kommission den Verdacht, dass ein Unternehmen, das zentrale Plattformdienste bereitstellt, eine in Absatz 1 genannte Praktik anwendet, so kann sie von diesem Unternehmen alle Informationen verlangen, die sie für erforderlich hält, um feststellen zu können, ob das Unternehmen eine solche Praktik angewandt hat.

(3) Der Torwächter stellt sicher, dass die Verpflichtungen aus den Artikeln 5, 6 und 7 vollständig und wirksam eingehalten werden.

(4) Der Torwächter darf kein Verhalten an den Tag legen, das die wirksame Einhaltung der Verpflichtungen aus den Artikeln 5, 6 und 7 untergräbt, unabhängig davon, ob das Verhalten vertraglicher, kommerzieller, technischer oder sonstiger Art ist oder in der Verwendung von Verhaltenslenkungsmethoden oder Schnittstellengestaltung besteht.

(5) Wenn eine Einwilligung zur Erhebung, Verarbeitung, Weiterverwendung und Weitergabe personenbezogener Daten erforderlich ist, um die Einhaltung der vorliegenden Verordnung zu gewährleisten, trifft der Torwächter geeignete Maßnahmen, damit gewerbliche Nutzer die für ihre Verarbeitung erforderliche Einwilligung unmittelbar erhalten können, sofern eine solche Einwilligung nach der Verordnung (EU) 2016/679 oder der Richtlinie 2002/58/EG erforderlich ist, oder damit er die Vorschriften und Grundsätze der Union in Bezug auf den Datenschutz und den Schutz der Privatsphäre auf andere Weise einhalten kann, beispielsweise indem er den gewerblichen Nutzern gegebenenfalls ordnungsgemäß anonymisierte Daten zur Verfügung stellt. Der Torwächter darf die Einholung dieser Einwilligung durch den gewerblichen Nutzer nicht aufwendiger machen, als sie es bei seinen eigenen Diensten ist.

(6) Der Torwächter darf weder die Bedingungen oder die Qualität der zentralen Plattformdienste für gewerbliche Nutzer oder Endnutzer, die von den in den Artikeln 5, 6 und 7 festgelegten Rechten bzw. Möglichkeiten Gebrauch machen, verschlechtern noch die Ausübung dieser Rechte bzw. Möglichkeiten übermäßig erschweren, auch nicht dadurch, dass er dem Endnutzer Wahlmöglichkeiten in einer nicht neutralen Weise anbietet oder die Autonomie, Entscheidungsfreiheit oder freie Auswahl von Endnutzern oder gewerblichen Nutzern durch die Struktur, Gestaltung, Funktion oder Art der Bedienung einer Benutzerschnittstelle oder eines Teils davon untergräbt.

(7) Umgeht der Torwächter eine der Verpflichtungen aus Artikel 5, 6 oder 7 in einer in den Absätzen 4, 5 und 6 des vorliegenden Artikels beschriebenen

Gesetz über digitale Märkte **DMA 1**

Weise oder versucht er, sie derart zu umgehen, so kann die Kommission ein Verfahren nach Artikel 20 einleiten und einen Durchführungsrechtsakt nach Artikel 8 Absatz 2 erlassen, um die Maßnahmen festzulegen, die der Torwächter zu ergreifen hat.

(8) Absatz 6 des vorliegenden Artikels lässt die Befugnisse der Kommission nach den Artikeln 29, 30 und 31 unberührt.

Art. 14 Verpflichtung zur Unterrichtung über Zusammenschlüsse. (1) Der Torwächter unterrichtet die Kommission über jeden geplanten Zusammenschluss im Sinne des Artikels 3 der Verordnung (EG) Nr. 139/2004, wenn die sich zusammenschließenden Unternehmen oder das Zielunternehmen zentrale Plattformdienste bereitstellen oder sonstige Dienste im digitalen Sektor erbringen oder die Erhebung von Daten ermöglichen; dies gilt unabhängig davon, ob der Zusammenschluss nach jener Verordnung bei der Kommission oder nach den nationalen Fusionskontrollvorschriften bei einer zuständigen nationalen Wettbewerbsbehörde anmeldepflichtig ist.

Der Torwächter unterrichtet die Kommission vor Vollzug des Zusammenschlusses und nach Vertragsabschluss, Veröffentlichung des Übernahmeangebots oder Erwerb einer die Kontrolle begründenden Beteiligung über den Zusammenschluss.

(2) Die vom Torwächter bereitgestellten Informationen nach Absatz 1 umfassen mindestens eine Beschreibung der an dem Zusammenschluss beteiligten Unternehmen, ihre unionsweiten und weltweiten Jahresumsätze, ihre Tätigkeitsbereiche, einschließlich der unmittelbar mit dem Zusammenschluss in Verbindung stehenden Tätigkeiten, und der Transaktionswert des Vertrags oder einen entsprechenden Schätzwert sowie eine zusammenfassende Beschreibung des Zusammenschlusses, einschließlich seiner Art und der ihm zugrunde liegenden Beweggründe und einer Aufstellung der von dem Zusammenschluss betroffenen Mitgliedstaaten.

Die vom Torwächter bereitgestellten Informationen umfassen auch den unionsweiten Jahresumsatz, die Zahl der jährlich aktiven gewerblichen Nutzer und die Zahl der monatlich aktiven Endnutzer jedes betreffenden zentralen Plattformdienstes.

(3) Erreichen infolge eines Zusammenschlusses nach Absatz 1 des vorliegenden Artikels weitere zentrale Plattformdienste für sich genommen die in Artikel 3 Absatz 2 Buchstabe b genannten Schwellenwerte, so teilt der betreffende Torwächter dies der Kommission innerhalb von zwei Monaten nach Vollzug des Zusammenschlusses mit und übermittelt ihr die in Artikel 3 Absatz 2 genannten Angaben.

(4) Die Kommission unterrichtet die zuständigen Behörden der Mitgliedstaaten über alle nach Absatz 1 erhaltenen Informationen und veröffentlicht jährlich die Liste der Übernahmen, über die sie von Torwächtern gemäß dem genannten Absatz unterrichtet wurde.

Die Kommission trägt den berechtigten Interessen der Unternehmen an der Wahrung ihrer Geschäftsgeheimnisse Rechnung.

(5) Die zuständigen Behörden der Mitgliedstaaten können die nach Absatz 1 des vorliegenden Artikels erhaltenen Informationen verwenden, um die Kommission gemäß Artikel 22 der Verordnung (EG) Nr. 139/2004 um Prüfung des Zusammenschlusses zu ersuchen.

Art. 15 Prüfungspflicht. (1) Der Torwächter legt der Kommission innerhalb von sechs Monaten nach seiner Benennung gemäß Artikel 3 eine von unabhängiger Stelle geprüfte Beschreibung aller Techniken zum Verbraucher-Profiling vor, die er für einzelne oder alle seiner im Benennungsbeschluss nach Artikel 3 Absatz 9 aufgeführten zentralen Plattformdienste verwendet. Die Kommission übermittelt diese geprüfte Beschreibung dem Europäischen Datenschutzausschuss.

(2) Die Kommission kann einen Durchführungsrechtsakt nach Artikel 46 Absatz 1 Buchstabe g erlassen, um die Methodik und das Verfahren für die Prüfung auszugestalten.

(3) Der Torwächter veröffentlicht eine Übersicht über die geprüfte Beschreibung nach Absatz 1. Dabei ist der Torwächter berechtigt, der Notwendigkeit der Wahrung seiner Geschäftsgeheimnisse Rechnung zu tragen. Der Torwächter aktualisiert die Beschreibung und die Übersicht mindestens einmal jährlich.

KAPITEL IV

MARKTUNTERSUCHUNG

Art. 16 Einleitung einer Marktuntersuchung. (1) Beabsichtigt die Kommission, eine Marktuntersuchung im Hinblick auf den möglichen Erlass von Beschlüssen nach Artikel 17, 18 oder 19 einzuleiten, so erlässt sie einen Beschluss zur Einleitung einer Marktuntersuchung.

(2) Ungeachtet des Absatzes 1 kann die Kommission ihre Untersuchungsbefugnisse nach dieser Verordnung ausüben, bevor sie eine Marktuntersuchung gemäß dem genannten Absatz einleitet.

(3) In dem in Absatz 1 genannten Beschluss wird Folgendes festgelegt:
a) der Tag der Einleitung der Marktuntersuchung;
b) der Gegenstand der Marktuntersuchung;
c) der Zweck der Marktuntersuchung.

(4) Die Kommission kann eine von ihr abgeschlossene Marktuntersuchung wieder aufnehmen, wenn
a) sich der Sachverhalt, auf den sich ein nach Artikel 17, 18 oder 19 erlassener Beschluss stützte, in einem wesentlichen Punkt geändert hat, oder
b) der nach Artikel 17, 18 oder 19 erlassene Beschluss auf unvollständigen, unrichtigen oder irreführenden Angaben beruhte.

Gesetz über digitale Märkte **DMA 1**

(5) Die Kommission kann eine oder mehrere zuständige nationale Behörden um Hilfe bei ihrer Marktuntersuchung ersuchen.

Art. 17 Marktuntersuchung zur Benennung von Torwächtern. (1) Die Kommission kann eine Marktuntersuchung durchführen, um zu prüfen, ob ein Unternehmen, das zentrale Plattformdienste bereitstellt, nach Artikel 3 Absatz 8 als Torwächter zu benennen ist, oder um die zentralen Plattformdienste zu ermitteln, die in dem Benennungsbeschluss nach Artikel 3 Absatz 9 aufzuführen sind. Die Kommission bemüht sich, ihre Marktuntersuchung innerhalb von zwölf Monaten nach dem in Artikel 16 Absatz 3 Buchstabe a genannten Zeitpunkt abzuschließen. Zum Abschluss ihrer Marktuntersuchung erlässt die Kommission einen Durchführungsrechtsakt, in dem ihre Entscheidung dargelegt wird. Dieser Durchführungsrechtsakt wird gemäß dem in Artikel 50 Absatz 2 genannten Beratungsverfahren erlassen.

(2) Im Zuge einer Marktuntersuchung nach Absatz 1 dieses Artikels bemüht sich die Kommission, dem betreffenden Unternehmen, das zentrale Plattformdienste bereitstellt, innerhalb von sechs Monaten nach dem in Artikel 16 Absatz 3 Buchstabe a genannten Zeitpunkt ihre vorläufige Beurteilung mitzuteilen. In der vorläufigen Beurteilung erläutert die Kommission, ob sie der vorläufigen Auffassung ist, dass es angezeigt ist, dieses Unternehmen als Torwächter im Sinne des Artikels 3 Absatz 8 zu benennen und die relevanten zentralen Plattformdienste in der Liste nach Artikel 3 Absatz 9 zu führen.

(3) Wenn das Unternehmen, das zentrale Plattformdienste bereitstellt, die in Artikel 3 Absatz 2 genannten Schwellenwerte erreicht, aber hinreichend substanziierte Argumente nach Artikel 3 Absatz 5 vorgebracht hat, die die Vermutung nach Artikel 3 Absatz 2 eindeutig entkräften, bemüht sich die Kommission, die Marktuntersuchung innerhalb von fünf Monaten nach dem in Artikel 16 Absatz 3 Buchstabe a genannten Zeitpunkt zum Abschluss zu bringen.

In diesem Fall bemüht sich die Kommission, dem betreffenden Unternehmen innerhalb von drei Monaten nach dem in Artikel 16 Absatz 3 Buchstabe a genannten Zeitpunkt ihre vorläufige Beurteilung nach Absatz 2 des vorliegenden Artikels mitzuteilen.

(4) Benennt die Kommission nach Artikel 3 Absatz 8 ein Unternehmen, das zentrale Plattformdienste bereitstellt, als Torwächter, das hinsichtlich seiner Tätigkeiten noch keine gefestigte und dauerhafte Position innehat, bei dem aber absehbar ist, dass es eine solche Position in naher Zukunft erlangen wird, so kann sie lediglich eine oder mehrere der Verpflichtungen des Artikels 5 Absätze 3 bis 6 und des Artikels 6 Absätze 4, 7, 9, 10 und 13, die im Benennungsbeschluss aufgeführt werden, für diesen Torwächter für anwendbar erklären. Die Kommission erklärt nur diejenigen Verpflichtungen für anwendbar, die angemessen und erforderlich sind, um zu verhindern, dass der betreffende Torwächter auf unfaire Weise hinsichtlich seiner Tätigkeiten eine gefestigte und dauerhafte Position erlangt. Die Kommission überprüft solche Benennungen im Einklang mit dem in Artikel 4 dargelegten Verfahren.

1 DMA
Gesetz über digitale Märkte

Art. 18 Marktuntersuchung bei systematischer Nichteinhaltung. (1) Die Kommission kann eine Marktuntersuchung durchführen, um zu prüfen, ob ein Torwächter seine Verpflichtungen systematisch nicht einhält. Die Kommission schließt diese Marktuntersuchung innerhalb von zwölf Monaten nach dem in Artikel 16 Absatz 3 Buchstabe a genannten Zeitpunkt ab. Ergibt die Marktuntersuchung, dass ein Torwächter eine oder mehrere der in den Artikeln 5, 6 und 7 festgelegten Verpflichtungen systematisch nicht einhält und seine Torwächter-Position im Hinblick auf die in Artikel 3 Absatz 1 genannten Anforderungen beibehalten, gestärkt oder ausgeweitet hat, so kann die Kommission Durchführungsrechtsakte erlassen, mit denen verhaltensbezogenen oder strukturellen Abhilfemaßnahmen gegen den Torwächter verhängt werden, die angemessen und erforderlich sind, um die wirksame Einhaltung der Vorgaben dieser Verordnung zu gewährleisten. Dieser Durchführungsrechtsakt wird gemäß dem in Artikel 50 Absatz 2 genannten Beratungsverfahren erlassen.

(2) Die nach Absatz 1 dieses Artikels verhängte Abhilfemaßnahme kann, insofern sie angemessen und erforderlich ist, zur Aufrechterhaltung oder Wiederherstellung der durch die systematische Nichteinhaltung beeinträchtigten Fairness und Bestreitbarkeit das für einen begrenzten Zeitraum geltende Verbot für den Torwächter beinhalten, einen Zusammenschluss im Sinne des Artikels 3 der Verordnung (EG) Nr. 139/2004 bezüglich der zentralen Plattformdienste oder der anderen im digitalen Sektor erbrachten oder die Datenerhebung ermöglichenden Dienste einzugehen, die durch die systematische Nichteinhaltung betroffen sind.

(3) Es ist davon auszugehen, dass ein Torwächter Verpflichtungen des Artikels 5, 6 oder 7 systematisch nicht einhält, wenn die Kommission in einem Zeitraum von acht Jahren vor Erlass des Beschlusses zur Einleitung einer Marktuntersuchung im Hinblick auf den möglichen Erlass eines Beschlusses nach diesem Artikel mindestens drei Nichteinhaltungsbeschlüsse nach Artikel 29 gegen den Torwächter bezüglich eines seiner zentralen Plattformdienste erlassen hat.

(4) Die Kommission teilt dem betreffenden Torwächter ihre vorläufige Beurteilung innerhalb von sechs Monaten nach dem in Artikel 16 Absatz 3 Buchstabe a genannten Zeitpunkt mit. In ihrer vorläufigen Beurteilung erläutert die Kommission, ob sie die vorläufige Auffassung vertritt, dass die Voraussetzungen des Absatzes 1 dieses Artikels erfüllt sind, und welche Abhilfemaßnahme(n) sie vorläufig für erforderlich und angemessen erachtet.

(5) Damit interessierte Dritte wirksam Stellung nehmen können, veröffentlicht die Kommission zeitgleich mit der Mitteilung ihrer vorläufigen Beurteilung an den Torwächter nach Absatz 4 oder so bald wie möglich danach eine nichtvertrauliche Zusammenfassung des Falls und der Abhilfemaßnahmen, deren Verhängung sie in Erwägung zieht. Die Kommission legt einen angemessenen Zeitraum fest, in dem diese Stellungnahmen abzugeben sind.

(6) Beabsichtigt die Kommission, einen Beschluss nach Absatz 1 dieses Artikels zu erlassen, indem sie die vom Torwächter nach Artikel 25 angebotenen

Gesetz über digitale Märkte **DMA 1**

Verpflichtungszusagen für bindend erklärt, so veröffentlicht sie eine nichtvertrauliche Zusammenfassung des Falls und der wichtigsten Inhalte der Verpflichtungszusagen. Interessierte Dritte können ihre Stellungnahmen innerhalb eines von der Kommission festzulegenden angemessenen Zeitraums abgeben.

(7) Während der Marktuntersuchung kann die Kommission deren Dauer jederzeit verlängern, wenn dies aus objektiven Gründen gerechtfertigt und angemessen ist. Die Verlängerung kann sich auf die Frist beziehen, innerhalb deren die Kommission ihre vorläufige Beurteilung mitteilen muss, oder auf die Frist für den Erlass des abschließenden Beschlusses. Verlängerungen im Sinne dieses Absatzes dürfen zusammengenommen die Dauer von sechs Monaten nicht übersteigen.

(8) Die Kommission überprüft regelmäßig die nach den Absätzen 1 und 2 dieses Artikels verhängten Abhilfemaßnahmen, um sicherzustellen, dass der Torwächter seinen Verpflichtungen nach den Artikeln 5, 6 und 7 tatsächlich nachkommt. Die Kommission ist berechtigt, diese Abhilfemaßnahmen zu ändern, wenn sie nach einer neuen Marktuntersuchung feststellt, dass sie nicht wirksam sind.

Art. 19 Marktuntersuchung in Bezug auf neue Dienste und neue Praktiken. (1) Die Kommission kann eine Marktuntersuchung durchführen, um zu prüfen, ob ein oder mehrere Dienste des digitalen Sektors in die Liste der zentralen Plattformdienste nach Artikel 2 Nummer 2 aufgenommen werden sollten, oder um Praktiken aufzudecken, die die Bestreitbarkeit zentraler Plattformdienste beschränken oder unfair sind, und denen durch diese Verordnung nicht wirksam begegnet wird. In ihrer Bewertung berücksichtigt die Kommission alle einschlägigen Ergebnisse der Verfahren nach den Artikeln 101 und 102 AEUV in Bezug auf digitale Märkte sowie alle sonstigen relevanten Entwicklungen.

(2) Die Kommission kann bei der Durchführung einer Marktuntersuchung nach Absatz 1 Dritte konsultieren, unter anderem gewerbliche Nutzer und Endnutzer von Diensten des digitalen Sektors, die Gegenstand der Untersuchung sind, sowie gewerbliche Nutzer und Endnutzer, die Praktiken unterliegen, die Gegenstand der Untersuchung sind.

(3) Die Kommission veröffentlicht ihre Beurteilung innerhalb von 18 Monaten nach dem in Artikel 16 Absatz 3 Buchstabe a genannten Zeitpunkt in einem Bericht.

Dieser Bericht wird gegebenenfalls dem Europäischen Parlament und dem Rat zusammen mit Folgendem übermittelt:
a) einem Gesetzgebungsvorschlag zur Änderung dieser Verordnung, um zusätzliche Dienste des digitalen Sektors in die Liste der zentralen Plattformdienste nach Artikel 2 Nummer 2 oder neue Verpflichtungen in Kapitel III aufzunehmen, oder
b) einem Entwurf eines delegierten Rechtsakts zur Ergänzung dieser Verordnung in Bezug auf die in den Artikeln 5 und 6 festgelegten Verpflichtungen,

oder einem Entwurf eines delegierten Rechtsakts zur Änderung oder Ergänzung dieser Verordnung in Bezug auf die in Artikel 7 festgelegten Verpflichtungen, wie in Artikel 12 vorgesehen.

Gegebenenfalls kann in dem unter Unterabsatz 2 Buchstabe a genannten Gesetzgebungsvorschlag zur Änderung dieser Verordnung auch vorgeschlagen werden, bestehende Dienste aus der Liste der zentralen Plattformdienste nach Artikel 2 Nummer 2 zu streichen oder bestehende Verpflichtungen aus Artikel 5, 6 oder 7 zu streichen.

KAPITEL V

UNTERSUCHUNGS-, DURCHSETZUNGS- UND ÜBERWACHUNGSBEFUGNISSE

Art. 20 Einleitung eines Verfahrens. (1) Beabsichtigt die Kommission, ein Verfahren im Hinblick auf den möglichen Erlass von Beschlüssen nach Artikel 8, 29 oder 30 einzuleiten, so erlässt sie einen Beschluss zur Einleitung eines Verfahrens.

(2) Ungeachtet des Absatzes 1 kann die Kommission ihre Untersuchungsbefugnisse nach dieser Verordnung ausüben, bevor sie ein Verfahren gemäß dem genannten Absatz einleitet.

Art. 21 Auskunftsverlangen. (1) Die Kommission kann zur Erfüllung ihrer Aufgaben nach dieser Verordnung Unternehmen und Unternehmensvereinigungen durch einfaches Auskunftsverlangen oder im Wege eines Beschlusses auffordern, alle erforderlichen Auskünfte zu erteilen. Die Kommission kann durch einfaches Auskunftsverlangen oder im Wege eines Beschlusses auch Zugang zu allen Daten und Algorithmen von Unternehmen und Informationen über Tests verlangen sowie diesbezügliche Erläuterungen anfordern.

(2) Bei der Übermittlung eines einfachen Auskunftsverlangens an ein Unternehmen oder eine Unternehmensvereinigung gibt die Kommission die Rechtsgrundlage und den Zweck des Auskunftsverlangens an, führt auf, welche Auskünfte erforderlich sind, legt die Frist für die Übermittlung der Auskünfte fest und weist auf die in Artikel 30 vorgesehenen Geldbußen hin, die für den Fall der Erteilung unvollständiger, unrichtiger oder irreführender Auskünfte oder Erläuterungen gelten.

(3) Wenn die Kommission Unternehmen und Unternehmensvereinigungen im Wege eines Beschlusses zur Erteilung von Auskünften verpflichtet, gibt sie die Rechtsgrundlage und den Zweck des Auskunftsverlangens an, führt auf, welche Auskünfte erforderlich sind, und legt die Frist für die Übermittlung der Auskünfte fest. Verpflichtet sie Unternehmen dazu, Zugang zu allen Daten, Algorithmen und Informationen über Tests zu gewähren, so gibt sie den Zweck des Verlangens an und legt die Frist für die Gewährung des Zugangs fest. Ferner weist sie auf die in Artikel 30 vorgesehenen Geldbußen sowie auf die in

Gesetz über digitale Märkte

Artikel 31 vorgesehenen Zwangsgelder hin oder erlegt letztere auf. Außerdem weist sie auf das Recht hin, den Beschluss vom Gerichtshof überprüfen zu lassen.

(4) Die Unternehmen oder Unternehmensvereinigungen oder ihre Vertreter erteilen die verlangten Auskünfte im Namen des betreffenden Unternehmens oder der betreffenden Unternehmensvereinigung. Ordnungsgemäß bevollmächtigte Rechtsanwälte können die Auskünfte im Namen ihrer Mandanten erteilen. Letztere bleiben in vollem Umfang dafür verantwortlich, dass die erteilten Auskünfte vollständig, sachlich richtig und nicht irreführend sind.

(5) Die zuständigen Behörden der Mitgliedstaaten erteilen der Kommission auf Verlangen alle ihnen vorliegenden Auskünfte, die sie für die Erfüllung der ihr mit dieser Verordnung übertragenen Aufgaben benötigt.

Art. 22 Befugnis zur Befragung und zur Aufnahme von Aussagen. (1) Die Kommission kann zur Erfüllung ihrer Aufgaben nach dieser Verordnung jede natürliche oder juristische Person befragen, die in die Befragung zum Zweck der Einholung von Informationen, die mit dem Gegenstand einer Untersuchung im Zusammenhang stehen, einwilligt. Die Kommission ist berechtigt, diese Befragungen mit beliebigen technischen Mitteln aufzuzeichnen.

(2) Wird eine Befragung gemäß Absatz 1 dieses Artikels in den Räumlichkeiten eines Unternehmens durchgeführt, so unterrichtet die Kommission die für die Durchsetzung der in Artikel 1 Absatz 6 genannten Vorschriften zuständige nationale Behörde des Mitgliedstaats, in dessen Hoheitsgebiet die Befragung stattfindet. Auf Verlangen dieser Behörde können deren Bedienstete die Bediensteten der Kommission und die anderen von der Kommission ermächtigten Begleitpersonen bei der Durchführung der Befragung unterstützen.

Art. 23 Befugnis zur Durchführung von Nachprüfungen. (1) Die Kommission kann zur Erfüllung ihrer Aufgaben nach dieser Verordnung alle erforderlichen Nachprüfungen bezüglich Unternehmen oder Unternehmensvereinigungen durchführen.

(2) Die mit den Nachprüfungen beauftragten Bediensteten der Kommission und die anderen von ihr ermächtigten Begleitpersonen sind befugt,
a) alle Räumlichkeiten, Grundstücke und Transportmittel der Unternehmen und Unternehmensvereinigungen zu betreten,
b) die Bücher und sonstigen Geschäftsunterlagen, unabhängig davon, in welcher Form sie vorliegen, zu prüfen,
c) Kopien oder Auszüge gleich in welcher Form aus diesen Büchern und Geschäftsunterlagen anzufertigen oder zu verlangen,
d) von dem Unternehmen oder der Unternehmensvereinigung Erläuterungen zu der Organisation, der Funktionsweise, dem IT-System, den Algorithmen, der Datenverwaltung und dem Geschäftsgebaren sowie einen entsprechenden Zugang zu verlangen sowie die abgegebenen Erläuterungen mit beliebigen technischen Mitteln aufzuzeichnen oder zu dokumentieren,

1 DMA
Gesetz über digitale Märkte

e) betriebliche Räumlichkeiten und Bücher oder Unterlagen jeder Art für die Dauer der Nachprüfung in dem hierfür erforderlichen Ausmaß zu versiegeln,
f) von allen Vertretern oder Beschäftigten des Unternehmens oder der Unternehmensvereinigung Erläuterungen zu Fakten oder Unterlagen zu verlangen, die mit Gegenstand und Zweck der Nachprüfung in Zusammenhang stehen, und ihre Antworten mit beliebigen technischen Mitteln zu Protokoll zu nehmen.

(3) Zur Durchführung von Nachprüfungen kann die Kommission die Unterstützung von nach Artikel 26 Absatz 2 benannten Prüfern oder Sachverständigen anfordern sowie die Unterstützung der für die Durchsetzung der in Artikel 1 Absatz 6 genannten Vorschriften zuständigen nationalen Behörde des Mitgliedstaats, in dessen Hoheitsgebiet die Nachprüfung durchgeführt werden soll.

(4) Bei Nachprüfungen können die Kommission und die von ihr benannten Prüfer oder Sachverständigen und die für die Durchsetzung der in Artikel 1 Absatz 6 genannten Vorschriften zuständige nationale Behörde des Mitgliedstaats, in dessen Hoheitsgebiet die Nachprüfung durchgeführt werden soll, von dem Unternehmen oder der Unternehmensvereinigung Erläuterungen zur Organisation, der Funktionsweise, dem IT-System, den Algorithmen, der Datenverwaltung und dem Geschäftsgebaren sowie einen entsprechenden Zugang verlangen. Die Kommission und die von ihr benannten Prüfer oder Sachverständigen und die für die Durchsetzung der in Artikel 1 Absatz 6 genannten Vorschriften zuständige nationale Behörde des Mitgliedstaats, in dessen Hoheitsgebiet die Nachprüfung durchgeführt werden soll, können alle Vertreter oder Beschäftigten des Unternehmens befragen.

(5) Die mit Nachprüfungen beauftragten Bediensteten der Kommission und die anderen von ihr ermächtigten Begleitpersonen üben ihre Befugnisse unter Vorlage eines schriftlichen Auftrags aus, in dem der Gegenstand und der Zweck der Nachprüfung bezeichnet sind und auf die in Artikel 30 vorgesehenen Geldbußen für den Fall hingewiesen wird, dass die angeforderten Bücher oder sonstigen Geschäftsunterlagen nicht vollständig vorgelegt werden oder die Antworten auf die nach den Absätzen 2 und 4 des vorliegenden Artikels gestellten Fragen unrichtig oder irreführend sind. Die Kommission unterrichtet die für die Durchsetzung der in Artikel 1 Absatz 6 genannten Vorschriften zuständige nationale Behörde des Mitgliedstaats, in dessen Hoheitsgebiet die Nachprüfung durchgeführt werden soll, über die Nachprüfung rechtzeitig vor deren Beginn.

(6) Die Unternehmen oder Unternehmensvereinigungen sind verpflichtet, Nachprüfungen zu dulden, die durch einen Beschluss der Kommission angeordnet wurden. In diesem Beschluss werden Gegenstand und Zweck der Nachprüfung genannt, das Datum des Beginns der Nachprüfung festgelegt und auf die in den Artikeln 30 bzw. 31 vorgesehenen Geldbußen und Zwangsgelder sowie auf das Recht hingewiesen, diesen Beschluss vom Gerichtshof überprüfen zu lassen.

Gesetz über digitale Märkte **DMA 1**

(7) Bedienstete der für die Durchsetzung der in Artikel 1 Absatz 6 genannten Vorschriften zuständigen nationalen Behörde des Mitgliedstaats, in dessen Hoheitsgebiet die Nachprüfung durchgeführt werden soll, sowie die von dieser Behörde ermächtigten oder benannten Personen unterstützen auf Ersuchen dieser Behörde oder der Kommission die Bediensteten und die anderen von der Kommission ermächtigten Begleitpersonen aktiv. Sie verfügen hierzu über die in den Absätzen 2 und 4 des vorliegenden Artikels genannten Befugnisse.

(8) Stellen die beauftragten Bediensteten der Kommission und die anderen von ihr ermächtigten Begleitpersonen fest, dass sich ein Unternehmen oder eine Unternehmensvereinigung einer nach Maßgabe dieses Artikels angeordneten Nachprüfung widersetzt, so gewährt der betreffende Mitgliedstaat die erforderliche Unterstützung, gegebenenfalls unter Einsatz von Polizeikräften oder einer entsprechenden vollziehenden Behörde, damit die Bediensteten der Kommission ihren Nachprüfungsauftrag erfüllen können.

(9) Setzt die Amtshilfe nach Absatz 8 dieses Artikels nach nationalen Vorschriften eine gerichtliche Genehmigung voraus, so ist diese von der Kommission oder der für die Durchsetzung der in Artikel 1 Absatz 6 genannten Vorschriften zuständigen nationalen Behörde des Mitgliedstaats oder von von diesen Behörden dazu ermächtigen Bediensteten zu beantragen. Die Genehmigung kann auch vorsorglich beantragt werden.

(10) Wird die in Absatz 9 dieses Artikels genannte Genehmigung beantragt, so überprüft das nationale Gericht, ob der Beschluss der Kommission echt ist und die beantragten Zwangsmaßnahmen weder willkürlich noch, gemessen am Gegenstand der Nachprüfung, unverhältnismäßig sind. Bei der Prüfung der Verhältnismäßigkeit der Zwangsmaßnahmen kann das nationale Gericht die Kommission direkt oder über die für die Durchsetzung der in Artikel 1 Absatz 6 genannten Vorschriften zuständige nationale Behörde des Mitgliedstaats, um ausführliche Erläuterungen ersuchen, insbesondere zu den Gründen, aus denen die Kommission eine Zuwiderhandlung gegen diese Verordnung vermutet, sowie zur Schwere des mutmaßlichen Verstoßes und zur Art der Beteiligung des betreffenden Unternehmens. Das nationale Gericht darf jedoch weder die Notwendigkeit der Nachprüfung in Frage stellen noch Auskünfte aus den Akten der Kommission verlangen. Die Prüfung der Rechtmäßigkeit des Kommissionsbeschlusses ist dem Gerichtshof vorbehalten.

Art. 24 Einstweilige Maßnahmen. Die Kommission kann in dringenden Fällen, wenn die Gefahr eines schweren und nicht wiedergutzumachenden Schadens für gewerbliche Nutzer oder Endnutzer von Torwächtern besteht, auf der Grundlage einer prima facie festgestellten Zuwiderhandlung gegen Artikel 5, 6 oder 7 einen Durchführungsrechtsakt zur Anordnung einstweiliger Maßnahmen gegen einen Torwächter erlassen. Dieser Durchführungsrechtsakt wird ausschließlich im Rahmen eines Verfahrens erlassen, das im Hinblick auf den möglichen Erlass eines Nichteinhaltungsbeschlusses nach Artikel 29 Absatz 1 eingeleitet wurde. Er hat nur eine befristete Geltungsdauer und kann verlängert werden, soweit dies erforderlich und angemessen ist. Dieser Durchführungsrechtsakt wird gemäß dem in Artikel 50 Absatz 2 genannten Beratungsverfahren erlassen.

Art. 25 Verpflichtungszusagen. (1) Bietet der betreffende Torwächter während eines Verfahrens nach Artikel 18 Verpflichtungszusagen in Bezug auf die betreffenden zentralen Plattformdienste an, um die Einhaltung der in den Artikeln 5, 6 und 7 festgelegten Verpflichtungen zu gewährleisten, so kann die Kommission einen Durchführungsrechtsakt erlassen, mit dem diese Verpflichtungszusagen für den Torwächter für bindend erklärt werden, und feststellen, dass für ein Tätigwerden der Kommission kein Anlass mehr besteht. Dieser Durchführungsrechtsakt wird gemäß dem in Artikel 50 Absatz 2 genannten Beratungsverfahren erlassen.

(2) Die Kommission kann das Verfahren auf Antrag oder von Amts wegen per Beschluss wieder aufnehmen, wenn
a) sich der Sachverhalt, auf den sich der Beschluss stützte, in einem wesentlichen Punkt geändert hat,
b) der betreffende Torwächter seine Verpflichtungszusagen nicht einhält,
c) der Beschluss auf unvollständigen, unrichtigen oder irreführenden Angaben der beteiligten Unternehmen beruhte, oder
d) die Verpflichtungszusagen sich nicht als wirksam erweisen.

(3) Ist die Kommission der Auffassung, dass die von dem betreffenden Torwächter angebotenen Verpflichtungszusagen nicht geeignet sind, die wirksame Einhaltung der in den Artikeln 5, 6 und 7 festgelegten Verpflichtungen sicherzustellen, so erläutert sie in dem Beschluss, mit dem das Verfahren abgeschlossen wird, weshalb sie die Verpflichtungszusagen nicht für bindend erklärt.

Art. 26 Überwachung von Verpflichtungen und Maßnahmen. (1) Die Kommission ergreift die erforderlichen Maßnahmen, um die wirksame Umsetzung und Einhaltung der in den Artikeln 5, 6 und 7 genannten Verpflichtungen und der nach den Artikeln 8, 18, 24, 25 und 29 erlassenen Beschlüsse zu überwachen. Zu diesen Maßnahmen kann insbesondere gehören, dass dem Torwächter die Verpflichtung auferlegt wird, alle Dokumente aufzubewahren, die für die Bewertung der Umsetzung und Einhaltung dieser Verpflichtungen und Beschlüsse als relevant erachtet werden.

(2) Die Maßnahmen nach Absatz 1 können die Benennung unabhängiger externer Sachverständiger und Prüfer sowie die Benennung von Bediensteten der zuständigen nationalen Behörden der Mitgliedstaaten umfassen, die die Kommission bei der Überwachung der Verpflichtungen und Maßnahmen unterstützen und ihr mit spezifischem Fachwissen oder Kenntnissen zur Seite stehen.

Art. 27 Informationen von Dritten. (1) Dritte – einschließlich gewerbliche Nutzer, Wettbewerber oder Endnutzer der in dem Benennungsbeschluss gemäß

Gesetz über digitale Märkte **DMA 1**

Artikel 3 Absatz 9 aufgeführten zentralen Plattformdienste sowie ihre Vertreter – können die für die Durchsetzung der in Artikel 1 Absatz 6 genannten Vorschriften zuständige nationale Behörde des Mitgliedstaats oder direkt die Kommission über Praktiken oder Verhaltensweisen von Torwächtern informieren, die in den Anwendungsbereich dieser Verordnung fallen.

(2) Die für die Durchsetzung der in Artikel 1 Absatz 6 genannten Vorschriften zuständige nationale Behörde des Mitgliedstaats und die Kommission können nach freiem Ermessen über geeignete Maßnahmen entscheiden und sind in keiner Weise verpflichtet, Folgemaßnahmen zu den erhaltenen Informationen zu ergreifen.

(3) Kommt die für die Durchsetzung der in Artikel 1 Absatz 6 genannten Vorschriften zuständige nationale Behörde des Mitgliedstaats auf der Grundlage der nach Absatz 1 des vorliegenden Artikels erhaltenen Informationen zu dem Schluss, dass möglicherweise eine Nichteinhaltung dieser Verordnung vorliegt, so übermittelt sie diese Informationen der Kommission.

Art. 28 Compliance-Funktion. (1) Torwächter führen eine Compliance-Funktion ein, die unabhängig von den operativen Funktionen des Torwächters ist und aus einem oder mehreren Compliance-Beauftragten besteht, einschließlich des Leiters der Compliance-Funktion.

(2) Der Torwächter stellt sicher, dass die in Absatz 1 genannte Compliance-Funktion über ausreichend Befugnisse, Status und Ressourcen sowie über Zugang zum Leitungsorgan des Torwächters verfügt, um die Einhaltung dieser Verordnung durch den Torwächter zu überwachen.

(3) Das Leitungsorgan des Torwächters stellt sicher, dass die nach Absatz 1 benannten Compliance-Beauftragten über die zur Erfüllung der in Absatz 5 genannten Aufgaben erforderlichen beruflichen Qualifikationen, Kenntnisse, Erfahrungen und Fähigkeiten verfügen.

Das Leitungsorgan des Torwächters stellt ferner sicher, dass es sich beim Leiter der Compliance-Funktion um eine unabhängige Führungskraft handelt, die eigens für die Compliance-Funktion zuständig ist.

(4) Der Leiter der Compliance-Funktion untersteht direkt dem Leitungsorgan des Torwächters und kann Bedenken äußern und dieses Organ warnen, falls die Gefahr einer Nichteinhaltung dieser Verordnung besteht, unbeschadet der Zuständigkeiten des Leitungsorgans in seinen Aufsichts- und Leitungsfunktionen.

Der Leiter der Compliance-Funktion darf nicht ohne vorherige Zustimmung des Leitungsorgans des Torwächters abgelöst werden.

(5) Die vom Torwächter gemäß Absatz 1 ernannten Compliance-Beauftragten haben folgende Aufgaben:
a) Organisation, Überwachung und Beaufsichtigung der Maßnahmen und Tätigkeiten des Torwächters, mit denen die Einhaltung dieser Verordnung sichergestellt werden soll;

b) Information und Beratung des Managements und der Mitarbeiter des Torwächters über die einschlägigen Verpflichtungen aus dieser Verordnung;
c) gegebenenfalls Überwachung der Einhaltung der gemäß Artikel 25 für bindend erklärten Verpflichtungszusagen, unbeschadet der Möglichkeit der Kommission, gemäß Artikel 26 Absatz 2 unabhängige externe Sachverständige zu benennen;
d) Zusammenarbeit mit der Kommission für die Zwecke dieser Verordnung.

(6) Die Torwächter teilen der Kommission den Namen und die Kontaktdaten des Leiters der Compliance-Funktion mit.

(7) Das Leitungsorgan des Torwächters übernimmt die Festlegung, Beaufsichtigung und Haftung der bzw. für die Umsetzung der Unternehmensführungsregelungen des Torwächters, die für die Unabhängigkeit der Compliance-Funktion sorgen, einschließlich der Kompetenzaufteilung in der Organisation des Torwächters und der Vermeidung von Interessenkonflikten.

(8) Das Leitungsorgan billigt und überprüft regelmäßig, mindestens jedoch einmal jährlich, die Strategien und Maßnahmen für das Angehen, das Management und die Überwachung der Einhaltung dieser Verordnung.

(9) Das Leitungsorgan widmet dem Management und der Überwachung der Einhaltung dieser Verordnung ausreichend Zeit. Es beteiligt sich aktiv an den Entscheidungen im Zusammenhang mit dem Management und der Durchsetzung dieser Verordnung und sorgt dafür, dass angemessene Ressourcen dafür zugewiesen werden.

Art. 29 Nichteinhaltung. (1) Die Kommission erlässt einen Durchführungsrechtsakt, in dem ihre Feststellung der Nichteinhaltung dargelegt wird (im Folgenden „Nichteinhaltungsbeschluss"), wenn sie feststellt, dass ein Torwächter
a) eine der in den Artikeln 5, 6 oder 7 genannten Verpflichtungen nicht erfüllt,
b) den von der Kommission durch einen nach Artikel 8 Absatz 2 erlassenen Beschluss festgelegten Maßnahmen nicht nachkommt,
c) nach Artikel 18 Absatz 1 verhängten Abhilfemaßnahmen nicht nachkommt,
d) nach Artikel 24 angeordneten einstweiligen Maßnahmen nicht nachkommt, oder
e) Verpflichtungszusagen, die nach Artikel 25 für bindend erklärt wurden, nicht einhält.

Dieser Durchführungsrechtsakt wird gemäß dem in Artikel 50 Absatz 2 genannten Beratungsverfahren erlassen.

(2) Die Kommission bemüht sich, ihren Nichteinhaltungsbeschluss innerhalb von zwölf Monaten nach Einleitung des Verfahrens gemäß Artikel 20 zu erlassen.

(3) Vor Erlass des Nichteinhaltungsbeschlusses teilt die Kommission dem betreffenden Torwächter ihre vorläufige Beurteilung mit. In dieser vorläufigen

Gesetz über digitale Märkte **DMA 1**

Beurteilung erläutert die Kommission, welche Maßnahmen sie zu ergreifen beabsichtigt bzw. der Torwächter ergreifen sollte, um der vorläufigen Beurteilung wirksam Rechnung zu tragen.

(4) Die Kommission kann Dritte konsultieren, wenn sie beabsichtigt, einen Nichteinhaltungsbeschluss zu erlassen.

(5) In dem Nichteinhaltungsbeschluss fordert die Kommission den Torwächter auf, die Nichteinhaltung innerhalb einer angemessenen Frist abzustellen und zu erläutern, wie er diesem Beschluss nachzukommen gedenkt.

(6) Der Torwächter übermittelt der Kommission eine Beschreibung der Maßnahmen, die er ergriffen hat, um die Einhaltung des Nichteinhaltungsbeschlusses sicherzustellen.

(7) Entscheidet die Kommission, keinen Nichteinhaltungsbeschluss zu erlassen, so schließt sie das Verfahren im Wege eines Beschlusses ab.

Art. 30 Geldbußen. (1) In ihrem Nichteinhaltungsbeschluss kann die Kommission gegen den betreffenden Torwächter Geldbußen bis zu einem Höchstbetrag von 10 % seines im vorausgegangenen Geschäftsjahr weltweit erzielten Gesamtumsatzes verhängen, wenn sie feststellt, dass der Torwächter vorsätzlich oder fahrlässig
a) eine der in den Artikeln 5, 6 und 7 genannten Verpflichtungen nicht erfüllt,
b) den von der Kommission durch einen nach Artikel 8 Absatz 2 erlassenen Beschluss festgelegten Maßnahmen nicht nachkommt,
c) nach Artikel 18 Absatz 1 verhängten Abhilfemaßnahmen nicht nachkommt,
d) nach Artikel 24 angeordneten einstweiligen Maßnahmen nicht nachkommt, oder
e) Verpflichtungszusagen, die nach Artikel 25 für bindend erklärt wurden, nicht einhält.

(2) Ungeachtet des Absatzes 1 dieses Artikels kann die Kommission im Nichteinhaltungsbeschluss gegen einen Torwächter Geldbußen in Höhe von bis zu 20 % seines im vorausgegangenen Geschäftsjahr weltweit erzielten Gesamtumsatzes verhängen, wenn sie feststellt, dass der Torwächter eine identische oder ähnliche Zuwiderhandlung gegen eine in Artikel 5, 6 oder 7 festgelegte Verpflichtung in Bezug auf denselben zentralen Plattformdienst begangen hat wie eine bereits im Wege eines in den vorangegangenen acht Jahren erlassenen Nichteinhaltungsbeschlusses festgestellte von ihm begangene Zuwiderhandlung.

(3) Die Kommission kann einen Beschluss erlassen, mit dem gegen Unternehmen, einschließlich gegebenenfalls Torwächter, und Unternehmensvereinigungen Geldbußen bis zu einem Höchstbetrag von 1 % ihres im vorausgegangenen Geschäftsjahr weltweit erzielten Gesamtumsatzes verhängt werden, wenn sie vorsätzlich oder fahrlässig
a) die für die Beurteilung ihrer Benennung als Torwächter nach Artikel 3 erforderlichen Auskünfte nicht innerhalb der gesetzten Frist erteilen oder unrichtige, unvollständige oder irreführende Angaben machen,

b) der Verpflichtung zur Mitteilung an die Kommission gemäß Artikel 3 Absatz 3 nicht nachkommen,
c) die nach Artikel 14 erforderlichen Auskünfte nicht erteilen oder unrichtige, unvollständige oder irreführende Angaben machen,
d) die nach Artikel 15 erforderliche Beschreibung nicht übermitteln oder unrichtige, unvollständige oder irreführende Angaben machen,
e) als Antwort auf einen Antrag nach Artikel 21 Absatz 3 den verlangten Zugang zu Daten, Algorithmen und Informationen über Tests nicht erteilen,
f) die nach Artikel 21 Absatz 3 verlangten Angaben nicht innerhalb der gesetzten Frist erteilen oder unrichtige, unvollständige oder irreführende Angaben und Erläuterungen machen, die nach Artikel 21 verlangt wurden oder im Rahmen einer Befragung nach Artikel 22 gegeben wurden;
g) unrichtige, unvollständige oder irreführende Angaben eines Vertreters oder Beschäftigten des Unternehmens nicht innerhalb der von der Kommission gesetzten Frist berichtigen oder in Bezug auf Sachverhalte, die mit dem Gegenstand und dem Zweck einer Nachprüfung nach Artikel 23 im Zusammenhang stehen, keine vollständigen Auskünfte erteilen oder die Erteilung vollständiger Auskünfte verweigern,
h) eine Nachprüfung nach Artikel 23 nicht dulden,
i) die von der Kommission gemäß Artikel 26 verhängten Verpflichtungen nicht einhalten,
j) eine Compliance-Funktion gemäß Artikel 28 nicht einführen, oder
k) die Bedingungen für die Einsicht in die Akten der Kommission gemäß Artikel 34 Absatz 4 nicht erfüllen.

(4) Bei der Festsetzung der Höhe einer Geldbuße berücksichtigt die Kommission die Schwere, die Dauer und eine etwaige Wiederholung der Zuwiderhandlung sowie bei nach Absatz 3 verhängten Geldbußen die im Verfahren verursachte Verzögerung.

(5) Wird gegen eine Unternehmensvereinigung eine Geldbuße unter Berücksichtigung des weltweit erzielten Umsatzes ihrer Mitglieder verhängt und ist diese Unternehmensvereinigung selbst nicht zahlungsfähig, so ist sie verpflichtet, von ihren Mitgliedern Beiträge zur Deckung des Betrags dieser Geldbuße zu fordern.

Werden diese Beiträge innerhalb einer von der Kommission gesetzten Frist nicht geleistet, so kann die Kommission die Zahlung der Geldbuße unmittelbar von jedem Unternehmen verlangen, dessen Vertreter Mitglieder in den betreffenden Entscheidungsgremien dieser Unternehmensvereinigung waren.

Nachdem die Kommission die Zahlung nach Unterabsatz 2 verlangt hat, kann sie die Zahlung des Restbetrags von jedem Mitglied der Unternehmensvereinigung verlangen, soweit dies für die vollständige Zahlung der Geldbuße erforderlich ist.

Die Kommission darf jedoch Zahlungen nach Unterabsatz 2 oder 3 nicht von Unternehmen verlangen, die nachweisen, dass sie den Beschluss der Unterneh-

Gesetz über digitale Märkte

mensvereinigung, mit dem gegen diese Verordnung verstoßen wurde, nicht umgesetzt haben und entweder von dessen Existenz keine Kenntnis hatten oder sich aktiv davon distanziert haben, noch ehe die Kommission das Verfahren nach Artikel 20 eingeleitet hat.

Die finanzielle Haftung eines Unternehmens für die Zahlung der Geldbuße darf 20 % seines im vorausgegangenen Geschäftsjahr weltweit erzielten Gesamtumsatzes nicht übersteigen.

Art. 31 Zwangsgelder. (1) Die Kommission kann einen Beschluss erlassen, mit dem gegen Unternehmen, einschließlich gegebenenfalls Torwächter, und Unternehmensvereinigungen tägliche Zwangsgelder bis zu einem Höchstbetrag von 5 % des im vorausgegangenen Geschäftsjahr weltweit erzielten durchschnittlichen Tagesumsatzes, berechnet ab dem im Beschluss genannten Tag, verhängt werden, um sie dazu zu zwingen,
a) den von der Kommission durch einen nach Artikel 8 Absatz 2 erlassenen Beschluss festgelegten Maßnahmen nachzukommen,
b) einem Beschluss nach Artikel 18 Absatz 1 nachzukommen,
c) in Beantwortung eines im Wege eines Beschlusses nach Artikel 21 ergangenen Auskunftsverlangens innerhalb der gesetzten Frist richtige und vollständige Auskünfte zu erteilen,
d) den Zugang zu Daten, Algorithmen und Informationen über Tests als Antwort auf einen Antrag nach Artikel 21 Absatz 3 zu gewährleisten und diesbezügliche Erläuterungen zu geben, wie in einem Beschluss nach Artikel 21 verlangt,
e) eine Nachprüfung zu dulden, die mit einem Beschluss nach Artikel 23 angeordnet wurde,
f) einem nach Artikel 24 erlassenen Beschluss zur Anordnung einstweiliger Maßnahmen nachzukommen,
g) per Beschluss nach Artikel 25 Absatz 1 für bindend erklärte Verpflichtungszusagen einzuhalten, oder
h) einem Beschluss nach Artikel 29 Absatz 1 nachzukommen.

(2) Sind die Unternehmen oder Unternehmensvereinigungen der Verpflichtung nachgekommen, die mit dem Zwangsgeld durchgesetzt werden sollte, so kann die Kommission einen Durchführungsrechtsakt erlassen, mit dem die endgültige Höhe des Zwangsgelds auf einen niedrigeren Betrag festgesetzt wird als den, der sich aus dem ursprünglichen Beschluss ergeben würde. Dieser Durchführungsrechtsakt wird gemäß dem in Artikel 50 Absatz 2 genannten Beratungsverfahren erlassen.

Art. 32 Verjährungsfrist für die Verhängung von Sanktionen. (1) Für die der Kommission mit den Artikeln 30 und 31 übertragenen Befugnisse gilt eine Verjährungsfrist von fünf Jahren.

(2) Die Frist läuft ab dem Tag, an dem die Zuwiderhandlung begangen worden ist. Im Fall andauernder oder wiederholter Zuwiderhandlungen läuft die Frist jedoch erst ab dem Tag, an dem die Zuwiderhandlung beendet wird.

(3) Jede Handlung der Kommission zum Zwecke einer Marktuntersuchung oder Verfolgung einer Zuwiderhandlung unterbricht die Verjährungsfrist für die Verhängung von Geldbußen oder Zwangsgeldern. Die Unterbrechung tritt mit dem Tag ein, an dem die Handlung mindestens einem an der Zuwiderhandlung beteiligten Unternehmen oder einer beteiligten Unternehmensvereinigung bekannt gegeben wird. Die Verjährung wird unter anderem unterbrochen durch
a) Auskunftsverlangen der Kommission,
b) schriftliche Nachprüfungsaufträge, die die Kommission ihren Bediensteten erteilt hat,
c) die Einleitung eines Verfahrens nach Artikel 20 durch die Kommission.

(4) Nach jeder Unterbrechung beginnt die Frist von Neuem. Die Verjährung tritt jedoch spätestens mit dem Tag ein, an dem die doppelte Verjährungsfrist verstrichen ist, ohne dass die Kommission eine Geldbuße oder ein Zwangsgeld verhängt hat. Diese Frist verlängert sich um den Zeitraum, in dem die Verjährung nach Absatz 5 ruht.

(5) Die Verjährungsfrist für die Verhängung von Geldbußen oder Zwangsgeldern ruht, solange zu dem Beschluss der Kommission ein Verfahren vor dem Gerichtshof anhängig ist.

Art. 33 Verjährungsfrist für die Durchsetzung von Sanktionen. (1) Für die Befugnis der Kommission zur Durchsetzung von nach Artikel 30 oder Artikel 31 erlassenen Beschlüssen gilt eine Verjährungsfrist von fünf Jahren.

(2) Die Frist läuft ab dem Tag, an dem der Beschluss rechtskräftig wird.

(3) Die Verjährungsfrist für die Durchsetzung von Sanktionen wird unterbrochen durch
a) die Bekanntgabe eines Beschlusses, durch den der ursprüngliche Betrag der Geldbuße oder des Zwangsgelds geändert oder ein Antrag auf eine solche Änderung abgelehnt wird, oder
b) jede auf zwangsweise Beitreibung der Geldbuße oder des Zwangsgelds gerichtete Maßnahme der Kommission oder eines Mitgliedstaats, der auf Ersuchen der Kommission handelt.

(4) Nach jeder Unterbrechung beginnt die Frist von Neuem.

(5) Die Verjährungsfrist für die Durchsetzung von Sanktionen ruht, solange
a) eine Zahlungsfrist bewilligt ist oder
b) die Zwangsvollstreckung durch eine Entscheidung des Gerichtshofs oder eine Entscheidung eines nationalen Gerichts ausgesetzt ist.

Art. 34 Anspruch auf rechtliches Gehör und Recht auf Akteneinsicht.
(1) Vor Erlass eines Beschlusses nach Artikel 8, Artikel 9 Absatz 1, Artikel 10 Absatz 1, den Artikeln 17, 18, 24, 25, 29, 30 oder Artikel 31 Absatz 2 gibt die Kommission dem Torwächter oder dem betreffenden Unternehmen bzw. der betreffenden Unternehmensvereinigung Gelegenheit, sich zu Folgendem zu äußern:

Gesetz über digitale Märkte **DMA 1**

a) der vorläufigen Beurteilung der Kommission, einschließlich der Beschwerdepunkte, und
b) den Maßnahmen, die die Kommission in Anbetracht der vorläufigen Beurteilung nach Buchstabe a dieses Absatzes zu treffen beabsichtigt.

(2) Der Torwächter, das Unternehmen oder die Unternehmensvereinigung kann der Kommission seine bzw. ihre Stellungnahme zu der vorläufigen Beurteilung der Kommission innerhalb einer von der Kommission in ihrer vorläufigen Beurteilung festgesetzten Frist, die mindestens 14 Tage betragen muss, übermitteln.

(3) Die Kommission stützt ihre Beschlüsse nur auf vorläufige Beurteilungen, einschließlich der Beschwerdepunkte, zu denen sich der Torwächter, das Unternehmen bzw. die Unternehmensvereinigung äußern konnte.

(4) Die Verteidigungsrechte des Torwächters, des Unternehmens oder der Unternehmensvereinigung müssen während des Verfahrens in vollem Umfang gewahrt werden. Der Torwächter, das Unternehmen oder die Unternehmensvereinigung hat vorbehaltlich des berechtigten Interesses von Unternehmen an der Wahrung ihrer Geschäftsgeheimnisse das Recht auf Einsicht in die Akte der Kommission im Rahmen der Offenlegungsbedingungen. Im Falle von Meinungsverschiedenheiten zwischen den Parteien kann die Kommission Beschlüsse erlassen, in denen diese Offenlegungsbedingungen festgelegt werden. Von der Einsicht in die Akte der Kommission ausgenommen sind vertrauliche Informationen sowie interne Schriftstücke der Kommission und der zuständigen Behörden der Mitgliedstaaten. Insbesondere die Korrespondenz zwischen der Kommission und den zuständigen Behörden der Mitgliedstaaten ist von der Akteneinsicht ausgenommen. Dieser Absatz steht der Offenlegung und Nutzung der für den Nachweis einer Zuwiderhandlung notwendigen Informationen durch die Kommission in keiner Weise entgegen.

Art. 35 Jährliche Berichterstattung. (1) Die Kommission übermittelt dem Europäischen Parlament und dem Rat einen jährlichen Bericht über die Umsetzung dieser Verordnung und die Fortschritte bei der Erreichung ihrer Ziele.

(2) Der in Absatz 1 genannte Bericht enthält Folgendes:
a) eine Zusammenfassung der Tätigkeiten der Kommission, einschließlich etwaiger angenommener Maßnahmen oder Beschlüsse und laufender Marktuntersuchungen im Zusammenhang mit dieser Verordnung;
b) die Ergebnisse aus der Überwachung der Umsetzung der Verpflichtungen nach dieser Verordnung durch die Torwächter;
c) eine Bewertung der in Artikel 15 genannten geprüften Beschreibung;
d) eine Übersicht über die Zusammenarbeit zwischen der Kommission und den nationalen Behörden im Zusammenhang mit dieser Verordnung;
e) eine Übersicht über die Tätigkeiten und Aufgaben der hochrangigen Gruppe digitaler Regulierungsbehörden, einschließlich der Art und Weise, wie ihre Empfehlungen bezüglich der Durchsetzung dieser Verordnung umzusetzen sind.

(3) Die Kommission veröffentlicht den Bericht auf ihrer Internetseite.

Art. 36 Berufsgeheimnis. (1) Die nach dieser Verordnung erhobenen Informationen werden für die Zwecke dieser Verordnung verwendet.

(2) Die gemäß Artikel 14 erhobenen Informationen werden für die Zwecke dieser Verordnung, der Verordnung (EG) Nr. 139/2004 und der nationalen Fusionskontrollvorschriften verwendet.

(3) Die gemäß Artikel 15 erhobenen Informationen werden für die Zwecke dieser Verordnung und der Verordnung (EU) 2016/679 verwendet.

(4) Unbeschadet des Austauschs und der Verwendung der Informationen, die für die in den Artikeln 38, 39, 41 und 43 genannten Zwecke bereitgestellt werden, dürfen die Kommission, die zuständigen Behörden der Mitgliedstaaten und ihre Beamten, Bediensteten und andere unter ihrer Aufsicht tätige Personen sowie sonstige beteiligte natürliche oder juristische Personen einschließlich der nach Artikel 26 Absatz 2 benannten Prüfer und Sachverständigen keine Informationen preisgeben, die sie im Rahmen der Anwendung dieser Verordnung erlangt oder ausgetauscht haben und die ihrem Wesen nach unter das Berufsgeheimnis fallen.

Art. 37 Zusammenarbeit mit nationalen Behörden. (1) Die Kommission und die Mitgliedstaaten arbeiten eng zusammen und koordinieren ihre Durchsetzungsmaßnahmen, um eine kohärente, wirksame und komplementäre Durchsetzung von Rechtsinstrumenten, die auf Torwächter im Sinne dieser Verordnung angewendet werden, zu gewährleisten.

(2) Die Kommission kann soweit erforderlich nationale Behörden zu allen Angelegenheiten im Zusammenhang mit der Anwendung dieser Verordnung konsultieren.

Art. 38 Zusammenarbeit und Koordinierung mit für die Durchsetzung von Wettbewerbsvorschriften zuständigen nationalen Behörden. (1) Die Kommission und die für die Durchsetzung der in Artikel 1 Absatz 6 genannten Vorschriften zuständigen nationalen Behörden der Mitgliedstaaten arbeiten zusammen und unterrichten einander über das Europäische Wettbewerbsnetz (ECN) über ihre jeweiligen Durchsetzungsmaßnahmen. Sie sind befugt, einander alle Informationen über tatsächliche oder rechtliche Umstände, einschließlich vertraulicher Informationen, mitzuteilen. Ist die zuständige Behörde nicht Mitglied des ECN, so trifft die Kommission die erforderlichen Vorkehrungen für die Zusammenarbeit und den Informationsaustausch in Fällen im Zusammenhang mit der Durchsetzung dieser Verordnung und der Durchsetzung der in Artikel 1 Absatz 6 genannten Fälle durch diese Behörden. Die Kommission kann diese Vorkehrungen in einem Durchführungsrechtsakt gemäß Artikel 46 Absatz 1 Buchstabe l festlegen.

(2) Beabsichtigt eine für die Durchsetzung der in Artikel 1 Absatz 6 genannten Vorschriften zuständige nationale Behörde eines Mitgliedstaats eine Untersuchung von Torwächtern auf der Grundlage der in Artikel 1 Absatz 6 genannten nationalen Rechtsvorschriften einzuleiten, so unterrichtet sie die Kommis-

sion vor oder unmittelbar nach dem Beginn einer solchen Maßnahme schriftlich über die erste förmliche Untersuchungsmaßnahme. Diese Informationen können auch den für die Durchsetzung der in Artikel 1 Absatz 6 genannten Vorschriften zuständigen nationalen Behörden der anderen Mitgliedstaaten zur Verfügung gestellt werden.

(3) Beabsichtigt eine für die Durchsetzung der in Artikel 1 Absatz 6 genannten Vorschriften zuständige nationale Behörde eines Mitgliedstaats, Torwächtern Verpflichtungen aufzuerlegen, die sich auf die in Artikel 1 Absatz 6 genannten nationalen Rechtsvorschriften stützen, so teilt sie der Kommission den Entwurf der Maßnahme spätestens 30 Tage vor deren Erlass unter Angabe der Gründe für die Maßnahme mit. Im Falle einstweiliger Maßnahmen teilt die für die Durchsetzung der in Artikel 1 Absatz 6 genannten Vorschriften zuständige nationale Behörde eines Mitgliedstaats der Kommission einen Entwurf der beabsichtigten Maßnahmen so bald wie möglich und spätestens unmittelbar nach dem Erlass dieser Maßnahmen mit. Diese Informationen können auch den für die Durchsetzung der in Artikel 1 Absatz 6 genannten Vorschriften zuständigen nationalen Behörden der anderen Mitgliedstaaten zur Verfügung gestellt werden.

(4) Die in den Absätzen 2 und 3 vorgesehenen Informationsmechanismen gelten nicht für beabsichtigte Beschlüsse gemäß den nationalen Fusionskontrollvorschriften.

(5) Die gemäß den Absätzen 1 bis 3 dieses Artikels ausgetauschten Informationen dürfen ausschließlich für die Zwecke der Koordinierung der Durchsetzung dieser Verordnung und der in Artikel 1 Absatz 6 genannten Vorschriften ausgetauscht und verwendet werden.

(6) Die Kommission kann die für die Durchsetzung der in Artikel 1 Absatz 6 genannten Vorschriften zuständigen nationalen Behörden der Mitgliedstaaten ersuchen, ihre Marktuntersuchungen gemäß dieser Verordnung zu unterstützen.

(7) Eine für die Durchsetzung der in Artikel 1 Absatz 6 genannten Vorschriften zuständige nationale Behörde eines Mitgliedstaats kann bei einer möglichen Nichteinhaltung der Artikel 5, 6 und 7 dieser Verordnung von Amts wegen eine Untersuchung in ihrem Hoheitsgebiet durchführen, wenn sie nach nationalem Recht hierfür zuständig ist und entsprechende Untersuchungsbefugnisse besitzt. Bevor sie eine erste förmliche Untersuchungsmaßnahme ergreift, unterrichtet sie die Kommission schriftlich.

Die Einleitung eines Verfahrens durch die Kommission nach Artikel 20 entbindet die für die Durchsetzung der in Artikel 1 Absatz 6 genannten Vorschriften zuständigen nationalen Behörden der Mitgliedstaaten von der Möglichkeit, eine solche Untersuchung durchzuführen, oder beendet eine solche Untersuchung, wenn sie bereits läuft. Diese Behörden erstatten der Kommission Bericht über die Ergebnisse dieser Untersuchung, um die Kommission in ihrer Rolle als alleinige Durchsetzungsbehörde dieser Verordnung zu unterstützen.

Art. 39 Zusammenarbeit mit nationalen Gerichten. (1) Im Rahmen von Verfahren zur Anwendung dieser Verordnung können die nationalen Gerichte die Kommission um die Übermittlung von Informationen, die sich in ihrem Besitz befinden, oder um Stellungnahmen zu Fragen im Zusammenhang mit der Anwendung dieser Verordnung bitten.

(2) Die Mitgliedstaaten übermitteln der Kommission eine Kopie jedes schriftlichen Urteils eines nationalen Gerichtes betreffend die Anwendung dieser Verordnung. Die betreffende Kopie wird unverzüglich übermittelt, nachdem das vollständige schriftliche Urteil den Parteien zugestellt wurde.

(3) Wenn die kohärente Anwendung dieser Verordnung dies erfordert, kann die Kommission von Amts wegen den nationalen Gerichten eine schriftliche Stellungnahme übermitteln. Sie kann mit Erlaubnis des betreffenden Gerichts auch mündlich Stellung nehmen.

(4) Die Kommission kann ausschließlich für die Ausarbeitung ihrer Stellungnahmen das betreffende nationale Gericht ersuchen, ihr alle zur Beurteilung des Falls notwendigen Schriftstücke zu übermitteln oder für deren Übermittlung zu sorgen.

(5) Die nationalen Gerichte erlassen keine Entscheidungen, die einem von der Kommission nach dieser Verordnung erlassenen Beschluss zuwiderlaufen. Sie vermeiden es auch, Entscheidungen zu erlassen, die einer Entscheidung zuwiderlaufen, die die Kommission in einem von ihr nach dieser Verordnung eingeleiteten Verfahren zu erlassen beabsichtigt. Zu diesem Zweck kann das nationale Gericht prüfen, ob es notwendig ist, das vor ihm anhängige Verfahren auszusetzen. Dies berührt nicht die Möglichkeit nationaler Gerichte, gemäß Artikel 267 AEUV um eine Vorabentscheidung zu ersuchen.

Art. 40 Hochrangige Gruppe. (1) Die Kommission richtet eine hochrangige Gruppe für das Gesetz über digitale Märkte (im Folgenden „hochrangige Gruppe") ein.

(2) Die hochrangige Gruppe setzt sich aus den folgenden europäischen Gremien und Netzwerken zusammen:
a) Gremium europäischer Regulierungsstellen für elektronische Kommunikation;
b) Europäischer Datenschutzbeauftragter und Europäischer Datenschutzausschuss;
c) Europäisches Wettbewerbsnetz;
d) Netzwerk für die Zusammenarbeit im Verbraucherschutz;
e) Gruppe europäischer Regulierungsstellen für audiovisuelle Mediendienste.

(3) Die in Absatz 2 genannten europäischen Gremien und Netzwerke verfügen jeweils über die gleiche Zahl von Vertretern in der hochrangigen Gruppe. Die Gesamtzahl der Mitglieder der hochrangigen Gruppe darf 30 nicht überschreiten.

(4) Die Kommission stellt Sekretariatsdienste für die hochrangige Gruppe bereit, um ihre Arbeit zu erleichtern. Die Kommission führt den Vorsitz der

Gesetz über digitale Märkte **DMA 1**

hochrangigen Gruppe und nimmt an ihren Sitzungen teil. Die hochrangige Gruppe tagt mindestens einmal pro Kalenderjahr auf Ersuchen der Kommission. Die Kommission beruft ferner eine Sitzung der Gruppe ein, wenn dies von einer Mehrheit der Mitglieder der Gruppe beantragt wird, um eine spezifische Frage zu erörtern.

(5) Die hochrangige Gruppe kann der Kommission Beratung und Fachwissen in den Bereichen, die in die Zuständigkeit ihrer Mitglieder fallen, bereitstellen; dazu gehören unter anderem:
a) Beratung und Empfehlungen innerhalb ihres Fachbereichs, die für alle allgemeinen Fragen im Zusammenhang mit der Anwendung oder Durchsetzung dieser Verordnung von Belang sind; oder
b) Beratung und Fachwissen zur Förderung eines einheitlichen Regulierungsansatzes in Bezug auf verschiedene Regulierungsinstrumente.

(6) Die hochrangige Gruppe kann insbesondere die bestehenden und potenziellen Wechselwirkungen zwischen dieser Verordnung und den sektorspezifischen Vorschriften, die von den nationalen Behörden, aus denen die in Absatz 2 genannten europäischen Gremien und Netzwerke zusammengesetzt sind, angewandt werden, ermitteln und beurteilen und der Kommission einen jährlichen Bericht vorlegen, in dem diese Beurteilung dargelegt wird und potenzielle regulierungsübergreifende Fragen ermittelt werden. Diesem Bericht können Empfehlungen beigefügt werden, die auf einheitliche fachübergreifende Ansätze und Synergien zwischen der Anwendung dieser Verordnung und anderer sektorspezifischer Vorschriften abzielen. Der Bericht wird dem Europäischen Parlament und dem Rat übermittelt.

(7) Im Kontext von Marktuntersuchungen in Bezug auf neue Dienste und neue Praktiken kann die hochrangige Gruppe der Kommission Fachwissen zur Notwendigkeit der Änderung, Ergänzung oder Streichung von Bestimmungen dieser Verordnung bereitstellen, damit sichergestellt wird, dass die digitalen Märkte in der gesamten Union bestreitbar und fair sind.

Art. 41 Ersuchen um Einleitung einer Marktuntersuchung. (1) Drei oder mehr Mitgliedstaaten können die Kommission ersuchen, eine Marktuntersuchung nach Artikel 17 einzuleiten, weil ihres Erachtens hinreichende Gründe dafür sprechen, dass ein Unternehmen als Torwächter benannt werden sollte.

(2) Ein oder mehrere Mitgliedstaaten können die Kommission ersuchen, eine Marktuntersuchung nach Artikel 18 einzuleiten, weil ihres Erachtens hinreichende Gründe dafür sprechen, dass ein Torwächter eine oder mehrere der in den Artikeln 5, 6 und 7 festgelegten Verpflichtungen systematisch nicht einhält und seine Torwächter-Position im Hinblick auf die in Artikel 3 Absatz 1 genannten Anforderungen beibehalten, gestärkt oder ausgeweitet hat.

(3) Drei oder mehr Mitgliedstaaten können die Kommission ersuchen, eine Marktuntersuchung nach Artikel 19 durchzuführen, weil ihres Erachtens hinreichende Gründe dafür sprechen, dass

a) ein oder mehrere Dienste des digitalen Sektors in die Liste der zentralen Plattformdienste nach Artikel 2 Nummer 2 aufgenommen werden sollten oder
b) eine oder mehrere Praktiken nicht wirksam durch diese Verordnung angegangen werden und die Bestreitbarkeit zentraler Plattformdienste beschränken oder unfair sein könnten.

(4) Die Mitgliedstaaten legen Belege zur Untermauerung ihres Ersuchens nach den Absätzen 1, 2 und 3 vor. Bei Ersuchen nach Absatz 3 können diese Belege Informationen über neu eingeführte Angebote von Produkten, Diensten, Software oder Merkmalen umfassen, die Bedenken hinsichtlich der Bestreitbarkeit oder Fairness aufwerfen, unabhängig davon, ob sie im Zusammenhang mit bestehenden zentralen Plattformdiensten oder auf andere Weise umgesetzt werden.

(5) Innerhalb von vier Monaten nach Erhalt eines Ersuchens gemäß diesem Artikel prüft die Kommission, ob hinreichende Gründe dafür sprechen, eine Marktuntersuchung nach den Absätzen 1, 2 oder 3 einzuleiten. Die Kommission veröffentlicht die Ergebnisse ihrer Bewertung.

Art. 42 Verbandsklagen. Richtlinie (EU) 2020/1828 findet Anwendung auf Verbandsklagen gegen Zuwiderhandlungen durch Torwächter gegen Bestimmungen dieser Verordnung, die die Kollektivinteressen der Verbraucher beeinträchtigen oder zu beeinträchtigen drohen.

Art. 43 Meldung von Verstößen und Schutz von Hinweisgebern. Für die Meldung von Verstößen gegen diese Verordnung und den Schutz von Personen, die solche Verstöße melden, gilt die Richtlinie (EU) 2019/1937.

KAPITEL VI

SCHLUSSBESTIMMUNGEN

Art. 44 Veröffentlichung von Beschlüssen. (1) Die Kommission veröffentlicht die Beschlüsse, die sie nach Artikel 3, Artikel 4, Artikel 8 Absatz 2, Artikel 9, Artikel 10, Artikel 16 bis 20, Artikel 24, Artikel 25 Absatz 1, Artikel 29, Artikel 30 und Artikel 31 erlässt. In dieser Veröffentlichung sind die Namen der beteiligten Unternehmen und der wesentliche Inhalt des Beschlusses, einschließlich der gegebenenfalls verhängten Sanktionen, anzugeben.

(2) Bei der Veröffentlichung ist dem berechtigten Interesse der Torwächter oder Dritter am Schutz ihrer vertraulichen Informationen Rechnung zu tragen.

Art. 45 Ermessensnachprüfung durch den Gerichtshof. Nach Artikel 261 AEUV hat der Gerichtshof die Befugnis zu unbeschränkter Ermessensnachprüfung von Beschlüssen, mit denen die Kommission Geldbußen oder

Gesetz über digitale Märkte **DMA 1**

Zwangsgelder verhängt hat. Er kann die verhängten Geldbußen oder Zwangsgelder aufheben, herabsetzen oder erhöhen.

Art. 46 Durchführungsvorschriften. (1) Die Kommission kann Durchführungsrechtsakte zur Festlegung detaillierter Regelungen für die Anwendung von Folgendem erlassen:
a) Form, Inhalt und sonstigen Einzelheiten der nach Artikel 3 zu übermittelnden Mitteilungen und Schriftsätze;
b) Form, Inhalt und sonstigen Einzelheiten der technischen Maßnahmen, die von den Torwächtern durchzuführen sind, um die Einhaltung der Vorgaben des Artikels 5, 6 oder 7 zu gewährleisten;
c) operativen und technischen Vorkehrungen im Hinblick auf die Umsetzung der Interoperabilität nummernunabhängiger interpersoneller Kommunikationsdienste nach Artikel 7;
d) Form, Inhalt und sonstigen Einzelheiten der mit Gründen versehenen Anträge nach Artikel 8 Absatz 3;
e) Form, Inhalt und sonstigen Einzelheiten der mit Gründen versehenen Anträge nach den Artikeln 9 und 10;
f) Form, Inhalt und sonstigen Einzelheiten der nach Artikel 11 vorzulegenden Berichte über die Regulierungsmaßnahmen;
g) Methodik und Verfahren der in Artikel 15 Absatz 1 vorgesehenen geprüften Beschreibung der Techniken zum Verbraucher-Profiling; bei der Ausarbeitung des Entwurfs eines Durchführungsrechtsakts für diesen Zweck konsultiert die Kommission den Europäischen Datenschutzbeauftragten, und sie kann den Europäischen Datenschutzausschuss, die Zivilgesellschaft und andere einschlägige Sachverständige konsultieren;
h) Form, Inhalt und sonstigen Einzelheiten der nach den Artikeln 14 und 15 zu übermittelnden Mitteilungen und Schriftsätze;
i) der praktischen Modalitäten der Einleitung von Verfahren zum Zwecke von Marktuntersuchungen im Sinne der Artikel 17, 18 und 19 sowie von Verfahren nach den Artikeln 24, 25 und 29;
j) der praktischen Modalitäten der Ausübung des Anspruchs auf rechtliches Gehör nach Artikel 34;
k) der praktischen Modalitäten der Offenlegungsbedingungen nach Artikel 34;
l) der praktischen Modalitäten der Zusammenarbeit und Koordinierung zwischen der Kommission und den nationalen Behörden nach den Artikeln 37 und 38; und
m) der praktischen Modalitäten für die Berechnung und Verlängerung von Fristen.

(2) Die Durchführungsrechtsakte im Sinne von Absatz 1 Buchstaben a bis k und m dieses Artikels werden gemäß dem in Artikel 50 Absatz 2 genannten Beratungsverfahren erlassen.

Der Durchführungsrechtsakt im Sinne von Absatz 1 Buchstabe l dieses Artikels wird gemäß dem in Artikel 50 Absatz 3 genannten Prüfverfahren erlassen.

(3) Vor dem Erlass von Durchführungsrechtsakten nach Absatz 1 veröffentlicht die Kommission einen Entwurf davon und fordert alle Beteiligten auf, innerhalb einer Frist, die mindestens einen Monat betragen muss, zu dem Entwurf Stellung zu nehmen.

Art. 47 Leitlinien. Die Kommission kann Leitlinien zu allen Aspekten dieser Verordnung erlassen, um ihre wirksame Durchführung und Durchsetzung zu erleichtern.

Art. 48 Festlegung von Normen. Soweit angemessen und erforderlich, kann die Kommission die europäischen Normungsgremien beauftragen, die Umsetzung der in dieser Verordnung festgelegten Verpflichtungen durch die Entwicklung geeigneter Normen zu erleichtern.

Art. 49 Ausübung der Befugnisübertragung. (1) Die Befugnis zum Erlass delegierter Rechtsakte wird der Kommission unter den in diesem Artikel festgelegten Bedingungen übertragen.

(2) Die Befugnis zum Erlass delegierter Rechtsakte gemäß Artikel 3 Absätze 6 und 7 und Artikel 12 Absätze 1, 3 und 4 wird der Kommission für einen Zeitraum von fünf Jahren ab dem 1. November 2022 übertragen. Die Kommission erstellt spätestens neun Monate vor Ablauf des Zeitraums von fünf Jahren einen Bericht über die Befugnisübertragung. Die Befugnisübertragung verlängert sich stillschweigend um Zeiträume gleicher Länge, es sei denn, das Europäische Parlament oder der Rat widersprechen einer solchen Verlängerung spätestens drei Monate vor Ablauf des jeweiligen Zeitraums.

(3) Die Befugnisübertragung gemäß Artikel 3 Absätze 6 und 7und Artikel 12 Absätze 1, 3 und 4 kann vom Europäischen Parlament oder vom Rat jederzeit widerrufen werden. Der Beschluss über den Widerruf beendet die Übertragung der in diesem Beschluss angegebenen Befugnis. Er wird am Tag nach seiner Veröffentlichung im *Amtsblatt der Europäischen Union* oder zu einem im Beschluss über den Widerruf angegebenen späteren Zeitpunkt wirksam. Die Gültigkeit von delegierten Rechtsakten, die bereits in Kraft sind, wird von dem Beschluss über den Widerruf nicht berührt.

(4) Vor dem Erlass eines delegierten Rechtsakts konsultiert die Kommission die von den einzelnen Mitgliedstaaten benannten Sachverständigen im Einklang mit den in der Interinstitutionellen Vereinbarung vom 13. April 2016 über bessere Rechtsetzung enthaltenen Grundsätzen.

(5) Sobald die Kommission einen delegierten Rechtsakt erlässt, übermittelt sie ihn gleichzeitig dem Europäischen Parlament und dem Rat.

(6) Ein delegierter Rechtsakt, der gemäß Artikel 3 Absätze 6 und 7 und Artikel 12 Absätze 1, 3 und 4 erlassen wurde, tritt nur in Kraft, wenn weder das Europäische Parlament noch der Rat innerhalb einer Frist von zwei Monaten nach Übermittlung dieses Rechtsakts an das Europäische Parlament und den Rat Einwände erhoben haben oder wenn vor Ablauf dieser Frist das Europäi-

Gesetz über digitale Märkte

sche Parlament und der Rat beide der Kommission mitgeteilt haben, dass sie keine Einwände erheben werden. Auf Initiative des Europäischen Parlaments oder des Rates wird diese Frist um zwei Monate verlängert.

Art. 50 Ausschussverfahren. (1) Die Kommission wird von einem Ausschuss („Beratender Ausschuss für digitale Märkte") unterstützt. Dieser Ausschuss ist ein Ausschuss im Sinne der Verordnung (EU) Nr. 182/2011.

(2) Wird auf diesen Absatz Bezug genommen, so gilt Artikel 4 der Verordnung (EU) Nr. 182/2011.

Wird die Stellungnahme des Ausschusses im schriftlichen Verfahren eingeholt, so wird das Verfahren ohne Ergebnis abgeschlossen, wenn der Vorsitz des Ausschusses dies innerhalb der Frist zur Abgabe der Stellungnahme beschließt oder eine einfache Mehrheit der Ausschussmitglieder dies verlangt.

(3) Wird auf diesen Absatz Bezug genommen, so gilt Artikel 5 der Verordnung (EU) Nr. 182/2011.

(4) Die Kommission übermittelt dem Adressaten eines Einzelbeschlusses zusammen mit diesem Beschluss die Stellungnahme des Ausschusses. Sie veröffentlicht die Stellungnahme zusammen mit dem Einzelbeschluss unter Berücksichtigung der berechtigten Interessen an der Wahrung von Geschäftsgeheimnissen.

Art. 51 Änderung der Richtlinie (EU) 2019/1937. In Teil I Abschnitt J des Anhangs der Richtlinie (EU) 2019/1937 wird folgende Ziffer angefügt:
„iv) Verordnung (EU) 2022/1925 des Europäischen Parlaments und des Rates vom 14. September 2022 über bestreitbare und faire Märkte im digitalen Sektor und zur Änderung der Richtlinien (EU) 2019/1937 und (EU) 2020/1828 (Gesetz über digitale Märkte) (ABl. L 265 vom 21.9.2022, S. 1)."

Art. 52 Änderung der Richtlinie (EU) 2020/1828. In Anhang I der Richtlinie (EU) 2020/1828 wird folgende Nummer angefügt:
„67. Verordnung (EU) 2022/1925 des Europäischen Parlaments und des Rates vom 14. September 2022 über bestreitbare und faire Märkte im digitalen Sektor und zur Änderung der Richtlinien (EU) 2019/1937 und (EU) 2020/1828 (Gesetz über digitale Märkte) (ABl. L 265 vom 21.9.2022, S. 1)."

Art. 53 Evaluierung. (1) Bis zum 3. Mai 2026 und danach alle drei Jahre wird die Kommission diese Verordnung evaluieren und dem Europäischen Parlament, dem Rat und dem Europäischen Wirtschafts- und Sozialausschuss einen Bericht vorlegen.

(2) In den Evaluierungen wird beurteilt, ob das Ziel dieser Verordnung, nämlich die Gewährleistung bestreitbarer und fairer Märkte, erreicht wurde, und ferner werden die Auswirkungen dieser Verordnung auf gewerbliche Nutzer, insbesondere KMU, und Endnutzer beurteilt. Darüber hinaus evaluiert die

Kommission, ob der Geltungsbereich des Artikels 7 auf Online-Dienste sozialer Netzwerke ausgeweitet werden kann.

(3) Im Rahmen der Evaluierungen wird ermittelt, ob Vorschriften geändert werden müssen, etwa in Bezug auf die in Artikel 2 Nummer 2 aufgeführte Liste zentraler Plattformdienste und die in den Artikeln 5, 6 und 7 genannten Verpflichtungen und deren Durchsetzung, um sicherzustellen, dass die digitalen Märkte in der gesamten Union bestreitbar und fair sind. Im Anschluss an die Evaluierungen ergreift die Kommission geeignete Maßnahmen, wozu auch Gesetzgebungsvorschläge gehören können.

(4) Die zuständigen Behörden der Mitgliedstaaten übermitteln der Kommission alle ihnen vorliegenden einschlägigen Informationen, die diese für die Ausarbeitung des in Absatz 1 genannten Berichts benötigt.

Art. 54 Inkrafttreten und Geltungsbeginn. Diese Verordnung tritt am zwanzigsten Tag nach ihrer Veröffentlichung im *Amtsblatt der Europäischen Union* in Kraft.

Sie gilt ab dem 2. Mai 2023.

Artikel 3 Absätze 6 und 7 und die Artikel 40, 46, 47, 48, 49 und 50 gelten jedoch ab dem 1. November 2022, und die Artikel 42 und 43 gelten ab dem 25. Juni 2023.

Liegt das Datum des 25. Juni 2023 jedoch vor dem in Unterabsatz 2 des vorliegenden Artikels genannten Datum des Geltungsbeginns, so wird die Anwendung der Artikel 42 und 43 bis zu dem in Unterabsatz 2 des vorliegenden Artikels genannten Datum des Geltungsbeginns verschoben.

Diese Verordnung ist in allen ihren Teilen verbindlich und gilt unmittelbar in jedem Mitgliedstaat.

Geschehen zu Straßburg am 14. September 2022.

Im Namen des Europäischen Parlaments
Die Präsidentin
R. METSOLA

Im Namen des Rates
Der Präsident
M. BEK

Gesetz über digitale Märkte DMA 1

Anhang

A. „Allgemeines"

1. In diesem Anhang soll die Methode zur Ermittlung und Berechnung der „aktiven Endnutzer" und der „aktiven gewerblichen Nutzer" für jeden in Artikel 2 Nummer 2 aufgeführten zentralen Plattformdienst festgelegt werden. Er bietet einen Bezugsrahmen, der es den Unternehmen ermöglicht, zu beurteilen, ob ihre zentralen Plattformdienste die in Artikel 3 Absatz 2 Buchstabe b festgelegten quantitativen Schwellenwerte erreichen, sodass davon ausgegangen werden kann, dass sie die Anforderung nach Artikel 3 Absatz 1 Buchstabe b erfüllen. Daher wird dieser Bezugsrahmen auch für jede umfassendere Bewertung nach Artikel 3 Absatz 8 von Bedeutung sein. Es liegt in der Verantwortung der Unternehmen, im Einklang mit den gemeinsamen Grundsätzen und der spezifischen Methode, die in diesem Anhang dargelegt sind, eine möglichst weitgehende Annäherung vorzunehmen. Die Bestimmungen dieses Anhangs hindern die Kommission nicht daran, innerhalb der in den einschlägigen Bestimmungen dieser Verordnung festgelegten Fristen von Unternehmen, die zentrale Plattformdienste bereitstellen, die Bereitstellung aller Informationen zu verlangen, die zur Ermittlung und Berechnung der „aktiven Endnutzer" und der „aktiven gewerblichen Nutzer" erforderlich sind. Dieser Anhang sollte in keiner Weise eine Rechtsgrundlage für das Tracking von Nutzern darstellen. Die in diesem Anhang beschriebene Methode lässt auch die im Rahmen dieser Verordnung festgelegten Verpflichtungen unberührt, insbesondere diejenigen, die in Artikel 3 Absätze 3 und 8 und Artikel 13 Absatz 3 festgelegt sind. Insbesondere bedeutet die geforderte Einhaltung von Artikel 13 Absatz 3 auch, dass die „aktiven Endnutzer" und „aktiven gewerblichen Nutzer" auf der Grundlage einer genauen Messung oder der besten verfügbaren Annäherung – im Einklang mit den tatsächlichen Ermittlungs- und Berechnungskapazitäten, die das Unternehmen, das zentrale Plattformdienste bereitstellt, zum relevanten Zeitpunkt besitzt – ermittelt und berechnet werden müssen. Diese Messungen oder die beste verfügbare Annäherung müssen mit den gemäß Artikel 15 gemeldeten Messungen im Einklang stehen und diese umfassen.

2. In Artikel 2 Nummern 20 und 21 sind die Begriffsbestimmungen für „Endnutzer" und „gewerbliche Nutzer" festgelegt, die allen zentralen Plattformdiensten gemeinsam sind.

3. Zur Ermittlung und Berechnung der Zahl der „aktiven Endnutzer" und „aktiven gewerblichen Nutzer" wird in diesem Anhang auf das Konzept der „eindeutiger Nutzer" verwiesen. Der Begriff „eindeutiger Nutzer" umfasst „aktive Endnutzer" und „aktive gewerbliche Nutzer", die für den betreffenden zentralen Plattformdienst während eines bestimmten Zeitraums (d. h. ein Monat bei „aktiven Endnutzern" und ein Jahr bei „aktiven gewerbli-

1 DMA Gesetz über digitale Märkte

chen Nutzern") nur einmal gezählt werden, unabhängig davon, wie oft sie in diesem Zeitraum den betreffenden zentralen Plattformdienst genutzt haben. Dies gilt unbeschadet der Tatsache, dass dieselbe natürliche oder juristische Person gleichzeitig ein „aktiver Endnutzer" oder ein „aktiver gewerblicher Nutzer" verschiedener zentraler Plattformdienste sein kann.

B. „Aktive Endnutzer"

1. Die Zahl der „eindeutigen Nutzer" in Bezug auf „aktive Endnutzer" wird anhand der genauesten Metrik ermittelt, die von dem Unternehmen, das einen der zentralen Plattformdienste bereitstellt, angegeben wird; insbesondere gilt dabei Folgendes:

    a. Es ist anzunehmen, dass die Erhebung von Daten über die Nutzung von zentralen Plattformdiensten in Umgebungen, bei denen sich Nutzer registrieren oder anmelden müssen, auf den ersten Blick das geringste Risiko einer Doppelerfassung birgt, beispielsweise in Bezug auf das Nutzerverhalten über Geräte oder Plattformen hinweg. Daher müssen die Unternehmen aggregierte anonymisierte Daten über die Zahl der eindeutigen Endnutzer pro zentralem Plattformdienst übermitteln, die auf Umgebungen, bei denen sich Nutzer registrieren oder anmelden müssen, beruhen, sofern solche Daten vorhanden sind.

    b. Im Falle von zentralen Plattformdiensten, die (auch) von Endnutzern außerhalb von Umgebungen, bei denen sich Nutzer registrieren oder anmelden müssen, genutzt werden, übermittelt das Unternehmen zusätzlich aggregierte anonymisierte Daten über die Zahl der eindeutigen Nutzer des jeweiligen zentralen Plattformdienstes auf der Grundlage einer alternativen Metrik, die auch Endnutzer außerhalb von Umgebungen, bei denen sich Nutzer registrieren oder anmelden müssen, erfasst, wie Internet-Protokoll-Adressen, Cookie-Kennungen oder sonstige Kennungen wie Funkfrequenzkennzeichnungen, sofern diese Adressen oder Kennungen objektiv für die Bereitstellung der zentralen Plattformdienste erforderlich sind.

2. Die Zahl der „monatlich aktiven Endnutzer" muss auf der durchschnittlichen Zahl der Endnutzer beruhen, die während des überwiegenden Teils des Geschäftsjahres monatlich aktiv waren. Die Formulierung „überwiegender Teil des Geschäftsjahres" soll es Unternehmen, die zentrale Plattformdienste bereitstellen, ermöglichen, Ausreißer innerhalb eines gegebenen Jahres zu vernachlässigen. Ausreißer sind naturgemäß Zahlen, die deutlich außerhalb der normalen und absehbaren Zahlen liegen. Ein Beispiel eines Ausreißers ist ein unvorhergesehener Anstieg oder Rückgang der Nutzung, der in einem einzigen Monat des Geschäftsjahres aufgetreten ist. Zahlen im Zusammenhang mit jährlich auftretenden Ereignissen, wie z. B. jährlichen Verkaufsaktionen, sind keine Ausreißer.

Gesetz über digitale Märkte **DMA 1**

C. „Aktive gewerbliche Nutzer"

Die Zahl der „eindeutigen Nutzer" in Bezug auf „aktive gewerbliche Nutzer" wird gegebenenfalls auf Kontoebene bestimmt, wobei jedes einzelne gewerbliche Konto, das mit der Nutzung eines von dem Unternehmen bereitgestellten zentralen Plattformdienstes in Verbindung gebracht wird, einen eindeutigen gewerblichen Nutzer des jeweiligen zentralen Plattformdienstes darstellt. Gilt der Begriff „gewerbliches Konto" nicht für einen bestimmten zentralen Plattformdienst, bestimmt das relevante Unternehmen, das zentrale Plattformdienste bereitstellt, die Zahl der eindeutigen gewerblichen Nutzer unter Bezugnahme auf das betreffende Unternehmen.

D. „Vorlage von Informationen"

1. Das Unternehmen, das der Kommission gemäß Artikel 3 Absatz 3 Informationen über die Zahl der aktiven Endnutzer und aktiven gewerblichen Nutzer pro zentralem Plattformdienst übermittelt, ist dafür verantwortlich, die Vollständigkeit und Richtigkeit dieser Informationen sicherzustellen. In diesem Zusammenhang gilt Folgendes:

    a. Das Unternehmen ist für die Übermittlung von Daten für den jeweiligen zentralen Plattformdienst verantwortlich, wobei verhindert wird, dass die aktiven Endnutzer und aktiven gewerblichen Nutzer untererfasst bzw. mehrfach erfasst werden (z. B. wenn Nutzer über verschiedene Plattformen oder Geräte auf die zentralen Plattformdienste zugreifen).

    b. Das Unternehmen ist dafür verantwortlich, präzise und prägnante Erläuterungen zu der Methode zu geben, die angewandt wurde, um die Informationen zu erhalten, sowie zu etwaigen Risiken einer Unter- oder Mehrfacherfassung der aktiven Endnutzer und aktiven gewerblichen Nutzer für den jeweiligen zentralen Plattformdienst und zu den zur Bewältigung dieses Risikos gewählten Lösungen.

    c. Das Unternehmen stellt Daten bereit, die auf einer alternativen Metrik beruhen, wenn die Kommission Bedenken hinsichtlich der Richtigkeit der Daten hat, die das Unternehmen, das die zentralen Plattformdienste bereitstellt, bereitgestellt hat.

2. Für die Zwecke der Berechnung der Zahl der „aktiven Endnutzer" und „aktiven gewerblichen Nutzer" gilt Folgendes:

    a. Das Unternehmen, das zentrale Plattformdienste bereitstellt, darf zentrale Plattformdienste, die zur selben Kategorie von zentralen Plattformdiensten gemäß Artikel 2 Nummer 2 gehören, vor allem aufgrund der Tatsache, dass sie unter Verwendung unterschiedlicher Domänennamen – seien es länderspezifische Top-Level-Domains (ccTLD) oder generische Top-Level-Domains (gTLD) – oder geografischer Attribute erbracht werden, nicht als eigenständige Dienste führen.

    b. Das Unternehmen, das zentrale Plattformdienste bereitstellt, betrachtet als eigenständige zentrale Plattformdienste die zentralen Plattformdienste, die entweder von ihren Endnutzern oder ihren gewerblichen Nutzern oder von beiden für unterschiedliche Zwecke genutzt werden, auch wenn deren Endnutzer oder gewerbliche Nutzer dieselben sein können und auch wenn sie zur selben Kategorie von zentralen Plattformdiensten gemäß Artikel 2 Nummer 2 gehören.

c. Das Unternehmen, das zentrale Plattformdienste bereitstellt, betrachtet als eigenständige zentrale Plattformdienste die Dienste, die das betreffende Unternehmen in integrierter Weise anbietet, die

i) aber nicht zur selben Kategorie von zentralen Plattformdiensten gemäß Artikel 2 Nummer 2 gehören, oder

ii) die entweder von ihren Endnutzern oder ihren gewerblichen Nutzern oder von beiden für unterschiedliche Zwecke genutzt werden, auch wenn deren Endnutzer und gewerbliche Nutzer dieselben sein können und auch wenn sie zur selben Kategorie von zentralen Plattformdiensten gemäß Artikel 2 Nummer 2 gehören.

E. „Besondere Begriffsbestimmungen"

Die nachstehende Tabelle enthält besondere Begriffsbestimmungen für „aktive Endnutzer" und „aktive gewerbliche Nutzer" für die einzelnen zentralen Plattformdienste.

Zentrale Plattformdienste	Aktive Endnutzer	Aktive gewerbliche Nutzer
Online-Vermittlungsdienste	Zahl der eindeutigen Endnutzer, die den Online-Vermittlungsdienst mindestens einmal im Monat genutzt haben, beispielsweise durch aktives Einloggen, Eingeben einer Abfrage, Klicken oder Scrollen, oder die mindestens einmal im Monat eine Transaktion über den Online-Vermittlungsdienst abgewickelt haben.	Zahl der eindeutigen gewerblichen Nutzer, die während des gesamten Jahres mindestens einen Artikel bei dem Online-Vermittlungsdienst gelistet hatten oder die während des Jahres eine durch den Online-Vermittlungsdienst ermöglichte Transaktion abgewickelt haben.
Online-Suchmaschinen	Zahl der eindeutigen Endnutzer, die die Online-Suchmaschine mindestens einmal im Monat genutzt haben, beispielsweise durch Eingeben einer Abfrage.	Zahl der eindeutigen gewerblichen Nutzer mit gewerblichen Internetseiten (d. h. Internetseiten, die im Rahmen einer geschäftlichen oder beruflichen Tätigkeit genutzt werden), die während des Jahres durch die Online-Suchmaschine indexiert wurden oder Teil des Indexes der Online-Suchmaschine waren.

Gesetz über digitale Märkte

Zentrale Plattformdienste	Aktive Endnutzer	Aktive gewerbliche Nutzer
Online-Dienste sozialer Netzwerke	Zahl der eindeutigen Endnutzer, die den Online-Dienst eines sozialen Netzwerks mindestens einmal im Monat genutzt haben, beispielsweise durch aktives Einloggen, Öffnen einer Seite, Scrollen, Klicken, Liken, Eingeben einer Abfrage, Veröffentlichen von Beiträgen oder Kommentieren.	Zahl der eindeutigen gewerblichen Nutzer, deren Geschäft gelistet ist oder ein Geschäftskonto im Online-Dienst eines sozialen Netzwerks haben und die den Dienst mindestens einmal im Jahr in irgendeiner Weise genutzt haben, beispielsweise durch aktives Einloggen, Öffnen einer Seite, Scrollen, Klicken, Liken, Eingeben einer Abfrage, Veröffentlichen von Beiträgen, Kommentieren oder Nutzen der für Unternehmen angebotenen Instrumente.
Video-Sharing-Plattform-Dienste	Zahl der eindeutigen Endnutzer, die den Video-Sharing-Plattform-Dienst mindestens einmal im Jahr genutzt haben, beispielsweise durch Abspielen eines Segments eines audiovisuellen Inhalts, Eingeben einer Abfrage oder Hochladen eines audiovisuellen Inhalts, einschließlich insbesondere nutzergenerierter Videos.	Zahl der eindeutigen gewerblichen Nutzer, die während des Jahres mindestens einen auf dem Video-Sharing-Plattform-Dienst hochgeladenen oder abgespielten audiovisuellen Inhalt bereitgestellt haben.
Nummernunabhängige interpersonelle Kommunikationsdienste	Zahl der eindeutigen Endnutzer, die mindestens einmal im Monat eine Kommunikation über den nummernunabhängigen interpersonellen Kommunikationsdienst eingeleitet oder in irgendeiner Weise daran teilgenommen haben.	Zahl der eindeutigen gewerblichen Nutzer, die mindestens einmal während des Jahres ein Geschäftskonto genutzt oder in anderer Weise über den nummernunabhängigen interpersonellen Kommunikationsdienst eingeleitet oder in irgendeiner Weise daran teilgenommen haben, um direkt mit einem Endnutzer zu kommunizieren.
Betriebssysteme	Zahl der eindeutigen Endnutzer, die mindestens einmal im Monat ein Gerät mit dem Betriebssystem, das aktiviert, aktualisiert oder genutzt wurde, verwendet haben.	Zahl der eindeutigen Entwickler, die während des Jahres mindestens eine Softwareanwendung oder ein Softwareprogramm, die bzw. das die Programmiersprache oder beliebige Software-Entwicklungstools des Betriebssystems verwendet oder die bzw. das in irgendeiner Weise auf dem Betriebssystem läuft, veröffentlicht, aktualisiert oder angeboten haben.

1 DMA

Gesetz über digitale Märkte

Zentrale Plattformdienste	Aktive Endnutzer	Aktive gewerbliche Nutzer
Virtueller Assistent	Zahl der eindeutigen Endnutzer, die den virtuellen Assistenten mindestens einmal im Monat in irgendeiner Weise genutzt haben, beispielsweise durch Aktivieren, Stellen einer Frage, Zugriff auf einen Dienst durch einen Befehl oder Steuerung eines Smart-Home-Geräts.	Zahl der eindeutigen Entwickler, die während des Jahres mindestens eine Softwareanwendung für einen virtuellen Assistenten oder eine Funktionalität angeboten haben, um eine bestehende Softwareanwendung durch den virtuellen Assistenten zugänglich zu machen.
Webbrowser	Zahl der eindeutigen Endnutzer, die den Webbrowser mindestens einmal im Monat genutzt haben, beispielsweise durch Eingeben einer Abfrage oder einer Adresse einer Internetseite im URL-Eingabefeld des Webbrowsers.	Zahl der eindeutigen gewerblichen Nutzer, auf deren gewerbliche Internetseiten (d. h. Internetseiten, die im Rahmen einer geschäftlichen oder beruflichen Tätigkeit genutzt werden) mindestens einmal während des Jahres über den Webbrowser zugegriffen wurde oder die ein Plug-in, eine Erweiterung oder ein Add-on zur Verwendung im Webbrowser angeboten haben.
Cloud-Computing-Dienste	Zahl der eindeutigen Endnutzer, die mindestens einmal im Monat beliebige Cloud-Computing-Dienste des betreffenden Betreibers von Cloud-Computing-Diensten gegen irgendeine Art von Vergütung genutzt haben, unabhängig davon, ob diese Vergütung im selben Monat erfolgt.	Zahl der eindeutigen gewerblichen Nutzer, die während des Jahres beliebige Cloud-Computing-Dienste erbracht haben, die in der Cloud-Infrastruktur des betreffenden Betreibers von Cloud-Computing-Diensten gehostet sind.
Online-Werbedienste	Für Eigenverkäufe von Werbefläche: Zahl der eindeutigen Endnutzer, die mindestens einmal im Monat einer Werbeansicht ausgesetzt waren. Für Werbevermittlungsdienste (einschließlich Werbenetzwerke, Werbebörsen und sonstige Werbevermittlungsdienste): Zahl der eindeutigen Endnutzer, die mindestens einmal im Monat einer Werbeansicht ausgesetzt waren, der den Werbevermittlungsdienst ausgelöst hat.	Für Eigenverkäufe von Werbefläche: Zahl der eindeutige Werbetreibende, die während des Jahres mindestens eine Werbeansicht angezeigt haben. Für Werbevermittlungsdienste (einschließlich Werbetreibende, Herausgeber oder sonstige Vermittler), die während des Jahres über den Werbevermittlungsdienst interagiert haben oder seine Dienste genutzt haben.

EG DMA 2

Erwägungsgründe zum Gesetz über digitale Märkte

DAS EUROPÄISCHE PARLAMENT UND DER RAT DER EUROPÄISCHEN UNION –

gestützt auf den Vertrag über die Arbeitsweise der Europäischen Union, insbesondere auf Artikel 114,

auf Vorschlag der Europäischen Kommission,

nach Zuleitung des Entwurfs des Gesetzgebungsakts an die nationalen Parlamente,

nach Stellungnahme des Europäischen Wirtschafts- und Sozialausschusses[1],

nach Stellungnahme des Ausschusses der Regionen[2],

gemäß dem ordentlichen Gesetzgebungsverfahren[3],

in Erwägung nachstehender Gründe:

(1) Digitale Dienste im Allgemeinen und Online-Plattformen im Besonderen spielen eine immer wichtigere Rolle in der Wirtschaft, vor allem im Binnenmarkt, da sie es Unternehmen ermöglichen, Nutzer in der gesamten Union zu erreichen, den grenzüberschreitenden Handel erleichtern und einer großen Zahl von Unternehmen in der Union völlig neue Geschäftsmöglichkeiten eröffnen, was Verbrauchern in der Union zugutekommt.

(2) Zugleich weisen die zentralen Plattformdienste unter diesen digitalen Diensten eine Reihe von Merkmalen auf, die von den Unternehmen, die sie bereitstellen, zu ihrem eigenen Vorteil genutzt werden können. Ein Beispiel für solche Merkmale zentraler Plattformdienste sind extreme Größenvorteile, die in vielen Fällen darauf zurückzuführen sind, dass für die Bedienung weiterer gewerblicher Nutzer oder Endnutzer fast keine Grenzkosten entstehen. Weitere solcher Merkmale zentraler Plattformdienste sind die sehr starken Netzwerkeffekte, die durch die Mehrseitigkeit dieser Dienste bedingte Fähigkeit, viele gewerbliche Nutzer mit vielen Endnutzern in Verbindung zu bringen, die beträchtliche Abhängigkeit sowohl der gewerblichen Nutzer als auch der Endnutzer, Bindungseffekte (lock-in effects), fehlende Parallelverwendung mehrerer Dienste (multi-homing) der Endnutzer für denselben Zweck, vertikale Integration sowie Datenvorteile. All diese Merkmale können in Verbindung mit unfairen Praktiken von Unternehmen, die die zentralen Plattformdienste bereitstellen, dazu führen, dass die Bestreitbarkeit zentraler Plattformdienste beträchtlich

---

1   ABl. C 286 vom 16.7.2021, S. 64.
2   ABl. C 440 vom 29.10.2021, S. 67.
3   Standpunkt des Europäischen Parlaments vom 5. Juli 2022 (noch nicht im Amtsblatt veröffentlicht) und Beschluss des Rates vom 18. Juli 2022.

untergraben wird und die Fairness der Geschäftsbeziehungen zwischen den Unternehmen, die diese Dienste bereitstellen, und ihren gewerblichen Nutzern und Endnutzern beeinträchtigt wird. Dies führt in der Praxis rasch zu einer möglicherweise weitreichenden Verringerung der Auswahl der gewerblichen Nutzer und Endnutzer und kann deshalb dem Betreiber dieser Dienste die Position eines sogenannten Torwächters verschaffen. Zugleich sollte anerkannt werden, dass nicht gewinnorientierte Dienste wie etwa kollaborative Projekte für die Zwecke dieser Verordnung nicht als zentrale Plattformdienste gelten sollten.

(3) Einige wenige große Unternehmen, die zentrale Plattformdienste bereitstellen, haben beträchtliche wirtschaftliche Macht erlangt, die sie für eine Benennung als Torwächter im Sinne dieser Verordnung qualifizieren könnte. Sie können durch ihre Dienste in der Regel viele gewerbliche Nutzer mit vielen Endnutzern in Verbindung bringen, was es ihnen ermöglicht, ihre in einem Tätigkeitsbereich erworbenen Vorteile, z. B. ihren Zugang zu großen Datenmengen, in anderen Tätigkeitsbereichen für sich zu nutzen. Einige dieser Unternehmen kontrollieren ganze Plattformökosysteme in der digitalen Wirtschaft, und angesichts dieses strukturellen Vorteils ist es selbst für sehr innovative und effiziente bestehende oder neue Marktteilnehmer extrem schwierig, mit diesen Unternehmen in Wettbewerb zu treten oder ihnen ihre Position streitig zu machen. Die Bestreitbarkeit ist insbesondere aufgrund der sehr hohen Schranken für einen Markteintritt oder -austritt, darunter hohe Ausgaben für Investitionskosten, die bei einem Marktaustritt nicht oder nicht leicht zurückerlangt werden können, und des fehlenden oder schlechteren Zugangs zu einigen in der digitalen Wirtschaft entscheidenden Inputs wie Daten beschränkt. Dadurch erhöht sich die Wahrscheinlichkeit, dass die zugrunde liegenden Märkte nicht gut funktionieren oder in naher Zukunft nicht mehr gut funktionieren werden.

(4) Zusammengenommen dürften diese Merkmale von Torwächtern in vielen Fällen zu schwerwiegenden Ungleichgewichten bei der Verhandlungsmacht und folglich zu unfairen Praktiken und Bedingungen für gewerbliche Nutzer und für Endnutzer der von Torwächtern angebotenen zentralen Plattformdienste führen, was sich nachteilig auf Preise, Qualität, fairen Wettbewerb, Auswahl und Innovation im digitalen Sektor auswirken würde.

(5) Daher können die Marktprozesse im Bereich der zentralen Plattformdienste oft keine fairen wirtschaftlichen Ergebnisse gewährleisten. Die Artikel 101 und 102 des Vertrags über die Arbeitsweise der Europäischen Union (AEUV) sind zwar auf das Verhalten von Torwächtern anwendbar, jedoch nur auf bestimmte Arten von Marktmacht, z. B. eine beherrschende Stellung auf spezifischen Märkten, und von wettbewerbswidrigem Verhalten, und werden erst im Nachhinein durchgesetzt und erst nach einer umfassenden Untersuchung oft sehr komplexer Fakten in konkreten Fällen. Außerdem wirft das Verhalten von Torwächtern, die nicht zwangsläufig über eine marktbeherrschende Stellung im wettbewerbsrechtlichen Sinne verfügen müssen, mit Blick auf das wirksame Funktionieren des Binnenmarkts Herausforderungen auf, denen das geltende Unionsrecht nicht oder nicht wirksam Rechnung trägt.

(6) Torwächter haben erheblichen Einfluss auf den Binnenmarkt, da sie vielen gewerblichen Nutzern als Zugangstor zu Endnutzern in der ganzen Union und auf verschiedenen Märkten dienen. Die nachteiligen Auswirkungen unfairer Praktiken auf den Binnenmarkt und die besonders geringe Bestreitbarkeit zentraler Plattformdienste, einschließlich der negativen Auswirkungen solcher unfairer Praktiken auf Wirtschaft und Gesellschaft, haben nationale Gesetzgeber und sektorale Regulierungsbehörden dazu veranlasst, tätig zu werden. Auf nationaler Ebene wurde bereits eine Reihe von Regulierungsvorschriften für digitale Dienste oder zumindest bestimmte solcher Dienste erlassen oder vorgeschlagen, um unfairen Praktiken zu begegnen und die Bestreitbarkeit dieser Dienste zu erhöhen. Dies hat jedoch zu uneinheitlichen Regulierungsvorschriften und damit zu einer Fragmentierung des Binnenmarkts geführt, sodass die Befolgungskosten aufgrund unterschiedlicher nationaler Vorschriften steigen könnten.

(7) Zweck dieser Verordnung ist es daher, zum reibungslosen Funktionieren des Binnenmarkts beizutragen, indem Vorschriften festgelegt werden, die die Bestreitbarkeit und Fairness der Märkte im digitalen Sektor im Allgemeinen und für gewerbliche Nutzer und Endnutzer zentraler Plattformdienste, die von Torwächtern bereitgestellt werden, im Besonderen gewährleisten. Es sollten geeignete regulatorische Maßnahmen getroffen werden, um gewerbliche Nutzer und Endnutzer der von Torwächtern bereitgestellten zentralen Plattformdienste in der gesamten Union vor unfairen Praktiken von Torwächtern zu schützen, um grenzüberschreitende Geschäfte innerhalb der Union zu erleichtern und auf diese Weise das reibungslose Funktionieren des Binnenmarkts zu verbessern und eine bestehende oder mit Wahrscheinlichkeit entstehende Fragmentierung in den unter diese Verordnung fallenden Bereichen zu beseitigen. Wenngleich Torwächter meist weltweit oder europaweit ausgerichtete Geschäftsmodelle und algorithmische Strukturen zugrunde legen, können sie in verschiedenen Mitgliedstaaten unterschiedliche Konditionen und Geschäftspraktiken anwenden und haben das in einigen Fällen auch getan; dies kann ungleiche Wettbewerbsbedingungen für die Nutzer ihrer zentralen Plattformdienste zur Folge haben, was die Integration des Binnenmarkts beeinträchtigt.

(8) Durch eine gewisse Angleichung unterschiedlich gestalteter nationaler Rechtsvorschriften können Hindernisse ausgeräumt werden, die der freien Erbringung und dem freien Empfang von Dienstleistungen wie Einzelhandelsdienstleistungen im Binnenmarkt entgegenstehen. Auf der Ebene der Union sollten daher gezielte harmonisierte rechtliche Verpflichtungen festgelegt werden, um zum Vorteil der Wirtschaft der Union insgesamt und letztlich der Verbraucher in der Union bestreitbare und faire digitale Märkte, auf denen Torwächter tätig sind, im Binnenmarkt sicherzustellen.

(9) Eine Fragmentierung des Binnenmarkts kann nur dann wirksam abgewendet werden, wenn die Mitgliedstaaten daran gehindert werden, nationale Vorschriften anzuwenden, die in den Anwendungsbereich dieser Verordnung fal-

len und dieselben Ziele wie diese Verordnung verfolgen. Dies schließt nicht die Möglichkeit aus, auf Torwächter im Sinne dieser Verordnung andere nationale Vorschriften, mit denen andere legitime Ziele des öffentlichen Interesses im Sinne des AEUV oder in der Rechtsprechung des Gerichtshofs der Europäischen Union (im Folgenden „Gerichtshof") anerkannte zwingende Gründe des öffentlichen Interesses verfolgt werden, anzuwenden.

(10) Da diese Verordnung die Vorschriften über die Durchsetzung des Wettbewerbsrechts ergänzen soll, sollte sie zugleich unbeschadet der Artikel 101 und 102 AEUV, unbeschadet der entsprechenden nationalen Wettbewerbsvorschriften und anderes einseitiges Verhalten betreffender nationaler Wettbewerbsvorschriften, nach denen Marktstellungen und Verhaltensweisen einschließlich ihrer tatsächlichen oder möglichen Auswirkungen und des genauen Gegenstands der verbotenen Verhaltensweisen im Einzelfall zu prüfen sind und nach denen Unternehmen Effizienz und objektive Rechtfertigungsgründe als Argumente für derartige Verhaltensweisen anführen können, und unbeschadet nationaler Vorschriften über die Fusionskontrolle gelten. Die Anwendung der genannten Vorschriften sollte jedoch nicht die Verpflichtungen, die Torwächtern nach dieser Verordnung auferlegt werden, und ihre einheitliche und wirksame Anwendung im Binnenmarkt berühren.

(11) Die Artikel 101 und 102 AEUV und die entsprechenden nationalen Wettbewerbsvorschriften in Bezug auf mehr- und einseitiges wettbewerbswidriges Verhalten und die Fusionskontrolle sollen den unverfälschten Wettbewerb auf dem Markt schützen. Diese Verordnung verfolgt ein Ziel, das das im Wettbewerbsrecht definierte Ziel, den unverfälschten Wettbewerb auf bestimmten Märkten zu schützen, ergänzt, aber sich davon unterscheidet; sie soll sicherstellen, dass Märkte, auf denen Torwächter tätig sind, bestreitbar und fair sind und bleiben – ungeachtet der tatsächlichen, möglichen oder vermuteten Auswirkungen des unter diese Verordnung fallenden Verhaltens eines Torwächters auf einem Markt. Diese Verordnung soll daher ein anderes rechtliches Interesse als das durch jene Vorschriften Geschützte schützen und unbeschadet ihrer Anwendung gelten.

(12) Zudem sollte diese Verordnung unbeschadet der Vorschriften gelten, die sich aus anderen Rechtsakten der Union zur Regelung bestimmter Aspekte der unter diese Verordnung fallenden Dienstleistungen ergeben, insbesondere der Verordnungen (EU) 2016/679[4] und (EU) 2019/1150[5] des Europäischen Parlaments und des Rates und einer Verordnung über einen Binnenmarkt für

---

4 Verordnung (EU) 2016/679 des Europäischen Parlaments und des Rates vom 27. April 2016 zum Schutz natürlicher Personen bei der Verarbeitung personenbezogener Daten, zum freien Datenverkehr und zur Aufhebung der Richtlinie 95/46/EG (Datenschutz-Grundverordnung) (ABl. L 119 vom 4.5.2016, S. 1).
5 Verordnung (EU) 2019/1150 des Europäischen Parlaments und des Rates vom 20. Juni 2019 zur Förderung von Fairness und Transparenz für gewerbliche Nutzer von Online-Vermittlungsdiensten (ABl. L 186 vom 11.7.2019, S. 57).

ErwG zum Gesetz über digitale Märkte **EG DMA 2**

digitale Dienste und der Richtlinien 2002/58/EG[6], 2005/29/EG[7], 2010/13/EU[8], (EU) 2015/2366[9], (EU) 2019/790[10] und (EU) 2019/882[11] des Europäischen Parlaments und des Rates und der Richtlinie 93/13/EWG des Rates[12] sowie nationaler Vorschriften zur Durchsetzung oder Durchführung dieser Rechtsakte der Union.

(13) Eine geringe Bestreitbarkeit und unfaire Praktiken im digitalen Sektor sind bei bestimmten digitalen Diensten häufiger und stärker ausgeprägt als bei anderen. Dies ist insbesondere bei weitverbreiteten und allgemein genutzten digitalen Diensten der Fall, die meistens direkt zwischen gewerblichen Nutzern und Endnutzern vermitteln und bei denen Merkmale wie extreme Größenvorteile, sehr starke Netzwerkeffekte, die durch die Mehrseitigkeit dieser Dienste bedingte Fähigkeit, viele gewerbliche Nutzer mit vielen Endnutzern in Verbindung zu bringen, Bindungseffekte, fehlende Parallelverwendung mehrerer Dienste oder eine vertikale Integration besonders stark ausgeprägt sind. Oft gibt es nur ein oder sehr wenige große Unternehmen, die solche digitalen Dienste bereitstellen. Diese Unternehmen haben sich am häufigsten zu Torwächtern für gewerbliche Nutzer und Endnutzer entwickelt, was weitreichende Auswirkungen hat. Insbesondere haben sie die Fähigkeit erlangt, leicht zum Nachteil ihrer gewerblichen Nutzer und Endnutzer einseitig Geschäftsbedingungen festzulegen. Daher ist es erforderlich, nur auf diejenigen digitalen Dienste abzustellen, die von gewerblichen Nutzern und Endnutzern am stärks-

---

6 Richtlinie 2002/58/EG des Europäischen Parlaments und des Rates vom 12. Juli 2002 über die Verarbeitung personenbezogener Daten und den Schutz der Privatsphäre in der elektronischen Kommunikation (ABl. L 201 vom 31.7.2002, S. 37).
7 Richtlinie 2005/29/EG des Europäischen Parlaments und des Rates vom 11. Mai 2005 über unlautere Geschäftspraktiken von Unternehmen gegenüber Verbrauchern im Binnenmarkt und zur Änderung der Richtlinie 84/450/EWG des Rates, der Richtlinien 97/7/EG, 98/27/EG und 2002/65/EG des Europäischen Parlaments und des Rates sowie der Verordnung (EG) Nr. 2006/2004 des Europäischen Parlaments und des Rates (Richtlinie über unlautere Geschäftspraktiken) (ABl. L 149 vom 11.6.2005, S. 22).
8 Richtlinie 2010/13/EU des Europäischen Parlaments und des Rates vom 10. März 2010 zur Koordinierung bestimmter Rechts- und Verwaltungsvorschriften der Mitgliedstaaten über die Bereitstellung audiovisueller Mediendienste (Richtlinie über audiovisuelle Mediendienste) (ABl. L 95 vom 15.4.2010, S. 1).
9 Richtlinie (EU) 2015/2366 des Europäischen Parlaments und des Rates vom 25. November 2015 über Zahlungsdienste im Binnenmarkt, zur Änderung der Richtlinien 2002/65/EG, 2009/110/EG und 2013/36/EU und der Verordnung (EU) Nr. 1093/2010 sowie zur Aufhebung der Richtlinie 2007/64/EG (ABl. L 337 vom 23.12.2015, S. 35).
10 Richtlinie (EU) 2019/790 des Europäischen Parlaments und des Rates vom 17. April 2019 über das Urheberrecht und die verwandten Schutzrechte im digitalen Binnenmarkt und zur Änderung der Richtlinien 96/9/EG und 2001/29/EG (ABl. L 130 vom 17.5.2019, S. 92).
11 Richtlinie (EU) 2019/882 des Europäischen Parlaments und des Rates vom 17. April 2019 über die Barrierefreiheitsanforderungen für Produkte und Dienstleistungen (ABl. L 151 vom 7.6.2019, S. 70).
12 Richtlinie 93/13/EWG des Rates vom 5. April 1993 über missbräuchliche Klauseln in Verbraucherverträgen (ABl. L 95 vom 21.4.1993, S. 29).

ten in Anspruch genommen werden und bei denen Bedenken hinsichtlich einer geringen Bestreitbarkeit und unfairer Praktiken von Torwächtern eindeutiger angebracht sind und dies mit Blick auf den Binnenmarkt dringend angegangen werden muss.

(14) Insbesondere Online-Vermittlungsdienste, Online-Suchmaschinen, Betriebssysteme, Online-Dienste sozialer Netzwerke, Video-Sharing-Plattform-Dienste, nummernunabhängige interpersonelle Kommunikationsdienste, Cloud-Computing-Dienste, virtuelle Assistenten, Webbrowser und Online-Werbedienste, einschließlich Werbevermittlungsdiensten, können allesamt Auswirkungen auf viele Endnutzer und viele Unternehmen haben, sodass das Risiko besteht, dass auf unfaire Geschäftspraktiken zurückgegriffen wird. Sie sollten deshalb in die Bestimmung des Begriffs „zentrale Plattformdienste" eingeschlossen werden und unter diese Verordnung fallen. Online-Vermittlungsdienste können auch im Bereich Finanzdienstleistungen tätig sein und die in Anhang II der Richtlinie (EU) 2015/1535 des Europäischen Parlaments und des Rates[13] nicht erschöpfend aufgeführten Dienste vermitteln oder für die Erbringung solcher Dienste genutzt werden. Für die Zwecke dieser Verordnung sollte die Bestimmung des Begriffs „zentrale Plattformdienste" technologieneutral sein und so verstanden werden, dass sie Dienste umfasst, die auf verschiedenen Medien oder Geräten oder über solche Medien und Geräte bereitgestellt werden, z. B. verbundene Fernsehgeräte oder eingebettete digitale Dienste in Fahrzeugen. Unter bestimmten Umständen sollte der Begriff „Endnutzer" Nutzer einschließen, die üblicherweise als gewerbliche Nutzer angesehen werden, die aber in einer bestimmten Situation zentrale Plattformdienste nicht für die Bereitstellung von Waren oder Dienstleistungen für Endnutzer nutzen; dies wäre z. B. bei Unternehmen der Fall, die Cloud-Computing-Dienste für eigene Zwecke nutzen.

(15) Wenn digitale Dienste als zentrale Plattformdienste einzustufen sind, so gibt das allein noch keinen Anlass zu hinreichend ernsten Bedenken bezüglich der Bestreitbarkeit oder unfairer Praktiken. Anlass zu solchen Bedenken besteht nur dann, wenn ein zentraler Plattformdienst ein wichtiges Zugangstor darstellt und von einem Unternehmen betrieben wird, das erheblichen Einfluss auf den Binnenmarkt hat und über eine gefestigte und dauerhafte Position verfügt oder voraussichtlich in naher Zukunft eine solche erlangen wird. Folglich sollten die angestrebten harmonisierten Vorschriften dieser Verordnung nur für Unternehmen gelten, die auf der Grundlage dieser drei objektiven Kriterien benannt werden, und nur für diejenigen ihrer zentralen Plattformdienste, die für sich genommen für gewerbliche Nutzer ein wichtiges Zugangstor zu Endnutzern darstellen. Die Tatsache, dass ein Unternehmen, das zentrale Plattformdienste bereitstellt, möglicherweise nicht nur zwischen gewerblichen Nutzern

---

13 Richtlinie (EU) 2015/1535 des Europäischen Parlaments und des Rates vom 9. September 2015 über ein Informationsverfahren auf dem Gebiet der technischen Vorschriften und der Vorschriften für die Dienste der Informationsgesellschaft (ABl. L 241 vom 17.9.2015, S. 1).

und Endnutzern, sondern auch zwischen Endnutzern und Endnutzern vermittelt, z. B. im Fall nummernunabhängiger interpersoneller Kommunikationsdienste, sollte der Schlussfolgerung nicht entgegenstehen, dass ein solches Unternehmen für gewerbliche Nutzer ein wichtiges Zugangstor zu Endnutzern ist oder sein könnte.

(16) Um die wirksame Anwendung dieser Verordnung auf diejenigen Unternehmen, die zentrale Plattformdienste bereitstellen, zu gewährleisten, bei denen die Erfüllung dieser objektiven Anforderungen am wahrscheinlichsten ist und bei denen unfaire Praktiken, die die Bestreitbarkeit verringern, am häufigsten sind und die stärksten Auswirkungen haben, sollte die Kommission Unternehmen, die zentrale Plattformdienste bereitstellen und bestimmte quantitative Schwellenwerte erreichen, unmittelbar als Torwächter benennen können. Für solche Unternehmen sollte auf jeden Fall ein zügiges Benennungsverfahren durchgeführt werden, das nach dem Geltungsbeginn dieser Verordnung beginnen sollte.

(17) Die Tatsache, dass ein Unternehmen einen sehr hohen Umsatz in der Union erzielt und einen zentralen Plattformdienst in mindestens drei Mitgliedstaaten bereitstellt, ist ein dringender Anhaltspunkt dafür, dass es erheblichen Einfluss auf den Binnenmarkt hat. Dies trifft auch zu, wenn die Marktkapitalisierung bzw. der entsprechende Marktwert eines Unternehmens, das einen zentralen Plattformdienst in mindestens drei Mitgliedstaaten bereitstellt, sehr hoch ist. Deshalb sollte davon ausgegangen werden, dass ein Unternehmen, das einen zentralen Plattformdienst bereitstellt, erheblichen Einfluss auf den Binnenmarkt hat, wenn es in mindestens drei Mitgliedstaaten einen zentralen Plattformdienst bereitstellt und entweder der Umsatz seiner Unternehmensgruppe in der Union mindestens einem bestimmten hohen Schwellenwert entspricht oder die Marktkapitalisierung der Gruppe mindestens einem bestimmten hohen absoluten Wert entspricht. Bei Unternehmen, die zentrale Plattformdienste bereitstellen und nichtbörsennotierten Unternehmen angehören, sollte der entsprechende Marktwert als Referenzwert herangezogen werden. Die Kommission sollte die Möglichkeit haben, von ihrer Befugnis zum Erlass delegierter Rechtsakte Gebrauch zu machen, um eine objektive Methode zur Berechnung dieses Wertes festzulegen.

Wenn ein Unternehmen über einen hohen in der Union erzielten Gruppenumsatz verfügt und den Schwellenwert für die Zahl der Nutzer zentraler Plattformdienste in der Union erreicht, ist davon auszugehen, dass es recht gut in der Lage ist, seine Nutzer zu monetarisieren. Bei einer hohen Marktkapitalisierung in Bezug auf denselben Schwellenwert für die Zahl der Nutzer in der Union ist davon auszugehen, dass es über ein verhältnismäßig hohes Potenzial verfügt, diese Nutzer in naher Zukunft zu monetarisieren. Dieses Monetarisierungspotenzial gibt wiederum grundsätzlich Aufschluss darüber, inwieweit die betreffenden Unternehmen als Zugangstor fungieren. Beide Indikatoren spiegeln zudem die finanziellen Möglichkeiten dieser Unternehmen sowie ihre Fähigkeit wider, ihren Zugang zu Finanzmärkten zur Stärkung ihrer Position einzusetzen. Dies kann beispielsweise der Fall sein, wenn dieser bessere Zugang für den Erwerb anderer Unternehmen genutzt wird, wobei sich gezeigt hat, dass diese Fähigkeit negative Auswirkungen auf die Innovationstätigkeit haben kann. Die Marktkapitalisierung kann auch die Erwartungen hinsichtlich der künftigen Position und Auswirkungen der betreffenden Unternehmen im Binnenmarkt widerspiegeln, auch wenn diese möglicherweise gerade einen relativ geringen Umsatz erzielen. Der Marktkapitalisierungswert sollte auf der durchschnittlichen Marktkapitalisierung der größten börsennotierten Unternehmen in der Union während eines geeigneten Zeitraums beruhen.

(18) Während eine Marktkapitalisierung, die im vergangenen Geschäftsjahr mindestens dem Schwellenwert entspricht, Anlass zu der Vermutung geben sollte, dass ein Unternehmen, das zentrale Plattformdienste bereitstellt, erheblichen Einfluss auf den Binnenmarkt hat, sollte eine Marktkapitalisierung, die mindestens drei Jahre lang mindestens dem Schwellenwert entspricht, als Bestätigung dieser Annahme angesehen werden.

(19) Zur Klärung der Frage, ob ein Unternehmen, das zentrale Plattformdienste bereitstellt, als Unternehmen mit erheblichem Einfluss auf den Binnenmarkt angesehen werden sollte, könnte hingegen eine eingehende Prüfung mehrerer die Marktkapitalisierung betreffender Faktoren erforderlich sein. Dies könnte der Fall sein, wenn die Marktkapitalisierung des Unternehmens, das zentrale Plattformdienste bereitstellt, in vorausgehenden Geschäftsjahren deutlich unter dem Schwellenwert lag und die Volatilität seiner Marktkapitalisierung während des beobachteten Zeitraums in keinem angemessenen Verhältnis zur allgemeinen Volatilität des Aktienmarkts stand oder wenn die Entwicklung seiner Marktkapitalisierung im Verhältnis zu den Markttrends im Widerspruch zu einem raschen und stetigen Anstieg stand.

(20) Wenn eine sehr große Zahl gewerblicher Nutzer auf einen zentralen Plattformdienst angewiesen ist, um eine sehr große Zahl von monatlich aktiven Endnutzern zu erreichen, kann das Unternehmen, das diesen Dienst bereitstellt, die Tätigkeiten eines wesentlichen Teils der gewerblichen Nutzer zu seinem Vorteil beeinflussen; dies ist grundsätzlich ein Hinweis darauf, dass jenes Unternehmen ein wichtiges Zugangstor darstellt. Der festzulegende Schwellenwert für die Zahl der Endnutzer sollte einem erheblichen Prozentsatz der Gesamtbevölkerung der Union entsprechen, während für den Schwellenwert für die gewerblichen Nutzer ein erheblicher Prozentsatz der Unternehmen, zentrale Plattformdienste nutzen, zugrunde gelegt werden sollte. Die Zahl der aktiven Endnutzer und gewerblichen Nutzer sollte so ermittelt und berechnet werden, dass sie die Rolle und Reichweite des betreffenden zentralen Plattformdienstes angemessen wiedergibt. Um Rechtssicherheit für Torwächter zu schaffen, sollten die Faktoren zur Bestimmung der Zahl der aktiven Endnutzer und gewerblichen Nutzer je zentralem Plattformdienst in einem Anhang dieser Verordnung festgelegt werden. Diese Faktoren können durch technologische und sonstige Entwicklungen beeinflusst werden. Der Kommission sollte daher die Befugnis übertragen werden, delegierte Rechtsakte zur Änderung dieser

ErwG zum Gesetz über digitale Märkte **EG DMA 2**

Verordnung durch Aktualisierung der Methode und der Liste der Indikatoren, die zur Bestimmung der Zahl der aktiven Endnutzer und der aktiven gewerblichen Nutzer verwendet werden, zu erlassen.

(21) Ein Unternehmen, das zentrale Plattformdienste bereitstellt, verfügt insbesondere dann über eine gefestigte und dauerhafte Position hinsichtlich seiner Tätigkeiten bzw. wird eine solche voraussichtlich in naher Zukunft erlangen, wenn die Bestreitbarkeit seiner Position beschränkt ist. Dies ist wahrscheinlich der Fall, wenn das Unternehmen über einen Zeitraum von mindestens drei Jahren lang in mindestens drei Mitgliedstaaten einen zentralen Plattformdienst für eine sehr große Zahl von gewerblichen Nutzern und Endnutzern bereitgestellt hat.

(22) Solche Schwellenwerte können durch Marktentwicklungen und technische Entwicklungen beeinflusst werden. Der Kommission sollte daher die Befugnis übertragen werden, delegierte Rechtsakte zu erlassen, mit denen sie die Methode festlegt, anhand deren bestimmt wird, ob die quantitativen Schwellenwerte erreicht sind, und diese Methode, falls nötig, regelmäßig an Marktentwicklungen und technologische Entwicklungen anpasst. Die in dieser Verordnung festgelegten quantitativen Schwellenwerte sollten durch diese delegierten Rechtsakte nicht geändert werden.

(23) Ein Unternehmen, das zentrale Plattformdienste bereitstellt, sollte die Vermutung, dass es erheblichen Einfluss auf den Binnenmarkt hat, unter außergewöhnlichen Umständen widerlegen können, indem es nachweist, dass es zwar die in dieser Verordnung festgelegten quantitativen Schwellenwerte erreicht, aber nicht die Anforderungen für die Benennung als Torwächter erfüllt. Die Beweislast dafür, dass die auf der Erfüllung der quantitativen Schwellenwerte beruhende Vermutung nicht anwendbar sein sollte, sollte von dem Unternehmen getragen werden. Die Kommission sollte bei ihrer Beurteilung der vorgebrachten Belege und Argumente nur die Elemente berücksichtigen, die sich unmittelbar auf die quantitativen Kriterien beziehen, nämlich die Auswirkungen des Unternehmens, das zentrale Plattformdienste bereitstellt, auf den Binnenmarkt jenseits von Einnahmen und Marktkapitalisierung, wie etwa seine absolute Größe, und die Zahl der Mitgliedstaaten, in denen es tätig ist, das Ausmaß, um das die Zahl der tatsächlichen gewerblichen Nutzer und Endnutzer die Schwellenwerte überschreitet, und die Bedeutung des Unternehmens, das zentrale Plattformdienste betreibt, unter Berücksichtigung des Gesamtumfangs der Tätigkeiten des jeweiligen zentralen Plattformdienstes sowie die Zahl der Jahre, in denen die Schwellenwerte erreicht wurden.

Rechtfertigungen auf Basis wirtschaftlicher Gründe, durch die eine Marktdefinition vorgenommen oder nachgewiesen werden soll, dass ein bestimmtes Verhalten eines Unternehmens, das zentrale Plattformdienste bereitstellt, Effizienzgewinne hervorbringt, sollten nicht berücksichtigt werden, da dies für die Benennung als Torwächter nicht relevant ist. Wenn die vorgebrachten Argumente nicht hinreichend substanziiert sind, weil sie die Vermutung nicht eindeutig entkräften, so sollte die Kommission die Möglichkeit haben, die Argumente innerhalb der für die Benennung vorgesehenen Frist von 45 Arbeitstagen zurückzuweisen. Wenn das Unternehmen, das zentrale Plattformdienste bereitstellt, die Untersuchung behindert, indem es den Untersuchungsmaßnahmen der Kommission nicht nachkommt, sollte die Kommission auf der Grundlage verfügbarer Informationen über die quantitativen Schwellenwerte eine Entscheidung treffen können.

(24) Auch bei Unternehmen, die zentrale Plattformdienste bereitstellen und nicht alle quantitativen Schwellenwerte erreichen, sollte anhand der allgemeinen objektiven Anforderungen – ihrem erheblichen Einfluss auf den Binnenmarkt, ihrer Funktion als wichtiges Zugangstor gewerblicher Nutzer zu Endnutzern und ihrer aktuellen oder für die nahe Zukunft absehbaren gefestigten und dauerhaften Position hinsichtlich ihrer Tätigkeiten – geprüft werden, ob sie als Torwächter einzustufen sind. Handelt es sich bei dem Unternehmen, das zentrale Plattformdienste bereitstellt, um ein mittleres, kleines oder Kleinstunternehmen, so sollte bei der Prüfung sorgfältig berücksichtigt werden, ob ein solches Unternehmen in der Lage wäre, die Bestreitbarkeit der zentralen Plattformdienste beträchtlich zu untergraben, da diese Verordnung in erster Linie auf große Unternehmen mit beträchtlicher wirtschaftlicher Macht anstatt auf mittlere, kleine oder Kleinstunternehmen abzielt.

(25) Eine solche Prüfung kann nur im Rahmen einer Marktuntersuchung erfolgen, bei der die quantitativen Schwellenwerte berücksichtigt werden. Die Kommission sollte bei dieser Prüfung das Ziel verfolgen, die Innovationstätigkeit und die Qualität digitaler Produkte und Dienstleistungen, faire und wettbewerbsstimmte Preise sowie die gewerblichen Nutzern und Endnutzern gebotene Qualität und Auswahl zu erhalten und zu fördern. Zudem können für die betreffenden Unternehmen, die zentrale Plattformdienste bereitstellen, spezifische Aspekte wie extreme Größen- oder Verbundvorteile, sehr starke Netzwerkeffekte, Datenvorteile, die durch die Mehrseitigkeit dieser Dienste bedingte Fähigkeit, viele gewerbliche Nutzer mit vielen Endnutzern in Verbindung zu bringen, Bindungseffekte, fehlende Parallelverwendung mehrerer Dienste, eine konglomeratsartige Unternehmensstruktur oder eine vertikale Integration berücksichtigt werden. Zudem können eine sehr hohe Marktkapitalisierung, ein im Verhältnis zum Gewinn sehr hohes Eigenkapital oder ein sehr hoher durch Endnutzer eines einzigen zentralen Plattformdienstes erzielter Umsatz als Indikatoren für das Potenzial solcher Unternehmen, Marktmacht zu übertragen, sowie für das Kippen des Marktes zu ihren Gunsten herangezogen werden. Neben der Marktkapitalisierung sind hohe Raten relativen Wachstums Beispiele für dynamische Parameter, die für die Ermittlung von Unternehmen, die zentrale Plattformdienste bereitstellen und für die abzusehen ist, dass sie eine gefestigte und dauerhafte Position erlangen werden, besonders relevant sind. Wenn das Unternehmen, das zentrale Plattformdienste bereitstellt, den Untersuchungsmaßnahmen der Kommission nicht nachkommt und dadurch die Untersuchung erheblich behindert, sollte die Kommission aus den verfügbaren Informationen für das Unternehmen nachteilige Schlüsse ziehen und ihre Entscheidung darauf stützen können.

(26) Eine bestimmte Teilmenge an Bestimmungen sollten für jene Unternehmen gelten, die zentrale Plattformdienste bereitstellen und voraussichtlich in naher Zukunft eine gefestigte und dauerhafte Position erlangen werden. Aufgrund der spezifischen Merkmale zentraler Plattformdienste besteht auch durch sie die Gefahr eines Kippens: Sobald ein Unternehmen, das den zentralen Plattformdienst bereitstellt, in Bezug auf die Größe oder Vermittlungsmacht einen gewissen Vorteil gegenüber Wettbewerbern oder potenziellen Wettbewerbern erlangt, könnte seine Position unangreifbar werden, sodass es möglicherweise in naher Zukunft eine dauerhafte und gefestigte Position erlangen könnte. Unternehmen können versuchen, dieses Kippen herbeizuführen, und durch Anwendung einiger unfairer Bedingungen und Praktiken, die Gegenstand dieser Verordnung sind, zu Torwächtern werden. In einer solchen Situation sollte eingegriffen werden, bevor der Markt kippt und dies nicht mehr rückgängig zu machen ist.

(27) Gleichwohl sollte sich ein solcher frühzeitiger Eingriff darauf beschränken, nur die Verpflichtungen aufzuerlegen, die erforderlich und geeignet sind, um sicherzustellen, dass die betreffenden Dienste bestreitbar bleiben, und um der ermittelten Gefahr unfairer Bedingungen und Praktiken vorzubeugen. Verpflichtungen, durch die verhindert wird, dass die betreffenden Unternehmen, die zentrale Plattformdienste bereitstellen, hinsichtlich ihrer Tätigkeiten eine gefestigte und dauerhafte Position erlangen, z. B. Verpflichtungen, die der Übertragung von Marktmacht vorbeugen, und Verpflichtungen, die Anbieterwechsel und Parallelverwendung mehrerer Dienste erleichtern, sind gezielter auf diesen Zweck ausgerichtet. Im Hinblick auf die Wahrung der Verhältnismäßigkeit sollte die Kommission zudem nur jene Verpflichtungen auswählen, die erforderlich und angemessen sind, um die Ziele dieser Verordnung zu erreichen, und regelmäßig überprüfen, ob diese Verpflichtungen aufrechterhalten, aufgehoben oder angepasst werden sollten.

(28) Die Anwendung nur derjenigen Verpflichtungen, die erforderlich und angemessen sind, um die Ziele dieser Verordnung zu erreichen, sollte der Kommission die Möglichkeit bieten, rechtzeitig und wirksam einzugreifen, und dabei die Verhältnismäßigkeit der in Betracht gezogenen Maßnahmen umfassend zu wahren. Ferner sollte es das Vertrauen der tatsächlichen oder potenziellen Marktteilnehmer in die Bestreitbarkeit und Fairness der betreffenden Dienste stärken.

(29) Torwächter sollten die in dieser Verordnung festgelegten Verpflichtungen in Bezug auf jeden in dem entsprechenden Benennungsbeschluss aufgeführten zentralen Plattformdienst einhalten. Im Rahmen der Anwendung der Verpflichtungen sollte eine etwaige Konglomeratsposition von Torwächtern berücksichtigt werden. Darüber hinaus sollte es der Kommission möglich sein, dem Torwächter per Beschluss Durchführungsmaßnahmen aufzuerlegen. Diese Durchführungsmaßnahmen sollten so konzipiert sein, dass sie möglichst große Wirkung entfalten; sie sollten den Merkmalen zentraler Plattformdienste und etwaigen Umgehungsrisiken Rechnung tragen und mit dem Grundsatz der

Verhältnismäßigkeit und den Grundrechten sowohl der betreffenden Unternehmen als auch Dritter im Einklang stehen.

(30) Angesichts der sich äußerst rasch wandelnden und komplexen technologischen Beschaffenheit zentraler Plattformdienste muss der Status von Torwächtern – auch derjenigen, die voraussichtlich in naher Zukunft hinsichtlich ihrer Tätigkeiten eine gefestigte und dauerhafte Position erlangen werden – regelmäßig überprüft werden. Um allen Marktteilnehmern einschließlich der Torwächter die erforderliche Rechtssicherheit bezüglich der anwendbaren rechtlichen Verpflichtungen zu bieten, müssen diese regelmäßigen Überprüfungen zeitlich begrenzt sein. Außerdem ist es wichtig, solche Überprüfungen regelmäßig, und zwar mindestens alle drei Jahre, durchzuführen. Darüber hinaus ist es wichtig klarzustellen, dass nicht jede Änderung der Sachlage, auf deren Grundlage ein Unternehmen, das zentrale Plattformdienste bereitstellt, als Torwächter benannt wurde, eine Änderung des Benennungsbeschlusses erfordern sollte. Eine Änderung ist nur dann erforderlich, wenn die Änderung der Sachlage auch zu einer Änderung der Bewertung führt. Die Feststellung, ob dies der Fall ist oder nicht, sollte auf einer Einzelfallbewertung der Sachlage und der Umstände beruhen.

(31) Um die Bestreitbarkeit und Fairness der von Torwächtern bereitgestellten zentralen Plattformdienste zu gewährleisten, ist es erforderlich, harmonisierte Vorschriften in Bezug auf diese Dienste klar und eindeutig festzulegen. Solche Regeln werden benötigt, um dem Risiko vorzubeugen, dass Praktiken von Torwächtern nachteilige Auswirkungen haben, und kämen dem Geschäftsumfeld der betreffenden Dienste, den Nutzern und letztlich der Gesellschaft insgesamt zugute. Die Verpflichtungen beziehen sich auf diejenigen Praktiken, die unter Berücksichtigung der Merkmale des digitalen Sektors als die Bestreitbarkeit untergrabend oder als unfair angesehen werden – oder beides – und die besonders negative unmittelbare Auswirkungen auf gewerbliche Nutzer und Endnutzer haben. Die in dieser Verordnung festgelegten Verpflichtungen sollten insbesondere der Art der bereitgestellte zentralen Plattformdienste Rechnung tragen können. Die Verpflichtungen aus dieser Verordnung sollten die Bestreitbarkeit und Fairness nicht nur hinsichtlich der im Benennungsbeschluss aufgeführten zentralen Plattformdienste, sondern auch hinsichtlich anderer digitaler Produkte und Dienstleistungen gewährleisten, bei denen Torwächter ihre Funktion als Zugangstor für sich nutzen und die häufig zusammen mit den zentralen Plattformdiensten oder zu deren Unterstützung bereitgestellt werden.

(32) Für die Zwecke dieser Verordnung sollte sich „Bestreitbarkeit" auf die Fähigkeit von Unternehmen beziehen, Hindernisse für einen Markteintritt oder eine Expansion wirksam zu überwinden und den Torwächter aufgrund der Vorzüge ihrer Produkte und Dienstleistungen herauszufordern. Die Merkmale zentraler Plattformdienste im digitalen Sektor wie etwa Netzwerkeffekte, ausgeprägte Größenvorteile und Datenvorteile haben die Bestreitbarkeit dieser Dienste und der damit verbundenen Ökosysteme eingeschränkt. Eine solche geringe Bestreitbarkeit verringert die Anreize zur Innovation und Verbesse-

rung von Produkten und Dienstleistungen für den Torwächter, seine gewerblichen Nutzer, seine Herausforderer und Kunden und wirkt sich somit negativ auf das Innovationspotenzial der gesamten Online-Plattformwirtschaft aus. Die Bestreitbarkeit der Dienste im digitalen Sektor kann auch eingeschränkt sein, wenn es mehr als einen Torwächter für einen zentralen Plattformdienst gibt. Mit dieser Verordnung sollten daher bestimmte Praktiken von Torwächtern verboten werden, die geeignet sind, Hindernisse für einen Markteintritt oder eine Expansion zu vergrößern, und sollten Torwächtern bestimmte Verpflichtungen auferlegt werden, die diese Hindernisse tendenziell verringern. Mit den Verpflichtungen sollte auch auf Situationen eingegangen werden, in denen die Position des Torwächters womöglich so gefestigt ist, dass der Wettbewerb zwischen Plattformen kurzfristig nicht wirksam ist, sodass ein plattforminterner Wettbewerb geschaffen oder verstärkt werden muss.

(33) Für die Zwecke dieser Verordnung sollte sich „unfair" auf ein Ungleichgewicht zwischen den Rechten und Pflichten gewerblicher Nutzer beziehen, durch das der Torwächter einen unverhältnismäßigen Vorteil erlangt. Marktteilnehmer, einschließlich gewerblicher Nutzer zentraler Plattformdienste und alternativer Anbieter von Diensten, die zusammen mit solchen zentralen Plattformdiensten oder zu deren Unterstützung erbracht werden, sollten die Möglichkeit haben, die aus ihren innovativen oder sonstigen Bemühungen entstehenden Erträge angemessen abzuschöpfen. Aufgrund ihrer Funktion als Zugangstor und ihrer überragenden Verhandlungsmacht ist es möglich, dass Torwächter Verhaltensweisen an den Tag legen, die anderen nicht ermöglichen, die Erträge aus ihren eigenen Beiträgen in vollem Umfang abzuschöpfen, und einseitig unausgewogene Bedingungen für die Nutzung ihrer zentralen Plattformdienste oder Dienste, die zusammen mit ihren zentralen Plattformdiensten oder zu deren Unterstützung erbracht werden, festlegen. Ein solches Ungleichgewicht wird nicht dadurch ausgeschlossen, dass der Torwächter einer bestimmten Gruppe von Nutzern einen bestimmten Dienst kostenlos anbietet, und kann auch darin bestehen, dass gewerbliche Nutzer ausgeschlossen oder diskriminiert werden, insbesondere wenn diese mit den vom Torwächter erbrachten Diensten im Wettbewerb stehen. Daher sollten Torwächtern mit dieser Verordnung Verpflichtungen auferlegt werden, die auf solche Verhaltensweisen abstellen.

(34) Bestreitbarkeit und Fairness sind miteinander verknüpft. Die fehlende oder geringe Bestreitbarkeit eines bestimmten Dienstes kann es einem Torwächter ermöglichen, unfaire Praktiken anzuwenden. Ebenso können unfaire Praktiken eines Torwächters die Möglichkeiten gewerblicher Nutzer oder Dritter einschränken, die Position des Torwächters anzufechten. Eine bestimmte Verpflichtung in dieser Verordnung kann sich daher auf beide Elemente beziehen.

(35) Die in dieser Verordnung festgelegten Verpflichtungen sind daher erforderlich, um konkrete Probleme bezüglich der öffentlichen Ordnung anzugehen, zumal im Hinblick auf die Notwendigkeit, die öffentliche Ordnung zu wahren, die Privatsphäre zu schützen und betrügerische und irreführende Ge-

schäftspraktiken zu bekämpfen, dasselbe Ergebnis nicht durch andere, weniger restriktive Maßnahmen erzielt werden kann.

(36) Torwächter erheben häufig in unmittelbarer Weise personenbezogene Daten von Endnutzern für die Zwecke der Erbringung von Online-Werbediensten, wenn Endnutzer Internetseiten und Software-Anwendungen Dritter nutzen. Zudem stellen Dritte Torwächtern personenbezogene Daten ihrer Endnutzer zur Verfügung, um bestimmte von den Torwächtern im Rahmen ihrer zentralen Plattformdienste erbrachten Dienste nutzen zu können, z. B. maßgeschneiderte Zielgruppen. Die Verarbeitung personenbezogener Daten von Dritten, die zentrale Plattformdienste nutzen, für die Zwecke der Erbringung von Online-Werbediensten verschafft Torwächtern hinsichtlich der Anhäufung von Daten potenzielle Vorteile, wodurch Markteintrittsschranken entstehen. Dies liegt daran, dass Torwächter personenbezogene Daten von deutlich mehr Dritten verarbeiten als andere Unternehmen. Ähnliche Vorteile ergeben sich daraus, dass i) personenbezogene Daten von Endnutzern, die über einen zentralen Plattformdienst erhoben wurden, mit Daten zusammengeführt werden, die über andere Dienste erhoben wurden, ii) personenbezogene Daten aus einem zentralen Plattformdienst in anderen Diensten weiterverwendet werden, die der Torwächter getrennt erbringt, insbesondere in Diensten, die nicht zusammen mit dem betreffenden zentralen Plattformdienst oder zu dessen Unterstützung erbracht werden, und umgekehrt oder iii) Endnutzer in verschiedenen Diensten von Torwächtern angemeldet werden, um personenbezogene Daten zusammenzuführen. Damit sichergestellt ist, dass Torwächter die Bestreitbarkeit zentraler Plattformdienste nicht auf unfaire Weise untergraben, sollten Torwächter Endnutzern ermöglichen, frei zu entscheiden, ob sie solchen Datenverarbeitungs- und Anmeldungspraktiken zustimmen, indem sie eine weniger personalisierte, aber gleichwertige Alternative anbieten, ohne die Nutzung des zentralen Plattformdienstes oder bestimmter Funktionen davon von der Einwilligung des Endnutzers abhängig zu machen. Dies sollte unbeschadet einer Verarbeitung personenbezogener Daten oder einer Anmeldung von Endnutzern in einem Dienst durch den Torwächter gelten, die sich auf die Rechtsgrundlage des Artikels 6 Absatz 1 Buchstaben c, d und e der Verordnung (EU) 2016/679, nicht aber auf Artikel 6 Absatz 1 Buchstaben b und f der genannten Verordnung, stützt.

(37) Die weniger personalisierte Alternative sollte sich nicht von dem Dienst, der den Endnutzern, die ihre Einwilligung erteilen, erbracht wird, unterscheiden oder von geringerer Qualität sein, es sei denn, eine Qualitätsminderung ist eine unmittelbare Folge davon, dass der Torwächter nicht in der Lage ist, solche personenbezogenen Daten zu verarbeiten oder Endnutzer in einem Dienst anzumelden. Die Verweigerung der Einwilligung sollte nicht aufwendiger sein als die Erteilung der Einwilligung. Wenn der Torwächter um Einwilligung ersucht, sollte er dem Endnutzer proaktiv eine nutzerfreundliche Lösung für die explizite, klare und unkomplizierte Erteilung, Änderung oder Widerrufung der Einwilligung präsentieren. Insbesondere sollte die Einwilligung durch eine

klare bestätigende Handlung oder Erklärung erteilt werden, die eine freiwillig für den bestimmten Fall, in informierter Weise und unmissverständlich abgegebene Willensbekundung des Endnutzers im Sinne der Verordnung (EU) 2016/679 darstellt. Zum Zeitpunkt der Einwilligung und nur soweit zutreffend sollte der Endnutzer darüber informiert werden, dass eine Verweigerung der Einwilligung zu einem weniger personalisierten Angebot führen kann, dass der zentrale Plattformdienst aber ansonsten unverändert bleibt und keine Funktionen vorenthalten werden. Kann die Einwilligung dem zentralen Plattformdienst des Torwächters nicht unmittelbar erteilt werden, so sollten Endnutzer ausnahmsweise über jeden Dienst eines Dritten, der diesen zentralen Plattformdienst nutzt, ihre Einwilligung erteilen können, dass der Torwächter personenbezogene Daten für die Zwecke der Erbringung von Online-Werbediensten verarbeiten darf.

Zudem sollte es ebenso einfach sein, die Einwilligung zu widerrufen wie sie zu erteilen. Torwächter sollten ihre Online-Schnittstellen nicht so gestalten, organisieren oder betreiben, dass Endnutzer getäuscht, manipuliert oder anderweitig in ihrer Fähigkeit, ihre Einwilligung frei zu erteilen, maßgeblich beeinträchtigt oder behindert werden. Insbesondere sollte es Torwächtern nicht gestattet sein, Endnutzer mehr als einmal jährlich aufzufordern, ihre Einwilligung für denselben Verarbeitungszweck zu erteilen, für den sie ursprünglich keine Einwilligung erteilt oder ihre Einwilligung widerrufen haben. Diese Verordnung lässt die Verordnung (EU) 2016/679, einschließlich ihres Durchsetzungsrahmens, unberührt, die auf alle Ansprüche betroffener Personen im Zusammenhang mit einer Verletzung ihrer Rechte nach der genannten Verordnung in vollem Umfang anwendbar bleibt.

(38) Kinder verdienen in Bezug auf ihre personenbezogenen Daten besonderen Schutz, insbesondere im Hinblick auf die Verwendung ihrer personenbezogenen Daten für die Zwecke kommerzieller Kommunikation oder der Erstellung von Nutzerprofilen. Der Schutz von Kindern im Internet ist ein wichtiges Ziel der Union und sollte im einschlägigen Unionsrecht Niederschlag finden. In diesem Zusammenhang sollte die Verordnung über einen Binnenmarkt für digitale Dienste gebührend berücksichtigt werden. Die vorliegende Verordnung entbindet Torwächter in keiner Weise von der im anwendbaren Unionsrecht verankerten Verpflichtung zum Schutz von Kindern.

(39) In bestimmten Fällen, z. B. durch die Auferlegung vertraglicher Bedingungen, können Torwächter die Möglichkeiten gewerblicher Nutzer ihrer Online-Vermittlungsdienste beschränken, Endnutzern über andere Online-Vermittlungsdienste oder über direkte Online-Vertriebskanäle Produkte oder Dienstleistungen zu günstigeren Bedingungen, einschließlich günstigerer Preise, anzubieten. Beziehen sich solche Beschränkungen auf Online-Vermittlungsdienste Dritter, so schränken sie die Bestreitbarkeit durch andere Plattformen und damit die Auswahl anderer Online-Vermittlungsdienste für Endnutzer ein. Beziehen sich solche Beschränkungen auf direkte Online-Vertriebskanäle, so schränken sie die Freiheit gewerblicher Nutzer, solche Kanäle zu nutzen,

2 EG DMA ErwG zum Gesetz über digitale Märkte

auf unfaire Weise ein. Damit gewerbliche Nutzer der von Torwächtern betriebenen Online-Vermittlungsdienste andere Online-Vermittlungsdienste oder direkte Online-Vertriebskanäle frei wählen und den Endnutzern ihre Produkte oder Dienstleistungen zu differenzierten Konditionen anbieten können, sollte nicht hingenommen werden, dass Torwächter die Möglichkeiten gewerblicher Nutzer, sich für eine Differenzierung der Geschäftsbedingungen einschließlich des Preises zu entscheiden, einschränken. Dies sollte für jede Maßnahme mit gleicher Wirkung gelten, z. B. für erhöhte Provisionssätze oder die Auslistung der Angebote gewerblicher Nutzer.

(40) Um eine weitere Verstärkung ihrer Abhängigkeit von den zentralen Plattformdiensten von Torwächtern zu verhindern und um Parallelverwendung mehrerer Dienste zu fördern, sollten gewerbliche Nutzer dieser Torwächter den Vertriebskanal frei wählen und bewerben können, der sich ihrer Ansicht nach am besten für die Zwecke von Interaktionen mit Endnutzern eignet, die diese gewerblichen Nutzer bereits über die zentralen Plattformdienste des Torwächters oder über andere Kanäle akquiriert haben. Dies sollte für die Bewerbung von Angeboten, auch über eine Software-Anwendung des gewerblichen Nutzers, und jegliche Form der Kommunikation und des Vertragsabschlusses zwischen gewerblichen Nutzern und Endnutzern gelten. Ein akquirierter Endnutzer ist ein Endnutzer, der bereits eine Geschäftsbeziehung mit dem gewerblichen Nutzer eingegangen ist und für die Erleichterung von dessen ursprünglicher Akquirierung durch den gewerblichen Nutzer der Torwächter gegebenenfalls unmittelbar oder mittelbar durch den gewerblichen Nutzer vergütet wurde. Solche Geschäftsbeziehungen können entweder mit einer Vergütung einhergehen oder kostenfrei sein, wie etwa kostenlose Testversionen oder Gratisversionen, und können entweder über den zentralen Plattformdienst des Torwächters oder über einen beliebigen anderen Kanal eingegangen worden sein. Auch die Endnutzer sollten frei sein, Angebote solcher gewerblichen Nutzer zu wählen und mit diesen Verträge zu schließen – entweder über etwaige zentrale Plattformdienste des Torwächters oder über einen direkten Vertriebskanal des gewerblichen Nutzers oder einen anderen indirekten Kanal, den der gewerbliche Nutzer nutzt.

(41) Die Fähigkeit von Endnutzern, außerhalb der zentralen Plattformdienste des Torwächters Inhalte, Abonnements, Funktionen oder andere Elemente zu erwerben, sollte weder untergraben noch eingeschränkt werden. Insbesondere sollte die Situation vermieden werden, in der Torwächter den Zugang von Endnutzern zu solchen Diensten und die Nutzung solcher Dienste über eine Software-Anwendung beschränken, die auf dem zentralen Plattformdienst des Torwächters ausgeführt wird. So sollten beispielsweise Abonnenten von Online-Inhalten, die außerhalb einer Software-Anwendung, eines Geschäfts für Software-Anwendungen oder eines virtuellen Assistenten erworben wurden, nicht allein aus dem Grund, dass die Online-Inhalte nicht über eine Software-Anwendung, ein Geschäft für Software-Anwendungen oder einen virtuellen Assistenten erworben wurden, daran gehindert werden, über eine Software-

Anwendung auf dem zentralen Plattformdienst des Torwächters auf diese Online-Inhalte zuzugreifen.

(42) Zur Wahrung eines fairen Geschäftsumfelds und der Bestreitbarkeit des digitalen Sektors ist es wichtig, das Recht der gewerblichen Nutzer und Endnutzer, einschließlich Hinweisgebern, zu schützen, Bedenken wegen unfairer Praktiken von Torwächtern, die Fragen der Nichteinhaltung des einschlägigen Unionsrechts oder nationalen Rechts aufwerfen, bei den zuständigen Verwaltungsstellen oder Behörden einschließlich nationaler Gerichte geltend zu machen. So ist es beispielsweise möglich, dass sich gewerbliche Nutzer oder Endnutzer wegen verschiedener unfairer Praktiken beschweren möchten, z. B. wegen diskriminierender Zugangsbedingungen, einer ungerechtfertigten Schließung von Konten gewerblicher Nutzer oder unklarer Gründe für die Auslistung von Produkten. Daher sollte jede Praktik, die diese Nutzer – beispielsweise durch Vertraulichkeitsklauseln in Vereinbarungen oder andere schriftliche Bedingungen – auf irgendeine Weise es ihnen erschwert oder daran hindert, ihre Bedenken geltend zu machen oder bestehende Rechtsmittel einzulegen, verboten werden. Dieses Verbot sollte das Recht von gewerblichen Nutzern und Torwächtern unberührt lassen, in ihren Vereinbarungen die Nutzungsbedingungen einschließlich gültiger Mechanismen für die Behandlung von Beschwerden, darunter Mechanismen für eine außergerichtliche Beilegung von Rechtsstreitigkeiten oder die Zuständigkeit spezifischer Gerichte, im Einklang mit dem einschlägigen Unionsrecht und nationalen Recht festzulegen. Dies sollte auch die Rolle von Torwächtern bei der Bekämpfung illegaler Online-Inhalte unberührt lassen.

(43) Bestimmte Dienste, die zusammen mit oder zur Unterstützung einschlägiger zentraler Plattformdienste des Torwächters erbracht werden, wie etwa Identifizierungsdienste, Webbrowser-Engines, Zahlungsdienste oder technische Dienste zur Unterstützung der Erbringung von Zahlungsdiensten, z. B. Zahlungssysteme für in der Software-Anwendung integrierte Käufe (in-app purchase), sind für gewerbliche Nutzer für die Führung ihrer Geschäfte von entscheidender Bedeutung und ermöglichen ihnen die Optimierung von Diensten. Insbesondere beruht jeder Browser auf einer Webbrowser-Engine, die für Schlüsselfunktionen des Browsers wie Geschwindigkeit, Zuverlässigkeit und Webkompatibilität maßgeblich ist. Wenn Torwächter Webbrowser-Engines betreiben und vorgeben, sind sie in der Lage, die Funktionen und Standards zu bestimmen, die nicht nur für ihre eigenen Webbrowser, sondern auch für konkurrierende Webbrowser und damit für Web-Software-Anwendungen gelten. Deshalb sollten Torwächter ihre Position nicht einsetzen, um von ihren abhängigen gewerblichen Nutzern zu verlangen, dass sie im Rahmen der Bereitstellung von Diensten oder Produkten einen der vom Torwächter selbst bereitgestellten Dienste, die zusammen mit oder zur Unterstützung von zentralen Plattformdiensten erbracht werden, nutzen. Um zu vermeiden, dass Torwächter gewerblichen Nutzern ihre eigenen Dienste, die zusammen mit oder zur Unterstützung von zentralen Plattformdiensten erbracht werden, indirekt aufzwin-

gen, sollte es Torwächtern auch untersagt sein, Endnutzern die Nutzung solcher Dienste vorzugeben, wenn eine solche Anforderung im Zusammenhang mit dem Dienst auferlegt würde, den der gewerbliche Nutzer, der den zentralen Plattformdienst des Torwächters nutzt, für Endnutzer erbringt. Dieses Verbot zielt darauf ab, die Freiheit des gewerblichen Nutzers zu schützen, andere Dienste als diejenigen des Torwächters zu wählen, sollte jedoch nicht als Verpflichtung des gewerblichen Nutzers ausgelegt werden, seinen Endnutzern solche Alternativen anzubieten.

(44) Das Verhalten, von gewerblichen Nutzern oder Endnutzern als Bedingung für die Nutzung von, den Zugang zu, die Anmeldung in oder die Registrierung bei einem im Benennungsbeschluss aufgeführten zentralen Plattformdienst eines im Benennungsbeschluss aufgeführten Torwächters oder eines Torwächters, der die in dieser Verordnung festgelegten Schwellenwerte für aktive Endnutzer und gewerbliche Nutzer erreicht, zu verlangen, einen anderen zentralen Plattformdienst zu abonnieren oder sich bei diesem zu registrieren, ermöglicht den Torwächtern, neue gewerbliche Nutzer und Endnutzer für seine zentralen Plattformdienste zu gewinnen und zu binden, indem er dafür sorgt, dass gewerbliche Nutzer nur dann Zugang zu einem zentralen Plattformdienst haben, wenn sie sich zumindest auch für einen zweiten zentralen Plattformdienst registrieren oder ein entsprechendes Konto einrichten. Dieses Verhalten verschafft Torwächtern auch aufgrund der Anhäufung von Daten einen potenziellen Vorteil. Daher ist dieses Verhalten geeignet, Markteintrittsschranken zu schaffen, und sollte verboten werden.

(45) Die Bedingungen, zu denen Torwächter Online-Werbedienste für gewerbliche Nutzer, darunter Werbetreibende sowie Herausgeber, erbringen, sind oft intransparent und undurchsichtig. Diese Intransparenz hängt zum Teil mit den Praktiken einiger weniger Plattformen zusammen, ist aber auch durch die Komplexität der heutigen programmatischen Werbung bedingt. Die Transparenz in dieser Branche hat offenbar nach der Einführung neuer Datenschutzvorschriften abgenommen. Dies führt dazu, dass Werbetreibende und Herausgeber in vielen Fällen nicht über genügend Informationen und Kenntnisse über die Bedingungen der von ihnen bezogenen Online-Werbedienste verfügen und ihre Fähigkeit beeinträchtigt wird, zwischen Unternehmen, die Online-Werbedienste erbringen, zu wechseln. Außerdem dürften die Kosten für Online-Werbedienste unter diesen Bedingungen höher sein als in einem faireren, transparenteren und bestreitbareren Plattformumfeld. Diese höheren Kosten dürften sich in den Preisen niederschlagen, die Endnutzer für viele täglich genutzte Produkte und Dienstleistungen zahlen, die auf der Nutzung von Online-Werbediensten beruhen. Daher sollten Transparenzverpflichtungen vorsehen, dass Torwächter Werbetreibenden und Herausgebern, für die sie Online-Werbedienste erbringen, auf Anfrage kostenlos Informationen zur Verfügung stellen müssen, anhand deren beide Seiten den Preis der einzelnen Online-Werbedienste nachvollziehen können, die im Rahmen der betreffenden Werbewertschöpfungskette erbracht wurden.

Diese Informationen sollten einem Werbetreibenden auf Anfrage auf Ebene einer einzelnen Anzeige zur Verfügung gestellt werden, und zwar in Bezug auf den Preis und die Gebühren, die diesem Werbetreibenden in Rechnung gestellt werden, sowie – vorbehaltlich der Zustimmung des Herausgebers, der Eigentümer des Inventars ist, in dem die Anzeige angezeigt wird – die Vergütung, die dieser zustimmende Herausgeber erhält. Die Bereitstellung dieser Informationen auf täglicher Basis wird es Werbetreibenden ermöglichen, Informationen zu erhalten, die eine ausreichende Granularität aufweisen, um die Kosten der Nutzung der Online-Werbedienste von Torwächtern mit den Kosten der Nutzung von Online-Werbediensten anderer Unternehmen zu vergleichen. Wenn einige Herausgeber der Weitergabe der einschlägigen Informationen an den Werbetreibenden nicht zustimmen, sollte der Torwächter dem Werbetreibenden die Informationen über die durchschnittliche tägliche Vergütung, die diese Herausgeber für die betreffenden Anzeigen erhalten, zur Verfügung stellen. Die gleiche Verpflichtung und die gleichen Grundsätze für die Weitergabe der einschlägigen Informationen über die Erbringung von Online-Werbediensten sollten für Anfragen von Herausgebern gelten. Da Torwächter für die Erbringung von Online-Werbediensten für Werbetreibende und Herausgeber unterschiedliche Preismodelle verwenden können, z. B. einen pro Werbeansicht (impression), pro Abruf oder aufgrund eines anderen Kriteriums berechneten Preis, sollten Torwächter auch die Methode angeben, nach der die einzelnen Preise und Vergütungen berechnet werden.

(46) Unter bestimmten Umständen hat ein Torwächter als Unternehmen, das zentrale Plattformdienste bereitstellt, eine Doppelrolle, indem es zum einen für seine gewerblichen Nutzer einen zentralen Plattformdienst bereitstellt und möglicherweise zusammen mit diesem zentralen Plattformdienst oder zu dessen Unterstützung andere Dienste erbringt und zum anderen als Anbieter derselben oder ähnlicher Dienstleistungen oder Produkte für dieselben Endkunden mit ebendiesen gewerblichen Nutzern im Wettbewerb steht oder im Wettbewerb zu stehen beabsichtigt. Unter diesen Umständen kann ein Torwächter einen Vorteil aus seiner Doppelrolle ziehen, indem er Daten, die von seinen gewerblichen Nutzern im Rahmen ihrer Tätigkeiten bei der Nutzung der zentralen Plattformdienste oder der zusammen mit diesen zentralen Plattformdiensten oder zu deren Unterstützung erbrachten Dienste generiert oder bereitgestellt werden, für die Zwecke seiner eigenen Dienstleistungen oder Produkte verwendet. Die Daten des gewerblichen Nutzers können auch Daten umfassen, die von seinen Endnutzern generiert oder bei deren Tätigkeiten bereitgestellt werden. Dies kann beispielsweise der Fall sein, wenn ein Torwächter gewerblichen Nutzern einen Online-Marktplatz oder ein Geschäft für Software-Anwendungen bereitstellt und zugleich als Unternehmen auftritt, das Online-Einzelhandelsdienstleistungen oder Software-Anwendungen anbietet. Um zu verhindern, dass Torwächter unfaire Vorteile aus dieser Doppelrolle ziehen, ist es erforderlich sicherzustellen, dass sie keine aggregierten oder nichtaggregierten Daten, die nicht öffentlich zugängliche anonymisierte und personenbezogene Daten umfassen könnten, nutzen, um ähnliche Dienstleistungen zu erbringen

wie ihre gewerblichen Nutzer. Diese Verpflichtung sollte für den Torwächter als Ganzen gelten, d. h. einschließlich des Geschäftsbereichs, in dem er mit den gewerblichen Nutzern eines zentralen Plattformdienstes im Wettbewerb steht, aber nicht nur für diesen Geschäftsbereich.

(47) Gewerbliche Nutzer können auch Online-Werbedienste von einem Unternehmen, das zentrale Plattformdienste bereitstellt, erwerben, um Waren und Dienstleistungen für Endnutzer anzubieten. In diesem Fall kann es vorkommen, dass die Daten nicht auf dem zentralen Plattformdienst generiert werden, sondern dem zentralen Plattformdienst von dem gewerblichen Nutzer bereitgestellt werden oder auf der Grundlage seiner über den betreffenden zentralen Plattformdienst durchgeführten Tätigkeiten generiert werden. Unter bestimmten Umständen kann der zentrale Plattformdienst, der Werbedienste erbringt, eine Doppelrolle haben, nämlich als Unternehmen, das Online-Werbedienste erbringt, sowie als Unternehmen, das Dienste erbringt, die im Wettbewerb mit gewerblichen Nutzern stehen. Folglich sollte die Verpflichtung, nach der ein Torwächter, der eine Doppelrolle hat, keine Daten gewerblicher Nutzer verwenden darf, auch für die Daten gelten, die ein zentraler Plattformdienst von Unternehmen für die Zwecke der Erbringung von Online-Werbediensten auf dem betreffenden zentralen Plattformdienst erhalten hat.

(48) Im Hinblick auf Cloud-Computing-Dienste sollte die Verpflichtung, keine Daten gewerblicher Nutzer zu verwenden, auf Daten ausgeweitet werden, die gewerbliche Nutzer des Torwächters bereitstellen oder generieren, wenn sie den Cloud-Computing-Dienst des Torwächters oder dessen Geschäft für Software-Anwendungen nutzen, über den Endnutzer von Cloud-Computing-Diensten auf Software-Anwendungen zugreifen können. Diese Verpflichtung sollte das Recht des Torwächters unberührt lassen, aggregierte Daten für die Erbringung anderer Dienste, die zusammen mit seinem zentralen Plattformdienst oder zu dessen Unterstützung erbracht werden, z. B. Datenanalyse-Dienste, zu nutzen, sofern dabei die Vorgaben der Verordnung (EU) 2016/679 und der Richtlinie 2002/58/EG sowie die in der vorliegenden Verordnung festgelegten Verpflichtungen in Bezug auf solche Dienste eingehalten werden.

(49) Ein Torwächter kann verschiedene Mittel einsetzen, um seine eigenen Dienstleistungen oder Produkte oder jene eines Dritten auf seinem Betriebssystem, virtuellen Assistenten oder Webbrowser zum Nachteil derselben oder ähnlicher Dienstleistungen, die Endnutzer über andere Dritte erhalten könnten, zu begünstigen. Dies kann beispielsweise vorkommen, wenn ein Torwächter bestimmte Software-Anwendungen oder Dienste vorinstalliert. Um den Endnutzern eine echte Auswahl zu ermöglichen, sollten Torwächter Endnutzer nicht daran hindern, Software-Anwendungen auf ihrem Betriebssystem zu deinstallieren. Der Torwächter sollte solche Deinstallationen nur dann einschränken können, wenn diese Software-Anwendungen für das Funktionieren des Betriebssystems oder des Geräts unabdingbar sind. Torwächter sollten es den Endnutzern ferner ermöglichen, die Standardeinstellungen des Betriebssystems, virtuellen Assistenten oder Webbrowsers auf einfache Weise zu ändern,

ErwG zum Gesetz über digitale Märkte **EG DMA 2**

wenn diese Standardeinstellungen ihre eigenen Software-Anwendungen und Dienste begünstigen. Dazu gehört, dass automatisch ein Auswahlbildschirm angezeigt wird, wenn die Nutzer erstmalig auf eine Online-Suchmaschine, einen virtuellen Assistenten oder einen Webbrowser des Torwächters, die bzw. der im Benennungsbeschluss aufgeführt ist, zugreifen, und dass es den Endnutzern gestattet wird, einen alternativen standardmäßig eingestellten Dienst auszuwählen, wenn das Betriebssystem des Torwächters die Endnutzer zu dieser Online-Suchmaschine, diesem virtuellen Assistenten oder diesem Webbrowser lenkt und wenn der virtuelle Assistent oder der Webbrowser des Torwächters die Nutzer zu der im Benennungsbeschluss aufgeführten Online-Suchmaschine lenkt.

(50) Die von einem Torwächter für den Vertrieb von Software-Anwendungen festgelegten Regeln können unter bestimmten Umständen die Möglichkeiten der Endnutzer in zweierlei Hinsicht einschränken: zum einen in Bezug auf die Installation und effektive Nutzung von Software-Anwendungen Dritter oder deren Geschäfte für Software-Anwendungen auf Hardware oder Betriebssystemen dieses Torwächters und zum anderen in Bezug auf den Zugriff auf solche Software-Anwendungen oder Geschäfte für Software-Anwendungen außerhalb der zentralen Plattformdienste dieses Torwächters. Solche Beschränkungen können die Möglichkeiten von Anwendungsentwicklern zur Nutzung anderer Vertriebskanäle und die Möglichkeiten von Endnutzern, zwischen Software-Anwendungen verschiedener Vertriebskanäle zu wählen, begrenzen und sollten als unfaire Maßnahmen, die die Bestreitbarkeit zentraler Plattformdienste schwächen könnten, verboten werden. Um die Bestreitbarkeit zu gewährleisten, sollte der Torwächter darüber hinaus zulassen, dass die Software-Anwendungen Dritter oder Geschäfte für Software-Anwendungen Dritter den Endnutzer auffordern, zu entscheiden, ob dieser Dienst standardmäßig eingestellt werden soll, und es ermöglichen, dass diese Änderung auf einfache Weise vorgenommen werden kann.

Der Torwächter sollte angemessene technische oder vertragliche Maßnahmen ergreifen können, um sicherzustellen, dass Software-Anwendungen Dritter und Geschäfte für Software-Anwendungen Dritter nicht die Integrität der von ihm bereitgestellten Hardware oder des von ihm bereitgestellten Betriebssystems gefährden, sofern er nachweist, dass diese Maßnahmen erforderlich und gerechtfertigt sind und die Integrität der Hardware bzw. des Betriebssystems nicht durch weniger restriktive Mittel geschützt werden kann. Die Integrität der Hardware oder des Betriebssystems sollte alle Gestaltungsoptionen umfassen, die umgesetzt und erhalten werden müssen, damit die Hardware oder das Betriebssystem gegen unbefugten Zugriff geschützt ist, indem sichergestellt wird, dass die für die betreffende Hardware oder das betreffende Betriebssystem geltenden Sicherheitseinstellungen nicht beeinträchtigt werden können. Damit sichergestellt ist, dass Software-Anwendungen Dritter oder Geschäfte für Software-Anwendungen Dritter die Sicherheit der Endnutzer nicht untergraben, sollte der Torwächter darüber hinaus unbedingt erforderliche und angemessene Maßnahmen und Einstellungen, bei denen es sich nicht um Standardeinstellungen handelt, umsetzen können, die es den Endnutzern ermöglichen, ihre Sicherheit in Bezug auf Software-Anwendungen Dritter oder Geschäfte für Software-Anwendungen Dritter wirksam zu schützen, sofern der Torwächter nachweist, dass diese Maßnahmen und Einstellungen unbedingt erforderlich und gerechtfertigt sind und dieses Ziel nicht durch weniger restriktive Mittel erreicht werden kann. Der Torwächter sollte solche Maßnahmen nicht als Standardeinstellung oder durch eine Vorinstallation umsetzen können.

(51) Da Torwächter in vielen Fällen vertikal integriert sind und Endnutzern Produkte oder Dienstleistungen über ihre eigenen zentralen Plattformdienste oder über gewerbliche Nutzer anbieten, über die sie Kontrolle ausüben, kommt es häufig zu Interessenkonflikten. Dazu kann gehören, dass ein Torwächter seine eigenen Online-Vermittlungsdienste über eine Online-Suchmaschine bereitstellt. Wenn Torwächter diese Produkte oder Dienstleistungen auf dem zentralen Plattformdienst anbieten, können sie ihr eigenes Angebot durch Ranking sowie damit verbundene Indexierung und damit verbundenes Auffinden (crawling) besser positionieren als die Produkte oder Dienstleistungen Dritter, die ebenfalls auf diesem zentralen Plattformdienst tätig sind. Dies kann beispielsweise beim Ranking von Produkten oder Dienstleistungen – einschließlich anderer zentraler Plattformdienste – in den Ergebnissen von Online-Suchmaschinen erfolgen oder wenn diese ganz oder teilweise in Ergebnisse von Online-Suchmaschinen oder thematischen Gruppen von Ergebnissen integriert sind und zusammen mit den Ergebnissen einer Online-Suchmaschine angezeigt werden, die von bestimmten Endnutzern als von der Online-Suchmaschine getrennter oder zusätzlicher Dienst angesehen oder genutzt werden.

Es kann auch bei Software-Anwendungen erfolgen, die über Geschäfte für Software-Anwendungen vertrieben werden, oder bei Videos, die über eine Video-Sharing-Plattform vertrieben werden, oder bei Produkten und Dienstleistungen, die im Newsfeed eines Online-Dienstes eines sozialen Netzwerks hervorgehoben oder in den Suchergebnissen oder auf einem Online-Marktplatz angezeigt werden, oder bei Produkten und Dienstleistungen, die über einen virtuellen Assistenten angeboten werden. Eine solche bessere Positionierung des eigenen Angebots des Torwächters kann auch bereits vor dem Ranking infolge einer Abfrage erfolgen, etwa beim Auffinden oder bei der Indexierung. Der Torwächter kann beispielsweise bereits beim Auffinden (crawling), einem Verfahren zum Auffinden neuer und aktualisierter Inhalte, oder bei der Indexierung, die das Speichern und Ordnen der beim Auffinden gefundenen Inhalte umfasst, seine eigenen Inhalte gegenüber jenen von Dritten bevorzugen. Unter diesen Umständen spielt der Torwächter eine Doppelrolle, denn er ist sowohl Vermittler für Drittunternehmen als auch ein Unternehmen, das Produkte oder Dienstleistungen direkt anbietet. Folglich können solche Torwächter die Bestreitbarkeit in Bezug auf diese Produkte oder Dienstleistungen auf diesen zentralen Plattformdiensten direkt zum Nachteil der nicht unter der Kontrolle des Torwächters stehenden gewerblichen Nutzer untergraben.

(52) In solchen Situationen sollten die Torwächter die Produkte oder Dienstleistungen, die sie selbst oder über einen von ihnen kontrollierten gewerblichen Nutzer anbieten, beim Ranking auf dem zentralen Plattformdienst und bei der damit verbundenen Indexierung und dem damit verbundenen Auffinden weder durch rechtliche noch durch kommerzielle oder technische Mittel anders oder bevorzugt behandeln. Um sicherzustellen, dass diese Verpflichtung wirksam ist, sollten auch die für ein solches Ranking geltenden Bedingungen generell fair und transparent sein. Unter „Ranking" ist in diesem Zusammenhang jedwede relative Hervorhebung zu verstehen, auch das Anzeigen, die Beurteilung, das Verlinken oder die Sprachausgabe von Ergebnissen, und es sollte auch Fälle umfassen, in denen ein zentraler Plattformdienst dem Endnutzer nur ein einziges Ergebnis darstellt oder kommuniziert. Um sicherzustellen, dass diese Verpflichtung wirksam ist und nicht umgangen werden kann, sollte sie auch für jede Maßnahme gelten, die die gleiche Wirkung wie eine Differenzierung oder Vorzugsbehandlung beim Ranking hat. Die nach Artikel 5 der Verordnung (EU) 2019/1150 erlassenen Leitlinien sollten auch die Um- und Durchsetzung dieser Verpflichtung erleichtern.

(53) Torwächter sollten die freie Auswahl von Endnutzern nicht dadurch beschränken oder verhindern, dass sie sie technisch oder auf andere Weise daran hindern, zwischen verschiedenen Software-Anwendungen und Diensten zu wechseln oder solche zu abonnieren. So hätten mehr Unternehmen die Möglichkeit, ihre Dienste anzubieten, was letztlich eine größere Auswahl für die Endnutzer zur Folge hätte. Torwächter sollten ungeachtet dessen, ob sie Hardware für den Zugang zu solchen Software-Anwendungen oder Diensten herstellen, eine freie Auswahl sicherstellen und sollten keine künstlichen technischen oder sonstigen Hindernisse errichten, um einen Anbieterwechsel unmöglich oder unwirksam zu machen. Das reine Anbieten eines bestimmten Produkts oder einer bestimmten Dienstleistung für Endnutzer (z. B. durch eine Vorinstallation) oder die Verbesserung des Angebots für Endnutzer (z. B. durch Preisermäßigungen oder höhere Qualität) sollten für sich genommen nicht als verbotenes Hindernis für einen Anbieterwechsel gelten.

(54) Torwächter können den Zugriff von Endnutzern auf Online-Inhalte und -Dienste einschließlich Software-Anwendungen beeinträchtigen. Daher sollten Regeln festgelegt werden, um sicherzustellen, dass das Recht der Endnutzer auf Zugang zu einem offenen Internet nicht durch das Verhalten von Torwächtern beeinträchtigt wird. Torwächter können insbesondere durch ihre Kontrolle über Hardware oder Betriebssysteme auch die Möglichkeiten von Endnutzern, effektiv zwischen verschiedenen Unternehmen, die Internetzugangsdienste bereitstellen, zu wechseln, technisch beschränken. Dies verfälscht die Wettbewerbsbedingungen für Internetzugangsdienste und schadet letztlich den Endnutzern. Daher sollte sichergestellt werden, dass Torwächter Endnutzer bei der Auswahl des Unternehmens, das ihnen den Internetzugangsdienst bereitstellt, nicht unangemessen einschränken.

(55) Ein Torwächter kann Dienste oder Hardware, wie z. B. direkt am Körper tragbare Geräte (wearable devices), bereitstellen, die auf Hardware- oder Software-Funktionen eines Geräts zurückgreifen, auf das über ein Betriebssystem oder einen virtuellen Assistenten zugegriffen wird oder das durch diese gesteuert wird, um Endnutzern spezifische Funktionen anzubieten. In diesem Fall müssen konkurrierende Anbieter von Diensten oder Hardware, wie z. B. Anbieter von direkt am Körper tragbaren Geräten, über eine gleichermaßen wirksame Interoperabilität mit – und Zugang zu Zwecken der Interoperabilität zu – denselben Hardware- oder Software-Funktionen verfügen, damit sie den Endnutzern ein konkurrenzfähiges Angebot bereitstellen können.

(56) Torwächter können auch als Entwickler von Betriebssystemen und Hersteller von Geräten, einschließlich der technischen Funktionen solcher Geräte, eine Doppelrolle spielen. So kann zum Beispiel ein Torwächter, der ein Gerät herstellt, den Zugang zu einigen Funktionen dieses Geräts wie der Nahfeldkommunikationstechnologie, sicheren Elementen und Prozessoren, Authentifizierungsmechanismen oder der Software für den Betrieb dieser Technologien beschränken, die für die wirksame Erbringung eines Dienstes, der zusammen mit dem zentralen Plattformdienst oder zu dessen Unterstützung erbracht wird, durch den Torwächter sowie jedes potenzielle Drittunternehmen, das einen solchen Dienst erbringt, erforderlich sein könnte.

(57) Wenn Doppelrollen in einer Weise verwendet werden, dass alternative Anbieter von Diensten und Hardware daran gehindert werden, zu gleichen Bedingungen auf dieselben Betriebssystem-, Hardware- oder Software-Funktionen zuzugreifen, die der Torwächter für die Erbringung seiner eigenen Ergänzungs- oder Unterstützungsdienste oder Hardware zur Verfügung hat oder verwendet, könnte dies die Innovationen seitens der alternativen Anbieter sowie die Auswahl für die Endnutzer erheblich beeinträchtigen. Daher sollten die Torwächter verpflichtet sein, kostenlos eine wirksame Interoperabilität mit – und Zugang zu Zwecken der Interoperabilität zu – denselben Betriebssystem-, Hardware- oder Software-Funktionen zu gewährleisten, die sie für die Bereitstellung ihrer eigenen Ergänzungs- und Unterstützungsdienste und Hardware zur Verfügung haben. Ein derartiger Zugang kann auch für Software-Anwendungen im Zusammenhang mit den einschlägigen Diensten, die zusammen mit den zentralen Plattformdienst oder zu dessen Unterstützung erbracht werden, erforderlich sein, um wirksam Funktionen zu entwickeln und bereitzustellen, bei denen Interoperabilität mit den von Torwächtern bereitgestellten Funktionen gegeben ist. Ziel der Verpflichtungen ist es, konkurrierenden Dritten eine Interkonnektivität mit den jeweiligen Funktionen durch Schnittstellen oder ähnliche Lösungen zu gestatten, die ebenso wirksam ist wie bei den eigenen Diensten oder der eigenen Hardware des Torwächters.

(58) Die Bedingungen, zu denen Torwächter Online-Werbedienste für gewerbliche Nutzer wie z. B. Werbetreibende oder Herausgeber erbringen, sind oft intransparent und undurchsichtig. Daher verfügen Werbetreibende und Herausgeber oft nicht über genügend Informationen über die Wirkung einer konkre-

ErwG zum Gesetz über digitale Märkte

ten Werbemaßnahme. Zur Förderung der Fairness, Transparenz und Bestreitbarkeit der im Benennungsbeschluss aufgeführten Online-Werbedienste sowie der in andere zentrale Plattformdienste desselben Unternehmens vollständig integrierten Online-Werbedienste, sollten Torwächter Werbetreibenden und Herausgebern sowie von Werbetreibenden und Herausgebern bevollmächtigten Dritten auf Antrag kostenlos Zugang zu den Instrumenten zur Leistungsmessung der Torwächter und zu den – aggregierten und nichtaggregierten – Daten gewähren, die Werbetreibende, bevollmächtigte Dritte wie Werbeagenturen, die im Auftrag eines Unternehmens Werbung platzieren, und Herausgeber für ihre eigene unabhängige Überprüfung der Erbringung der relevanten Online-Werbedienste benötigen.

(59) Torwächter profitieren von ihrem Zugang zu großen Datenmengen, die sie im Zuge des Betriebs der zentralen Plattformdienste sowie anderer digitaler Dienste erheben. Um sicherzustellen, dass Torwächter nicht die Bestreitbarkeit zentraler Plattformdienste oder das Innovationspotenzial des dynamischen digitalen Sektors untergraben, indem sie den Anbieterwechsel oder Parallelverwendung mehrerer Dienste beschränken, sollten Endnutzer sowie von einem Endnutzer bevollmächtigte Dritte wirksam und unmittelbar Zugang zu den Daten erhalten, die sie bereitgestellt haben bzw. die durch ihre Tätigkeit im Zusammenhang mit den relevanten zentralen Plattformdiensten des Torwächters generiert wurden. Die Daten sollten in einem Format bereitgestellt werden, auf das unmittelbar und wirksam zugegriffen werden kann und das vom Endnutzer oder dem betreffenden vom Endnutzer bevollmächtigten Dritten, auf den die Daten übertragen werden, verwendet werden kann. Die Torwächter sollten auch durch geeignete und hochwertige technische Maßnahmen wie Anwendungsprogrammierschnittstellen sicherstellen, dass Endnutzer oder von Endnutzern bevollmächtigte Dritte die Daten unbeschränkt kontinuierlich und in Echtzeit übertragen können. Dies sollte auch für alle anderen Daten verschiedener Aggregationsebenen gelten, die für eine wirksame Übertragbarkeit erforderlich sind. Zur Vermeidung von Zweifeln ergänzt die Verpflichtung des Torwächters nach dieser Verordnung, die wirksame Übertragbarkeit von Daten zu gewährleisten, das Recht auf Datenübertragbarkeit gemäß der Verordnung (EU) 2016/679. Die Vereinfachung des Anbieterwechsels oder Parallelverwendung mehrerer Dienste sollte wiederum zu einer größeren Auswahl für Endnutzer führen und dient als Innovationsanreiz für Torwächter und gewerbliche Nutzer.

(60) Gewerbliche Nutzer, die zentrale Plattformdienste von Torwächtern nutzen, sowie die Endnutzer solcher gewerblichen Nutzer stellen große Datenmengen bereit und generieren sie. Um sicherzustellen, dass gewerbliche Nutzer Zugang zu den auf diese Weise generierten Daten haben, sollte der Torwächter ihnen auf Anfrage kostenlos einen wirksamen Zugang dazu bereitstellen. Auch Dritte, die der gewerbliche Nutzer mit der Verarbeitung seiner Daten beauftragt hat, sollten für diese Verarbeitung einen solchen Zugang erhalten. Der Zugang sollte den Zugang zu Daten umfassen, die dieselben gewerblichen Nutzer und dieselben Endnutzer dieser gewerblichen Nutzer im Rahmen anderer Dienste desselben Torwächters bereitgestellt oder generiert haben, ein-

schließlich Diensten, die zusammen mit zentralen Plattformdiensten oder zu deren Unterstützung bereitgestellt werden, sofern sie untrennbar mit der relevanten Anfrage verbunden sind. In diesem Zusammenhang sollte ein Torwächter keine vertraglichen oder sonstigen Beschränkungen anwenden, um gewerbliche Nutzer am Zugang zu relevanten Daten zu hindern; ferner sollte er es gewerblichen Nutzern ermöglichen, die Einwilligung ihrer Endnutzer für den Zugang zu solchen Daten und Datenabfragen zu erhalten, wenn eine solche Einwilligung nach der Verordnung (EU) 2016/679 und der Richtlinie 2002/58/EG erforderlich ist. Torwächter sollten auch den kontinuierlichen Echtzeitzugang zu diesen Daten durch geeignete technische Maßnahmen sicherstellen, indem sie beispielsweise hochwertige Programmierschnittstellen oder integrierte Tools für gewerbliche Nutzer mit geringem Volumen einrichten.

(61) Der Wert von Online-Suchmaschinen für ihre gewerblichen Nutzer und Endnutzer steigt in dem Maße, wie die Gesamtzahl der Nutzer steigt. Unternehmen, die Online-Suchmaschinen bereitstellen, erheben und speichern aggregierte Datensätze, die Informationen über den Gegenstand von Suchanfragen sowie die Interaktionen des Nutzers mit den ihnen bereitgestellten Ergebnissen enthalten. Unternehmen, die Online-Suchmaschinen bereitstellen, erheben diese Daten bei Suchanfragen, die über ihre Online-Suchmaschinen und ggf. auf den Plattformen ihrer nachgelagerten Geschäftspartner durchgeführt werden. Der Zugang von Torwächtern zu solchen Ranking-, Anfrage-, Klick- und Ansichtsdaten stellt ein beträchtliches Hindernis für einen Markteintritt oder eine Expansion dar, das die Bestreitbarkeit von Online-Suchmaschinen untergräbt. Daher sollte von Torwächtern verlangt werden, dass sie anderen Unternehmen, die solche Dienste bereitstellen, zu fairen, zumutbaren und diskriminierungsfreien Bedingungen Zugang zu diesen im Zusammenhang mit unbezahlten und bezahlten Ergebnissen von Suchanfragen von Verbrauchern erhobenen Ranking-, Anfrage-, Klick- und Ansichtsdaten gewähren, sodass diese Drittunternehmen ihre Dienste optimieren können und die Position der relevanten zentralen Plattformdienste angreifen können. Auch Dritte, die der Betreiber einer Online-Suchmaschine mit der Verarbeitung dieser Daten für diese Online-Suchmaschine beauftragt hat, sollten einen solchen Zugang erhalten. Bei der Bereitstellung des Zugangs zu seinen Suchdaten sollte ein Torwächter den Schutz der personenbezogenen Daten von Endnutzern, auch vor möglichen Risiken einer erneuten Identifizierung, durch geeignete Mittel wie die Anonymisierung solcher personenbezogenen Daten sicherstellen, ohne die Qualität oder die Nutzbarkeit der Daten wesentlich zu beeinträchtigen. Die betreffenden Daten gelten als anonymisiert, wenn personenbezogene Daten irreversibel so verändert wurden, dass sich die Informationen nicht mehr auf eine identifizierte oder identifizierbare natürliche Person beziehen, oder wenn personenbezogene Daten in einer Weise anonymisiert wurden, dass die betroffene Person nicht oder nicht mehr identifiziert werden kann.

(62) Für im Benennungsbeschluss aufgeführte Geschäfte für Software-Anwendungen, Online-Suchmaschinen und Online-Dienste sozialer Netzwerke sollten die Torwächter allgemeine Zugangsbedingungen veröffentlichen und an-

wenden, die fair, zumutbar und diskriminierungsfrei sein sollten. Diese allgemeinen Bedingungen sollten einen unionsbasierten alternativen Streitbeilegungsmechanismus vorsehen, der leicht zugänglich, unparteiisch, unabhängig und für den gewerblichen Nutzer gebührenfrei ist, unbeschadet der Eigenkosten des gewerblichen Nutzers sowie angemessener Maßnahmen zur Verhinderung von Missbrauch des Streitbeilegungsmechanismus durch die gewerblichen Nutzer. Der Streitbeilegungsmechanismus sollte das Recht der gewerblichen Nutzer unberührt lassen, im Einklang mit dem Unionsrecht und dem nationalen Recht Rechtsmittel bei Justizbehörden einzulegen. Insbesondere Torwächter, die Zugang zu Geschäften für Software-Anwendungen bieten, sind ein wichtiges Zugangstor für gewerbliche Nutzer, die Endnutzer erreichen wollen. In Anbetracht der ungleichen Verteilung der Verhandlungsmacht zwischen diesen Torwächtern und gewerblichen Nutzern ihrer Geschäfte für Software-Anwendungen sollte es diesen Torwächtern untersagt sein, allgemeine Bedingungen, einschließlich preislicher Bedingungen, aufzuerlegen, die unfair wären oder zu einer ungerechtfertigten Ungleichbehandlung führen würden.

Preisliche oder andere allgemeine Zugangsbedingungen sollten als unfair angesehen werden, wenn sie zu einem Ungleichgewicht zwischen den gewerblichen Nutzern auferlegten Rechten und Pflichten führen oder dem Torwächter einen Vorteil verschaffen, der in Anbetracht seiner Dienstleistung für die gewerblichen Nutzer unverhältnismäßig ist, oder wenn durch sie gewerbliche Nutzer, die dieselben oder ähnliche Dienstleistungen wie der Torwächter erbringen, benachteiligt werden. Die folgenden Kenngrößen können als Maßstab für die Bewertung der Fairness der allgemeinen Zugangsbedingungen herangezogen werden: die Preise oder Bedingungen, die andere Betreiber von Geschäften für Software-Anwendungen für dieselben oder ähnliche Dienstleistungen erheben bzw. auferlegen; die Preise oder Bedingungen, die der Betreiber eines Geschäfts für Software-Anwendungen für verschiedene verbundene oder ähnliche Dienstleistungen erhebt bzw. auferlegt oder von verschiedenen Arten von Endnutzern erhebt bzw. diesen auferlegt; die Preise oder Bedingungen, die der Betreiber eines Geschäfts für Software-Anwendungen für dieselbe Dienstleistung in unterschiedlichen Regionen erhebt bzw. auferlegt; die Preise oder Bedingungen, die der Betreiber eines Geschäfts für Software-Anwendungen für dieselbe Dienstleistung erhebt bzw. auferlegt, die der Torwächter für sich selbst erbringt. Diese Verpflichtung sollte kein Zugangsrecht begründen und nicht die Möglichkeiten der Betreiber von Geschäften für Software-Anwendungen, Online-Suchmaschinen und Online-Diensten sozialer Netzwerke beschneiden, ihrer Verantwortung im Hinblick auf die Bekämpfung illegaler und unerwünschter Inhalte gemäß der Verordnung über einen Binnenmarkt für digitale Dienste ordnungsgemäß nachzukommen.

(63) Torwächter können es gewerblichen Nutzern und Endnutzern erschweren, einen zentralen Plattformdienst zu kündigen, den sie zuvor abonniert haben. Daher sollten Vorschriften festgelegt werden, um Situationen zu verhindern, in denen Torwächter die Rechte von gewerblichen Nutzern und Endnutzern untergraben, eine freie Wahl darüber zu treffen, welchen zentralen Plattform-

dienst sie nutzen. Um die Wahlfreiheit von gewerblichen Nutzern und Endnutzern zu gewährleisten, sollte es einem Torwächter nicht gestattet sein, die Kündigung eines zentralen Plattformdienstes durch gewerbliche Nutzer oder Endnutzer unnötig schwierig oder kompliziert zu gestalten. Die Schließung eines Kontos oder die Kündigung eines Abonnements sollte nicht komplizierter gestaltet werden als das Anlegen eines Kontos oder das Abonnieren desselben Dienstes. Torwächter sollten bei der Beendigung von Verträgen mit ihren Endnutzern oder gewerblichen Nutzern keine zusätzlichen Gebühren verlangen. Torwächter sollten sicherstellen, dass die Bedingungen für die Beendigung von Verträgen stets verhältnismäßig sind und von den Endnutzern ohne übermäßige Schwierigkeiten eingehalten werden können, beispielsweise hinsichtlich der Kündigungsgründe, der Kündigungsfrist oder der Form einer solchen Kündigung. Dies gilt unbeschadet nationaler Rechtsvorschriften, die im Einklang mit dem Unionsrecht zur Festlegung von Rechten und Pflichten hinsichtlich der Bedingungen für die Beendigung der Bereitstellung zentraler Plattformdienste durch Endnutzer anwendbar sind.

(64) Der Mangel an Interoperabilität ermöglicht es Torwächtern, die nummernunabhängige interpersonelle Kommunikationsdienste erbringen, von starken Netzwerkeffekten zu profitieren, was zur Schwächung der Bestreitbarkeit beiträgt. Darüber hinaus bieten Torwächter oft – unabhängig davon, ob Endnutzer Parallelverwendung mehrerer Dienste betreiben – nummernunabhängige interpersonelle Kommunikationsdienste als Teil ihres Plattformökosystems an, und dies verstärkt die Markteintrittsschranken für alternative Anbieter solcher Dienste noch weiter und erhöht die Kosten der Endnutzer für einen Anbieterwechsel. Unbeschadet der Richtlinie (EU) 2018/1972 des Europäischen Parlaments und des Rates[14] und insbesondere der in Artikel 61 der genannten Richtlinie festgelegten Bedingungen und Verfahren sollten Torwächter daher – gebührenfrei und auf Antrag – die Interoperabilität mit bestimmten grundlegenden Funktionen ihrer nummernunabhängigen interpersonellen Kommunikationsdienste, die sie für ihre eigenen Endnutzer erbringen, für Drittanbieter solcher Dienste sicherstellen.

Torwächter sollten Interoperabilität für Drittanbieter nummernunabhängiger interpersoneller Kommunikationsdienste sicherstellen, die ihre nummernunabhängigen interpersonellen Kommunikationsdienste an Endnutzer und gewerbliche Nutzer in der Union anbieten oder anbieten möchten. Um die praktische Durchführung dieser Interoperabilität zu erleichtern, sollte von dem betreffenden Torwächter verlangt werden, ein Referenzangebot zu veröffentlichen, in dem die technischen Einzelheiten und die allgemeinen Bedingungen der Interoperabilität mit seinen nummernunabhängigen interpersonellen Kommunikationsdiensten dargelegt sind. Die Kommission sollte gegebenenfalls das Gremium europäischer Regulierungsstellen für elektronische Kommunikation

---

14 Richtlinie (EU) 2018/1972 des Europäischen Parlaments und des Rates vom 11. Dezember 2018 über den europäischen Kodex für die elektronische Kommunikation (ABl. L 321 vom 17.12.2018, S. 36).

konsultieren können, um festzustellen, ob die in dem Referenzangebot, das der Torwächter verwenden möchte oder verwendet hat, veröffentlichten technischen Einzelheiten und allgemeinen Bedingungen die Einhaltung dieser Verpflichtung gewährleisten.

In jedem Fall sollten der Torwächter und der antragstellende Anbieter im Einklang mit ihren Verpflichtungen gemäß dieser Verordnung und dem anwendbaren Unionsrecht, insbesondere der Verordnung (EU) 2016/679 und der Richtlinie 2002/58/EG, sicherstellen, dass die Interoperabilität ein hohes Maß an Sicherheit und Datenschutz nicht untergräbt. Die Verpflichtung im Zusammenhang mit der Interoperabilität sollte die Informationen und Wahlmöglichkeiten unberührt lassen, die den Endnutzern nummernunabhängiger interpersoneller Kommunikationsdienste des Torwächters und des antragstellenden Anbieters gemäß dieser Verordnung und anderen Rechtsvorschriften der Union, insbesondere der Verordnung (EU) 2016/679, zur Verfügung zu stellen sind.

(65) Um die Wirksamkeit der in dieser Verordnung festgelegten Verpflichtungen zu gewährleisten und gleichzeitig sicherzustellen, dass diese Verpflichtungen auf das Maß beschränkt sind, das erforderlich ist, um die Bestreitbarkeit zu gewährleisten und den schädlichen Auswirkungen der unfairen Praktiken von Torwächtern zu begegnen, müssen diese Verpflichtungen klar definiert und umrissen werden, damit die Torwächter sie unter uneingeschränkter Einhaltung des anwendbaren Rechts, insbesondere der Verordnung (EU) 2016/679 und der Richtlinie 2002/58/EG sowie der Rechtsvorschriften über Anforderungen des Verbraucherschutzes, der Cybersicherheit, der Produktsicherheit und der Zugänglichkeit, einschließlich der Richtlinie (EU) 2019/882 und der Richtlinie (EU) 2016/2102 des Europäischen Parlaments und des Rates[15], vollständig einhalten können. Die Torwächter sollten durch entsprechende Gestaltung dafür sorgen, dass die Vorgaben dieser Verordnung eingehalten werden. Daher sollten die erforderlichen Maßnahmen so weit wie möglich in die Gestaltung der von den Torwächtern genutzten Technik einfließen.

In bestimmten Fällen kann es angezeigt sein, dass die Kommission, im Anschluss an einen Dialog mit dem betreffenden Torwächter und nachdem Dritten die Möglichkeit zur Stellungnahme gegeben wurde, einige der Maßnahmen präzisiert, die der betreffende Torwächter ergreifen sollte, um möglicherweise noch näher auszuführende Verpflichtungen oder – im Falle der Umgehung – alle Verpflichtungen wirksam zu erfüllen. Eine solche Präzisierung sollte insbesondere dann möglich sein, wenn die Umsetzung einer möglicherweise noch näher auszuführenden Verpflichtung durch Unterschiede zwischen Diensten innerhalb einer einzigen Kategorie zentraler Plattformdienste beeinflusst werden kann. Zu diesem Zweck sollte der Torwächter die Kommission um die Aufnahme eines Verfahrens ersuchen können, mit dem die Kommission einige

---

15 Richtlinie (EU) 2016/2102 des Europäischen Parlaments und des Rates vom 26. Oktober 2016 über den barrierefreien Zugang zu den Websites und mobilen Anwendungen öffentlicher Stellen (ABl. L 327 vom 2.12.2016, S. 1).

der Maßnahmen präzisieren kann, die der betreffende Torwächter ergreifen sollte, um diese Verpflichtungen wirksam zu erfüllen.

Ob und wann eine solche Präzisierung erfolgen sollte, sollte im Ermessen der Kommission liegen, wobei die Grundsätze der Gleichbehandlung, der Verhältnismäßigkeit und der guten Verwaltungspraxis zu wahren sind. Dabei sollte die Kommission die wichtigsten Gründe für ihre Einschätzung angeben, einschließlich von Prioritäten für die Durchsetzung. Dieses Verfahren sollte nicht dazu genutzt werden, die Wirksamkeit dieser Verordnung zu untergraben. Darüber hinaus berührt dieses Verfahren nicht die Befugnisse der Kommission, einen Beschluss zu erlassen, mit dem die Nichteinhaltung einer der in dieser Verordnung festgelegten Verpflichtungen durch einen Torwächter festgestellt wird, einschließlich der Möglichkeit, Geldbußen oder Zwangsgelder zu verhängen. Die Kommission sollte Verfahren wiederaufnehmen können, unter anderem wenn die präzisierten Maßnahmen sich als nicht wirksam erweisen. Eine Wiederaufnahme aufgrund einer im Wege eines Beschlusses angenommenen unwirksamen Präzisierung sollte es der Kommission ermöglichen, die Präzisierung vorausschauend zu ändern. Die Kommission sollte auch eine angemessene Frist festlegen können, innerhalb derer das Verfahren wiederaufgenommen werden kann, wenn die präzisierten Maßnahmen sich als nicht wirksam erweisen.

(66) Als zusätzliches Element zur Gewährleistung der Verhältnismäßigkeit sollten Torwächter die Möglichkeit erhalten, die Aussetzung einer bestimmten Verpflichtung in dem erforderlichen Umfang zu beantragen, wenn außergewöhnliche Umstände vorliegen, auf die der Torwächter keinen Einfluss hat, wie etwa ein unvorhergesehener externer Schock, durch den ein erheblicher Teil der Nachfrage der Endnutzer nach dem betreffenden zentralen Plattformdienst vorübergehend weggefallen ist; in diesem Falle müsste der Torwächter nachweisen, dass die Erfüllung der betreffenden Verpflichtung die Rentabilität der Geschäftstätigkeit des betreffenden Torwächters in der Union gefährden würde. Die Kommission sollte die außergewöhnlichen Umstände, die die Aussetzung rechtfertigen, ermitteln und diese regelmäßig überprüfen, um zu beurteilen, ob die Voraussetzungen für die Gewährung der Aussetzung noch vorliegen.

(67) Unter außergewöhnlichen Umständen, die ausschließlich im Zusammenhang mit der Wahrung der öffentlichen Gesundheit oder der öffentlichen Sicherheit – im Sinne des Unionsrechts und der Auslegung durch den Gerichtshof – vorliegen können, sollte die Kommission einen bestimmten zentralen Plattformdienst per Beschluss von einer bestimmten Verpflichtung befreien können. Werden diese öffentlichen Interessen beeinträchtigt, so könnte dies darauf hindeuten, dass die gesamtgesellschaftlichen Kosten, die infolge der Durchsetzung einer bestimmten Verpflichtung entstünden, in einem bestimmten Ausnahmefall zu hoch und somit unverhältnismäßig sind. Gegebenenfalls sollte die Kommission die Einhaltung erleichtern können, indem sie bewertet, ob eine begrenzte und hinreichend begründete Aussetzung oder Befreiung ge-

rechtfertigt ist. Dies sollte gewährleisten, dass die in dieser Verordnung festgelegten Verpflichtungen verhältnismäßig sind ohne die beabsichtigten Ex-ante-Auswirkungen im Hinblick auf Fairness und Bestreitbarkeit zu untergraben. Wird eine entsprechende Befreiung eingeräumt, so sollte die Kommission ihre Entscheidung jedes Jahr überprüfen.

(68) Torwächter sollten die Kommission innerhalb des Zeitrahmens für die Einhaltung ihrer Verpflichtungen nach dieser Verordnung im Wege einer obligatorischen Berichterstattung über die Maßnahmen informieren, deren Umsetzung sie planen oder die sie umgesetzt haben, um die wirksame Einhaltung dieser Verpflichtungen sicherzustellen, einschließlich jener Maßnahmen, die die Einhaltung der Verordnung (EU) 2016/679 betreffen, soweit sie für die Einhaltung der in der vorliegenden Verordnung vorgesehenen Verpflichtungen relevant sind, womit die Kommission in die Lage versetzt werden sollte, ihre Aufgaben nach der vorliegenden Verordnung zu erfüllen. Außerdem sollte eine klare und verständliche nichtvertrauliche Zusammenfassung dieser Informationen öffentlich zugänglich gemacht werden, wobei dem berechtigten Interesse der Torwächter an der Wahrung ihrer Geschäftsgeheimnisse und anderer vertraulicher Informationen Rechnung zu tragen ist. Diese nichtvertrauliche Veröffentlichung sollte es Dritten ermöglichen, zu bewerten, ob die Torwächter die in dieser Verordnung festgelegten Verpflichtungen einhalten. Eine solche Berichterstattung sollte etwaigen Durchsetzungsmaßnahmen, die die Kommission zu einem beliebigen Zeitpunkt nach der Berichterstattung ergreift, nicht vorgreifen. Die Kommission sollte einen Link zu der nichtvertraulichen Zusammenfassung des Berichts sowie alle anderen auf Informationspflichten gemäß dieser Verordnung beruhenden öffentlichen Informationen online veröffentlichen, damit der Zugang zu diesen Informationen in nutzbarer und umfassender Weise, insbesondere für kleine und mittlere Unternehmen (KMU), gewährleistet ist.

(69) Die Verpflichtungen der Torwächter sollten nur aktualisiert werden, wenn nach einer gründlichen Untersuchung der Art und Auswirkungen bestimmter Praktiken festgestellt wird, dass diese Praktiken nunmehr als unfair einzustufen sind oder die Bestreitbarkeit ebenso beschränken wie die in dieser Verordnung dargelegten unfairen Praktiken, aber möglicherweise nicht unter die Verpflichtungen dieser Verordnung fallen. Die Kommission sollte entweder von Amts wegen oder auf begründeten Antrag von mindestens drei Mitgliedstaaten eine Untersuchung einleiten können, um festzustellen, ob die bestehenden Verpflichtungen aktualisiert werden müssen. Die Mitgliedstaaten sollten bei der Vorlage solcher begründeter Anträge Informationen über neu eingeführte Angebote von Produkten, Dienstleistungen, Software oder Funktionen aufnehmen können, die Bedenken hinsichtlich der Bestreitbarkeit oder Fairness aufwerfen, unabhängig davon, ob sie im Zusammenhang mit bestehenden zentralen Plattformdiensten oder auf andere Weise umgesetzt werden. Hält es die Kommission im Anschluss an eine Marktuntersuchung für erforderlich, wesentliche Elemente dieser Verordnung zu ändern,

etwa durch die Aufnahme neuer Verpflichtungen, die von den in dieser Verordnung behandelten Fragen der Bestreitbarkeit oder Fairness abweichen, so sollte die Kommission einen Vorschlag zur Änderung dieser Verordnung vorlegen.

(70) Angesichts der beträchtlichen wirtschaftlichen Macht von Torwächtern ist es wichtig, dass die Verpflichtungen wirksam angewendet und nicht umgangen werden. Zu diesem Zweck sollten die in Rede stehenden Vorschriften auf alle Praktiken eines Torwächters angewendet werden, ungeachtet der Form dieser Praktiken und unabhängig davon, ob sie vertraglicher, geschäftlicher, technischer oder anderer Art sind, solange die Praktik dem Praktiktypus entspricht, der von einer der in dieser Verordnung festgelegten Verpflichtungen erfasst ist. Torwächter sollten kein Verhalten an den Tag legen, das die Wirksamkeit der in dieser Verordnung festgelegten Verbote und Verpflichtungen untergraben würde. Zu solchem Verhalten gehören die vom Torwächter verwendete Gestaltung, die Darstellung der Wahlmöglichkeiten des Endnutzers in einer nicht neutralen Weise oder die Nutzung der Struktur, der Funktion oder der Art und Weise der Bedienung einer Benutzerschnittstelle oder eines Teils davon, um die Nutzerautonomie, die Entscheidungsfindung oder die Wahlmöglichkeit zu beeinträchtigen oder einzuschränken. Darüber hinaus sollte es Torwächtern nicht erlaubt sein, ein Verhalten an den Tag zu legen, das die im Rahmen dieser Verordnung geforderte Interoperabilität untergräbt, beispielsweise durch ungerechtfertigte technische Schutzmaßnahmen, diskriminierende Nutzungsbedingungen, unrechtmäßige Inanspruchnahme eines Urheberrechts in Bezug auf Anwendungsprogrammierschnittstellen oder Bereitstellung irreführender Informationen. Torwächtern sollte es nicht erlaubt sein, ihre Benennung zu umgehen, indem sie ihre zentralen Plattformdienste künstlich segmentieren, aufteilen, unterteilen, fragmentieren oder aufspalten, um die in dieser Verordnung festgelegten quantitativen Schwellenwerte zu umgehen.

(71) Die Torwächter sollten der Kommission alle geplanten Übernahmen anderer Unternehmen, die zentrale Plattformdienste oder andere Dienste im digitalen Sektor oder andere Dienste, die die Erhebung von Daten ermöglichen, bereitstellen, im Voraus mitteilen, damit der Torwächter-Status wirksam überprüft und die Liste der zentralen Plattformdienste eines Torwächters angepasst werden können. Solche Informationen sollten nicht nur der Überprüfung des Status einzelner Torwächter dienen; sie sind auch für die Beobachtung breiterer Bestreitbarkeitstendenzen im digitalen Sektor sehr wichtig und können deshalb ein nützlicher zu berücksichtigender Faktor im Rahmen der in dieser Verordnung vorgesehenen Marktuntersuchungen sein. Darüber hinaus sollte die Kommission die Mitgliedstaaten über diese Informationen unterrichten, da sie diese Informationen für die Zwecke der nationalen Fusionskontrolle verwenden können und da die zuständige nationale Behörde diese Übernahmen unter bestimmten Umständen zum Zwecke der Fusionskontrolle an die Kommission verweisen kann. Die Kommission sollte ferner jährlich eine Liste der Übernahmen, über die sie vom Torwächter informiert wurde, veröffentlichen. Um die

notwendige Transparenz und Nützlichkeit dieser Unterrichtung zu den verschiedenen in dieser Verordnung vorgesehenen Zwecken zu gewährleisten, sollten die Torwächter mindestens Informationen über die an dem Zusammenschluss beteiligten Unternehmen, ihren unionsweiten und weltweiten Jahresumsatz, ihren Tätigkeitsbereich, einschließlich der unmittelbar mit dem Zusammenschluss in Verbindung stehenden Tätigkeiten, den Transaktionswert oder eine Schätzung desselben, eine zusammenfassende Beschreibung des Zusammenschlusses, einschließlich seiner Art und der ihm zugrunde liegenden Beweggründe, sowie eine Aufstellung der von dem Vorhaben betroffenen Mitgliedstaaten bereitstellen.

(72) Bei der Bewertung möglicher negativer Auswirkungen der beobachteten Praktik der Torwächter zur Erhebung und Sammlung großer Datenmengen von Endnutzern müssen die Interessen der Endnutzer hinsichtlich des Schutzes ihrer Daten und ihrer Privatsphäre berücksichtigt werden. Die Gewährleistung eines angemessenen Maßes an Transparenz bei den Profiling-Praktiken der Torwächter – unter anderem, aber nicht begrenzt auf, Profiling im Sinne von Artikel 4 Nummer 4 der Verordnung (EU) 2016/679 – fördert die Bestreitbarkeit der zentralen Plattformdienste. Durch Transparenzanforderungen wird von außen Druck auf Torwächter ausgeübt, tiefgreifendes Verbraucher-Profiling nicht zum Branchenstandard zu machen, zumal potenzielle Markteinsteiger oder neugegründete Unternehmen nicht im gleichen Umfang, mit der gleichen Tiefe und in ähnlicher Größenordnung auf Daten zugreifen können. Eine größere Transparenz dürfte es anderen Unternehmen, die zentrale Plattformdienste bereitstellen, ermöglichen, sich durch anspruchsvollere Garantien für den Schutz der Privatsphäre wirksamer von den etablierten Diensten abzusetzen.

Damit diese Transparenzpflicht ein Mindestmaß an Wirksamkeit entfaltet, sollten die Torwächter zumindest eine unabhängig geprüfte Beschreibung der Grundlage darlegen, auf der das Profiling durchgeführt wird, und dabei unter anderem erläutern, ob auf personenbezogene Daten und Daten aus Nutzeraktivitäten im Einklang mit der Verordnung (EU) 2016/679 zurückgegriffen wird, wie diese Daten verarbeitet werden, zu welchem Zweck das Profil erstellt und letztlich genutzt wird, über welchen Zeitraum das Profiling erfolgt, welche Auswirkungen das Profiling auf die Dienste des Torwächters hat, mit welchen Maßnahmen die Endnutzer auf die einschlägige Nutzung eines solchen Profilings wirksam hingewiesen werden und mit welchen Maßnahmen sie um Einwilligung ersucht werden bzw. ihnen die Möglichkeit gegeben wird, ihre Einwilligung zu verweigern oder zu widerrufen. Die Kommission sollte die geprüfte Beschreibung dem Europäischen Datenschutzausschuss übermitteln, damit sie in die Durchsetzung der Datenschutzvorschriften der Union einfließen kann. Die Kommission sollte ermächtigt werden, die Methodik und das Verfahren für die geprüfte Beschreibung zu entwickeln, und zwar in Abstimmung mit dem Europäischen Datenschutzbeauftragten, dem Europäischen Datenschutzausschuss, der Zivilgesellschaft und Sachverständigen, im Einklang mit den Verordnungen (EU) Nr. 182/2011[16] und (EU) 2018/1725[17] des Europäischen Parlaments und des Rates.

(73) Damit die Ziele dieser Verordnung vollständig und dauerhaft erreicht werden, sollte die Kommission darüber befinden können, ob ein Unternehmen, das zentrale Plattformdienste bereitstellt, auch dann als Torwächter zu benennen ist, wenn es die in dieser Verordnung festgelegten quantitativen Schwellenwerte nicht erreicht, ob einem Torwächter, der die Vorgaben systematisch nicht einhält, zusätzliche Abhilfemaßnahmen aufzuerlegen sind, ob zusätzliche Dienste des digitalen Sektors in die Liste der zentralen Plattformdienste aufgenommen werden sollten und ob zusätzliche Praktiken, die in ähnlicher Weise unfair sind und die Bestreitbarkeit digitaler Märkte beschränken, untersucht werden müssen. Wenn die Kommission darüber befindet, sollte sie sich auf Marktuntersuchungen stützen, die innerhalb eines angemessenen Zeitrahmens auf der Grundlage klarer Verfahren und Fristen durchzuführen sind, um die Ex-ante-Auswirkungen dieser Verordnung auf die Bestreitbarkeit und Fairness im digitalen Sektor zu gewährleisten und für die erforderliche Rechtssicherheit zu sorgen.

(74) Die Kommission sollte nach einer Marktuntersuchung feststellen können, dass ein Unternehmen, das einen zentralen Plattformdienst bereitstellt, alle grundlegenden qualitativen Kriterien erfüllt, um als Torwächter eingestuft zu werden. Wenn das der Fall ist, sollte das betreffende Unternehmen grundsätzlich alle einschlägigen Verpflichtungen dieser Verordnung erfüllen. Einem Unternehmen, das von der Kommission als Torwächter benannt wurde, weil abzusehen ist, dass es in naher Zukunft eine gefestigte und dauerhafte Position erlangen wird, sollte die Kommission jedoch nur diejenigen Verpflichtungen auferlegen, die erforderlich und geeignet sind, um zu verhindern, dass der betreffende Torwächter hinsichtlich seiner Tätigkeiten eine gefestigte und dauerhafte Position erlangt. In Bezug auf solche neu entstehenden Torwächter sollte die Kommission berücksichtigen, dass dieser Status grundsätzlich vorübergehender Natur ist; daher sollte zu einem bestimmten Zeitpunkt abschließend geprüft werden, ob ein solches Unternehmen, das zentrale Plattformdienste bereitstellt, nunmehr eine gefestigte und dauerhafte Position erlangt hat, sodass ihm alle Verpflichtungen auferlegt werden sollten, oder ob die Benennungsvoraussetzungen letztlich nicht erfüllt sind, sodass alle zuvor auferlegten Verpflichtungen aufgehoben werden sollten.

(75) Die Kommission sollte untersuchen und darüber befinden, ob durch zusätzliche verhaltensbezogene oder gegebenenfalls strukturelle Abhilfemaßnah-

---

16 Verordnung (EU) Nr. 182/2011 des Europäischen Parlaments und des Rates vom 16. Februar 2011 zur Festlegung der allgemeinen Regeln und Grundsätze, nach denen die Mitgliedstaaten die Wahrnehmung der Durchführungsbefugnisse durch die Kommission kontrollieren (ABl. L 55 vom 28.2.2011, S. 13).
17 Verordnung (EU) 2018/1725 des Europäischen Parlaments und des Rates vom 23. Oktober 2018 zum Schutz natürlicher Personen bei der Verarbeitung personenbezogener Daten durch die Organe, Einrichtungen und sonstigen Stellen der Union, zum freien Datenverkehr und zur Aufhebung der Verordnung (EG) Nr. 45/2001 und des Beschlusses Nr. 1247/2002/EG (ABl. L 295 vom 21.11.2018, S. 39).

men sichergestellt werden sollte, dass der Torwächter die Ziele dieser Verordnung nicht unterlaufen kann, indem er eine oder mehrere der in dieser Verordnung festgelegten Verpflichtungen systematisch nicht erfüllt. Dies ist der Fall, wenn die Kommission gegen einen Torwächter innerhalb eines Zeitraums von acht Jahren mindestens drei Nichteinhaltungsbeschlüsse erlassen hat, die verschiedene zentrale Plattformdienste und verschiedene in dieser Verordnung festgelegte Verpflichtungen betreffen können, und wenn der Torwächter seine Auswirkungen auf den Binnenmarkt, die wirtschaftliche Abhängigkeit seiner gewerblichen Nutzer und Endnutzer von den zentralen Plattformdiensten des Torwächters oder die Festigung seiner Position aufrechterhalten, ausgeweitet oder weiter verstärkt hat. Es sollte davon ausgegangen werden, dass ein Torwächter seine Position als Torwächter aufrechterhalten, ausgeweitet oder verstärkt hat, wenn er trotz der von der Kommission ergriffenen Durchsetzungsmaßnahmen seine Bedeutung für gewerbliche Nutzer als Zugangstor zu Endnutzern beibehalten oder weiter konsolidiert oder gefestigt hat.

In solchen Fällen sollte die Kommission befugt sein, unter gebührender Beachtung des Grundsatzes der Verhältnismäßigkeit eine verhaltensbezogene oder strukturelle Abhilfemaßnahme zu verhängen. Sofern eine derartige Abhilfemaßnahme angemessen und erforderlich ist, um die durch die systematische Nichteinhaltung beeinträchtigte Fairness und Bestreitbarkeit aufrechtzuerhalten oder wiederherzustellen, sollte die Kommission in diesem Zusammenhang befugt sein, dem Torwächter für einen begrenzten Zeitraum zu untersagen, einen Zusammenschluss bezüglich dieser zentralen Plattformdienste oder der anderen im digitalen Sektor erbrachten Dienste oder der die Datenerhebung ermöglichenden Dienste, die durch die systematische Nichteinhaltung betroffen sind, einzugehen. Um eine wirksame Beteiligung Dritter zu ermöglichen und damit Abhilfemaßnahmen vor ihrer Anwendung getestet werden können, sollte die Kommission eine detaillierte nichtvertrauliche Zusammenfassung des Falls und der zu ergreifenden Maßnahmen veröffentlichen. Die Kommission sollte Verfahren wiederaufnehmen können, unter anderem wenn die präzisierten Abhilfemaßnahmen sich als nicht wirksam erweisen. Eine Wiederaufnahme aufgrund im Wege eines Beschlusses angenommener unwirksamer Abhilfemaßnahmen sollte es der Kommission ermöglichen, die Abhilfemaßnahmen vorausschauend zu ändern. Die Kommission sollte auch eine angemessene Frist festlegen können, innerhalb derer es möglich sein sollte, das Verfahren wiederaufzunehmen, wenn die Abhilfemaßnahmen sich als nicht wirksam erweisen.

(76) Wenn ein Torwächter der Kommission im Zuge einer Untersuchung in Bezug auf systematische Nichteinhaltung Verpflichtungszusagen anbietet, sollte die Kommission die Möglichkeit haben, diese Verpflichtungszusagen per Beschluss für den betreffenden Torwächter für bindend zu erklären, wenn sie feststellt, dass durch diese Verpflichtungszusagen die wirksame Einhaltung der in dieser Verordnung festgelegten Verpflichtungen gewährleistet wird. In dem betreffenden Beschluss sollte auch festgestellt werden, dass für ein Tätigwerden der Kommission in Bezug auf die systematische Nichteinhaltung, die Gegenstand der Untersuchung ist, kein Anlass mehr besteht. Wenn die Kom-

mission bewertet, ob die vom Torwächter angebotenen Verpflichtungszusagen ausreichend sind, um die wirksame Einhaltung der Verpflichtungen nach dieser Verordnung sicherzustellen, sollte sie die Möglichkeit haben, vom Torwächter durchgeführte Tests zum Nachweis der Wirksamkeit der angebotenen Verpflichtungszusagen in der Praxis zu berücksichtigen. Die Kommission sollte überprüfen, ob der Beschluss über die Verpflichtungszusagen uneingeschränkt geachtet wird und die damit verfolgten Ziele erreicht werden, und sie sollte befugt sein, den Beschluss wiederaufzunehmen, wenn sie feststellt, dass die Verpflichtungszusagen nicht wirksam sind.

(77) Die Dienste im digitalen Sektor und die Arten von Praktiken im Zusammenhang mit diesen Diensten können sich innerhalb kurzer Zeit stark ändern. Um sicherzustellen, dass diese Verordnung auf dem aktuellen Stand bleibt und eine wirksame und ganzheitliche regulatorische Lösung zur Bewältigung der im Zusammenhang mit Torwächtern auftretenden Probleme darstellt, sollten die mit dieser Verordnung eingeführten Listen der zentralen Plattformdienste und die in dieser Verordnung vorgesehenen Verpflichtungen regelmäßig überprüft werden. Dies ist insbesondere wichtig um sicherzustellen, dass eine Verhaltensweise, die wahrscheinlich die Bestreitbarkeit zentraler Plattformdienste beschränkt oder unfair ist, aufgedeckt wird. Angesichts des dynamischen Wandels im digitalen Sektor sollte zwar regelmäßig eine Überprüfung durchgeführt werden, solche Überprüfungen sollten jedoch in einem angemessenen zeitlichen Rahmen erfolgen, um hinsichtlich der regulatorischen Rahmenbedingungen Rechtssicherheit zu gewährleisten. Außerdem sollte durch Marktuntersuchungen sichergestellt werden, dass die Kommission auf Basis einer soliden Beweisgrundlage beurteilen kann, ob sie vorschlagen sollte, diese Verordnung dahin gehend zu ändern, dass die Listen der zentralen Plattformdienste überarbeitet, ergänzt oder weiter präzisiert werden. Zudem sollte durch Marktuntersuchungen sichergestellt werden, dass die Kommission auf Basis einer soliden Faktengrundlage beurteilen kann, ob sie vorschlagen sollte, die mit dieser Verordnung festgelegten Verpflichtungen zu ändern, oder ob sie einen delegierten Rechtsakt zur Aktualisierung der Verpflichtungen erlassen sollte.

(78) In Bezug auf Verhaltensweisen von Torwächtern, die nicht unter die in dieser Verordnung festgelegten Verpflichtungen fallen, sollte die Kommission eine Marktuntersuchung zu neuen Dienstleistungen und neuen Praktiken einleiten können, um festzustellen, ob die in dieser Verordnung festgelegten Verpflichtungen durch einen delegierten Rechtsakt, der in der Verordnung für delegierte Rechtsakte festgelegten Geltungsbereich der Ermächtigung fällt, oder durch die Vorlage eines Vorschlags zur Änderung dieser Verordnung ergänzt werden sollten. Dies berührt nicht die Möglichkeit der Kommission, in geeigneten Fällen ein Verfahren nach Artikel 101 oder 102 AEUV einzuleiten. Ein solches Verfahren sollte gemäß der Verordnung (EG) Nr. 1/2003 des Rates[18] durch-

---

18 Verordnung (EG) Nr. 1/2003 des Rates vom 16. Dezember 2002 zur Durchführung der in den Artikeln 81 und 82 des Vertrags niedergelegten Wettbewerbsregeln (ABl. L 1 vom 4.1.2003, S. 1).

ErwG zum Gesetz über digitale Märkte **EG DMA 2**

geführt werden. In dringenden Fällen, in denen die Gefahr eines schweren und nicht wiedergutzumachenden Schadens für den Wettbewerb besteht, sollte die Kommission den Erlass einstweiliger Maßnahmen gemäß Artikel 8 der Verordnung (EG) Nr. 1/2003 in Erwägung ziehen.

(79) Falls Torwächter unfaire oder die Bestreitbarkeit von im Rahmen dieser Verordnung benannten zentralen Plattformdiensten beschränkende Praktiken an den Tag legen und diese Praktiken nicht ausdrücklich von den in dieser Verordnung festgelegten Verpflichtungen erfasst werden, sollte die Kommission diese Verordnung durch delegierte Rechtsakte aktualisieren können. Solche Aktualisierungen im Wege delegierter Rechtsakte sollten denselben Untersuchungsstandards genügen und ihnen sollte daher eine Marktuntersuchung vorausgegangen sein. Ferner sollte die Kommission bei der Ermittlung solcher Arten von Praktiken einen vordefinierten Standard zugrunde legen. Dieser rechtliche Standard sollte dafür sorgen, dass hinreichend vorhersehbar ist, welche Arten von Verpflichtungen Torwächtern nach dieser Verordnung jederzeit auferlegt werden könnten.

(80) Mit Blick auf eine wirksame Durchführung und Einhaltung dieser Verordnung sollte die Kommission über umfangreiche Untersuchungs- und Durchsetzungsbefugnisse verfügen, sodass sie die Einhaltung der in dieser Verordnung festgelegten Vorschriften untersuchen, durchsetzen und überwachen kann und gleichzeitig das Grundrecht auf Anhörung und Akteneinsicht im Rahmen des Durchsetzungsverfahrens gewahrt ist. Die Kommission sollte über diese Untersuchungsbefugnisse auch in Bezug auf die Durchführung von Marktuntersuchungen verfügen, unter anderem im Hinblick auf die Aktualisierung und Überprüfung dieser Verordnung.

(81) Die Kommission sollte die Befugnis erhalten, die für die Zwecke dieser Verordnung erforderlichen Auskünfte zu verlangen. Insbesondere sollte die Kommission Zugang zu allen relevanten Unterlagen, Daten, Datenbanken, Algorithmen und Informationen haben, die für die Einleitung und Durchführung von Untersuchungen und die Überwachung der Einhaltung der in dieser Verordnung festgelegten Verpflichtungen erforderlich sind, unabhängig davon, wer diese Informationen besitzt, und unabhängig von ihrer Form, ihrem Format, dem Speichermedium oder dem Ort ihrer Speicherung.

(82) Die Kommission sollte von Unternehmen oder Unternehmensvereinigungen direkt verlangen können, sachdienliche Beweismittel, Daten und Informationen vorzulegen. Darüber hinaus sollte die Kommission von zuständigen Behörden eines Mitgliedstaats sowie von jeder natürlichen oder juristischen Person alle für die Zwecke dieser Verordnung erforderlichen Informationen verlangen können. Im Zusammenhang mit der Einhaltung der Vorgaben eines Beschlusses der Kommission müssen Unternehmen Fragen zum Sachverhalt beantworten und Unterlagen vorlegen.

(83) Ferner sollte die Kommission die Befugnis erhalten, Nachprüfungen bei allen Unternehmen oder Unternehmensvereinigungen durchzuführen und Per-

sonen zu befragen, die über sachdienliche Informationen verfügen könnten, und die abgegebenen Erklärungen aufzuzeichnen.

(84) Einstweilige Maßnahmen können ein wichtiges Instrument sein, um sicherzustellen, dass die untersuchte Zuwiderhandlung nicht während einer laufenden Untersuchung zu einem schweren und nicht wiedergutzumachenden Schaden für gewerbliche Nutzer oder Endnutzer von Torwächtern führt. Sie sind ein wichtiges Mittel, um Entwicklungen zu vermeiden, die durch einen Beschluss der Kommission am Ende des Verfahrens nur sehr schwer wieder rückgängig zu machen wären. Die Kommission sollte daher befugt sein, im Rahmen eines Verfahrens, das im Hinblick auf den möglichen Erlass eines Nichteinhaltungsbeschlusses eingeleitet wurde, einstweilige Maßnahmen anzuordnen. Diese Befugnis sollte in Fällen gelten, in denen die Kommission prima facie eine Zuwiderhandlung gegen Verpflichtungen durch Torwächter festgestellt hat und in denen die Gefahr eines schweren und nicht wiedergutzumachenden Schadens für gewerbliche Nutzer oder Endnutzer von Torwächtern besteht. Einstweilige Maßnahmen sollen nur eine befristete Geltungsdauer haben, entweder ein Zeitraum, der mit dem Abschluss des Verfahrens durch die Kommission endet, oder für einen festgelegten Zeitraum, der sofern erforderlich und angemessen verlängerbar ist.

(85) Die Kommission sollte geeignete Maßnahmen ergreifen können, um die wirksame Umsetzung und Einhaltung der in dieser Verordnung genannten Verpflichtungen zu überwachen. So sollte die Kommission unabhängige externe Sachverständige und Rechnungsprüfer bestellen können, die die Kommission bei dieser Aufgabe unterstützen – gegebenenfalls auch Sachverständige zuständiger Behörden der Mitgliedstaaten wie Datenschutz- oder Verbraucherschutzbehörden. Bei der Bestellung der Rechnungsprüfer sollte die Kommission für ausreichend Rotation sorgen.

(86) Die Einhaltung der in dieser Verordnung festgelegten Verpflichtungen sollte durch Geldbußen und Zwangsgelder durchgesetzt werden können. Zu diesem Zweck sollten die Nichteinhaltung von Verpflichtungen sowie Verstöße gegen Verfahrensregeln mit angemessenen Geldbußen und Zwangsgeldern belegt und angemessene Verjährungsfristen festgelegt werden; dabei sollten die Grundsätze der Verhältnismäßigkeit und des Verbots der doppelten Strafverfolgung beachtet werden. Die Kommission und die einschlägigen nationalen Behörden sollten ihre Durchsetzungsbemühungen abstimmen, damit sichergestellt ist, dass diese Grundsätze beachtet werden. Insbesondere sollte die Kommission allen Geldbußen und Zwangsgeldern Rechnung tragen, die im Wege einer endgültigen Entscheidung in einem Verfahren wegen einer Zuwiderhandlung gegen andere Vorschriften der Union oder nationale Vorschriften wegen desselben Sachverhalts gegen dieselbe juristische Person verhängt wurden, damit sichergestellt ist, dass die insgesamt verhängten Geldbußen und Zwangsgelder der Schwere der begangenen Zuwiderhandlung entsprechen.

(87) Um zu gewährleisten, dass die Geldbußen, die Unternehmensvereinigungen wegen Zuwiderhandlungen auferlegt werden, auch tatsächlich gezahlt

werden, müssen die Voraussetzungen festgelegt werden, unter denen die Kommission die Möglichkeit haben sollte, die Zahlung der Geldbuße von den Mitgliedern der betreffenden Unternehmensvereinigung zu verlangen, wenn die Unternehmensvereinigung selbst zahlungsunfähig ist.

(88) Im Rahmen von Verfahren nach dieser Verordnung sollte dem betroffenen Unternehmen das Recht eingeräumt werden, von der Kommission gehört zu werden, und die erlassenen Beschlüsse sollten auf breiter Ebene bekannt gemacht werden. Vertrauliche Informationen müssen unter Wahrung des Rechts auf eine gute Verwaltung, des Rechts auf Akteneinsicht und des Anspruchs auf rechtliches Gehör geschützt werden. Darüber hinaus sollte die Kommission unter Wahrung der Vertraulichkeit der Informationen sicherstellen, dass alle Informationen, auf denen der Beschluss beruht, in einem Umfang offengelegt werden, der es den Adressaten des Beschlusses ermöglicht, den Sachverhalt und die Erwägungen, die dem Beschluss zugrunde liegen, nachzuvollziehen. Außerdem muss sichergestellt werden, dass die Kommission nur Informationen verwendet, die gemäß dieser Verordnung für die Zwecke dieser Verordnung erhoben wurden, es sei denn, es ist ausdrücklich etwas anderes vorgesehen. Schließlich sollte es unter bestimmten Voraussetzungen möglich sein, dass bestimmte Geschäftsunterlagen, wie etwa die Kommunikation zwischen Rechtsanwälten und ihren Mandanten, unter bestimmten Voraussetzungen als vertraulich angesehen werden.

(89) Bei der Erstellung nichtvertraulicher Zusammenfassungen, die veröffentlicht werden, damit interessierte Dritte wirksam Stellung nehmen können, sollte die Kommission dem berechtigten Interesse von Unternehmen an der Wahrung ihrer Geschäftsgeheimnisse und anderer vertraulicher Informationen gebührend Rechnung tragen.

(90) Die kohärente, wirksame und komplementäre Durchsetzung der verfügbaren Rechtsinstrumente gegenüber Torwächtern erfordert eine Zusammenarbeit und Koordinierung zwischen der Kommission und nationalen Behörden im Rahmen ihrer Zuständigkeiten. Die Kommission und die nationalen Behörden sollten zusammenarbeiten und ihre Maßnahmen koordinieren, die für die Durchsetzung der verfügbaren Rechtsinstrumente gegenüber Torwächtern im Sinne dieser Verordnung erforderlich sind, und den in Artikel 4 des Vertrags über die Europäische Union (EUV) verankerten Grundsatz der loyalen Zusammenarbeit achten. Die Unterstützung der Kommission durch nationale Behörden sollte auch darin bestehen können, dass sie der Kommission alle erforderlichen in ihrem Besitz befindlichen Informationen zur Verfügung stellen oder der Kommission auf Anfrage bei der Ausübung ihrer Befugnisse behilflich sind, damit diese die ihr durch diese Verordnung übertragenen Aufgaben besser wahrnehmen kann.

(91) Die Kommission ist die einzige Behörde, die zur Durchsetzung dieser Verordnung befugt ist. Zur Unterstützung der Kommission sollten die Mitgliedstaaten die Möglichkeit haben, ihre für die Durchsetzung von Wettbewerbsvorschriften zuständigen nationalen Behörden zu ermächtigen, Untersu-

chungen zur möglichen Nichteinhaltung von bestimmten Verpflichtungen nach dieser Verordnung durch Torwächter durchzuführen. Dies könnte insbesondere in Fällen von Bedeutung sein, in denen nicht von vornherein festgestellt werden kann, ob das Verhalten eines Torwächters eine Zuwiderhandlung gegen diese Verordnung, gegen Wettbewerbsvorschriften, zu deren Durchsetzung die zuständige nationale Behörde befugt ist, oder gegen beides darstellen könnte. Die für die Durchsetzung von Wettbewerbsvorschriften zuständige nationale Behörde sollte der Kommission über mögliche Nichteinhaltung von bestimmten Verpflichtungen nach dieser Verordnung durch Torwächter Bericht erstatten, damit die Kommission als alleinige Durchsetzungsbehörde ein Verfahren zur Untersuchung einer etwaigen Nichteinhaltung der Bestimmungen dieser Verordnung einleiten kann.

Die Kommission sollte nach freiem Ermessen über die Einleitung dieser Verfahren entscheiden können. Um sich überschneidende Untersuchungen im Rahmen dieser Verordnung zu vermeiden, sollte die betreffende zuständige nationale Behörde die Kommission unterrichten, bevor sie ihre erste Untersuchungsmaßnahme wegen einer möglichen Nichteinhaltung von bestimmten Verpflichtungen nach dieser Verordnung durch Torwächter ergreift. Die zuständigen nationalen Behörden sollten ferner eng mit der Kommission zusammenarbeiten und sich mit ihr abstimmen, wenn sie nationale Wettbewerbsvorschriften gegen Torwächter durchsetzen, auch mit Blick auf die Festlegung von Geldbußen. Zu diesem Zweck sollten sie die Kommission informieren, wenn sie ein Verfahren auf der Grundlage nationaler Wettbewerbsvorschriften gegen Torwächter einleiten, und auch bevor sie in einem solchen Verfahren Torwächtern Verpflichtungen auferlegen. Um Doppelarbeit zu vermeiden, sollte es möglich sein, dass die Unterrichtung über den Entwurf einer Entscheidung gemäß Artikel 11 der Verordnung (EG) Nr. 1/2003 gegebenenfalls als Notifizierung im Sinne der vorliegenden Verordnung dient.

(92) Um die einheitliche Anwendung und Durchsetzung dieser Verordnung zu gewährleisten, muss sichergestellt werden, dass nationale Behörden, einschließlich nationaler Gerichte, über alle erforderlichen Informationen verfügen, um sicherstellen zu können, dass ihre Entscheidungen nicht im Widerspruch zu einem von der Kommission im Rahmen dieser Verordnung erlassenen Beschluss stehen. Die nationalen Gerichte sollten die Kommission ersuchen dürfen, ihnen Informationen oder Stellungnahmen zu Fragen der Anwendung dieser Verordnung zu übermitteln. Gleichzeitig sollte die Kommission gegenüber den nationalen Gerichten mündliche oder schriftliche Stellungnahmen abgeben können. Dies berührt nicht die Möglichkeit nationaler Gerichte, gemäß Artikel 267 AEUV um eine Vorabentscheidung zu ersuchen.

(93) Um eine kohärente, wirksame und komplementäre Durchführung dieser Verordnung und anderer sektorspezifischer Vorschriften, die für Torwächter gelten, zu gewährleisten, sollte die Kommission auf das Fachwissen einer eigens eingerichteten hochrangigen Gruppe zurückgreifen können. Diese hoch-

rangige Gruppe sollte die Kommission gegebenenfalls auch durch Beratung, Fachwissen und Empfehlungen zu allgemeinen Angelegenheiten im Zusammenhang mit der Durchführung oder Durchsetzung dieser Verordnung unterstützen können. Die hochrangige Gruppe sollte sich aus den einschlägigen europäischen Gremien und Netzwerken zusammensetzen; dabei sollte auf ein hohes Maß an Fachwissen und auf geografische Ausgewogenheit geachtet werden. Die Mitglieder der hochrangigen Gruppe sollten den Gremien und Netzwerken, die sie vertreten, über die im Rahmen der Gruppe ausgeübten Aufgaben regelmäßig Bericht erstatten und sie hierzu konsultieren.

(94) Da die auf der Grundlage dieser Verordnung getroffenen Beschlüsse der Kommission der Prüfung durch den Gerichtshof im Einklang mit dem AEUV unterliegen, sollte der Gerichtshof gemäß Artikel 261 AEUV über die Befugnis zur unbeschränkten Ermessensnachprüfung von Geldbußen und Zwangsgeldern verfügen.

(95) Die Kommission sollte Leitlinien ausarbeiten können, um weitere Orientierungshilfen zu verschiedenen Aspekten dieser Verordnung zu geben oder um Unternehmen, die zentrale Plattformdienste bereitstellen, bei der Umsetzung der Verpflichtungen aus dieser Verordnung zu unterstützen. Diese Orientierungshilfen sollten sich insbesondere auf die Erfahrungen stützen können, die die Kommission bei der Überwachung der Einhaltung dieser Verordnung gewinnt. Die Herausgabe von Leitlinien im Rahmen dieser Verordnung ist ein Vorrecht und unterliegt dem alleinigen Ermessen der Kommission, und sie sollte nicht als konstitutives Element betrachtet werden, um sicherzustellen, dass die betreffenden Unternehmen oder Unternehmensvereinigungen die Verpflichtungen aus dieser Verordnung einhalten.

(96) Die Umsetzung einiger Verpflichtungen der Torwächter, wie etwa jener im Zusammenhang mit dem Zugang zu Daten und der Übertragbarkeit von Daten oder der Interoperabilität könnte durch den Rückgriff auf technische Normen erleichtert werden. In diesem Zusammenhang sollte die Kommission – sofern angemessen und erforderlich – europäische Normungsorganisationen ersuchen können, solche Normen auszuarbeiten.

(97) Um dafür zu sorgen, dass die digitalen Märkte, auf denen Torwächter tätig sind, in der gesamten Union bestreitbar und fair sind, sollte der Kommission die Befugnis übertragen werden, gemäß Artikel 290 AEUV Rechtsakte zu erlassen, um die in einem Anhang dieser Verordnung enthaltene Methode zur Feststellung, ob die quantitativen Schwellenwerte für aktive Endnutzer und aktive gewerbliche Nutzer für die Benennung von Torwächtern erreicht sind, zu ändern, um die nicht in dem genannten Anhang enthaltenen zusätzlichen Elemente der Methode zur Feststellung, ob die quantitativen Schwellenwerte für die Benennung von Torwächtern erreicht sind, zu präzisieren und um die in dieser Verordnung festgelegten bestehenden Verpflichtungen zu ergänzen, wenn die Kommission auf der Grundlage einer Marktuntersuchung festgestellt hat, dass die Verpflichtungen in Bezug auf unfaire oder die Bestreitbarkeit zentraler Plattformdienste beschränkende Praktiken aktualisiert werden müssen, und die in Be-

tracht gezogene Aktualisierung in den in dieser Verordnung festgelegten Anwendungsbereich der Ermächtigung für solche delegierten Rechtsakte fällt.

(98) Beim Erlass delegierter Rechtsakte ist es von besonderer Bedeutung, dass die Kommission im Zuge ihrer Vorbereitungsarbeit angemessene Konsultationen, auch auf der Ebene von Sachverständigen, durchführt, die mit den Grundsätzen in Einklang stehen, die in der Interinstitutionellen Vereinbarung vom 13. April 2016 über bessere Rechtsetzung[19] niedergelegt wurden. Um insbesondere für eine gleichberechtigte Beteiligung an der Vorbereitung delegierter Rechtsakte zu sorgen, sollten das Europäische Parlament und der Rat alle Dokumente zur gleichen Zeit wie die Sachverständigen der Mitgliedstaaten erhalten, und ihre Sachverständigen sollten systematisch Zugang zu den Sitzungen der Sachverständigengruppen der Kommission haben, die mit der Vorbereitung der delegierten Rechtsakte befasst sind.

(99) Zur Gewährleistung einheitlicher Bedingungen für die Durchführung dieser Verordnung sollten der Kommission Durchführungsbefugnisse übertragen werden, um Maßnahmen festzulegen, die von Torwächtern umzusetzen sind, damit sie die Verpflichtungen nach dieser Verordnung wirksam einhalten; um eine bestimmte einem Torwächter auferlegte Verpflichtung ganz oder teilweise auszusetzen; um einen Torwächter ganz oder teilweise von einer bestimmten Verpflichtung zu befreien; um die Maßnahmen festzulegen, die von einem Torwächter bei Umgehung der Verpflichtungen nach dieser Verordnung umzusetzen sind; um eine Marktuntersuchung zur Benennung von Torwächtern oder zur Untersuchung einer systematischen Nichteinhaltung abzuschließen; um bei einer systematischen Nichteinhaltung Abhilfemaßnahmen zu verhängen; um einstweilige Maßnahmen gegen einen Torwächter anzuordnen; um Verpflichtungszusagen für einen Torwächter bindend zu machen; um ihre Feststellung einer Nichteinhaltung darzulegen; um die endgültige Höhe der Zwangsgelder festzusetzen; um Form, Inhalt und sonstige Einzelheiten der von Torwächtern übermittelten Mitteilungen, Schriftsätze, mit Gründen versehenen Anträge und Berichte über die Regulierungsmaßnahmen festzulegen; um operative und technische Vorkehrungen im Hinblick auf die Umsetzung von Interoperabilität sowie die Methodik und das Verfahren für die geprüfte Beschreibung der Techniken zum Verbraucher-Profiling festzulegen; um praktische Modalitäten für Verfahren, die Verlängerung von Fristen, die Ausübung von Rechten während des Verfahrens, die Offenlegungsbedingungen sowie die Zusammenarbeit und Koordinierung zwischen der Kommission und den nationalen Behörden bereitzustellen. Diese Befugnisse sollten im Einklang mit der Verordnung (EU) Nr. 182/2011 ausgeübt werden.

(100) Für den Erlass eines Durchführungsrechtsakts über die praktischen Modalitäten der Zusammenarbeit und Koordinierung zwischen der Kommission und den Mitgliedstaaten sollte das Prüfverfahren Anwendung finden. Für die übrigen in dieser Verordnung vorgesehenen Durchführungsrechtsakte sollte das Beratungsverfahren Anwendung finden. Dies ist dadurch gerechtfertigt,

---

19 ABl. L 123 vom 12.5.2016, S. 1.

dass die genannten übrigen Durchführungsrechtsakte praktische Aspekte der in dieser Verordnung festgelegten Verfahren wie etwa Form, Inhalt und andere Einzelheiten verschiedener Verfahrensschritte, die praktischen Modalitäten verschiedener Verfahrensschritte wie etwa die Verlängerung von Verfahrensfristen oder den Anspruch auf rechtliches Gehör, sowie an Torwächter gerichtete individuelle Durchführungsbeschlüsse betreffen.

(101) Gemäß der Verordnung (EU) Nr. 182/2011 sollte jeder Mitgliedstaat im beratenden Ausschuss vertreten sein und über die Zusammensetzung seiner Delegation entscheiden. Diese Delegation kann unter anderem Sachverständige der zuständigen Behörden der Mitgliedstaaten umfassen, die über das einschlägige Fachwissen für eine bestimmte Frage verfügen, die dem beratenden Ausschuss vorgelegt wird.

(102) Hinweisgeber können den zuständigen Behörden neue Informationen zur Kenntnis bringen, die die zuständigen Behörden bei der Aufdeckung von Verstößen gegen diese Verordnung unterstützen und es ihnen ermöglichen können, Sanktionen zu verhängen. Es sollte sichergestellt werden, dass angemessene Vorkehrungen bestehen, um Hinweisgeber zur Unterrichtung der zuständigen Behörden über tatsächliche oder mögliche Verstöße gegen diese Verordnung zu befähigen und die Hinweisgeber vor Vergeltungsmaßnahmen zu schützen. Zu diesem Zweck sollte in dieser Verordnung vorgesehen werden, dass die Richtlinie (EU) 2019/1937 des Europäischen Parlaments und des Rates[20] für die Meldung von Verstößen gegen diese Verordnung und für den Schutz von Personen, die solche Verstöße melden, gilt.

(103) Um die Rechtssicherheit zu erhöhen, sollte in der Richtlinie (EU) 2019/1937 widergespiegelt werden, dass sie gemäß dieser Verordnung für die Meldung von Verstößen gegen diese Verordnung und für den Schutz der Personen, die solche Verstöße melden, gilt. Der Anhang der Richtlinie (EU) 2019/1937 sollte daher entsprechend geändert werden. Es obliegt den Mitgliedstaaten, dafür zu sorgen, dass diese Änderung in den Umsetzungsmaßnahmen, die sie gemäß der Richtlinie (EU) 2019/1937 erlassen, widergespiegelt wird, wenngleich der Erlass nationaler Umsetzungsmaßnahmen keine Bedingung dafür ist, dass die genannte Richtlinie ab dem Geltungsbeginn dieser Verordnung für die Meldung von Verstößen gegen diese Verordnung und für den Schutz der Personen, die solche Verstöße melden, gilt.

(104) Verbraucher sollten ihre Rechte im Zusammenhang mit den gemäß dieser Verordnung für Torwächter geltenden Verpflichtungen im Wege von Verbandsklagen gemäß der Richtlinie (EU) 2020/1828 des Europäischen Parlaments und des Rates[21] durchsetzen können. Zu diesem Zweck sollte in dieser

---

20 Richtlinie (EU) 2019/1937 des Europäischen Parlaments und des Rates vom 23. Oktober 2019 zum Schutz von Personen, die Verstöße gegen das Unionsrecht melden (ABl. L 305 vom 26.11.2019, S. 17).
21 Richtlinie (EU) 2020/1828 des Europäischen Parlaments und des Rates vom 25. November 2020 über Verbandsklagen zum Schutz der Kollektivinteressen der Verbraucher und zur Aufhebung der Richtlinie 2009/22/EG (ABl. L 409 vom 4.12.2020, S. 1).

Verordnung vorgesehen werden, dass die Richtlinie (EU) 2020/1828 Anwendung auf Verbandsklagen findet, die wegen Verstößen der Torwächter gegen Bestimmungen dieser Verordnung, die die Kollektivinteressen der Verbraucher beeinträchtigen oder beeinträchtigen können, angestrengt werden. Der Anhang der genannten Richtlinie sollte daher entsprechend geändert werden. Es obliegt den Mitgliedstaaten, dafür zu sorgen, dass diese Änderung in den Umsetzungsmaßnahmen, die sie gemäß der Richtlinie (EU) 2020/1828 erlassen, widergespiegelt wird, wenngleich der Erlass diesbezüglicher nationaler Umsetzungsmaßnahmen keine Bedingung dafür ist, dass die genannte Richtlinie auf diese Verbandsklagen Anwendung findet. Die Anwendbarkeit der Richtlinie (EU) 2020/1828 auf Verbandsklagen wegen Verstößen der Torwächter gegen Bestimmungen dieser Verordnung, die die Kollektivinteressen der Verbraucher beeinträchtigen oder beeinträchtigen können, sollte ab dem Geltungsbeginn der Rechts- und Verwaltungsvorschriften der Mitgliedstaaten, die für die Umsetzung der genannten Richtlinie erforderlich sind, oder ab dem Geltungsbeginn dieser Verordnung beginnen, je nachdem, welcher Zeitpunkt der spätere ist.

(105) Die Kommission sollte diese Verordnung regelmäßig bewerten und ihre Auswirkungen auf die Bestreitbarkeit und Fairness der Geschäftsbeziehungen in der Online-Plattformwirtschaft genau überwachen; dabei sollte sie insbesondere der Frage nachgehen, inwieweit angesichts der einschlägigen technologischen oder geschäftlichen Entwicklungen Änderungen notwendig geworden sind. Im Zuge dieser Bewertung sollte sie die Liste der zentralen Plattformdienste und der den Torwächtern auferlegten Verpflichtungen sowie deren Durchsetzung regelmäßig überprüfen, um sicherzustellen, dass die digitalen Märkte in der gesamten Union bestreitbar und fair sind. In diesem Kontext sollte die Kommission auch die Tragweite der Verpflichtung bezüglich der Interoperabilität von nummernunabhängigen elektronischen Kommunikationsdiensten bewerten. Um einen umfassenden Überblick über die Entwicklungen im digitalen Sektor zu erhalten, sollten im Rahmen der Bewertung die einschlägigen Erfahrungen der Mitgliedstaaten und der betreffenden Interessenträger berücksichtigt werden. Die Kommission sollte in diesem Zusammenhang auch die Stellungnahmen und Berichte berücksichtigen können, die ihr von der durch den Beschluss C(2018) 2393 der Kommission vom 26. April 2018 eingerichteten Beobachtungsstelle für die Online-Plattformwirtschaft vorgelegt wurden. Im Anschluss an die Bewertung sollte die Kommission geeignete Maßnahmen ergreifen. Die Kommission sollte bei der Bewertung und Überprüfung der in dieser Verordnung genannten Praktiken und Verpflichtungen ein hohes Maß an Schutz und Achtung der gemeinsamen Rechte und Werte, insbesondere der Gleichheit und Nichtdiskriminierung, gewährleisten.

(106) Unbeschadet des Haushaltsverfahrens sollte die Kommission im Wege der bestehenden Finanzinstrumente mit angemessenen personellen, finanziellen und technischen Ressourcen ausgestattet werden, damit sichergestellt ist, dass sie im Hinblick auf die Durchsetzung dieser Verordnung ihre Pflichten wirksam erfüllen und ihre Befugnisse effektiv ausüben kann.

ErwG zum Gesetz über digitale Märkte **EG DMA 2**

(107) Da das Ziel dieser Verordnung, nämlich einen bestreitbaren und fairen digitalen Sektor im Allgemeinen und bestreitbare und faire zentrale Plattformdienste im Besonderen zu gewährleisten, um für Innovationen, eine hohe Qualität digitaler Produkte und Dienste, faire und wettbewerbsbasierte Preise sowie eine hohe Qualität und Auswahl für die Endnutzer im digitalen Sektor zu sorgen, auf Ebene der Mitgliedstaaten nicht hinreichend verwirklicht werden kann, sondern vielmehr in Anbetracht des Geschäftsmodells und der Tätigkeiten der Torwächter sowie des Umfangs und der Auswirkungen ihrer Tätigkeiten auf Ebene der Union besser zu verwirklichen ist, kann die Union im Einklang mit dem in Artikel 5 EUV verankerten Subsidiaritätsprinzip tätig werden. Entsprechend dem in demselben Artikel genannten Grundsatz der Verhältnismäßigkeit geht diese Verordnung nicht über das für die Verwirklichung dieser Ziele erforderliche Maß hinaus.

(108) Der Europäische Datenschutzbeauftragte wurde gemäß Artikel 42 der Verordnung (EU) 2018/1725 angehört und hat am 10. Februar 2021 eine Stellungnahme[22] abgegeben.

(109) Diese Verordnung wahrt die Grundrechte und Grundsätze, wie sie in der Charta der Grundrechte der Europäischen Union verankert sind, insbesondere deren Artikel 16, 47 und 50. Dementsprechend sollten diese Rechte und Grundsätze bei der Auslegung und Anwendung dieser Verordnung gewahrt werden –

HABEN FOLGENDE VERORDNUNG ERLASSEN*:

(es folgt der Text des DMA)

---

[22] ABl. C 147 vom 26.4.2021, S. 4.
* Aus redaktionellen Gründen wurde der Text des DMA vorgezogen.

DSA 3
VERORDNUNG (EU) 2022/2065 DES EUROPÄISCHEN PARLAMENTS UND DES RATES

vom 19. Oktober 2022 (ABl. L 277 S. 1, ber. 2022 ABl. L 310 S. 17)

über einen Binnenmarkt für digitale Dienste und zur Änderung der Richtlinie 2000/31/EG (Gesetz über digitale Dienste*)

(Text von Bedeutung für den EWR)

KAPITEL I
ALLGEMEINE BESTIMMUNGEN

Art. 1 Gegenstand. (1) Ziel dieser Verordnung ist es, durch die Festlegung harmonisierter Vorschriften für ein sicheres, vorhersehbares und vertrauenswürdiges Online-Umfeld, in dem Innovationen gefördert und die in der Charta verankerten Grundrechte, darunter der Grundsatz des Verbraucherschutzes, wirksam geschützt werden, einen Beitrag zum reibungslosen Funktionieren des Binnenmarkts für Vermittlungsdienste zu leisten.

(2) In dieser Verordnung werden harmonisierte Vorschriften für die Erbringung von Vermittlungsdiensten im Binnenmarkt festgelegt. Insbesondere wird Folgendes festgelegt:
a) ein Rahmen für die bedingte Haftungsbefreiung der Anbieter von Vermittlungsdiensten;
b) Vorschriften über besondere Sorgfaltspflichten, die auf bestimmte Kategorien von Anbietern von Vermittlungsdiensten zugeschnitten sind;
c) Vorschriften über die Durchführung und Durchsetzung dieser Verordnung, einschließlich der Zusammenarbeit und Koordinierung zwischen den zuständigen Behörden.

Art. 2 Geltungsbereich. (1) Diese Verordnung gilt für Vermittlungsdienste, die für Nutzer mit Niederlassungsort oder Sitz in der Union angeboten werden, ungeachtet des Niederlassungsortes des Anbieters dieser Vermittlungsdienste.

(2) Diese Verordnung gilt weder für Dienstleistungen, die keine Vermittlungsdienste sind, noch für Anforderungen, die an eine solche Dienstleistung gestellt werden, ungeachtet dessen, ob die Dienstleistung durch Inanspruchnahme eines Vermittlungsdienstes erbracht wird.

(3) Diese Verordnung hat keine Auswirkungen auf die Anwendung der Richtlinie 2000/31/EG.

(4) Diese Verordnung lässt die Vorschriften anderer Rechtsakte der Union unberührt, die andere Aspekte der Erbringung von Vermittlungsdiensten im

---
* Erwägungsgründe im Anschluss.

Binnenmarkt regeln oder diese Verordnung präzisieren und ergänzen, insbesondere folgende:
a) die Richtlinie 2010/13/EU,
b) die Unionsvorschriften auf dem Gebiet des Urheberrechts und der verwandten Schutzrechte,
c) die Verordnung (EU) 2021/784,
d) die Verordnung (EU) 2019/1148,
e) die Verordnung (EU) 2019/1150,
f) die Unionsvorschriften auf dem Gebiet des Verbraucherschutzes und der Produktsicherheit, einschließlich der Verordnungen (EU) 2017/2394 und (EU) 2019/1020 und der Richtlinien 2001/95/EG und 2013/11/EU,
g) die Unionsvorschriften zum Schutz personenbezogener Daten, insbesondere die Verordnung (EU) 2016/679 und die Richtlinie 2002/58/EG,
h) die Unionsvorschriften im Bereich der justiziellen Zusammenarbeit in Zivilsachen, insbesondere die Verordnung (EU) Nr. 1215/2012 oder Rechtsakte der Union zur Festlegung der rechtlichen Regeln für vertragliche und außervertragliche Schuldverhältnisse anzuwendendes Recht,
i) die Unionsvorschriften im Bereich der justiziellen Zusammenarbeit in Strafsachen, insbesondere eine Verordnung über Europäische Herausgabeanordnungen und Sicherungsanordnungen für elektronische Beweismittel in Strafsachen,
j) eine Richtlinie zur Festlegung einheitlicher Regeln für die Bestellung von Vertretern zu Zwecken der Beweiserhebung in Strafverfahren.

Art. 3 Begriffsbestimmungen. Für die Zwecke dieser Verordnung bezeichnet der Ausdruck
a) „Dienst der Informationsgesellschaft" einen Dienst im Sinne des Artikels 1 Absatz 1 Buchstabe b der Richtlinie (EU) 2015/1535;
b) „Nutzer" jede natürliche oder juristische Person, die einen Vermittlungsdienst in Anspruch nimmt, insbesondere um Informationen zu erlangen oder zugänglich zu machen;
c) „Verbraucher" jede natürliche Person, die zu Zwecken handelt, die außerhalb ihrer gewerblichen, geschäftlichen, handwerklichen oder beruflichen Tätigkeit liegen;
d) „in der Union Dienstleistungen anbieten" die Schaffung der Möglichkeit für natürliche oder juristische Personen in einem oder mehreren Mitgliedstaaten zur Nutzung der Dienste eines Anbieters von Vermittlungsdiensten, der eine wesentliche Verbindung zur Union hat;
e) „wesentliche Verbindung zur Union" eine Verbindung eines Anbieters von Vermittlungsdiensten mit der Union entweder aufgrund seiner Niederlassung in der Union oder anhand besonderer faktischer Kriterien wie
 – einer erheblichen Zahl von Nutzern in einem oder mehreren Mitgliedstaaten im Verhältnis zu dessen oder deren Bevölkerung; oder
 – der Ausrichtung von Tätigkeiten auf einen oder mehrere Mitgliedstaaten;

Gesetz über digitale Dienste **DSA 3**

f) „Unternehmer" jede natürliche oder juristische Person, unabhängig davon, ob sie in privatem oder öffentlichem Eigentum steht, die für die Zwecke ihrer gewerblichen, geschäftlichen, handwerklichen oder beruflichen Tätigkeit entweder selbst oder durch eine andere in ihrem Namen oder Auftrag handelnde Person tätig wird;

g) „Vermittlungsdienst" eine der folgenden Dienstleistungen der Informationsgesellschaft:
   i) eine „reine Durchleitung", die darin besteht, von einem Nutzer bereitgestellte Informationen in einem Kommunikationsnetz zu übermitteln oder den Zugang zu einem Kommunikationsnetz zu vermitteln,
   ii) eine „Caching"-Leistung, die darin besteht, von einem Nutzer bereitgestellte Informationen in einem Kommunikationsnetz zu übermitteln, wobei eine automatische, zeitlich begrenzte Zwischenspeicherung dieser Informationen zu dem alleinigen Zweck erfolgt, die Übermittlung der Information an andere Nutzer auf deren Anfrage effizienter zu gestalten,
   iii) ein „Hosting"-Dienst, der darin besteht, von einem Nutzer bereitgestellte Informationen in dessen Auftrag zu speichern;

h) „rechtswidrige Inhalte" alle Informationen, die als solche oder durch ihre Bezugnahme auf eine Tätigkeit, einschließlich des Verkaufs von Produkten oder der Erbringung von Dienstleistungen, nicht im Einklang mit dem Unionsrecht oder dem Recht eines Mitgliedstaats stehen, ungeachtet des genauen Gegenstands oder der Art der betreffenden Rechtsvorschriften;

i) „Online-Plattform" einen Hostingdienst, der im Auftrag eines Nutzers Informationen speichert und öffentlich verbreitet, sofern es sich bei dieser Tätigkeit nicht nur um eine unbedeutende und reine Nebenfunktion eines anderen Dienstes oder um eine unbedeutende Funktion des Hauptdienstes handelt, die aus objektiven und technischen Gründen nicht ohne diesen anderen Dienst genutzt werden kann, und sofern die Integration der Funktion der Nebenfunktion oder der unbedeutenden Funktion in den anderen Dienst nicht dazu dient, die Anwendbarkeit dieser Verordnung zu umgehen;

j) „Online-Suchmaschine" einen Vermittlungsdienst, der es Nutzern ermöglicht, in Form eines Stichworts, einer Spracheingabe, einer Wortgruppe oder einer anderen Eingabe Anfragen einzugeben, um prinzipiell auf allen Websites oder auf allen Websites in einer bestimmten Sprache eine Suche zu einem beliebigen Thema vorzunehmen und Ergebnisse in einem beliebigen Format, in dem Informationen im Zusammenhang mit dem angeforderten Inhalt zu finden sind, angezeigt zu bekommen;

k) „öffentliche Verbreitung" die Bereitstellung von Informationen für eine potenziell unbegrenzte Zahl von Dritten im Auftrag des Nutzers, der die Informationen bereitgestellt hat;

l) „Fernabsatzvertrag" einen Fernabsatzvertrag im Sinne des Artikels 2 Nummer 7 der Richtlinie 2011/83/EU;

m) „Online-Schnittstelle" eine Software, darunter auch Websites oder Teile davon sowie Anwendungen, einschließlich Mobil-Apps;

n) „Koordinator für digitale Dienste am Niederlassungsort" den Koordinator für digitale Dienste des Mitgliedstaats, in dem sich der Hauptsitz eines Anbieters eines Vermittlungsdienstes befindet oder in dem sein gesetzlicher Vertreter ansässig oder niedergelassen ist;

o) „Koordinator für digitale Dienste am Bestimmungsort" den Koordinator für digitale Dienste eines Mitgliedstaats, in dem der Vermittlungsdienst erbracht wird;

p) „aktiver Nutzer einer Online-Plattform" einen Nutzer des Dienstes, der eine Online-Plattform nutzt, indem er die Online-Plattform damit beauftragt, Informationen zur Verfügung zu stellen, oder der den Inhalten der Online-Plattform ausgesetzt ist, die diese zur Verfügung stellt und über ihre Online-Schnittstelle verbreitet;

q) „aktiver Nutzer einer Online-Suchmaschine" einen Nutzer des Dienstes, der eine Suchanfrage an eine Online-Suchmaschine stellt und dem auf ihrer Online-Schnittstelle dargestellten indexierten Informationen ausgesetzt ist;

r) „Werbung" Informationen, die dazu bestimmt sind, die Botschaft einer juristischen oder natürlichen Person zu verbreiten, unabhängig davon, ob damit gewerbliche oder nichtgewerbliche Zwecke verfolgt werden, und die von einer Online-Plattform auf ihrer Online-Schnittstelle gegen Entgelt speziell zur Bekanntmachung dieser Informationen dargestellt werden;

s) „Empfehlungssystem" ein vollständig oder teilweise automatisiertes System, das von einer Online-Plattform verwendet wird, um auf ihrer Online-Schnittstelle den Nutzern bestimmte Informationen vorzuschlagen oder diese Informationen zu priorisieren, auch infolge einer vom Nutzer veranlassten Suche, oder das auf andere Weise die relative Reihenfolge oder Hervorhebung der angezeigten Informationen bestimmt;

t) „Moderation von Inhalten" die – automatisierten oder nicht automatisierten – Tätigkeiten der Anbieter von Vermittlungsdiensten, mit denen insbesondere rechtswidrige Inhalte oder Informationen, die von Nutzern bereitgestellt werden und mit den allgemeinen Geschäftsbedingungen des Anbieters unvereinbar sind, erkannt, festgestellt und bekämpft werden sollen, darunter auch Maßnahmen in Bezug auf die Verfügbarkeit, Anzeige und Zugänglichkeit der rechtswidrigen Inhalte oder Informationen, z. B. Herabstufung, Demonetisierung, Sperrung des Zugangs oder Entfernung, oder in Bezug auf die Fähigkeit der Nutzer, solche Informationen bereitzustellen, z. B. Schließung oder Aussetzung des Kontos eines Nutzers;

u) „allgemeine Geschäftsbedingungen" alle Klauseln, ungeachtet ihrer Bezeichnung oder Form, die die vertraglichen Beziehungen zwischen dem Anbieter von Vermittlungsdiensten und den Nutzern regeln;

v) „Menschen mit Behinderungen" Menschen mit Behinderungen gemäß Artikel 3 Nummer 1 der Richtlinie (EU) 2019/882 des Europäischen Parlaments und des Rates[38];

---

[38] Richtlinie (EU) 2019/882 des Europäischen Parlaments und des Rates vom 17. April 2019 über die Barrierefreiheitsanforderungen für Produkte und Dienstleistungen (ABl. L 151 vom 7.6.2019, S. 70).

Gesetz über digitale Dienste

w) „kommerzielle Kommunikation" kommerzielle Kommunikation im Sinne von Artikel 2 Buchstabe f der Richtlinie 2000/31/EG;
x) „Umsatz" die von einem Unternehmen im Sinne von Artikel 5 Absatz 1 der Verordnung (EG) Nr. 139/2004 des Rates[39] erzielten Umsätze.

KAPITEL II
HAFTUNG DER ANBIETER VON VERMITTLUNGSDIENSTEN

Art. 4 „Reine Durchleitung". (1) Bei der Durchführung eines Dienstes der Informationsgesellschaft, der darin besteht, von einem Nutzer bereitgestellte Informationen in einem Kommunikationsnetz zu übermitteln oder Zugang zu einem Kommunikationsnetz zu vermitteln, haftet der Diensteanbieter nicht für die übermittelten oder abgerufenen Informationen, sofern er
a) die Übermittlung nicht veranlasst,
b) den Adressaten der übermittelten Informationen nicht auswählt und
c) die übermittelten Informationen nicht auswählt oder verändert.

(2) Die Übermittlung von Informationen und die Vermittlung des Zugangs nach Absatz 1 umfassen auch die automatische kurzzeitige Zwischenspeicherung der übermittelten Informationen, soweit dies nur zur Durchführung der Übermittlung im Kommunikationsnetz geschieht und die Informationen nicht länger gespeichert werden, als es für die Übermittlung üblicherweise erforderlich ist.

(3) Dieser Artikel lässt die Möglichkeit unberührt, dass eine Justiz- oder Verwaltungsbehörde nach dem Rechtssystem eines Mitgliedstaats vom Diensteanbieter verlangt, eine Zuwiderhandlung abzustellen oder zu verhindern.

Art. 5 „Caching". (1) Bei der Durchführung eines Dienstes der Informationsgesellschaft, der darin besteht, von einem Nutzer bereitgestellte Informationen in einem Kommunikationsnetz zu übermitteln, haftet der Diensteanbieter nicht für die automatische, zeitlich begrenzte Zwischenspeicherung, die dem alleinigen Zweck dient, die Übermittlung der Information an andere Nutzer auf deren Anfrage effizienter oder sicherer zu gestalten, sofern seitens des Anbieters folgende Voraussetzungen erfüllt sind:
a) er verändert die Informationen nicht,
b) er beachtet die Bedingungen für den Zugang zu den Informationen,
c) er beachtet die Regeln für die Aktualisierung der Informationen, die weithin in der Branche anerkannt und verwendet werden,
d) er beeinträchtigt die zulässige Anwendung von Technologien zur Sammlung von Daten über die Nutzung der Informationen, die weithin in der Branche anerkannt und verwendet werden, nicht und
e) er handelt zügig, um von ihm gespeicherte Informationen zu entfernen oder den Zugang zu ihnen zu sperren, sobald er tatsächliche Kenntnis davon er-

---
[39] Verordnung (EG) Nr. 139/2004 des Rates vom 20. Januar 2004 über die Kontrolle von Unternehmenszusammenschlüssen (ABl. L 24 vom 29.1.2004, S. 1).

hält, dass die Informationen am ursprünglichen Ausgangsort der Übermittlung aus dem Netz entfernt wurden oder der Zugang zu ihnen gesperrt wurde oder eine Justiz- oder Verwaltungsbehörde die Entfernung oder Sperrung angeordnet hat.

(2) Dieser Artikel lässt die Möglichkeit unberührt, dass eine Justiz- oder Verwaltungsbehörde nach dem Rechtssystem eines Mitgliedstaats vom Diensteanbieter verlangt, eine Zuwiderhandlung abzustellen oder zu verhindern.

Art. 6 Hosting. (1) Bei der Durchführung eines Dienstes der Informationsgesellschaft, der in der Speicherung der von einem Nutzer bereitgestellten Informationen besteht, haftet der Diensteanbieter nicht für die im Auftrag eines Nutzers gespeicherten Informationen, sofern er
a) keine tatsächliche Kenntnis von einer rechtswidrigen Tätigkeit oder rechtswidrigen Inhalten hat und sich in Bezug auf Schadenersatzansprüche auch keiner Tatsachen oder Umstände bewusst ist, aus denen eine rechtswidrige Tätigkeit oder rechtswidrige Inhalte offensichtlich hervorgeht, oder
b) sobald er diese Kenntnis oder dieses Bewusstsein erlangt, zügig tätig wird, um den Zugang zu den rechtswidrigen Inhalten zu sperren oder diese zu entfernen.

(2) Absatz 1 findet keine Anwendung, wenn der Nutzer dem Diensteanbieter untersteht oder von ihm beaufsichtigt wird.

(3) Absatz 1 findet keine Anwendung auf die verbraucherschutzrechtliche Haftung von Online-Plattformen, die Verbrauchern das Abschließen von Fernabsatzverträgen mit Unternehmern ermöglichen, wenn die Online-Plattform die spezifischen Einzelinformationen dazu darstellt oder die betreffende Einzeltransaktion anderweitig in einer Weise ermöglicht, bei der ein durchschnittlicher Verbraucher davon ausgehen kann, dass die Information oder das Produkt oder die Dienstleistung, die bzw. das Gegenstand der Transaktion ist, entweder von der Online-Plattform selbst oder von einem ihrer Aufsicht unterstehenden Nutzer bereitgestellt wird.

(4) Dieser Artikel lässt die Möglichkeit unberührt, dass eine Justiz- oder Verwaltungsbehörde nach dem Rechtssystem eines Mitgliedstaats vom Diensteanbieter verlangt, eine Zuwiderhandlung abzustellen oder zu verhindern.

Art. 7 Freiwillige Untersuchungen auf Eigeninitiative und Einhaltung der Rechtsvorschriften. Die Anbieter von Vermittlungsdiensten kommen für die in den Artikeln 4, 5 und 6 genannten Haftungsausschlüsse auch dann in Betracht, wenn sie auf Eigeninitiative nach Treu und Glauben und sorgfältig freiwillige Untersuchungen durchführen oder andere Maßnahmen zur Erkennung, Feststellung und Entfernung rechtswidriger Inhalte oder zur Sperrung des Zugangs zu rechtswidrigen Inhalten treffen oder die erforderlichen Maßnahmen ergreifen, um den Anforderungen des Unionsrechts und des nationalen Rechts im Einklang mit dem Unionsrecht und insbesondere den Anforderungen dieser Verordnung nachzukommen.

Gesetz über digitale Dienste

Art. 8 Keine allgemeine Verpflichtung zur Überwachung oder aktiven Nachforschung. Anbietern von Vermittlungsdiensten wird keine allgemeine Verpflichtung auferlegt, die von ihnen übermittelten oder gespeicherten Informationen zu überwachen oder aktiv nach Umständen zu forschen, die auf eine rechtswidrige Tätigkeit hindeuten.

Art. 9 Anordnungen zum Vorgehen gegen rechtswidrige Inhalte. (1) Nach Eingang einer Anordnung zum Vorgehen gegen einen oder mehrere bestimmte rechtswidrige Inhalte, die von den zuständigen nationalen Justiz- oder Verwaltungsbehörden auf der Grundlage des geltenden Unionsrechts oder des nationalen Rechts im Einklang mit dem Unionsrecht erlassen wurde, informieren die Anbieter von Vermittlungsdiensten die eine Anordnung erlassende Behörde oder eine andere in der Anordnung genannte Behörde unverzüglich über die Ausführung der Anordnung, und geben an, ob und wann sie die Anordnung ausgeführt haben.

(2) Die Mitgliedstaaten sorgen dafür, dass eine in Absatz 1 genannte Anordnung bei der Übermittlung an den Diensteanbieter mindestens die folgenden Bedingungen erfüllt:
a) diese Anordnung enthält Folgendes:
   i) eine Angabe der Rechtsgrundlage nach Maßgabe des Unionsrechts oder des nationalen Rechts für die Anordnung,
   ii) eine Begründung, warum es sich bei den Informationen um rechtswidrige Inhalte handelt, mit Bezugnahme auf eine oder mehrere besondere Bestimmungen des Unionsrechts oder des nationalen Rechts im Einklang mit dem Unionsrecht,
   iii) Informationen zur Identifizierung der anordnenden Behörde,
   iv) klare Angaben, anhand deren der Anbieter von Vermittlungsdiensten die betreffenden rechtswidrigen Inhalte ermitteln und ausfindig machen kann, beispielsweise eine oder mehrere präzise URL-Adressen, und, soweit erforderlich, weitere Angaben,
   v) Angaben über Rechtsbehelfsmechanismen, die dem Anbieter von Vermittlungsdiensten und dem Nutzer, der den Inhalt bereitgestellt hat, zur Verfügung stehen,
   vi) unter Umständen Angaben dazu, welche Behörde über die Ausführung der Anordnung zu informieren ist;
b) der räumliche Geltungsbereich dieser Anordnung ist auf der Grundlage der geltenden Vorschriften des Unionsrechts und des nationalen Rechts, einschließlich der Charta, und, falls anwendbar, der allgemeinen Grundsätze des Völkerrechts auf das zur Erreichung ihres Ziels unbedingt erforderliche Maß beschränkt;
c) diese Anordnung wird in einer der vom Anbieter von Vermittlungsdiensten gemäß Artikel 11 Absatz 3 angegebenen Sprachen oder in einer anderen Amtssprache der Mitgliedstaaten, auf die sich die die Anordnung erlassende Behörde und dieser Anbieter geeinigt haben, übermittelt und an die von diesem Anbieter gemäß Artikel 11 benannte elektronische Kontakt-

stelle geschickt; ist die Anordnung nicht in der vom Anbieter von Vermittlungsdiensten angegebenen Sprache oder in einer anderen bilateral vereinbarten Sprache abgefasst, so kann die Anordnung in der Sprache der erlassenden Behörde übermittelt werden, sofern ihr zumindest eine Übersetzung der unter den Buchstaben a und b dieses Absatzes genannten Elemente in eine solche angegebene oder bilateral vereinbarte Sprache beigefügt ist.

(3) Die die Anordnung erlassende Behörde oder die unter Umständen darin angegebene Behörde übermittelt sie zusammen mit jeglichen vom Anbieter von Vermittlungsdiensten erhaltenen Angaben über die Ausführung dieser Anordnung dem Koordinator für digitale Dienste im Mitgliedstaat der erlassenden Behörde.

(4) Nach Erhalt der Anordnung von der Justiz- oder Verwaltungsbehörde übermittelt der Koordinator für digitale Dienste des betroffenen Mitgliedstaats allen anderen Koordinatoren für digitale Dienste unverzüglich über das nach Artikel 85 eingerichtete System eine Kopie der in Absatz 1 genannten Anordnung.

(5) Spätestens zum Zeitpunkt der Befolgung der Anordnung oder gegebenenfalls zu dem Zeitpunkt, den die erlassende Behörde in ihrer Anordnung angegeben hat, informieren Anbieter von Vermittlungsdiensten den betroffenen Nutzer über die erhaltene Anordnung und deren Ausführung. Diese Unterrichtung des Nutzers umfasst eine Begründung, die existierenden Rechtsbehelfsmöglichkeiten und eine Beschreibung des räumlichen Geltungsbereichs der Anordnung gemäß Absatz 2.

(6) Die in diesem Artikel festgelegten Bedingungen und Anforderungen lassen das nationale Zivil- und Strafprozessrecht unberührt.

Art. 10 Auskunftsanordnungen. (1) Nach Eingang einer Auskunftsanordnung in Bezug auf bestimmte Informationen über einen oder mehrere bestimmte einzelne Nutzer, die von den zuständigen nationalen Justiz- oder Verwaltungsbehörden auf der Grundlage des geltenden Unionsrechts oder des nationalen Rechts im Einklang mit dem Unionsrecht erlassen wurde, informieren die Anbieter von Vermittlungsdiensten die erlassende Behörde oder eine andere in der Anordnung genannte Behörde unverzüglich über den Erhalt der Anordnung und die Ausführung der Anordnung, und geben an, ob und wann sie die Anordnung ausgeführt haben.

(2) Die Mitgliedstaaten sorgen dafür, dass eine in Absatz 1 genannte Anordnungen bei der Übermittlung an den Diensteanbieter mindestens die folgenden Bedingungen erfüllt:
a) diese Anordnung enthält Folgendes:
  i) eine Angabe der Rechtsgrundlage nach Maßgabe des Unionsrechts oder des nationalen Rechts für die Anordnung;
  ii) Informationen zur Identifizierung der erlassenden Behörde;
  iii) klare Angaben, anhand deren der Anbieter von Vermittlungsdiensten den bzw. die bestimmten Empfänger ermitteln können, zu dem Infor-

mationen angefordert werden, etwa einen oder mehrere Kontonamen oder eindeutige Kennungen;
iv) eine Begründung, wozu die Informationen benötigt werden und warum die Auskunftsanordnung erforderlich und verhältnismäßig ist, um festzustellen, ob die Nutzer des Vermittlungsdienstes das geltende Unionsrecht oder nationale Recht im Einklang mit dem Unionsrecht einhalten, es sei denn, eine solche Begründung kann aus Gründen der Verhütung, Ermittlung, Erkennung und Verfolgung von Straftaten nicht gegeben werden;
v) Angaben über Rechtsbehelfsmechanismen, die dem Diensteanbieter und den betreffenden Nutzern zur Verfügung stehen;
vi) unter Umständen Angaben dazu, welche Behörde über die Ausführung der Anordnung zu informieren ist;
b) diese Anordnung verpflichtet den Diensteanbieter nur zur Bereitstellung von Informationen, die er ohnehin bereits für die Zwecke der Erbringung des Dienstes erfasst hat und die seiner Verfügungsgewalt unterliegen;
c) diese Anordnung wird in einer der vom Anbieter von Vermittlungsdiensten gemäß Artikel 11 Absatz 3 angegebenen Sprachen oder in einer anderen Amtssprache der Mitgliedstaaten, auf die sich die die Anordnung erlassende Behörde und der Diensteanbieter geeinigt haben, übermittelt und an die vom Anbieter gemäß Artikel 11 benannte elektronische Kontaktstelle geschickt. Ist die Anordnung nicht in der vom Anbieter von Vermittlungsdiensten angegebenen Sprache oder in einer anderen bilateral vereinbarten Sprache abgefasst, so kann die Anordnung in der Sprache der erlassenden Behörde übermittelt werden, sofern ihr zumindest eine Übersetzung der unter den Buchstaben a und b dieses Absatzes genannten Elemente in eine solche angegebene oder bilateral vereinbarte Sprache beigefügt ist.

(3) Die die Anordnung erlassende Behörde oder die unter Umständen darin angegebene Behörde übermittelt sie dem Koordinator für digitale Dienste im Mitgliedstaat der erlassenden Behörde zusammen mit den vom Anbieter von Vermittlungsdiensten erhaltenen Angaben über die Ausführung dieser Anordnung.

(4) Nach Erhalt der Anordnung von der Justiz- oder Verwaltungsbehörde übermittelt der Koordinator für digitale Dienste des betroffenen Mitgliedstaats allen Koordinatoren für digitale Dienste unverzüglich über das nach Artikel 85 eingerichtete System eine Kopie der in Absatz 1 genannten Anordnung.

(5) Spätestens zum Zeitpunkt der Befolgung der Anordnung oder gegebenenfalls zu dem Zeitpunkt, den die erlassende Behörde in ihrer Anordnung angegeben hat informieren Anbieter von Vermittlungsdiensten den betreffenden Nutzer über den Erhalt der Anordnung und über deren Ausführung. Diese Unterrichtung des Nutzers umfasst eine Begründung und die existierenden Rechtsbehelfsmöglichkeiten gemäß Absatz 2.

(6) Die in diesem Artikel festgelegten Bedingungen und Anforderungen lassen das nationale Zivil- und Strafprozessrecht unberührt.

KAPITEL III
SORGFALTSPFLICHTEN FÜR EIN TRANSPARENTES UND SICHERES ONLINE-UMFELD

ABSCHNITT 1
Bestimmungen für alle Anbieter von Vermittlungsdiensten

Art. 11 Kontaktstellen für die Behörden der Mitgliedstaaten, die Kommission und den Vorstand. (1) Die Anbieter von Vermittlungsdiensten benennen eine zentrale Kontaktstelle, damit sie auf elektronischem Wege unmittelbar mit den Behörden der Mitgliedstaaten, der Kommission und dem in Artikel 61 genannten Gremium in Bezug auf die Anwendung dieser Verordnung kommunizieren können.

(2) Die Anbieter von Vermittlungsdiensten veröffentlichen die Informationen, die nötig sind, um ihre zentrale Kontaktstelle leicht zu ermitteln und mit ihr zu kommunizieren. Diese Informationen müssen leicht zugänglich sein und stets auf dem aktuellen Stand gehalten werden.

(3) In den in Absatz 2 genannten Informationen machen die Anbieter von Vermittlungsdiensten Angaben zu der bzw. den Amtssprachen der Mitgliedstaaten, die – zusätzlich zu einer Sprache, die von möglichst vielen Unionsbürgerinnen und Unionsbürgern verstanden wird – zur Kommunikation mit ihrer Kontaktstelle verwendet werden können und zu denen mindestens eine der Amtssprachen des Mitgliedstaats gehören muss, in dem der Anbieter von Vermittlungsdiensten seine Hauptniederlassung hat oder in dem sein gesetzlicher Vertreter ansässig oder niedergelassen ist.

Art. 12 Kontaktstellen für Nutzer der Dienste. (1) Die Anbieter von Vermittlungsdiensten benennen eine zentrale Kontaktstelle, die es den Nutzern ermöglicht, direkt und schnell mit ihnen zu kommunizieren, und zwar auf elektronischem Wege und in einer benutzerfreundlichen Weise, indem sie den Nutzern auch die Wahl des Kommunikationsmittels überlassen, das nicht ausschließlich auf automatisierten Instrumenten beruhen darf.

(2) Zusätzlich zu den Verpflichtungen nach der Richtlinie 2000/31/EG veröffentlichen die Anbieter von Vermittlungsdiensten die Informationen, die erforderlich sind, damit die Nutzer die zentralen Kontaktstellen der Anbieter von Vermittlungsdiensten leicht ermitteln und mit ihnen kommunizieren können. Diese Informationen müssen leicht zugänglich sein und stets auf dem aktuellen Stand gehalten werden.

Art. 13 Gesetzlicher Vertreter. (1) Die Anbieter von Vermittlungsdiensten, die keine Niederlassung in der Union haben, aber Dienstleistungen in der Union anbieten, benennen schriftlich eine juristische oder natürliche Person, die in einem der Mitgliedstaaten, in denen sie ihre Dienste anbieten, als ihr gesetzlicher Vertreter fungiert.

Gesetz über digitale Dienste

(2) Die Anbieter von Vermittlungsdiensten bevollmächtigen ihre gesetzlichen Vertreter, sodass diese zusätzlich oder anstelle der Diensteanbieter von den zuständigen Behörden der Mitgliedstaaten, der Kommission und dem Gremium zu allen Fragen in Anspruch genommen werden können, die für die Entgegennahme, Einhaltung und Durchsetzung von Beschlüssen im Zusammenhang mit dieser Verordnung erforderlich sind. Die Anbieter von Vermittlungsdiensten statten ihren gesetzlichen Vertreter mit den notwendigen Befugnissen und hinreichenden Ressourcen aus, damit er wirksam und zeitnah mit den zuständigen Behörden der Mitgliedstaaten, der Kommission und dem Gremium zusammenarbeiten und den Beschlüssen nachkommen kann.

(3) Es ist möglich, den benannten gesetzlichen Vertreter für Verstöße gegen Pflichten aus dieser Verordnung haftbar zu machen; die Haftung und die rechtlichen Schritte, die gegen den Anbieter von Vermittlungsdiensten eingeleitet werden können, bleiben hiervon unberührt.

(4) Die Anbieter von Vermittlungsdiensten melden dem Koordinator für digitale Dienste in dem Mitgliedstaat, in dem ihr gesetzlicher Vertreter ansässig oder niedergelassen ist, den Namen, die Postanschrift, die E-Mail-Adresse und die Telefonnummer ihres gesetzlichen Vertreters. Sie sorgen dafür, dass diese Angaben öffentlich verfügbar, leicht zugänglich, richtig und stets aktuell sind.

(5) Die Benennung eines gesetzlichen Vertreters in der Union gemäß Absatz 1 gilt nicht als Niederlassung in der Union.

Art. 14 Allgemeine Geschäftsbedingungen. (1) Die Anbieter von Vermittlungsdiensten machen in ihren allgemeinen Geschäftsbedingungen Angaben zu etwaigen Beschränkungen in Bezug auf die von den Nutzern bereitgestellten Informationen, die sie im Zusammenhang mit der Nutzung ihres Dienstes auferlegen. Diese Angaben enthalten Angaben zu allen Leitlinien, Verfahren, Maßnahmen und Werkzeugen, die zur Moderation von Inhalten eingesetzt werden, einschließlich der algorithmischen Entscheidungsfindung und der menschlichen Überprüfung, sowie zu den Verfahrensregeln für ihr internes Beschwerdemanagementsystem. Sie werden in klarer, einfacher, verständlicher, benutzerfreundlicher und eindeutiger Sprache abgefasst und in leicht zugänglicher und maschinenlesbarer Form öffentlich zur Verfügung gestellt.

(2) Die Anbieter von Vermittlungsdiensten informieren die Nutzer über etwaige wesentliche Änderungen der allgemeinen Geschäftsbedingungen.

(3) Richtet sich ein Vermittlungsdienst in erster Linie an Minderjährige oder wird er überwiegend von Minderjährigen genutzt, so erläutert der Anbieter von Vermittlungsdiensten die Bedingungen und jegliche Einschränkungen für die Nutzung des Dienstes so, dass Minderjährige sie verstehen können.

(4) Die Anbieter von Vermittlungsdiensten gehen bei der Anwendung und Durchsetzung der in Absatz 1 genannten Beschränkungen sorgfältig, objektiv und verhältnismäßig vor und berücksichtigen dabei die Rechte und berechtigten Interessen aller Beteiligten sowie die Grundrechte der Nutzer, die in der

Charta verankert sind, etwa das Recht auf freie Meinungsäußerung, die Freiheit und den Pluralismus der Medien und andere Grundrechte und -freiheiten.

(5) Die Anbieter sehr großer Online-Plattformen und sehr großer Suchmaschinen stellen den Nutzern eine kompakte, leicht zugängliche und maschinenlesbare Zusammenfassung der allgemeinen Geschäftsbedingungen einschließlich der verfügbaren Rechtsbehelfe und Rechtsbehelfsmechanismen in klarer und eindeutiger Sprache zur Verfügung.

(6) Sehr große Online-Plattformen und sehr große Online-Suchmaschinen im Sinne von Artikel 33 veröffentlichen ihre allgemeinen Geschäftsbedingungen in den Amtssprachen aller Mitgliedstaaten, in denen sie ihre Dienste anbieten.

Art. 15 Transparenzberichtspflichten der Anbieter von Vermittlungsdiensten. (1) Die Anbieter von Vermittlungsdiensten stellen mindestens einmal jährlich in einem maschinenlesbaren Format und auf leicht zugängliche Art und Weise klare, leicht verständliche Berichte über die die von ihnen in dem betreffenden Zeitraum durchgeführte Moderation von Inhalten öffentlich zur Verfügung. Diese Berichte enthalten – soweit zutreffend – insbesondere folgende Angaben:
a) bei Anbietern von Vermittlungsdiensten die Anzahl der von Behörden der Mitgliedstaaten erhaltenen Anordnungen einschließlich der gemäß den Artikeln 9 und 10 erlassenen Anordnungen, aufgeschlüsselt nach der Art der betroffenen rechtswidrigen Inhalte, dem die Anordnung erlassenden Mitgliedstaat und der Medianzeit, die benötigt wurde, um die die Anordnung erlassende Behörde bzw. die anderen in der Anordnung angegebenen Behörden über den Eingang der Anordnung zu unterrichten und der Anordnung nachzukommen;
b) bei Hostingdiensteanbietern die Anzahl der nach Artikel 16 gemachten Meldungen, aufgeschlüsselt nach der Art der betroffenen mutmaßlich rechtswidrigen Inhalte, die Anzahl der durch vertrauenswürdige Hinweisgeber übermittelten Meldungen, alle aufgrund der Meldungen ergriffenen Maßnahmen, unterschieden danach, ob dies auf gesetzlicher Grundlage oder gemäß den allgemeinen Geschäftsbedingungen des Anbieters erfolgt ist, die Anzahl der ausschließlich automatisch verarbeiteten Meldungen und die Mediandauer bis zur Ergreifung der Maßnahmen;
c) bei Anbietern von Vermittlungsdiensten aussagekräftige und verständliche Informationen über die auf Eigeninitiative des Anbieters durchgeführte Moderation von Inhalten einschließlich der Nutzung automatisierter Werkzeuge, der Maßnahmen zur Schulung und Unterstützung der für die Moderation von Inhalten zuständigen Personen, der Anzahl und Art der ergriffenen Maßnahmen, die sich auf die Verfügbarkeit, Erkennbarkeit und Zugänglichkeit der von den Nutzern bereitgestellten Informationen auswirken, und der Fähigkeit der Nutzer, solche Informationen über den Dienst bereitzustellen, und anderer entsprechender Beschränkungen des Dienstes;

Gesetz über digitale Dienste **DSA 3**

die gemeldeten Informationen werden nach der Art der rechtswidrigen Inhalte oder des Verstoßes gegen die allgemeinen Geschäftsbedingungen des Diensteanbieters, nach der zur Aufspürung verwendeten Methode und der Art der angewendeten Beschränkung aufgeschlüsselt;

d) bei Anbietern von Vermittlungsdiensten die Anzahl der Beschwerden, die gemäß den allgemeinen Geschäftsbedingungen des Anbieters über die internen Beschwerdemanagementsysteme und darüber hinaus – bei Anbietern von Online-Plattformen – gemäß Artikel 20 eingegangen sind, die Grundlage dieser Beschwerden, die zu diesen Beschwerden getroffenen Entscheidungen, die bis zur Entscheidung benötigte Mediandauer und die Anzahl der Fälle, in denen diese Entscheidungen rückgängig gemacht wurden.

e) die etwaige Verwendung automatisierter Mittel zur Moderation von Inhalten, mit einer qualitativen Beschreibung, mit Angabe der genauen Zwecke, mit Indikatoren für die Genauigkeit und mit der möglichen Fehlerquote der bei der Erfüllung dieser Zwecke verwendeten automatisierten Mittel und mit angewandten Schutzvorkehrungen.

(2) Absatz 1 des vorliegenden Artikels gilt nicht für Anbieter von Vermittlungsdiensten, bei denen es sich um Kleinst- oder Kleinunternehmen gemäß der Empfehlung 2003/361/EG handelt und die nicht als sehr große Online-Plattform im Sinne von Artikel 33 dieser Verordnung gelten.

(3) Die Kommission kann Durchführungsrechtsakte erlassen, in denen sie Vorlagen für Form, Inhalt und sonstige Einzelheiten der Berichte nach Absatz 1 des vorliegenden Artikels einschließlich harmonisierter Berichtszeiträume festlegt. Diese Durchführungsrechtsakte werden gemäß dem in Artikel 88 genannten Beratungsverfahren erlassen.

ABSCHNITT 2

Zusätzliche Bestimmungen für Hostingdiensteanbieter, einschließlich Online-Plattformen

Art. 16 Melde- und Abhilfeverfahren. (1) Die Hostingdiensteanbieter richten Verfahren ein, nach denen Personen oder Einrichtungen ihnen das Vorhandensein von Einzelinformationen in ihren Diensten melden können, die die betreffende Person oder Einrichtung als rechtswidrige Inhalte ansieht. Diese Verfahren müssen leicht zugänglich und benutzerfreundlich sein und eine Übermittlung von Meldungen ausschließlich auf elektronischem Weg ermöglichen.

(2) Mit den in Absatz 1 genannten Verfahren muss das Übermitteln hinreichend genauer und angemessen begründeter Meldungen erleichtert werden. Dazu ergreifen die Hostingdiensteanbieter die erforderlichen Maßnahmen, um die Übermittlung von Meldungen zu ermöglichen und zu erleichtern, die alle folgenden Elemente enthalten:

a) eine hinreichend begründete Erläuterung, warum die betreffende Person oder Einrichtung die fraglichen Informationen als rechtswidrige Inhalte ansieht;
b) eine eindeutige Angabe des genauen elektronischen Speicherorts dieser Informationen, etwa die präzise URL-Adresse bzw. die präzisen URL-Adressen, oder, soweit erforderlich, weitere, hinsichtlich der Art der Inhalte und der konkreten Art des Hostingdienstes zweckdienliche Angaben zur Ermittlung der rechtswidrigen Inhalte;
c) den Namen und die E-Mail-Adresse der meldenden Person oder Einrichtung, es sei denn, es handelt sich um Informationen, bei denen davon ausgegangen wird, dass sie eine in den Artikeln 3 bis 7 der Richtlinie 2011/93/EU genannte Straftat betreffen;
d) eine Erklärung darüber, dass die meldende Person oder Einrichtung in gutem Glauben davon überzeugt ist, dass die in der Meldung enthaltenen Angaben und Anführungen richtig und vollständig sind.

(3) Die im vorliegenden Artikel genannten Meldungen bewirken, dass für die Zwecke des Artikels 6 von einer tatsächlichen Kenntnis oder einem Bewusstsein in Bezug auf die betreffende Einzelinformation ausgegangen wird, wenn sie es einem sorgfältig handelnden Anbieter von Hostingdiensten ermöglichen, ohne eingehende rechtliche Prüfung festzustellen, dass die einschlägige Tätigkeit oder Information rechtswidrig ist.

(4) Enthält die Meldung die elektronische Kontaktangabe der meldenden Person oder Einrichtung, so schickt der Hostingdiensteanbieter dieser Person oder Einrichtung unverzüglich eine Empfangsbestätigung.

(5) Ferner teilt der Anbieter der betreffenden Person oder Einrichtung unverzüglich seine Entscheidung in Bezug auf die gemeldeten Informationen mit und weist dabei auf die möglichen Rechtsbehelfe gegen diese Entscheidung hin.

(6) Die Hostingdiensteanbieter bearbeiten alle Meldungen, die sie im Rahmen der in Absatz 1 genannten Verfahren erhalten, und entscheiden zeitnah, sorgfältig, frei von Willkür und objektiv über die gemeldeten Informationen. Wenn sie zu dieser Bearbeitung oder Entscheidungsfindung automatisierte Mittel einsetzen, machen sie in ihrer Mitteilung nach Absatz 5 auch Angaben über den Einsatz dieser Mittel.

Art. 17 Begründung. (1) Die Hostingdiensteanbieter legen allen betroffenen Nutzern eine klare und spezifische Begründung für alle folgenden Beschränkungen vor, die mit der Begründung verhängt werden, dass es sich bei den vom Nutzer bereitgestellten Informationen um rechtswidrige Inhalte handelt oder diese nicht mit ihren Nutzungsbedingungen vereinbar sind:
a) etwaige Beschränkungen der Anzeige bestimmter Einzelinformationen, die vom Nutzer bereitgestellt werden, einschließlich Entfernung von Inhalten, Sperrung des Zugangs zu Inhalten oder Herabstufung von Inhalten;
b) Aussetzung, Beendigung oder sonstige Beschränkung von Geldzahlungen;

Gesetz über digitale Dienste

c) Aussetzung oder Beendigung der gesamten oder teilweisen Bereitstellung des Dienstes;
d) Aussetzung oder Schließung des Kontos des Nutzers.

(2) Absatz 1 findet nur Anwendung, wenn dem Anbieter die einschlägigen elektronischen Kontaktangaben bekannt sind. Er findet spätestens ab dem Datum Anwendung, zu dem die Beschränkung verhängt wird, ungeachtet dessen, warum oder wie sie verhängt wurde.

Absatz 1 findet keine Anwendung, wenn es sich um einen irreführenden, umfangreichen kommerziellen Inhalt handelt.

(3) Die in Absatz 1 genannte Begründung muss mindestens folgende Angaben enthalten:
a) Angaben darüber, ob die Entscheidung die Entfernung der Information, die Sperrung des Zugangs zu der Information, die Herabstufung der Information oder die Einschränkung der Anzeige der Information oder die Aussetzung oder Beendigung von Zahlungen in Verbindung mit dieser Information betrifft oder mit der Entscheidung andere in Absatz 1 genannte Maßnahmen im Zusammenhang mit der Information verhängt werden, und den etwaigen räumlichen Geltungsbereich der Entscheidung und die Dauer ihrer Gültigkeit;
b) die Tatsachen und Umstände, auf denen die Entscheidung beruht, gegebenenfalls einschließlich Angaben darüber, ob die Entscheidung infolge einer nach Artikel 16 gemachten Meldung oder infolge freiwilliger Untersuchungen auf Eigeninitiative getroffen wurde sowie, falls unbedingt notwendig, die Identität der meldenden Person;
c) gegebenenfalls Angaben darüber, ob automatisierte Mittel zur Entscheidungsfindung verwendet wurden, einschließlich Angaben darüber, ob die Entscheidung in Bezug auf Inhalte getroffen wurde, die mit automatisierten Mitteln erkannt oder festgestellt wurden;
d) falls die Entscheidung mutmaßlich rechtswidrige Inhalte betrifft, einen Verweis auf die Rechtsgrundlage und Erläuterungen, warum die Informationen auf dieser Grundlage als rechtswidrige Inhalte angesehen werden;
e) falls die Entscheidung auf der mutmaßlichen Unvereinbarkeit der Informationen mit den allgemeinen Geschäftsbedingungen des Hostingdiensteanbieters beruht, einen Verweis auf die betreffende vertragliche Bestimmung und Erläuterungen, warum die Informationen als damit unvereinbar angesehen werden;
f) klare und benutzerfreundliche Informationen über die dem Nutzer gegen die Maßnahme zur Verfügung stehenden Rechtsbehelfe, insbesondere – je nach Sachlage – interne Beschwerdemanagementverfahren, außergerichtliche Streitbeilegung und gerichtliche Rechtsmittel.

(4) Die von den Hostingdiensteanbietern nach diesem Artikel übermittelten Informationen müssen klar und leicht verständlich und so genau und spezifisch sein, wie dies unter den gegebenen Umständen nach vernünftigem Ermessen möglich ist. Die Informationen müssen insbesondere so beschaffen

sein, dass der betreffende Nutzer damit nach vernünftigem Ermessen in der Lage ist, die in Absatz 3 Buchstabe f genannten Rechtsbehelfe wirksam wahrzunehmen.

(5) Dieser Artikel gilt nicht für in Artikel 9 genannte Anordnungen.

Art. 18 Meldung des Verdachts auf Straftaten. (1) Erhält ein Hostingdiensteanbieter Kenntnis von Informationen, die den Verdacht begründen, dass eine Straftat, die eine Gefahr für das Leben oder die Sicherheit einer Person oder von Personen darstellt, begangen wurde, begangen wird oder begangen werden könnte, so teilt er seinen Verdacht unverzüglich den Strafverfolgungs- oder Justizbehörden des betreffenden Mitgliedstaats oder der betreffenden Mitgliedstaaten mit und stellt alle vorliegenden einschlägigen Informationen zur Verfügung.

(2) Kann der Hostingdiensteanbieter den betreffenden Mitgliedstaat nicht mit hinreichender Gewissheit ermitteln, so unterrichtet er die Strafverfolgungsbehörden des Mitgliedstaats, in dem er niedergelassen ist oder in dem sein gesetzlicher Vertreter ansässig oder niedergelassen ist, oder Europol oder beide Stellen.

Für die Zwecke dieses Artikels gilt als betreffender Mitgliedstaat der Mitgliedstaat, in dem die Straftat begangen wurde, begangen wird oder begangen werden könnte, oder der Mitgliedstaat, in dem der Verdächtige seinen Wohnsitz oder Aufenthaltsort hat, oder der Mitgliedstaat, in dem das Opfer seinen Wohnsitz oder Aufenthaltsort hat.

ABSCHNITT 3

Zusätzliche Bestimmungen für Anbieter von Online-Plattformen

Art. 19 Ausnahme für Kleinst- und Kleinunternehmen. (1) Der vorliegende Abschnitt gilt mit Ausnahme von Artikel 24 Absatz 3 nicht für Anbieter von Online-Plattformen, bei denen es sich um Kleinst- oder Kleinunternehmen gemäß der Empfehlung 2003/361/EG handelt.

Wenn Unternehmen den Status eines Kleinst- oder Kleinunternehmens gemäß der Empfehlung 2003/361/EG verlieren, findet der vorliegende Abschnitt mit Ausnahme von Artikel 24 Absatz 3 auch in den 12 Monaten nach dem Verlust dieses Status gemäß Artikel 4 Absatz 2 der Empfehlung keine Anwendung auf Anbieter von Online-Plattformen, es sei denn, sie sind sehr große Online-Plattformen im Sinne des Artikels 33.

(2) Abweichend von Absatz 1 findet der vorliegende Abschnitt Anwendung auf Anbieter von Online-Plattformen, die im Sinne des Artikels 33 als sehr große Online-Plattformen eingestuft wurden, unabhängig davon, ob sie als Kleinst- oder Kleinunternehmen gelten.

Gesetz über digitale Dienste

Art. 20 Internes Beschwerdemanagementsystem. (1) Die Anbieter von Online-Plattformen gewähren den Nutzern einschließlich meldenden Personen oder Einrichtungen während eines Zeitraums von mindestens sechs Monaten nach einer Entscheidung gemäß diesem Absatz Zugang zu einem wirksamen internen Beschwerdemanagementsystem, das eine elektronische und kostenlose Einreichung von Beschwerden gegen die Entscheidung des Anbieters einer Online-Plattform nach Erhalt der Meldung oder gegen folgende Entscheidungen des Anbieters einer Online-Plattform ermöglicht, die damit begründet worden sind, dass die von den Nutzern bereitgestellten Informationen rechtswidrige Inhalte darstellen oder mit den allgemeinen Geschäftsbedingungen der Plattform unvereinbar sind:
a) Entscheidungen, ob die Information entfernt oder der Zugang dazu gesperrt oder die Anzeige der Information beschränkt wird;
b) Entscheidungen, ob die Erbringung des Dienstes gegenüber den Nutzern vollständig oder teilweise ausgesetzt oder beendet wird;
c) Entscheidungen, ob das Konto des Nutzers ausgesetzt oder geschlossen wird;
d) Entscheidungen, ob Geldzahlungen im Zusammenhang mit von den Nutzern bereitgestellten Informationen ausgesetzt, beendet oder die Fähigkeit der Nutzer zu deren Monetarisierung anderweitig eingeschränkt werden.

(2) Der Tag, an dem der Nutzer gemäß Artikel 16 Absatz 5 oder Artikel 17 von der Entscheidung in Kenntnis gesetzt wird, gilt als Beginn des in Absatz 1 des vorliegenden Artikels genannten Zeitraums von mindestens sechs Monaten.

(3) Die Anbieter von Online-Plattformen stellen sicher, dass ihre internen Beschwerdemanagementsysteme leicht zugänglich und benutzerfreundlich sind und die Einreichung hinreichend präziser und angemessen begründeter Beschwerden ermöglichen und erleichtern.

(4) Die Anbieter von Online-Plattformen bearbeiten Beschwerden, die über ihr internes Beschwerdemanagementsystem eingereicht werden, zeitnah, diskriminierungsfrei, sorgfältig und frei von Willkür. Enthält eine Beschwerde ausreichende Gründe für die Annahme, dass die Entscheidung, auf eine Meldung hin nicht tätig zu werden, unbegründet ist oder dass die Informationen, auf die sich die Beschwerde bezieht, weder rechtswidrig sind noch gegen die allgemeinen Geschäftsbedingungen verstoßen, oder enthält sie Informationen, aus denen hervorgeht, dass das Verhalten des Beschwerdeführers keine Aussetzung oder Kündigung des Dienstes oder Schließung des Kontos rechtfertigt, so macht der Anbieter der Online-Plattform seine in Absatz 1 genannte Entscheidung unverzüglich rückgängig.

(5) Die Anbieter von Online-Plattformen teilen den Beschwerdeführern unverzüglich ihre begründete Entscheidung mit, die sie in Bezug auf die Informationen, auf die sich die Beschwerde bezieht, getroffen haben, und weisen die Beschwerdeführer auf die Möglichkeit der außergerichtlichen Streitbeilegung gemäß Artikel 21 und auf andere verfügbare Rechtsbehelfe hin.

(6) Die Anbieter von Online-Plattformen stellen sicher, dass die in Absatz 5 genannten Entscheidungen unter der Aufsicht angemessen qualifizierten Personals und nicht allein mit automatisierten Mitteln getroffen werden.

Art. 21 Außergerichtliche Streitbeilegung. (1) Nutzer, einschließlich meldender Personen oder Einrichtungen, die von den in Artikel 20 Absatz 1 genannten Entscheidungen betroffen sind, haben das Recht, zur Beilegung von Streitigkeiten im Zusammenhang mit diesen Entscheidungen sowie mit Beschwerden, die nicht mit den Mitteln des in dem Artikel genannten internen Beschwerdemanagementsystems gelöst wurden, eine gemäß Absatz 3 des vorliegenden Artikels zertifizierte außergerichtliche Streitbeilegungsstelle zu wählen.

Die Anbieter von Online-Plattformen stellen sicher, dass die Informationen über die in Unterabsatz 1 genannte Möglichkeit der Nutzer hinsichtlich des Zugangs zu einer außergerichtlichen Streitbeilegung in klarer und benutzerfreundlicher Form auf ihrer Online-Schnittstelle leicht zugänglich sind.

Unterabsatz 1 lässt das Recht des betroffenen Nutzers unberührt, im Einklang mit dem anwendbaren Recht zur Beanstandung der Entscheidungen von Anbietern von Online-Plattformen jederzeit vor Gericht zu ziehen.

(2) Beide Parteien arbeiten nach Treu und Glauben mit der ausgewählten zertifizierten außergerichtlichen Streitbeilegungsstelle zusammen, um die Streitigkeit beizulegen.

Die Anbieter von Online-Plattformen können die Zusammenarbeit mit einer solchen außergerichtlichen Streitbeilegungsstelle verweigern, wenn ein Streit bezüglich derselben Informationen und derselben Gründe für die mutmaßliche Rechtswidrigkeit der Inhalte oder ihre mutmaßliche Unvereinbarkeit mit den allgemeinen Geschäftsbedingungen bereits beigelegt wurde.

Die zugelassene außergerichtliche Streitbeilegungsstelle ist nicht befugt, den Parteien eine bindende Streitbeilegung aufzuerlegen.

(3) Der Koordinator für digitale Dienste des Mitgliedstaats, in dem die außergerichtliche Streitbeilegungsstelle niedergelassen ist, lässt diese Stelle auf deren Antrag hin für einen Zeitraum von höchstens fünf Jahren, der verlängert werden kann, zu, nachdem die Stelle nachgewiesen hat, dass sie alle folgenden Bedingungen erfüllt:
a) sie ist unparteiisch und unabhängig, einschließlich finanziell unabhängig, von Anbietern von Online-Plattformen und von Nutzern der von diesen Plattformen erbrachten Dienste und auch von den meldenden Personen oder Einrichtungen;
b) sie hat die erforderliche Sachkenntnis in Bezug auf Fragen, die sich in einem oder mehreren bestimmten Bereichen rechtswidriger Inhalte ergeben, oder in Bezug auf die Anwendung und Durchsetzung der allgemeinen Geschäftsbedingungen einer oder mehrerer Arten von Online-Plattformen, sodass die Stelle einen wirksamen Beitrag zur Beilegung einer Streitigkeit leisten kann;

Gesetz über digitale Dienste **DSA 3**

c) ihre Mitglieder werden auf eine Weise vergütet, die nicht mit dem Ergebnis des Verfahrens im Zusammenhang steht;
d) die angebotene außergerichtliche Streitbeilegung ist über elektronische Kommunikationsmittel leicht zugänglich, und es besteht die Möglichkeit, die Streitbeilegung online einzuleiten und die erforderlichen einschlägigen Dokumente online einzureichen;
e) sie ist in der Lage, Streitigkeiten rasch, effizient und kostengünstig in mindestens einer der Amtssprachen der Organe der Union beizulegen;
f) die angebotene außergerichtliche Streitbeilegung erfolgt nach klaren und fairen Verfahrensregeln, die leicht und öffentlich zugänglich sind und die mit dem geltenden Recht, einschließlich dieses Artikels, vereinbar sind.

Der Koordinator für digitale Dienste gibt folgendes in der Zulassung an:
a) die besonderen Angelegenheiten gemäß Unterabsatz 1 Buchstabe b, in denen die Stelle Sachkenntnis besitzt, und
b) die Amtssprache bzw. die Amtssprachen der Organe der Union, in der bzw. denen die Stelle in der Lage ist, Streitigkeiten gemäß Unterabsatz 1 Buchstabe e beizulegen.

(4) Die zugelassenen außergerichtlichen Streitbeilegungsstellen erstatten dem Koordinator für digitale Dienste, der sie zugelassen hat, jährlich Bericht über ihre Tätigkeit und geben dabei zumindest die Zahl der bei ihnen eingegangenen Streitfälle, die Informationen über die Ergebnisse dieser Streitfälle, die durchschnittliche Dauer der Streitbeilegung und etwaige Mängel oder Schwierigkeiten an. Auf Anforderung des Koordinators für digitale Dienste erteilen sie zusätzliche Auskünfte.

Die Koordinatoren für digitale Dienste erstellen alle zwei Jahre einen Bericht über das Funktionieren der von ihnen zugelassenen außergerichtlichen Streitbeilegungsstellen. Dieser Bericht umfasst insbesondere
a) eine Liste mit der Anzahl der bei den einzelnen zugelassenen außergerichtlichen Streitbeilegungsstellen pro Jahr eingegangenen Streitfälle;
b) Angaben über die Ergebnisse der bei ihnen eingegangenen Streitfälle und über die durchschnittliche Dauer der Streitbeilegung;
c) eine Darlegung und Erläuterung der etwaigen systematischen oder branchenbezogenen Mängel oder Schwierigkeiten im Zusammenhang mit der Arbeitsweise dieser Stellen;
d) eine Darlegung der bewährten Verfahren in Bezug auf diese Arbeitsweise;
e) etwaige Empfehlungen zur Verbesserung dieser Arbeitsweise.

Die zugelassenen außergerichtlichen Streitbeilegungsstellen stellen den Parteien innerhalb einer angemessenen Frist, spätestens jedoch 90 Kalendertage nach Eingang der Beschwerde, ihre Entscheidungen zur Verfügung. Im Fall hochkomplexer Streitfälle kann die zugelassene außergerichtliche Streitbeilegungsstelle den Zeitraum von 90 Kalendertagen nach eigenem Ermessen um einen weiteren Zeitraum verlängern, der 90 Tage nicht überschreiten darf, sodass sich die maximale Gesamtdauer auf 180 Tage beläuft.

(5) Entscheidet die außergerichtliche Streitbeilegungsstelle die Streitigkeit zugunsten des Nutzers, einschließlich der meldenden Person oder Einrichtung, so trägt der Anbieter der Online-Plattform sämtliche von der außergerichtlichen Streitbeilegungsstelle erhobenen Gebühren und erstattet dem Nutzer, einschließlich der Person oder Einrichtung, alle sonstigen angemessenen Kosten, die er bzw. sie im Zusammenhang mit der Streitbeilegung gezahlt haben. Entscheidet die außergerichtliche Streitbeilegungsstelle die Streitigkeit zugunsten des Anbieters der Online-Plattform, so ist der Nutzer, einschließlich der meldenden Person oder Einrichtung, nicht verpflichtet, Gebühren oder sonstige Kosten zu erstatten, die der Anbieter der Online-Plattform im Zusammenhang mit der Streitbeilegung gezahlt hat oder noch zahlen muss, es sei denn, die außergerichtliche Streitbeilegungsstelle gelangt zu der Erkenntnis, dass der Nutzer eindeutig böswillig gehandelt hat.

Die von der außergerichtlichen Streitbeilegungsstelle von den Anbietern von Online-Plattformen erhobenen Gebühren müssen angemessen sein und dürfen in keinem Fall die der Streitbeilegungsstelle entstandenen Kosten übersteigen. Für Nutzer ist die Streitbeilegung kostenlos oder für eine Schutzgebühr verfügbar sein.

Die zugelassenen außergerichtlichen Streitbeilegungsstellen geben dem Nutzer, einschließlich der meldenden Personen oder Einrichtungen, und dem Anbieter der Online-Plattform die Gebühren oder das zur Gebührenfestsetzung verwendete Verfahren vor der Einleitung der Streitbeilegung bekannt.

(6) Die Mitgliedstaaten können für die Zwecke des Absatzes 1 außergerichtliche Streitbeilegungsstellen einrichten oder die Tätigkeiten einiger oder aller außergerichtlichen Streitbeilegungsstellen, die sie gemäß Absatz 3 zugelassen haben, unterstützen.

Die Mitgliedstaaten stellen sicher, dass ihre nach Unterabsatz 1 unternommenen Handlungen ihre Koordinatoren für digitale Dienste nicht darin beeinträchtigen, die betreffenden Stellen gemäß Absatz 3 zuzulassen.

(7) Ein Koordinator für digitale Dienste, der eine außergerichtliche Streitbeilegungsstelle zugelassen hat, widerruft diese Zulassung, wenn er infolge einer Untersuchung, die er auf eigene Initiative oder aufgrund von von Dritten erhaltenen Informationen durchführt, feststellt, dass die betreffende außergerichtliche Streitbeilegungsstelle die in Absatz 3 genannten Bedingungen nicht mehr erfüllt. Bevor er diese Zulassung widerruft, gibt der Koordinator für digitale Dienste dieser Stelle Gelegenheit, sich zu den Ergebnissen seiner Untersuchung und zu dem beabsichtigten Widerruf der Zulassung der außergerichtlichen Streitbeilegungsstelle zu äußern.

(8) Die Koordinatoren für digitale Dienste teilen der Kommission die außergerichtlichen Streitbeilegungsstellen mit, die sie gemäß Absatz 3 zugelassen haben, gegebenenfalls einschließlich der in Unterabsatz 2 jenes Absatzes genannten Spezifikationen, sowie die außergerichtlichen Streitbeilegungsstellen, deren Zulassung sie widerrufen haben. Die Kommission veröffentlicht auf

Gesetz über digitale Dienste **DSA 3**

einer eigens hierfür eingerichteten und leicht zugänglichen Website eine Liste dieser Stellen, einschließlich der genannten Spezifikationen, und hält diese auf dem neuesten Stand.

(9) Dieser Artikel lässt die Richtlinie 2013/11/EU sowie die alternativen Streitbeilegungsverfahren und -stellen für Verbraucher, die nach jener Richtlinie eingerichtet wurden, unberührt.

Art. 22 Vertrauenswürdige Hinweisgeber. (1) Die Anbieter von Online-Plattformen ergreifen die erforderlichen technischen und organisatorischen Maßnahmen, damit Meldungen, die von in ihrem ausgewiesenen Fachgebiet tätigen vertrauenswürdigen Hinweisgebern über die in Artikel 16 genannten Mechanismen übermittelt werden, vorrangig behandelt und unverzüglich bearbeitet und einer Entscheidung zugeführt werden.

(2) Der Status des vertrauenswürdigen Hinweisgebers nach dieser Verordnung wird auf Antrag einer Stelle vom Koordinator für digitale Dienste des Mitgliedstaats, in dem der Antragsteller niedergelassen ist, einem Antragsteller zuerkannt, der nachgewiesen hat, dass er alle folgenden Bedingungen erfüllt:
a) die Stelle hat besondere Sachkenntnis und Kompetenz in Bezug auf die Erkennung, Feststellung und Meldung rechtswidriger Inhalte;
b) sie ist unabhängig von jeglichen Anbietern von Online-Plattformen;
c) sie übt ihre Tätigkeiten zur Übermittlung von Meldungen sorgfältig, genau und objektiv aus.

(3) Vertrauenswürdige Hinweisgeber veröffentlichen mindestens einmal jährlich leicht verständliche und ausführliche Berichte über die während des betreffenden Zeitraums gemäß Artikel 16 eingereichten Meldungen. In dem Bericht wird mindestens die Anzahl der Meldungen nach folgenden Kategorien aufgeführt:
a) Identität des Hostingdiensteanbieters,
b) Art der gemeldeten mutmaßlich rechtswidrigen Inhalte,
c) vom Anbieter ergriffene Maßnahmen.

Diese Berichte enthalten eine Erläuterung der Verfahren, mit denen sichergestellt wird, dass der vertrauenswürdige Hinweisgeber seine Unabhängigkeit bewahrt.

Vertrauenswürdige Hinweisgeber übermitteln dem Koordinator für digitale Dienste diese Berichte und machen sie öffentlich zugänglich. Die Informationen in diesen Berichten dürfen keine personenbezogenen Daten enthalten.

(4) Die Koordinatoren für digitale Dienste teilen der Kommission und dem Gremium die Namen, Anschriften und E-Mail-Adressen der Stellen mit, denen sie den Status des vertrauenswürdigen Hinweisgebers nach Absatz 2 zuerkannt haben bzw. deren Status als vertrauenswürdige Hinweisgeber sie im Einklang mit Absatz 6 aufgehoben oder im Einklang mit Absatz 7 aberkannt haben.

(5) Die Kommission veröffentlicht die in Absatz 4 genannten Angaben in einem leicht zugänglichen und maschinenlesbaren Format in einer öffentlich zugänglichen Datenbank und hält diese auf dem neuesten Stand.

(6) Hat ein Anbieter von Online-Plattformen Informationen, aus denen hervorgeht, dass ein vertrauenswürdiger Hinweisgeber über die in Artikel 16 genannten Mechanismen eine erhebliche Anzahl nicht hinreichend präziser, ungenauer oder unzureichend begründeter Meldungen übermittelt hat, was auch Informationen einschließt, die im Zusammenhang mit der Bearbeitung von Beschwerden über die in Artikel 20 Absatz 4 genannten internen Beschwerdemanagementsysteme erfasst wurden, so übermittelt er dem Koordinator für digitale Dienste, der der betreffenden Stelle den Status des vertrauenswürdigen Hinweisgebers zuerkannt hat, diese Informationen zusammen mit den nötigen Erläuterungen und Nachweisen. Bei Erhalt der Information des Anbieters von Online-Plattformen und in dem Fall, dass der Koordinator für digitale Dienste der Ansicht ist, dass es berechtigte Gründe für die Einleitung einer Untersuchung gibt, wird der Status des vertrauenswürdigen Hinweisgebers für den Zeitraum der Untersuchung aufgehoben. Diese Untersuchung wird unverzüglich durchgeführt.

(7) Der Koordinator für digitale Dienste, der einer Stelle den Status des vertrauenswürdigen Hinweisgebers zuerkannt hat, widerruft diesen Status, wenn er infolge einer Untersuchung, die er auf eigene Initiative oder aufgrund von Informationen durchführt, die er von Dritten erhalten hat, auch der von einem Anbieter von Online-Plattformen nach Absatz 6 vorgelegten Informationen, feststellt, dass die betreffende Stelle die in Absatz 2 genannten Bedingungen nicht mehr erfüllt. Bevor er diesen Status widerruft, gibt der Koordinator für digitale Dienste der Stelle Gelegenheit, sich zu den Ergebnissen seiner Untersuchung und zu dem beabsichtigten Widerruf des Status der Stelle als vertrauenswürdiger Hinweisgeber zu äußern.

(8) Die Kommission gibt nach Anhörung des Gremiums, soweit erforderlich, Leitlinien heraus, um die Anbieter von Online-Plattformen und die Koordinatoren für digitale Dienste bei der Anwendung der Absätze 2, 6 und 7 zu unterstützen.

Art. 23 Maßnahmen und Schutz vor missbräuchlicher Verwendung.
(1) Die Anbieter von Online-Plattformen setzen die Erbringung ihrer Dienste für Nutzer, die häufig und offensichtlich rechtswidrige Inhalte bereitstellen, für einen angemessenen Zeitraum nach vorheriger Warnung aus.

(2) Die Anbieter von Online-Plattformen setzen die Bearbeitung von Meldungen und Beschwerden, die über die in den Artikeln 16 und 20 genannten Melde- und Abhilfeverfahren bzw. interne Beschwerdemanagementsysteme von Personen oder Stellen oder von Beschwerdeführern eingehen, die häufig offensichtlich unbegründete Meldungen oder Beschwerden einreichen, für einen angemessenen Zeitraum nach vorheriger Warnung aus.

(3) Bei der Entscheidung über die Aussetzung bewerten die Anbieter von Online-Plattformen von Fall zu Fall zeitnah, sorgfältig und in objektiver Weise, ob der Nutzer, die Person, die Einrichtung oder der Beschwerdeführer an einer in den Absätzen 1 und 2 genannten missbräuchlichen Verwendung be-

Gesetz über digitale Dienste

teiligt ist, wobei sie alle einschlägigen Tatsachen und Umstände berücksichtigen, die aus den dem Anbieter von Online-Plattformen vorliegenden Informationen ersichtlich sind. Zu solchen Umständen gehören zumindest:
a) die absolute Anzahl der offensichtlich rechtswidrigen Inhalte oder der offensichtlich unbegründeten Meldungen oder Beschwerden, die innerhalb eines bestimmten Zeitraums bereitgestellt bzw. eingereicht wurden;
b) deren relativer Anteil an der Gesamtzahl der in einem bestimmten Zeitraum bereitgestellten Einzelinformationen oder innerhalb eines bestimmten Zeitraums gemachten Meldungen;
c) die Schwere der Fälle der missbräuchlichen Verwendung, einschließlich der Art der rechtswidrigen Inhalte, und deren Folgen;
d) die von dem Nutzer, der Person, der Einrichtung oder dem Beschwerdeführer verfolgten Absichten, sofern diese Absichten ermittelt werden können.

(4) Die Anbieter von Online-Plattformen legen in ihren allgemeinen Geschäftsbedingungen klar und ausführlich ihre Regeln für den Umgang mit der in den Absätzen 1 und 2 des vorliegenden Artikels genannten missbräuchlichen Verwendung dar und nennen Beispiele für Tatsachen und Umstände, die sie bei der Beurteilung, ob ein bestimmtes Verhalten eine missbräuchliche Verwendung darstellt, berücksichtigen, und für die Dauer der Aussetzung.

Art. 24 Transparenzberichtspflichten der Anbieter von Online-Plattformen.
(1) Zusätzlich zu den in Artikel 15 genannten Informationen nehmen die Anbieter von Online-Plattformen in die in jenem Artikel genannten Berichte folgende Informationen auf:
a) Anzahl der Streitigkeiten, die den in Artikel 21 genannten außergerichtlichen Streitbeilegungsstellen vorgelegt wurden, Ergebnisse der Streitbeilegung und Mediandauer bis zum Abschluss der Streitbeilegungsverfahren sowie Anteil der Streitigkeiten, bei denen die Anbieter von Online-Plattform die Entscheidungen der Stelle umgesetzt haben;
b) Anzahl der Aussetzungen nach Artikel 23, wobei zwischen Aussetzungen wegen offensichtlich rechtswidriger Inhalte, wegen Übermittlung offensichtlich unbegründeter Meldungen und wegen Einreichung offensichtlich unbegründeter Beschwerden zu unterscheiden ist.

(2) Bis zum 17. Februar 2023 und danach mindestens alle sechs Monate veröffentlichen Anbieter für jede Online-Plattform oder Online-Suchmaschine in einem öffentlich zugänglichen Bereich ihrer Online-Schnittstelle Informationen über die durchschnittliche monatliche Zahl ihrer aktiven Nutzer in der Union, berechnet als Durchschnitt der vergangenen sechs Monate und nach der Methode, die in den in Artikel 33 Absatz 3 genannten delegierten Rechtsakten festgelegt wird, wenn diese delegierten Rechtsakte erlassen wurden.

(3) Die Anbieter von Online-Plattformen oder Online-Suchmaschinen übermitteln dem Koordinator für digitale Dienste am Niederlassungsort und der Kommission auf deren Verlangen und unverzüglich die in Absatz 2 genannten Informationen, die zum Zeitpunkt dieses Verlangens aktualisiert werden. Die-

ser Koordinator für digitale Dienste oder die Kommission kann vom Anbieter der Online-Plattform oder der Online-Suchmaschine zusätzliche Informationen über die in jenem Absatz genannte Berechnung sowie Erläuterungen und Begründungen in Bezug auf die verwendeten Daten verlangen. Diese Informationen dürfen keine personenbezogenen Daten enthalten.

(4) Hat der Koordinator für digitale Dienste am Niederlassungsort auf der Grundlage der gemäß den Absätzen 2 und 3 dieses Artikels erhaltenen Informationen Grund zu der Annahme, dass ein Anbieter einer Online-Plattform oder einer Online-Suchmaschine den in Artikel 33 Absatz 1 festgelegten Schwellenwert der durchschnittlichen monatlichen aktiven Nutzer in der Union erreicht, so teilt er dies der Kommission mit.

(5) Die Anbieter von Online-Plattformen übermitteln der Kommission unverzüglich die in Artikel 17 Absatz 1 genannten Entscheidungen und Begründungen für die Aufnahme in eine öffentlich zugängliche, von der Kommission verwaltete maschinenlesbare Datenbank. Die Anbieter von Online-Plattformen stellen sicher, dass die übermittelten Informationen keine personenbezogenen Daten enthalten.

(6) Die Kommission kann Durchführungsrechtsakte erlassen, in denen sie Vorlagen für Form, Inhalt und sonstige Einzelheiten der Berichte nach Absatz 1 des vorliegenden Artikels festlegt. Diese Durchführungsrechtsakte werden gemäß dem in Artikel 88 genannten Beratungsverfahren erlassen.

Art. 25 Gestaltung und Organisation der Online-Schnittstelle. (1) Anbieter von Online-Plattformen dürfen ihre Online-Schnittstellen nicht so konzipieren, organisieren oder betreiben, dass Nutzer getäuscht, manipuliert oder anderweitig in ihrer Fähigkeit, freie und informierte Entscheidungen zu treffen, maßgeblich beeinträchtigt oder behindert werden.

(2) Das Verbot in Absatz 1 gilt nicht für Praktiken, die unter die Richtlinie 2005/29/EG oder die Verordnung (EU) 2016/679 fallen.

(3) Die Kommission kann Leitlinien für die Anwendung von Absatz 1 auf eine bestimmte Praxis herausgeben, insbesondere in Bezug darauf,
a) dass bestimmte Auswahlmöglichkeiten stärker hervorgehoben werden, wenn der Nutzer eine Entscheidung treffen muss,
b) dass der Nutzer wiederholt aufgefordert wird, eine Auswahl zu treffen, obwohl eine solche Auswahl bereits getroffen wurde, insbesondere durch die Einblendung eines Fensters, mit der die Nutzererfahrung beeinträchtigt wird,
c) dass das Verfahren zur Beendigung eines Dienstes schwieriger als das Verfahren zur Anmeldung bei diesem Dienst gestaltet wird.

Art. 26 Werbung auf Online-Plattformen. (1) Die Anbieter von Online-Plattformen, die Werbung auf ihren Online-Schnittstellen darstellen, stellen sicher, dass Nutzer für jede einzelne Werbung, die jedem einzelnen Nutzer dargestellt wird, in der Lage sind, in klarer, präziser und eindeutiger Weise und in Echtzeit Folgendes zu erkennen:

Gesetz über digitale Dienste **DSA 3**

a) dass es sich bei den Informationen um Werbung handelt, einschließlich durch hervorgehobene Kennzeichnungen, die Standards gemäß Artikel 44 folgen können,
b) die natürliche oder juristische Person, in deren Namen die Werbung angezeigt wird,
c) die natürliche oder juristische Person, die für die Werbung bezahlt hat, wenn sich diese Person von der in Buchstabe b genannten natürlichen oder juristischen Person unterscheidet,
d) aussagekräftige, über die Werbung direkt und leicht zugängliche Informationen über die wichtigsten Parameter zur Bestimmung der Nutzer, denen die Werbung angezeigt wird, und darüber, wie diese Parameter unter Umständen geändert werden können.

(2) Die Anbieter von Online-Plattformen bieten den Nutzern eine Funktion, mit der sie erklären können, ob der von ihnen bereitgestellte Inhalt eine kommerzielle Kommunikation darstellt oder eine solche kommerzielle Kommunikation enthält.

Gibt ein Nutzer eine Erklärung gemäß diesem Absatz ab, so stellt der Anbieter der Online-Plattform sicher, dass die anderen Nutzer klar und eindeutig und in Echtzeit, einschließlich durch hervorgehobene Kennzeichnungen, die Standards gemäß Artikel 44 folgen können, feststellen können, dass der von dem Nutzer bereitgestellte Inhalt eine kommerzielle Kommunikation wie in dieser Erklärung beschrieben darstellt oder enthält.

(3) Die Anbieter von Online-Plattformen dürfen Nutzern keine Werbung anzeigen, die auf Profiling gemäß Artikel 4 Nummer 4 der Verordnung (EU) 2016/679 unter Verwendung besonderer Kategorien personenbezogener Daten gemäß Artikel 9 Absatz 1 der Verordnung (EU) 2016/679 beruht.

Art. 27 Transparenz der Empfehlungssysteme. (1) Anbieter von Online-Plattformen, die Empfehlungssysteme verwenden, müssen in ihren allgemeinen Geschäftsbedingungen in klarer und verständlicher Sprache die wichtigsten Parameter, die in ihren Empfehlungssystemen verwendet werden, sowie alle Möglichkeiten für die Nutzer, diese wichtigen Parameter zu ändern oder zu beeinflussen, darlegen.

(2) Im Rahmen der in Absatz 1 genannten wichtigen Parameter wird erläutert, warum dem Nutzer bestimmte Informationen vorgeschlagen werden. Sie umfassen mindestens Folgendes:
a) die Kriterien, die für die Bestimmung der Informationen, die dem Nutzer vorgeschlagen werden, am wichtigsten sind,
b) die Gründe für die relative Bedeutung dieser Parameter.

(3) Stehen mehrere Optionen gemäß Absatz 1 für Empfehlungssysteme zur Verfügung, anhand deren die relative Reihenfolge der den Nutzern bereitgestellten Informationen bestimmt wird, so machen die Anbieter von Online-Plattformen auch eine Funktion zugänglich, die es dem Nutzer ermöglicht, seine bevorzugte Option jederzeit auszuwählen und zu ändern. Diese Funktion

ist von dem spezifischen Abschnitt der Online-Schnittstelle der Online-Plattform, in dem die Informationen vorrangig sind, unmittelbar und leicht zugänglich.

Art. 28 Online-Schutz Minderjähriger. (1) Anbieter von Online-Plattformen, die für Minderjährige zugänglich sind, müssen geeignete und verhältnismäßige Maßnahmen ergreifen, um für ein hohes Maß an Privatsphäre, Sicherheit und Schutz von Minderjährigen innerhalb ihres Dienstes zu sorgen.

(2) Anbieter von Online-Plattformen dürfen auf ihrer Schnittstelle keine Werbung auf der Grundlage von Profiling gemäß Artikel 4 Absatz 4 der Verordnung (EU) 2016/679 unter Verwendung personenbezogener Daten des Nutzers darstellen, wenn sie hinreichende Gewissheit haben, dass der betreffende Nutzer minderjährig ist.

(3) Zur Einhaltung der in diesem Artikel festgelegten Verpflichtungen sind die Anbieter von Online-Plattformen nicht verpflichtet, zusätzliche personenbezogene Daten zu verarbeiten, um festzustellen, ob der Nutzer minderjährig ist.

(4) Die Kommission kann nach Anhörung des Ausschusses Leitlinien herausgeben, um die Anbieter von Online-Plattformen bei der Anwendung von Absatz 1 zu unterstützen.

ABSCHNITT 4
Bestimmungen für Anbieter von Online-Plattformen, die Verbrauchern den Abschluss von Fernabsatzverträgen mit Unternehmern ermöglichen

Art. 29 Ausnahme für Kleinst- und Kleinunternehmen. (1) Der vorliegende Abschnitt gilt nicht für Anbieter von Online-Plattformen, die Verbrauchern den Abschluss von Fernabsatzverträgen mit Unternehmern ermöglichen, bei denen es sich um Kleinst- oder Kleinunternehmen gemäß der Empfehlung 2003/361/EG handelt.

Wenn Unternehmen den Status eines Kleinst- oder Kleinunternehmens gemäß der Empfehlung 2003/361/EG verlieren, findet der vorliegende Abschnitt auch in den 12 Monaten nach dem Verlust dieses Status gemäß Artikel 4 Absatz 2 der Empfehlung keine Anwendung auf Anbieter von Online-Plattformen, die Verbrauchern den Abschluss von Fernabsatzverträgen mit Unternehmern ermöglichen, es sei denn, sie sind sehr große Online-Plattformen im Sinne des Artikels 33.

(2) Abweichend von Absatz 1 findet der vorliegende Abschnitt Anwendung auf Anbieter von Online-Plattformen, die Verbrauchern den Abschluss von Fernabsatzverträgen mit Unternehmern ermöglichen, die im Sinne des Artikels 33 als sehr große Online-Plattformen eingestuft wurden, unabhängig davon, ob sie als Kleinst- oder Kleinunternehmen gelten.

Gesetz über digitale Dienste

Art. 30 Nachverfolgbarkeit von Unternehmern. (1) Anbieter von Online-Plattformen, die Verbrauchern den Abschluss von Fernabsatzverträgen mit Unternehmern ermöglichen, stellen sicher, dass Unternehmer diese Online-Plattformen nur dann benutzen können, um bei Verbrauchern in der Union für ihre Produkte oder Dienstleistungen zu werben und ihnen diese anzubieten, wenn sie vor der Benutzung ihrer Dienste zu diesen Zwecken folgende Informationen erhalten haben, soweit dies auf den Unternehmer zutrifft:
a) Name, Anschrift, Telefonnummer und E-Mail-Adresse des Unternehmers,
b) Kopie des Identitätsdokuments des Unternehmers oder eine andere elektronische Identifizierung im Sinne des Artikels 3 der Verordnung (EU) Nr. 910/2014 des Europäischen Parlaments und des Rates[40],
c) Angaben zum Zahlungskonto des Unternehmers,
d) falls der Unternehmer in einem Handelsregister oder einem ähnlichen öffentlichen Register eingetragen ist, das Handelsregister, in dem er eingetragen ist, und seine Handelsregisternummer oder eine gleichwertige in diesem Register verwendete Kennung,
e) Selbstbescheinigung des Unternehmers, in der sich dieser verpflichtet, nur Produkte oder Dienstleistungen anzubieten, die den geltenden Vorschriften des Unionsrechts entsprechen.

(2) Nach Erhalt der in Absatz 1 genannten Informationen und bevor er dem betreffenden Unternehmer die Nutzung seiner Dienste gestattet, bemüht sich der Anbieter der Online-Plattform, die Verbrauchern den Abschluss von Fernabsatzverträgen mit Unternehmern ermöglicht, nach besten Kräften darum, zu prüfen, ob die in Absatz 1 Buchstaben a bis e genannten Informationen verlässlich und vollständig sind, indem er frei zugängliche amtliche Online-Datenbanken abfragt oder Online-Schnittstellen nutzt, die von einem Mitgliedstaat oder der Union zur Verfügung gestellt werden, oder indem er vom Unternehmer Nachweise aus verlässlichen Quellen verlangt. Für die Zwecke dieser Verordnung haften die Unternehmer für die Richtigkeit der übermittelten Informationen.

In Bezug auf Unternehmer, die bereits die Dienste von Anbietern von Online-Plattformen, die Verbrauchern den Abschluss von Fernabsatzverträgen mit Unternehmern ermöglichen, für die in Absatz 1 genannten Zwecke am 17. Februar 2024 nutzen, bemühen sich die Anbieter nach besten Kräften darum, von diesen Unternehmern innerhalb von 12 Monaten die in der Liste aufgeführten Informationen zu erhalten. Übermitteln diese Unternehmer die Informationen nicht innerhalb dieser Frist, so setzen die Anbieter die Erbringung ihrer Dienstleistungen für diese Unternehmer aus, bis sie alle Informationen zur Verfügung gestellt haben.

(3) Erhält der Anbieter der Online-Plattform, die Verbrauchern den Abschluss von Fernabsatzverträgen mit Unternehmern ermöglicht, ausreichend

---

[40] Verordnung (EU) Nr. 910/2014 des Europäischen Parlaments und des Rates vom 23. Juli 2014 über elektronische Identifizierung und Vertrauensdienste für elektronische Transaktionen im Binnenmarkt und zur Aufhebung der Richtlinie 1999/93/EG (ABl. L 257 vom 28.8.2014, S. 73).

Hinweise darauf oder hat er Grund zu der Annahme, dass eine in Absatz 1 genannte Einzelinformation, die er vom betreffenden Unternehmer erhalten hat, unrichtig, unvollständig oder nicht auf dem aktuellen Stand ist, fordert der Anbieter den Unternehmer auf, unverzüglich oder innerhalb der im Unionsrecht und im nationalen Recht festgelegten Frist Abhilfe zu schaffen.

Versäumt es der Unternehmer, diese Informationen zu berichtigen oder zu vervollständigen, so setzt der Anbieter der Online-Plattform, die Verbrauchern den Abschluss von Fernabsatzverträgen mit Unternehmern ermöglicht, seine Dienste in Bezug auf das Angebot von Produkten oder Dienstleistungen für Verbraucher in der Union für den Unternehmer zügig aus, bis dieser der Aufforderung vollständig nachgekommen ist.

(4) Unbeschadet des Artikels 4 der Verordnung (EU) 2019/1150 hat ein Unternehmen, wenn ihm ein Anbieter einer Online-Plattform, die Verbrauchern den Abschluss von Fernabsatzverträgen mit Unternehmern ermöglicht, die Nutzung seines Dienstes gemäß Absatz 1 verweigert oder die Bereitstellung seines Dienstes gemäß Absatz 3 des vorliegenden Artikels aussetzt, das Recht, eine Beschwerde gemäß den Artikeln 20 und 21 der vorliegenden Verordnung einzureichen.

(5) Der Anbieter der Online-Plattform, der Verbrauchern den Abschluss von Fernabsatzverträgen mit Unternehmern ermöglicht, speichert die nach den Absätzen 1 und 2 erhaltenen Informationen für die Dauer von sechs Monaten nach Beendigung des Vertragsverhältnisses mit dem betreffenden Unternehmer in sicherer Weise. Anschließend löscht er die Informationen.

(6) Unbeschadet des Absatzes 2 dieses Artikels gibt der Anbieter der Online-Plattform, die Verbrauchern den Abschluss von Fernabsatzverträgen mit Unternehmern ermöglicht, die Informationen nur dann an Dritte weiter, wenn sie nach geltendem Recht, einschließlich der in Artikel 10 genannten Anordnungen und der Anordnungen, die von den zuständigen Behörden der Mitgliedstaaten oder der Kommission zur Erfüllung ihrer Aufgaben gemäß dieser Verordnung erlassen werden, dazu verpflichtet sind.

(7) Der Anbieter der Online-Plattform, die Verbrauchern den Abschluss von Fernabsatzverträgen mit Unternehmern ermöglicht, stellt den Nutzern die in Absatz 1 Buchstaben a, d und e genannten Informationen in klarer, leicht zugänglicher und verständlicher Weise auf seiner Online-Plattform zur Verfügung. Diese Informationen müssen zumindest auf der Online-Schnittstelle der Online-Plattform verfügbar sein, auf der die Informationen über das Produkt oder den Dienst bereitgestellt werden.

Art. 31 Konformität durch Technikgestaltung. (1) Anbieter von Online-Plattformen, die Verbrauchern den Abschluss von Fernabsatzverträgen mit Unternehmern ermöglichen, stellen sicher, dass ihre Online-Schnittstelle so konzipiert und organisiert ist, dass die Unternehmer ihren Verpflichtungen in Bezug auf vorvertragliche Informationen, Konformität und Produktsicherheitsinformationen nach geltendem Unionsrecht nachkommen können.

Insbesondere gewährleistet der Anbieter, dass seine Online-Schnittstelle es den Unternehmern ermöglicht, Informationen zu Namen, Adresse, Telefonnummer und E-Mail-Adresse des Wirtschaftsakteurs im Sinne von Artikel 3 Nummer 13 der Verordnung (EU) 2019/1020 und anderen Rechtsvorschriften der Union bereitzustellen.

(2) Anbieter von Online-Plattformen, die Verbrauchern den Abschluss von Fernabsatzverträgen mit Unternehmen ermöglichen, stellen sicher, dass ihre Online-Schnittstelle so konzipiert und organisiert ist, dass Unternehmer zumindest Folgendes bereitstellen können:
a) die Informationen, die für eine klare und eindeutige Identifizierung der Produkte oder Dienstleistungen erforderlich sind, die den Verbrauchern in der Union über die Dienste der Anbieter beworben oder angeboten werden,
b) ein Zeichen zur Identifizierung des Unternehmers, etwa die Marke, das Symbol oder das Logo, und,
c) falls vorgeschrieben, die Informationen in Bezug auf die Etikettierung und Kennzeichnung im Einklang mit den Vorschriften des geltenden Unionsrechts über Produktsicherheit und Produktkonformität.

(3) Anbieter von Online-Plattformen, die Verbrauchern den Abschluss von Fernabsatzverträgen mit Unternehmern ermöglichen, bemühen sich nach besten Kräften darum, zu bewerten, ob solche Unternehmer die in den Absätzen 1 und 2 genannten Informationen bereitgestellt haben, bevor sie diesen gestatten, ihre Produkte oder Dienstleistungen auf diesen Plattformen anzubieten. Nachdem er dem Unternehmer gestattet hat, Produkte oder Dienstleistungen auf seiner Online-Plattform anzubieten, die Verbrauchern den Abschluss von Fernabsatzverträgen mit Unternehmern ermöglicht, bemüht sich der Anbieter, in angemessener Weise darum, stichprobenartig in einer amtlichen, frei zugänglichen und maschinenlesbaren Online-Datenbank oder Online-Schnittstelle zu prüfen, ob die angebotenen Produkte oder Dienstleistungen als rechtswidrig eingestuft wurden.

Art. 32 Recht auf Information. (1) Erhält ein Anbieter einer Online-Plattform, die Verbrauchern den Abschluss von Fernabsatzverträgen mit Unternehmern ermöglicht, unabhängig von den verwendeten Mitteln Kenntnis, dass ein rechtswidriges Produkt oder eine rechtswidrige Dienstleistung von einem Unternehmer über seine Dienste Verbrauchern in der Union angeboten wurde, so informiert er – sofern ihm deren Kontaktdaten vorliegen – die Verbraucher, die das rechtswidrige Produkt oder die rechtswidrige Dienstleistung über seine Dienste erworben haben über Folgendes:
a) die Tatsache, dass das Produkt oder die Dienstleistung rechtswidrig ist
b) die Identität des Unternehmers und
c) die einschlägigen Rechtsbehelfe.

Die Pflicht nach Unterabsatz 1 gilt nur für den Erwerb von rechtswidrigen Produkten oder Dienstleistungen in den vergangenen sechs Monaten ab dem Zeitpunkt, zu dem der Anbieter von der Rechtswidrigkeit Kenntnis erlangt hat.

(2) Verfügt der Anbieter der Online-Plattformen, die Verbrauchern den Abschluss von Fernabsatzverträgen mit Unternehmern ermöglichen, in der in Absatz 1 genannten Situation nicht über die Kontaktdaten aller betroffenen Verbraucher, so macht dieser Anbieter die Informationen über das rechtswidrige Produkt oder die rechtswidrige Dienstleistung, die Identität des Unternehmers und die einschlägigen Rechtsbehelfe auf seiner Online-Schnittstelle öffentlich und leicht zugänglich.

ABSCHNITT 5

Zusätzliche Verpflichtungen in Bezug auf den Umgang mit systemischen Risiken für Anbieter von sehr großen Online-Plattformen und sehr großen Online-Suchmaschinen

Art. 33 Sehr große Online-Plattformen und sehr große Online-Suchmaschinen. (1) Dieser Abschnitt gilt für Online-Plattformen und Online-Suchmaschinen, die eine durchschnittliche monatliche Zahl von mindestens 45 Millionen aktiven Nutzern in der Union haben und die gemäß Absatz 4 als sehr große Online-Plattformen oder sehr große Online-Suchmaschinen benannt sind.

(2) Die Kommission erlässt delegierte Rechtsakte gemäß Artikel 87, um die in Absatz 1 genannte durchschnittliche monatliche Zahl der aktiven Nutzer in der Union anzupassen, falls die Bevölkerung der Union gegenüber ihrer Bevölkerung im Jahr 2020 oder – nach einer Anpassung durch einen delegierten Rechtsakt – gegenüber ihrer Bevölkerung in dem Jahr, in dem der letzte delegierte Rechtsakt erlassen wurde, um mindestens 5 % zu- oder abnimmt. In diesem Fall passt sie die Zahl so an, dass sie 10 % der Bevölkerung der Union in dem Jahr entspricht, in dem sie den delegierten Rechtsakt erlässt, und zwar so auf- oder abgerundet, dass die Zahl in Millionen ausgedrückt werden kann.

(3) Die Kommission kann – nach Anhörung des Gremiums – delegierte Rechtsakte gemäß Artikel 87 erlassen, um für die Zwecke von Absatz 1 des vorliegenden Artikels und von Artikel 24 Absatz 2 die Bestimmungen dieser Verordnung zu ergänzen, indem sie die Methode zur Berechnung der durchschnittlichen monatlichen Zahl der aktiven Nutzer in der Union ergänzt und sicherstellt, dass die Methode den Markt- und Technologieentwicklungen Rechnung trägt.

(4) Die Kommission erlässt nach Konsultation des Mitgliedstaats der Niederlassung oder nach Berücksichtigung der vom Koordinator für digitale Dienste am Niederlassungsort gemäß Artikel 24 Absatz 4 bereitgestellten Informationen einen Beschluss, mit dem für die Zwecke dieser Verordnung die Online-Plattform oder die Online-Suchmaschine als sehr große Online-Plattform oder sehr große Online-Suchmaschine benannt wird, deren durchschnitt-

Gesetz über digitale Dienste **DSA 3**

liche monatliche Zahl aktiver Nutzer mindestens der in Absatz 1 des vorliegenden Artikels genannten Zahl entspricht. Die Kommission fasst ihren Beschluss auf der Grundlage der vom Anbieter der Online-Plattform oder der Online-Suchmaschine gemeldeten Daten gemäß Artikel 24 Absatz 2 oder der gemäß Artikel 24 Absatz 3 verlangten Informationen oder etwaiger anderer der Kommission zur Verfügung stehender Informationen.

Kommt der Anbieter der Online-Plattform oder der Online-Suchmaschine den Bestimmungen des Artikels 24 Absatz 2 oder der Aufforderung des Koordinators für digitale Dienste am Niederlassungsort oder der Aufforderung der Kommission gemäß Artikel 24 Absatz 3 nicht nach, so hindert dies die Kommission nicht daran, diesen Anbieter gemäß diesem Absatz als Anbieter einer sehr großen Online-Plattform oder einer sehr großen Online-Suchmaschine zu benennen.

Stützt die Kommission ihren Beschluss auf andere Informationen, die ihr gemäß Unterabsatz 1 vorliegen, oder auf zusätzliche Informationen, die gemäß Artikel 24 Absatz 3 angefordert werden, so gibt sie dem betroffenen Anbieter der Online-Plattforme oder der Online-Suchmaschine zehn Arbeitstage, um zu den vorläufigen Feststellungen der Kommission, dass sie die Online-Plattform oder die Online-Suchmaschine als sehr große Online-Plattform bzw. sehr große Online-Suchmaschine zu benennen beabsichtigt, Stellung zu nehmen. Die Kommission trägt den Stellungnahmen des betroffenen Anbieters gebührend Rechnung.

Nimmt der Anbieter der Online-Plattform oder der Online-Suchmaschine nicht gemäß Unterabsatz 3 Stellung, so hindert dies die Kommission nicht daran, diese Online-Plattform oder diese Online-Suchmaschine auf der Grundlage anderer ihr zur Verfügung stehenden Informationen als sehr große Online-Plattform bzw. sehr große Online-Suchmaschine zu benennen.

(5) Die Kommission hebt die Benennung auf, wenn die Online-Plattform oder die Online-Suchmaschine während eines ununterbrochenen Zeitraums von einem Jahr nicht über eine durchschnittliche monatliche Zahl aktiver Nutzer verfügt, die der in Absatz 1 genannten Zahl entspricht oder darüber liegt.

(6) Die Kommission teilt dem betroffenen Anbieter der Online-Plattform oder der Online-Suchmaschine, dem Gremium und dem Koordinator für digitale Dienste am Niederlassungsort ihre Beschlüsse gemäß den Absätzen 4 und 5 unverzüglich mit.

Die Kommission sorgt dafür, dass die Liste der benannten sehr großen Online-Plattformen und sehr großen Online-Suchmaschinen im *Amtsblatt der Europäischen Union* veröffentlicht wird, und hält diese Liste auf dem neuesten Stand. Nach Ablauf von vier Monaten nach der in Unterabsatz 1 genannten Mitteilung an den Anbieter finden die Pflichten dieses Abschnitts auf die betroffenen sehr großen Online-Plattformen und sehr großen Online-Suchmaschinen Anwendung bzw. keine Anwendung mehr.

Art. 34 Risikobewertung. (1) Die Anbieter sehr großer Online-Plattformen und sehr großer Online-Suchmaschinen ermitteln, analysieren und bewerten sorgfältig alle systemischen Risiken in der Union, die sich aus der Konzeption oder dem Betrieb ihrer Dienste und seinen damit verbundenen Systemen, einschließlich algorithmischer Systeme, oder der Nutzung ihrer Dienste ergeben. Sie führen die Risikobewertungen bis zu dem in Artikel 33 Absatz 6 Unterabsatz 2 genannten Anwendungsbeginn und danach mindestens einmal jährlich, in jedem Fall aber vor der Einführung von Funktionen durch, die voraussichtlich kritische Auswirkungen auf die gemäß diesem Artikel ermittelten Risiken haben. Diese Risikobewertung erfolgt spezifisch für ihre Dienste und verhältnismäßig zu den systemischen Risiken unter Berücksichtigung ihrer Schwere und Wahrscheinlichkeit und umfasst die folgenden systemischen Risiken:

a) Verbreitung rechtswidriger Inhalte über ihre Dienste;
b) etwaige tatsächliche oder vorhersehbare nachteilige Auswirkungen auf die Ausübung der Grundrechte, insbesondere des in Artikel 1 der Charta verankerten Grundrechts auf Achtung der Menschenwürde, des in Artikel 7 der Charta verankerten Grundrechts auf Achtung des Privat- und Familienlebens, des in Artikel 8 der Charta verankerten Grundrechts auf Schutz personenbezogener Daten, des in Artikel 11 der Charta verankerten Grundrechts auf die Meinungs- und Informationsfreiheit, einschließlich Medienfreiheit und -pluralismus auf das in Artikel 21 der Charta verankerte Grundrecht auf Nichtdiskriminierung, die in Artikel 24 der Charta verankerten Rechte des Kindes und den in Artikel 38 der Charta verankerten umfangreichen Verbraucherschutz;
c) alle tatsächlichen oder absehbaren nachteiligen Auswirkungen auf die gesellschaftliche Debatte und auf Wahlprozesse und die öffentliche Sicherheit;
d) alle tatsächlichen oder absehbaren nachteiligen Auswirkungen in Bezug auf geschlechtsspezifische Gewalt, den Schutz der öffentlichen Gesundheit und von Minderjährigen sowie schwerwiegende nachteilige Folgen für das körperliche und geistige Wohlbefinden einer Person.

(2) Bei der Durchführung der Risikobewertung berücksichtigen die Anbieter sehr großer Online-Plattformen und sehr großer Online-Suchmaschinen insbesondere, ob und wie die folgenden Faktoren die in Absatz 1 genannten systemischen Risiken beeinflussen:

a) die Gestaltung ihrer Empfehlungssysteme und anderer relevanter algorithmischer Systeme;
b) ihre Systeme zur Moderation von Inhalten;
c) die anwendbaren allgemeinen Geschäftsbedingungen und ihre Durchsetzung;
d) Systeme zur Auswahl und Anzeige von Werbung;
e) die datenbezogene Praxis des Anbieters.

Bei den Bewertungen wird auch analysiert, ob und wie die Risiken gemäß Absatz 1 durch vorsätzliche Manipulation ihres Dienstes, auch durch unauthenti-

Gesetz über digitale Dienste

sche Verwendung oder automatisierte Ausnutzung des Dienstes, sowie durch die Verstärkung und die Möglichkeit der raschen und weiten Verbreitung von rechtswidrigen Inhalten und von Informationen, die mit ihren allgemeinen Geschäftsbedingungen unvereinbar sind, beeinflusst werden.

Bei der Bewertung werden spezifische regionale oder sprachliche Aspekte auch dann berücksichtigt, wenn sie für einen Mitgliedstaat spezifisch sind.

(3) Die Anbieter sehr großer Online-Plattformen und sehr großer Online-Suchmaschinen bewahren die entsprechenden Dokumente der Risikobewertungen mindestens drei Jahre nach Durchführung der Risikobewertungen auf und übermitteln sie der Kommission und dem Koordinator für digitale Dienste am Niederlassungsort bei Bedarf.

Art. 35 Risikominderung. (1) Die Anbieter sehr großer Online-Plattformen und sehr großer Online-Suchmaschinen ergreifen angemessene, verhältnismäßige und wirksame Risikominderungsmaßnahmen, die auf die gemäß Artikel 34 ermittelten besonderen systemischen Risiken zugeschnitten sind, wobei die Auswirkungen solcher Maßnahmen auf die Grundrechte besonders zu berücksichtigen sind. Hierzu können unter Umständen gehören:
a) Anpassung der Gestaltung, der Merkmale oder der Funktionsweise ihrer Dienste einschließlich ihrer Online-Schnittstellen;
b) Anpassung der allgemeinen Geschäftsbedingungen und ihrer Durchsetzung;
c) Anpassung der Verfahren zur Moderation von Inhalten, einschließlich der Geschwindigkeit und Qualität der Bearbeitung von Meldungen zu bestimmten Arten rechtswidriger Inhalte, und, soweit erforderlich, rasche Entfernung der gemeldeten Inhalte oder Sperrung des Zugangs dazu, insbesondere in Bezug auf rechtswidrige Hetze oder Cybergewalt; sowie Anpassung aller einschlägigen Entscheidungsprozesse und der für die Moderation von Inhalten eingesetzten Mittel;
d) Erprobung und Anpassung ihrer algorithmischen Systeme, einschließlich ihrer Empfehlungssysteme;
e) Anpassung ihrer Werbesysteme und Annahme von gezielten Maßnahmen zur Beschränkung oder Anpassung der Anzeige von Werbung in Verbindung mit dem von ihnen erbrachten Dienst;
f) Stärkung der internen Prozesse, der Ressourcen, der Prüfung, der Dokumentation oder der Beaufsichtigung ihrer Tätigkeiten, insbesondere im Hinblick auf die Erkennung systemischer Risiken;
g) Beginn oder Anpassung der Zusammenarbeit mit vertrauenswürdigen Hinweisgebern gemäß Artikel 22 und der Umsetzung der Entscheidungen von außergerichtlichen Streitbeilegungsstellen gemäß Artikel 21;
h) Beginn oder Anpassung der Zusammenarbeit mit anderen Anbietern von Online-Plattformen oder Online-Suchmaschinen anhand der in Artikel 45 und Artikel 48 genannten Verhaltenskodizes bzw. Krisenprotokolle;
i) Sensibilisierungsmaßnahmen und Anpassung ihrer Online-um Nutzern mehr Informationen zu geben;

3 DSA Gesetz über digitale Dienste

j) gezielte Maßnahmen zum Schutz der Rechte des Kindes, darunter auch Werkzeuge zur Altersüberprüfung und zur elterlichen Kontrolle sowie Werkzeuge, die es Minderjährigen ermöglichen sollen, Missbrauch zu melden bzw. Unterstützung zu erhalten;
k) Sicherstellung, dass eine Einzelinformation, unabhängig davon, ob es sich um einen erzeugten oder manipulierten Bild-, Ton- oder Videoinhalt handelt, der bestehenden Personen, Gegenständen, Orten oder anderen Einrichtungen oder Ereignissen merklich ähnelt und einer Person fälschlicherweise als echt oder wahrheitsgemäß erscheint, durch eine auffällige Kennzeichnung erkennbar ist, wenn sie auf ihren Online-Schnittstellen angezeigt wird, und darüber hinaus Bereitstellung einer benutzerfreundlichen Funktion, die es den Nutzern des Dienstes ermöglicht, solche Informationen anzuzeigen.

(2) Das Gremium veröffentlicht in Zusammenarbeit mit der Kommission einmal jährlich einen umfassenden Bericht. Der Bericht enthält folgende Informationen:
a) Ermittlung und Bewertung der auffälligsten wiederkehrenden systemischen Risiken, die von Anbietern sehr großer Online-Plattformen und sehr großer Online-Suchmaschinen gemeldet oder über andere Informationsquellen, insbesondere aus den gemäß den Artikeln 39, 40 und 42 bereitgestellten Informationen, ermittelt wurden;
b) bewährte Verfahren für Anbieter sehr großer Online-Plattformen und sehr großer Online-Suchmaschinen zur Minderung der ermittelten systemischen Risiken.

Dieser Bericht enthält Angaben über systemische Risiken, aufgeschlüsselt nach den Mitgliedstaaten, in denen sie gegebenenfalls auftraten, und – falls zweckmäßig – in der Union als Ganzes.

(3) Die Kommission kann in Zusammenarbeit mit den Koordinatoren für digitale Dienste Leitlinien für die Anwendung des Absatzes 1 in Bezug auf besondere Risiken herausgeben, um insbesondere bewährte Verfahren vorzustellen und mögliche Maßnahmen zu empfehlen, wobei sie die möglichen Auswirkungen der Maßnahmen auf die in der Charta verankerten Grundrechte aller Beteiligten gebührend berücksichtigt. Im Hinblick auf die Ausarbeitung dieser Leitlinien führt die Kommission öffentliche Konsultationen durch.

Art. 36 Krisenreaktionsmechanismus. (1) Im Krisenfall kann die Kommission auf Empfehlung des Gremiums einen Beschluss erlassen, in dem ein oder mehrere Anbieter sehr großer Online-Plattformen oder sehr großer Online-Suchmaschinen aufgefordert werden, eine oder mehrere der folgenden Maßnahmen zu ergreifen:
a) eine Bewertung, ob und, wenn ja, in welchem Umfang und wie der Betrieb und die Nutzung ihrer Dienste erheblich zu einer schwerwiegenden Bedrohung im Sinne von Absatz 2 beitragen oder voraussichtlich beitragen werden;

Gesetz über digitale Dienste **DSA 3**

b) die Ermittlung und Anwendung von gezielten, wirksamen und verhältnismäßigen Maßnahmen, etwa Maßnahmen gemäß Artikel 35 Absatz 1 oder Artikel 48 Absatz 2, um einen solchen Beitrag zu der gemäß Buchstabe a ermittelten schwerwiegenden Bedrohung zu verhindern, zu beseitigen oder zu begrenzen;
c) Berichterstattung an die Kommission bis zu einem bestimmten im Beschluss festgelegten Zeitpunkt oder in regelmäßigen Abständen über die unter Buchstabe a genannten Bewertungen, über den genauen Inhalt, die Durchführung und die qualitativen und quantitativen Auswirkungen der gemäß Buchstabe b ergriffenen gezielten Maßnahmen sowie über alle anderen Fragen im Zusammenhang mit diesen Bewertungen oder Maßnahmen, wie in dem Beschluss festgelegt;

Bei der Ermittlung und Anwendung von Maßnahmen gemäß Buchstabe b berücksichtigt bzw. berücksichtigen der bzw. die Diensteanbieter gebührend die Schwere der in Absatz 2 genannten schwerwiegenden Bedrohung, die Dringlichkeit der Maßnahmen und die tatsächlichen oder potenziellen Auswirkungen auf die Rechte und berechtigten Interessen aller betroffenen Parteien, einschließlich des möglichen Versäumnisses, bei den Maßnahmen die in der Charta verankerten Grundrechte zu achten.

(2) Für die Zwecke dieses Artikels gilt eine Krise als eingetreten, wenn außergewöhnliche Umstände eintreten, die zu einer schwerwiegenden Bedrohung der öffentlichen Sicherheit oder der öffentlichen Gesundheit in der Union oder in wesentlichen Teilen der Union führen können.

(3) Bei der Beschlussfassung nach Absatz 1 stellt die Kommission sicher, dass alle folgenden Anforderungen erfüllt sind:
a) die in dem Beschluss geforderten Maßnahmen sind unbedingt erforderlich, gerechtfertigt und verhältnismäßig, insbesondere in Bezug auf die Schwere der in Absatz 2 genannten schwerwiegenden Bedrohung, die Dringlichkeit der Maßnahmen und die tatsächlichen oder potenziellen Auswirkungen auf die Rechte und berechtigten Interessen aller betroffenen Parteien, einschließlich des möglichen Versäumnisses, bei den Maßnahmen die in der Charta verankerten Grundrechte zu achten;
b) in dem Beschluss wird eine angemessene Frist festgelegt, innerhalb deren die in Absatz 1 Buchstabe b genannten gezielten Maßnahmen zu treffen sind, wobei insbesondere der Dringlichkeit dieser Maßnahmen und der für ihre Vorbereitung und Durchführung erforderlichen Zeit Rechnung zu tragen ist;
c) die in dem Beschluss geforderten Maßnahmen sind auf eine Dauer von höchstens drei Monaten begrenzt.

(4) Nach der Annahme des Beschlusses nach Absatz 1 ergreift die Kommission unverzüglich folgende Maßnahmen:
a) sie teilt den Beschluss dem Anbieter bzw. den Anbietern mit, an den bzw. die der Beschluss gerichtet ist;
b) sie macht den Beschluss öffentlich zugänglich; und

c) sie setzt das Gremium von dem Beschluss in Kenntnis, fordert es auf, dazu Stellung zu nehmen, und hält es über alle weiteren Entwicklungen im Zusammenhang mit dem Beschluss auf dem Laufenden.

(5) Die Wahl der gemäß Absatz 1 Buchstabe b und Absatz 7 Unterabsatz 2 zu treffenden gezielten Maßnahmen verbleibt bei dem Anbieter bzw. den Anbietern, an den bzw. die sich der Beschluss der Kommission richtet.

(6) Die Kommission kann von sich aus oder auf Ersuchen des Anbieters mit dem Anbieter in einen Dialog treten, um festzustellen, ob die in Absatz 1 Buchstabe b genannten geplanten oder durchgeführten Maßnahmen angesichts der besonderen Umstände des Anbieters wirksam und verhältnismäßig sind, um die verfolgten Ziele zu erreichen. Insbesondere stellt die Kommission sicher, dass die vom Diensteanbieter gemäß Absatz 1 Buchstabe b ergriffenen Maßnahmen den in Absatz 3 Buchstaben a und c genannten Anforderungen entsprechen.

(7) Die Kommission überwacht die Anwendung der gezielten Maßnahmen, die gemäß dem in Absatz 1 genannten Beschluss getroffen wurden, auf der Grundlage der in Absatz 1 Buchstabe c genannten Berichte und aller sonstigen einschlägigen Informationen, einschließlich der Informationen, die sie gemäß Artikel 40 oder 67 anfordern kann, wobei sie der Entwicklung der Krise Rechnung trägt. Die Kommission erstattet dem Gremium regelmäßig, mindestens jedoch monatlich, über diese Überwachung Bericht.

Ist die Kommission der Auffassung, dass die geplanten oder durchgeführten gezielten Maßnahmen gemäß Absatz 1 Buchstabe b nicht wirksam oder verhältnismäßig sind, so kann sie den Anbieter durch Erlass eines Beschlusses nach Anhörung des Gremiums auffordern, die Ermittlung oder Anwendung dieser gezielten Maßnahmen zu überprüfen.

(8) Wenn dies angesichts der Entwicklung der Krise angemessen ist, kann die Kommission auf Empfehlung des Gremiums den in Absatz 1 oder Absatz 7 Unterabsatz 2 genannten Beschluss ändern, indem sie
a) den Widerruf des Beschlusses und – falls angezeigt – die Aufforderung an die sehr große Online-Plattform oder sehr große Online-Suchmaschine, die gemäß Absatz 1 Buchstabe b oder Absatz 7 Unterabsatz 2 ermittelten und umgesetzten Maßnahmen nicht mehr anwendet, insbesondere wenn die Gründe für solche Maßnahmen nicht mehr vorliegen;
b) den in Absatz 3 Buchstabe c genannten Zeitraum um höchstens drei Monate verlängert;
c) die bei der Anwendung der Maßnahmen gesammelten Erfahrungen, insbesondere das mögliche Versäumnis, bei den Maßnahmen die in der Charta verankerten Grundrechte zu achten, berücksichtigt.

(9) Die Anforderungen der Absätze 1 bis 6 gelten für den in diesem Artikel genannten Beschluss und dessen Änderung.

(10) Die Kommission trägt etwaigen Stellungnahmen des Gremiums gemäß den Empfehlungen in diesem Artikel weitestgehend Rechnung.

Gesetz über digitale Dienste **DSA 3**

(11) Die Kommission erstattet dem Europäischen Parlament und dem Rat nach der Annahme von Beschlüssen gemäß diesem Artikel jährlich, in jedem Fall jedoch drei Monate nach dem Ende der Krise, über die Anwendung der aufgrund dieser Beschlüsse getroffenen spezifischen Maßnahmen Bericht.

Art. 37 Unabhängige Prüfung. (1) Die Anbieter sehr großer Online-Plattformen und sehr großer Online-Suchmaschinen werden mindestens einmal jährlich auf eigene Kosten einer unabhängigen Prüfung unterzogen, bei der die Einhaltung folgender Pflichten und Verpflichtungszusagen bewertet wird:
a) die in Kapitel III festgelegten Pflichten,
b) die Verpflichtungszusagen, die gemäß den in den Artikeln 45 und 46 genannten Verhaltenskodizes und den in Artikel 48 genannten Krisenprotokollen gemacht wurden.

(2) Die Anbieter sehr großer Online-Plattformen und sehr großer Online-Suchmaschinen leisten den Organisationen, die die Prüfungen gemäß diesem Artikel durchführen, die erforderliche Unterstützung und arbeiten mit ihnen zusammen, damit sie diese Prüfungen wirksam, effizient und rechtzeitig durchführen können, unter anderem indem sie ihnen Zugang zu allen relevanten Daten und Räumlichkeiten gewähren und mündliche oder schriftliche Fragen beantworten. Sie dürfen die Durchführung der Prüfung nicht behindern, übermäßig beeinflussen oder untergraben.

Diese Prüfungen sorgen in Bezug auf die Informationen, die sie von den Anbietern sehr großer Online-Plattformen und sehr großer Online-Suchmaschinen und Dritten im Rahmen der Prüfungen, auch nach Abschluss der Prüfungen, erhalten, für ein angemessenes Maß an Vertraulichkeit und die Einhaltung der Geheimhaltungspflicht. Die Einhaltung dieser Anforderung darf sich jedoch nicht nachteilig auf die Durchführung der Prüfungen und anderer Bestimmungen dieser Verordnung, insbesondere der Bestimmungen über Transparenz, Überwachung und Durchsetzung, auswirken. Soweit es für die Zwecke der Transparenzberichtspflichten gemäß Artikel 42 Absatz 4 erforderlich ist, sind dem Bericht über die Durchführung der Prüfung gemäß den Absätzen 4 und 6 dieses Artikels Fassungen des Prüfberichts beizufügen, die keine Informationen enthalten, die nach angemessenem Ermessen als vertraulich angesehen werden könnten.

(3) Die Prüfungen gemäß Absatz 1 werden von Stellen durchgeführt, die
a) von dem Anbieter der betreffenden sehr großen Online-Plattform oder sehr großen Online-Suchmaschine und jeder juristischen Person, die mit diesem Anbieter in Verbindung steht, unabhängig sind und sich in keinen Interessenkonflikten mit diesen befinden; insbesondere
  i) in den 12 Monaten vor Beginn der Prüfung keine prüfungsfremden Leistungen im Zusammenhang mit den geprüften Sachverhalten für den Anbieter der betreffenden sehr großen Online-Plattform oder sehr großen Online-Suchmaschine und für mit diesem in Verbindung stehende juristische Personen erbracht haben und sich verpflichtet haben,

ihnen diese Dienstleistungen in den 12 Monaten nach Abschluss der Prüfung nicht zu erbringen,
ii) für den betreffenden Anbieter einer sehr großen Online-Plattform oder sehr großen Online-Suchmaschine und für mit ihm in Verbindung stehende juristische Personen während eines Zeitraums von mehr als zehn aufeinanderfolgenden Jahren keine Prüfungsleistungen gemäß diesem Artikel erbracht haben,
iii) die Prüfung nicht gegen Honorare durchführen, die vom Ergebnis der Prüfung abhängen;
b) nachgewiesene Sachkenntnis auf dem Gebiet des Risikomanagements sowie technische Kompetenzen und Kapazitäten haben,
c) nachweislich mit Objektivität und gemäß der Berufsethik arbeiten, insbesondere aufgrund der Einhaltung von Verhaltenskodizes oder der einschlägigen Normen.

(4) Anbieter sehr großer Online-Plattformen oder sehr großer Online-Suchmaschinen stellen sicher, dass die Stellen, die die Prüfungen durchführen, für jede Prüfung einen Prüfbericht anfertigen. Dieser Bericht enthält eine schriftliche Begründung sowie mindestens Folgendes:
a) Name, Anschrift und Kontaktstelle des Anbieters der sehr großen Online-Plattform oder sehr großen Online-Suchmaschine, der geprüft wird, und Zeitraum, auf den sich die Prüfung bezieht,
b) Name und Anschrift der Stelle bzw. der Stellen, die die Prüfung durchführt bzw. durchführen,
c) Interessenerklärung,
d) Beschreibung der konkret geprüften Elemente und der angewandten Methode,
e) Beschreibung und Zusammenfassung der wichtigsten Erkenntnisse aus der Prüfung,
f) Auflistung der Dritten, die im Rahmen der Prüfung konsultiert wurden,
g) Stellungnahme der Prüfer dazu, ob der geprüfte Anbieter der sehr großen Online-Plattform oder sehr großen Online-Suchmaschine den in Absatz 1 genannten Pflichten und Verpflichtungszusagen nachgekommen ist, und zwar entweder „positiv", „positiv mit Anmerkungen" oder „negativ",
h) falls die Stellungnahme nicht „positiv" ist, operative Empfehlungen für besondere Maßnahmen im Hinblick auf die Einhaltung aller Pflichten und Verpflichtungszusagen und den empfohlenen Zeitrahmen dafür.

(5) War die Stelle, die die Prüfung durchgeführt hat, nicht in der Lage, bestimmte Elemente zu prüfen oder auf der Grundlage ihrer Untersuchungen eine Stellungnahme abzugeben, so muss der Prüfbericht eine Erläuterung der Umstände und der Gründe enthalten, aus denen diese Elemente nicht geprüft werden konnten.

(6) Die Anbieter sehr großer Online-Plattformen oder sehr großer Online-Suchmaschinen, die keinen „positiven" Prüfbericht erhalten, tragen die an sie gerichteten operativen Empfehlungen gebührend Rechnung und ergreifen die

Gesetz über digitale Dienste **DSA 3**

erforderlichen Maßnahmen zu deren Umsetzung. Sie nehmen innerhalb eines Monats nach Erhalt dieser Empfehlungen einen Bericht über die Umsetzung der Prüfergebnisse an, in dem sie diese Maßnahmen darlegen. Falls sie die operativen Empfehlungen nicht umsetzen, begründen sie dies in dem Bericht und legen die alternativen Maßnahmen dar, die sie ergriffen haben, um festgestellte Verstöße zu beheben.

(7) Der Kommission ist dazu befugt, gemäß Artikel 87 delegierte Rechtsakte zu erlassen, um diese Verordnung durch Festlegung der erforderlichen Vorschriften für die Durchführung der Prüfungen gemäß diesem Artikel zu ergänzen, insbesondere in Bezug auf die erforderlichen Vorschriften über die Verfahrensschritte, die Prüfungsmethoden und die Berichtsvorlagen für die gemäß diesem Artikel durchgeführten Prüfungen. In den delegierten Rechtsakten wird etwaigen freiwilligen Prüfungsnormen gemäß Artikel 44 Absatz 1 Buchstabe e Rechnung getragen.

Art. 38 Empfehlungssysteme. Zusätzlich zu den in Artikel 27 festgelegten Anforderungen legen die Anbieter sehr großer Online-Plattformen und sehr großer Online-Suchmaschinen, die Empfehlungssysteme verwenden, mindestens eine Option für jedes ihrer Empfehlungssysteme vor, die nicht auf Profiling gemäß Artikel 4 Absatz 4 der Verordnung (EU) 2016/679 beruht.

Art. 39 Zusätzliche Transparenz der Online-Werbung. (1) Die Anbieter sehr großer Online-Plattformen oder sehr großer Online-Suchmaschinen, die Werbung auf ihren Online-Schnittstellen anzeigen, stellen die in Absatz 2 genannten Angaben in einem spezifischen Bereich ihrer Online-Schnittstelle zusammen und machen diese über Anwendungsprogrammierschnittstellen für den gesamten Zeitraum, in dem sie eine Werbung anzeigen, und ein Jahr lang nach der letzten Anzeige der Werbung auf ihren Online-Schnittstellen mithilfe eines durchsuchbaren und verlässlichen Werkzeugs, das mit mehreren Kriterien abgefragt werden kann, öffentlich zugänglich. Sie stellen sicher, dass das Archiv keine personenbezogenen Daten der Nutzer enthält, denen die Werbung angezeigt wurde oder hätte angezeigt werden können, und angemessene Bemühungen unternehmen, um sicherzustellen, dass die Informationen präzise und vollständig sind.

(2) Das Archiv enthält zumindest alle folgenden Angaben:
a) den Inhalt der Werbung, einschließlich des Namens des Produkts, der Dienstleistung oder der Marke und des Gegenstands der Werbung;
b) die natürliche oder juristische Person, in deren Namen die Werbung angezeigt wird;
c) die natürliche oder juristische Person, die für die Werbung bezahlt hat, wenn sich diese Person von der in Buchstabe b genannten Person unterscheidet;
d) den Zeitraum, in dem die Werbung angezeigt wurde;
e) ob die Werbung gezielt einer oder mehreren bestimmten Gruppen von Nutzern angezeigt werden sollte, und falls ja, welche Hauptparameter zu die-

sem Zweck verwendet wurden, einschließlich der wichtigsten Parameter, die gegebenenfalls zum Ausschluss einer oder mehrerer solcher bestimmter Gruppen verwendet werden;
f) die auf den sehr großen Online-Plattformen gemäß Artikel 26 Absatz 2 veröffentlichte und ermittelte kommerzielle Kommunikation;
g) die Gesamtzahl der erreichten Nutzer und gegebenenfalls aggregierte Zahlen aufgeschlüsselt nach Mitgliedstaat für die Gruppe oder Gruppen von Nutzern, an die die Werbung gezielt gerichtet war.

(3) In Bezug auf Absatz 2 Buchstaben a, b und c darf das Archiv die in diesen Buchstaben genannten Informationen nicht enthalten, wenn ein Anbieter einer sehr großen Online-Plattform oder sehr großen Online-Suchmaschine den Zugang zu einer bestimmten Werbung aufgrund mutmaßlicher Rechtswidrigkeit oder Unvereinbarkeit mit seinen allgemeinen Geschäftsbedingungen entfernt oder gesperrt hat. In diesem Fall enthält das Archiv für die in Rede stehende Werbung die Informationen gemäß Artikel 17 Absatz 3 Buchstaben a bis e bzw. Artikel 9 Absatz 2 Buchstabe a Ziffer i.

Die Kommission kann nach Konsultation des Gremiums, der einschlägigen zugelassenen Forscher gemäß Artikel 40 und der Öffentlichkeit Leitlinien zur Struktur, Organisation und Funktionsweise der in diesem Artikel genannten Archive herausgeben.

Art. 40 Datenzugang und Kontrolle. (1) Die Anbieter sehr großer Online-Plattformen oder sehr großer Online-Suchmaschinen gewähren dem Koordinator für digitale Dienste am Niederlassungsort oder der Kommission auf deren begründetes Verlangen innerhalb einer darin genannten angemessenen Frist Zugang zu den Daten, die für die Überwachung und Bewertung der Einhaltung dieser Verordnung erforderlich sind.

(2) Die Koordinatoren für digitale Dienste und die Kommission verwenden die Daten, auf die gemäß Absatz 1 zugegriffen wurde, ausschließlich zur Überwachung und Bewertung der Einhaltung dieser Verordnung, und sie berücksichtigen dabei gebührend die Rechte und Interessen der betroffenen Anbieter sehr großer Online-Plattformen oder sehr großer Online-Suchmaschinen und Nutzer, einschließlich des Schutzes personenbezogener Daten, des Schutzes vertraulicher Informationen, insbesondere von Geschäftsgeheimnissen, und der Aufrechterhaltung der Sicherheit ihres Dienstes.

(3) Für die Zwecke des Absatzes 1 erläutern die Anbieter sehr großer Online-Plattformen oder sehr großer Online-Suchmaschinen auf Verlangen des Koordinators für digitale Dienste am Niederlassungsort oder der Kommission die Gestaltung, die Logik, die Funktionsweise und die Tests ihrer algorithmischen Systeme einschließlich ihrer Empfehlungssysteme.

(4) Die Anbieter sehr großer Online-Plattformen oder sehr großer Online-Suchmaschinen gewähren auf begründetes Verlangen des Koordinators für digitale Dienste am Niederlassungsort innerhalb einer darin genannten angemessenen Frist zugelassenen Forschern, die die Anforderungen in Absatz 8 dieses

Gesetz über digitale Dienste **DSA 3**

Artikels erfüllen, Zugang zu Daten zum ausschließlichen Zweck der Durchführung von Forschungsarbeiten, die zur Aufspürung, zur Ermittlung und zum Verständnis systemischer Risiken in der Union gemäß Artikel 34 Absatz 1 beitragen, auch in Bezug auf die Bewertung der Angemessenheit, der Wirksamkeit und der Auswirkungen der Risikominderungsmaßnahmen gemäß Artikel 35.

(5) Innerhalb von 15 Tagen nach Eingang eines Verlangens gemäß Absatz 4 können Anbieter sehr großer Online-Plattformen oder sehr großer Online-Suchmaschinen den Koordinator für digitale Dienste am Niederlassungsort ersuchen, das Verlangen zu ändern, wenn sie sich aus einem der beiden folgenden Gründe außerstande sehen, Zugang zu den angeforderten Daten zu gewähren:
a) sie haben keinen Zugriff auf die Daten;
b) die Gewährung des Zugangs zu den Daten führt zu erheblichen Schwachstellen bei der Sicherheit ihres Dienstes oder beim Schutz vertraulicher Informationen, insbesondere von Geschäftsgeheimnissen.

(6) Änderungsanträge nach Absatz 5 müssen Vorschläge für eine oder mehrere Alternativen enthalten, wie der Zugang zu den angeforderten Daten oder zu anderen Daten gewährt werden kann, die für die Zwecke des Verlangens angemessen und ausreichend sind.

Der Koordinator für digitale Dienste am Niederlassungsort entscheidet innerhalb von 15 Tagen über den Änderungsantrag und teilt dem Anbieter der sehr großen Online-Plattforme oder sehr großen Online-Suchmaschine den betreffenden Beschluss sowie das gegebenenfalls geänderte Verlangen mit der neuen Frist für dessen Erfüllung mit.

(7) Die Anbieter sehr großer Online-Plattformen oder sehr großer Online-Suchmaschinen erleichtern und gewähren den Zugang zu Daten gemäß den Absätzen 1 und 4 über geeignete Schnittstellen, die in dem Verlangen angegeben sind, einschließlich Online-Datenbanken oder Anwendungsprogrammierschnittstellen.

(8) Auf hinreichend begründeten Antrag von Forschern erkennt der Koordinator für digitale Dienste am Niederlassungsort solchen Forschern für spezifische im Antrage genannte Forschungsarbeiten den Status von ‚zugelassenen Forschern' zu und reicht bei einem Anbieter einer sehr großen Online-Plattform oder sehr großen Online-Suchmaschine ein begründetes Verlangen auf Datenzugang gemäß Absatz 4 ein, sofern die Forscher nachweisen, dass sie alle folgenden Bedingungen erfüllen:
a) sie sind einer Forschungseinrichtung im Sinne von Artikel 2 Nummer 1 der Richtlinie (EU) 2019/790 angeschlossen;
b) sie sind unabhängig von kommerziellen Interessen;
c) ihr Antrag gibt Aufschluss über die Finanzierung der Forschung;
d) sie sind in der Lage, die mit jedem Verlangen verbundenen besonderen Anforderungen an die Datensicherheit und die Vertraulichkeit einzuhalten und

personenbezogene Daten zu schützen, und sie beschreiben in ihrem Verlangen die angemessenen technischen und organisatorischen Maßnahmen, die sie hierzu getroffen haben;
e) in ihrem Antrag wird nachgewiesen, dass der Zugang zu den Daten und die beantragten Fristen für die Zwecke ihrer Forschungsarbeiten notwendig und verhältnismäßig sind und dass die erwarteten Ergebnisse dieser Forschung zu den in Absatz 4 genannten Zwecken beitragen werden;
f) die geplanten Forschungstätigkeiten werden zu den in Absatz 4 genannten Zwecken durchgeführt;
g) sie haben sich dazu verpflichtet, ihre Forschungsergebnisse innerhalb eines angemessenen Zeitraums nach Abschluss der Forschungsarbeiten und unter Berücksichtigung der Rechte und Interessen der Nutzer des betreffenden Dienstes im Einklang mit der Verordnung (EU) 2016/679 kostenlos öffentlich zugänglich zu machen.

Der Koordinator für digitale Dienste am Niederlassungsort unterrichtet die Kommission und das Gremium über den Eingang von Verlangen gemäß diesem Absatz.

(9) Forscher können ihr Verlangen auch beim Koordinator für digitale Dienste des Mitgliedstaats der Forschungsorganisation, der sie angeschlossen sind, einreichen. Nach Eingang des Verlangens gemäß diesem Absatz führt der Koordinator für digitale Dienste eine Anfangsbewertung durch, ob die jeweiligen Forscher alle in Absatz 8 genannten Bedingungen erfüllen. Der jeweilige Koordinator für digitale Dienste übermittelt anschließend das Verlangen zusammen mit den von den jeweiligen Forschern eingereichten Belegen und der Anfangsbewertung an den Koordinator für digitale Dienste am Niederlassungsort. Der Koordinator für digitale Dienste am Niederlassungsort trifft die Entscheidung, ob einem Forscher unverzüglich der Status eines „zugelassenen Forschers" zuerkannt wird.

Während der bereitgestellten ersten Bewertung gebührend Rechnung zu tragen ist, liegt die endgültige Entscheidung über die Zuerkennung des Status eines „zugelassenen Forschers" gemäß Absatz 8 in der Zuständigkeit des Koordinators für digitale Dienste am Niederlassungsort.

(10) Der Koordinator für digitale Dienste, der den Status eines zugelassenen Forschers zuerkannt und bei Anbietern sehr großer Online-Plattformen oder sehr großer Online-Suchmaschinen das begründete Verlangen auf Datenzugang zugunsten eines zugelassenen Forschers eingereicht hat, trifft eine Entscheidung über die Beendigung des Zugangs, wenn er nach einer Untersuchung von sich aus oder auf der Grundlage von Informationen Dritter feststellt, dass der zugelassene Forscher die in Absatz 8 genannten Bedingungen nicht mehr erfüllt, und unterrichtet den betroffenen Anbieter der sehr großen Online-Plattform oder sehr großen Online-Suchmaschine über die Entscheidung. Vor der Beendigung des Zugangs erteilt der Koordinator für digitale Dienste dem zugelassenen Forscher die Gelegenheit, zu den Untersuchungsergebnissen und zu der Absicht, den Zugang zu beenden, Stellung zu nehmen.

Gesetz über digitale Dienste

(11) Die Koordinatoren für digitale Dienste am Niederlassungsort teilen dem Gremium die Namen und Kontaktangaben der natürlichen Personen oder Einrichtungen, denen sie gemäß Absatz 8 den Status eines „"zugelassenen Forschers" zuerkannt haben, sowie den Zweck der Forschungsarbeiten, für die der Antrag gestellt wurde, mit oder sie übermitteln dem Gremium diese Informationen, wenn der Datenzugang gemäß Absatz 10 beendet wurde.

(12) Die Anbieter sehr großer Online-Plattformen oder sehr großer Online-Suchmaschinen gewähren unverzüglich Zugang zu Daten, einschließlich – soweit dies technisch möglich ist – zu Daten in Echtzeit vorausgesetzt, die Daten sind Forschern, auch Forschern, die mit gemeinnützigen Einrichtungen, Organisationen und Vereinigungen verbunden sind, die die in Absatz 8 Buchstaben b, c, d und e genannten Bedingungen erfüllen und die Daten ausschließlich zu Forschungszwecken verwenden, die zur Aufdeckung, Identifizierung und zum Verständnis systemischer Risiken in der Union gemäß Artikel 34 Absatz 1 beitragen, über ihre Online-Schnittstelle öffentlich zugänglich.

(13) Die Kommission erlässt nach Anhörung des Gremiums delegierte Rechtsakte zur Ergänzung dieser Verordnung zur Festlegung der technischen Bedingungen, unter denen die Anbieter sehr großer Online-Plattformen oder sehr großer Online-Suchdienste Daten gemäß den Absätzen 1 und 4 zur Verfügung stellen müssen, und der Zwecke, für die die Daten verwendet werden dürfen. In diesen delegierten Rechtsakten werden die besonderen Bedingungen festgelegt, nach denen eine solche Datenweitergabe an Forscher im Einklang mit der Verordnung (EU) 2016/679 erfolgen darf und die anhand objektiven Indikatoren sowie die Verfahren und erforderlichenfalls die unabhängigen Beratungsmechanismen zur Unterstützung der Datenweitergabe, wobei die Rechte und Interessen der Anbieter sehr großer Online-Plattformen oder sehr großer Online-Suchmaschinen und der Nutzer zu berücksichtigen sind, einschließlich des Schutzes vertraulicher Informationen, insbesondere von Geschäftsgeheimnissen, und der Aufrechterhaltung der Sicherheit ihres Dienstes.

Art. 41 Compliance-Abteilung. (1) Anbieter sehr großer Online-Plattformen oder sehr großer Online-Suchmaschinen richten eine Compliance-Abteilung ein, die unabhängig von ihren operativen Abteilungen ist und aus einem oder mehreren Compliance-Beauftragten besteht, einschließlich des Leiters der Compliance-Abteilung. Diese Compliance-Abteilung verfügt über ausreichend Autorität, Befugnisse und Ressourcen sowie über Zugang zum Leitungsorgan des Anbieters der sehr großen Online-Plattform oder sehr großen Online-Suchmaschine, um die Einhaltung dieser Verordnung durch den betreffenden Anbieter zu überwachen.

(2) Das Leitungsorgan des Anbieters der sehr großen Online-Plattform oder sehr großen Online-Suchmaschine stellt sicher, dass die Compliance-Beauftragten über die zur Erfüllung der in Absatz 3 genannten Aufgaben erforderlichen beruflichen Qualifikationen, Kenntnisse, Erfahrungen und Fähigkeiten verfügen.

Das Leitungsorgan des Anbieters der sehr großen Online-Plattform oder sehr großen Online-Suchmaschine stellt sicher, dass es sich bei dem Leiter der Compliance-Abteilung um eine unabhängige Führungskraft handelt, die eigens für die Compliance-Abteilung zuständig ist.

Der Leiter der Compliance-Abteilung untersteht direkt dem Leitungsorgan des Anbieters der sehr großen Online-Plattform oder sehr großen Online-Suchmaschine und kann Bedenken äußern und dieses Organ warnen, falls in Artikel 34 genannte Risiken oder die Nichteinhaltung dieser Verordnung den Anbieter der sehr großen Online-Plattform oder sehr großen Online-Suchmaschine betreffen oder betreffen könnten, unbeschadet der Zuständigkeiten des Leitungsorgans in seinen Aufsichts- und Leitungsfunktionen.

Der Leiter der Compliance-Abteilung darf nicht ohne vorherige Zustimmung des Leitungsorgans des Anbieters der sehr großen Online-Plattform oder sehr großen Online-Suchmaschine abgelöst werden.

(3) Compliance-Beauftragte haben folgende Aufgaben:
a) Zusammenarbeit mit dem Koordinator für digitale Dienste am Niederlassungsort und mit der Kommission für die Zwecke dieser Verordnung;
b) Gewährleistung, dass alle in Artikel 34 genannten Risiken ermittelt und ordnungsgemäß gemeldet werden, und dass angemessene, verhältnismäßige und wirksame Risikominderungsmaßnahmen gemäß Artikel 35 ergriffen werden;
c) Organisation und Beaufsichtigung der Tätigkeiten des Anbieters der sehr großen Online-Plattform oder sehr großen Online-Suchmaschine im Zusammenhang mit der unabhängigen Prüfung gemäß Artikel 37;
d) Information und Beratung des Managements und der Mitarbeiter des Anbieters der sehr großen Online-Plattform oder sehr großen Online-Suchmaschine über die einschlägigen Verpflichtungen aus dieser Verordnung;
e) Überwachung, dass der Anbieter der sehr großen Online-Plattform oder sehr großen Online-Suchmaschine seinen Verpflichtungen aus dieser Verordnung nachkommt;
f) gegebenenfalls Überwachung der Einhaltung der Verpflichtungszusagen, die der Anbieter der sehr großen Online-Plattform oder sehr großen Online-Suchmaschine im Rahmen der Verhaltenskodizes gemäß den Artikeln 45 und 46 oder der Krisenprotokolle gemäß Artikel 48 gemacht hat.

(4) Anbieter sehr großer Online-Plattform oder sehr großer Online-Suchmaschinen teilen dem Koordinator für digitale Dienste am Niederlassungsort und der Kommission die Namen und die Kontaktangaben des Leiters der Compliance-Abteilung mit.

(5) Das Leitungsorgan des Anbieters der sehr großen Online-Plattform oder sehr großen Online-Suchmaschine übernimmt die Festlegung, Beaufsichtigung und Haftung der bzw. für die Umsetzung der Unternehmensführungsregelungen des Anbieters, die für die Unabhängigkeit der Compliance-Abteilung sorgen, einschließlich der Aufgabenverteilung innerhalb der Organisation des An-

bieters der sehr großen Online-Plattform oder sehr großen Online-Suchmaschine, der Vermeidung von Interessenkonflikten und des verantwortungsvollen Umgangs mit den gemäß Artikel 34 ermittelten systemischen Risiken.

(6) Das Leitungsorgan billigt und überprüft regelmäßig, mindestens jedoch einmal jährlich, die Strategien und Maßnahmen für das Angehen, das Management, die Überwachung und die Minderung der gemäß Artikel 34 ermittelten Risiken, denen die sehr große Online-Plattform oder sehr großen Online-Suchmaschine ausgesetzt ist oder ausgesetzt sein könnte.

(7) Das Leitungsorgan widmet der Prüfung der mit dem Risikomanagement verbundenen Maßnahmen ausreichend Zeit. Es beteiligt sich aktiv an den Entscheidungen im Zusammenhang mit dem Risikomanagement und sorgt dafür, dass für das Management der gemäß Artikel 34 ermittelten Risiken angemessene Ressourcen zugewiesen werden.

Art. 42 Transparenzberichtspflichten. (1) Anbieter sehr großer Online-Plattformen oder sehr großer Online-Suchmaschinen veröffentlichen spätestens zwei Monate nach dem in Artikel 33 Absatz 6 Unterabsatz 2 genannten Anwendungsbeginn und danach mindestens alle sechs Monate die in Artikel 15 genannten Berichte.

(2) Die von Anbietern sehr großer Online-Suchmaschinen veröffentlichten Berichte gemäß Absatz 1 dieses Artikels enthalten zusätzlich zu den in Artikel 15 und Artikel 24 Absatz 1 genannten Informationen folgende Angaben:
a) die personellen Ressourcen, die der Anbieter einer sehr großen Online-Plattform für die Moderation von Inhalten in Bezug auf den in der Union angebotenen Dienst – aufgeschlüsselt nach jeder einschlägigen Amtssprache der Mitgliedstaaten – einsetzt, einschließlich für die Einhaltung der Verpflichtungen gemäß der Artikel 16 und 22 sowie für die Einhaltung der Verpflichtungen gemäß Artikel 20;
b) die Qualifikationen und Sprachkenntnisse der Personen, die die unter Buchstabe a genannten Tätigkeiten durchführen, sowie die Schulung und Unterstützung dieses Personals;
c) die Indikatoren für die Genauigkeit und damit zusammenhängende Informationen gemäß Artikel 15 Absatz 1 Buchstabe e, aufgeschlüsselt nach jeder Amtssprache der Mitgliedstaaten.

Die Berichte werden mindestens in einer der Amtssprachen der Mitgliedstaaten veröffentlicht.

(3) Zusätzlich zu den in Artikel 24 Absatz 2 genannten Informationen nehmen Anbieter sehr großer Online-Plattformen oder sehr großer Online-Suchmaschinen die durchschnittliche monatliche Zahl der Nutzer für jeden Mitgliedstaat in die in Absatz 1 dieses Artikels genannten Berichte auf.

(4) Anbieter sehr großer Online-Plattformen oder sehr großer Online-Suchmaschinen übermitteln dem Koordinator für digitale Dienste am Niederlassungsort und der Kommission spätestens drei Monate nach Eingang des Prüf-

berichts gemäß Artikel 37 Absatz 4 unverzüglich nach Abschluss folgende Unterlagen und machen sie öffentlich zugänglich:
a) einen Bericht über die Ergebnisse der Risikobewertung gemäß Artikel 34,
b) die gemäß Artikel 35 Absatz 1 getroffenen besonderen Abhilfemaßnahmen,
c) den in Artikel 37 Absatz 4 genannten Prüfbericht,
d) den in Artikel 37 Absatz 6 genannten Bericht über die Umsetzung der Prüfergebnisse,
e) gegebenenfalls Informationen über die Konsultationen, die der Anbieter zur Unterstützung der Risikobewertungen und der Gestaltung der Risikominderungsmaßnahmen durchgeführt hat.

(5) Ist ein Anbieter einer sehr großen Online-Plattform oder sehr großen Online-Suchmaschine der Auffassung, dass die Veröffentlichung von Informationen gemäß Absatz 4 zur Offenlegung vertraulicher Informationen dieses Anbieters oder der Nutzer führen, erhebliche Schwachstellen für die Sicherheit seines Dienstes verursachen, die öffentliche Sicherheit beeinträchtigen oder Nutzern schaden könnte, so kann der Anbieter diese Informationen aus den öffentlich zugänglichen Berichten entfernen. In diesem Fall übermittelt der Anbieter dem Koordinator für digitale Dienste am Niederlassungsort und der Kommission die vollständigen Berichte zusammen mit einer Begründung für die Entfernung der Informationen aus den öffentlich zugänglichen Berichten.

Art. 43 Aufsichtsgebühren. (1) Die Kommission erhebt von den Anbietern sehr großer Online-Plattformen und sehr großer Online-Suchmaschinen bei ihrer Benennung gemäß Artikel 33 eine jährliche Aufsichtsgebühr.

(2) Der Gesamtbetrag der jährlichen Aufsichtsgebühren deckt die geschätzten Kosten, die der Kommission im Zusammenhang mit ihren Aufsichtsaufgaben im Rahmen dieser Verordnung entstehen, insbesondere die Kosten im Zusammenhang mit der Benennung gemäß Artikel 33, der Einrichtung, der Pflege und dem Betrieb der Datenbank gemäß Artikel 24 Absatz 5 und dem Informationsaustauschsystem gemäß Artikel 85, den Befassungen gemäß Artikel 59, der Unterstützung des Ausschusses gemäß Artikel 62 und den Aufsichtsaufgaben gemäß Artikel 56 und Kapitel IV Abschnitt 4.

(3) Anbietern sehr großer Online-Plattformen und sehr großer Online-Suchmaschinen wird jährlich eine Aufsichtsgebühr für jeden Dienst berechnet, für den sie gemäß Artikel 33 benannt wurden.

Die Kommission erlässt Durchführungsrechtsakte zur Festlegung der Höhe der jährlichen Aufsichtsgebühr für jeden Anbieter einer sehr großen Online-Plattform oder einer sehr großen Online-Suchmaschine. Beim Erlass dieser Durchführungsrechtsakte wendet die Kommission die in dem in Absatz 4 des vorliegenden Artikels genannten delegierten Rechtsakt festgelegte Methodik an und beachtet die in Absatz 5 des vorliegenden Artikels genannten Grundsätze. Diese Durchführungsrechtsakte werden nach dem in Artikel 88 genannten Beratungsverfahren erlassen.

Gesetz über digitale Dienste **DSA 3**

(4) Die Kommission erlässt gemäß Artikel 87 delegierte Rechtsakte und legt die detaillierte Methodik und entsprechende Verfahren für Folgendes fest:
a) die Festlegung der Kosten gemäß Absatz 2;
b) die Festlegung der einzelnen jährlichen Aufsichtsgebühren gemäß Absatz 5 Buchstaben b und c;
c) die Festlegung des maximalen Gesamtgrenzwerts gemäß Absatz 5 Buchstabe c; und
d) die für die Durchführung der Zahlung erforderlichen Einzelheiten.

Beim Erlass dieser delegierten Rechtsakte beachtet die Kommission die in Absatz 5 des vorliegenden Artikels genannten Grundsätze.

(5) Der Durchführungsrechtsakt gemäß Absatz 3 und der delegierte Rechtsakt gemäß Absatz 4 entsprechen den folgenden Grundsätzen:
a) bei der Schätzung des Gesamtbetrags der jährlichen Aufsichtsgebühr werden die im Vorjahr angefallenen Kosten berücksichtigt;
b) die jährliche Aufsichtsgebühr steht im Verhältnis zur durchschnittlichen monatlichen Zahl der aktiven Nutzer in der Union jeder gemäß Artikel 33 benannten sehr großen Online-Plattform oder jeder sehr großen Online-Suchmaschine;
c) der Gesamtbetrag der jährlichen Aufsichtsgebühr, die einem bestimmten Anbieter einer sehr großen Online-Plattform oder einer sehr großen Suchmaschine in Rechnung gestellt wird, darf in keinem Fall 0,05 % seiner weltweiten Jahresnettoeinnahmen im vorangegangenen Geschäftsjahr übersteigen.

(6) Die einzelnen jährlichen Aufsichtsgebühren, die gemäß Absatz 1 in Rechnung gestellt werden, stellen externe zweckgebundene Einnahmen im Sinne von Artikel 21 Absatz 5 der Verordnung (EU, Euratom) 2018/1046 des Europäischen Parlaments und des Rates[41] dar.

(7) Die Kommission erstattet dem Europäischen Parlament und dem Rat jährlich Bericht über den Gesamtbetrag der Kosten, die für die Erfüllung der Aufgaben gemäß dieser Verordnung entstanden sind, und über den Gesamtbetrag der einzelnen jährlichen Aufsichtsgebühren, die im Vorjahr erhoben wurden.

---

41 Verordnung (EU, Euratom) 2018/1046 des Europäischen Parlaments und des Rates vom 18. Juli 2018 über die Haushaltsordnung für den Gesamthaushaltsplan der Union, zur Änderung der Verordnungen (EU) Nr. 1296/2013, (EU) Nr. 1301/2013, (EU) Nr. 1303/2013, (EU) Nr. 1304/2013, (EU) Nr. 1309/2013, (EU) Nr. 1316/2013, (EU) Nr. 223/2014, (EU) Nr. 283/2014 und des Beschlusses Nr. 541/2014/EU sowie zur Aufhebung der Verordnung (EU, Euratom) Nr. 966/2012 (ABl. L 193 vom 30.7.2018, S. 1).

ABSCHNITT 6
Sonstige Bestimmungen über Sorgfaltspflichten

Art. 44 Normen. (1) Die Kommission konsultiert das Gremium und unterstützt und fördert die Entwicklung und Umsetzung freiwilliger Normen, die einschlägige europäische und internationale Normungsgremien zumindest in Bezug auf folgende Bereiche festlegen:
a) elektronische Übermittlung von Meldungen nach Artikel 16;
b) Vorlagen, Gestaltungs- und Verfahrensnormen für eine benutzerfreundliche Kommunikation mit den Nutzern über Beschränkungen, die sich aus den allgemeinen Geschäftsbedingungen und deren Änderungen ergeben;
c) elektronische Übermittlung von Meldungen durch vertrauenswürdige Hinweisgeber nach Artikel 22, auch über Anwendungsprogrammierschnittstellen;
d) besondere Schnittstellen, einschließlich Anwendungsprogrammierschnittstellen, welche die Erfüllung in den Artikeln 39 und 40 festgelegten Pflichten erleichtern;
e) Prüfung sehr großer Online-Plattformen und sehr großer Online-Suchmaschinen gemäß Artikel 37;
f) Interoperabilität der in Artikel 39 Absatz 2 genannten Werbearchive;
g) Datenübermittlung zwischen Werbevermittlern im Rahmen der Transparenzpflichten nach Artikel 26 Absatz 1 Buchstaben b, c und d;
h) technische Maßnahmen, die die Einhaltung der in dieser Verordnung enthaltenen Verpflichtungen in Bezug auf Werbung ermöglichen, einschließlich der Verpflichtungen in Bezug auf eine deutlich sichtbare Kennzeichnung von Werbung und kommerzieller Kommunikation gemäß Artikel 26;
i) Auswahlschnittstellen und Darstellung von Informationen über die Hauptparameter verschiedener Arten von Empfehlungssystemen gemäß den Artikeln 27 und 38;
j) Normen für gezielte Maßnahmen zum Schutz Minderjähriger im Internet.

(2) Die Kommission unterstützt die Überarbeitung der Normen unter Berücksichtigung der Entwicklung der Technik und des Verhaltens der Nutzer der betreffenden Dienste. Die einschlägigen Informationen über die Überarbeitung der Normen müssen öffentlich verfügbar und leicht zugänglich sein.

Art. 45 Verhaltenskodizes. (1) Die Kommission und das Gremium fördern und erleichtern die Ausarbeitung von freiwilligen Verhaltenskodizes auf Unionsebene, um zur ordnungsgemäßen Anwendung dieser Verordnung beizutragen, wobei sie insbesondere den besonderen Herausforderungen Rechnung tragen, die mit der Bekämpfung verschiedener Arten rechtswidriger Inhalte und systemischer Risiken im Einklang mit dem Unionsrecht, insbesondere in Bezug auf den Wettbewerb und den Schutz personenbezogener Daten, verbunden sind.

(2) Treten erhebliche systemische Risiken im Sinne des Artikels 34 Absatz 1 auf, die mehrere sehr große Online-Plattformen oder sehr große Online-

Gesetz über digitale Dienste

Suchmaschinen betreffen, kann die Kommission die betreffenden Anbieter sehr großer Online-Plattformen oder die betreffenden Anbieter sehr großer Online-Suchmaschinen und gegebenenfalls andere Anbieter sehr großer Online-Plattformen, sehr großer Online-Suchmaschinen, von Online-Plattformen und von Vermittlungsdiensten sowie zuständige Behörden, Organisationen der Zivilgesellschaft und andere einschlägige Akteure auffordern, sich an der Ausarbeitung von Verhaltenskodizes zu beteiligen; dabei können unter anderem auch Verpflichtungen zur Ergreifung spezifischer Risikominderungsmaßnahmen sowie ein Rahmen für die regelmäßige Berichterstattung über alle ergriffenen Maßnahmen und deren Ergebnisse festgelegt werden.

(3) Bei der Umsetzung der Absätze 1 und 2 setzen sich die Kommission und das Gremium sowie gegebenenfalls andere Stellen dafür ein, dass in den Verhaltenskodizes die damit verfolgten spezifischen Ziele klar dargelegt werden und wesentliche Leistungsindikatoren enthalten sind, um die Verwirklichung dieser Ziele zu messen, und dass die Kodizes den Bedürfnissen und Interessen aller Beteiligten, und insbesondere der Bürger, auf Unionsebene gebührend Rechnung tragen. Darüber hinaus bemühen sich die Kommission und das Gremium, dass die Beteiligten der Kommission und ihren jeweiligen Koordinatoren für digitale Dienste am Niederlassungsort regelmäßig über alle ergriffenen Maßnahmen und deren Ergebnisse Bericht erstatten, gemessen anhand der wesentlichen Leistungsindikatoren in den Kodizes. Die wesentlichen Leistungsindikatoren und die Berichtspflichten tragen den Größen- und Kapazitätsunterschieden der einzelnen Beteiligten Rechnung.

(4) Die Kommission und das Gremium bewerten, ob die Verhaltenskodizes den in den Absätzen 1 und 3 genannten Zielen entsprechen, und überwachen und bewerten regelmäßig die Erreichung der damit verfolgten Ziele und berücksichtigen dabei die gegebenenfalls darin enthaltenen wesentlichen Leistungsindikatoren. Sie veröffentlichen ihre Schlussfolgerungen.

Die Kommission und das Gremium fördern und erleichtern zudem die regelmäßige Überprüfung und Anpassung der Verhaltenskodizes.

Im Falle eines systematischen Verstoßes gegen die Verhaltenskodizes können die Kommission und das Gremium die Unterzeichner der Verhaltenskodizes auffordern, die erforderlichen Maßnahmen zu ergreifen.

Art. 46 Verhaltenskodizes für Online-Werbung. (1) Die Kommission fördert und erleichtert die Ausarbeitung von freiwilligen Verhaltenskodizes auf Unionsebene durch Anbieter von Online-Plattformen und andere einschlägige Diensteanbieter, einschließlich Anbieter von Vermittlungsdiensten für Online-Werbung, andere Akteuren entlang der Wertschöpfungskette der programmgesteuerten Werbung oder Organisationen, die Nutzer vertreten, und Organisationen der Zivilgesellschaft oder einschlägige Behörden, um über die Anforderungen der Artikel 26 und 39 hinaus zu mehr Transparenz für Akteure entlang der Wertschöpfungskette der Online-Werbung beizutragen.

(2) Die Kommission setzt sich dafür ein, dass mit den Verhaltenskodizes eine wirksame Informationsübermittlung unter uneingeschränkter Achtung der Rechte und Interessen aller Beteiligten sowie ein wettbewerbsorientiertes, transparentes und faires Umfeld in der Online-Werbung im Einklang mit dem Unionsrecht und dem nationalen Recht, insbesondere in Bezug auf den Wettbewerb und den Schutz der Privatsphäre und personenbezogener Daten, angestrebt werden. Die Kommission setzt sich dafür ein, dass sich die Verhaltenskodizes mindestens auf Folgendes erstrecken:
a) die Übermittlung von Informationen, die sich im Besitz von Anbietern von Vermittlungsdiensten für Online-Werbung befinden, an die Nutzer hinsichtlich der Anforderungen gemäß Artikel 26 Absatz 1 Buchstaben b, c und d;
b) die Übermittlung von Informationen, die sich im Besitz von Anbietern von Vermittlungsdiensten für Online-Werbung befinden, an die Archive gemäß Artikel 39;
c) aussagekräftige Informationen über die Monetarisierung von Daten.

(3) Die Kommission fördert die Ausarbeitung von Verhaltenskodizes bis zum 18. Februar 2025 und ihre Anwendung bis zum 18. August 2025.

(4) Die Kommission fordert alle Akteure entlang der Wertschöpfungskette der Online-Werbung nach Absatz 1 auf, die in den Verhaltenskodizes festgelegten Verpflichtungen zu fördern und sie einzuhalten.

Art. 47 Verhaltenskodizes in Bezug auf die Barrierefreiheit. (1) Die Kommission fördert und erleichtert die Ausarbeitung von Verhaltenskodizes auf Unionsebene mit Beteiligung von Anbietern von Online-Plattformen und anderen einschlägigen Diensteanbietern, Organisationen, die Nutzer vertreten, Organisationen der Zivilgesellschaft oder einschlägigen Behörden, um eine uneingeschränkte und wirksame gleichberechtigte Beteiligung zu fördern, indem der Zugang zu Online-Diensten verbessert wird, die durch ihre ursprüngliche Konzeption oder spätere Anpassung den besonderen Bedürfnissen von Menschen mit Behinderungen Rechnung tragen.

(2) Die Kommission setzt sich dafür ein, dass mit den Verhaltenskodizes das Ziel verfolgt wird, die Barrierefreiheit dieser Dienste im Einklang mit dem Unionsrecht und den nationalen Rechtsvorschriften sicherzustellen, um ihre vorhersehbare Nutzung durch Menschen mit Behinderungen zu maximieren. Die Kommission setzt sich dafür ein, dass sich die Verhaltenskodizes mindestens auf folgende Ziele beziehen:
a) Konzeption und Anpassung von Diensten, um sie für Menschen mit Behinderungen zugänglich zu machen, indem sie wahrnehmbar, bedienbar, verständlich und robust gestaltet werden;
b) Erläuterung, wie die Dienste die geltenden Anforderungen an die Barrierefreiheit erfüllen, und Bereitstellung dieser Informationen für die Öffentlichkeit in einer Weise, dass sie für Menschen mit Behinderungen zugänglich sind;
c) Bereitstellung von Informationen, Formulare und Maßnahmen nach dieser Verordnung in einer Weise, dass sie leicht auffindbar, leicht verständlich und für Menschen mit Behinderungen zugänglich sind.

Gesetz über digitale Dienste **DSA 3**

(3) Die Kommission fördert die Ausarbeitung von Verhaltenskodizes bis zum 18. Februar 2025 und ihre Anwendung bis zum 18. August 2025.

Art. 48 Krisenprotokolle. (1) Das Gremium kann der Kommission empfehlen, gemäß den Absätzen 2, 3 und 4 die Ausarbeitung von freiwilligen Krisenprotokollen zur Bewältigung von Krisensituationen einzuleiten Diese Situationen sind strikt auf außergewöhnliche Umstände beschränkt, die die öffentliche Sicherheit oder Gesundheit beeinträchtigen.

(2) Die Kommission fördert und erleichtert die Beteiligung von Anbietern sehr großer Online-Plattformen, sehr großer Online-Suchmaschinen und gegebenenfalls anderer Online-Plattformen oder anderer Online-Suchmaschinen sich an der Ausarbeitung, Erprobung und Anwendung dieser Krisenprotokolle zu beteiligen. Die Kommission ist bestrebt, sicherzustellen, dass diese Krisenprotokolle eine oder mehrere der folgenden Maßnahmen umfassen:

a) hervorgehobene Darstellung von Informationen über die Krisensituation, die von den Behörden der Mitgliedstaaten oder auf Unionsebene oder je nach Krisenkontext von anderen einschlägigen zuverlässigen Stellen bereitgestellt werden;

b) Gewährleistung, dass der Anbieter von Vermittlungsdiensten eine spezifische Kontaktstelle für das Krisenmanagement benennt; gegebenenfalls kann dies die in Artikel 11 genannte elektronische Kontaktstelle sein, oder – bei Anbietern einer sehr großen Online-Plattform oder einer sehr großen Online-Suchmaschine – der in Artikel 41 genannte Compliance-Beauftragte;

c) gegebenenfalls Anpassung der Ressourcen, die für die Erfüllung der Verpflichtungen gemäß den Artikeln 16, 20, 22, 23 und 35 vorgesehen sind, an den durch die Krisensituation entstandenen Bedarf.

(3) Die Kommission bezieht gegebenenfalls die Behörden der Mitgliedstaaten in die Ausarbeitung, Erprobung und Überwachung der Anwendung der Krisenprotokolle ein, und kann auch die Einrichtungen und sonstigen Stellen der Union einbeziehen. Die Kommission kann gegebenenfalls auch Organisationen der Zivilgesellschaft oder andere einschlägige Organisationen in die Ausarbeitung der Krisenprotokolle einbeziehen.

(4) Die Kommission setzt sich dafür ein, dass alle folgenden Elemente in den Krisenprotokollen klar dargelegt werden:

a) die spezifischen Parameter zur Bestimmung der besonderen außergewöhnlichen Umstände, denen mit dem Krisenprotokoll begegnet werden soll, und die damit verfolgten Ziele;

b) die Rolle der einzelnen Beteiligten und die Maßnahmen, die sie in Vorbereitung und nach Aktivierung des Krisenprotokolls zu ergreifen haben;

c) ein klares Verfahren, um zu bestimmen, wann das Krisenprotokoll zu aktivieren ist;

d) ein klares Verfahren zur Bestimmung des Zeitraums, in dem die nach Aktivierung des Krisenprotokolls zu ergreifenden Maßnahmen durchzuführen

sind und der strikt auf das zur Bewältigung der besonderen außergewöhnlichen Umstände erforderliche Maß beschränkt ist;
e) Schutzvorkehrungen zur Vermeidung negativer Auswirkungen auf die Ausübung der in der Charta verankerten Grundrechte, insbesondere der Meinungs- und Informationsfreiheit und des Rechts auf Nichtdiskriminierung;
f) ein Verfahren für die öffentliche Berichterstattung über alle ergriffenen Maßnahmen, ihre Dauer und ihre Ergebnisse nach Beendigung der Krisensituation.

(5) Ist die Kommission der Auffassung, dass ein Krisenprotokoll der Krisensituation nicht wirksam begegnet oder die Ausübung der in Absatz 4 Buchstabe e genannten Grundrechte nicht schützt, fordert sie die Beteiligten auf, das Krisenprotokoll zu überarbeiten, auch durch die Ergreifung zusätzlicher Maßnahmen.

KAPITEL IV
UMSETZUNG, ZUSAMMENARBEIT, SANKTIONEN
UND DURCHSETZUNG

ABSCHNITT 1
Zuständige Behörden und nationale Koordinatoren für digitale Dienste

Art. 49 Zuständige Behörden und Koordinatoren für digitale Dienste.
(1) Die Mitgliedstaaten benennen eine oder mehrere zuständige Behörden, die für die Beaufsichtigung der Anbieter von Vermittlungsdiensten und die Durchsetzung dieser Verordnung zuständig sind (im Folgenden „zuständige Behörden").

(2) Die Mitgliedstaaten benennen eine der zuständigen Behörden als ihren Koordinator für digitale Dienste. Der Koordinator für digitale Dienste ist für alle Fragen im Zusammenhang mit der Überwachung und Durchsetzung dieser Verordnung in diesem Mitgliedstaat zuständig, es sei denn, der betreffende Mitgliedstaat hat bestimmte besondere Aufgaben oder Sektoren anderen zuständigen Behörden übertragen. Der Koordinator für digitale Dienste ist in jedem Fall dafür zuständig, die Koordinierung dieser Angelegenheiten auf nationaler Ebene sicherzustellen und zu einer wirksamen und einheitlichen Überwachung und Durchsetzung dieser Verordnung in der gesamten Union beizutragen.

Zu diesem Zweck arbeiten die Koordinatoren für digitale Dienste untereinander sowie mit anderen nationalen zuständigen Behörden, dem Gremium und der Kommission zusammen, unbeschadet der Möglichkeit der Mitgliedstaaten, Mechanismen für die Zusammenarbeit und einen regelmäßigen Meinungsaustausch zwischen dem Koordinator für digitale Dienste und anderen nationalen

Gesetz über digitale Dienste **DSA 3**

Behörden vorzusehen, sofern dies für die Wahrnehmung ihrer jeweiligen Aufgaben von Bedeutung ist.

Benennt ein Mitgliedstaat neben dem Koordinator für digitale Dienste eine oder mehrere zuständige Behörden, so stellt er sicher, dass die jeweiligen Aufgaben dieser Behörden und des Koordinators für digitale Dienste klar definiert sind und dass sie bei der Wahrnehmung ihrer Aufgaben eng und wirksam zusammenarbeiten.

(3) Die Mitgliedstaaten benennen die Koordinatoren für digitale Dienste bis zum 17. Februar 2024.

Die Mitgliedstaaten machen die Namen ihrer als Koordinator für digitale Dienste benannten zuständigen Behörden und Informationen darüber, wie sie kontaktiert werden können, öffentlich zugänglich und teilen diese der Kommission und dem Gremium mit. Der betreffende Mitgliedstaat teilt der Kommission und dem Gremium den Namen der anderen in Absatz 2 genannten zuständigen Behörden sowie deren jeweilige Aufgaben mit.

(4) Die in den Artikeln 50, 51 und 56 festgelegten Bestimmungen für die Koordinatoren für digitale Dienste gelten auch für alle anderen zuständigen Behörden, die die Mitgliedstaaten gemäß Absatz 1 des vorliegenden Artikels benennen.

Art. 50 Anforderungen an Koordinatoren für digitale Dienste. (1) Die Mitgliedstaaten stellen sicher, dass ihre Koordinatoren für digitale Dienste ihre Aufgaben im Rahmen dieser Verordnung unparteiisch, transparent und zeitnah erfüllen. Die Mitgliedstaaten sorgen dafür, dass ihren Koordinatoren für digitale Dienste alle erforderlichen Ressourcen zur Ausführung ihrer Aufgaben zur Verfügung stehen, einschließlich ausreichender technischer, finanzieller und personeller Ressourcen für eine angemessene Beaufsichtigung aller in ihren Zuständigkeitsbereich fallenden Anbieter von Vermittlungsdiensten. Jeder Mitgliedstaat sorgt dafür, dass sein Koordinator für digitale Dienste seinen Haushalt innerhalb dessen Gesamtobergrenzen ausreichend autonom verwalten kann, damit die Unabhängigkeit des Koordinators für digitale Dienste nicht beeinträchtigt wird.

(2) Bei der Wahrnehmung ihrer Aufgaben und Befugnisse gemäß dieser Verordnung handeln die Koordinatoren für digitale Dienste völlig unabhängig. Sie arbeiten frei von äußeren Einflüssen und dürfen weder direkt noch indirekt Weisungen von anderen Behörden oder privaten Stellen einholen oder entgegennehmen.

(3) Absatz 2 dieses Artikels lässt die Aufgaben der Koordinatoren für digitale Dienste innerhalb des in dieser Verordnung vorgesehenen Überwachungs- und Durchsetzungssystems und die Zusammenarbeit mit anderen zuständigen Behörden gemäß Artikel 49 Absatz 2 unberührt. Absatz 2 dieses Artikels steht der Ausübung der gerichtlichen Kontrolle nicht entgegen, und er berührt ferner nicht die angemessenen Rechenschaftspflichten in Bezug auf die allgemeinen

Tätigkeiten der Koordinatoren für digitale Dienste, wie Finanzausgaben oder Berichterstattung an die nationalen Parlamente, sofern diese Pflichten die Verwirklichung der Ziele dieser Verordnung nicht untergraben.

Art. 51 Befugnisse der Koordinatoren für digitale Dienste. (1) Soweit dies für die Wahrnehmung ihrer Aufgaben im Rahmen dieser Verordnung erforderlich ist, verfügen die Koordinatoren für digitale Dienste über folgende Untersuchungsbefugnisse in Bezug auf Verhaltensweisen von Anbietern von Vermittlungsdiensten, die in die Zuständigkeit ihres Mitgliedstaats fallen:

a) die Befugnis, von diesen Anbietern sowie von allen anderen Personen, die zu Zwecken ihrer gewerblichen, geschäftlichen, handwerklichen oder beruflichen Tätigkeit handeln und Kenntnis von Informationen über eine mutmaßliche Zuwiderhandlung gegen diese Verordnung haben dürften, einschließlich Organisationen, die die Prüfungen gemäß Artikel 37 und Artikel 75 Absatz 2 durchführen, zu verlangen, dass sie diese Informationen unverzüglich übermitteln,

b) die Befugnis, in allen Räumlichkeiten, die diese Anbieter oder diese Personen zu Zwecken ihrer gewerblichen, geschäftlichen, handwerklichen oder beruflichen Tätigkeit nutzen, Nachprüfungen durchzuführen oder eine Justizbehörde in ihrem Mitgliedstaat zur Anordnung solcher Nachprüfungen aufzufordern, oder andere Behörden aufzufordern, dies zu tun, um Informationen über eine mutmaßliche Zuwiderhandlung unabhängig vom Speichermedium zu untersuchen, sicherzustellen oder Kopien davon anzufertigen oder zu erhalten,

c) die Befugnis, alle Mitarbeiter oder Vertreter dieser Anbieter oder Personen aufzufordern, Erklärungen zu allen Informationen im Zusammenhang mit einer mutmaßlichen Zuwiderhandlung abzugeben, und die Antworten mit ihrer Einwilligung mit beliebigen technischen Mitteln aufzuzeichnen.

(2) Soweit dies für die Wahrnehmung ihrer Aufgaben im Rahmen dieser Verordnung erforderlich ist, verfügen die Koordinatoren für digitale Diente über folgende Durchsetzungsbefugnisse gegenüber Anbietern von Vermittlungsdiensten, die in die Zuständigkeit ihres Mitgliedstaats fallen:

a) die Befugnis, die Verpflichtungszusagen dieser Anbieter in Bezug auf die Einhaltung dieser Verordnung anzunehmen und diese Verpflichtungszusagen für bindend zu erklären,

b) die Befugnis zur Anordnung der Einstellung von Zuwiderhandlungen und gegebenenfalls Verhängung von Abhilfemaßnahmen, die in einem angemessenen Verhältnis zur Zuwiderhandlung stehen und erforderlich sind, um die Zuwiderhandlung wirksam zu beenden, oder zur Aufforderung einer Justizbehörde in ihrem Mitgliedstaat, dies zu tun,

c) die Befugnis zur Verhängung von Geldbußen oder zur Aufforderung einer Justizbehörde in ihrem Mitgliedstaat, dies zu tun, gemäß Artikel 52 wegen Nichteinhaltung dieser Verordnung, auch der nach Absatz 1 des vorliegenden Artikels erlassenen Untersuchungsanordnungen,

Gesetz über digitale Dienste

d) die Befugnis zur Verhängung eines Zwangsgelds oder zur Aufforderung einer Justizbehörde in ihrem Mitgliedstaat, dies zu tun, gemäß Artikel 52, um sicherzustellen, dass eine Zuwiderhandlung nach einem gemäß Buchstabe b dieses Unterabsatzes erlassenen Beschluss oder die Nichtbefolgung einer der gemäß Absatz 1 des vorliegenden Artikels erlassenen Untersuchungsanordnungen beendet wird;
e) die Befugnis, einstweilige Maßnahmen zur Vermeidung der Gefahr eines schwerwiegenden Schadens zu ergreifen oder die zuständigen nationalen Justizbehörden in ihrem Mitgliedstaat hierzu aufzufordern.

In Bezug auf Unterabsatz 1 Buchstaben c und d verfügen die Koordinatoren für digitale Dienste auch gegenüber den anderen in Absatz 1 genannten Personen bei Nichtbefolgung von Anordnungen, die ihnen gemäß dem genannten Absatz erteilt wurden, über die in diesen Buchstaben genannten Durchsetzungsbefugnisse. Sie üben diese Durchsetzungsbefugnisse erst aus, nachdem sie diesen anderen Personen rechtzeitig alle einschlägigen Informationen im Zusammenhang mit solchen Anordnungen zur Kenntnis bringen, einschließlich des Geltungszeitraums, der Geldbußen oder Zwangsgelder, die wegen Nichtbefolgung verhängt werden können, und der Rechtsbehelfsmöglichkeiten.

(3) Soweit dies zur Erfüllung ihrer Aufgaben im Rahmen dieser Verordnung erforderlich ist, haben die Koordinatoren für digitale Dienste in Bezug auf Anbieter von Vermittlungsdiensten, die in die Zuständigkeit ihres Mitgliedstaats fallen, in Fällen, in denen alle anderen Befugnisse nach diesem Artikel zur Einstellung einer Zuwiderhandlung ausgeschöpft sind, die Zuwiderhandlung nicht behoben wurde oder anhält und einen schwerwiegenden Schaden verursacht, der durch die Ausübung anderer Befugnisse nach Unionsrecht oder nationalem Recht nicht vermieden werden kann, die Befugnis, folgende Maßnahmen zu ergreifen:
a) vom Leitungsorgan desjenigen Anbieters zu verlangen, dass es die Lage unverzüglich prüft, einen Aktionsplan annimmt und vorlegt, in dem die zur Einstellung der Zuwiderhandlung erforderlichen Maßnahmen dargelegt werden, sicherstellt, dass der Anbieter diese Maßnahmen ergreift, und über die getroffenen Maßnahmen Bericht erstattet,
b) ist der Koordinator für digitale Dienste der Auffassung, dass ein Anbieter von Vermittlungsdiensten die in Buchstabe a genannten Anforderungen nicht ausreichend erfüllt hat, dass die Zuwiderhandlung nicht behoben wurde oder anhält und einen schwerwiegenden Schaden verursacht und dass die Zuwiderhandlung eine Straftat darstellt, die das Leben oder die Sicherheit von Personen bedroht, so fordert er die zuständige Justizbehörde seines Mitgliedstaats auf, anzuordnen, dass der Zugang der Nutzer zu dem von der Zuwiderhandlung betroffenen Dienst oder – nur wenn dies technisch nicht möglich ist – zur Online-Schnittstelle des Anbieters von Vermittlungsdiensten, auf der die Zuwiderhandlung erfolgt, vorübergehend eingeschränkt wird.

3 DSA
Gesetz über digitale Dienste

Sofern der Koordinator für digitale Dienste nicht gemäß Artikel 82 auf Verlangen der Kommission tätig wird, gibt er vor der Übermittlung der in Unterabsatz 1 Buchstabe b dieses Absatzes genannten Aufforderung Beteiligten Gelegenheit, innerhalb einer Frist von mindestens zwei Wochen schriftlich dazu Stellung zu nehmen, wobei er die beabsichtigten Maßnahmen darlegt und den bzw. die Adressaten der Aufforderung nennt. Der Anbieter von Vermittlungsdiensten, der Adressat bzw. die Adressaten und jeder andere Dritte, der ein berechtigtes Interesse nachweist, ist bzw. sind berechtigt, an dem Verfahren vor der zuständigen Justizbehörde teilzunehmen. Jede angeordnete Maßnahme muss der Art, Schwere, Wiederholung und Dauer der Zuwiderhandlung angemessen sein, ohne den Zugang der Nutzer des betreffenden Dienstes zu rechtmäßigen Informationen ungebührlich einzuschränken.

Die Beschränkung des Zugangs gilt für einen Zeitraum von vier Wochen, wobei die zuständige Justizbehörde in ihrer Anordnung die Möglichkeit hat, dem Koordinator für digitale Dienste zu gestatten, diesen Zeitraum bis zu einer von dieser Justizbehörde festgelegten Höchstzahl von weiteren Zeiträumen derselben Dauer zu verlängern. Der Koordinator für digitale Dienste verlängert den Zeitraum nur, wenn er unter Berücksichtigung der Rechte und Interessen aller von dieser Beschränkung betroffenen Parteien und aller relevanten Umstände, einschließlich aller Informationen, die der Anbieter von Vermittlungsdiensten, der Adressat bzw. die Adressaten und jeder andere Dritte, der bzw. die ein berechtigtes Interesse nachgewiesen hat bzw. haben, ihm zur Verfügung stellen kann, der Auffassung ist, dass die beiden folgenden Bedingungen erfüllt sind:

a) der Anbieter von Vermittlungsdiensten hat es versäumt, die erforderlichen Maßnahmen zur Beendigung der Zuwiderhandlung zu ergreifen,

b) die vorübergehende Beschränkung schränkt den Zugang der Nutzer zu rechtmäßigen Informationen nicht ungebührlich ein, wobei die Zahl der betroffenen Nutzer und die Frage, ob es geeignete und leicht zugängliche Alternativen gibt, zu berücksichtigen sind.

Ist der Koordinator für digitale Dienste der Auffassung, dass die in Unterabsatz 3 Buchstaben a und b dargelegten Bedingungen erfüllt sind, kann aber dennoch die Frist gemäß Unterabsatz 3 nicht weiter verlängern, so richtet er eine neue Aufforderung gemäß Unterabsatz 1 Buchstabe b an die zuständige Justizbehörde.

(4) Die in den Absätzen 1, 2 und 3 aufgeführten Befugnisse gelten unbeschadet des Abschnitts 3.

(5) Die von den Koordinatoren für digitale Dienste in Ausübung ihrer in den Absätzen 1, 2 und 3 genannten Befugnisse ergriffenen Maßnahmen müssen wirksam, abschreckend und verhältnismäßig sein, wobei insbesondere die Art, Schwere, Wiederholung und Dauer der Zuwiderhandlung oder der mutmaßlichen Zuwiderhandlung, auf den sich diese Maßnahmen beziehen, sowie gegebenenfalls die wirtschaftliche, technische und operative Leistungsfähigkeit des betreffenden Anbieters von Vermittlungsdiensten zu berücksichtigen sind.

Gesetz über digitale Dienste **DSA 3**

(6) Die Mitgliedstaaten legen spezifische Bedingungen und Verfahren für die Ausübung der Befugnisse gemäß den Absätzen 1, 2 und 3 fest und stellen sicher, dass jede Ausübung dieser Befugnisse angemessenen Garantien unterliegt, die im anwendbaren nationalen Recht unter Einhaltung der Charta und der allgemeinen Grundsätze des EU-Rechts festgelegt sind. Insbesondere dürfen diese Maßnahmen nur im Einklang mit dem Recht auf Achtung des Privatlebens und mit den Verteidigungsrechten, einschließlich des Rechts auf rechtliches Gehör und auf Akteneinsicht, und vorbehaltlich des Rechts aller betroffenen Parteien auf einen wirksamen gerichtlichen Rechtsbehelf getroffen werden.

Art. 52 Sanktionen. (1) Die Mitgliedstaaten erlassen Vorschriften über Sanktionen, die bei Zuwiderhandlungen der Anbieter von Vermittlungsdiensten, die in ihre Zuständigkeit fallen, gegen diese Verordnung zu verhängen sind, und treffen alle für die Anwendung der Sanktionen im Einklang mit Artikel 51 erforderlichen Maßnahmen.

(2) Sanktionen müssen wirksam, verhältnismäßig und abschreckend sein. Die Mitgliedstaaten teilen der Kommission diese Vorschriften und Maßnahmen mit und melden ihr unverzüglich alle diesbezüglichen Änderungen.

(3) Die Mitgliedstaaten stellen sicher, dass der Höchstbetrag der Geldbußen, die bei Nichteinhaltung einer in dieser Verordnung festgelegten Verpflichtung verhängt werden können, 6 % des weltweiten Jahresumsatzes des betreffenden Anbieters von Vermittlungsdiensten im vorangegangenen Geschäftsjahr beträgt. Die Mitgliedstaaten stellen sicher, dass der Höchstbetrag der Geldbußen, die bei Bereitstellung unrichtiger, unvollständiger oder irreführender Informationen, beim Versäumnis einer Antwort oder der Berichtigung unrichtiger, unvollständiger oder irreführender Informationen sowie bei der Nichtduldung einer Nachprüfung verhängt werden können, 1 % des weltweiten Jahresumsatzes des betreffenden Anbieters von Vermittlungsdiensten oder der betreffenden Person im vorangegangenen Geschäftsjahr beträgt.

(4) Die Mitgliedstaaten stellen sicher, dass der Höchstbetrag eines Zwangsgelds 5 % des durchschnittlichen weltweiten Tagesumsatzes oder der durchschnittlichen weltweiten Tageseinnahmen des betreffenden Anbieters von Vermittlungsdiensten im vorangegangenen Geschäftsjahr, berechnet ab dem in dem betreffenden Beschluss genannten Datum, beträgt.

Art. 53 Beschwerderecht. Die Nutzer sowie jegliche Einrichtungen, Organisationen oder Vereinigungen, die mit der Wahrnehmung der mit dieser Verordnung übertragenen Rechte beauftragt sind, haben das Recht, beim Koordinator für digitale Dienste des Mitgliedstaats, in dem der Nutzer des Dienstes sich aufhält oder niedergelassen ist, Beschwerde gegen Anbieter von Vermittlungsdiensten wegen einer mutmaßlichen Zuwiderhandlung gegen diese Verordnung einzulegen. Der Koordinator für digitale Dienste prüft die Beschwerde und leitet sie gegebenenfalls an den Koordinator für digitale Dienste am Niederlassungsort weiter; falls er es für angebracht hält, fügt er eine Stellungnahme hinzu. Fällt die Beschwerde in die Zuständigkeit einer anderen zuständigen Behörde in seinem Mitgliedstaat, leitet der Koordinator für digitale Dienste, der die Beschwerde erhält, sie an diese Behörde weiter. Während dieser Verfahren haben beide Parteien das Recht, angehört zu werden und angemessen über den Stand der Beschwerde nach Maßgabe des nationalen Rechts unterrichtet zu werden.

Art. 54 Entschädigung. Nutzer haben das Recht, im Einklang mit dem EU-Recht und nationalen Recht Schadenersatz von Anbietern von Vermittlungsdiensten für etwaige Schäden oder Verluste zu fordern, die aufgrund eines Verstoßes dieser Anbieter gegen die Verpflichtungen gemäß dieser Verordnung entstanden sind.

Art. 55 Tätigkeitsberichte. (1) Die Koordinatoren für digitale Dienste erstellen Jahresberichte über ihre Tätigkeiten im Rahmen dieser Verordnung, einschließlich der Zahl der eingegangenen Beschwerden gemäß Artikel 53 und einer Übersicht über entsprechende Folgemaßnahmen. Die Koordinatoren für digitale Dienste machen die Jahresberichte vorbehaltlich der geltenden Vorschriften über die Vertraulichkeit von Informationen gemäß Artikel 84 in einem maschinenlesbaren Format der Öffentlichkeit zugänglich und übermitteln sie der Kommission und dem Gremium.

(2) Der Jahresbericht enthält ferner folgende Angaben:
a) Anzahl und Gegenstand der Anordnungen zum Vorgehen gegen rechtswidrige Inhalte und der Auskunftsanordnungen, die gemäß den Artikeln 9 und 10 von einer nationalen Justiz- oder Verwaltungsbehörde des Mitgliedstaats des Koordinators für digitale Dienste erlassen wurden,
b) die Befolgung dieser Anordnungen, wie dem Koordinator für digitale Dienste gemäß den Artikeln 9 und 10 mitgeteilt.

(3) Hat ein Mitgliedstaat gemäß Artikel 49 mehrere zuständige Behörden benannt, so stellt er sicher, dass der Koordinator für digitale Dienste einen einzigen Bericht über die Tätigkeiten aller zuständigen Behörden erstellt und dass der Koordinator für digitale Dienste alle einschlägigen Informationen und Unterstützung von den entsprechenden anderen zuständigen Behörden erhält.

ABSCHNITT 2
Zuständigkeit, koordinierte Untersuchungen und Kohärenzmechanismen

Art. 56 Zuständigkeit. (1) Abgesehen von den Befugnissen gemäß Absatz 2, 3 und 4 verfügt der Mitgliedstaat, in dem sich die Hauptniederlassung des Anbieters von Vermittlungsdiensten befindet über ausschließliche Befugnisse diese Verordnung zu überwachen und durchzusetzen.

Gesetz über digitale Dienste **DSA 3**

(2) Die Kommission verfügt über ausschließliche Befugnisse Kapitel III Abschnitt 5 u überwachen und durchzusetzen.

(3) Die Kommission verfügt über Befugnisse diese Verordnung gegenüber Anbietern sehr großer Online-Plattformen und sehr großer Online-Suchmaschinen zu überwachen und durchzusetzen, wobei es sich um andere Befugnisse als die in Kapitel III Abschnitt 5 dieser Verordnung genannten handelt.

(4) Hat die Kommission kein Verfahren wegen desselben Verstoßes eingeleitet, verfügt der Mitgliedstaat, in dem sich die Hauptniederlassung des Anbieters einer sehr großen Online-Plattform oder einer sehr großen Online-Suchmaschine befindet, über die Befugnisse die Verpflichtungen dieser Verordnung in Bezug auf diese Anbieter, sofern sie nicht in Kapitel III Abschnitt 5 festgelegt sind zu überwachen und durchzusetzen.

(5) Die Mitgliedstaaten und die Kommission sorgen in enger Zusammenarbeit für die Überwachung und Durchsetzung der Bestimmungen dieser Verordnung.

(6) Hat ein Anbieter von Vermittlungsdiensten, der keine Niederlassung in der EU, verfügt der Mitgliedstaat, in dem dessen gesetzlicher Vertreter ansässig oder niedergelassen ist, oder die Kommission gemäß den Absätzen 1 und 4 dieses Artikels gegebenenfalls über die Befugnisse die einschlägigen Verpflichtungen gemäß dieser Verordnung zu überwachen und durchzusetzen.

(7) Benennt ein Anbieter von Vermittlungsdiensten keinen gesetzlichen Vertreter gemäß Artikel 13, so verfügen alle Mitgliedstaaten und im Falle eines Anbieters einer sehr großen Online-Plattform oder einer sehr großen Online-Suchmaschine die Kommission über diese Befugnisse gemäß diesem Artikel zu überwachen und durchzusetzen.

Beabsichtigt ein Koordinator für digitale Dienste, seine Befugnisse gemäß diesem Absatz auszuüben, so unterrichtet er alle anderen Koordinatoren für digitale Dienste und die Kommission und stellt sicher, dass die in der Charta verankerten geltenden Garantien eingehalten werden, insbesondere um zu vermeiden, dass ein und dasselbe Verhalten mehr als einmal wegen Zuwiderhandlung gegen die in dieser Verordnung festgelegten Pflichten sanktioniert wird. Beabsichtigt die Kommission, ihre Befugnisse gemäß diesem Absatz auszuüben, unterrichtet sie alle anderen Koordinatoren für digitale Dienste von dieser Absicht. Ist eine Unterrichtung gemäß diesem Absatz erfolgt, so leiten die anderen Mitgliedstaaten keine Verfahren wegen desselben Verstoßes wie dem in der Unterrichtung genannten ein.

Art. 57 Gegenseitige Amtshilfe. (1) Im Hinblick auf eine einheitliche und effiziente Anwendung dieser Verordnung arbeiten die Koordinatoren für digitale Dienste und die Kommission eng zusammen und leisten einander gegenseitige Amtshilfe. Die gegenseitige Amtshilfe umfasst insbesondere den Informationsaustausch gemäß diesem Artikel und die Pflicht des Koordinators für digitale Dienste am Niederlassungsort, alle Koordinatoren für digitale Dienste am Bestimmungsort, das Gremium und die Kommission über die Einleitung von Untersuchungen und die Absicht, eine endgültige Entscheidung in Bezug auf einen spezifischen Anbieter von Vermittlungsdiensten zu treffen, einschließlich seiner Bewertung, zu unterrichten.

(2) Für die Zwecke einer Untersuchung kann der Koordinator für digitale Dienste am Niederlassungsort andere Koordinatoren für digitale Dienste auffordern, spezifische Informationen über einen bestimmten Anbieter von Vermittlungsdiensten, über die sie verfügen, bereitzustellen oder ihre in Artikel 51 Absatz 1 genannten Untersuchungsbefugnisse in Bezug auf spezifische Informationen, die sich in ihrem Mitgliedstaat befinden, auszuüben. Gegebenenfalls kann der Koordinator für digitale Dienste, der eine solche Aufforderung erhält, andere zuständige Behörden oder andere Behörden des betreffenden Mitgliedstaats mit einbeziehen.

(3) Der Koordinator für digitale Dienste, an den eine Aufforderung gemäß Absatz 2 ergeht, kommt dieser Aufforderung nach und unterrichtet den Koordinator für digitale Dienste des Mitgliedsstaats der Niederlassung unverzüglich und spätestens zwei Monate nach deren Eingang über die ergriffenen Maßnahmen, es sei denn,

a) der Umfang des Gegenstands der Aufforderung ist mit Blick auf den Zweck der Untersuchung nicht ausreichend spezifiziert, nicht ausreichend begründet oder nicht angemessen, oder

b) weder der Koordinator für digitale Dienste, an den die Aufforderung ergeht, noch eine andere Behörde dieses Mitgliedstaats verfügt über die angeforderten Informationen oder hat den Zugang zu diesen Informationen, oder

c) der Aufforderung kann nicht nachgekommen werden, ohne dass dadurch gegen Unionsrecht oder nationales Recht verstoßen wird,

Der Koordinator für digitale Dienste, der eine solche Aufforderung erhält, begründet seine Ablehnung durch eine mit Gründen versehene Antwort innerhalb der in Unterabsatz 1 genannten Frist.

Art. 58 Grenzüberschreitende Zusammenarbeit zwischen Koordinatoren für digitale Dienste. (1) Hat ein Koordinator für digitale Dienste am Bestimmungsort Grund zu der Annahme, dass ein Anbieter von Vermittlungsdiensten auf eine Weise gegen diese Verordnung verstoßen hat, die sich negativ auf die Nutzer des Dienstes im Mitgliedstaat des Koordinators für digitale Dienste auswirkt, so kann er – sofern die Kommission nicht aufgrund derselben mutmaßlichen Zuwiderhandlung eine Untersuchung eingeleitet hat – den Koordinator für digitale Dienste am Niederlassungsort auffordern, die Angelegenheit zu prüfen und die erforderlichen Untersuchungs- und Durchsetzungsmaßnahmen zu ergreifen, um die Einhaltung dieser Verordnung sicherzustellen.

(2) Auf Aufforderung von mindestens drei Koordinatoren für digitale Dienste am Bestimmungsort, die Grund zu der Annahme haben, dass ein spe-

Gesetz über digitale Dienste

zifischer Anbieter von Vermittlungsdiensten gegen diese Verordnung auf eine Weise verstoßen hat, die sich negativ auf Nutzer in ihren Mitgliedstaaten auswirkt, kann das Gremium – sofern die Kommission nicht aufgrund derselben Zuwiderhandlung eine Untersuchung eingeleitet hat – den Koordinator für digitale Dienste am Niederlassungsort auffordern, die Angelegenheit zu prüfen und die erforderlichen Untersuchungs- und Durchsetzungsmaßnahmen zu ergreifen, um die Einhaltung dieser Verordnung sicherzustellen.

(3) Eine Aufforderung gemäß Absatz 1 oder 2 muss hinreichend begründet sein und zumindest folgende Informationen enthalten:
a) die Kontaktstelle des betreffenden Anbieters von Vermittlungsdiensten gemäß Artikel 11;
b) eine Beschreibung der einschlägigen Fakten, der betreffenden Bestimmungen dieser Verordnung und der Gründe, aufgrund derer der Koordinator für digitale Dienste, der die Aufforderung übermittelt hat, oder das Gremium vermutet, dass der Anbieter gegen diese Verordnung verstoßen hat, einschließlich der Beschreibung der negativen Auswirkungen der mutmaßlichen Zuwiderhandlung;
c) alle sonstigen Informationen, die der Koordinator für digitale Dienste, der die Aufforderung übermittelt hat, oder das Gremium für relevant hält, gegebenenfalls einschließlich Informationen, die auf eigene Initiative zusammengetragen wurden, oder Vorschläge für spezifische Untersuchungs- oder Durchsetzungsmaßnahmen, einschließlich einstweiliger Maßnahmen.

(4) Der Koordinator für digitale Dienste am Niederlassungsort trägt der Aufforderung gemäß der Absätze 1 oder 2 dieses Artikels weitestgehend Rechnung. Ist er der Auffassung, dass er nicht über ausreichende Informationen verfügt, um der Aufforderung Folge zu leisten, und hat er Grund zu der Annahme, dass der Koordinator für digitale Dienste, der die Aufforderung übermittelt hat, oder das Gremium zusätzliche Informationen bereitstellen könnte, so kann der Koordinator für digitale Dienste am Niederlassungsort entweder diese Informationen gemäß Artikel 57 anfordern oder eine gemeinsame Untersuchung gemäß Artikel 60 Absatz 1 einleiten, an der mindestens der Koordinator für digitale Dienste, der die Aufforderung erteilt hat, teilnimmt. Die Frist gemäß Absatz 5 dieses Artikels ruht, bis diese zusätzlichen Informationen vorliegen oder bis die Einladung zur Teilnahme an der gemeinsamen Untersuchung abgelehnt wurde.

(5) Der Koordinator für digitale Dienste am Niederlassungsort teilt dem Koordinator für digitale Dienste, der die Aufforderung übermittelt hat, und dem Gremium unverzüglich, in jedem Fall aber spätestens zwei Monate nach Eingang der Aufforderung gemäß Absatz 1 oder 2, die Bewertung der mutmaßlichen Zuwiderhandlung sowie eine Erläuterung etwaiger Untersuchungs- oder Durchsetzungsmaßnahmen mit, die in diesem Zusammenhang ergriffen wurden oder geplant sind, um die Einhaltung dieser Verordnung sicherzustellen.

Art. 59 Befassung der Kommission. (1) Geht keine Mitteilung innerhalb der in Artikel 58 Absatz 5 festgelegten Frist ein, oder stimmt der Ausschuss der Bewertung oder den gemäß Artikel 58 Absatz 5 ergriffenen oder geplanten

Maßnahmen nicht zu, sowie in den in Artikel 60 Absatz 3 genannten Fällen kann das Gremium die Kommission unter Vorlage aller einschlägigen Informationen mit der Angelegenheit befassen. Diese Informationen umfassen mindestens die an den Koordinator für digitale Dienste am Niederlassungsort gerichtete Aufforderung oder Empfehlung, die Bewertung dieses Koordinators für digitale Dienste, die Gründe für die Nichtzustimmung und alle zusätzlichen Informationen zur Unterstützung der Befassung der Kommission.

(2) Die Kommission gibt innerhalb von zwei Monaten nach ihrer Befassung gemäß Absatz 1 eine Bewertung der Angelegenheit ab, nachdem sie den Koordinator für digitale Dienste am Niederlassungsort konsultiert hat.

(3) Ist die Kommission gemäß Absatz 2 des vorliegenden Artikels der *Ansicht*, dass die Bewertung oder die gemäß Artikel 58 Absatz 5 ergriffenen oder geplanten Untersuchungs- oder Durchsetzungsmaßnahmen nicht mit dieser Verordnung vereinbar oder nicht ausreichend sind, um ihre wirksame Durchsetzung zu gewährleisten, teilt sie dem Koordinator für digitale Dienste am Niederlassungsort und dem Gremium ihren Standpunkt mit und fordert den Koordinator für digitale Dienste am Niederlassungsort auf, die Angelegenheit zu überprüfen.

Der Koordinator für digitale Dienste am Niederlassungsort ergreift die erforderlichen Untersuchungs- oder Durchsetzungsmaßnahmen, um die Einhaltung dieser Verordnung sicherzustellen, wobei er den Standpunkten und dem Überprüfungsantrag der Kommission weitestgehend Rechnung trägt. Der Koordinator für digitale Dienste am Niederlassungsort unterrichtet die Kommission sowie den antragstellenden Koordinator für digitale Dienste oder das Gremium, die Maßnahmen gemäß Artikel 58 Absatz 1 oder 2 ergriffen haben, innerhalb von zwei Monaten nach der Beantragung der Überprüfung über die ergriffenen Maßnahmen.

Art. 60 Gemeinsame Untersuchungen. (1) Der Koordinator für digitale Dienste am Niederlassungsort kann unter Beteiligung eines oder mehrerer anderer betreffenden Koordinatoren für digitale Dienste gemeinsame Untersuchungen einleiten und leiten:

a) von Amts wegen, um eine mutmaßliche Zuwiderhandlung gegen diese Verordnung durch einen bestimmten Anbieter von Vermittlungsdiensten in mehreren Mitgliedstaaten zu untersuchen oder

b) auf Empfehlung des Gremiums, das auf Antrag von mindestens drei Koordinatoren für digitale Dienste handelt, die – auf der Grundlage eines begründeten Verdachts – eine Zuwiderhandlung durch einen bestimmten Anbieter von Vermittlungsdiensten vermuten, durch die Nutzer in ihren Mitgliedstaaten beeinträchtigt werden.

(2) Ein Koordinator für digitale Dienste, der nachweist, dass er ein berechtigtes Interesse an der Teilnahme an einer gemeinsamen Untersuchung gemäß Absatz 1 hat, kann eine solche beantragen. Die gemeinsame Untersuchung wird innerhalb von drei Monaten nach ihrer Einleitung abgeschlossen, sofern die Teilnehmer nichts anderes vereinbaren.

Gesetz über digitale Dienste **DSA 3**

Der Koordinator für digitale Dienste am Niederlassungsort teilt seinen vorläufigen Standpunkt zu der mutmaßlichen Zuwiderhandlung spätestens einen Monat nach Ablauf der in Unterabsatz 1 genannten Frist allen Koordinatoren für digitale Dienste, der Kommission und dem Gremium mit. In dem vorläufigen Standpunkt werden die Ansichten aller Koordinatoren für digitale Dienste, die an der gemeinsamen Untersuchung teilnehmen, berücksichtigt. Gegebenenfalls werden in diesem vorläufigen Standpunkt auch die vorgesehenen Durchsetzungsmaßnahmen dargelegt.

(3) Das Gremium kann die Kommission gemäß Artikel 59 mit der Angelegenheit befassen, wenn
a) der Koordinator für digitale Dienste am Niederlassungsort seinen vorläufigen Standpunkt nicht innerhalb der in Absatz 2 genannten Frist mitgeteilt hat;
b) das Gremium mit dem vorläufigen Standpunkt des Koordinators für digitale Dienste am Niederlassungsort im Wesentlichen nicht übereinstimmt; oder
c) der Koordinator für digitale Dienste am Niederlassungsort die gemeinsame Untersuchung nach der Empfehlung des Gremiums gemäß Absatz 1 Buchstabe b nicht unverzüglich eingeleitet hat.

(4) Bei der Durchführung der gemeinsamen Untersuchung arbeiten die Koordinatoren für digitale Dienste in guter Absicht zusammen, wobei sie gegebenenfalls die Angaben des Koordinators für digitale Dienste am Niederlassungsort und die Empfehlung des Gremiums berücksichtigen. Die an der gemeinsamen Untersuchung beteiligten Koordinatoren für digitale Dienste am Bestimmungsort sind berechtigt, auf Ersuchen oder nach Konsultation des Koordinators für digitale Dienste am Niederlassungsort ihre Untersuchungsbefugnisse gemäß Artikel 51 Absatz 1 in Bezug auf die von der mutmaßlichen Zuwiderhandlung betroffenen Anbieter von Vermittlungsdiensten mit Blick auf Informationen und Räumlichkeiten in ihrem Hoheitsgebiet auszuüben.

ABSCHNITT 3
Europäisches Gremium für digitale Dienste

Art. 61 Europäisches Gremium für digitale Dienste. (1) Es wird eine unabhängige Beratergruppe der Koordinatoren für digitale Dienste für die Beaufsichtigung der Anbieter von Vermittlungsdiensten mit der Bezeichnung „Europäisches Gremium für digitale Dienste" (im Folgenden „Gremium") eingerichtet.

(2) Das Gremium berät die Koordinatoren für digitale Dienste und die Kommission im Einklang mit dieser Verordnung, um folgende Ziele zu erreichen:
a) Beitrag zur einheitlichen Anwendung dieser Verordnung und zur wirksamen Zusammenarbeit der Koordinatoren für digitale Dienste und der Kommission in Angelegenheiten, die unter diese Verordnung fallen;

3 DSA
Gesetz über digitale Dienste

b) Koordinierung und Mitwirkung an Leitlinien und Analysen der Kommission, der Koordinatoren für digitale Dienste und anderer zuständiger Behörden zu neu auftretenden Fragen in Bezug auf Angelegenheiten, die unter diese Verordnung fallen, im gesamten Binnenmarkt;
c) Unterstützung der Koordinatoren für digitale Dienste und der Kommission bei der Beaufsichtigung sehr großer Online-Plattformen.

Art. 62 Struktur des Gremiums. (1) Das Gremium setzt sich aus den Koordinatoren für digitale Dienste zusammen, die durch hochrangige Beamte vertreten werden. Benennt ein Mitgliedstaat oder benennen mehrere Mitgliedstaaten keinen Koordinator für digitale Dienste hindert dies das Gremium nicht daran, seine Aufgaben nach dieser Verordnung wahrzunehmen. Sofern dies im nationalen Recht vorgesehen ist, können sich neben dem Koordinator für digitale Dienste auch andere zuständige Behörden, die mit spezifischen operativen Zuständigkeiten für die Anwendung und Durchsetzung dieser Verordnung betraut sind, an der Arbeit des Gremiums beteiligen. Weitere nationale Behörden können zu den Sitzungen eingeladen werden, wenn die erörterten Fragen für sie von Belang sind.

(2) Den Vorsitz des Gremiums führt die Kommission. Die Kommission beruft die Sitzungen ein und bereitet die Tagesordnung im Einklang mit den Aufgaben des Gremiums gemäß dieser Verordnung und im Einklang mit seiner Geschäftsordnung vor. Wird das Gremium ersucht, eine Empfehlung gemäß dieser Verordnung anzunehmen, so stellt sie dieses Ersuchen den anderen Koordinatoren für digitale Dienste unverzüglich über das Informationsaustauschsystem gemäß Artikel 85 bereit.

(3) Jeder Mitgliedstaat verfügt über eine Stimme. Die Kommission hat kein Stimmrecht.

Das Gremium nimmt seine Beschlüsse mit einfacher Mehrheit an. Bei der Annahme seiner Empfehlung an die Kommission nach Artikel 36 Absatz 1 Unterabsatz 1, stimmt das Gremium innerhalb von 48 Stunden ab, nachdem der Vorsitzende des Gremiums das Ersuchen gestellt hat.

(4) Die Kommission leistet administrative und analytische Unterstützung für die Tätigkeiten des Gremiums gemäß dieser Verordnung.

(5) Das Gremium kann Sachverständige und Beobachter zu seinen Sitzungen einladen und mit anderen Einrichtungen und sonstigen Stellen der Union sowie Beratergruppen und gegebenenfalls mit externen Sachverständigen zusammenarbeiten. Das Gremium macht der Öffentlichkeit die Ergebnisse dieser Zusammenarbeit zugänglich.

(6) Das Gremium kann interessierte Kreise konsultieren und stellt die Ergebnisse dieser Konsultation öffentlich zur Verfügung.

(7) Das Gremium gibt sich nach Zustimmung der Kommission eine Geschäftsordnung.

Gesetz über digitale Dienste

Art. 63 Aufgaben des Gremiums. (1) Soweit dies zur Erreichung der in Artikel 61 Absatz 2 genannten Ziele erforderlich ist, nimmt das Gremium insbesondere folgende Aufgaben wahr:
a) Unterstützung der Koordinierung gemeinsamer Untersuchungen;
b) Unterstützung der zuständigen Behörden bei der Analyse der Berichte und Ergebnisse von Prüfungen sehr großer Online-Plattformen oder sehr großer Online-Suchmaschinen, die gemäß dieser Verordnung zu übermitteln sind;
c) Abgabe von Stellungnahmen, Empfehlungen oder Ratschlägen an die Koordinatoren für digitale Dienste im Einklang mit dieser Verordnung, wobei insbesondere die Dienstleistungsfreiheit der Anbieter von Vermittlungsdiensten zu berücksichtigen ist;
d) Beratung der Kommission hinsichtlich der in Artikel 66 genannten Maßnahmen und Abgabe von Stellungnahmen in Bezug auf sehr große Online-Plattformen oder sehr große Online-Suchmaschinen gemäß dieser Verordnung;
e) Unterstützung und Förderung der Entwicklung und Umsetzung europäischer Normen, Leitlinien, Berichte, Vorlagen und Verhaltenskodizes in Zusammenarbeit mit den einschlägigen Interessenträgern gemäß dieser Verordnung, u. a. durch Abgabe von Stellungnahmen oder Empfehlungen zu Angelegenheiten im Zusammenhang mit Artikel 44, sowie Bestimmung neu auftretender Fragen in Bezug auf Angelegenheiten, die unter diese Verordnung fallen.

(2) Die Koordinatoren für digitale Dienste und gegebenenfalls andere zuständige Behörden, die den vom Gremium an sie gerichteten Stellungnahmen, Aufforderungen oder Empfehlungen nicht folgen, geben bei der Berichterstattung gemäß dieser Verordnung oder bei der Annahme ihrer einschlägigen Beschlüsse gegebenenfalls die Gründe dafür, einschließlich einer Erläuterung zu den Untersuchungen und Maßnahmen, die sie durchgeführt haben, an.

ABSCHNITT 4
Beaufsichtigung, Untersuchung, Durchsetzung und Überwachung in Bezug auf Anbieter sehr großer Online-Plattformen und sehr großer Online-Suchmaschinen

Art. 64 Entwicklung von Sachkenntnis und Kapazitäten. (1) Die Kommission entwickelt in Zusammenarbeit mit den Koordinatoren für digitale Dienste und dem Gremium Sachkenntnis und Kapazitäten der Union, gegebenenfalls auch durch die Entsendung von Personal der Mitgliedstaaten.

(2) Darüber hinaus koordiniert die Kommission, in Zusammenarbeit mit den Koordinatoren für digitale Dienste und dem Gremium die Bewertung systemischer und neu aufkommender Probleme in Bezug auf sehr große Online-Plattformen oder sehr große Online-Suchmaschinen in der gesamten Union mit Blick auf Angelegenheiten, die unter diese Verordnung fallen.

(3) Die Kommission kann die Koordinatoren für digitale Dienste, das Gremium und andere Organe, Einrichtungen und sonstige Stellen der Union, die über einschlägige Sachkenntnis verfügen, ersuchen, sie bei der Bewertung systemischer und neu auftretender Probleme in der gesamten Union im Rahmen dieser Verordnung zu unterstützen.

(4) Die Mitgliedstaaten arbeiten mit der Kommission, insbesondere über ihre jeweiligen Koordinatoren für digitale Dienste und gegebenenfalls andere zuständige Behörden zusammen, auch indem sie ihre Sachkenntnis und Kapazitäten zur Verfügung stellen.

Art. 65 Durchsetzung von Pflichten der Anbieter sehr großer Online-Plattformen und sehr großer Online-Suchmaschinen. (1) Für die Zwecke der Untersuchung der Einhaltung der in dieser Verordnung festgelegten Pflichten durch die Anbieter sehr großer Online-Plattformen und sehr großer Online-Suchmaschinen kann die Kommission die in diesem Abschnitt festgelegten Untersuchungsbefugnisse bereits ausüben, bevor sie ein Verfahren gemäß Artikel 66 Absatz 2 einleitet. Sie kann diese Befugnisse von Amts wegen oder auf Antrag gemäß Absatz 2 dieses Artikels ausüben.

(2) Hat ein Koordinator für digitale Dienste Grund zu der Annahme, dass ein Anbieter einer sehr großen Online-Plattform oder einer sehr großen Online-Suchmaschine gegen die Bestimmungen des Kapitels III Abschnitt 5 verstoßen hat oder systematisch gegen Bestimmungen dieser Verordnung verstößt und diese Zuwiderhandlung schwerwiegende Auswirkungen auf die Nutzer in seinem Mitgliedstaat hat, so kann er über das in Artikel 85 genannte Informationsaustauschsystem eine Aufforderung an die Kommission richten, die Angelegenheit zu prüfen.

(3) Eine Aufforderung gemäß Absatz 2 muss hinreichend begründet sein und zumindest folgende Informationen enthalten:
a) die Kontaktstelle des betreffenden Anbieters der sehr großen Online-Plattform oder sehr großen Online-Suchmaschine gemäß Artikel 11;
b) eine Beschreibung der einschlägigen Fakten, der betreffenden Bestimmungen dieser Verordnung und der Gründe, aufgrund derer der Koordinator für digitale Dienste, der die Aufforderung übermittelt hat, vermutet, dass der betreffende Anbieter einer sehr großen Online-Plattform oder einer sehr großen Online-Suchmaschine gegen diese Verordnung verstoßen hat, einschließlich einer Beschreibung der Fakten, die belegen, dass die Zuwiderhandlung systemischer Art ist;
c) alle sonstigen Informationen, die der Koordinator für digitale Dienste, der die Aufforderung übermittelt hat, für relevant hält, einschließlich gegebenenfalls Informationen, die er auf eigene Initiative hin zusammengetragen hat.

Art. 66 Einleitung von Verfahren durch die Kommission und Zusammenarbeit bei Untersuchungen. (1) Die Kommission kann Verfahren im Hinblick auf den möglichen Erlass von Beschlüssen gemäß den Artikeln 73 und

Gesetz über digitale Dienste **DSA 3**

74 in Bezug auf das einschlägige Verhalten des Anbieters einer sehr großen Online-Plattform oder einer sehr großen Online-Suchmaschine einleiten, wenn dieser im Verdacht steht, gegen Bestimmungen dieser Verordnung verstoßen zu haben.

(2) Beschließt die Kommission, ein Verfahren nach Absatz 1 dieses Artikels einzuleiten, so teilt sie dies allen Koordinatoren für digitale Dienste und dem Gremium über das in Artikel 85 genannte Informationsaustauschsystem sowie dem betreffenden Anbieter der sehr großen Online-Plattform oder der sehr großen Online-Suchmaschine mit.

Die Koordinatoren für digitale Dienste übermitteln der Kommission unverzüglich nach ihrer Unterrichtung über die Einleitung des Verfahrens alle Informationen über die fragliche Zuwiderhandlung, über die sie verfügen.

Die Einleitung eines Verfahrens gemäß Absatz 1 dieses Artikels durch die Kommission entbindet den Koordinator für digitale Dienste und gegebenenfalls alle zuständigen Behörden von ihren Artikel 56 Absatz 4 dieser Verordnung vorgesehenen Befugnissen für die Überwachung und Durchsetzung der Verpflichtungen gemäß.

(3) Bei der Ausübung ihrer Untersuchungsbefugnisse gemäß dieser Verordnung kann die Kommission die individuelle oder gemeinsame Unterstützung von Koordinatoren für digitale Dienste, die von der mutmaßlichen Zuwiderhandlung betroffen sind, einschließlich des Koordinators für digitale Dienste am Niederlassungsort, anfordern. Die Koordinatoren für digitale Dienste, bei denen ein solcher Antrag eingegangen ist, und jede andere zuständige Behörde – sofern sie vom Koordinator für digitale Dienste beteiligt wurde – arbeiten aufrichtig und zügig mit der Kommission zusammen und sind berechtigt, ihre Untersuchungsbefugnisse gemäß Artikel 51 Absatz 1 in Bezug auf den Anbieter der betreffenden sehr großen Online-Plattform oder der betreffenden sehr großen Online-Suchmaschine im Hinblick auf Informationen, Personen und Räumlichkeiten im Hoheitsgebiet ihres Mitgliedstaats und im Einklang mit dem Antrag auszuüben.

(4) Die Kommission stellt dem Koordinator für digitale Dienste am Niederlassungsort und dem Gremium sämtliche relevanten Informationen über die Ausübung der in den Artikeln 67 bis 72 genannten Befugnisse bereit und teilt ihm ihre vorläufige Beurteilung gemäß Artikel 79 Absatz 1 mit. Das Gremium legt der Kommission seine Ansichten zu der vorläufigen Beurteilung innerhalb einer gemäß Artikel 79 Absatz 2 festgelegten Frist vor. Die Kommission trägt den Ansichten des Gremiums bei ihrer Entscheidung weitestgehend Rechnung.

Art. 67 Auskunftsverlangen. (1) Zur Wahrnehmung der ihr in diesem Abschnitt übertragenen Aufgaben kann die Kommission durch einfaches Verlangen oder im Wege eines Beschlusses von dem betreffenden Anbieter einer sehr großen Online-Plattform oder einer sehr großen Online-Suchmaschine sowie von allen anderen natürlichen oder juristischen Personen, die zu Zwecken ihrer gewerblichen, geschäftlichen, handwerklichen oder beruflichen Tätigkeit handeln und Kenntnis von Informationen über eine mutmaßliche Zuwiderhandlung gegen diese Verordnung haben dürften, einschließlich Organisationen, die die Prüfungen gemäß Artikel 37 und Artikel 75 Absatz 2 durchführen, die Übermittlung dieser Informationen innerhalb einer angemessenen Frist verlangen.

(2) Bei der Übermittlung eines einfachen Auskunftsverlangens an den betreffenden Anbieter einer sehr großen Online-Plattform oder einer sehr großen Online-Suchmaschine oder an eine andere Person gemäß Absatz 1 gibt die Kommission die Rechtsgrundlage und den Zweck des Verlangens an, führt auf, welche Informationen erforderlich sind, und setzt die Frist für die Übermittlung der Informationen und nennt die in Artikel 74 vorgesehenen Geldbußen für den Fall, dass unrichtige, unvollständige oder irreführende Angaben gemacht werden.

(3) Verlangt die Kommission im Wege eines Beschlusses, dass der betreffende Anbieter einer sehr großen Online-Plattform oder einer sehr großen Online-Suchmaschine oder eine andere Person gemäß Absatz 1 Informationen übermittelt, gibt sie die Rechtsgrundlage und den Zweck des Verlangens an, führt auf, welche Informationen erforderlich sind, und setzt die Frist für die Übermittlung der Informationen. Ferner nennt sie darin die in Artikel 74 vorgesehenen Geldbußen bzw. nennt oder verhängt darin die in Artikel 76 vorgesehenen Zwangsgelder. Darüber hinaus wird darin auf das Recht hingewiesen, den Beschluss vom Gerichtshof der Europäischen Union überprüfen zu lassen.

(4) Die Anbieter der betreffenden sehr großen Online-Plattform oder sehr großen Online-Suchmaschine oder eine andere Person gemäß Absatz 1 oder deren Vertreter und, im Falle von juristischen Personen, Gesellschaften oder Unternehmen oder wenn sie keine Rechtspersönlichkeit besitzen, die nach Gesetz oder Satzung zu ihrer Vertretung berufenen Personen stellen die angeforderten Informationen im Namen des betreffenden Anbieters einer sehr großen Online-Plattform oder einer sehr großen Online-Suchmaschine oder einer anderen Person gemäß Absatz 1 bereit. Ordnungsgemäß bevollmächtigte Rechtsanwälte können die Informationen im Namen ihrer Mandanten erteilen. Letztere bleiben in vollem Umfang dafür verantwortlich, dass die erteilten Informationen vollständig, sachlich richtig und nicht irreführend sind.

(5) Auf Verlangen der Kommission stellen die Koordinatoren für digitale Dienste und andere zuständige Behörden der Kommission alle Informationen zur Verfügung, die sie zur Wahrnehmung der ihr in diesem Abschnitt übertragenen Aufgaben benötigt.

(6) Die Kommission übermittelt den Koordinatoren für digitale Dienste nach der Übermittlung des einfachen Verlangens oder des Beschlusses gemäß Absatz 1 des vorliegenden Artikels umgehend eine Kopie des Verlangens oder Beschlusses über das in Artikel 85 genannte Informationsaustauschsystem.

Art. 68 Befugnis zur Befragung und Aufnahme von Aussagen (1) Zur Wahrnehmung der ihr in diesem Abschnitt übertragenen Aufgaben kann die Kommission jede natürliche oder juristische Person befragen, die der Befra-

Gesetz über digitale Dienste

gung zum Zweck der Einholung von Informationen über den Gegenstand einer Untersuchung der mutmaßlichen Zuwiderhandlung zustimmt. Die Kommission ist berechtigt, diese Befragungen mit geeigneten technischen Mitteln aufzuzeichnen.

(2) Wird die Befragung nach Absatz 1 nicht in den Räumlichkeiten der Kommission durchgeführt, unterrichtet die Kommission den Koordinator für digitale Dienste des Mitgliedstaats, in dessen Hoheitsgebiet die Befragung stattfindet. Auf Verlangen dieses Koordinators für digitale Dienste können dessen Bedienstete die mit der Befragung beauftragten Bediensteten der Kommission und die anderen von ihr ermächtigten Begleitpersonen unterstützen.

Art. 69 Befugnis zur Durchführung von Nachprüfungen. (1) Zur Wahrnehmung der ihr in diesem Abschnitt übertragenen Aufgaben kann die Kommission alle erforderlichen Nachprüfungen in den Räumlichkeiten des betreffenden Anbieters einer sehr großen Online-Plattform oder einer sehr großen Online-Suchmaschine oder einer anderen Person gemäß Artikel 67 Absatz 1 durchführen.

(2) Die mit den Nachprüfungen beauftragten Bediensteten der Kommission und die anderen von ihr ermächtigten Begleitpersonen sind befugt,
a) alle Räumlichkeiten, Grundstücke und Transportmittel des betreffenden Anbieters einer sehr großen Online-Plattform oder einer sehr großen Online-Suchmaschine oder der betreffenden anderen Person zu betreten,
b) die Bücher und sonstigen Aufzeichnungen im Zusammenhang mit der Erbringung der betreffenden Dienstleistung unabhängig von jeweiligen Datenträger zu prüfen,
c) Kopien oder Auszüge gleich in welcher Form aus diesen Büchern und sonstigen Aufzeichnungen anzufertigen oder zu verlangen,
d) von dem betreffenden Anbieter einer sehr großen Online-Plattform oder einer sehr großen Online-Suchmaschine oder der betreffenden anderen Person Zugang zu Informationen über die Organisation, die Funktionsweise, das IT-System, die Algorithmen, die Datenverwaltung und die Geschäftspraktiken sowie Erläuterungen dazu zu verlangen und diese Erläuterungen aufzuzeichnen oder zu dokumentieren,
e) alle Räumlichkeiten, die der betreffende Anbieter einer sehr großen Online-Plattform oder einer sehr großen Online-Suchmaschine oder die betreffende andere Person zu Zwecken seiner/ihrer gewerblichen, geschäftlichen, handwerklichen oder beruflichen Tätigkeit nutzt, sowie alle Bücher und sonstigen Aufzeichnungen für die Dauer der Nachprüfung und in dem für die Nachprüfung erforderlichen Ausmaß zu versiegeln,
f) alle Vertreter oder Bediensteten des betreffenden Anbieters einer sehr großen Online-Plattform oder einer sehr großen Online-Suchmaschine oder der betreffenden anderen Person zur Abgabe von Erklärungen zu Sachverhalten oder Unterlagen aufzufordern, die mit dem Gegenstand und dem Zweck der Nachprüfung in Zusammenhang stehen, und die Antworten aufzuzeichnen,

g) Fragen im Zusammenhang mit dem Gegenstand und dem Zweck der Nachprüfung an diese Vertreter oder Bediensteten zu richten und die Antworten aufzuzeichnen.

(3) Nachprüfungen können mit Unterstützung von Prüfern oder Sachverständigen, die von der Kommission gemäß Artikel 72 Absatz 2 benannt werden, sowie mit Unterstützung des Koordinators für digitale Dienste oder anderer zuständiger nationaler Behörden des Mitgliedstaats, in dessen Hoheitsgebiet die Nachprüfung durchgeführt werden soll, durchgeführt werden.

(4) Sind die angeforderten Bücher oder sonstigen Aufzeichnungen im Zusammenhang mit der Erbringung der betreffenden Dienstleistung nicht vollständig vorgelegt worden oder die Antworten auf die nach Maßgabe von Absatz 2 gestellten Fragen unrichtig, unvollständig oder irreführend üben die mit Nachprüfungen beauftragten Bediensteten der Kommission und die anderen von ihr ermächtigten Begleitpersonen ihre Befugnisse unter Vorlage eines schriftlichen Auftrags aus, in dem der Gegenstand und der Zweck der Nachprüfung genannt sind und auf die in den Artikeln 74 und 76 vorgesehenen Sanktionen für den Fall hingewiesen wird. Die Kommission unterrichtet den Koordinator für digitale Dienste des Mitgliedstaats, in dessen Hoheitsgebiet die Nachprüfung durchgeführt werden soll, rechtzeitig vor der Nachprüfung davon.

(5) Bei Nachprüfungen können die Bediensteten der Kommission und die anderen von ihr ermächtigten Begleitpersonen, die von ihr benannten Prüfer oder Sachverständigen, der Koordinator für digitale Dienste oder die anderen zuständigen Behörden des Mitgliedstaates, in dessen Hoheitsgebiet die Nachprüfung durchgeführt wird, von dem betreffenden Anbieter einer sehr großen Online-Plattform oder einer sehr großen Online-Suchmaschine oder der betreffenden anderen Person Erläuterungen zu der Organisation, der Funktionsweise, dem IT-System, den Algorithmen, der Datenverwaltung und dem Geschäftsgebaren verlangen und können ihr Schlüsselpersonal befragen.

(6) Der betreffende Anbieter einer sehr großen Online-Plattform oder einer sehr großen Online-Suchmaschine oder die betreffende andere natürliche oder juristische Person ist verpflichtet, die Nachprüfungen zu dulden, die die Kommission durch Beschluss angeordnet hat. In dem Beschluss werden Gegenstand und Zweck der Nachprüfung aufgeführt, das Datum des Beginns der Nachprüfung festgelegt, die in den Artikeln 74 und 76 vorgesehenen Sanktionen angegeben sowie auf das Recht hingewiesen, den Beschluss vom Gerichtshof der Europäischen Union überprüfen zu lassen. Die Kommission konsultiert den Koordinator für digitale Dienste des Mitgliedstaats, in dessen Hoheitsgebiet die Nachprüfung durchgeführt werden soll, bevor dieser Beschluss gefasst wird.

(7) Die Bediensteten des Koordinators für digitale Dienste des Mitgliedstaats, in dessen Hoheitsgebiet die Nachprüfung durchgeführt werden soll, und die anderen von ihm ermächtigten oder benannten Personen unterstützen auf Ersuchen dieses Koordinators für digitale Dienste oder der Kommission die

Gesetz über digitale Dienste **DSA 3**

Bediensteten der Kommission und die anderen von ihr ermächtigten Begleitpersonen aktiv bei der Nachprüfung. Sie verfügen hierzu über die in Absatz 2 aufgeführten Befugnisse.

(8) Stellen die Bediensteten der Kommission oder die anderen von ihr ermächtigten Begleitpersonen fest, dass sich der betreffende Anbieter einer sehr großen Online-Plattform oder einer sehr großen Online-Suchmaschine oder die betreffende andere Person einer nach Maßgabe dieses Artikels angeordneten Nachprüfung widersetzt, gewährt der Mitgliedstaat, in dessen Hoheitsgebiet die Nachprüfung durchgeführt werden soll, diesen Bediensteten oder anderen ermächtigten Personen auf deren Ersuchen und im Einklang mit den Rechtsvorschriften des Mitgliedstaates die erforderliche Unterstützung – auch in Form von Zwangsmaßnahmen einer zuständigen Strafverfolgungsbehörde, falls dies nach nationalem Recht zulässig ist –, damit sie die Nachprüfung durchführen können.

(9) Erfordert die in Absatz 8 vorgesehene Unterstützung im Einklang mit dem nationalen Recht des betreffenden Mitgliedstaats eine Genehmigung einer nationalen Justizbehörde, beantragt der Koordinator für digitale Dienste dieses Mitgliedstaats die Genehmigung auf Ersuchen der Bediensteten der Kommission und der anderen von ihr ermächtigten Begleitpersonen. Die Genehmigung kann auch vorsorglich beantragt werden.

(10) Wird die Genehmigung nach Absatz 9 beantragt, prüft die nationale Justizbehörde, die mit dem jeweiligen Fall befasst wurde, ob der Beschluss der Kommission, mit dem die Nachprüfung angeordnet wird, echt ist und ob die geplanten Zwangsmaßnahmen im Hinblick auf den Gegenstand der Nachprüfung weder willkürlich noch unverhältnismäßig sind. Bei der Durchführung einer solchen Nachprüfung kann die nationale Justizbehörde die Kommission direkt oder über die Koordinatoren für digitale Dienste des betreffenden Mitgliedstaats um ausführliche Erläuterungen ersuchen insbesondere zu den Gründen, aus denen die Kommission einen Zuwiderhandlung gegen diese Verordnung vermutet, sowie der Schwere der mutmaßlichen Zuwiderhandlung und der Art der Beteiligung des betreffenden Anbieters einer sehr großen Online-Plattform oder einer sehr großen Online-Suchmaschine oder der betreffenden anderen Person. Die nationale Justizbehörde darf jedoch weder die Notwendigkeit der Nachprüfung infrage stellen noch Auskünfte aus der Verfahrensakte der Kommission verlangen. Die Rechtmäßigkeit des Beschlusses der Kommission unterliegt ausschließlich der Prüfung durch den Gerichtshof der Europäischen Union.

Art. 70 Einstweilige Maßnahmen. (1) Im Rahmen eines Verfahrens, das zum Erlass eines Beschlusses wegen Nichteinhaltung gemäß Artikel 73 Absatz 1 führen kann, kann die Kommission bei Dringlichkeit aufgrund der Gefahr einer schwerwiegenden Schädigung der Nutzer auf der Grundlage einer *prima facie* festgestellten Zuwiderhandlung im Wege eines Beschlusses einstweilige Maßnahmen gegen den betreffenden Anbieter einer sehr großen Online-Plattform oder einer sehr großen Online-Suchmaschine anordnen.

3 DSA
Gesetz über digitale Dienste

(2) Ein Beschluss gemäß Absatz 1 hat eine befristete Geltungsdauer und kann – sofern erforderlich und angemessen – verlängert werden.

Art. 71 Verpflichtungszusagen. (1) Bietet der betreffende Anbieter einer sehr großen Online-Plattform oder einer sehr großen Online-Suchmaschine während des Verfahrens nach diesem Abschnitt Verpflichtungszusagen an, mit denen die Einhaltung der einschlägigen Bestimmungen dieser Verordnung sichergestellt werden soll, kann die Kommission diese Verpflichtungszusagen für den betreffenden Anbieter einer sehr großen Online-Plattform oder einer sehr großen Online-Suchmaschine im Wege eines Beschlusses für bindend erklären und feststellen, dass für ein Tätigwerden der Kommission kein Anlass mehr besteht.

(2) Die Kommission kann das Verfahren auf Antrag oder von Amts wegen wieder aufnehmen,
a) wenn eine materielle Änderung des Sachverhalts eingetreten ist, auf den sich der Beschluss stützte,
b) wenn der betreffende Anbieter einer sehr großen Online-Plattform oder einer sehr großen Online-Suchmaschine gegen seine Verpflichtungszusagen verstößt oder
c) wenn der Beschluss auf unvollständigen, unrichtigen oder irreführenden Angaben des betreffenden Anbieters einer sehr großen Online-Plattform oder einer sehr großen Online-Suchmaschine oder einer anderen Person gemäß Artikel 67 Absatz 1 beruhte.

(3) Ist die Kommission der Auffassung, dass die von dem betreffenden Anbieter einer sehr großen Online-Plattform oder einer sehr großen Online-Suchmaschine angebotenen Verpflichtungszusagen die wirksame Einhaltung der einschlägigen Bestimmungen dieser Verordnung nicht sicherstellen können, lehnt sie diese Verpflichtungszusagen bei Abschluss des Verfahrens in einem mit Gründen versehenen Beschluss ab.

Art. 72 Überwachungsmaßnahmen. (1) Zur Wahrnehmung der ihr in diesem Abschnitt übertragenen Aufgaben kann die Kommission die erforderlichen Maßnahmen ergreifen, um die wirksame Umsetzung und Einhaltung dieser Verordnung durch Anbieter sehr großer Online-Plattformen oder sehr großer Online-Suchmaschinen zu überwachen. Die Kommission kann anordnen, dass sie Zugang zu ihren Datenbanken und Algorithmen gewähren und entsprechende Erläuterungen dazu geben. Zu diesen Maßnahmen kann gehören, dass dem Anbieter einer sehr großen Online-Plattform oder einer sehr großen Online-Suchmaschine die Verpflichtung auferlegt wird, alle Dokumente aufzubewahren, die für die Bewertung der Umsetzung und Einhaltung der Verpflichtungen gemäß dieser Verordnung als notwendig erachtet werden.

(2) Die Maßnahmen gemäß Absatz 1 können die Benennung unabhängiger externer Sachverständiger und Prüfer sowie die Benennung von Sachverständigen und Prüfern der zuständigen nationalen Behörden mit Zustimmung der betreffenden Behörde umfassen, die die Kommission bei der Überwachung der

Gesetz über digitale Dienste **DSA 3**

wirksamen Umsetzung und Einhaltung der einschlägigen Bestimmungen dieser Verordnung unterstützen und der Kommission spezifisches Fachwissen oder Kenntnisse zur Verfügung stellen.

Art. 73 Nichteinhaltung. (1) Die Kommission erlässt einen Beschluss wegen Nichteinhaltung, wenn sie feststellt, dass der betreffende Anbieter einer sehr großen Online-Plattform oder einer sehr großen Online-Suchmaschine eine oder mehrere der folgenden Anforderungen nicht erfüllt:
a) die einschlägigen Bestimmungen dieser Verordnung,
b) gemäß Artikel 70 angeordnete einstweilige Maßnahmen,
c) gemäß Artikel 71 bindende Verpflichtungszusagen.

(2) Vor Erlass des Beschlusses gemäß Absatz 1 teilt die Kommission dem betreffenden Anbieter einer sehr großen Online-Plattform oder einer sehr großen Online-Suchmaschine ihre vorläufige Beurteilung mit. In dieser vorläufigen Beurteilung erläutert die Kommission, welche Maßnahmen sie zu ergreifen beabsichtigt bzw. der betreffende Anbieter einer sehr großen Online-Plattform oder einer sehr großen Online-Suchmaschine ergreifen sollte, um der vorläufigen Beurteilung wirksam Rechnung zu tragen.

(3) In dem gemäß Absatz 1 erlassenen Beschluss ordnet die Kommission an, dass der betreffende Anbieter einer sehr großen Online-Plattform oder einer sehr großen Online-Suchmaschine die erforderlichen Maßnahmen ergreift, um die Einhaltung des Beschlusses nach Absatz 1 innerhalb einer darin genannten angemessenen Frist sicherzustellen und Informationen über die Maßnahmen zu übermitteln, die dieser Anbieter zu ergreifen beabsichtigt, um dem Beschluss nachzukommen.

(4) Der betreffende Anbieter einer sehr großen Online-Plattform oder einer sehr großen Online-Suchmaschine übermittelt der Kommission bei deren Umsetzung eine Beschreibung der Maßnahmen, die er ergriffen hat, um die Einhaltung des Beschlusses nach Absatz 1 sicherzustellen.

(5) Stellt die Kommission fest, dass die Bedingungen des Absatzes 1 nicht erfüllt sind, schließt sie die Untersuchung mit einem Beschluss ab. Der Beschluss ist sofort anwendbar.

Art. 74 Geldbußen. (1) In ihrem in Artikel 73 genannten Beschluss kann die Kommission gegen den betreffenden Anbieter einer sehr großen Online-Plattform oder einer sehr großen Online-Suchmaschine Geldbußen bis zu einem Höchstbetrag von 6 % seines im vorangegangenen Geschäftsjahr weltweit erzielten Gesamtjahresumsatzes verhängen, wenn sie feststellt, dass der Anbieter vorsätzlich oder fahrlässig
a) gegen die einschlägigen Bestimmungen dieser Verordnung verstößt,
b) einem Beschluss, mit dem einstweilige Maßnahmen gemäß Artikel 70 angeordnet werden, nicht nachkommt oder
c) eine Verpflichtungszusage, die durch einen Beschluss gemäß Artikel 71 für bindend erklärt wurde, nicht einhält.

(2) Die Kommission kann gegen den betreffenden Anbieter einer sehr großen Online-Plattform oder einer sehr großen Online-Suchmaschine oder eine andere natürliche oder juristische Person gemäß Artikel 67 Absatz 1 im Wege eines Beschlusses Geldbußen bis zu einem Höchstbetrag von 1 % der Gesamtjahreseinnahmen oder des weltweiten Gesamtjahresumsatzes im vorangegangenen Geschäftsjahr verhängen, wenn dieser bzw. diese vorsätzlich oder fahrlässig

a) in Beantwortung eines einfachen oder im Wege eines Beschlusses ergangenen Verlangens gemäß Artikel 67 unrichtige, unvollständige oder irreführende Angaben macht,
b) ein im Wege eines Beschlusses ergangenes Auskunftsverlangen nicht innerhalb der gesetzten Frist beantwortet,
c) unrichtige, unvollständige oder irreführende Angaben eines Beschäftigten nicht innerhalb der von der Kommission gesetzten Frist berichtigt oder vollständige Informationen nicht erteilt oder verweigert,
d) sich einer Nachprüfung gemäß Artikel 69 verweigert,
e) die von der Kommission gemäß Artikel 72 erlassenen Maßnahmen nicht einhält oder
f) die Bedingungen für die Einsicht in die Akten der Kommission gemäß Artikel 79 Absatz 4 nicht erfüllt.

(3) Vor Erlass des Beschlusses gemäß Absatz 2 teilt die Kommission dem betreffenden Anbieter einer sehr großen Online-Plattform oder einer sehr großen Online-Suchmaschine oder einer anderen Person gemäß Artikel 67 Absatz 1 ihre vorläufige Beurteilung mit.

(4) Bei der Festsetzung der Höhe der Geldbuße berücksichtigt die Kommission Art, Schwere, Dauer und Wiederholung der Zuwiderhandlung sowie bei gemäß Absatz 2 verhängten Geldbußen die im Verfahren verursachte Verzögerung.

Art. 75 Erweiterte Beaufsichtigung von Maßnahmen zur Behebung von Zuwiderhandlungen gegen in Kapitel III Abschnitt 5 festgelegte Pflichten. (1) Wenn die Kommission einen Beschluss gemäß Artikel 73 in Bezug auf eine Zuwiderhandlung durch einen Anbieter einer sehr großen Online-Plattform oder einer sehr großen Online-Suchmaschine gegen eine der Bestimmungen von Kapitel III Abschnitt 5 annimmt, nutzt sie das System der erweiterten Beaufsichtigung gemäß dem vorliegenden Artikel. Dabei trägt sie etwaigen Stellungnahmen des Gremiums gemäß diesem Artikel weitestgehend Rechnung.

(2) In dem Beschluss gemäß Artikel 73 fordert die Kommission den betreffenden Anbieter einer sehr großen Online-Plattform oder einer sehr großen Online-Suchmaschine auf, dem Koordinator für digitale Dienste, der Kommission und dem Gremium innerhalb einer angemessenen, in dem Beschluss festgelegten Frist einen Aktionsplan zu übermitteln, in dem die Maßnahmen dargelegt sind, die notwendig und hinreichend sind, um die Zuwiderhandlung zu

Gesetz über digitale Dienste **DSA 3**

beenden oder Abhilfe zu schaffen. Diese Maßnahmen umfassen die Verpflichtungszusage, eine unabhängige Prüfung der Umsetzung der anderen Maßnahmen gemäß Artikel 37 Absätze 3 und 4 durchzuführen, und wobei die Identität der Prüfer sowie das Verfahren, der Zeitplan und die Nachbereitung der Prüfung anzugeben sind. Die Maßnahmen können auch die Verpflichtungszusage umfassen, sich an einem einschlägigen Verhaltenskodex gemäß Artikel 45 zu beteiligen.

(3) Innerhalb eines Monats nach Erhalt des Aktionsplans übermittelt das Gremium der Kommission seine Stellungnahme zu dem Aktionsplan. Innerhalb eines Monats nach Erhalt dieser Stellungnahme entscheidet die Kommission, ob die im Aktionsplan vorgesehenen Maßnahmen ausreichen, um die Zuwiderhandlung zu beenden oder Abhilfe zu schaffen, und setzt eine angemessene Frist für seine Umsetzung. Bei dieser Entscheidung berücksichtigt sie die etwaige Verpflichtungszusage zur Einhaltung der einschlägigen Verhaltenskodizes. Anschließend überwacht die Kommission die Umsetzung des Aktionsplans. Zu diesem Zweck übermittelt der betreffende Anbieter einer sehr großen Online-Plattform oder einer sehr großen Online-Suchmaschine der Kommission den Prüfbericht, nachdem er verfügbar ist, und hält die Kommission über die unternommenen Schritte zur Umsetzung des Aktionsplans auf dem Laufenden. Wenn dies für eine solche Überwachung erforderlich ist, kann die Kommission den betreffenden Anbieter einer sehr großen Online-Plattform oder einer sehr großen Online-Suchmaschine auffordern, innerhalb einer von der Kommission festgelegten angemessenen Frist zusätzliche Angaben zu machen.

Die Kommission hält das Gremium und die Koordinatoren für digitale Dienste über die Umsetzung des Aktionsplans und über ihre Überwachung der Umsetzung auf dem Laufenden.

(4) Die Kommission kann die erforderlichen Maßnahmen im Einklang mit dieser Verordnung, insbesondere Artikel 76 Absatz 1 Buchstabe e und Artikel 82 Absatz 1, ergreifen, wenn

a) der betreffende Anbieter der sehr großen Online-Plattform oder der sehr großen Online-Suchmaschine es versäumt, innerhalb der vorgegebenen Frist einen Aktionsplan, den Prüfbericht, aktuelle Informationen oder die angeforderten zusätzlichen Angaben vorzulegen,
b) die Kommission den vorgeschlagenen Aktionsplan ablehnt, weil sie der Ansicht ist, dass die darin vorgesehenen Maßnahmen nicht ausreichen, um die Zuwiderhandlung zu beenden oder Abhilfe zu schaffen, oder
c) die Kommission auf der Grundlage des Prüfberichts, etwaiger aktueller Informationen oder zusätzlicher Angaben oder sonstiger ihr zur Verfügung stehender sachdienlicher Informationen der Auffassung ist, dass die Umsetzung des Aktionsplans nicht ausreicht, um die Zuwiderhandlung zu beenden oder Abhilfe zu schaffen.

Art. 76 Zwangsgelder. (1) Die Kommission kann – im Wege eines Beschlusses – gegen den betreffenden Anbieter einer sehr großen Online-Plattform oder einer sehr großen Online-Suchmaschine oder gegebenenfalls eine andere Person gemäß Artikel 67 Absatz 1 ein Zwangsgeld pro Tag bis zu einem Höchstbetrag von 5 % der im vorangegangenen Geschäftsjahr erzielten durchschnittlichen Tageseinnahmen oder des im vorangegangenen Geschäftsjahr weltweit erzielten durchschnittlichen Jahresumsatzes, berechnet ab dem im Beschluss genannten Tag, verhängen, um ihn/sie dazu zu zwingen,

a) in Beantwortung eines Beschlusses zum Auskunftsverlangen gemäß Artikel 67 richtige und vollständige Informationen zu übermitteln,
b) eine Nachprüfung zu dulden, die die Kommission im Wege eines Beschlusses gemäß Artikel 69 angeordnet hat,
c) einem Beschluss nachzukommen, mit dem einstweilige Maßnahmen gemäß Artikel 70 Absatz 1 angeordnet werden,
d) Verpflichtungszusagen nachzukommen, die im Wege eines Beschlusses gemäß Artikel 71 Absatz 1 für bindend erklärt wurden,
e) einem Beschluss gemäß Artikel 73 Absatz 1 und, falls zutreffend, den darin enthaltenen Anforderungen an den Aktionsplan gemäß Artikel 75 nachzukommen.

(2) Ist der betreffende Anbieter einer sehr großen Online-Plattform oder einer sehr großen Online-Suchmaschine oder eine andere Person gemäß Artikel 67 Absatz 1 der Verpflichtung nachgekommen, die mit dem Zwangsgeld durchgesetzt werden sollte, kann die Kommission den endgültigen Betrag des Zwangsgelds auf einen niedrigeren Betrag als den in dem ursprünglichen Beschluss festsetzen.

Art. 77 Verjährungsfrist für die Verhängung von Sanktionen. (1) Für die der Kommission mit den Artikeln 74 und 76 übertragenen Befugnisse gilt eine Verjährungsfrist von fünf Jahren.

(2) Die Frist läuft ab dem Tag, an dem die Zuwiderhandlung begangen worden ist. Im Fall andauernder oder wiederholter Zuwiderhandlungen läuft die Frist jedoch ab dem Tag, an dem die Zuwiderhandlung beendet wird.

(3) Jede Maßnahme der Kommission oder des Koordinators für digitale Dienste zum Zwecke der Untersuchung oder Verfolgung einer Zuwiderhandlung unterbricht die Verjährungsfrist für die Verhängung von Geldbußen oder Zwangsgeldern. Zu den Maßnahmen, die die Verjährungsfrist unterbrechen, gehören insbesondere

a) Auskunftsverlangen der Kommission oder eines Koordinators für digitale Dienste,
b) Nachprüfungen,
c) die Eröffnung eines Verfahrens durch die Kommission gemäß Artikel 66 Absatz 1.

(4) Nach jeder Unterbrechung beginnt die Frist von Neuem. Die Verjährungsfrist für die Verhängung von Geldbußen oder Zwangsgeldern endet jedoch spätestens an dem Tag, an dem ein Zeitraum verstrichen ist, der der doppelten Verjährungsfrist entspricht, ohne dass die Kommission eine Geldbuße

Gesetz über digitale Dienste

oder ein Zwangsgeld verhängt hat. Diese Frist wird um den Zeitraum verlängert, in dem die Verjährungsfrist gemäß Absatz 5 ausgesetzt wurde.

(5) Die Verjährungsfrist für die Durchsetzung von Geldbußen oder Zwangsgeldern ruht, solange zu dem Beschluss der Kommission ein Verfahren vor dem Gerichtshof der Europäischen Union anhängig ist.

Art. 78 Verjährungsfrist für die Durchsetzung von Sanktionen. (1) Für die Befugnisse der Kommission zur Durchsetzung von Beschlüssen gemäß den Artikeln 74 und 76 gilt eine Verjährungsfrist von fünf Jahren.

(2) Die Verjährungsfrist läuft ab dem Tag, an dem der Beschluss rechtskräftig wird.

(3) Die Verjährungsfrist für die Durchsetzung von Sanktionen wird durch Folgendes unterbrochen:
a) die Bekanntgabe eines Beschlusses, durch den der ursprüngliche Betrag der Geldbuße oder des Zwangsgelds geändert oder ein Antrag auf eine solche Änderung abgelehnt wird,
b) jede auf zwangsweise Beitreibung der Geldbuße oder des Zwangsgelds gerichtete Maßnahme der Kommission oder eines Mitgliedstaats, der auf Ersuchen der Kommission handelt.

(4) Nach jeder Unterbrechung beginnt die Frist von Neuem.

(5) Die Verjährungsfrist für die Durchsetzung von Sanktionen ruht, solange
a) eine Zahlungsfrist bewilligt ist,
b) die Zwangsvollstreckung durch eine Entscheidung des Gerichtshofs der Europäischen Union oder eine Entscheidung eines nationalen Gerichts ausgesetzt ist.

Art. 79 Anspruch auf rechtliches Gehör und Recht auf Akteneinsicht.
(1) Bevor die Kommission einen Beschluss gemäß Artikel 73 Absatz 1, Artikel 74 oder Artikel 76 erlässt, gibt sie dem betreffenden Anbieter einer sehr großen Online-Plattform oder einer sehr großen Online-Suchmaschine oder einer anderen Person gemäß Artikel 67 Absatz 1 Gelegenheit, sich zu Folgendem zu äußern:
a) der vorläufigen Beurteilung der Kommission, einschließlich der Beschwerdepunkte, und
b) den Maßnahmen, die die Kommission in Anbetracht der vorläufigen Beurteilung gemäß Buchstabe a zu treffen beabsichtigt.

(2) Der betreffende Anbieter einer sehr großen Online-Plattform oder einer sehr großen Online-Suchmaschine oder eine andere Person gemäß Artikel 67 Absatz 1 kann innerhalb einer von der Kommission in ihrer vorläufigen Beurteilung gesetzten angemessenen Frist, die mindestens 14 Tage beträgt, zu der vorläufigen Beurteilung der Kommission Stellung nehmen.

(3) Die Kommission stützt ihre Beschlüsse ausschließlich auf Beschwerdepunkte, zu denen sich die betroffenen Parteien äußern konnten.

3 DSA

Gesetz über digitale Dienste

(4) Die Verteidigungsrechte der betroffenen Parteien werden während des Verfahrens in vollem Umfang gewahrt. Sie haben vorbehaltlich des berechtigten Interesses des betreffenden Anbieters einer sehr großen Online-Plattform oder einer sehr großen Online-Suchmaschine oder der betreffenden anderen Person an der Wahrung ihrer Geschäftsgeheimnisse das Recht auf Einsicht in die Akten der Kommission im Rahmen einer einvernehmlichen Einsichtnahme. Die Kommission ist befugt, im Falle von Meinungsverschiedenheiten zwischen den Parteien Beschlüsse über die Bedingungen im Zusammenhang mit der Offenlegung zu fassen. Vom Recht auf Einsicht in die Akten der Kommission ausgenommen sind vertrauliche Informationen und interne Dokumente der Kommission, des Gremiums, der Koordinatoren für digitale Dienste, anderer zuständiger Behörden oder anderer öffentlicher Behörden der Mitgliedstaaten. Insbesondere ist die Korrespondenz zwischen der Kommission und den Behörden der Mitgliedstaaten von der Akteneinsicht ausgenommen. Dieser Absatz steht der Offenlegung und Verwendung der für den Nachweis einer Zuwiderhandlung notwendigen Informationen durch die Kommission in keiner Weise entgegen.

(5) Die gemäß den Artikeln 67, 68 und 69 erlangten Informationen dürfen ausschließlich für die Zwecke dieser Verordnung verwendet werden.

Art. 80 Veröffentlichung von Beschlüssen. (1) Die Kommission veröffentlicht die Beschlüsse, die sie gemäß Artikel 70 Absatz 1 und Artikel 71 Absatz 1 sowie gemäß den Artikeln 73 bis 76 erlässt. Bei dieser Veröffentlichung gibt sie die Namen der Parteien, den wesentlichen Inhalt des Beschlusses und die gegebenenfalls verhängten Sanktionen an.

(2) Die Veröffentlichung trägt den Rechten und berechtigten Interessen des betreffenden Anbieters einer sehr großen Online-Plattform oder einer sehr großen Online-Suchmaschine, jeder anderen Person gemäß Artikel 67 Absatz 1 und etwaiger Dritter am Schutz ihrer vertraulichen Informationen Rechnung.

Art. 81 Ermessensnachprüfung durch den Gerichtshof der Europäischen Union. Nach Artikel 261 AEUV hat der Gerichtshof der Europäischen Union die Befugnis zu unbeschränkter Ermessensnachprüfung von Beschlüssen, mit denen die Kommission Geldbußen oder Zwangsgelder verhängt hat. Er kann die verhängten Geldbußen oder Zwangsgelder aufheben, herabsetzen oder erhöhen.

Art. 82 Beschränkung der Anträge auf Akteneinsicht und Zusammenarbeit mit nationalen Gerichten. (1) Wurden alle Befugnisse nach diesem Abschnitt zur Einstellung einer Zuwiderhandlung gegen diese Verordnung ausgeschöpft, aber die Zuwiderhandlung hält an und verursacht einen schwerwiegenden Schaden, der durch die Ausübung anderer Befugnisse nach Unionsrecht oder nationalem Recht nicht vermieden werden kann, kann die Kommission den Koordinator für digitale Dienste am Niederlassungsort des betreffenden Anbieters einer sehr großen Online-Plattform oder einer sehr großen Online-Suchmaschine auffordern, gemäß Artikel 51 Absatz 3 tätig zu werden.

Gesetz über digitale Dienste **DSA 3**

Bevor die Kommission eine solche Aufforderung an den Koordinator für digitale Dienste richtet, gibt sie Beteiligten Gelegenheit, innerhalb einer Frist von mindestens 14 Arbeitstagen schriftlich dazu Stellung zu nehmen, wobei sie die beabsichtigten Maßnahmen beschreibt und den bzw. die Adressaten der Aufforderung nennt.

(2) Wenn die kohärente Anwendung dieser Verordnung dies erfordert, kann die Kommission von Amts wegen der in Artikel 51 Absatz 3 genannten zuständigen Justizbehörde eine schriftliche Stellungnahme übermitteln. Mit Zustimmung der betreffenden Justizbehörde kann sie auch mündlich Stellung nehmen.

Ausschließlich zur Vorbereitung ihrer Stellungnahme kann die Kommission diese Justizbehörde auffordern, ihr alle für die Beurteilung des Falles erforderlichen Unterlagen zu übermitteln oder für deren Übermittlung zu sorgen.

(3) Entscheidet ein nationales Gericht in einer Angelegenheit, die bereits Gegenstand eines Beschlusses der Kommission nach dieser Verordnung ist, erlässt dieses nationale Gericht keine Entscheidung, die diesem Beschluss der Kommission zuwiderläuft. Die nationalen Gerichte vermeiden es auch, Entscheidungen zu erlassen, die einem Beschluss zuwiderlaufen könnten, den die Kommission in einem von ihr nach dieser Verordnung eingeleiteten Verfahren zu erlassen beabsichtigt. Zu diesem Zweck kann das nationale Gericht prüfen, ob es notwendig ist, das vor ihm anhängige Verfahren auszusetzen. Dies gilt unbeschadet von Artikels 267 AEUV.

Art. 83 Durchführungsrechtsakte im Zusammenhang mit dem Eingreifen der Kommission. In Bezug auf das Eingreifen der Kommission gemäß diesem Abschnitt kann die Kommission Durchführungsrechtsakte zu den praktischen Modalitäten für Folgendes erlassen:
a) die Verfahren gemäß den Artikeln 69 bis 72,
b) die Anhörungen gemäß Artikel 79,
c) die einvernehmliche Offenlegung von Informationen gemäß Artikel 79.

Bevor Maßnahmen gemäß Absatz 1 ergriffen werden, veröffentlicht die Kommission einen Entwurf dieser Maßnahmen und fordert alle Beteiligten auf, innerhalb der darin festgelegten Frist, die mindestens einen Monat beträgt, dazu Stellung zu nehmen. Diese Durchführungsrechtsakte werden gemäß dem in Artikel 88 genannten Beratungsverfahren erlassen.

ABSCHNITT 5
Gemeinsame Durchsetzungsbestimmungen

Art. 84 Berufsgeheimnis. Unbeschadet des Austauschs und der Verwendung der Informationen gemäß diesem Kapitel geben die Kommission, das Gremium, die zuständigen Behörden der Mitgliedstaaten und ihre jeweiligen Beamten, Bediensteten und sonstigen Personen, die unter ihrer Aufsicht tätig sind, sowie die anderen beteiligten natürlichen oder juristischen Personen, einschließlich der gemäß Artikel 72 Absatz 2 benannten Prüfer und Sachverständigen, keine Informationen preis, die sie bei der Anwendung dieser Verordnung erlangt oder ausgetauscht haben und die ihrem Wesen nach unter das Berufsgeheimnis fallen.

Art. 85 Informationsaustauschsystem. (1) Die Kommission errichtet und pflegt ein zuverlässiges und sicheres Informationsaustauschsystem für die Kommunikation zwischen den Koordinatoren für digitale Dienste, der Kommission und dem Gremium. Andere zuständige Behörden können Zugang zu diesem System erhalten, wenn dies für die Durchführung der ihnen im Einklang mit dieser Verordnung übertragenen Aufgaben erforderlich ist.

(2) Die Koordinatoren für digitale Dienste, die Kommission und das Gremium nutzen das Informationsaustauschsystem für alle Mitteilungen gemäß dieser Verordnung.

(3) Die Kommission erlässt Durchführungsrechtsakte zur Festlegung der praktischen und operativen Modalitäten für die Funktionsweise des Informationsaustauschsystems und seine Interoperabilität mit anderen einschlägigen Systemen. Diese Durchführungsrechtsakte werden gemäß dem in Artikel 88 genannten Beratungsverfahren erlassen.

Art. 86 Vertretung. (1) Unbeschadet der Richtlinie (EU) 2020/1828 oder jeder anderen Art von Vertretung nach nationalem Recht haben die Nutzer von Vermittlungsdiensten zumindest das Recht, eine Einrichtung, Organisation oder Vereinigung mit der Wahrnehmung der mit dieser Verordnung übertragenen Rechte in ihrem Namen zu beauftragen, sofern die Einrichtung, Organisation oder Vereinigung alle folgenden Bedingungen erfüllt:
a) Sie verfolgt keine Gewinnerzielungsabsicht.
b) Sie wurde nach dem Recht eines Mitgliedstaats ordnungsgemäß gegründet.
c) Aus ihren satzungsmäßigen Zielen ergibt sich ein berechtigtes Interesse daran, die Einhaltung dieser Verordnung sicherzustellen.

(2) Die Anbieter von Online-Plattformen ergreifen die erforderlichen technischen und organisatorischen Maßnahmen, damit Beschwerden, die von Einrichtungen, Organisationen oder Vereinigungen gemäß Absatz 1 des vorliegenden Artikels im Namen der Nutzer über die in Artikel 20 Absatz 1 genannten Mechanismen übermittelt werden, vorrangig und umgehend bearbeitet werden und darüber entschieden wird.

ABSCHNITT 6
Delegierte Rechtsakte und Durchführungsrechtsakte

Art. 87 Ausübung der Befugnisübertragung. (1) Die Befugnis zum Erlass delegierter Rechtsakte wird der Kommission unter den in diesem Artikel festgevegten Bedingungen übertragen.

Gesetz über digitale Dienste

(2) Die Befugnis zum Erlass delegierter Rechtsakte gemäß den Artikeln 24, 33, 37, 40 und 43 wird der Kommission für fünf Jahre ab dem 16. November 2022 übertragen. Die Kommission erstellt spätestens neun Monate vor Ablauf des Zeitraums von fünf Jahren einen Bericht über die Befugnisübertragung. Die Befugnisübertragung verlängert sich stillschweigend um Zeiträume gleicher Länge, es sei denn, das Europäische Parlament oder der Rat widersprechen einer solchen Verlängerung spätestens drei Monate vor Ablauf des jeweiligen Zeitraums.

(3) Die Befugnisübertragung gemäß den Artikeln 24, 33, 37, 40 und 43 kann vom Europäischen Parlament oder vom Rat jederzeit widerrufen werden. Der Beschluss über den Widerruf beendet die Übertragung der in diesem Beschluss angegebenen Befugnis. Er wird am Tag nach seiner Veröffentlichung im *Amtsblatt der Europäischen Union* oder zu einem im Beschluss über den Widerruf angegebenen späteren Zeitpunkt wirksam. Die Gültigkeit von delegierten Rechtsakten, die bereits in Kraft sind, wird von dem Beschluss über den Widerruf nicht berührt.

(4) Vor dem Erlass eines delegierten Rechtsakts konsultiert die Kommission die von den einzelnen Mitgliedstaaten benannten Sachverständigen, im Einklang mit den in der Interinstitutionellen Vereinbarung vom 13. April 2016 über bessere Rechtsetzung enthaltenen Grundsätzen.

(5) Sobald die Kommission einen delegierten Rechtsakt erlässt, übermittelt sie ihn gleichzeitig dem Europäischen Parlament und dem Rat.

(6) Ein delegierter Rechtsakt, der gemäß den Artikeln 24, 33, 37, 40 und 43 erlassen wurde, tritt nur in Kraft, wenn weder das Europäische Parlament noch der Rat innerhalb einer Frist von drei Monaten nach Übermittlung dieses Rechtsakts an das Europäische Parlament und den Rat Einwände erhoben haben oder wenn vor Ablauf dieser Frist das Europäische Parlament und der Rat beide der Kommission mitgeteilt haben, dass sie keine Einwände erheben werden. Auf Initiative des Europäischen Parlaments oder des Rates wird diese Frist um drei Monate verlängert.

Art. 88 Ausschussverfahren. (1) Die Kommission wird von einem Ausschuss („Ausschuss für digitale Dienste") unterstützt. Dieser Ausschuss ist ein Ausschuss im Sinne der Verordnung (EU) Nr. 182/2011.

(2) Wird auf diesen Absatz Bezug genommen, gilt Artikel 4 der Verordnung (EU) Nr. 182/2011.

KAPITEL V
SCHLUSSBESTIMMUNGEN

Art. 89 Änderung der Richtlinie 2000/31/EG. (1) Die Artikel 12 bis 15 der Richtlinie 2000/31/EG werden gestrichen.

(2) Bezugnahmen auf die Artikel 12 bis 15 der Richtlinie 2000/31/EG gelten jeweils als Bezugnahmen auf die Artikel 4, 5, 6 und 8 dieser Verordnung.

Art. 90 Änderung der Richtlinie (EU) 2020/1828. In Anhang I der Richtlinie (EU) 2020/1828 wird folgende Nummer angefügt:

„(68) Verordnung (EU) 2022/2065 des Europäischen Parlaments und des Rates vom 19. Oktober 2022 über einen Binnenmarkt für digitale Dienste (Gesetz über digitale Dienste) und zur Änderung der Richtlinie 2000/31/EG (Gesetz über digitale Dienste) (ABl. L 277 vom 27.10.2022, S. 1."

Art. 91 Überprüfung. (1) Bis zum 18. Februar 2027 bewertet die Kommission die potenziellen Auswirkungen dieser Verordnung auf die Entwicklung und das Wirtschaftswachstum kleiner und mittlerer Unternehmen und erstattet dem Europäischen Parlament, dem Rat und dem Europäischen Wirtschafts- und Sozialausschuss darüber Bericht.

Bis zum 17. November 2025 bewertet die Kommission Folgendes und erstattet dem Europäischen Parlament, dem Rat und dem Europäischen Wirtschafts- und Sozialausschuss darüber Bericht:
a) die Anwendung von Artikel 33, einschließlich des Umfangs der Anbieter von Vermittlungsdiensten, die unter die Verpflichtungen nach Kapitel III Abschnitt 5 dieser Verordnung fallen,
b) die Art und Weise wie diese Verordnung Berührungspunkte mit anderen Rechtsakten, insbesondere den in Artikel 2 Absätze 3 und 4 genannten Rechtsakten aufweist.

(2) Bis zum 17. November 2027 und danach alle fünf Jahre bewertet die Kommission diese Verordnung und erstattet dem Europäischen Parlament, dem Rat und dem Europäischen Wirtschafts- und Sozialausschuss darüber Bericht.

In diesem Bericht wird insbesondere Folgendes behandelt:
a) die Anwendung von Absatz 1 Unterabsatz 2 Buchstaben a und b,
b) der Beitrag dieser Verordnung zur Vertiefung und zum effizienten Funktionieren des Binnenmarkts für Vermittlungsdienste, insbesondere im Hinblick auf die grenzüberschreitende Erbringung digitaler Dienste,
c) die Anwendung der Artikel 13, 16, 20, 21, 45 und 46,
d) der Umfang der Verpflichtungen für Klein- und Kleinstunternehmen,
e) die Wirksamkeit der Überwachungs- und Durchsetzungsmechanismen,
f) die Auswirkungen auf die Achtung des Rechts auf freie Meinungsäußerung und auf Auskunft.

(3) Den in den Absätzen 1 und 2 genannten Berichten wird bei Bedarf ein Vorschlag zur Änderung dieser Verordnung beigefügt.

(4) Die Kommission bewertet in dem in Absatz 2 genannten Bericht auch die Jahresberichte über die Tätigkeiten der Koordinatoren für digitale Dienste, die der Kommission und dem Gremium gemäß Artikel 55 Absatz 1 vorzulegen sind, und erstattet darüber Bericht.

(5) Für die Zwecke des Absatzes 2 übermitteln die Mitgliedstaaten und das Gremium auf Verlangen der Kommission Informationen.

Gesetz über digitale Dienste

(6) Bei den in Absatz 2 genannten Bewertungen berücksichtigt die Kommission die Standpunkte und Feststellungen des Europäischen Parlaments, des Rates und anderer einschlägiger Stellen oder Quellen und widmet den kleinen und mittleren Unternehmen und der Stellung neuer Wettbewerber besondere Aufmerksamkeit.

(7) Bis zum 18. Februar 2027 nimmt die Kommission nach Konsultation des Gremiums und unter Berücksichtigung der ersten Jahre der Anwendung der Verordnung eine Bewertung der Arbeitsweise des Gremiums und der Anwendung von Artikel 43 vor und erstattet dem Europäischen Parlament, dem Rat und dem Europäischen Wirtschafts- und Sozialausschuss darüber Bericht. Auf der Grundlage der Ergebnisse und unter weitestgehender Berücksichtigung der Stellungnahme des Gremiums wird diesem Bericht eventuell ein Vorschlag zur Änderung dieser Verordnung in Bezug auf die Struktur des Gremiums beigefügt.

Art. 92 Bevorstehenden Anwendung für Anbieter sehr großer Online-Plattformen und sehr großer Online-Suchmaschinen. Diese Verordnung gilt für Anbieter sehr großer Online-Plattformen und sehr großer Online-Suchmaschinen, die gemäß Artikel 33 Absatz 4 benannt wurden, ab dem Datum vier Monaten nach der Mitteilung an den betreffenden Anbieter gemäß Artikel 33 Absatz 6, wenn dieses Datum vor dem 17. Februar 2024 liegt.

Art. 93 Inkrafttreten und Anwendung. (1) Diese Verordnung tritt am zwanzigsten Tag nach ihrer Veröffentlichung im *Amtsblatt der Europäischen Union* in Kraft.

(2) Diese Verordnung gilt ab dem 17. Februar 2024.

Artikel 24 Absätze 2, 3 und 6, Artikel 33 Absätze 3 bis 6, Artikel 37 Absatz 7, Artikel 40 Absatz 13 und Kapitel IV Abschnitte 4, 5, und 6 gelten jedoch ab dem 16. November 2022.

Diese Verordnung ist in allen ihren Teilen verbindlich und gilt unmittelbar in jedem Mitgliedstaat.

Geschehen zu Straßburg am 19. Oktober 2022.

Im Namen des Europäischen Parlaments

Die Präsidentin

R. METSOLA

Im Namen des Rates

Der Präsident

M. BEK

EG DSA 4

Erwägungsgründe zum Gesetz über digitale Dienste

DAS EUROPÄISCHE PARLAMENT UND DER RAT DER EUROPÄISCHEN UNION –

gestützt auf den Vertrag über die Arbeitsweise der Europäischen Union, insbesondere auf Artikel 114,

auf Vorschlag der Europäischen Kommission,

nach Zuleitung des Entwurfs des Gesetzgebungsakts an die nationalen Parlamente,

nach Stellungnahme des Europäischen Wirtschafts- und Sozialausschusses[1],

nach Stellungnahme des Ausschusses der Regionen[2],

gemäß dem ordentlichen Gesetzgebungsverfahren[3],

in Erwägung nachstehender Gründe:

(1) Dienste der Informationsgesellschaft und insbesondere Vermittlungsdienste sind mittlerweile ein wichtiger Bestandteil der Volkswirtschaft der Union und des Alltags ihrer Bürgerinnen und Bürger. Zwanzig Jahre nach der Annahme des bestehenden, auf derlei Dienste anwendbaren Rechtsrahmens, der in der Richtlinie 2000/31/EG des Europäischen Parlaments und des Rates[4] festgelegt ist, bieten neue und innovative Geschäftsmodelle und Dienste wie soziale Netzwerke und Online-Plattformen, die Verbrauchern den Abschluss von Fernabsatzverträgen mit Unternehmern ermöglichen, Geschäftskunden und Verbrauchern nun die Möglichkeit, auf neuartige Weise Informationen weiterzugeben und darauf zuzugreifen und Geschäftsvorgänge durchzuführen. Eine Mehrheit der Bürgerinnen und Bürger der Union nutzt diese Dienste inzwischen täglich. Der digitale Wandel und die verstärkte Nutzung dieser Dienste haben jedoch auch neue Risiken und Herausforderungen mit sich gebracht, und zwar für den einzelnen Nutzer des jeweiligen Dienstes, die Unternehmen und für die Gesellschaft als Ganzes.

(2) Die Mitgliedstaaten führen zunehmend nationale Rechtsvorschriften zu den von dieser Verordnung abgedeckten Angelegenheiten ein, oder ziehen dies in Erwägung, und schaffen damit insbesondere Sorgfaltspflichten für Anbieter von Vermittlungsdiensten im Hinblick auf die Art und Weise, wie jene gegen

---

1   ABl. C 286 vom 16.7.2021, S. 70.
2   ABl. C 440 vom 29.10.2021, S. 67.
3   Standpunkt des Europäischen Parlaments vom 5. Juli 2022 (noch nicht im Amtsblatt veröffentlicht) und Beschluss des Rates vom 4. Oktober 2022.
4   Richtlinie 2000/31/EG des Europäischen Parlaments und des Rates vom 8. Juni 2000 über bestimmte rechtliche Aspekte der Dienste der Informationsgesellschaft, insbesondere des elektronischen Geschäftsverkehrs, im Binnenmarkt („Richtlinie über den elektronischen Geschäftsverkehr") (ABl. L 178 vom 17.7.2000, S. 1).

rechtswidrige Inhalte, Online-Desinformation oder andere gesellschaftliche Risiken vorgehen sollten. Unter Berücksichtigung des von Natur aus grenzüberschreitenden Charakters des Internets, das im Allgemeinen für die Bereitstellung dieser Dienste verwendet wird, beeinträchtigen diese unterschiedlichen nationalen Rechtsvorschriften den Binnenmarkt, der gemäß Artikel 26 des Vertrags über die Arbeitsweise der Europäischen Union (AEUV) ein Raum ohne Binnengrenzen ist, in dem der freie Verkehr von Waren und Dienstleistungen sowie die Niederlassungsfreiheit gewährleistet sind. Die Bedingungen für die Erbringung von Vermittlungsdiensten im gesamten Binnenmarkt sollten harmonisiert werden, um Unternehmen Zugang zu neuen Märkten und Chancen zur Nutzung der Vorteile des Binnenmarkts zu verschaffen und gleichzeitig den Verbrauchern und anderen Nutzern eine größere Auswahl zu bieten. Für die Zwecke dieser Verordnung werden gewerbliche Nutzer, Verbraucher und andere Nutzer als „Nutzer" angesehen.

(3) Damit das Online-Umfeld sicher, berechenbar und vertrauenswürdig ist und sowohl Bürgerinnen und Bürger der Union als auch andere Personen die ihnen in der Charta der Grundrechte der Europäischen Union (im Folgenden „Charta") garantierten Grundrechte ausüben können, insbesondere das Recht auf Meinungs- und Informationsfreiheit, auf unternehmerische Freiheit, das Recht auf Nichtdiskriminierung und die Erreichung eines hohen Verbraucherschutzniveaus, ist unbedingt ein verantwortungsvolles und sorgfältiges Verhalten der Anbieter von Vermittlungsdiensten erforderlich.

(4) Um das Funktionieren des Binnenmarkts sicherzustellen und zu verbessern, sollten daher auf Unionsebene verbindliche gezielte, einheitliche, wirksame und verhältnismäßige Vorschriften festgelegt werden. Mit dieser Verordnung werden die Voraussetzungen dafür geschaffen, dass im Binnenmarkt innovative digitale Dienste entstehen und expandieren können. Die Angleichung der nationalen Regulierungsmaßnahmen bezüglich der Anforderungen an Anbieter von Vermittlungsdiensten auf Unionsebene ist erforderlich, um eine Fragmentierung des Binnenmarkts zu verhindern und zu beenden, für Rechtssicherheit zu sorgen und somit die Unsicherheit für Entwickler zu verringern und die Interoperabilität zu fördern. Durch die technologieneutrale Gestaltung der Anforderungen sollte die Innovation nicht gehemmt, sondern vielmehr gefördert werden.

(5) Diese Verordnung sollte für die Anbieter bestimmter Dienste der Informationsgesellschaft im Sinne der Richtlinie (EU) 2015/1535 des Europäischen Parlaments und des Rates[5] gelten, also für jede in der Regel gegen Entgelt elektronisch im Fernabsatz und im individuellen Auftrag eines Nutzers erbrachte Dienstleistung. Im Einzelnen sollte diese Verordnung für die Anbieter von Vermittlungsdiensten gelten, insbesondere für Anbieter einer „reinen Durchleitung", von „Caching"-Leistungen und von „Hostingdienst"-Diensten, da die Nutzung

---

5 Richtlinie (EU) 2015/1535 des Europäischen Parlaments und des Rates vom 9. September 2015 über ein Informationsverfahren auf dem Gebiet der technischen Vorschriften und der Vorschriften für die Dienste der Informationsgesellschaft (ABl. L 241 vom 17.9.2015, S. 1).

ErwG zum Gesetz über digitale Dienste

dieser Dienste – hauptsächlich zu verschiedensten berechtigten und gesellschaftlich vorteilhaften Zwecken – exponentiell angestiegen ist und sie dadurch auch bei der Vermittlung und Verbreitung rechtswidriger oder anderweitig schädlicher Informationen und Tätigkeiten eine immer wichtigere Rolle spielen.

(6) In der Praxis vermitteln bestimmte Anbieter von Vermittlungsdiensten Dienstleistungen, die auf elektronischem oder nicht elektronischem Wege erbracht werden können, etwa IT-Dienstleistungen auf Distanz oder Transport-, Beherbergungs- oder Lieferdienste. Diese Verordnung sollte nur für Vermittlungsdienste gelten und die Anforderungen unberührt lassen, die im Unionsrecht oder im nationalen Recht für über Vermittlungsdienste vermittelte Produkte oder Dienstleistungen festgelegt sind; dies gilt auch, wenn der Vermittlungsdienst fester Bestandteil einer anderen Dienstleistung ist, bei der es sich nicht um einen Vermittlungsdienst handelt, wie er in der Rechtsprechung des Gerichtshofs der Europäischen Union anerkannt wird.

(7) Um die Wirksamkeit der in dieser Verordnung festgelegten Vorschriften sowie faire Wettbewerbsbedingungen im Binnenmarkt zu gewährleisten, sollten diese Vorschriften für Anbieter von Vermittlungsdiensten unabhängig von ihrem Niederlassungsort oder ihrem Sitz gelten, sofern sie Dienste in der Union anbieten, belegt durch eine wesentliche Verbindung zur Union.

(8) Eine solche wesentliche Verbindung zur Union sollte dann als gegeben gelten, wenn der Diensteanbieter eine Niederlassung in der Union hat, oder – in Ermangelung einer solchen Niederlassung – wenn die Zahl von Nutzern in einem oder mehreren Mitgliedstaaten im Verhältnis zu dessen oder deren Bevölkerung erheblich ist, oder auf Basis der Ausrichtung von Tätigkeiten auf einen oder mehrere Mitgliedstaaten. Die Ausrichtung von Tätigkeiten auf einen oder mehrere Mitgliedstaaten lässt sich anhand aller relevanten Umstände bestimmen, einschließlich Faktoren wie der Verwendung einer in dem betreffenden Mitgliedstaat gebräuchlichen Sprache oder Währung oder der Möglichkeit, Produkte oder Dienstleistungen zu bestellen, oder der Nutzung einer einschlägigen Domäne oberster Stufe. Ferner ließe sich die Ausrichtung von Tätigkeiten auf einen Mitgliedstaat auch aus der Verfügbarkeit einer Anwendung im jeweiligen nationalen App-Store, der Schaltung lokaler Werbung oder von Werbung in einer im betreffenden Mitgliedstaat verwendeten Sprache oder dem Management der Kundenbeziehungen, zum Beispiel durch die Bereitstellung eines Kundendienstes in einer im betreffenden Mitgliedstaat gebräuchlichen Sprache, ableiten. Das Vorhandensein einer wesentlichen Verbindung sollte auch dann angenommen werden, wenn ein Diensteanbieter seine Tätigkeit im Sinne von Artikel 17 Absatz 1 Buchstabe c der Verordnung (EU) Nr. 1215/2012 des Europäischen Parlaments und des Rates[6] auf einen oder mehrere Mitgliedstaaten ausrichtet. Die bloße technische Zugänglichkeit einer

---

6 Verordnung (EU) Nr. 1215/2012 des Europäischen Parlaments und des Rates vom 12. Dezember 2012 über die gerichtliche Zuständigkeit und die Anerkennung und Vollstreckung von Entscheidungen in Zivil- und Handelssachen (ABl. L 351 vom 20.12.2012, S. 1).

Website in der Union reicht dagegen nicht aus, damit allein aus diesem Grund eine wesentliche Verbindung angenommen wird.

(9) Mit dieser Verordnung werden die für Vermittlungsdienste im Binnenmarkt geltenden Vorschriften vollständig harmonisiert, um ein sicheres, berechenbares und vertrauenswürdiges Online-Umfeld sicherzustellen, das der Verbreitung rechtswidriger Online-Inhalte und den gesellschaftlichen Risiken, die die Verbreitung von Desinformation oder anderen Inhalten mit sich bringen kann, entgegenwirkt, und in dem die in der Charta verankerten Grundrechte wirksam geschützt und Innovationen gefördert werden. Daher sollten die Mitgliedstaaten keine zusätzlichen nationalen Anforderungen in Bezug auf die in den Anwendungsbereich dieser Verordnung fallenden Bereiche erlassen oder beibehalten, es sei denn, dies ist in dieser Verordnung ausdrücklich vorgesehen, da dies die direkte und einheitliche Anwendung der für die Anbieter von Vermittlungsdiensten geltenden vollständig harmonisierten Vorschriften im Einklang mit den Zielen dieser Verordnung beeinträchtigen würde. Dies sollte die Möglichkeit unberührt lassen, andere nationale Rechtsvorschriften, die für Anbieter von Vermittlungsdiensten gelten, im Einklang mit dem Unionsrecht anzuwenden; dies gilt auch für die Richtlinie 2000/31/EG, insbesondere deren Artikel 3, soweit die nationalen Rechtsvorschriften einem anderen berechtigten öffentlichen Interesse dienen als diese Verordnung.

(10) Diese Verordnung sollte andere Rechtsakte der Union unberührt lassen, die die Bereitstellung von Diensten der Informationsgesellschaft im Allgemeinen regeln, andere Aspekte der Bereitstellung von Vermittlungsdiensten im Binnenmarkt regeln oder die in dieser Verordnung festgelegten harmonisierten Vorschriften festlegen und ergänzen, wie etwa die Richtlinie 2010/13/EU des Europäischen Parlaments und des Rates[7], einschließlich ihrer Bestimmungen in Bezug auf Video-Sharing-Plattformen, die Verordnungen (EU) 2019/1148,[8] (EU) 2019/1150[9], (EU) 2021/784[10] und (EU) 2021/1232[11] des Europäischen

---

7 Richtlinie 2010/13/EU des Europäischen Parlaments und des Rates vom 10. März 2010 zur Koordinierung bestimmter Rechts- und Verwaltungsvorschriften der Mitgliedstaaten über die Bereitstellung audiovisueller Mediendienste (Richtlinie über audiovisuelle Mediendienste) (ABl. L 95 vom 15.4.2010, S. 1).

8 Verordnung (EU) 2019/1148 des Europäischen Parlaments und des Rates vom 20. Juni 2019 über die Vermarktung und Verwendung von Ausgangsstoffen für Explosivstoffe, zur Änderung der Verordnung (EG) Nr. 1907/2006 und zur Aufhebung der Verordnung (EU) Nr. 98/2013 (ABl. L 186 vom 11.7.2019, S. 1).

9 Verordnung (EU) 2019/1150 des Europäischen Parlaments und des Rates vom 20. Juni 2019 zur Förderung von Fairness und Transparenz für gewerbliche Nutzer von Online-Vermittlungsdiensten (ABl. L 186 vom 11.7.2019, S. 57).

10 Verordnung (EU) 2021/784 des Europäischen Parlaments und des Rates vom 29. April 2021 zur Bekämpfung der Verbreitung terroristischer Online-Inhalte (ABl. L 172 vom 17.5.2021, S. 79).

11 Verordnung (EU) 2021/1232 des Europäischen Parlaments und des Rates vom 14. Juli 2021 über eine vorübergehende Ausnahme von bestimmten Vorschriften der Richtlinie 2002/58/EG hinsichtlich der Verwendung von Technologien durch Anbieter nummernunabhängiger interpersoneller Kommunikationsdienste zur Verarbeitung personenbezogener und anderer Daten zwecks Bekämpfung des sexuellen Missbrauchs von Kindern im Internet (ABl. L 274 vom 30.7.2021, S. 41).

ErwG zum Gesetz über digitale Dienste **EG DSA 4**

Parlaments und des Rates und die Richtlinie 2002/58/EG des Europäischen Parlaments und des Rates[12] und in einer Verordnung des Europäischen Parlaments und des Rates über Europäische Herausgabeanordnungen und Sicherungsanordnungen für elektronische Beweismittel in Strafsachen und einer Richtlinie des Europäischen Parlaments und des Rates zur Festlegung einheitlicher Regeln für die Bestellung von Vertretern zu Zwecken der Beweiserhebung in Strafverfahren festgelegten Bestimmungen des Unionsrechts.

Ebenso sollte diese Verordnung im Interesse der Klarheit das Unionsrecht über den Verbraucherschutz – insbesondere die Verordnungen (EU) 2017/2394[13] und (EU) 2019/1020[14] des Europäischen Parlaments und des Rates, die Richtlinien 2001/95/EG[15], 2005/29/EG[16], 2011/83/EU[17] und 2013/11/EU[18] des Europäischen Parlaments und des Rates und die Richtlinie 93/13/EWG des Rates[19] – sowie das Unionsrecht über den Schutz personenbezogener Daten – insbesondere die Verordnung (EU) 2016/679 des Europäischen Parlaments und des Rates[20] – unberührt lassen.

---

12 Richtlinie 2002/58/EG des Europäischen Parlaments und des Rates vom 12. Juli 2002 über die Verarbeitung personenbezogener Daten und den Schutz der Privatsphäre in der elektronischen Kommunikation (Datenschutzrichtlinie für elektronische Kommunikation) (ABl. L 201 vom 31.7.2002, S. 37).

13 Verordnung (EU) 2017/2394 des Europäischen Parlaments und des Rates vom 12. Dezember 2017 über die Zusammenarbeit zwischen den für die Durchsetzung der Verbraucherschutzgesetze zuständigen nationalen Behörden und zur Aufhebung der Verordnung (EG) Nr. 2006/2004, (ABl. L 345 vom 27.12.2017, S. 1).

14 Verordnung (EU) 2019/1020 des Europäischen Parlaments und des Rates vom 20. Juni 2019 über Marktüberwachung und die Konformität von Produkten sowie zur Änderung der Richtlinie 2004/42/EG und der Verordnungen (EG) Nr. 765/2008 und (EU) Nr. 305/2011 (ABl. L 169 vom 25.6.2019, S. 1).

15 Richtlinie 2001/95/EG des Europäischen Parlaments und des Rates vom 3. Dezember 2001 über die allgemeine Produktsicherheit (ABl. L 11 vom 15.1.2002, S. 4).

16 Richtlinie 2005/29/EG des Europäischen Parlaments und des Rates vom 11. Mai 2005 über unlautere Geschäftspraktiken von Unternehmen gegenüber Verbrauchern im Binnenmarkt und zur Änderung der Richtlinie 84/450/EWG des Rates, der Richtlinien 97/7/EG, 98/27/EG und 2002/65/EG des Europäischen Parlaments und des Rates sowie der Verordnung (EG) Nr. 2006/2004 des Europäischen Parlaments und des Rates (Richtlinie über unlautere Geschäftspraktiken) (ABl. L 149 vom 11.6.2005, S. 22).

17 Richtlinie 2011/83/EU des Europäischen Parlaments und des Rates vom 25. Oktober 2011 über die Rechte der Verbraucher, zur Abänderung der Richtlinie 93/13/EWG des Rates und der Richtlinie 1999/44/EG des Europäischen Parlaments und des Rates sowie zur Aufhebung der Richtlinie 85/577/EWG des Rates und der Richtlinie 97/7/EG des Europäischen Parlaments und des Rates (ABl. L 304 vom 22.11.2011, S. 64).

18 Richtlinie 2013/11/EU des Europäischen Parlaments und des Rates vom 21. Mai 2013 über die alternative Beilegung verbraucherrechtlicher Streitigkeiten und zur Änderung der Verordnung (EG) Nr. 2006/2004 und der Richtlinie 2009/22/EG (ABl. L 165 vom 18.6.2013, S. 63).

19 Richtlinie 93/13/EWG des Rates vom 5. April 1993 über missbräuchliche Klauseln in Verbraucherverträgen (ABl. L 95 vom 21.4.1993, S. 29).

20 Verordnung (EU) 2016/679 des Europäischen Parlaments und des Rates vom 27. April 2016 zum Schutz natürlicher Personen bei der Verarbeitung personenbezogener Daten, zum freien Datenverkehr und zur Aufhebung der Richtlinie 95/46/EG (Datenschutz-Grundverordnung) (ABl. L 119 vom 4.5.2016, S. 1).

Daher sollte diese Verordnung auch nicht die Unionsvorschriften im Bereich des Internationalen Privatrechts, insbesondere nicht die Vorschriften über die rechtliche Zuständigkeit sowie über die Anerkennung und Vollstreckung von Entscheidungen in Zivil- und Handelssachen, wie die Verordnung (EU) Nr. 1215/2012, und die Vorschriften über das auf vertragliche und außervertragliche Schuldverhältnisse anzuwendende Recht berühren. Der Schutz von Einzelpersonen bei der Verarbeitung personenbezogener Daten wird einzig durch die Vorschriften des Unionsrechts in diesem Bereich geregelt, insbesondere durch die Verordnung (EU) 2016/679 und die Richtlinie 2002/58/EG. Diese Verordnung sollte auch das Unionsrecht über Arbeitsbedingungen und das Unionsrechts im Bereich der justiziellen Zusammenarbeit in Zivil- und Strafsachen unberührt lassen. Soweit mit diesen Unionsrechtsakten allerdings dieselben Ziele wie mit dieser Verordnung verfolgt werden, sollten die Vorschriften dieser Verordnung für Fragen gelten, die von den genannten anderen Rechtsakten nicht oder nicht vollständig behandelt werden, und Fragen, bei denen diese anderen Rechtsakte den Mitgliedstaaten die Möglichkeit lassen, bestimmte Maßnahmen auf nationaler Ebene zu ergreifen.

(11) Es sollte präzisiert werden, dass diese Verordnung das Unionsrecht über das Urheberrecht und verwandte Schutzrechte – insbesondere die Richtlinien 2001/29/EG[21], 2004/48/EG[22] und (EU) 2019/790[23] des Europäischen Parlaments und des Rates, in dem bestimmte Vorschriften und Verfahren festgelegt sind, die unberührt bleiben sollten – nicht berührt.

(12) Um das Ziel zu erreichen, ein sicheres, berechenbares und vertrauenswürdiges Online-Umfeld sicherzustellen, sollte die Definition des Begriffs „rechtswidrige Inhalte" für die Zwecke dieser Verordnung im Großen und Ganzen den bestehenden Regeln in der Offline-Umgebung entsprechen. Insbesondere sollte der Begriff „rechtswidrige Inhalte" so weit gefasst werden, dass er Informationen im Zusammenhang mit rechtswidrigen Inhalten, Produkten, Dienstleistungen oder Tätigkeiten umfasst. Insbesondere sollte der Begriff so ausgelegt werden, dass er sich auf Informationen unabhängig von ihrer Form bezieht, die nach geltendem Recht entweder an sich rechtswidrig sind, etwa rechtswidrige Hassrede, terroristische Inhalte oder rechtswidrige diskriminierende Inhalte, oder nach dem geltenden Recht rechtswidrig sind, weil sie mit rechtswidrigen Handlungen zusammenhängen. Beispiele hierfür sind etwa die Weitergabe von Darstellungen sexuellen Missbrauchs von Kin-

---

21 Richtlinie 2001/29/EG des Europäischen Parlaments und des Rates vom 22. Mai 2001 zur Harmonisierung bestimmter Aspekte des Urheberrechts und der verwandten Schutzrechte in der Informationsgesellschaft (ABl. L 167 vom 22.6.2001, S. 10).
22 Richtlinie 2004/48/EG des Europäischen Parlaments und des Rates vom 29. April 2004 zur Durchsetzung der Rechte des geistigen Eigentums (ABl. L 157 vom 30.4.2004, S. 45).
23 Richtlinie (EU) 2019/790 des Europäischen Parlaments und des Rates vom 17. April 2019 über das Urheberrecht und die verwandten Schutzrechte im digitalen Binnenmarkt und zur Änderung der Richtlinien 96/9/EG und 2001/29/EG (ABl. L 130 vom 17.5.2019, S. 92).

ErwG zum Gesetz über digitale Dienste

dern, die rechtswidrige Weitergabe privater Bilder ohne Zustimmung, Cyber-Stalking, der Verkauf nicht konformer oder gefälschter Produkte, der Verkauf von Produkten oder die Erbringung von Dienstleistungen unter Verstoß gegen das Verbraucherschutzrecht, die nicht genehmigte Verwendung urheberrechtlich geschützten Materials, das rechtswidrige Angebot von Beherbergungsdienstleistungen oder der rechtswidrige Verkauf von lebenden Tieren. Im Gegensatz dazu sollte ein Augenzeugenvideo eines potenziellen Verbrechens nicht als rechtswidriger Inhalt betrachtet werden, nur weil es eine rechtswidrige Handlung zeigt, wenn die Aufnahme oder öffentliche Verbreitung eines solchen Videos nach nationalem Recht oder Unionsrecht nicht rechtswidrig ist. In dieser Hinsicht ist es unerheblich, ob die Rechtswidrigkeit der Information oder der Handlung sich aus dem Unionsrecht oder aus mit dem Unionsrecht im Einklang stehendem nationalem Recht ergibt, um welche Art von Rechtsvorschriften es geht und was diese zum Gegenstand haben.

(13) Aufgrund der besonderen Merkmale der betreffenden Dienste und der daraus folgenden Notwendigkeit, deren Anbietern bestimmte spezifische Verpflichtungen aufzuerlegen, ist innerhalb der weiter gefassten Kategorie Hostingdiensteanbieter gemäß der Definition in dieser Verordnung die Unterkategorie Online-Plattformen abzugrenzen. Online-Plattformen wie soziale Netzwerke oder Online-Plattformen, die Verbrauchern den Abschluss von Fernabsatzverträgen mit Unternehmern ermöglichen, sollten als Hostingdiensteanbieter definiert werden, die nicht nur im Auftrag der Nutzer von diesen bereitgestellten Informationen speichern, sondern diese Informationen im Auftrag der Nutzer auch öffentlich verbreiten. Um übermäßig weit gefasste Verpflichtungen zu vermeiden, sollten Hostingdiensteanbieter jedoch nicht als Online-Plattformen betrachtet werden, sofern es sich bei dieser Tätigkeit nur um eine unbedeutende und untrennbar mit einem anderen Dienst verbundene reine Nebenfunktion oder um eine unbedeutende Funktion des Hauptdienstes handelt, wobei die Nebenfunktion oder Funktion aus objektiven und technischen Gründen nicht ohne diesen anderen Hauptdienst genutzt werden kann, und sofern die Integration der Nebenfunktion oder der Funktion in den anderen Dienst nicht dazu dient, die Anwendbarkeit der Vorschriften dieser Verordnung für Online-Plattformen zu umgehen. Ein Kommentarbereich einer Online-Zeitung etwa könnte eine solche Funktion darstellen, die eindeutig eine Nebenfunktion des Hauptdienstes ist, nämlich der Veröffentlichung von Nachrichten unter der redaktionellen Verantwortung des Verlegers. Dagegen sollte die Speicherung von Kommentaren in einem sozialen Netzwerk als Online-Plattformdienst betrachtet werden, wenn klar ist, dass es sich um ein nicht unwesentliches Merkmal des angebotenen Dienstes handelt, auch wenn es eine Nebenleistung zur Veröffentlichung der Beiträge der Nutzer ist. Für die Zwecke dieser Verordnung sollten Cloud-Computing- oder Web-Hostingdienste nicht als Online-Plattform angesehen werden, bei der die öffentliche Verbreitung bestimmter Informationen eine unbedeutende Nebenfunktion oder eine unbedeutende Funktion dieser Dienste darstellt.

Darüber hinaus sollten Cloud-Computing- und Web-Hostingdienste, wenn sie als Infrastruktur dienen – etwa als zugrunde liegender infrastruktureller Speicher- und Rechendienst einer internetbasierten Anwendung, Website oder Online-Plattform – an sich nicht als Mittel zur öffentlichen Verbreitung von Informationen angesehen werden, die im Auftrag eines Nutzers einer von ihnen betriebenen Anwendung, Website oder Online-Plattform gespeichert oder verarbeitet werden.

(14) Der Begriff „öffentliche Verbreitung", wie in dieser Verordnung genutzt, sollte die Bereitstellung von Informationen für eine potenziell unbegrenzte Zahl von Personen umfassen, also die Bereitstellung eines leichten Zugangs für die Nutzer im Allgemeinen, ohne dass weiteres Tätigwerden durch den Nutzer, der die Informationen bereitstellt, erforderlich wäre; dabei spielt es keine Rolle, ob diese Personen tatsächlich auf die betreffenden Informationen zugreifen. Dementsprechend sollte in Fällen, in denen eine Registrierung oder die Aufnahme in eine Nutzergruppe erforderlich ist, um Zugang zu Informationen zu erlangen, nur dann von einer öffentlichen Verbreitung der Informationen ausgegangen werden, wenn die Nutzer, die auf die Informationen zugreifen möchten, automatisch registriert oder aufgenommen werden, ohne eine menschliche Entscheidung oder Auswahl, wem Zugang gewährt wird. Interpersonelle Kommunikationsdienste im Sinne der Richtlinie (EU) 2018/1972 des Europäischen Parlaments und des Rates[24], etwa E-Mail oder Instant Messaging-Dienste, fallen nicht in den Anwendungsbereich der Begriffsbestimmung für Online-Plattformen, da sie für die interpersonelle Kommunikation zwischen einer endlichen Zahl von Personen verwendet werden, die vom Absender der Kommunikation bestimmt wird. Die in dieser Verordnung festgelegten Verpflichtungen für Anbieter von Online-Plattformen können jedoch auch für Dienste gelten, die die Bereitstellung von Informationen für eine potenziell unbegrenzte Zahl von Nutzern ermöglichen, die nicht vom Absender der Kommunikation bestimmt wird, beispielsweise über öffentliche Gruppen oder offene Kanäle. Informationen sollten nur dann als öffentlich verbreitet im Sinne dieser Verordnung gelten, wenn diese Verbreitung direkt im Auftrag des Nutzers, der die Informationen bereitgestellt hat, geschieht.

(15) Fallen einige von einem Anbieter erbrachte Dienste in den Anwendungsbereich dieser Verordnung und andere nicht, oder fallen die von einem Anbieter erbrachten Dienste unter verschiedene Abschnitte dieser Verordnung, so sollten die einschlägigen Bestimmungen dieser Verordnung nur für diejenigen Dienste gelten, die in deren Anwendungsbereich fallen.

(16) Die mit dem horizontalen Rahmen für bedingte Haftungsausschlüsse für Anbieter von Vermittlungsdiensten gemäß der Richtlinie 2000/31/EG geschaffene Rechtssicherheit hat dazu geführt, dass im ganzen Binnenmarkt viele neuartige Dienste entstehen und expandieren konnten. Dieser Rahmen sollte daher

---

24 Richtlinie (EU) 2018/1972 des Europäischen Parlaments und des Rates vom 11. Dezember 2018 über den europäischen Kodex für die elektronische Kommunikation (ABl. L 321 vom 17.12.2018, S. 36).

ErwG zum Gesetz über digitale Dienste **EG DSA 4**

bestehen bleiben. Angesichts der Abweichungen bei der Umsetzung und Anwendung der einschlägigen Vorschriften auf nationaler Ebene und aus Gründen der Klarheit und Kohärenz sollte dieser Rahmen jedoch in diese Verordnung aufgenommen werden. Zudem müssen bestimmte Elemente dieses Rahmens unter Berücksichtigung der Rechtsprechung des Gerichtshofs der Europäischen Union präzisiert werden.

(17) Mit den in dieser Verordnung festgelegten Vorschriften über die Haftung der Anbieter von Vermittlungsdiensten sollte nur festgelegt werden, wann der betreffende Anbieter von Vermittlungsdiensten im Zusammenhang mit von den Nutzern bereitgestellten rechtswidrigen Inhalten nicht haftbar gemacht werden kann. Die Vorschriften sollten nicht so ausgelegt werden, dass sie eine positive Grundlage dafür darstellen, festzustellen, wann ein Anbieter haftbar gemacht werden kann; dies ist nach den geltenden Vorschriften des Unionsrechts oder des nationalen Rechts zu bestimmen. Zudem sollten die in dieser Verordnung festgelegten Haftungsausschlüsse für jegliche Art der Haftung im Zusammenhang mit jeglicher Art von rechtswidrigen Inhalten gelten, unabhängig von dem genauen Gegenstand oder der Art dieser Rechtsvorschriften.

(18) Die in dieser Verordnung festgelegten Haftungsausschlüsse sollten nicht gelten, wenn der Anbieter sich nicht darauf beschränkt, die Dienstleistungen auf neutrale Weise und durch die bloße technische und automatische Verarbeitung der vom Nutzer bereitgestellten Informationen zu erbringen, sondern dahin gehend eine aktive Rolle einnimmt, dass er Wissen oder Kontrolle über diese Informationen erhält. Diese Ausschlüsse sollten dementsprechend nicht für die Haftung im Zusammenhang mit Informationen gelten, die nicht vom Nutzer bereitgestellt werden, sondern vom Anbieter des Vermittlungsdienstes selbst, auch wenn diese Informationen im Rahmen der redaktionellen Verantwortung dieses Anbieters entwickelt wurden.

(19) Vor dem Hintergrund der abweichenden Eigenschaften der Tätigkeiten „reine Durchleitung", „Caching" und „Hosting" sowie der unterschiedlichen Position und Fähigkeiten der Anbieter der betreffenden Dienste ist es erforderlich, die für diese Tätigkeiten geltenden Vorschriften insofern zu unterscheiden, als sie nach dieser Verordnung anderen Anforderungen und Bedingungen unterliegen, und ihr Geltungsbereich nach der Auslegung des Gerichtshofs der Europäischen Union variiert.

(20) Arbeitet ein Anbieter von Vermittlungsdiensten bewusst mit einem Nutzer zusammen, um rechtswidrige Tätigkeiten auszuüben, sollte nicht davon ausgegangen werden, dass die Dienstleistungen auf neutrale Weise erbracht wurden, und der Anbieter sollte dementsprechend die in dieser Verordnung vorgesehenen Haftungsausschlüsse nicht in Anspruch nehmen können. Dies sollte beispielsweise dann der Fall sein, wenn der Anbieter seine Dienstleistung hauptsächlich zu dem Zweck anbietet, rechtswidrige Tätigkeiten zu erleichtern, indem er beispielsweise seinen Zweck – die Erleichterung rechtswidriger Aktivitäten – klar zum Ausdruck bringt und seine Dienstleistungen für diesen Zweck geeignet sind. Allein die Tatsache, dass ein Dienst verschlüsselte Über-

4 EG DSA ErwG zum Gesetz über digitale Dienste

tragungen oder ein anderes System anbietet, mit dem die Identifizierung des Nutzers unmöglich wird, sollte für sich genommen nicht als Erleichterung rechtswidriger Tätigkeiten gelten.

(21) Ein Anbieter sollte die Haftungsausschlüsse für die „reine Durchleitung" und „Caching"-Leistungen in Anspruch nehmen können, wenn er in keiner Weise mit den übermittelten oder abgerufenen Informationen in Verbindung steht. Voraussetzung dafür ist unter anderem, dass er die von ihm übermittelten oder bereitgestellten Informationen nicht verändert. Unter diese Anforderung sollten jedoch keine Eingriffe technischer Art im Verlauf der Übermittlung oder Bereitstellung fallen, solange sie die Integrität der übermittelten oder bereitgestellten Informationen nicht verändern.

(22) Um den Haftungsausschluss für Hostingdienste in Anspruch nehmen zu können, sollte der Anbieter zügig tätig werden und rechtswidrige Tätigkeiten oder rechtswidrige Inhalte entfernen oder den Zugang dazu sperren, sobald er tatsächliche Kenntnis davon oder ein entsprechendes Bewusstsein erlangt. Die Entfernung oder Sperrung des Zugangs sollte unter Beachtung der Grundrechte der Nutzer, einschließlich des Rechts auf freie Meinungsäußerung und des Rechts auf Auskunft, erfolgen. Der Anbieter kann diese tatsächliche Kenntnis oder dieses Bewusstsein des rechtswidrigen Charakters von Inhalten unter anderem durch Untersuchungen aus eigener Initiative oder durch Meldungen erlangen, die bei ihm von Personen oder Stellen im Einklang mit dieser Verordnung eingehen, sofern solche Meldungen ausreichend präzise und hinreichend begründet sind, damit ein sorgfältiger Wirtschaftsteilnehmer die mutmaßlich rechtswidrigen Inhalte angemessen erkennen und bewerten und gegebenenfalls dagegen vorgehen kann. Eine solche tatsächliche Kenntnis oder ein entsprechendes Bewusstsein kann jedoch nicht allein deshalb als erlangt angesehen werden, weil sich der Anbieter allgemein der Tatsache bewusst ist, dass sein Dienst auch zur Speicherung rechtswidriger Inhalte genutzt wird. Darüber hinaus reicht der Umstand, dass der Anbieter automatisch die in seinen Dienst hochgeladene Informationen indexiert, dass dieser über eine Suchfunktion verfügt oder Informationen auf der Grundlage der Profile oder Präferenzen der Nutzer empfiehlt, nicht aus, um daraus den Schluss zu ziehen, dass dieser Anbieter eine „spezifische" Kenntnis von rechtswidrigen Tätigkeiten auf dieser Plattform oder von auf dieser Plattform gespeicherten rechtswidrigen Inhalten hat.

(23) Der Haftungsausschluss sollte nicht zur Anwendung gelangen, wenn der Nutzer der Aufsicht oder Kontrolle des Anbieters eines Hostingdienstes untersteht. Wenn beispielsweise der Anbieter einer Online-Plattform, die es Verbrauchern ermöglicht, Fernabsatzverträge mit Unternehmern abzuschließen, den Preis der Waren oder Dienstleistungen festlegt, die der Unternehmer anbietet, könnte davon ausgegangen werden, dass der Unternehmer unter der Aufsicht oder Kontrolle dieser Online-Plattform handelt.

(24) Um den wirksamen Schutz der Verbraucher bei Geschäftsvorgängen im Internet über Vermittlungsdienste zu gewährleisten, sollten bestimmte Anbie-

ter von Hostingdiensten, nämlich Online-Plattformen, die Verbrauchern das Abschließen von Fernabsatzverträgen mit Unternehmern ermöglichen, den Haftungsausschluss für Anbieter von Hostingdiensten gemäß dieser Verordnung nicht in Anspruch nehmen können, sofern diese Online-Plattformen die einschlägigen Informationen bezüglich der betreffenden Vorgänge in einer Weise darstellen, die die Verbraucher zu der Annahme veranlasst, dass diese Informationen entweder von der Online-Plattform selbst oder von einem ihrer Aufsicht oder Kontrolle unterstehenden Unternehmer bereitgestellt werden und die Online-Plattformen deshalb Kenntnis von oder Kontrolle über die Informationen haben müssen, selbst wenn dem nicht tatsächlich so ist. Beispiele für ein solches Verhalten könnten sein, dass eine Online-Plattform die Identität des Unternehmers nicht wie von dieser Verordnung gefordert eindeutig anzeigt, dass eine Online-Plattform die Identität oder Kontaktdaten des Unternehmers bis nach Abschluss des Vertrags zwischen dem Unternehmer und dem Verbraucher zurückhält oder dass eine Online-Plattform die Ware oder die Dienstleistung in eigenem Namen anstatt im Namen des Unternehmers, der diese Ware oder Dienstleistung bereitstellen wird, vermarktet. In dieser Hinsicht sollte objektiv und auf Grundlage aller relevanten Umstände ermittelt werden, ob die Darstellung bei einem durchschnittlichen Verbraucher den Eindruck erwecken könnte, dass die fraglichen Informationen von der Online-Plattform selbst oder von einem ihrer Aufsicht oder Kontrolle unterstehenden Unternehmer bereitgestellt wurden.

(25) Die in dieser Verordnung festgelegten Haftungsausschlüsse sollten die Möglichkeit von Verfügungen unterschiedlicher Art gegen Anbieter von Vermittlungsdiensten unberührt lassen, selbst wenn diese die im Rahmen dieser Ausschlüsse festgelegten Bedingungen erfüllen. Solche Verfügungen könnten insbesondere in im Einklang mit dem Unionsrecht erlassenen gerichtlichen oder behördlichen Anordnungen bestehen, die die Abstellung oder Verhinderung einer Zuwiderhandlung verlangen, einschließlich der Entfernung rechtswidriger Inhalte, die in solchen Anordnungen spezifiziert werden, oder der Sperrung des Zugangs zu ihnen.

(26) Um Rechtssicherheit zu schaffen und Abschreckung vor Tätigkeiten zu vermeiden, die Anbieter von allen Kategorien von Vermittlungsdiensten auf freiwilliger Basis zur Erkennung und Feststellung von rechtswidrigen Inhalten sowie zum Vorgehen dagegen durchführen können, sollte präzisiert werden, dass die bloße Durchführung solcher Tätigkeiten durch Anbieter nicht dazu führt, dass die Haftungsausschlüsse gemäß dieser Verordnung nicht in Anspruch genommen werden können, sofern diese Tätigkeiten nach Treu und Glauben und sorgfältig durchgeführt werden. Die Bedingung, nach Treu und Glauben und sorgfältig zu handeln, sollte im Einklang mit dem Ziel und den Anforderungen dieser Verordnung ein objektives, nicht diskriminierendes und verhältnismäßiges Vorgehen unter gebührender Berücksichtigung der Rechte und berechtigten Interessen aller Beteiligten sowie erforderliche Schutzmaßnahmen gegen die ungerechtfertigte Entfernung rechtmäßiger Inhalte umfas-

sen. Zu diesem Zweck sollten die betreffenden Anbieter beispielsweise angemessene Maßnahmen ergreifen, um sicherzustellen, dass bei der Verwendung automatisierter Werkzeuge zur Durchführung solcher Maßnahmen die betreffende Technologie ausreichend zuverlässig ist, um die Fehlerquote so weit wie möglich zu begrenzen. Zudem sollte präzisiert werden, dass das bloße Ergreifen von Maßnahmen durch die Anbieter nach Treu und Glauben zur Einhaltung der Anforderungen des Unionsrechts, einschließlich derer gemäß dieser Verordnung im Hinblick auf die Umsetzung ihrer allgemeinen Geschäftsbedingungen, nicht dazu führen sollte, dass die in dieser Verordnung festgelegten Ausschlüsse nicht in Anspruch genommen werden können. Jegliche dieser Tätigkeiten und Maßnahmen, die ein Anbieter möglicherweise durchgeführt bzw. ergriffen hat, sollten daher nicht berücksichtigt werden, um zu ermitteln, ob der Anbieter einen Haftungsausschluss in Anspruch nehmen kann, insbesondere in Bezug darauf, ob der Anbieter die Dienstleistung auf neutrale Weise erbringt und die einschlägige Vorschrift daher für ihn gelten kann, ohne dass dies jedoch bedeutet, dass sich der Anbieter zwangsläufig darauf berufen kann. Freiwillige Maßnahmen sollten nicht dazu genutzt werden, die Verpflichtungen von Anbietern von Vermittlungsdiensten gemäß dieser Verordnung zu umgehen.

(27) Während es bei den in dieser Verordnung festgelegten Vorschriften über die Haftung der Anbieter von Vermittlungsdiensten vor allem um den Haftungsausschluss für Anbieter von Vermittlungsdiensten geht, ist es wichtig, darauf hinzuweisen, dass trotz der wichtigen Rolle, die solche Anbieter im Allgemeinen einnehmen, das Problem der rechtswidrigen Inhalte und Tätigkeiten im Internet nicht allein durch den Fokus auf deren Haftung und Verantwortung bewältigt werden sollte. Wenn möglich sollten Dritte, die von im Internet übertragenen oder gespeicherten rechtswidrigen Inhalten betroffen sind, versuchen, Konflikte im Zusammenhang mit solchen Inhalten beizulegen, ohne die betreffenden Anbieter von Vermittlungsdiensten zu beteiligen. Die Nutzer sollten für die von ihnen bereitgestellten und möglicherweise über Vermittlungsdienste öffentlich verbreiteten rechtswidrigen Inhalte haften, sofern die geltenden Vorschriften des Unionsrechts und des nationalen Rechts zur Festlegung solcher Haftung dies vorsehen. Gegebenenfalls sollten auch andere Akteure, etwa Gruppenmoderatoren im nicht öffentlichen Online-Umfeld, insbesondere in großen Gruppen, dabei helfen, die Verbreitung rechtswidriger Inhalte im Internet im Einklang mit dem geltenden Recht zu verhindern. Ist es erforderlich, die Anbieter von Diensten der Informationsgesellschaft zu beteiligen, einschließlich der Anbieter von Vermittlungsdiensten, so sollten zudem sämtliche Aufforderungen zu einer solchen Beteiligung oder entsprechende Anordnungen grundsätzlich an den spezifischen Diensteanbieter gerichtet werden, der über die technischen und operativen Fähigkeiten verfügt, gegen bestimmte rechtswidrige Inhalte vorzugehen, um jegliche negativen Auswirkungen auf die Verfügbarkeit und Zugänglichkeit von nicht rechtswidrigen Informationen zu vermeiden und so gering wie möglich zu halten.

ErwG zum Gesetz über digitale Dienste

(28) Seit dem Jahr 2000 wurden neue Technologien entwickelt, die für eine bessere Verfügbarkeit, Wirksamkeit, Geschwindigkeit, Verlässlichkeit, Kapazität und Sicherheit von Systemen für die Übermittlung, „Auffindbarkeit" und Speicherung von Daten im Internet sorgen, wodurch ein immer komplexeres Online-Ökosystem entstanden ist. In dieser Hinsicht sollte daran erinnert werden, dass Anbieter von Diensten zur Bereitstellung und Vereinfachung der zugrunde liegenden logischen Architektur und des reibungslosen Funktionierens des Internets, einschließlich technischer Hilfsfunktionen, ebenfalls die in dieser Verordnung festgelegten Haftungsausschlüsse in Anspruch nehmen können, sofern ihre Dienste als „reine Durchleitung", „Caching"-Leistung oder „Hosting"-Dienst einzuordnen sind. Zu solchen Diensten gehören u. a. lokale Funknetze (WLAN), DNS-Dienste, die Dienste von Namenregistern der Domäne oberster Stufe, Registrierungsstellen und Zertifizierungsstellen, die digitale Zertifikate ausstellen, virtuelle private Netzwerke, Online-Suchmaschinen, Cloud-Infrastrukturdienste oder Netzwerke zur Bereitstellung von Inhalten, die Funktionen anderer Anbieter von Vermittlungsdiensten ermöglichen, lokalisieren oder verbessern. Auch Dienste für Kommunikationszwecke und die technischen Mittel für ihre Bereitstellung haben sich stark entwickelt und zur Entstehung von Online-Diensten wie der Internet-Sprachtelefonie (VoIP), Nachrichtenübermittlungsdiensten und webgestützten E-Mail-Diensten geführt, bei denen die Kommunikation über einen Internetzugangsdienst ermöglicht wird. Bei diesen Diensten ist ebenfalls eine Inanspruchnahme der Haftungsausschlüsse möglich, sofern sie als „reine Durchleitung-", „Caching-"- Leistungen oder „Hosting"-Dienste einzuordnen sind.

(29) Vermittlungsdienste umfassen ein breites Spektrum an wirtschaftlichen Tätigkeiten, die online stattfinden und sich kontinuierlich weiterentwickeln, um eine rasche, sichere und geschützte Übermittlung von Informationen zu ermöglichen und allen Beteiligten des Online-Ökosystems komfortable Lösungen zu bieten. Vermittlungsdienste einer „reinen Durchleitung" umfassen beispielsweise allgemeine Kategorien von Diensten wie Internet-Austauschknoten, drahtlose Zugangspunkte, virtuelle private Netze, DNS-Dienste und DNS-Resolver, Dienste von Namenregistern der Domäne oberster Stufe, Registrierungsstellen, Zertifizierungsstellen, die digitale Zertifikate ausstellen, Internet-Sprachtelefonie (VoIP) und andere interpersonelle Kommunikationsdienste; während als allgemeine Beispiele für Vermittlungsdienste von „Caching"-Leistungen das alleinige Betreiben von Netzwerken zur Bereitstellung von Inhalten, Reverse-Proxys oder Proxys zur Anpassung von Inhalten genannt werden können. Solche Dienste sind von entscheidender Bedeutung für die Sicherstellung einer reibungslosen und effizienten Übertragung der über das Internet bereitgestellten Informationen. Als Beispiele für „Hostingdienste" können Cloud-Computing-Dienste, Web-Hostingdienste, entgeltliche Referenzierungsdienste oder Dienste, die den Online-Austausch von Informationen und Inhalten ermöglichen – darunter die Speicherung und der Austausch von Dateien – genannt werden. Vermittlungsdienste können isoliert, als Teil einer anderen Art von Vermittlungsdienst oder gleichzeitig mit anderen Vermitt-

lungsdiensten erbracht werden. Ob es sich bei einem bestimmten Dienst um eine „reine Durchleitung", eine „Caching"-Leistung oder einen „Hosting"-Dienst handelt, hängt ausschließlich von seinen technischen Funktionen ab, die sich möglicherweise im Laufe der Zeit ändern, und sollte von Fall zu Fall geprüft werden.

(30) Die Anbieter von Vermittlungsdiensten sollten – weder *de jure* noch *de facto* – einer allgemeinen Überwachungspflicht unterliegen. Dies betrifft nicht die Überwachungspflichten in einem bestimmten Fall und berührt insbesondere nicht die Anordnungen der nationalen Behörden im Einklang mit den nationalen Rechtsvorschriften, im Einklang mit dem Unionsrecht, in der Auslegung durch den Gerichtshof der Europäischen Union und im Einklang mit den in dieser Verordnung festgelegten Bedingungen. Diese Verordnung sollte in keinem Fall so ausgelegt werden, dass sie eine allgemeine Überwachungspflicht, eine allgemeine Verpflichtung zur aktiven Nachforschung oder eine allgemeine Verpflichtung der Anbieter zum Ergreifen proaktiver Maßnahmen in Bezug auf rechtswidrige Inhalte auferlegt.

(31) In Abhängigkeit von dem Rechtssystem der Mitgliedstaaten und dem betreffenden Rechtsgebiet können nationale Justiz- oder Verwaltungsbehörden, einschließlich der Strafvollzugsbehörden, die Anbieter von Vermittlungsdiensten anweisen, gegen einzelne oder mehrere bestimmte rechtswidrige Inhalte vorzugehen oder bestimmte Informationen zur Verfügung zu stellen. Die nationalen Rechtsvorschriften, nach denen solche Anordnungen erlassen werden, unterscheiden sich erheblich und die Anordnungen erfolgen zunehmend in grenzüberschreitenden Kontext. Um sicherzustellen, dass derlei Anordnungen – insbesondere im grenzüberschreitenden Kontext – wirksam und effizient befolgt werden können, damit die betreffenden Behörden ihre Aufgaben erfüllen können und die Anbieter keinen unverhältnismäßigen Belastungen ausgesetzt sind, und dabei Auswirkungen auf die Rechte und berechtigten Interessen von Dritten zu vermeiden, ist es erforderlich, bestimmte Bedingungen, denen diese Anordnungen genügen sollten, und einige zusätzliche Anforderungen im Zusammenhang mit der Bearbeitung dieser Anordnungen festzulegen. Daher sollten in dieser Verordnung nur bestimmte spezifische Mindestbedingungen harmonisiert werden, die solche Anordnungen erfüllen sollten, damit die Anbieter von Vermittlungsdiensten verpflichtet werden, die einschlägigen Behörden über die Ausführung dieser Anordnungen zu informieren. Daher bietet diese Verordnung weder die Rechtsgrundlage für den Erlass solcher Anordnungen noch regelt sie deren räumlichen Anwendungsbereich oder grenzüberschreitende Durchsetzung.

(32) Das geltende Unionsrecht oder das nationale Recht, auf dessen Grundlage diese Anordnungen erlassen werden, kann zusätzliche Bedingungen umfassen und sollte auch die Grundlage für die Vollstreckung der jeweiligen Anordnungen bilden. Im Falle der Nichtbefolgung solcher Anordnungen sollte der die Anordnung erlassende Mitgliedstaat diese im Einklang mit seinem nationalen Recht durchsetzen können. Die geltenden nationalen Rechtsvorschriften soll-

ErwG zum Gesetz über digitale Dienste

ten mit dem Unionsrecht, einschließlich der Charta und der Bestimmungen des AEUV über die Niederlassungsfreiheit und den freien Dienstleistungsverkehr in der Union, insbesondere in Bezug auf Online-Glücksspiele und Online-Wetten, im Einklang stehen. Ebenso lässt die Anwendung solcher nationalen Rechtsvorschriften für die Vollstreckung der jeweiligen Anordnungen geltende Rechtsakte der Union oder internationale Übereinkünfte unberührt, die von der Union oder den Mitgliedstaaten in Bezug auf die grenzüberschreitende Anerkennung, Ausführung und Vollstreckung dieser Anordnungen, insbesondere in Zivil- und Strafsachen, geschlossen wurden. Andererseits sollte die Vollstreckung der Verpflichtung, die einschlägigen Behörden über die Ausführung der Anordnungen zu informieren, im Gegensatz zur Vollstreckung der Anordnungen selbst, den in dieser Verordnung festgelegten Vorschriften unterliegen.

(33) Der Anbieter von Vermittlungsdiensten sollte die Behörde, die Anordnungen erlassen hat, unverzüglich über etwaige Folgemaßnahmen zu solchen Anordnungen innerhalb der im einschlägigen Unionsrecht oder im nationalen Recht festgelegten Fristen unterrichten.

(34) Die zuständigen nationalen Behörden sollten solche Anordnungen gegen als rechtswidrig erachtete Inhalte oder Auskunftsanordnungen auf der Grundlage des Unionsrechts oder nationaler Rechtsvorschriften im Einklang mit dem Unionsrecht – insbesondere der Charta – erlassen und sie an Anbieter von Vermittlungsdiensten richten können – auch an Vermittlungsdienste, die in einem anderen Mitgliedstaat niedergelassen sind. Das Unionsrecht im Bereich der justiziellen Zusammenarbeit in Zivil- oder Strafsachen, einschließlich der Verordnung (EU) Nr. 1215/2012 und einer Verordnung über Europäische Herausgabeanordnungen und Sicherungsanordnungen für elektronische Beweismittel in Strafsachen, sowie das nationale Straf- oder Zivilprozessrecht bleiben von der vorliegenden Verordnung jedoch unberührt. Sehen diese Rechtsvorschriften im Rahmen von Straf- oder Zivilverfahren Bedingungen vor, die zu den in dieser Verordnung vorgesehenen Bedingungen für Anordnungen zum Vorgehen gegen rechtswidrige Inhalte oder Auskunftsanordnungen hinzukommen oder mit ihnen unvereinbar sind, so könnten die in dieser Verordnung festgelegten Bedingungen nicht zur Anwendung kommen oder angepasst werden. Insbesondere könnte die Verpflichtung des Koordinators für digitale Dienste aus dem Mitgliedstaat der Behörde, die die Anordnung erlassen hat, zur Übermittlung einer Kopie der Anordnung an alle anderen Koordinatoren für digitale Dienste, im Zusammenhang mit Strafverfahren nicht zur Anwendung kommen oder angepasst werden, wenn das geltende nationale Strafprozessrecht dies vorsieht.

Darüber hinaus sollte die Verpflichtung, dass die Anordnung eine Begründung enthalten muss, aus der hervorgeht, warum es sich bei den Informationen um rechtswidrige Inhalte handelt, erforderlichenfalls nach dem geltenden nationalen Strafprozessrecht zur Verhütung, Ermittlung, Aufdeckung oder Verfolgung von Straftaten angepasst werden. Schließlich kann die Verpflichtung des Anbieters von Vermittlungsdiensten zur Unterrichtung des Nutzers im Einklang mit den geltenden Vorschriften des Unionsrechts oder nationalen Rechts verzögert werden, insbesondere im Kontext von straf-, zivil- oder verwaltungsrechtlichen Verfahren. Außerdem sollten die Anordnungen im Einklang mit der Verordnung (EU) 2016/679 und dem in dieser Verordnung festgelegten Verbot allgemeiner Verpflichtungen zur Überwachung von Informationen oder zur aktiven Ermittlung von Tatsachen oder Umständen, die auf rechtswidrige Tätigkeiten hindeuten, erlassen werden. Die in dieser Verordnung festgelegten Bedingungen und Anforderungen, die für Anordnungen zum Vorgehen gegen rechtswidrige Inhalte gelten, lassen andere Rechtsakte der Union unberührt, die ähnliche Mechanismen für das Vorgehen gegen bestimmte Arten rechtswidriger Inhalte vorsehen, etwa die Verordnung (EU) 2021/784, die Verordnung (EU) 2019/1020 oder die Verordnung (EU) 2017/2394, mit der spezifische Befugnisse zur Anordnung der Bereitstellung von Informationen an die Verbraucherschutzbehörden der Mitgliedstaaten übertragen werden, während die Bedingungen und Anforderungen, die für Anordnungen zur Bereitstellung von Informationen gelten, andere Rechtsakte der Union unberührt lassen, die ähnliche einschlägige Vorschriften für bestimmte Sektoren vorsehen. Diese Bedingungen und Anforderungen sollten unbeschadet der Vorschriften des anwendbaren nationalen Rechts zur Speicherung und Aufbewahrung im Einklang mit dem Unionsrecht und Ersuchen von Strafverfolgungsbehörden um vertrauliche Behandlung im Zusammenhang mit der Nichtoffenlegung von Informationen gelten. Diese Bedingungen und Anforderungen sollten die Möglichkeit der Mitgliedstaaten unberührt lassen, von einem Anbieter von Vermittlungsdiensten zu verlangen, eine Zuwiderhandlung im Einklang mit dem Unionsrecht, einschließlich dieser Verordnung, und insbesondere mit dem Verbot allgemeiner Überwachungspflichten zu verhindern.

(35) Die in dieser Verordnung festgelegten Bedingungen und Anforderungen sollten spätestens bei der Übermittlung der Anordnung an den betreffenden Anbieter erfüllt sein. Die Anordnung kann deshalb in einer der Amtssprachen der Behörde des betroffenen Mitgliedstaats, die die Anordnung erlässt, erlassen werden. Unterscheidet sich diese Sprache von der Sprache, die der Anbieter von Vermittlungsdiensten angegeben hat, oder von einer anderen Amtssprache der Mitgliedstaaten, die zwischen der Behörde, die die Anordnung erlässt, und dem Anbieter von Vermittlungsdiensten vereinbart wurde, sollte bei der Übermittlung der Anordnung zumindest eine Übersetzung der in dieser Verordnung festgelegten Angaben der Anordnung beigefügt werden. Hat ein Anbieter von Vermittlungsdiensten mit den Behörden eines Mitgliedstaats vereinbart, eine bestimmte Sprache zu verwenden, sollte ihm empfohlen werden, von Behörden in anderen Mitgliedstaaten ausgestellte Anordnungen in derselben Sprache anzunehmen. Die Anordnungen sollten Angaben enthalten, die es dem Adressaten ermöglichen, die Behörde, die die Anordnung erlässt, zu identifizieren – gegebenenfalls einschließlich der Kontaktdaten einer Kontaktstelle innerhalb dieser Behörde – und die Echtheit der Anordnung zu überprüfen.

(36) Der räumliche Geltungsbereich solcher Anordnungen zum Vorgehen gegen rechtswidrige Inhalte sollte auf der Grundlage des geltenden Unions-

oder nationalen Rechts, das den Erlass der Anordnung ermöglicht, eindeutig festgelegt werden und nicht über das zur Erreichung ihrer Ziele unbedingt erforderliche Maß hinausgehen. In dieser Hinsicht sollte die nationale Justiz- oder Verwaltungsbehörde, bei der es sich um eine Strafverfolgungsbehörde handeln kann, die die Anordnung erlässt, die Ziele der Anordnung im Einklang mit ihrer Rechtsgrundlage gegen die Rechte und berechtigten Interessen aller Dritten abwägen, die von der Anordnung betroffen sein könnten, insbesondere ihre Grundrechte nach der Charta. Insbesondere in einem grenzüberschreitenden Kontext sollten die Auswirkungen der Anordnung grundsätzlich auf das Hoheitsgebiet des Mitgliedstaats beschränkt sein, in dem die Anordnung erlassen wird, es sei denn, die Rechtswidrigkeit der Inhalte ergibt sich unmittelbar aus dem Unionsrecht oder die erlassende Behörde ist der Auffassung, dass die betreffenden Rechte einen größeren räumlichen Geltungsbereich im Einklang mit dem Unionsrecht und dem Völkerrecht, unter Berücksichtigung der Interessen diplomatischer Gepflogenheiten, erfordern.

(37) Die in dieser Verordnung geregelten Anordnungen zur Bereitstellung von Informationen betreffen die Vorlage spezifischer Informationen über einzelne Nutzer der betreffenden Vermittlungsdienste, die in diesen Anordnungen genannt sind, um festzustellen, ob die Nutzer die anwendbaren Rechtsvorschriften auf Unions- oder nationaler Ebene einhalten. Mit solchen Anordnungen sollten Informationen angefordert werden, mit denen die Identifizierung der Nutzer des betreffenden Dienstes ermöglicht werden soll. Daher fallen Anordnungen bezüglich Informationen über eine Gruppe von Nutzern, die nicht im Einzelnen genannt werden, einschließlich Anordnungen über die Bereitstellung von für statistische Zwecke oder eine faktengestützte Politikgestaltung erforderlichen aggregierten Informationen, nicht unter die Anforderungen dieser Verordnung über die Bereitstellung von Informationen.

(38) Anordnungen zum Vorgehen gegen rechtswidrige Inhalte und zur Bereitstellung von Informationen unterliegen den Vorschriften zur Wahrung der Zuständigkeit des Mitgliedstaats, in dem der Anbieter niedergelassen ist, und den Vorschriften zur Festlegung möglicher Ausnahmen von dieser Zuständigkeit in bestimmten Fällen gemäß Artikel 3 der Richtlinie 2000/31/EG, sofern die Bedingungen des genannten Artikels erfüllt sind. Da sich die betreffenden Anordnungen auf bestimmte rechtswidrige Inhalte bzw. bestimmte Informationen beziehen, beschränken Anordnungen, die an in einem anderen Mitgliedstaat niedergelassene Anbieter von Vermittlungsdiensten gerichtet sind, grundsätzlich nicht die Freiheit dieser Anbieter, ihre Dienste grenzüberschreitend zu erbringen. Die Vorschriften des Artikels 3 der Richtlinie 2000/31/EG, einschließlich derer über die Notwendigkeit, Maßnahmen zu rechtfertigen, die aus bestimmten genau festgelegten Gründen eine Ausnahme von der Zuständigkeit des Mitgliedstaats, in dem der Anbieter niedergelassen ist, darstellen und über die Mitteilung solcher Maßnahmen, gelten daher nicht für diese Anordnungen.

(39) Zu den Anforderungen an die Bereitstellung von Informationen über Rechtsbehelfsmechanismen, die dem Anbieter von Vermittlungsdiensten und

dem Nutzer, der die Inhalte bereitgestellt hat, zur Verfügung stehen, zählt die Verpflichtung zur Bereitstellung von Informationen über verwaltungsrechtliche Beschwerdeverfahren und Rechtsbehelfe, einschließlich Rechtsbehelfe gegen Anordnungen von Justizbehörden. Darüber hinaus könnten die Koordinatoren für digitale Dienste nationale Instrumente und Anleitung für Beschwerde- und Rechtsbehelfsmechanismen entwickeln, die in ihrem jeweiligen Hoheitsgebiet gelten, um den Nutzern des Dienstes den Zugang zu solchen Mechanismen zu erleichtern. Bei der Anwendung dieser Verordnung sollten die Mitgliedstaaten ferner das Grundrecht auf einen wirksamen Rechtsbehelf und ein faires Verfahren gemäß Artikel 47 der Charta achten. Durch diese Verordnung sollten daher die einschlägigen nationalen Justiz- oder Verwaltungsbehörden aufgrund des geltenden Unionsrechts oder nationalen Rechts nicht daran gehindert werden, die Wiederherstellung von Inhalten anzuordnen, wenn diese Inhalte im Einklang mit den Allgemeinen Geschäftsbedingungen des Anbieters von Vermittlungsdiensten standen, aber von diesem Anbieter fälschlicherweise als rechtswidrig erachtet und entfernt wurden.

(40) Um die Ziele dieser Verordnung zu erreichen und insbesondere das Funktionieren des Binnenmarkts zu verbessern und ein sicheres und transparentes Online-Umfeld zu gewährleisten, ist es erforderlich, eindeutige, wirksame, berechenbare und ausgewogene harmonisierte Sorgfaltspflichten für die Anbieter von Vermittlungsdiensten festzulegen. Mit diesen Verpflichtungen sollte insbesondere darauf abgezielt werden, die Verwirklichung verschiedener politischer Ziele wie der Sicherheit und des Vertrauens der Nutzer, einschließlich Verbraucher, minderjähriger Nutzer und Nutzer, die besonders gefährdet sind, Opfer von Hassreden, sexueller Belästigung oder anderen diskriminierenden Handlungen zu werden, zu gewährleisten, die einschlägigen in der Charta verankerten Grundrechte zu schützen, die sinnvolle Rechenschaftspflicht der Anbieter sicherzustellen und die Nutzer sowie andere betroffene Parteien zu stärken und den zuständigen Behörden zugleich die erforderliche Aufsicht zu erleichtern.

(41) In dieser Hinsicht ist es wichtig, die Sorgfaltspflichten an Beschaffenheit, Umfang und Art der betreffenden Vermittlungsdienste anzupassen. In dieser Verordnung werden daher grundlegende Verpflichtungen festgelegt, die für alle Anbieter von Vermittlungsdiensten gelten, sowie zusätzliche Verpflichtungen für Anbieter von Hostingdiensten und, im Einzelnen, für Anbieter von Online-Plattformen und von sehr großen Online-Plattformen und sehr großen Online-Suchmaschinen. Sofern Anbieter von Vermittlungsdiensten aufgrund der Art ihrer Dienste und ihrer Größe in mehrere verschiedene Kategorien fallen, sollten sie alle im Zusammenhang mit diesen Diensten stehenden entsprechenden Verpflichtungen aus dieser Verordnung erfüllen. Diese harmonisierten Sorgfaltspflichten, die angemessen und nicht willkürlich sein sollten, sind erforderlich, um den ordnungspolitischen Bedenken Rechnung zu tragen, etwa die Wahrung der berechtigten Interessen der Nutzer, die Bekämpfung rechtswidriger Praktiken und den Schutz der in der Charta verankerten Grundrechte. Die Sorgfaltspflichten sind unabhängig von der Frage der Haftung von Anbietern von Vermittlungsdiensten, weshalb sie auch gesondert bewertet werden.

(42) Um die reibungslose und wirksame Kommunikation in beide Richtungen, gegebenenfalls auch mit Empfangsbestätigung für derartige Kommunikationen, im Zusammenhang mit den Angelegenheiten, die unter diese Verordnung fallen, zu gewährleisten, sollten die Anbieter von Vermittlungsdiensten verpflichtet werden, eine zentrale elektronische Kontaktstelle zu benennen und einschlägige Informationen zu dieser Kontaktstelle zu veröffentlichen und zu aktualisieren, einschließlich der für diese Kommunikation zu verwendenden Sprachen. Die elektronische Kontaktstelle kann auch von vertrauenswürdigen Hinweisgebern und Gewerbetreibenden, die in einer bestimmten Beziehung zum Anbieter von Vermittlungsdiensten stehen, genutzt werden. Im Gegensatz zum gesetzlichen Vertreter sollte die elektronische Kontaktstelle operativen Zwecken dienen und nicht unbedingt einen physischen Standort benötigen. Die Anbieter von Vermittlungsdiensten können dieselbe zentrale Kontaktstelle für die Anforderungen dieser Verordnung wie auch für die Zwecke anderer Rechtsakte der Union benennen. Bei der Angabe der für die Kommunikation zu verwendenden Sprachen sollten die Anbieter von Vermittlungsdiensten dafür sorgen, dass die gewählten Sprachen an sich kein Kommunikationshindernis darstellen. Falls erforderlich, sollten die Anbieter von Vermittlungsdiensten und die Behörden der Mitgliedstaaten die Möglichkeit haben, eine gesonderte Vereinbarung über die bei der Kommunikation zu verwendende Sprache zu treffen oder alternative Mittel zur Überwindung der Sprachbarriere zu suchen, darunter der Einsatz aller verfügbaren technischen Mittel oder interner und externer Humanressourcen.

(43) Anbieter von Vermittlungsdiensten sollten außerdem verpflichtet werden, eine zentrale Kontaktstelle für Nutzer zu benennen, die eine schnelle, direkte und wirksame Kommunikation insbesondere über leicht zugängliche Mittel wie Telefonnummern, E-Mail-Adressen, elektronische Kontaktformulare, Chatbots oder Sofortnachrichtenübermittlung ermöglicht. Es sollte ausdrücklich angegeben werden, wenn ein Nutzer mit Chatbots kommuniziert. Anbieter von Vermittlungsdiensten sollten den Nutzern die Möglichkeit geben, Mittel der direkten und effizienten Kommunikation zu wählen, die nicht ausschließlich auf automatisierten Tools beruhen. Anbieter von Vermittlungsdiensten sollten alle angemessenen Bemühungen unternehmen, um dafür Sorge zu tragen, dass ausreichende personelle und finanzielle Ressourcen bereitstehen, damit diese Kommunikation schnell und effizient durchgeführt wird.

(44) Die Anbieter von Vermittlungsdiensten mit Sitz in einem Drittstaat, die Dienste in der Union anbieten, sollten einen hinreichend bevollmächtigten gesetzlichen Vertreter in der Union benennen und den einschlägigen Behörden Informationen über ihren gesetzlichen Vertreter bereitstellen und diese öffentlich zugänglich machen. Darüber hinaus sollten solche Anbieter von Vermittlungsdiensten zur Einhaltung dieser Verpflichtung sicherstellen, dass der benannte gesetzliche Vertreter über die notwendigen Befugnisse und Ressourcen für die Zusammenarbeit mit den einschlägigen Behörden verfügt. Dies könnte beispielsweise der Fall sein, wenn ein Anbieter von Vermittlungsdiensten ein Tochterunternehmen derselben Gruppe des Anbieters oder sein Mutterunter-

nehmen benennt, falls dieses Tochter- oder Mutterunternehmen in der Union niedergelassen ist. Dies könnte jedoch unter Umständen nicht der Fall sein, wenn der gesetzliche Vertreter beispielsweise Gegenstand eines Sanierungsverfahrens, eines Konkurses, einer Privatinsolvenz oder einer Unternehmensinsolvenz ist. Durch diese Verpflichtung sollte die wirksame Aufsicht und erforderlichenfalls die Durchsetzung dieser Verordnung in Bezug auf diese Anbieter ermöglicht werden. Es sollte möglich sein, dass ein gesetzlicher Vertreter im Einklang mit dem nationalen Recht von mehr als einem Anbieter von Vermittlungsdiensten beauftragt wird. Die gesetzlichen Vertreter sollten auch als Kontaktstellen fungieren können, sofern die einschlägigen Anforderungen dieser Verordnung eingehalten werden.

(45) Während die Vertragsfreiheit der Anbieter von Vermittlungsdiensten grundsätzlich geachtet werden sollte, ist es angemessen, für den Inhalt, die Anwendung und die Durchsetzung der allgemeinen Geschäftsbedingungen dieser Anbieter bestimmte Vorschriften festzulegen, um für Transparenz, den Schutz der Nutzer und die Vermeidung von unlauteren oder willkürlichen Ergebnissen zu sorgen. Anbieter von Vermittlungsdiensten sollten in ihren allgemeinen Geschäftsbedingungen eindeutig die Angaben zu den Gründen nennen und auf dem neuesten Stand halten, aus denen sie die Bereitstellung ihrer Dienste beschränken können. Insbesondere sollten sie Angaben zu allen Leitlinien, Verfahren, Maßnahmen und Tools enthalten, die zur Moderation von Inhalten eingesetzt werden, einschließlich der algorithmischen Entscheidungsfindung und der menschlichen Überprüfung, sowie die Verfahrensregeln für ihr internes Beschwerdemanagementsystem. Ferner sollten sie Informationen über das Recht bereitstellen, die Nutzung des Dienstes zu beenden. Anbieter von Vermittlungsdiensten können in ihren Nutzungsbedingungen grafische Elemente wie Symbole oder Bilder verwenden, um die Hauptelemente der Informationspflichten nach dieser Verordnung zu veranschaulichen. Die Anbieter sollten die Nutzer ihres Dienstes in geeigneter Weise über wesentliche Änderungen der allgemeinen Geschäftsbedingungen informieren, z. B. wenn sie die Regeln für die in ihren Diensten zulässigen Informationen ändern, oder über sonstige derartige Änderungen, die sich unmittelbar auf die Fähigkeit der Nutzer auswirken könnten, den Dienst zu nutzen.

(46) Anbieter von Vermittlungsdiensten, die sich in erster Linie an Minderjährige richten, z. B. aufgrund der Gestaltung oder Vermarktung des Dienstes, oder die überwiegend von Minderjährigen genutzt werden, sollten besondere Anstrengungen unternehmen, um die Erläuterung ihrer allgemeinen Geschäftsbedingungen für Minderjährige leicht verständlich zu machen.

(47) Bei der Gestaltung, Anwendung und Durchsetzung dieser Beschränkungen sollten Anbieter von Vermittlungsdiensten nicht willkürlich und nicht diskriminierend vorgehen und die Rechte und berechtigten Interessen der Nutzer, einschließlich der in der Charta verankerten Grundrechte, berücksichtigen. Beispielsweise sollten Anbieter sehr großer Online-Plattformen insbesondere die Meinungs- und Informationsfreiheit, einschließlich der Freiheit und des

Pluralismus der Medien, gebührend berücksichtigen. Alle Anbieter von Vermittlungsdiensten sollten auch die einschlägigen internationalen Standards für den Schutz der Menschenrechte, wie die Leitprinzipien der Vereinten Nationen für Wirtschaft und Menschenrechte, gebührend berücksichtigen.

(48) In Anbetracht ihrer besonderen Rolle und Reichweite ist es angebracht, sehr großen Online-Plattformen und sehr großen Online-Suchmaschinen zusätzliche Anforderungen im Hinblick auf Information und Transparenz ihrer allgemeinen Geschäftsbedingungen aufzuerlegen. Folglich sollten Anbieter sehr großer Online-Plattformen und sehr großer Online-Suchmaschinen ihre allgemeinen Geschäftsbedingungen in den Amtssprachen aller Mitgliedstaaten bereitstellen, in denen sie ihre Dienste anbieten, und ferner den Nutzern eine kompakte und leicht lesbare Zusammenfassung der wichtigsten Punkte der allgemeinen Geschäftsbedingungen zur Verfügung stellen. In derartigen Zusammenfassungen sollten die Hauptelemente der Informationspflichten genannt werden, einschließlich der Möglichkeit, sich auf einfache Weise gegen optionale Klauseln zu entscheiden.

(49) Um ein angemessenes Maß an Transparenz und Rechenschaftspflicht zu gewährleisten, sollten die Anbieter von Vermittlungsdiensten im Einklang mit den harmonisierten Anforderungen dieser Verordnung in maschinenlesbarem Format einen Jahresbericht über die von ihnen betriebene Moderation von Inhalten, einschließlich der Maßnahmen, die sie zur Anwendung und Durchsetzung ihrer allgemeinen Geschäftsbedingungen ergreifen, öffentlich zugänglich machen. Um unverhältnismäßige Belastungen zu vermeiden, sollten diese Transparenzberichtspflichten nicht für Anbieter gelten, die Kleinstunternehmen oder kleine Unternehmen im Sinne der Empfehlung 2003/361/EG der Kommission[25] sind, und bei denen es sich nicht um sehr große Online-Plattformen im Sinne dieser Verordnung handelt.

(50) Hostingdiensteanbieter spielen beim Umgang mit rechtswidrigen Online-Inhalten eine besonders wichtige Rolle, da sie im Auftrag der Nutzer von diesen übermittelte Informationen speichern und üblicherweise anderen Nutzern – manchmal in großem Umfang – den Zugang zu diesen Informationen ermöglichen. Es ist wichtig, dass sämtliche Hostingdiensteanbieter, ungeachtet ihrer Größe, leicht zugängliche und benutzerfreundliche Melde- und Abhilfeverfahren schaffen, die es erleichtern, dem Hostingdiensteanbieter bestimmte Informationen zu melden, die die meldende Partei als rechtswidrige Inhalte ansieht (im Folgenden „Meldung"), woraufhin der Anbieter entscheiden kann, ob er der Bewertung zustimmt und diese Inhalte entfernen oder den Zugang dazu sperren möchte (im Folgenden „Abhilfe"). Solche Verfahren sollten klar erkennbar sein, sich in der Nähe der betreffenden Informationen befinden und mindestens ebenso leicht zu finden und zu nutzen sein wie die Verfahren zur Meldung von Inhalten, die gegen die allgemeinen Geschäftsbedingungen des

---

25 Empfehlung 2003/361/EG der Kommission vom 6. Mai 2003 betreffend die Definition der Kleinstunternehmen sowie der kleinen und mittleren Unternehmen (ABl. L 124 vom 20.5.2003, S. 36).

Anbieters von Hostingdiensten verstoßen. Sofern die Anforderungen an Meldungen erfüllt sind, sollte es Einzelpersonen oder Einrichtungen möglich sein, mehrere bestimmte mutmaßlich rechtswidrige Inhalte in einem zu melden, damit das wirksame Funktionieren der Melde- und Abhilfeverfahren gewährleistet ist. Im Rahmen des Meldeverfahrens sollte es möglich, aber nicht zwingend erforderlich sein, die meldende Person oder Einrichtung zu identifizieren. Bei einigen Arten von gemeldeten Informationen könnte die Identität der meldenden Person oder Einrichtung erforderlich sein, um festzustellen, ob es sich bei den fraglichen Informationen, wie behauptet, um rechtswidrige Inhalte handelt. Die Verpflichtung zur Schaffung eines Melde- und Abhilfeverfahrens sollte etwa für Datenspeicher- und Weitergabedienste, Web-Hostingdienste, Werbeserver und Pastebin-Dienste gelten, sofern sie als von dieser Verordnung erfasste Anbieter von Hostingdiensten einzustufen sind.

(51) In Anbetracht dessen, dass die in der Charta garantierten Grundrechte aller Betroffenen gebührend berücksichtigt werden müssen, sollten alle Maßnahmen, die ein Anbieter von Hostingdiensten nach Erhalt einer Meldung ergreift, streng zielgerichtet sein, d. h. sie sollten dazu dienen, den Zugang zu den spezifischen Informationen, die als rechtswidrige Inhalte angesehen werden, zu entfernen oder zu sperren, ohne die Freiheit der Meinungsäußerung und die Informationsfreiheit der Nutzer übermäßig zu beeinträchtigen. Meldungen sollten daher grundsätzlich an die Anbieter von Hostingdiensten gerichtet werden, bei denen davon ausgegangen werden kann, dass sie über die technischen und operativen Fähigkeiten verfügen, gegen diese spezifischen Informationen tätig zu werden. Anbieter von Hostingdiensten, die eine Meldung erhalten, bei der sie aus technischen oder operativen Gründen die konkrete Information nicht löschen können, sollten die Person oder Einrichtung in Kenntnis setzen, von der die Meldung stammt.

(52) Die Vorschriften zu solchen Melde- und Abhilfeverfahren sollten auf Unionsebene harmonisiert werden, um die rasche, sorgfältige und nicht willkürliche Bearbeitung von Meldungen auf der Grundlage einheitlicher, transparenter und klarer Regeln zu gewährleisten, die belastbare Mechanismen zum Schutz der Rechte und berechtigten Interessen sämtlicher betroffener Parteien unabhängig von dem Mitgliedstaat, in dem diese Parteien ansässig oder niedergelassen sind und von dem betreffenden Rechtsgebiet schaffen, insbesondere zum Schutz ihrer Grundrechte aus der Charta. Zu diesen Grundrechten gehören unter anderem: für Nutzer das Recht auf freie Meinungsäußerung und Informationsfreiheit, das Recht auf Achtung des Privat- und Familienlebens, das Recht auf den Schutz personenbezogener Daten, das Recht auf Nichtdiskriminierung und das Recht auf einen wirksamen Rechtsbehelf; für Diensteanbieter das Recht auf unternehmerische Freiheit, einschließlich der Vertragsfreiheit; und für von rechtswidrigen Inhalten betroffene Parteien die Menschenwürde, die Rechte des Kindes, das Recht auf Schutz des Eigentums, einschließlich des geistigen Eigentums, und das Recht auf Nichtdiskriminierung. Anbieter von Hostingdiensten sollten auf Meldungen zügig reagieren, insbesondere indem

ErwG zum Gesetz über digitale Dienste **EG DSA 4**

sie der Art der gemeldeten rechtswidrigen Inhalte und der Dringlichkeit, Maßnahmen zu ergreifen, Rechnung tragen. So kann beispielsweise von solchen Anbietern erwartet werden, dass sie unverzüglich handeln, wenn mutmaßlich rechtswidrige Inhalte, die eine Gefahr für das Leben oder die Sicherheit von Personen darstellen, gemeldet werden. Der Anbieter von Hostingdiensten sollte die Person oder Einrichtung, die den konkreten Inhalt meldet, unverzüglich informieren, nachdem er entschieden hat, ob er auf die Meldung hin tätig wird oder nicht.

(53) Die Melde- und Abhilfeverfahren sollten die Übermittlung von Meldungen ermöglichen, die hinreichend genau und angemessen begründet sind, damit der betreffende Anbieter von Hostingdiensten in Kenntnis der Sachlage und sorgfältig eine Entscheidung, die mit der Freiheit der Meinungsäußerung und der Informationsfreiheit vereinbar ist, über die Inhalte, auf die sich die Meldung bezieht, treffen kann, insbesondere darüber, ob diese Inhalte als rechtswidrige Inhalte anzusehen und zu entfernen sind oder der Zugang zu ihnen zu sperren ist. Die Verfahren sollten so beschaffen sein, dass die Hinweise leicht mit einer Begründung versehen werden können, warum die meldende Person oder Einrichtung die Inhalte als rechtswidrig erachtet, sowie mit einer genauen Angabe des Fundorts des betreffenden Inhalts. Eine Meldung, die ausreichende Informationen enthält, um es einem sorgfältig handelnden Anbieter von Hostingdiensten ermöglichen, ohne eingehende rechtliche Prüfung festzustellen, dass der Inhalt eindeutig rechtswidrig ist, bewirkt, dass von einer tatsächlichen Kenntnis oder einem Bewusstsein in Bezug auf die Rechtswidrigkeit ausgegangen wird. Mit Ausnahme der Übermittlung von Meldungen, die sich auf Straftaten nach den Artikeln 3 bis 7 der Richtlinie 2011/93/EU des Europäischen Parlaments und des Rates[26] beziehen, sollte die meldende Person oder Einrichtung im Zuge dieser Verfahren aufgefordert werden, seine Identität offenzulegen, damit es nicht zu Missbrauch kommt.

(54) Wenn ein Anbieter von Hostingdiensten mit der Begründung, dass die von den Nutzern bereitgestellten Informationen rechtswidrige Inhalte darstellen oder mit den allgemeinen Geschäftsbedingungen unvereinbar sind, entscheidet, von einem Nutzer bereitgestellte Informationen, etwa nach Erhalt einer Meldung oder auf eigene Initiative, zu entfernen oder den Zugang dazu zu sperren oder auf andere Weise ihre Sichtbarkeit oder ihre Monetarisierung zu beschränken, auch unter ausschließlichem Einsatz automatisierter Mittel, so sollte der Anbieter den Nutzer über seine Entscheidung, die Gründe dafür und die verfügbaren Rechtsbehelfsmöglichkeiten zur Beanstandung der Entscheidung im Hinblick auf mögliche negative Folgen für den Nutzer, einschließlich bezüglich der Ausübung seines Grundrechts auf freie Meinungsäußerung, auf klare und leicht verständliche Weise informieren. Diese Verpflichtung sollte

---

26 Richtlinie 2011/93/EU des Europäischen Parlaments und des Rates vom 13. Dezember 2011 zur Bekämpfung des sexuellen Missbrauchs und der sexuellen Ausbeutung von Kindern sowie der Kinderpornografie sowie zur Ersetzung des Rahmenbeschlusses 2004/68/JI des Rates (ABl. L 335 vom 17.12.2011, S. 1).

unabhängig von den Gründen für die Entscheidung gelten, insbesondere unabhängig davon, ob die Abhilfe durchgeführt wurde, weil die gemeldeten Informationen als rechtswidrige Inhalte oder als nicht mit den geltenden allgemeinen Geschäftsbedingungen vereinbar angesehen werden. Wenn die Entscheidung nach Erhalt einer Meldung getroffen wurde, sollte der Anbieter von Hostingdiensten die Identität der Person oder Einrichtung, die die Meldung an den Nutzer übermittelt hat, nur dann offenlegen, wenn diese Information erforderlich ist, um die Rechtswidrigkeit des Inhalts festzustellen, etwa in Fällen von Verletzungen von Rechten des geistigen Eigentums.

(55) Die Beschränkung der Sichtbarkeit kann darin in einer Herabstufung im Ranking oder in Empfehlungssystemen bestehen, aber auch in der Beschränkung der Zugänglichkeit für einen oder mehrere Nutzer oder im Ausschluss des Nutzers von einer Online-Gemeinschaft ohne sein Wissen („shadow banning", Schattenverbot). Die Monetarisierung von durch den Nutzer bereitgestellten Informationen über Werbeeinnahmen kann durch Aussetzung oder Beendigung der mit diesen Informationen verbundenen Geldzahlung oder Einnahmen beschränkt werden. Die Verpflichtung zur Vorlegung einer Begründung sollte jedoch nicht für irreführende, umfangreiche kommerzielle Inhalte gelten, die durch vorsätzliche Manipulation des Dienstes verbreitet werden, insbesondere durch unauthentische Nutzung des Dienstes, wie die Nutzung von Bots oder Scheinkonten oder eine sonstige irreführende Nutzung des Dienstes. Ungeachtet anderer Möglichkeiten zur Anfechtung der Entscheidung des Anbieters von Hostingdiensten sollte der Nutzer stets ein Recht auf einen wirksamen Rechtsbehelf bei einem Gericht gemäß den nationalen Rechtsvorschriften haben.

(56) Ein Anbieter von Hostingdiensten könnte in bestimmten Fällen, etwa über eine Meldung durch eine meldende Partei oder durch seine eigenen freiwilligen Maßnahmen, Kenntnis von Informationen über bestimmte Tätigkeiten eines Nutzers erhalten, etwa die Bereitstellung bestimmter Arten rechtswidriger Inhalte, die unter Berücksichtigung aller relevanten Umstände, von der der Anbieter von Hostingdiensten Kenntnis hat, den Verdacht angemessen rechtfertigen, dass dieser Nutzer möglicherweise eine Straftat begangen hat, begeht oder vermutlich begehen wird, die das Leben oder die Sicherheit von Personen in Gefahr bringt, wie eine der in der Richtlinie 2011/36/EU des Europäischen Parlaments und des Rates[27], der Richtlinie 2011/93/EU oder der Richtlinie (EU) 2017/541 des Europäischen Parlaments und des Rates[28] genannten Straftaten. So könnten beispielsweise bestimmte Inhalte den Verdacht auf eine Ge-

---

27 Richtlinie 2011/36/EU des Europäischen Parlaments und des Rates vom 5. April 2011 zur Verhütung und Bekämpfung des Menschenhandels und zum Schutz seiner Opfer sowie zur Ersetzung des Rahmenbeschlusses 2002/629/JI des Rates (ABl. L 101 vom 15.4.2011, S. 1).
28 Richtlinie (EU) 2017/541 des Europäischen Parlaments und des Rates vom 15. März 2017 zur Terrorismusbekämpfung und zur Ersetzung des Rahmenbeschlusses 2002/475/JI des Rates und zur Änderung des Beschlusses 2005/671/JI des Rates (ABl. L 88 vom 31.3.2017, S. 6).

ErwG zum Gesetz über digitale Dienste **EG DSA 4**

fahr für die Öffentlichkeit begründen, wie z. B. Aufstachelung zum Terrorismus im Sinne des Artikels 21 der Richtlinie (EU) 2017/541. In solchen Fällen sollte der Anbieter von Hostingdiensten die zuständigen Strafverfolgungsbehörden unverzüglich über einen solchen Verdacht informieren. Der Anbieter von Hostingdiensten sollte alle einschlägigen ihm verfügbaren Informationen bereitstellen, gegebenenfalls auch die jeweiligen Inhalte und, sofern verfügbar, den Zeitpunkt, zu dem die Inhalte veröffentlicht wurden, einschließlich der benannten Zeitzone, einer Erläuterung seines Verdachts und der Informationen, die erforderlich sind, um den betreffenden Nutzer ausfindig zu machen und zu identifizieren. Diese Verordnung bildet keine Rechtsgrundlage für die Erstellung von Profilen von Nutzern für eine mögliche Feststellung von Straftaten durch Anbieter von Hostingdiensten. Anbieter von Hostingdiensten sollten auch andere anwendbare Vorschriften des Unionsrechts oder des nationalen Rechts zum Schutz der Rechte und Freiheiten von Einzelpersonen beachten, wenn sie die Strafverfolgungsbehörden informieren.

(57) Damit keine unverhältnismäßigen Belastungen entstehen, sollten die zusätzlichen Verpflichtungen im Rahmen dieser Verordnung für Anbieter von Online-Plattformen, einschließlich Plattformen, die Verbrauchern den Abschluss von Fernabsatzverträgen mit Unternehmern ermöglichen, nicht für Anbieter gelten, bei denen es sich um Kleinstunternehmen und kleine Unternehmen gemäß der Empfehlung 2003/361/EG handelt. Aus demselben Grund sollten diese zusätzlichen Verpflichtungen auch nicht für Anbieter von Online-Plattformen gelten, die in der Vergangenheit als Kleinstunternehmen oder kleine Unternehmen eingestuft waren, und zwar während eines Zeitraums von 12 Monaten, nachdem sie diesen Status verloren haben. Diese Anbieter sollten nicht von der Verpflichtung ausgenommen werden, auf Ersuchen des Koordinators für digitale Dienste am Niederlassungsort oder der Kommission Angaben zu der durchschnittlichen monatlichen Zahl aktiver Nutzer zu machen. In Anbetracht dessen, dass sehr große Online-Plattformen oder sehr große Online-Suchmaschinen eine größere Reichweite und mehr Einfluss darauf haben, wie die Nutzer online Informationen erhalten und kommunizieren, sollten diese Anbieter, ungeachtet dessen, ob sie als Kleinstunternehmen oder kleine Unternehmen gelten oder vor kurzem als solche eingestuft wurden, jedoch nicht unter diese Ausnahmeregelung fallen. Die in der Empfehlung 2003/361/EG enthaltenen Konsolidierungsvorschriften tragen dazu bei, sicherzustellen, dass jeglicher Umgehung dieser zusätzlichen Verpflichtungen vorgebeugt wird. Diese Verordnung hindert Anbieter von Online-Plattformen, die unter diese Ausnahmeregelung fallen, nicht daran, auf freiwilliger Basis ein System einzurichten, das einer oder mehreren dieser Verpflichtungen genügt.

(58) Die Nutzer sollten in der Lage sein, bestimmte Entscheidungen der Anbieter von Online-Plattformen zur Rechtswidrigkeit von Inhalten oder ihrer Unvereinbarkeit mit den allgemeinen Geschäftsbedingungen, die sich negativ auf sie auswirken, einfach und wirksam zu beanstanden. Die Anbieter von Online-Plattformen sollten daher verpflichtet werden, interne Beschwerdemanagementsysteme einzurichten, die bestimmte Bedingungen erfüllen, die si-

cherzustellen sollen, dass diese Systeme leicht zugänglich sind und zu raschen, diskriminierungsfreien, nicht willkürlichen und fairen Ergebnissen führen und einer manuellen Überprüfung unterliegen, wenn automatisierte Werkzeuge verwendet werden. Mit diesen Systemen sollte allen Nutzern das Einreichen einer Beschwerde ermöglicht werden, und es sollten keine formalen Anforderungen wie die Verweisung auf spezifische einschlägige Rechtsvorschriften oder die Ausarbeitung rechtlicher Erläuterungen festgelegt werden. Nutzer, die über die Melde- und Abhilfeverfahren gemäß dieser Verordnung oder über das Verfahren zur Meldung von Inhalten, die gegen die allgemeinen Geschäftsbedingungen des Anbieters von Online-Plattformen verstoßen, eine Meldung eingereicht haben, sollten berechtigt sein, das Beschwerdeverfahren zu nutzen, um die Entscheidung des Anbieters von Online-Plattformen zu ihren Meldungen zu beanstanden, und zwar auch dann, wenn sie der Auffassung sind, dass die von diesem Anbieter ergriffenen Maßnahmen nicht angemessen waren. Die Möglichkeit zum Einreichen einer Beschwerde zur Aufhebung der beanstandeten Entscheidungen sollte für einen Zeitraum von mindestens sechs Monaten bestehen, der ab dem Zeitpunkt berechnet wird, zu dem der Anbieter von Online-Plattformen den Nutzer über die Entscheidung informiert hat.

(59) Zudem sollte die Möglichkeit vorgesehen werden solche Streitigkeiten, einschließlich jener Streitigkeiten, die über die internen Beschwerdemanagementsysteme nicht zufriedenstellend beigelegt werden konnten, nach Treu und Glauben, außergerichtlich durch zertifizierte Stellen beizulegen, die über die erforderliche Unabhängigkeit sowie die nötigen Mittel und Fachkenntnisse verfügen, ihre Tätigkeiten auf faire, rasche und kosteneffiziente Weise durchzuführen. Die Unabhängigkeit der außergerichtlichen Streitbeilegungsstellen sollte auch auf der Ebene der mit der Beilegung von Streitigkeiten betrauten natürlichen Personen gewährleistet werden, u. a. durch Regeln für Interessenkonflikte. Die von den außergerichtlichen Streitbeilegungsstellen erhobenen Gebühren sollten angemessen, zugänglich, attraktiv, kostengünstig für den Verbraucher und verhältnismäßig sein und von Fall zu Fall bewertet werden. Wird eine außergerichtliche Streitbeilegungsstelle von dem zuständigen Koordinator für digitale Dienste zertifiziert, so sollte diese Zertifizierung für alle Mitgliedstaaten gelten. Anbieter von Online-Plattformen sollten die Möglichkeit haben, sich zu weigern, an einem außergerichtlichen Streitbeilegungsverfahren nach dieser Verordnung teilzunehmen, wenn dieselbe Streitigkeit, insbesondere in Bezug auf die betreffenden Informationen und die Gründe für den Erlass der beanstandeten Entscheidung, die Auswirkungen der Entscheidung und die geltend gemachten Gründe für die Beanstandung der Entscheidung, bereits durch ein laufendes Verfahren vor dem zuständigen Gericht oder vor einer anderen zuständigen außergerichtlichen Streitbeilegungsstelle beigelegt wurde oder bereits Gegenstand eines solchen Verfahrens ist. Nutzer sollten zwischen dem internen Beschwerdeverfahren, einer außergerichtlichen Streitbeilegung und der Möglichkeit, jederzeit Klage vor Gericht zu erheben, wählen können. Da das Ergebnis des außergerichtlichen Streitbeilegungsverfahrens nicht bindend ist, sollten die Parteien nicht daran gehindert werden, in

Bezug auf dieselbe Streitigkeit Klage vor Gericht zu erheben. Die so geschaffenen Möglichkeiten zur Beanstandung der Entscheidungen von Anbietern von Online-Plattformen sollten die Möglichkeit des gerichtlichen Rechtsbehelfs im Einklang mit den Rechtsvorschriften des betreffenden Mitgliedstaats in jeder Hinsicht unberührt lassen und sollten somit die Ausübung des Rechts auf einen wirksamen Rechtsbehelf gemäß Artikel 47 der Charta nicht beeinträchtigen. Durch die Bestimmungen dieser Verordnung über die außergerichtliche Streitbeilegung sollten die Mitgliedstaaten nicht verpflichtet werden, solche außergerichtlichen Streitbeilegungsstellen einzurichten.

(60) Bei vertraglichen Streitigkeiten zwischen Verbrauchern und Unternehmen bezüglich des Erwerbs von Waren oder Dienstleistungen stellt die Richtlinie 2013/11/EU sicher, dass die Verbraucher und Unternehmen in der Union Zugang zu zertifizierten Stellen für alternative Streitbeilegungsverfahren haben. In dieser Hinsicht sollte klargestellt werden, dass die Vorschriften dieser Verordnung über die außergerichtliche Streitbeilegung die genannte Richtlinie unberührt lassen, einschließlich des Rechts der Verbraucher nach dieser Richtlinie, sich jederzeit aus dem Verfahren zurückzuziehen, wenn sie mit der Durchführung oder dem Ablauf des Verfahrens nicht zufrieden sind.

(61) Abhilfe bei rechtswidrigen Inhalten kann schneller und zuverlässiger erfolgen, wenn Anbieter von Online-Plattformen die erforderlichen Maßnahmen ergreifen, um sicherzustellen, dass von vertrauenswürdigen Hinweisgebern, die innerhalb ihres ausgewiesenen Fachgebiets handeln, im Rahmen der von dieser Verordnung geforderten Melde- und Abhilfemechanismen eingereichte Meldungen vorrangig bearbeitet werden, unbeschadet der Verpflichtung, sämtliche über diese Mechanismen eingereichte Meldungen rasch, sorgfältig und in nicht willkürlicher Weise zu bearbeiten und Entscheidungen dazu zu treffen. Dieser Status des vertrauenswürdigen Hinweisgebers sollte vom Koordinator für digitale Dienste des Mitgliedstaats, in dem der Antragsteller niedergelassen ist, vergeben und von allen Anbietern von Online-Plattformen, die in den Anwendungsbereich dieser Verordnung fallen, anerkannt werden. Dieser Status des vertrauenswürdigen Hinweisgebers sollte nur an Einrichtungen, nicht an Einzelpersonen, vergeben werden, die unter anderem nachgewiesen haben, dass sie über besondere Sachkenntnis und Kompetenz im Umgang mit rechtswidrigen Inhalten verfügen und dass sie ihre Tätigkeit sorgfältig, genau und objektiv durchführen. Es kann sich dabei um öffentliche Einrichtungen handeln, bei terroristischen Inhalten etwa die Meldestellen für Internetinhalte der nationalen Strafverfolgungsbehörden oder der Agentur der Europäischen Union für die Zusammenarbeit auf dem Gebiet der Strafverfolgung (Europol), oder um Nichtregierungsorganisationen und private oder halböffentliche Einrichtungen wie Organisationen, die Teil des INHOPE-Meldestellennetzes zur Meldung von Material über sexuellen Kindesmissbrauch sind, oder Organisationen für die Meldung rechtswidriger rassistischer und fremdenfeindlicher Darstellungen im Internet. Um den Mehrwert eines solchen Verfahrens nicht zu mindern, sollte die Gesamtzahl der gemäß dieser Verordnung anerkannten vertrauenswürdigen Hinweisgeber begrenzt werden. Insbesondere wird Wirt-

schaftsverbänden, die die Interessen ihrer Mitglieder vertreten, empfohlen, den Status vertrauenswürdiger Hinweisgeber zu beantragen, unbeschadet des Rechts privater Einrichtungen oder Personen, mit Anbietern von Online-Plattformen bilaterale Vereinbarungen zu schließen.

(62) Vertrauenswürdige Hinweisgeber sollten leicht verständliche und ausführliche Berichte über gemäß dieser Verordnung erfolgte Meldungen veröffentlichen. In diesen Berichten sollten Informationen wie die Anzahl der vom Anbieter von Hostingdiensten kategorisierten Meldungen, die Art der Inhalte und die vom Anbieter ergriffenen Maßnahmen genannt werden. Da vertrauenswürdige Hinweisgeber über Sachkenntnis und Kompetenz verfügen, kann davon ausgegangen werden, dass die von ihnen eingereichten Meldungen mit weniger Aufwand und daher schneller bearbeitet werden können als die von anderen Nutzern eingereichten Meldungen. Die durchschnittliche Bearbeitungsdauer kann jedoch unter anderem je nach Art der rechtswidrigen Inhalte, der Qualität der Meldungen und den für die Einreichung solcher Meldungen geltenden technischen Verfahren variieren.

Während beispielsweise im Verhaltenskodex für die Bekämpfung rechtswidriger Hassreden im Internet von 2016 für die teilnehmenden Unternehmen ein Richtwert für die Zeit festgelegt wird, die für die Bearbeitung gültiger Meldungen im Hinblick auf die Entfernung rechtswidriger Hassreden benötigt wird, können die Bearbeitungsfristen für andere Arten rechtswidriger Inhalte je nach den spezifischen Tatsachen und Umständen und der Art der betreffenden rechtswidrigen Inhalte erheblich variieren. Damit der Status eines vertrauenswürdigen Hinweisgebers nicht missbräuchlich verwendet wird, sollte es möglich sein, diesen Status auszusetzen, wenn ein Koordinator für digitale Dienste am Niederlassungsort aus berechtigten Gründen eine Untersuchung eingeleitet hat. Die Vorschriften dieser Verordnung in Bezug auf vertrauenswürdige Hinweisgeber sollten nicht so ausgelegt werden, dass sie die Anbieter von Online-Plattformen daran hindern, Meldungen von Einrichtungen oder Einzelpersonen ohne den Status eines vertrauenswürdigen Hinweisgebers im Sinne dieser Verordnung auf ähnliche Weise zu behandeln oder im Einklang mit dem geltenden Recht, einschließlich dieser Verordnung und der Verordnung (EU) 2016/794 des Europäischen Parlaments und des Rates[29], auf andere Art mit weiteren Einrichtungen zusammenzuarbeiten. Die Bestimmungen dieser Verordnung sollten die Anbieter von Online-Plattformen nicht daran hindern, solche vertrauenswürdigen Hinweisgeber oder ähnliche Verfahren zu nutzen, um rasch und zuverlässig gegen Inhalte vorzugehen, die mit ihren allgemeinen Geschäftsbedingungen unvereinbar sind, insbesondere gegen Inhalte, die schutzbedürftigen Nutzern, wie etwa Minderjährigen, schaden.

---

29 Verordnung (EU) 2016/794 des Europäischen Parlaments und des Rates vom 11. Mai 2016 über die Agentur der Europäischen Union für die Zusammenarbeit auf dem Gebiet der Strafverfolgung (Europol) und zur Ersetzung und Aufhebung der Beschlüsse 2009/371/JI, 2009/934/JI, 2009/935/JI, 2009/936/JI und 2009/968/JI des Rates (ABl. L 135 vom 24.5.2016, S. 53).

ErwG zum Gesetz über digitale Dienste **EG DSA 4**

(63) Der Missbrauch von Online-Plattformen durch die häufige Bereitstellung von offensichtlich rechtswidrigen Inhalten oder die häufige Einreichung von offensichtlich unbegründeten Meldungen oder Beschwerden über die jeweiligen durch diese Verordnung eingerichteten Mechanismen und Systeme führt zu Vertrauensverlust und beeinträchtigt die Rechte und berechtigten Interessen der betroffenen Parteien. Daher ist es erforderlich, angemessene, verhältnismäßige und wirksame Vorkehrungen zum Schutz vor solchem Missbrauch einzurichten, bei denen die Rechte und berechtigten Interessen aller Beteiligten – einschließlich der geltenden, in der Charta verankerten Grundrechte und Grundfreiheiten und insbesondere des Rechts auf Meinungsäußerung – geachtet werden müssen. Inhalte sollten als offensichtlich rechtswidrig und Meldungen oder Beschwerden als offensichtlich unbegründet gelten, wenn es für einen Laien ohne inhaltliche Analyse klar ersichtlich ist, dass die Inhalte rechtswidrig bzw. die Meldungen oder Beschwerden unbegründet sind.

(64) Unter bestimmten Bedingungen sollten Anbieter von Online-Plattformen ihre einschlägigen Dienste für die an missbräuchlichem Verhalten beteiligte Person vorübergehend aussetzen. Die Freiheit der Anbieter von Online-Plattformen, ihre allgemeinen Geschäftsbedingungen festzulegen und strengere Maßnahmen im Falle offensichtlich rechtswidriger Inhalte im Zusammenhang mit schweren Straftaten wie Darstellungen von sexuellem Missbrauch von Kindern zu ergreifen, bleibt hiervon unberührt. Aus Transparenzgründen sollte diese Möglichkeit klar und hinreichend präzise in den allgemeinen Geschäftsbedingungen der Online-Plattformen festgelegt werden. Bei diesbezüglichen Entscheidungen der Anbieter von Online-Plattformen sollten stets Rechtsbehelfe möglich sein und sie sollten der Aufsicht des zuständigen Koordinators für digitale Dienste unterliegen. Vor der Entscheidung über die Aussetzung sollten Anbieter von Online-Plattformen eine Warnung erteilen, in der die Gründe für die mögliche Aussetzung und die möglichen Rechtsbehelfe gegen die Entscheidung des Anbieters der Online-Plattform aufgeführt sind. Mit der Entscheidung über die Aussetzung sollten Anbieter von Online-Plattformen auch die Begründung nach den in dieser Verordnung festgelegten Vorschriften übermitteln. Die Vorschriften dieser Verordnung über Missbrauch sollten Anbieter von Online-Plattformen nicht daran hindern, andere Maßnahmen zu ergreifen, um im Einklang mit dem geltenden Unionsrecht und dem geltenden nationalen Recht gegen die Bereitstellung rechtswidriger Inhalte oder den sonstigen Missbrauch ihrer Dienste, einschließlich durch Verstoß gegen ihre allgemeinen Geschäftsbedingungen, durch die Nutzer vorzugehen. Diese Vorschriften lassen jegliche im Unionsrecht oder im nationalen Recht vorgesehenen Möglichkeiten unberührt, die am Missbrauch beteiligten Personen haftbar zu machen, einschließlich für Schadensersatz.

(65) Angesichts der besonderen Verantwortung und Pflichten von Anbietern von Online-Plattformen sollten ihnen – neben den von allen Anbietern von Vermittlungsdiensten im Rahmen dieser Verordnung zu erfüllenden Transparenzberichtspflichten – zusätzliche Transparenzberichtspflichten auferlegt werden. Damit festgestellt werden kann, ob eine Online-Plattform oder eine

Online-Suchmaschine als sehr große Online-Plattform bzw. als sehr große Online-Suchmaschine anzusehen ist, der im Rahmen dieser Verordnung bestimmte zusätzliche Pflichten auferlegt werden, sollten die Transparenzberichtspflichten von Online-Plattformen und Online-Suchmaschinen auch bestimmte Pflichten zur Veröffentlichung und Mitteilung von Informationen über die durchschnittliche monatliche Zahl aktiver Nutzer in der Union umfassen.

(66) Um für Transparenz zu sorgen und die Kontrolle über die Entscheidungen von Anbietern von Online-Plattformen über die Moderation von Inhalten sowie die Überwachung der Verbreitung rechtswidriger Inhalte im Internet zu ermöglichen, sollte die Kommission eine Datenbank führen und veröffentlichen, die die Entscheidungen und Begründungen der Anbieter von Online-Plattformen enthält, mit denen sie Inhalte entfernen oder die Verfügbarkeit von Informationen und den Zugang zu ihnen anderweitig einschränken. Damit die Datenbank stets auf dem neuesten Stand gehalten werden kann, sollten die Anbieter von Online-Plattformen die Entscheidungen und die Begründungen unverzüglich nach einer Entscheidung in einem Standardformat übermitteln, um Aktualisierungen in Echtzeit zu ermöglichen, wenn dies technisch möglich ist und in einem angemessenen Verhältnis zu den Mitteln der betreffenden Online-Plattform steht. Die strukturierte Datenbank sollte den Zugang zu den einschlägigen Informationen und Suchanfragen zu diesen ermöglichen, insbesondere in Bezug auf die Art der betreffenden mutmaßlich rechtswidrigen Inhalte.

(67) „Dark Patterns" auf Online-Schnittstellen von Online-Plattformen sind Praktiken, mit der darauf abgezielt oder tatsächlich erreicht wird, dass die Fähigkeit der Nutzer, eine autonome und informierte Auswahl oder Entscheidung zu treffen, maßgeblich verzerrt oder beeinträchtigt wird. Solche Praktiken können eingesetzt werden, um die Nutzer zu unerwünschten Verhaltensweisen oder ungewollten Entscheidungen zu bewegen, die negative Folgen für sie haben. Anbietern von Online-Plattformen sollte es daher untersagt sein, die Nutzer in die Irre zu führen oder zu etwas zu verleiten und die Autonomie, die Entscheidungsfreiheit oder die Auswahlmöglichkeiten der Nutzer durch den Aufbau, die Gestaltung oder die Funktionen einer Online-Schnittstelle oder eines Teils davon zu verzerren oder zu beeinträchtigen. Dazu sollten unter anderem ausbeuterische Gestaltungsmuster zählen, mit denen die Nutzer zu Handlungen verleitet werden sollen, die dem Anbieter von Online-Plattformen zugutekommen, aber möglicherweise nicht im Interesse der Nutzer sind, und bei denen die Auswahlmöglichkeiten in einer nicht neutralen Weise präsentiert werden, etwa indem bestimmte Auswahlmöglichkeiten durch visuelle, akustische oder sonstige Elemente stärker hervorgehoben werden, wenn die Nutzer aufgefordert werden, eine Auswahl zu treffen.

Ferner sollten hierzu Praktiken zählen, die darin bestehen, einen Nutzer wiederholt aufzufordern, eine Auswahl zu treffen, wenn diese Auswahl bereits getroffen wurde, das Verfahren zur Stornierung eines Dienstes erheblich umständlicher zu gestalten als die entsprechende Anmeldung oder bestimmte Wahlmöglichkeiten schwieriger oder zeitaufwendiger zu gestalten als andere,

ErwG zum Gesetz über digitale Dienste **EG DSA 4**

es unverhältnismäßig schwierig zu machen, Käufe abzubrechen oder sich von einer bestimmten Online-Plattform abzumelden, die Verbrauchern den Abschluss von Fernabsatzverträgen mit Unternehmern ermöglichen, und die Nutzer in die Irre zu führen, indem sie zu Entscheidungen bezüglich Transaktionen verleitet werden, oder die Entscheidungsfindung der Nutzer durch Standardeinstellungen, die sehr schwer zu ändern sind, unverhältnismäßig zu beeinflussen und somit die Autonomie, die Entscheidungsfreiheit oder die Auswahlmöglichkeiten der Nutzer zu verzerren und zu beeinträchtigen. Allerdings sollten die Bestimmungen zur Verhinderung von Dark Patterns nicht so verstanden werden, dass Anbieter daran gehindert werden, direkt mit Nutzern zu interagieren und ihnen neue oder zusätzliche Dienste anzubieten. Rechtmäßige Praktiken – beispielsweise in der Werbung –, die mit dem Unionsrecht im Einklang stehen, sollten an sich nicht als Dark Patterns angesehen werden. Diese Vorschriften über Dark Patterns sollten dahin ausgelegt werden, dass sie verbotene Praktiken erfassen, die in den Anwendungsbereich dieser Verordnung fallen, soweit diese Praktiken nicht bereits unter die Richtlinie 2005/29/EG oder die Verordnung (EU) 2016/679 fallen.

(68) Online-Werbung spielt im Online-Umfeld eine wichtige Rolle, auch bei der Bereitstellung von Online-Plattformen, bei denen die Erbringung der Dienste mitunter zur Gänze oder teilweise direkt oder indirekt durch Werbeeinnahmen vergütet wird. Online-Werbung kann erhebliche Risiken bergen – von Werbung, die selbst rechtswidrige Inhalte aufweist, bis hin zu Beiträgen zu finanziellen Anreizen für die Veröffentlichung oder Verstärkung rechtswidriger oder anderweitig schädlicher Online-Inhalte und -Tätigkeiten oder einer diskriminierenden Darstellung von Werbung, die der Gleichbehandlung und Chancengleichheit der Bürgerinnen und Bürger zuwiderläuft. Neben den Anforderungen aus Artikel 6 der Richtlinie 2000/31/EG sollten Anbieter von Online-Plattformen daher verpflichtet werden, sicherzustellen, dass die Nutzer bestimmte individuelle Informationen darüber erhalten, wann und in wessen Auftrag die Werbung angezeigt wird. Sie sollten sicherstellen, dass die Informationen hervorgehoben dargestellt werden, unter anderem durch standardisierte visuelle oder akustische Kennzeichnung, sodass sie für den durchschnittlichen Nutzer klar erkennbar und eindeutig sind, und dass die Informationen an die Art der Online-Schnittstelle des jeweiligen Dienstes angepasst sind. Zudem sollten die Nutzer direkt auf der Online-Schnittstelle, auf der die Werbung angezeigt wird, Zugang zu Informationen darüber erhalten, anhand welcher Hauptparameter bestimmt wird, welche Werbung ihnen angezeigt wird, wobei aussagekräftige Erläuterungen zur zugrunde liegenden Logik bereitgestellt werden sollten, einschließlich der Angabe, wann Profiling genutzt wird.

Diese Erläuterungen sollten Informationen über die für die Anzeige der Werbung verwendete Methode – zum Beispiel dazu, ob es sich um kontextbezogene Werbung oder eine andere Art von Werbung handelt – sowie gegebenenfalls die wichtigsten verwendeten Profiling-Kriterien enthalten. Außerdem sollten die Nutzer in den Erläuterungen über alle ihnen zur Verfügung stehenden Mittel zur Änderung dieser Kriterien informiert werden. Die Anforderungen dieser Verordnung an die Bereitstellung von Informationen in Bezug auf Werbung gelten unbeschadet der Anwendung der einschlägigen Bestimmungen der Verordnung (EU) 2016/679, insbesondere was das Widerspruchsrecht und die automatisierte Entscheidungsfindung im Einzelfall betrifft, einschließlich des Profiling und insbesondere der Notwendigkeit, vor der Verarbeitung personenbezogener Daten für gezielte Werbung die Einwilligung der betroffenen Person einzuholen. Zudem gilt sie unbeschadet der Bestimmungen der Richtlinie 2002/58/EG, insbesondere in Bezug auf die Speicherung von Informationen auf Endgeräten und den Zugang zu dort gespeicherten Informationen. Schließlich ergänzt diese Verordnung die Anwendung der Richtlinie 2010/13/EU, gemäß der Maßnahmen ergriffen werden müssen, um es Nutzern zu ermöglichen, audiovisuelle kommerzielle Kommunikation in nutzergenerierten Videos als solche zu deklarieren. Sie ergänzt ferner die Pflichten für Unternehmer in Bezug auf die Offenlegung von kommerzieller Kommunikation, die sich aus der Richtlinie 2005/29/EG ergeben.

(69) Wenn Nutzern Werbung angezeigt wird, die auf Techniken der Personalisierung von Werbung beruht, welche optimiert sind, um ihren Interessen zu entsprechen und möglicherweise auf ihre Schwächen abzuzielen, kann dies besonders schwerwiegende negative Auswirkungen haben. In bestimmten Fällen können sich manipulative Techniken negativ auf ganze Gruppen auswirken und gesellschaftliche Schäden verstärken, beispielsweise indem sie zu Desinformationskampagnen beitragen oder bestimmte Gruppen diskriminieren. Online-Plattformen sind ein Umfeld, das für solche Praktiken besonders anfällig ist, und bergen ein höheres gesellschaftliches Risiko. Daher dürfen Anbieter von Online-Plattformen keine Werbung anzeigen, die auf Profiling gemäß Artikel 4 Nummer 4 der Verordnung (EU) 2016/679 unter Verwendung besonderer Kategorien personenbezogener Daten gemäß Artikel 9 Absatz 1 jener Verordnung, einschließlich Profiling-Kategorien auf der Grundlage dieser besonderen Kategorien, beruht. Dieses Verbot gilt unbeschadet der Verpflichtungen, die nach dem Unionsrecht über den Schutz personenbezogener Daten für Anbieter von Online-Plattformen oder andere Diensteanbieter oder Werbetreibende, die an der Verbreitung von Werbung beteiligt sind, gelten.

(70) Ein zentraler Bestandteil der Geschäftstätigkeiten einer Online-Plattform ist die Art und Weise, in der Informationen priorisiert und auf ihrer Online-Schnittstelle dargestellt werden, um den Zugang zu Informationen für die Nutzer zu erleichtern und zu optimieren. Dies geschieht beispielsweise durch algorithmische Empfehlungen, Einstufung und Priorisierung von Informationen, die durch textliche oder andere visuelle Darstellungen kenntlich gemacht werden, oder durch andere Arten der Kuratierung der von Nutzern bereitgestellten Informationen. Diese Empfehlungssysteme können wesentliche Auswirkungen auf die Fähigkeit der Nutzer haben, Informationen online abzurufen und mit ihnen zu interagieren. So können sie beispielsweise die Suche nach für die Nutzer relevanten Informationen erleichtern und zu einer verbesserten Nutzererfahrung beitragen. Zudem spielen sie eine wichtige Rolle bei der Verstär-

kung bestimmter Botschaften, der viralen Verbreitung von Informationen und der Anregung zu Online-Verhaltensweisen. Online-Plattformen sollten daher stets sicherstellen, dass die Nutzer angemessen darüber informiert werden, wie sich Empfehlungssysteme auf die Art und Weise auswirken, in der Informationen angezeigt werden, und wie sie die Art und Weise beeinflussen können, in der ihnen Informationen dargestellt werden. Sie sollten die Parameter dieser Empfehlungssysteme klar und leicht verständlich darstellen, um sicherzustellen, dass die Nutzer nachvollziehen können, wie die ihnen angezeigten Informationen priorisiert werden. Diese Parameter sollten mindestens die wichtigsten Kriterien umfassen, anhand derer festgelegt wird, welche Informationen dem Nutzer vorgeschlagen werden, sowie die Gründe, aus denen die einzelnen Kriterien von Bedeutung sind; dies betrifft auch Fälle, in denen Informationen auf der Grundlage von Profiling und dem Online-Verhalten der Nutzer priorisiert werden.

(71) Der Schutz von Minderjährigen ist ein wichtiges politisches Ziel der Union. Eine Online-Plattform kann als für Minderjährige zugänglich angesehen werden, wenn ihre allgemeinen Geschäftsbedingungen es Minderjährigen gestatten, den Dienst zu nutzen, wenn ihr Dienst sich an Minderjährige richtet oder überwiegend von Minderjährigen genutzt wird oder wenn dem Anbieter in anderer Weise bekannt ist, dass einige seiner Nutzer minderjährig sind, etwa weil er bereits personenbezogene Daten von Nutzern verarbeitet, aus denen das Alter der Nutzer zu anderen Zwecken hervorgeht. Anbieter von Online-Plattformen, die von Minderjährigen genutzt werden, sollten geeignete und verhältnismäßige Maßnahmen zum Schutz von Minderjährigen treffen, etwa indem sie, soweit dies angezeigt ist, ihre Online-Schnittstellen oder Teile davon standardmäßig mit dem höchsten Maß an Privatsphäre und Sicherheit für Minderjährige gestalten oder indem sie Standards für den Schutz von Minderjährigen anwenden oder sich an Verhaltenskodizes zum Schutz von Minderjährigen beteiligen. Sie sollten bewährte Verfahren und die verfügbare Anleitung – etwa jene in der Mitteilung der Kommission mit dem Titel „Eine digitale Dekade für Kinder und Jugendliche: die neue europäische Strategie für ein besseres Internet für Kinder (BIK+)" – berücksichtigen. Anbieter von Online-Plattformen sollten keine Werbung auf der Grundlage von Profiling unter Verwendung personenbezogener Daten des betreffenden Nutzers anzeigen, wenn sie hinreichende Gewissheit haben, dass der betreffende Nutzer minderjährig ist. Im Einklang mit der Verordnung (EU) 2016/679, insbesondere mit dem Grundsatz der Datenminimierung im Sinne von Artikel 5 Absatz 1 Buchstabe c jener Verordnung, sollte dieses Verbot den Anbieter der Online-Plattform nicht dazu veranlassen, mehr personenbezogene Daten als die, über die er bereits verfügt, zu speichern, zu erwerben oder zu verarbeiten, um zu beurteilen, ob der betreffende Nutzer minderjährig ist. Mit dieser Verpflichtung sollte daher für Anbieter von Online-Plattformen kein Anreiz dafür geschaffen werden, das Alter der Nutzer zu erfassen, bevor diese die Plattform nutzen. Dies sollte unbeschadet des Unionsrechts über den Schutz personenbezogener Daten gelten.

(72) Um zu einem sicheren, vertrauenswürdigen und transparenten Online-Umfeld für Verbraucher sowie für andere Beteiligte, etwa konkurrierende Unternehmer oder Inhaber von Rechten des geistigen Eigentums, beizutragen und Unternehmer vom Verkauf von Produkten und Dienstleistungen unter Verstoß gegen die geltenden Vorschriften abzuhalten, sollten Online-Plattformen, die Verbrauchern den Abschluss von Fernabsatzverträgen mit Unternehmern ermöglichen, sicherstellen, dass diese Unternehmer nachverfolgt werden können. Der Unternehmer sollte daher verpflichtet sein, den Anbietern von Online-Plattformen, die Verbrauchern den Abschluss von Fernabsatzverträgen mit Unternehmern ermöglichen, bestimmte grundlegende Informationen zur Verfügung zu stellen, auch um für Produkte zu werben oder sie anzubieten. Diese Anforderung sollte auch für Unternehmer gelten, die auf der Grundlage zugrunde liegender Vereinbarungen im Namen von Marken für Produkte werben oder diese anbieten. Diese Anbieter von Online-Plattformen sollten sämtliche Informationen für die Dauer ihrer Vertragsbeziehung mit dem Unternehmer und sechs Monate darüber hinaus sicher speichern, damit etwaige Ansprüche gegenüber dem Unternehmer geltend gemacht oder Anordnungen in Bezug auf den Unternehmer erfüllt werden können.

Diese Verpflichtung ist erforderlich und verhältnismäßig, damit diese Informationen im Einklang mit dem geltenden Recht, einschließlich des Rechts auf Schutz personenbezogener Daten, von Behörden und privaten Parteien mit einem berechtigten Interesse eingesehen werden können, auch aufgrund von in dieser Verordnung genannten Anordnungen zur Bereitstellung von Informationen. Diese Verpflichtung lässt potenzielle Verpflichtungen unberührt, bestimmte Inhalte auf der Grundlage anderer Rechtsvorschriften der Union oder nationaler Rechtsvorschriften im Einklang mit dem Unionsrecht für längere Zeiträume aufzubewahren. Unbeschadet der in dieser Verordnung festgelegten Begriffsbestimmung sollte jeder auf der Grundlage von Artikel 6a Absatz 1 Buchstabe b der Richtlinie 2011/83/EU und Artikel 7 Absatz 4 Buchstabe f der Richtlinie 2005/29/EG identifizierte Unternehmer – unabhängig davon, ob es sich um eine natürliche oder juristische Person handelt – rückverfolgbar sein, wenn er ein Produkt oder eine Dienstleistung über eine Online-Plattform anbietet. Die Richtlinie 2000/31/EG verpflichtet alle Anbieter von Diensten der Informationsgesellschaft, bestimmte Informationen, die die Identifizierung aller Anbieter ermöglichen, den Nutzern und den zuständigen Behörden einfach, unmittelbar und dauerhaft zugänglich zu machen. Die in dieser Verordnung festgelegten Rückverfolgbarkeitsanforderungen an Anbieter von Online-Plattformen, die Verbrauchern den Abschluss von Fernabsatzverträgen mit Unternehmern ermöglichen, berühren nicht die Anwendung der Richtlinie (EU) 2021/514 des Rates[30], mit der andere legitime Ziele des öffentlichen Interesses verfolgt werden.

---

30 Richtlinie (EU) 2021/514 des Rates vom 22. März 2021 zur Änderung der Richtlinie 2011/16/EU über die Zusammenarbeit der Verwaltungsbehörden im Bereich der Besteuerung (ABl. L 104 vom 25.3.2021, S. 1).

ErwG zum Gesetz über digitale Dienste **EG DSA 4**

(73) Um eine effiziente und angemessene Anwendung dieser Verpflichtung sicherzustellen, ohne unverhältnismäßige Belastungen aufzuerlegen, sollten Anbieter von Online-Plattformen, die Verbrauchern den Abschluss von Fernabsatzverträgen mit Unternehmern ermöglichen, sich nach besten Kräften um die Bewertung der Zuverlässigkeit der von den betreffenden Unternehmern bereitgestellten Informationen bemühen, insbesondere durch die Nutzung frei zugänglicher amtlicher Online-Datenbanken oder Online-Schnittstellen, etwa nationaler Handelsregister und des Mehrwertsteuer-Informationsaustauschsystems, oder die betreffenden Unternehmer auffordern, belastbare Unterlagen als Nachweise vorzulegen, etwa Kopien von Identitätsdokumenten, zertifizierte Zahlungskontenauszüge, Unternehmenszertifikate oder Auszüge aus dem Handelsregister. Sie können für die Einhaltung dieser Verpflichtung auch auf andere für die Nutzung auf Distanz verfügbare Quellen zurückgreifen, die vergleichbare Zuverlässigkeit bieten. Die Anbieter der betroffenen Online-Plattformen sollten jedoch nicht verpflichtet werden, übermäßige oder kostspielige Nachforschungen im Internet anzustellen oder unverhältnismäßige Kontrollen vor Ort durchzuführen. Auch sollte nicht davon ausgegangen werden, dass Anbieter, die sich wie von dieser Verordnung gefordert bereits nach besten Kräften bemüht haben, die Zuverlässigkeit der Informationen gegenüber Verbrauchern oder anderen Beteiligten gewährleisten.

(74) Anbieter von Online-Plattformen, die Verbrauchern den Abschluss von Fernabsatzverträgen mit Unternehmern ermöglichen, sollten ihre Online-Schnittstelle so gestalten und aufbauen, dass Unternehmer ihren Verpflichtungen gemäß dem einschlägigen Unionsrecht nachkommen können, insbesondere den Anforderungen gemäß Artikel 6 und 8 der Richtlinie 2011/83/EU, Artikel 7 der Richtlinie 2005/29/EG, Artikel 5 und 6 der Richtlinie 2000/31/EG und Artikel 3 der Richtlinie 98/6/EG des Europäischen Parlaments und des Rates[31]. Zu diesem Zweck sollten Anbieter von betroffenen Online-Plattformen sich nach besten Kräften bemühen, zu prüfen, ob die Unternehmer, die ihre Dienste nutzen, die vollständigen Informationen im Einklang mit dem einschlägigen geltenden Unionsrecht auf ihre Online-Schnittstellen hochgeladen haben. Die Anbieter von Online-Plattformen sollten sicherstellen, dass Produkte oder Dienstleistungen nicht angeboten werden, solange diese Informationen nicht vollständig sind. Dies sollte für die Anbieter von betroffenen Online-Plattformen nicht gleichbedeutend sein mit einer allgemeinen Verpflichtung zur Überwachung der von Unternehmern über ihre Dienste angebotenen Produkte oder Dienstleistungen oder mit einer allgemeinen Verpflichtung zur aktiven Nachforschung, insbesondere um die Richtigkeit der von den Unternehmern bereitgestellten Informationen zu prüfen. Die Online-Schnittstellen sollten nutzerfreundlich und für Unternehmer und Verbraucher leicht zugänglich sein. Darüber hinaus sollten die Anbieter der betroffenen Online-Plattfor-

---

31 Richtlinie 98/6/EG des Europäischen Parlaments und des Rates vom 16. Februar 1998 über den Schutz der Verbraucher bei der Angabe der Preise der ihnen angebotenen Erzeugnisse (ABl. L 80 vom 18.3.1998, S. 27).

men, nachdem sie dem Unternehmer das Angebot des Produkts oder der Dienstleistung gestattet haben, angemessene Bemühungen unternehmen, um stichprobenartig zu überprüfen, ob die angebotenen Produkte oder Dienstleistungen in amtlichen, frei zugänglichen und maschinenlesbaren Online-Datenbanken oder Online-Schnittstellen, die in einem Mitgliedstaat oder in der Union verfügbar sind, als rechtswidrig eingestuft wurden. Die Kommission sollte auch die Rückverfolgbarkeit von Produkten durch technologische Lösungen wie digital signierte QR-Codes (Quick Response Codes) oder nicht austauschbare Token fördern. Die Kommission sollte die Entwicklung von Normen und in Ermangelung solcher Normen die Entwicklung marktgestützter Lösungen, die von den betroffenen Parteien akzeptiert werden können, fördern.

(75) Da sehr große Online-Plattformen aufgrund ihrer Reichweite – insbesondere der Zahl der Nutzer – für die Erleichterung von öffentliche Debatten, Wirtschaftstransaktionen und der öffentlichen Verbreitung von Informationen, Meinungen und Ideen sowie bei der Beeinflussung der Informationsbeschaffung und -übermittlung im Internet eine bedeutende Rolle spielen, ist es notwendig, den Anbietern dieser Plattformen neben den für alle Online-Plattformen geltenden Pflichten besondere Pflichten aufzuerlegen. Aufgrund der entscheidenden Rolle von großen Online-Suchmaschinen, wenn es darum geht, Informationen zu finden und im Internet abrufbar zu machen, müssen diese Verpflichtungen, soweit sie anwendbar sind, auch den Anbietern sehr großer Online-Suchmaschinen auferlegt werden. Diese zusätzlichen Pflichten für Anbieter sehr großer Online-Plattformen und sehr großer Online-Suchmaschinen sind erforderlich, um diesen ordnungspolitischen Bedenken Rechnung zu tragen, da sich durch alternative, weniger restriktive Maßnahmen nicht dieselben Ergebnisse erzielen lassen.

(76) Sehr große Online-Plattformen und sehr große Online-Suchmaschinen können gesellschaftliche Risiken bewirken, die sich hinsichtlich Umfang und Auswirkungen von denen kleinerer Plattformen unterscheiden. Anbieter solcher sehr großen Online-Plattformen und sehr großen Online-Suchmaschinen sollten daher höchsten Sorgfaltspflichten unterliegen, die in einem angemessenen Verhältnis zu ihren gesellschaftlichen Auswirkungen stehen. Sobald die Zahl der aktiven Nutzer einer Online-Plattform oder der aktiven Nutzer einer Online-Suchmaschine, berechnet als Durchschnitt über einen Zeitraum von sechs Monaten, in der Union einen erheblichen Bevölkerungsanteil erreicht, können auch die mit der Online-Plattform oder Online-Suchmaschine verbundenen systemischen Risiken in der Union unverhältnismäßige Auswirkungen haben. Von einer solchen erheblichen Reichweite sollte ausgegangen werden, wenn die Zahl eine operative Schwelle von 45 Millionen – 10 % der Bevölkerung in der Union – überschreitet. Diese operative Schwelle sollte stets aktualisiert werden, und daher sollte der Kommission die Befugnis übertragen werden, die Bestimmungen dieser Verordnung durch den Erlass delegierter Rechtsakte zu ergänzen, soweit dies erforderlich ist.

ErwG zum Gesetz über digitale Dienste **EG DSA 4**

(77) Um die Reichweite einer bestimmten Online-Plattform oder Online-Suchmaschine zu bestimmen, muss die durchschnittliche Zahl der aktiven Nutzer jedes Dienstes einzeln ermittelt werden. Dementsprechend sollte die Zahl der durchschnittlichen monatlichen aktiven Nutzer einer Online-Plattform alle Nutzer widerspiegeln, die den Dienst in einem bestimmten Zeitraum tatsächlich mindestens einmal in Anspruch nehmen, indem sie Informationen ausgesetzt sind, die über die Online-Schnittstelle der Online-Plattform verbreitet werden, etwa indem sie sie ansehen oder anhören oder Informationen bereitstellen, wie z. B. Unternehmer auf einer Online-Plattform, die Verbrauchern den Abschluss von Fernabsatzverträgen mit Unternehmern ermöglicht.

Für die Zwecke dieser Verordnung beschränkt sich die Inanspruchnahme nicht auf die Interaktion mit Informationen durch Anklicken, Kommentieren, Verlinken, Teilen, Kaufen oder Durchführen von Transaktionen auf einer Online-Plattform. Folglich stimmt das Konzept des aktiven Nutzers nicht zwangsläufig mit dem des registrierten Nutzers eines Dienstes überein. In Bezug auf Online-Suchmaschinen sollte der Begriff des aktiven Nutzers diejenigen umfassen, die Informationen auf der Online-Schnittstelle ansehen, aber nicht etwa die Eigentümer der durch eine Online-Suchmaschine indexierten Websites, da diese den Dienst nicht aktiv in Anspruch nehmen. Die Zahl der aktiven Nutzer eines Dienstes sollte alle einmaligen Nutzer umfassen, die den betreffenden Dienst in Anspruch nehmen. Zu diesem Zweck sollte ein Nutzer, der verschiedene Online-Schnittstellen wie Websites oder Anwendungen verwendet, auch wenn die Dienste über verschiedene URL oder Domänennamen abgerufen werden, nach Möglichkeit nur einmal gezählt werden. Das Konzept des aktiven Nutzers sollte jedoch nicht die gelegentliche Nutzung des Dienstes durch Nutzer anderer Anbieter von Vermittlungsdiensten umfassen, die vom Anbieter der Online-Plattform gespeicherte Informationen durch eine Verknüpfung oder Indexierung durch einen Anbieter von Online-Suchmaschinen indirekt zugänglich machen. Darüber hinaus verpflichtet diese Verordnung Anbieter von Online-Plattformen oder Online-Suchmaschinen nicht dazu, ein spezifisches Online-Tracking von Einzelpersonen durchzuführen. Wenn solche Anbieter in der Lage sind, automatisierte Nutzer wie Bots oder Scraper ohne weitere Verarbeitung personenbezogener Daten und Nachverfolgung außer Acht zu lassen, können sie dies tun. Da sich Marktentwicklungen und technische Entwicklungen auf die Bestimmung der Zahl der aktiven Nutzer auswirken können, sollte der Kommission die Befugnis übertragen werden, die Bestimmungen dieser Verordnung durch den Erlass delegierter Rechtsakte zur Festlegung der Methode zur Bestimmung der aktiven Nutzer des Dienstes einer Online-Plattform oder einer Online-Suchmaschine zu ergänzen, wobei erforderlichenfalls die Art des Dienstes und die Art und Weise, wie die Nutzer des Dienstes mit diesem interagieren, berücksichtigt werden sollten.

(78) Angesichts der für Plattformtätigkeiten typischen Netzwerkeffekte kann sich die Nutzerbasis einer Online-Plattform oder einer Online-Suchmaschine rasch erweitern und die Dimension einer sehr großen Online-Plattform oder einer sehr großen Online-Suchmaschine mit den damit verbundenen Auswir-

[221]

kungen auf den Binnenmarkt erreichen. Dies kann z. b. der Fall sein, wenn die Online-Plattform oder die Online-Suchmaschine über einen kurzen Zeitraum exponentiell wächst oder aufgrund einer breiten globalen Präsenz und ihres Umsatzes Netzwerkeffekte sowie Skalen- und Verbundeffekte vollständig nutzen kann. Insbesondere ein hoher Jahresumsatz oder eine hohe Marktkapitalisierung können darauf hindeuten, dass sich die Nutzerreichweite schnell erhöht. In diesen Fällen sollte der Koordinator für digitale Dienste am Niederlassungsort oder die Kommission den Anbieter der Online-Plattform oder der Online-Suchmaschine zu einer häufigeren Berichterstattung über die Anzahl der aktiven Nutzer verpflichten können, um den Zeitpunkt, zu dem die Plattform als sehr große Online-Plattform bzw. sehr große Online-Suchmaschine im Sinne dieser Verordnung anzusehen ist, rechtzeitig bestimmen zu können.

(79) Die Art und Weise, in der sehr große Online-Plattformen und sehr große Online-Suchmaschinen genutzt werden können, hat großen Einfluss auf die Online-Sicherheit, die öffentliche Meinungsbildung und den öffentlichen Diskurs sowie den Online-Handel. Die Gestaltung der Dienste ist im Allgemeinen auf eine Optimierung ihres oft werbegestützten Geschäftsmodells ausgerichtet und kann Anlass zu gesellschaftlichen Bedenken geben. Es bedarf einer wirksamen Regulierung und Durchsetzung, damit die Risiken und der gesellschaftliche und wirtschaftliche Schaden, die möglicherweise entstehen können, wirksam ermittelt und gemindert werden können. Im Rahmen dieser Verordnung sollten Anbieter sehr großer Online-Plattformen und sehr großer Online-Suchmaschinen daher prüfen, welche systemischen Risiken mit der Gestaltung, Funktionsweise und Nutzung ihrer Dienste sowie mit einem möglichen Missbrauch durch die Nutzer verbunden sind, und sollten unter Achtung der Grundrechte angemessene Gegenmaßnahmen treffen. Bei der Bestimmung der Bedeutung möglicher negativer Wirkungen und Auswirkungen sollten die Anbieter die Schwere der möglichen Auswirkungen und die Wahrscheinlichkeit all dieser systemischen Risiken berücksichtigen. So könnten sie beispielsweise prüfen, ob die möglichen negativen Auswirkungen eine große Zahl von Personen betreffen können, ihre mögliche Unumkehrbarkeit oder wie schwierig es ist, die möglichen Auswirkungen zu beheben und die vorherige Situation wiederherzustellen.

(80) Dabei sollten vier Kategorien systemischer Risiken von Anbietern sehr großer Online-Plattformen und sehr großer Online-Suchmaschinen eingehend geprüft werden. Eine erste Kategorie betrifft die Risiken, die durch Verbreitung rechtswidriger Inhalte entstehen können, darunter die Verbreitung von Darstellungen von sexuellem Missbrauch von Kindern oder von rechtswidriger Hassrede oder andere Arten von Missbrauch ihrer Dienste für Straftaten sowie rechtswidrige Tätigkeiten wie ein nach Unions- oder nationalem Recht untersagter Verkauf von Waren oder Dienstleistungen, wie z. B. gefährlicher oder gefälschter Güter oder rechtswidrig gehandelter Tiere. Eine solche Verbreitung oder solche Aktivitäten können beispielsweise ein erhebliches systemisches Risiko darstellen, wenn sich der Zugang zu rechtswidrigen Inhalten

über Konten mit besonders großer Reichweite oder andere Möglichkeiten der Verstärkung rasch und weit verbreitet. Anbieter sehr großer Online-Plattformen und sehr großer Online-Suchmaschinen sollten das Risiko der Verbreitung rechtswidriger Inhalte unabhängig davon bewerten, ob die Informationen auch mit ihren allgemeinen Geschäftsbedingungen unvereinbar sind oder nicht. Diese Bewertung lässt die persönliche Verantwortlichkeit des Nutzers sehr großer Online-Plattformen oder der Inhaber von Websites, die von sehr großen Online-Suchmaschinen indexiert werden, für eine mögliche Rechtswidrigkeit ihrer Tätigkeit nach geltendem Recht unberührt.

(81) Eine zweite Kategorie betrifft die tatsächlichen oder absehbaren Auswirkungen des Dienstes auf die Ausübung der durch die Charta der Grundrechte geschützten Grundrechte, einschließlich, aber nicht beschränkt auf Menschenwürde, Freiheit der Meinungsäußerung und Informationsfreiheit, einschließlich der Freiheit und des Pluralismus der Medien, Recht auf Achtung des Privatlebens, Datenschutz, Recht auf Nichtdiskriminierung, Rechte des Kindes und Verbraucherschutz. Diese Risiken können beispielsweise auf die Gestaltung der algorithmischen Systeme sehr großer Online-Plattformen oder sehr großer Online-Suchmaschinen oder auf den Missbrauch ihres Dienstes für die Übermittlung missbräuchlicher Nachrichten oder auf andere Methoden zur Verhinderung der freien Meinungsäußerung oder zur Behinderung des Wettbewerbs zurückzuführen sein. Bei der Bewertung der Risiken für die Rechte des Kindes sollten die Anbieter sehr großer Online-Plattformen und sehr großer Online-Suchmaschinen beispielsweise prüfen, wie leicht es für Minderjährige ist, die Gestaltung und die Funktionsweise des Dienstes zu verstehen und in welcher Weise Minderjährige durch ihren Dienst Inhalten ausgesetzt sein können, die ihre Gesundheit oder ihre körperliche, geistige oder sittliche Entwicklung beeinträchtigen können. Solche Risiken können beispielsweise im Zusammenhang mit der Gestaltung von Online-Schnittstellen entstehen, die absichtlich oder unabsichtlich die Schwächen und Unerfahrenheit von Minderjährigen ausnutzen oder die zu Suchtverhalten führen können.

(82) Eine dritte Kategorie von Risiken betrifft die tatsächlichen oder absehbaren negativen Auswirkungen auf demokratische Prozesse, die gesellschaftliche Debatte und Wahlprozesse sowie auf die öffentliche Sicherheit.

(83) Eine vierte Risikokategorie ergibt sich aus ähnlichen Bedenken in Bezug auf die Gestaltung, die Funktionsweise oder die Nutzung sehr großer Online-Plattformen und sehr großer Online-Suchmaschinen, auch durch Manipulation, mit tatsächlichen oder absehbaren negativen Auswirkungen auf den Schutz der öffentlichen Gesundheit oder von Minderjährigen und schwerwiegenden negativen Folgen für das körperliche und geistige Wohlbefinden einer Person oder in Bezug auf geschlechtsspezifische Gewalt. Solche Risiken können sich auch aus koordinierten Desinformationskampagnen im Zusammenhang mit der öffentlichen Gesundheit oder aus der Gestaltung von Online-Schnittstellen, die verhaltensbezogene Abhängigkeiten der Nutzer stimulieren können, ergeben.

(84) Bei der Bewertung solcher systemischen Risiken sollten sich die Anbieter sehr großer Online-Plattformen und sehr großer Online-Suchmaschinen auf die Systeme oder andere Elemente konzentrieren, die zu den Risiken beitragen können, einschließlich aller algorithmischen Systeme, die relevant sein können, insbesondere ihre Empfehlungssysteme und Werbesysteme, wobei die entsprechenden Datenerhebungs- und -nutzungspraktiken zu berücksichtigen sind. Sie sollten auch prüfen, ob ihre allgemeinen Geschäftsbedingungen und deren Durchsetzung sowie ihre Verfahren zur Moderation von Inhalten und die entsprechenden technischen Instrumente und zugewiesenen Ressourcen angemessen sind. Bei der Bewertung der in dieser Verordnung ermittelten systemischen Risiken sollten sich diese Anbieter auch auf die Informationen konzentrieren, die zwar nicht rechtswidrig sind, aber zu den in dieser Verordnung ermittelten systemischen Risiken beitragen. Solche Anbieter sollten daher besonders darauf achten, wie ihre Dienste zur Verbreitung oder Verstärkung irreführender oder täuschender Inhalte, einschließlich Desinformation, genutzt werden. Wenn die algorithmische Verstärkung von Informationen zu den systemischen Risiken beiträgt, sollten diese Anbieter dies in ihren Risikobewertungen gebührend berücksichtigen. Wo Risiken lokal begrenzt sind oder sprachliche Unterschiede bestehen, sollten diese Anbieter dies auch bei ihren Risikobewertungen berücksichtigen. Anbieter sehr großer Online-Plattformen und sehr großer Online-Suchmaschinen sollten insbesondere prüfen, wie die Gestaltung und Funktionsweise ihres Dienstes sowie die vorsätzliche und häufig koordinierte Manipulation und Nutzung ihrer Dienste oder die systemische Verletzung ihrer Nutzungsbedingungen zu diesen Risiken beitragen. Solche Risiken können beispielsweise auf die unauthentische Nutzung des Dienstes, wie die Einrichtung von Scheinkonten, die Nutzung von Bots oder die irreführende Nutzung eines Dienstes und andere automatisierte oder teilautomatisierte Verhaltensweisen zurückzuführen sein, die zu einer schnellen und umfangreichen öffentlichen Verbreitung von Informationen führen können, die rechtswidrige Inhalte darstellen oder mit den Geschäftsbedingungen einer Online-Plattform oder einer Online-Suchmaschine unvereinbar sind und zu Desinformationskampagnen beitragen.

(85) Um es zu ermöglichen, dass nachfolgende Risikobewertungen aufeinander aufbauen und die Entwicklung der ermittelten Risiken aufzeigen, sowie um Untersuchungen und Durchsetzungsmaßnahmen zu erleichtern, sollten Anbieter sehr großer Online-Plattformen und sehr großer Online-Suchmaschinen alle Belege für die von ihnen durchgeführten Risikobewertungen, wie etwa Informationen über deren Vorbereitung, zugrunde liegende Daten und Daten über die Tests ihrer algorithmischen Systeme, aufbewahren.

(86) Anbieter sehr großer Online-Plattformen und sehr großer Online-Suchmaschinen sollten die erforderlichen Instrumente einsetzen, um die bei den Risikobewertungen festgestellten systemischen Risiken unter Achtung der Grundrechte sorgfältig zu mindern. Alle Maßnahmen sollten mit den Sorgfaltspflichten aus dieser Verordnung im Einklang stehen sowie angemessen und wirksam zur Minderung der festgestellten spezifischen systemischen Risiken beitragen.

ErwG zum Gesetz über digitale Dienste **EG DSA 4**

Sie sollten in Anbetracht der wirtschaftlichen Leistungsfähigkeit des Anbieters der sehr großen Online-Plattform oder sehr großen Online-Suchmaschine verhältnismäßig sein und der Notwendigkeit Rechnung tragen, unnötige Beschränkungen für die Nutzung ihrer Dienste zu vermeiden, wobei mögliche negative Auswirkungen auf die Grundrechte angemessen zu berücksichtigen sind. Diese Anbieter sollten die Auswirkungen auf die Meinungsfreiheit besonders berücksichtigen.

(87) Anbieter sehr großer Online-Plattformen und sehr großer Online-Suchmaschinen sollten im Rahmen solcher Risikominderungsmaßnahmen beispielsweise in Betracht ziehen, die erforderliche Gestaltung, Funktion oder Funktionsweise ihres Dienstes, wie etwa die Gestaltung der Online-Schnittstelle, anzupassen. Sie sollten ihre allgemeinen Geschäftsbedingungen nach Bedarf und im Einklang mit den Bestimmungen dieser Verordnung über die allgemeinen Geschäftsbedingungen anpassen und anwenden. Weitere geeignete Maßnahmen könnten die Anpassung ihrer Systeme und internen Verfahren zur Moderation von Inhalten oder die Anpassung ihrer Entscheidungsprozesse und Ressourcen, einschließlich des Personals für die Moderation von Inhalten, seiner Ausbildung und seines lokalen Fachwissens, umfassen. Dies betrifft insbesondere die Geschwindigkeit und Qualität der Bearbeitung von Meldungen. In diesem Zusammenhang wird beispielsweise im Verhaltenskodex für die Bekämpfung rechtswidriger Hassreden im Internet aus dem Jahr 2016 ein Referenzwert für die Bearbeitung gültiger Meldungen über die Entfernung rechtswidriger Hassreden von weniger als 24 Stunden festgelegt. Anbieter sehr großer Online-Plattformen, insbesondere solcher, die in erster Linie für die öffentliche Verbreitung pornografischer Inhalte genutzt werden, sollten all ihren Verpflichtungen aus dieser Verordnung in Bezug auf rechtswidrige Inhalte, die Gewalt im Internet darstellen, einschließlich rechtswidriger pornografischer Inhalte, sorgfältig nachkommen, insbesondere im Hinblick darauf, dass Opfer ihre Rechte in Bezug auf Inhalte, die die nicht einvernehmliche Weitergabe von intimem oder manipuliertem Material darstellen, durch die rasche Bearbeitung von Meldungen und die Entfernung solcher Inhalte unverzüglich wirksam ausüben können. Für andere Arten rechtswidriger Inhalte können abhängig von den Fakten, Umständen und Arten der betreffenden rechtswidrigen Inhalte längere oder kürzere Fristen für die Bearbeitung von Meldungen erforderlich sein. Diese Anbieter können zudem die Zusammenarbeit mit vertrauenswürdigen Hinweisgebern einleiten oder verstärken und Schulungsmaßnahmen und den Austausch mit Zusammenschlüssen vertrauenswürdiger Hinweisgeber organisieren.

(88) Anbieter sehr großer Online-Plattformen und sehr großer Online-Suchmaschinen sollten auch in Bezug auf die Maßnahmen, die sie ergreifen, um ihre algorithmischen Systeme, nicht zuletzt ihre Empfehlungssysteme, zu testen und erforderlichenfalls anzupassen, sorgfältig vorgehen. Möglicherweise müssen sie die negativen Auswirkungen personalisierter Empfehlungen mindern und die in ihren Empfehlungen verwendeten Kriterien korrigieren. Die von den Anbietern sehr großer Online-Plattformen und sehr großer Online-Such-

4 EG DSA ErwG zum Gesetz über digitale Dienste

maschinen verwendeten Werbesysteme können auch ein Katalysator für systemische Risiken sein. Diese Anbieter sollten Korrekturmaßnahmen, wie z. B. die Beendigung von Werbeeinnahmen für bestimmte Informationen, oder andere Maßnahmen wie eine Verbesserung der Sichtbarkeit verlässlicher Informationsquellen oder eine strukturellere Anpassung ihrer Werbesysteme in Erwägung ziehen. Anbieter sehr großer Online-Plattformen und sehr großer Online-Suchmaschinen müssen möglicherweise ihre internen Verfahren oder die interne Überwachung ihrer Tätigkeiten verstärken, insbesondere um systemische Risiken zu ermitteln, und häufigere oder gezieltere Risikobewertungen im Zusammenhang mit neuen Funktionen durchführen. Insbesondere bei über verschiedene Online-Plattformen oder Online-Suchmaschinen geteilten Risiken sollten sie mit anderen Anbietern zusammenarbeiten, etwa durch Einführung von Verhaltenskodizes oder anderen Selbstregulierungsmaßnahmen oder die Beteiligung an bestehenden einschlägigen Kodizes oder Maßnahmen. Sie sollten auch Sensibilisierungsmaßnahmen in Erwägung ziehen, insbesondere bei Risiken im Zusammenhang mit Desinformationskampagnen.

(89) Insbesondere wenn sich ihre Dienste in erster Linie an Minderjährige richten oder überwiegend von diesen genutzt werden, sollten Anbieter sehr großer Online-Plattformen und sehr großer Online-Suchmaschinen bei Maßnahmen wie der Anpassung der Gestaltung ihres Dienstes und ihrer Online-Schnittstelle dem Wohl von Minderjährigen Rechnung tragen. Sie sollten sicherstellen, dass ihre Dienste so organisiert sind, dass Minderjährige problemlos auf die in dieser Verordnung vorgesehenen Mechanismen zugreifen können, gegebenenfalls einschließlich Melde-, Abhilfe- und Beschwerdemechanismen. Sie sollten ferner Maßnahmen ergreifen, um Minderjährige vor Inhalten zu schützen, die ihre körperliche, geistige oder sittliche Entwicklung beeinträchtigen können, und Instrumente bereitstellen, die einen kontrollierten Zugang zu solchen Informationen ermöglichen. Bei der Auswahl der geeigneten Minderungsmaßnahmen können die Anbieter gegebenenfalls bewährte Verfahren der Branche berücksichtigen, unter anderem solche, die durch Zusammenarbeit im Bereich Selbstregulierung festgelegt wurden, wie Verhaltenskodizes und sollten den Leitlinien der Kommission Rechnung tragen.

(90) Anbieter sehr großer Online-Plattformen und sehr großer Online-Suchmaschinen sollten sicherstellen, dass ihr Konzept für die Risikobewertung und -minderung auf den besten verfügbaren Informationen und wissenschaftlichen Erkenntnissen beruht und dass sie ihre Annahmen mit den Gruppen überprüfen, die von den Risiken und den von ihnen ergriffenen Maßnahmen am stärksten betroffen sind. Zu diesem Zweck sollten sie, soweit angemessen, bei ihren Risikobewertungen und bei der Gestaltung ihrer Risikominderungsmaßnahmen Vertreter der Nutzer und der möglicherweise von ihren Diensten betroffenen Gruppen sowie unabhängige Sachverständige und zivilgesellschaftliche Organisationen einbeziehen. Sie sollten bestrebt sein, solche Konsultationen in ihre Methoden zur Bewertung der Risiken und zur Gestaltung von Risikominderungsmaßnahmen zu integrieren, gegebenenfalls einschließlich Erhebungen, Fokusgruppen, Rundtischgesprächen und anderen Konsultations- und Gestal-

tungsmethoden. Bei der Bewertung, ob eine Maßnahme angemessen, verhältnismäßig und wirksam ist, sollte ein besonderes Augenmerk auf das Recht auf freie Meinungsäußerung gelegt werden.

(91) In Krisenzeiten kann es erforderlich sein, dass Anbieter sehr großer Online-Plattformen zusätzlich zu den Maßnahmen, die sie im Hinblick auf ihre sonstigen Verpflichtungen aus dieser Verordnung ergreifen würden, dringend bestimmte spezifische Maßnahmen ergreifen. In diesem Zusammenhang sollte davon ausgegangen werden, dass eine Krise eintritt, wenn außergewöhnliche Umstände eintreten, die zu einer ernsthaften Bedrohung der öffentlichen Sicherheit oder der öffentlichen Gesundheit in der Union oder in wesentlichen Teilen der Union führen können. Solche Krisen könnten auf bewaffnete Konflikte oder terroristische Handlungen, einschließlich neu entstehender Konflikte oder terroristischer Handlungen, Naturkatastrophen wie Erdbeben und Wirbelstürme sowie auf Pandemien und andere schwerwiegende grenzüberschreitende Bedrohungen für die öffentliche Gesundheit zurückzuführen sein. Die Kommission sollte die Möglichkeit haben, auf Empfehlung des Europäisches Gremium für digitale Dienste (im Folgenden „Gremium") von Anbietern sehr großer Online-Plattformen und Anbietern sehr großer Suchmaschinen zu verlangen, dringend eine Krisenreaktion einzuleiten. Zu den Maßnahmen, die diese Anbieter ermitteln und in Erwägung ziehen können, zählen beispielsweise die Anpassung der Verfahren zur Moderation von Inhalten und die Aufstockung der Ressourcen für die Moderation von Inhalten, die Anpassung der allgemeinen Geschäftsbedingungen, der einschlägigen algorithmischen Systeme und der Werbesysteme, die weitere Intensivierung der Zusammenarbeit mit vertrauenswürdigen Hinweisgebern, die Durchführung von Sensibilisierungsmaßnahmen und die Förderung vertrauenswürdiger Informationen sowie die Anpassung der Gestaltung ihrer Online-Schnittstellen. Es sollten die erforderlichen Anforderungen festgelegt werden, um sicherzustellen, dass solche Maßnahmen innerhalb eines sehr kurzen Zeitrahmens ergriffen werden und dass der Krisenreaktionsmechanismus nur genutzt wird, wenn und soweit dies unbedingt erforderlich ist und die im Rahmen dieses Mechanismus getroffenen Maßnahmen wirksam und verhältnismäßig sind, wobei den Rechten und berechtigten Interessen aller betroffenen Parteien gebührend Rechnung zu tragen ist. Die Anwendung des Mechanismus sollte die anderen Bestimmungen dieser Verordnung, wie etwa die Bestimmungen über Risikobewertungen und Risikominderungsmaßnahmen und deren Durchsetzung sowie die Bestimmungen über Krisenprotokolle, unberührt lassen.

(92) Da eine Überprüfung durch unabhängige Sachverständige notwendig ist, sollten Anbieter sehr großer Online-Plattformen und sehr großer Online-Suchmaschinen einer Rechenschaftspflicht hinsichtlich der Einhaltung der Pflichten aus dieser Verordnung und gegebenenfalls zusätzlicher Verpflichtungszusagen im Rahmen von Verhaltenskodizes und Krisenprotokollen unterliegen, was durch unabhängige Prüfungen sichergestellt werden sollte. Um sicherzustellen, dass die Prüfungen wirksam, effizient und rechtzeitig durchgeführt werden, sollten die Anbieter sehr großer Online-Plattformen und sehr großer

4 EG DSA ErwG zum Gesetz über digitale Dienste

Online-Suchmaschinen den Organisationen, die die Prüfungen durchführen, die erforderliche Zusammenarbeit und Unterstützung leisten, indem sie dem Prüfer unter anderem Zugang zu allen relevanten Daten und Räumlichkeiten gewähren, die für eine ordnungsgemäße Durchführung der Prüfung erforderlich sind, einschließlich gegebenenfalls Daten im Zusammenhang mit algorithmischen Systemen, und indem sie mündliche oder schriftliche Anfragen beantworten. Zudem sollten die Prüfer andere objektive Informationsquellen nutzen können, wie z. B. Studien zugelassener Forscher. Anbieter sehr großer Online-Plattformen und sehr großer Online-Suchmaschinen sollten die Durchführung der Prüfung nicht beeinträchtigen. Die Prüfungen sollten im Einklang mit bewährten Verfahren der Industrie und einer hohen Berufsethik und Objektivität durchgeführt werden, gegebenenfalls unter gebührender Berücksichtigung von Prüfungsnormen und -kodizes. Die Prüfer sollten die Vertraulichkeit, Sicherheit und Integrität der Informationen sicherstellen, die sie bei der Erfüllung ihrer Aufgaben erhalten, einschließlich Geschäftsgeheimnissen. Diese Sicherstellung sollte kein Mittel sein, die Anwendbarkeit von Prüfvorschriften dieser Verordnung zu umgehen. Die Prüfer sollten über die erforderlichen Kenntnisse im Bereich des Risikomanagements sowie über die technische Kompetenz für die Prüfung von Algorithmen verfügen. Sie sollten unabhängig sein, damit sie ihre Aufgaben auf angemessene und vertrauenswürdige Weise wahrnehmen können. Sie sollten die grundlegenden Unabhängigkeitsanforderungen für verbotene prüfungsfremde Dienstleistungen, Wechsel der Prüfungsgesellschaft und nicht an Bedingungen geknüpfte Gebühren erfüllen. Sind ihre Unabhängigkeit und technische Kompetenz nicht über jeden Zweifel erhaben, sollten sie ihre Funktion niederlegen oder auf den Prüfauftrag verzichten.

(93) Der Prüfbericht sollte begründet werden, um eine aussagekräftige Bilanz über die durchgeführten Tätigkeiten und die erzielten Schlussfolgerungen ziehen zu können. Er sollte Informationen darüber enthalten, welche Maßnahmen die Anbieter sehr großer Online-Plattformen und sehr großer Online-Suchmaschinen zur Erfüllung ihrer Pflichten im Rahmen dieser Verordnung getroffen haben, und gegebenenfalls Verbesserungsvorschläge für diese Maßnahmen aufführen. Der Prüfbericht sollte dem Koordinator für digitale Dienste am Niederlassungsort, der Kommission und dem Gremium nach Eingang des Prüfungsberichts übermittelt werden. Die Anbieter sollten auch unverzüglich nach Abschluss jeden der Berichte über die Risikobewertung und die Risikominderungsmaßnahmen sowie den Bericht über die Umsetzung der Prüfungen des Anbieters der sehr großen Online-Plattform oder der sehr großen Online-Suchmaschine übermitteln, aus dem hervorgeht, wie sie den Empfehlungen aus der Prüfung nachgekommen sind. Der Prüfbericht sollte einen Bestätigungsvermerk enthalten, der auf den Schlussfolgerungen aus den Prüfbelegen beruht. Ein „positiver Vermerk" sollte erstellt werden, wenn alle Belege zeigen, dass der Anbieter der sehr großen Online-Plattform oder der sehr großen Online-Suchmaschine die Pflichten aus dieser Verordnung oder die gegebenenfalls im Rahmen eines Verhaltenskodex oder Krisenprotokolls eingegangenen Verpflichtungszusagen erfüllt, insbesondere durch die Ermittlung, Bewertung und

Minderung der mit ihrem System und ihren Diensten verbundenen systemischen Risiken. Ein „positiver Vermerk" sollte durch Anmerkungen ergänzt werden, wenn der Prüfer Bemerkungen hinzufügen möchte, die keine wesentlichen Auswirkungen auf das Prüfergebnis haben. Ein „negativer Vermerk" sollte erstellt werden, wenn der Prüfer der Ansicht ist, dass der Anbieter der sehr großen Online-Plattform oder der sehr großen Online-Suchmaschine diese Verordnung nicht einhält oder die eingegangenen Verpflichtungszusagen nicht erfüllt. Falls in dem Bestätigungsvermerk keine Schlussfolgerung für spezifische Elemente, die Teil des Prüfungsumfangs sind, gezogen werden konnte, sollten die Gründe hierfür angegeben werden. Falls zutreffend, sollte der Bericht eine Beschreibung spezifischer Elemente enthalten, die nicht geprüft werden konnten, sowie eine Erklärung, warum diese nicht geprüft werden konnten.

(94) Die Verpflichtungen zur Bewertung und Minderung von Risiken sollten in jedem Einzelfall dazu führen, dass die Anbieter sehr großer Online-Plattformen oder sehr großer Online-Suchmaschinen die Konzipierung ihrer Empfehlungssysteme bewerten und gegebenenfalls anpassen müssen, beispielsweise indem sie Maßnahmen zur Vermeidung oder Minimierung von Vorurteilen ergreifen, die zur Diskriminierung schutzbedürftiger Personen führen, insbesondere wenn eine derartige Anpassung im Einklang mit dem Datenschutzrecht steht und wenn die Informationen auf der Basis besonderer Kategorien personenbezogener Daten nach Artikel 9 der Verordnung (EU) 2016/679 personalisiert sind. Zusätzlich und ergänzend zu den Transparenzpflichten, die für Online-Plattformen in Bezug auf ihre Empfehlungssysteme gelten, sollten die Anbieter sehr großer Online-Plattformen und sehr großer Online-Suchmaschinen konsequent sicherstellen, dass den Nutzern ihres Dienstes für die wichtigsten Parameter ihrer Empfehlungssysteme alternative Optionen zur Verfügung stehen, die nicht auf Profiling im Sinne der Verordnung (EU) 2016/679 beruhen. Diese Auswahl sollte direkt von der Online-Schnittstelle aus zugänglich sein, auf der die Empfehlungen vorgelegt werden.

(95) Von sehr großen Online-Plattformen und sehr großen Online-Suchmaschinen genutzte Werbesysteme sind mit besonderen Risiken verbunden und machen angesichts ihres Umfangs und der Tatsache, dass sie die Nutzer auf der Grundlage ihres Verhaltens innerhalb und außerhalb der Online-Schnittstelle der Plattform oder der Suchmaschine gezielt erreichen können, eine weitergehende öffentliche und regulatorische Aufsicht erforderlich. Sehr große Online-Plattformen oder sehr große Online-Suchmaschinen sollten Archive für Werbung, die auf ihren Online-Schnittstellen angezeigt wird, öffentlich zugänglich machen, um die Aufsicht und die Forschung zu neu entstehenden Risiken im Zusammenhang mit der Online-Verbreitung von Werbung zu unterstützen; dies betrifft etwa rechtswidrige Werbung oder manipulative Techniken und Desinformation mit realen und absehbaren negativen Auswirkungen auf die öffentliche Gesundheit oder Sicherheit, den gesellschaftlichen Diskurs, die politische Teilhabe und die Gleichbehandlung. Die Archive sollten den Inhalt der Werbung – u. a. den Namen des Produkts, der Dienstleistung oder Marke und den

Gegenstand der Werbung – sowie damit verbundene Daten zum Werbetreibenden und, falls diese nicht mit ihm identisch ist, zur natürlichen oder juristischen Person, die für die Werbung bezahlt hat, und zur Bereitstellung der Werbung enthalten, insbesondere was gezielte Werbung betrifft. Diese Informationen sollten Angaben sowohl zu den Kriterien für die Zielausrichtung als auch zu den Kriterien für die Bereitstellung enthalten, insbesondere, wenn Werbung für schutzbedürftige Personen, wie etwa Minderjährige, bereitgestellt wird.

(96) Im Interesse einer angemessenen Überwachung und Bewertung der Erfüllung der Pflichten aus dieser Verordnung durch sehr große Online-Plattformen und sehr große Online-Suchmaschinen können der Koordinator für digitale Dienste am Niederlassungsort oder die Kommission Zugang zu bestimmten Daten oder die Meldung dieser Daten verlangen; dies gilt auch für Daten betreffend Algorithmen. Dazu können beispielsweise Daten zählen, die erforderlich sind, um die mit den Systemen der sehr großen Online-Plattform oder der sehr großen Online-Suchmaschine verbundenen Risiken und mögliche Schäden zu bewerten, sowie Daten zur Genauigkeit, Funktionsweise und Prüfung von algorithmischen Systemen für die Moderation von Inhalten, Empfehlungs- oder Werbesysteme, einschließlich gegebenenfalls Daten und Algorithmen zu Schulungen, oder Daten zu Verfahren und Ergebnissen der Moderation von Inhalten oder von internen Beschwerdemanagementsystemen im Sinne dieser Verordnung. Solche Anträge auf Zugang zu Daten sollten nicht Anträge auf Vorlage spezifischer Informationen über einzelne Nutzer zum Zwecke der Feststellung der Einhaltung anderer geltender Rechtsvorschriften der Union oder der Mitgliedstaaten durch diese Nutzer umfassen. Untersuchungen von Forschern zur Entwicklung und Bedeutung systemischer Online-Risiken sind von besonderer Bedeutung, um Informationsasymmetrien zu beseitigen, für ein resilientes Risikominderungssystem zu sorgen und Informationen für Anbieter von Online-Plattformen, Anbieter von Online-Suchmaschinen, Koordinatoren für digitale Dienste, andere zuständige Behörden, die Kommission und die Öffentlichkeit bereitzustellen.

(97) Diese Verordnung enthält daher einen Rahmen für die Verpflichtung, die Daten sehr großer Online-Plattformen und sehr großer Online-Suchmaschinen für zugelassene Fortscher, die einer Forschungseinrichtung im Sinne des Artikels 2 der Richtlinie (EU) 2019/790 angeschlossen sind, zugänglich zu machen, wozu für die Zwecke dieser Verordnung auch Organisationen der Zivilgesellschaft gehören können, die wissenschaftliche Forschung mit dem vorrangigen Ziel betreiben, ihren Auftrag im öffentlichen Interesse zu unterstützen. Alle Anträge auf Zugang zu Daten innerhalb dieses Rahmens sollten verhältnismäßig sein und Rechte und legitime Interessen angemessen schützen, darunter personenbezogene Daten, Geschäftsgeheimnisse und andere vertrauliche Informationen der sehr großen Online-Plattform oder der sehr großen Online-Suchmaschine und sonstiger Beteiligter, einschließlich der Nutzer. Um jedoch sicherzustellen, dass das Ziel dieser Verordnung erreicht wird, sollte die Berücksichtigung der geschäftlichen Interessen der Anbieter nicht dazu führen, dass der Zugang zu Daten verweigert wird, die für das spezifische For-

schungsziel auf der Grundlage einer Anfrage im Rahmen dieser Verordnung erforderlich sind. In diesem Zusammenhang sollten Anbieter unbeschadet der Richt-
linie (EU) 2016/943 des Europäischen Parlaments und des Rates[32] für einen angemessenen Zugang für Forscher sorgen, erforderlichenfalls auch durch technische Schutzmaßnahmen, z. B. durch Datenräume. Anträge auf Zugang zu Daten könnten beispielsweise die Anzahl der Aufrufe oder gegebenenfalls andere Arten des Zugangs von Nutzern zu Inhalten vor deren Entfernung durch die Anbieter sehr großer Online-Plattformen oder sehr großer Online-Suchmaschinen betreffen.

(98) Sind diese Daten öffentlich zugänglich, sollten solche Anbieter außerdem Forscher, die eine angemessene Untergruppe von Kriterien erfüllen, nicht daran hindern, diese Daten zu Forschungszwecken zu nutzen, wenn diese zur Aufspürung, zur Ermittlung und zum Verständnis systemischer Risiken beitragen. Sie sollten solchen Forschern, einschließlich – soweit technisch möglich – in Echtzeit, Zugang zu öffentlich zugänglichen Daten gewähren, z. B. zu aggregierten Interaktionen mit Inhalten von öffentlichen Seiten, öffentlichen Gruppen oder Persönlichkeiten des öffentlichen Lebens, einschließlich Daten zu Wahrnehmung und Interaktion, wie z. B. die Anzahl der Reaktionen, Teilungen und Kommentare von Nutzern des Dienstes. Anbieter sehr großer Online-Plattformen oder sehr großer Online-Suchmaschinen sollten dazu angehalten werden, mit Forschern zusammenzuarbeiten und einen breiteren Zugang zu Daten für die Überwachung gesellschaftlicher Belange durch freiwillige Bemühungen zu gewähren, unter anderem durch Verpflichtungen und Verfahren, die im Rahmen von Verhaltenskodizes oder Krisenprotokollen vereinbart wurden. Diese Anbieter und Forscher sollten dem Schutz personenbezogener Daten besondere Aufmerksamkeit widmen und sicherstellen, dass jede Verarbeitung personenbezogener Daten mit der Verordnung (EU) 2016/679 im Einklang steht. Anbieter sollten personenbezogene Daten anonymisieren oder pseudonymisieren, es sei denn, dies würde den verfolgten Forschungszweck unmöglich machen.

(99) Angesichts der Komplexität der Funktionsweise der genutzten Systeme und der mit ihnen verbundenen systemischen Risiken für die Gesellschaft sollten Anbieter sehr großer Online-Plattformen und sehr großer Online-Suchmaschinen eine Compliance-Funktion einrichten, die von ihren operativen Funktionen unabhängig sein sollte. Der Leiter der Compliance-Funktion sollte direkt dem Leitungsorgan dieser Anbieter unterstehen, auch in Bezug auf Fragen der Nichteinhaltung dieser Verordnung. Die Compliance-Beauftragten, die Teil der Compliance-Funktion sind, sollten über die erforderlichen Qualifikationen, Kenntnisse, Erfahrung und Fähigkeiten verfügen, um Maßnahmen umzusetzen

---

32 Richtlinie (EU) 2016/943 des Europäischen Parlaments und des Rates vom 8. Juni 2016 über den Schutz vertraulichen Know-hows und vertraulicher Geschäftsinformationen (Geschäftsgeheimnisse) vor rechtswidrigem Erwerb sowie rechtswidriger Nutzung und Offenlegung (ABl. L 157 vom 15.6.2016, S. 1).

und die Einhaltung dieser Verordnung innerhalb der Organisation der Anbieter sehr großer Online-Plattformen oder sehr großer Online-Suchmaschinen zu überwachen. Anbieter sehr großer Online-Plattformen und sehr großer Online-Suchmaschinen sollten sicherstellen, dass die Compliance-Funktion ordnungsgemäß und frühzeitig in alle mit dieser Verordnung zusammenhängenden Fragen eingebunden wird, auch in die Strategie und spezifischen Maßnahmen zur Risikobewertung und -minderung sowie gegebenenfalls in die Bewertung der Einhaltung der Verpflichtungszusagen dieser Anbieter im Rahmen der von ihnen angenommenen Verhaltenskodizes oder Krisenprotokolle.

(100) Angesichts der zusätzlichen Risiken im Zusammenhang mit ihren Tätigkeiten und ihren zusätzlichen Pflichten im Rahmen dieser Verordnung sollten zusätzliche Transparenzanforderungen speziell für sehr große Online-Plattformen und sehr große Online-Suchmaschinen gelten, insbesondere die Pflicht zur umfassenden Berichterstattung über die vorgenommenen Risikobewertungen und die anschließend gemäß dieser Verordnung getroffenen Maßnahmen.

(101) Die Kommission sollte in Bezug auf Personal, Fachwissen und finanzielle Ausstattung über die zur Wahrnehmung ihrer Aufgaben im Sinne dieser Verordnung notwendigen Mittel verfügen. Um die Verfügbarkeit der Ressourcen sicherzustellen, die für eine angemessene Beaufsichtigung auf Unionsebene im Rahmen dieser Verordnung erforderlich sind, und in Anbetracht der Tatsache, dass die Mitgliedstaaten befugt sein sollten, von in ihrem Hoheitsgebiet niedergelassenen Anbietern eine Aufsichtsgebühr für die von ihren Behörden wahrgenommenen Aufsichts- und Durchsetzungsaufgaben zu erheben, sollte die Kommission auf sehr großen Online-Plattformen und sehr großen Online-Suchmaschinen eine Aufsichtsgebühr erheben, deren Höhe jährlich festgelegt werden sollte. Der Gesamtbetrag der jährlichen Aufsichtsgebühr sollte auf der Grundlage des Gesamtbetrags der Kosten ermittelt werden, die der Kommission bei der Wahrnehmung ihrer Aufsichtsaufgaben im Rahmen dieser Verordnung entstehen, wie nach vernünftigem Ermessen im Voraus geschätzt. Dieser Betrag sollte Kosten im Zusammenhang mit der Ausübung der besonderen Befugnisse und Aufgaben der Beaufsichtigung, Untersuchung, Durchsetzung und Überwachung in Bezug auf Anbieter sehr großer Online-Plattformen und sehr großer Online-Suchmaschinen umfassen, einschließlich der Kosten im Zusammenhang mit der Benennung sehr großer Online-Plattformen und sehr großer Online-Suchmaschinen oder mit der Einrichtung, der Wartung und dem Betrieb der in dieser Verordnung vorgesehenen Datenbanken.

Dazu sollten auch Kosten im Zusammenhang mit Einrichtung, Wartung und Betrieb der grundlegenden Informations- und institutionellen Infrastruktur für die Zusammenarbeit zwischen den Koordinatoren für digitale Dienste, dem Gremium und der Kommission gehören, wobei zu berücksichtigen ist, dass sehr große Online-Plattformen und sehr große Online-Suchmaschinen aufgrund ihrer Größe und Reichweite einen erheblichen Einfluss auf die für den Betrieb dieser Infrastrukturen erforderlichen Ressourcen haben. Bei der Schät-

ErwG zum Gesetz über digitale Dienste **EG DSA 4**

zung der Gesamtkosten sollten die im Vorjahr angefallenen Aufsichtskosten berücksichtigt werden, gegebenenfalls einschließlich der Kosten, die über die im Vorjahr erhobenen jährlichen Aufsichtsgebühren hinausgehen. Die externen zweckgebundenen Einnahmen aus den jährlichen Aufsichtsgebühren könnten zur Finanzierung zusätzlicher Humanressourcen wie Vertragsbedienstete und abgeordnete nationale Sachverständige sowie anderer Ausgaben im Zusammenhang mit der Erfüllung dieser der Kommission durch diese Verordnung übertragenen Aufgabe verwendet werden. Die jährliche Aufsichtsgebühr, die von Anbietern sehr großer Online-Plattformen und sehr großer Online-Suchmaschinen zu erheben ist, sollte in einem angemessenen Verhältnis zur Größe des Dienstes stehen, die sich aus der Zahl der aktiven Nutzer des Dienstes in der Union ergibt. Darüber hinaus sollte die individuelle jährliche Aufsichtsgebühr eine Obergrenze für jeden Anbieter sehr großer Online-Plattformen oder sehr großer Online-Suchmaschinen unter Berücksichtigung der wirtschaftlichen Leistungsfähigkeit des Anbieters des benannten Dienstes oder der benannten Dienste nicht überschreiten.

(102) Zur Erleichterung einer wirksamen und einheitlichen Anwendung der Pflichten aus dieser Verordnung, für deren Umsetzung möglicherweise technische Mittel erforderlich sind, ist es wichtig, freiwillige Normen, die bestimmte technische Verfahren umfassen, zu unterstützen, soweit die Industrie dazu beitragen kann, genormte Mittel zur Unterstützung von Anbietern von Vermittlungsdiensten bei der Einhaltung dieser Verordnung zu entwickeln, z. B. durch die Möglichkeit, Mitteilungen etwa über Anwendungsprogrammierschnittstellen zu übermitteln, oder Normen betreffend die allgemeinen Geschäftsbedingungen oder Prüfungsnormen oder Normen in Bezug auf eine bessere Interoperabilität von Werbearchiven. Darüber hinaus könnten solche Normen Normen in Bezug auf Online-Werbung, Empfehlungssysteme, Zugänglichkeit und den Schutz Minderjähriger im Internet umfassen. Es steht den Anbietern von Vermittlungsdiensten frei, solche Normen anzunehmen, aber deren Annahme ist nicht gleichbedeutend mit der Einhaltung dieser Verordnung. Besonders für relativ kleine Anbieter von Vermittlungsdiensten könnten solche Normen nützlich sein, da sie bewährte Verfahren vorgeben. Bei den Normen könnte gegebenenfalls zwischen verschiedenen Arten rechtswidriger Inhalte oder verschiedenen Arten von Vermittlungsdiensten unterschieden werden.

(103) Die Kommission und das Gremium sollten die Erstellung von freiwilligen Verhaltenskodizes sowie die Umsetzung der Bestimmungen dieser Kodizes als Beitrag zur Anwendung dieser Verordnung fördern. Die Kommission und das Gremium sollten darauf hinwirken, dass in den Verhaltenskodizes eindeutig die Art der Ziele des öffentlichen Interesses festgelegt ist, die angestrebt werden, dass sie Verfahren zur unabhängigen Bewertung der Umsetzung dieser Ziele enthalten und dass die Rolle der einschlägigen staatlichen Stellen eindeutig festgelegt ist. Besondere Aufmerksamkeit sollte der Vermeidung negativer Auswirkungen auf die Sicherheit, den Schutz der Privatsphäre und personenbezogener Daten sowie dem Verbot der Auferlegung allgemeiner Überwachungspflichten gelten. Die Umsetzung der Verhaltenskodizes sollte messbar

sein und der öffentlichen Aufsicht unterliegen, doch sollte dies den Freiwilligkeitscharakter dieser Kodizes und die Wahlfreiheit der Interessenträger hinsichtlich ihrer Beteiligung nicht beeinträchtigen. Unter bestimmten Umständen kann es wichtig sein, dass sehr große Online-Plattformen bestimmte Verhaltenskodizes gemeinsam erstellen und diese einhalten. Diese Verordnung hält andere Anbieter in keiner Weise davon ab, durch Beteiligung an denselben Verhaltenskodizes dieselben Sorgfaltsstandards einzuhalten, bewährte Verfahren zu übernehmen und die Leitlinien der Kommission und des Gremiums anzuwenden.

(104) In dieser Verordnung sollten bestimmte Bereiche bestimmt werden, die für solche Verhaltenskodizes in Betracht kommen. Insbesondere sollten Risikominderungsmaßnahmen für bestimmte Arten rechtswidriger Inhalte Gegenstand von Selbst- und Koregulierungsvereinbarungen sein. Ein weiteres relevantes Thema sind die möglichen negativen Auswirkungen systemischer Risiken auf Gesellschaft und Demokratie, etwa aufgrund von Desinformation oder manipulativen und missbräuchlichen Tätigkeiten, oder negative Auswirkungen auf Minderjährige. Dazu zählen koordinierte Tätigkeiten zur Verstärkung von Informationen einschließlich Desinformation, etwa durch Nutzung von Bots oder Scheinkonten für die Erstellung vorsätzlich unrichtiger oder irreführender Informationen, die mitunter auch mit einer Gewinnerzielungsabsicht verbunden sein können und für schutzbedürftige Nutzer wie z. B. Minderjährige besonders schädlich sind. In diesen Bereichen kann die Beteiligung einer sehr großen Online-Plattform oder einer sehr großen Online-Suchmaschine an einem Verhaltenskodex und dessen Einhaltung als geeignete Risikominderungsmaßnahme angesehen werden. Weigert sich ein Anbieter einer Online-Plattform oder einer Online-Suchmaschine ohne angemessene Begründung, sich auf Aufforderung der Kommission an der Anwendung eines solchen Verhaltenskodex zu beteiligen, könnte dies hinsichtlich der Feststellung möglicher Zuwiderhandlungen der Online-Plattform oder der Online-Suchmaschine im Rahmen dieser Verordnung berücksichtigt werden. Die bloße Beteiligung an einem bestimmten Verhaltenskodex oder Umsetzung eines solchen sollte an sich nicht als Einhaltung dieser Verordnung gelten.

(105) Die Verhaltenskodizes sollten die Zugänglichkeit sehr großer Online-Plattformen und sehr großer Online-Suchmaschinen im Einklang mit dem Unionsrecht und dem nationalen Recht erleichtern, um ihre vorhersehbare Nutzung durch Menschen mit Behinderungen zu erleichtern. Insbesondere könnten die Verhaltenskodizes sicherstellen, dass die Informationen in einer wahrnehmbaren, bedienbaren, verständlichen und robusten Art und Weise präsentiert werden und dass die gemäß dieser Verordnung bereitgestellten Formulare und Maßnahmen in einer Weise zur Verfügung gestellt werden, die für Menschen mit Behinderungen leicht auffindbar und zugänglich ist.

(106) Die Bestimmungen über Verhaltenskodizes in dieser Verordnung könnten als Grundlage für bereits bestehende Selbstregulierungsmaßnahmen auf Unionsebene dienen, darunter die Verpflichtungserklärung für mehr Produktsi-

ErwG zum Gesetz über digitale Dienste **EG DSA 4**

cherheit („Product Safety Pledge"), die gemeinsame Absichtserklärung über den Verkauf gefälschter Waren über das Internet, der Verhaltenskodex zur Bekämpfung rechtswidriger Hassrede im Internet sowie der Verhaltenskodex zur Bekämpfung von Desinformation. Wie im Aktionsplan für Demokratie angekündigt, wurde entsprechend der Anleitung der Kommission der Verhaltenskodex zur Bekämpfung von Desinformation gestärkt.

(107) An der Bereitstellung von Online-Werbung sind im Allgemeinen mehrere Akteure beteiligt, darunter Vermittlungsdienste, die die Werbetreibenden mit dem Anbieter, der die Werbung veröffentlicht, zusammenbringen. Die Verhaltenskodizes sollten die für Werbung festgelegten Transparenzpflichten von Anbietern von Online-Plattformen, sehr großen Online-Plattformen und sehr großen Online-Suchmaschinen gemäß dieser Verordnung unterstützen und ergänzen, um für flexible und wirksame Mechanismen zur Unterstützung und Verbesserung der Einhaltung dieser Pflichten zu sorgen, insbesondere was die Modalitäten für die Übermittlung der relevanten Informationen betrifft. Dies sollte auch die Erleichterung der Übermittlung von Informationen über den Werbetreibenden umfassen, der die Werbung bezahlt, wenn sie sich von der natürlichen oder juristischen Person unterscheidet, in deren Namen die Werbung auf der Online-Schnittstelle einer Online-Plattform angezeigt wird. Die Verhaltenskodizes sollten auch Maßnahmen enthalten, mit denen sichergestellt wird, dass aussagekräftige Informationen über die Monetarisierung von Daten in der gesamten Wertschöpfungskette angemessen ausgetauscht werden. Durch die Beteiligung einer Vielzahl von Interessenträgern sollte sichergestellt sein, dass diese Verhaltenskodizes breite Unterstützung erfahren, technisch solide und wirksam sind und höchsten Standards hinsichtlich der Nutzerfreundlichkeit entsprechen, damit die Ziele der Transparenzpflichten erreicht werden. Um die Wirksamkeit der Verhaltenskodizes zu gewährleisten, sollte die Kommission bei der Ausarbeitung der Verhaltenskodizes Bewertungsmechanismen einbeziehen. Gegebenenfalls kann die Kommission die Agentur der Europäischen Union für Grundrechte oder den Europäischen Datenschutzbeauftragten auffordern, zu dem jeweiligen Verhaltenskodex Stellung zu nehmen.

(108) Zusätzlich zum Krisenreaktionsmechanismus für sehr große Online-Plattformen und sehr große Online-Suchmaschinen kann die Kommission zur Erstellung freiwilliger Krisenprotokolle auffordern, um eine rasche, kollektive und grenzüberschreitende Reaktion im Online-Umfeld zu koordinieren. Dies kann z. B. der Fall sein, wenn Online-Plattformen für eine schnelle Verbreitung von rechtswidrigen Inhalten oder Desinformation missbraucht werden oder eine rasche Verbreitung verlässlicher Informationen erforderlich ist. Angesichts der wichtigen Rolle sehr großer Online-Plattformen bei der Verbreitung von Informationen auf gesellschaftlicher und internationaler Ebene sollten die Anbieter solcher Plattformen dazu aufgefordert werden, spezielle Krisenprotokolle zu erstellen und anzuwenden. Solche Krisenprotokolle sollten nur für einen begrenzten Zeitraum aktiviert werden, und die getroffenen Maßnahmen sollten sich auf das für die Bewältigung der außergewöhnlichen Umstände absolut notwendige Maß beschränken. Diese Maßnahmen sollten mit

dieser Verordnung im Einklang stehen und nicht zu einer allgemeinen Verpflichtung der teilnehmenden Anbieter sehr großer Online-Plattformen und sehr großer Online-Suchmaschinen führen, die von ihnen übermittelten oder gespeicherten Informationen zu überwachen oder aktiv nach Fakten oder Umständen zu forschen, die auf rechtswidrige Inhalte hindeuten.

(109) Um eine angemessene Aufsicht und Durchsetzung der in dieser Verordnung festgelegten Pflichten sicherzustellen, sollten die Mitgliedstaaten mindestens eine Behörde benennen, die mit der Überwachung der Anwendung und mit der Durchsetzung dieser Verordnung beauftragt wird, unbeschadet der Möglichkeit, eine bestehende Behörde zu benennen, und ungeachtet ihrer Rechtsform nach dem nationalen Recht. Die Mitgliedstaaten sollten jedoch je nach konstitutioneller, organisatorischer und administrativer Struktur des Landes mehr als einer zuständigen Behörde bestimmte Aufsichts- oder Durchsetzungsaufgaben und -zuständigkeiten im Zusammenhang mit der Anwendung dieser Verordnung übertragen können, etwa für einzelne Wirtschaftszweige, und zwar auch bestehenden Behörden wie z. B. den Regulierungsbehörden für elektronische Kommunikation oder die Medien oder den Verbraucherschutzbehörden. Alle zuständigen Behörden sollten in der Ausübung ihrer Aufgaben zur Erreichung der Ziele dieser Verordnung beitragen, nämlich dem reibungslosen Funktionieren des Binnenmarkts für Vermittlungsdienste, in dem die harmonisierten Vorschriften für ein sicheres, berechenbares und vertrauenswürdiges Online-Umfeld, das Innovationen begünstigt, und insbesondere die für die verschiedenen Kategorien von Anbietern von Vermittlungsdiensten geltenden Sorgfaltspflichten, wirksam überwacht und durchgesetzt werden, damit sichergestellt wird, dass die in der Charta verankerten Grundrechte, einschließlich des Grundsatzes des Verbraucherschutzes, wirksam geschützt werden. Diese Verordnung verpflichtet die Mitgliedstaaten nicht, den zuständigen Behörden die Aufgabe zu übertragen, über die Rechtmäßigkeit spezifischer Inhalte zu entscheiden.

(110) Angesichts der grenzüberschreitenden Natur der relevanten Dienste und des breiten Spektrums der mit dieser Verordnung eingeführten Pflichten sollte eine mit der Überwachung der Anwendung und erforderlichenfalls der Durchsetzung dieser Verordnung betraute Behörde in jedem Mitgliedstaat als Koordinator für digitale Dienste benannt werden. Ist mehr als eine zuständige Behörde mit der Überwachung der Anwendung sowie der Durchsetzung dieser Verordnung betraut, sollte dennoch nur eine Behörde in diesem Mitgliedstaat als Koordinator für digitale Dienste benannt werden. Der Koordinator für digitale Dienste sollte hinsichtlich aller Angelegenheiten im Zusammenhang mit der Anwendung dieser Verordnung als zentrale Kontaktstelle für die Kommission, das Gremium, die Koordinatoren für digitale Dienste der anderen Mitgliedstaaten sowie für andere zuständige Behörden des jeweiligen Mitgliedstaates fungieren. Wurden in einem bestimmten Mitgliedstaat mehrere zuständige Behörden mit Aufgaben im Rahmen dieser Verordnung betraut, so sollte sich der Koordinator für digitale Dienste im Einklang mit den nationalen Rechtsvorschriften und unbeschadet der unabhängigen Bewertung der anderen

zuständigen Behörden bei der Festlegung der jeweiligen Aufgaben mit diesen Behörden abstimmen und mit ihnen zusammenarbeiten. Während hiermit keine hierarchische Überordnung über andere zuständige Behörden in der Ausübung ihrer Aufgaben verbunden ist, sollte der Koordinator für digitale Dienste die wirksame Einbeziehung aller einschlägigen zuständigen Behörden sicherstellen und fristgerecht über ihre Bewertung im Kontext der Zusammenarbeit bei der Überwachung und Durchsetzung auf Unionsebene Bericht erstatten. Außerdem sollte der Mitgliedstaat zusätzlich zu den in dieser Verordnung vorgesehenen spezifischen Mechanismen für die Zusammenarbeit auf Unionsebene gegebenenfalls die Zusammenarbeit zwischen dem Koordinator für digitale Dienste und anderen auf nationaler Ebene benannten zuständigen Behörden sicherstellen, und zwar durch geeignete Instrumente wie die Zusammenlegung von Ressourcen, gemeinsame Taskforces, gemeinsame Untersuchungen und gegenseitige Amtshilfe.

(111) Der Koordinator für digitale Dienste und andere gemäß dieser Verordnung benannte zuständige Behörden spielen eine entscheidende Rolle bei der Gewährleistung der Wirksamkeit der Rechte und Pflichten aus dieser Verordnung und bei der Verwirklichung ihrer Ziele. Daher muss sichergestellt werden, dass diese Behörden über die erforderlichen Mittel, einschließlich finanzieller und personeller Ressourcen, verfügen, um alle in ihre Zuständigkeit fallenden Anbieter von Vermittlungsdiensten im Interesse aller Unionsbürger zu überwachen. Angesichts der Vielfalt von Anbietern von Vermittlungsdiensten und ihrer Verwendung fortgeschrittener Technologie bei der Bereitstellung ihrer Dienste ist es ferner von größter Bedeutung, dass der Koordinator für digitale Dienste und die einschlägigen zuständigen Behörden über die erforderliche Zahl von Mitarbeitern und Experten mit Fachkenntnissen und über die erforderlichen fortgeschrittenen technischen Mittel für die Wahrnehmung ihrer Aufgaben verfügen und dass sie die dafür erforderlichen Finanzressourcen selbstständig verwalten. Außerdem sollte bei der Zurverfügungstellung von Ressourcen der Größe, der Komplexität und den potenziellen gesellschaftlichen Auswirkungen der ihrer Zuständigkeit unterstehenden Anbieter von Vermittlungsdiensten sowie der Reichweite ihrer Dienste in der ganzen Union Rechnung getragen werden. Diese Verordnung lässt die Möglichkeit der Mitgliedstaaten unberührt, Finanzierungsmechanismen einzurichten, die auf einer Aufsichtsgebühr beruhen, welche nach nationalem Recht im Einklang mit dem Unionsrecht von Anbietern von Vermittlungsdiensten erhoben wird, sofern diese ihre Hauptniederlassung in dem betreffenden Mitgliedstaat haben, sie strikt auf das Maß beschränkt sind, das zur Deckung der Kosten für die Erfüllung der den zuständigen Behörden gemäß dieser Verordnung übertragenen Aufgaben – mit Ausnahme der der Kommission übertragenen Aufgaben – erforderlich und verhältnismäßig ist, und hinsichtlich der Erhebung und Verwendung solcher Aufsichtsgebühren eine angemessene Transparenz gewährleistet ist.

(112) Die im Rahmen dieser Verordnung benannten zuständigen Behörden sollten ferner völlig unabhängig von privaten und öffentlichen Einrichtungen

handeln und sie sollten weder verpflichtet sein noch die Möglichkeit haben, Anweisungen, auch von der Regierung, einzuholen oder entgegenzunehmen, unbeschadet der spezifischen Pflichten zur Zusammenarbeit mit anderen zuständigen Behörden, dem Koordinator für digitale Dienste, dem Gremium und der Kommission. Andererseits sollte die Unabhängigkeit dieser Behörden nicht bedeuten, dass sie keinen verhältnismäßigen Rechenschaftspflichtmechanismen hinsichtlich der allgemeinen Tätigkeiten der Koordinatoren für digitale Dienste, wie etwa ihrer finanziellen Ausgaben oder der Berichterstattung an die nationalen Parlamente, unterliegen können, soweit dies mit der nationalen Verfassung im Einklang steht und die Verwirklichung der Ziele dieser Verordnung nicht beeinträchtigt. Die Anforderung der Unabhängigkeit sollte nicht die Ausübung der gerichtlichen Überprüfung oder die Möglichkeit verhindern, andere nationale Behörden, einschließlich gegebenenfalls Strafverfolgungsbehörden, Krisenmanagementbehörden oder Verbraucherschutzbehörden, zu konsultieren oder einen regelmäßigen Gedankenaustausch mit ihnen zu führen, um sich gegenseitig über laufende Untersuchungen zu unterrichten, ohne die Ausübung ihrer jeweiligen Befugnisse zu beeinträchtigen.

(113) Die Mitgliedstaaten können einer bestehenden nationalen Behörde die Funktion des Koordinators für digitale Dienste oder bestimmte Aufgaben im Zusammenhang mit der Überwachung der Anwendung und mit der Durchsetzung dieser Verordnung übertragen, soweit diese benannte Behörde unter anderem in Bezug auf ihre Unabhängigkeit die Anforderungen dieser Verordnung erfüllt. Zudem ist es den Mitgliedstaaten grundsätzlich nicht untersagt, Funktionen innerhalb einer bestehenden Behörde im Einklang mit dem Unionsrecht zusammenzufassen. Die betreffenden Maßnahmen können unter anderem das Verbot umfassen, den Präsidenten oder ein Mitglied eines Organs einer bestehenden Behörde vor dem Ende seiner nur aus dem Grund zu entlassen, dass eine institutionelle Reform durchgeführt wurde, bei der verschiedene Funktionen innerhalb einer Behörde zusammengefasst werden, wenn keine Bestimmungen vorhanden sind, die gewährleisten, dass diese Entlassungen die Unabhängigkeit und Unparteilichkeit dieser Mitglieder nicht gefährden.

(114) Die Mitgliedstaaten sollten dem Koordinator für digitale Dienste und jeder anderen im Rahmen dieser Verordnung benannten zuständigen Behörde ausreichende Befugnisse und Mittel zuweisen, um die Wirksamkeit der Untersuchungen und Durchsetzung im Einklang mit den ihnen übertragenen Aufgaben sicherzustellen. Dies beinhaltet die Befugnis der zuständigen Behörden, im Einklang mit dem nationalen Recht einstweilige Maßnahmen zu ergreifen, wenn die Gefahr eines ernsthaften Schadens besteht. Diese einstweiligen Maßnahmen, die Anordnungen zur Beendigung oder Behebung einer bestimmten mutmaßlichen Zuwiderhandlung umfassen können, sollten nicht über das hinausgehen, was notwendig ist, um sicherzustellen, dass ein ernsthafter Schaden bis zur endgültigen Entscheidung verhindert wird. Insbesondere sollte der Koordinator für digitale Dienste Informationen, die sich in seinem Gebiet befinden, ermitteln und einholen können, auch im Rahmen gemeinsamer Untersuchungen, wobei der Tatsache angemessen Rechnung zu tragen ist, dass

Aufsichts- und Durchsetzungsmaßnahmen in Bezug auf Anbieter, die der rechtlichen Zuständigkeit eines anderes Mitgliedstaats oder der Kommission unterliegen, vom Koordinator für digitale Dienste dieses anderen Mitgliedstaats, gegebenenfalls im Einklang mit den Verfahren für die grenzüberschreitende Zusammenarbeit, oder gegebenenfalls von der Kommission beschlossen werden sollten.

(115) Die Mitgliedstaaten sollten in ihrem nationalen Recht die Bedingungen und Grenzen der Ausübung der Untersuchungs- und Durchsetzungsbefugnisse ihrer Koordinatoren für digitale Dienste und gegebenenfalls anderer zuständiger Behörden im Rahmen dieser Verordnung detailliert festlegen und dabei die Bestimmungen des Unionsrechts, insbesondere dieser Verordnung und der Charta, einhalten.

(116) Bei der Ausübung dieser Befugnisse sollten die zuständigen Behörden die anwendbaren nationalen verfahrensrechtlichen und materiellen Bestimmungen einhalten, darunter z. B. die Verpflichtung, vor dem Betreten bestimmter Räumlichkeiten eine gerichtliche Genehmigung einzuholen und die Privilegien der Angehörigen von Rechtsberufen zu achten. Durch diese Bestimmungen sollten insbesondere die Achtung der Grundrechte auf einen wirksamen Rechtsbehelf und ein unparteiisches Gericht, einschließlich der Verteidigungsrechte, und des Rechts auf Achtung des Privatlebens sichergestellt werden. Als geeigneter Anhaltspunkt könnten in diesem Zusammenhang die für die Verfahren der Kommission gemäß dieser Verordnung vorgesehenen Garantien dienen. Vor jeder endgültigen Entscheidung sollte ein faires und unparteiisches Verfahren garantiert sein, einschließlich des Anspruchs der betroffenen Personen auf rechtliches Gehör und auf Akteneinsicht, wobei die Vertraulichkeit sowie Berufs- und Geschäftsgeheimnisse zu wahren und die Entscheidungen aussagekräftig zu begründen sind. Dies sollte Dringlichkeitsmaßnahmen in angemessen begründeten Fällen und bei geeigneten Bedingungen und Verfahrensvorkehrungen jedoch nicht ausschließen. Zudem sollte die Ausübung von Befugnissen unter anderem in einem angemessenen Verhältnis zur Art der Zuwiderhandlung oder der mutmaßlichen Zuwiderhandlung und des dadurch verursachten tatsächlichen oder potentiellen Gesamtschadens stehen. Die zuständigen Behörden sollten alle relevanten Fakten und Umstände des Falles berücksichtigen, darunter auch Informationen, die von zuständigen Behörden anderer Mitgliedstaaten eingeholt wurden.

(117) Die Mitgliedstaaten sollten sicherstellen, dass Verstöße gegen die Pflichten aus dieser Verordnung auf wirksame, verhältnismäßige und abschreckende Weise sanktioniert werden können, wobei die Art, Schwere, Häufigkeit und Dauer des Verstoßes, das verfolgte öffentliche Interesse, Umfang und Art der ausgeübten Tätigkeiten sowie die wirtschaftliche Leistungsfähigkeit des Zuwiderhandelnden zu berücksichtigen sind. Insbesondere sollte bei Sanktionen berücksichtigt werden, ob der betreffende Anbieter der Vermittlungsdienste seine Pflichten aus dieser Verordnung systematisch oder wiederholt nicht erfüllt,

sowie gegebenenfalls die Zahl der betroffenen Nutzer, ob er vorsätzlich oder fahrlässig gehandelt hat und ob er in mehreren Mitgliedstaaten tätig ist. Ist in dieser Verordnung ein Höchstbetrag für Geldbußen oder Zwangsgelder vorgesehen, so sollte dieser Höchstbetrag für jede einzelne Zuwiderhandlung gegen diese Verordnung und unbeschadet der Anpassung der Geldbußen und Zwangsgelder für spezifische Zuwiderhandlungen gelten. Die Mitgliedstaaten sollten sicherstellen, dass die aufgrund von Zuwiderhandlungen verhängten Geldbußen oder Zwangsgelder in jedem einzelnen Fall wirksam, angemessen und abschreckend sind, indem sie nationale Vorschriften und Verfahren im Einklang mit dieser Verordnung festlegen, wobei sämtlichen Kriterien in Bezug auf die allgemeinen Bedingungen für das Verhängen von Geldbußen oder Zwangsgeldern Rechnung zu tragen ist.

(118) Im Interesse einer wirksamen Durchsetzung der in dieser Verordnung festgelegten Verpflichtungen sollten natürliche Personen oder Vertretungsorganisationen in dem Hoheitsgebiet, in dem sie die Dienstleistung in Anspruch genommen haben, jede Beschwerde hinsichtlich der Einhaltung dieser Verpflichtungen beim Koordinator für digitale Dienste einreichen können, unbeschadet der Vorschriften dieser Verordnung über die Zuweisung von Zuständigkeiten und der geltenden Vorschriften für die Behandlung von Beschwerden im Einklang mit den nationalen Grundsätzen der guten Verwaltungspraxis. Beschwerden könnten einen faktengetreuen Überblick über die Bedenken hinsichtlich der Einhaltung der Verordnung durch einen bestimmten Anbieter von Vermittlungsdiensten geben und könnten auch Informationen über übergreifende Probleme für den Koordinator für digitale Dienste enthalten. Der Koordinator für digitale Dienste sollte andere zuständige nationale Behörden und, soweit eine grenzüberschreitende Zusammenarbeit erforderlich ist, den Koordinator für digitale Dienste eines anderen Mitgliedstaates einbeziehen, insbesondere den Koordinator des Mitgliedstaates, in dem der betreffende Anbieter der Vermittlungsdienste seine Niederlassung hat.

(119) Die Mitgliedstaaten sollten sicherstellen, dass die Koordinatoren für digitale Dienste wirksame und verhältnismäßige Maßnahmen treffen können, um bestimmten besonders schweren und dauerhaften Zuwiderhandlungen gegen diese Verordnung entgegenzuwirken. Insbesondere wenn diese Maßnahmen die Rechte und Interessen von Dritten berühren können, was besonders bei Einschränkungen des Zugangs zu Online-Schnittstellen der Fall sein kann, sollte dafür gesorgt werden, dass die Maßnahmen weiteren Schutzmaßnahmen unterliegen. Insbesondere sollten möglicherweise betroffene Dritte Anspruch auf rechtliches Gehör haben, und diese Anordnungen sollten nur erteilt werden, wenn nach anderen Unionsvorschriften oder nach nationalem Recht keine Befugnisse zur Durchführung solcher Maßnahmen in angemessener Weise zur Verfügung stehen, etwa um kollektive Verbraucherinteressen zu schützen, für eine umgehende Entfernung von Websites, die Kinderpornographie enthalten oder verbreiten, zu sorgen oder den Zugang zu Diensten, die von Dritten für Zuwiderhandlungen gegen Rechte des geistigen Eigentums missbraucht werden, zu unterbinden.

ErwG zum Gesetz über digitale Dienste **EG DSA 4**

(120) Eine solche Anordnung für eine Zugangsbeschränkung sollte nicht über das für die Verwirklichung ihres Ziels erforderliche Maß hinausgehen. Sie sollte daher befristet sein und sich grundsätzlich an einen Anbieter von Vermittlungsdiensten richten, wie etwa den betreffenden Hosting- oder Internetdiensteanbieter, das betreffende Register oder die betreffende Registrierungsstelle für Domänennamen, da diese Stellen angemessen in der Lage sind, dieses Ziel zu erreichen, ohne den Zugang zu legalen Informationen unangemessen zu beschränken.

(121) Unbeschadet der Bestimmungen über den Haftungsausschluss gemäß dieser Verordnung in Bezug auf die auf Ersuchen eines Nutzers übermittelten oder gespeicherten Informationen sollte der Anbieter für Schäden von Nutzern der Dienste haften, die durch Verstöße des jeweiligen Anbieters von Vermittlungsdiensten gegen die in dieser Verordnung festgelegten Verpflichtungen verursacht werden. Eine solche Entschädigung sollte im Einklang mit den Vorschriften und Verfahren des anwendbaren nationalen Rechts und unbeschadet anderer im Rahmen der Verbraucherschutzvorschriften verfügbarer Rechtsbehelfsmöglichkeiten erfolgen.

(122) Der Koordinator für digitale Dienste sollte beispielsweise auf seiner Website regelmäßige Berichte über die gemäß dieser Verordnung durchgeführten Tätigkeiten veröffentlichen. Der Bericht sollte insbesondere in einem maschinenlesbaren Format veröffentlicht werden und einen Überblick über die eingegangenen Beschwerden und die Folgemaßnahmen dazu beinhalten, wie zum Beispiel die Gesamtzahl der eingegangenen Beschwerden und die Anzahl der Beschwerden, die zur Einleitung einer förmlichen Untersuchung oder zur Weiterleitung an andere Koordinatoren für digitale Dienste geführt haben, ohne jedoch personenbezogene Daten zu nennen. Da der Koordinator für digitale Dienste über das Informationsaustauschsystem auch über Anordnungen zu Maßnahmen gegen rechtswidrige Inhalte oder zur Bereitstellung von Informationen gemäß dieser Verordnung informiert wird, sollte er in seinem jährlichen Bericht auch die Zahl und die Kategorien solcher Anordnungen von Justiz- und Verwaltungsbehörden gegenüber Anbietern von Vermittlungsdiensten in seinem Mitgliedstaat angeben.

(123) Im Interesse der Klarheit, Einfachheit und Wirksamkeit sollten die Befugnisse für die Überwachung und Durchsetzung der Verpflichtungen aus dieser Verordnung den zuständigen Behörden des Mitgliedstaats übertragen werden, in dem sich die Hauptniederlassung des Anbieters von Vermittlungsdiensten befindet, d. h. in dem der Anbieter seine Hauptverwaltung oder seinen eingetragenen Sitz hat, an dem die wichtigsten finanziellen Funktionen und die operative Kontrolle ausgeübt werden. Anbieter, die nicht in der Union niedergelassen sind, aber Dienste in der Union erbringen und daher in den Anwendungsbereich dieser Verordnung fallen, sollten angesichts der Funktion der gesetzlichen Vertreter im Rahmen dieser Verordnung der Zuständigkeit des Mitgliedstaates unterliegen, in dem sie ihren gesetzlichen Vertreter bestellt haben. Im Interesse einer wirksamen Anwendung dieser Verordnung sollten je-

doch alle Mitgliedstaaten oder gegebenenfalls die Kommission zuständig sein, wenn Anbieter keinen gesetzlichen Vertreter benannt haben. Diese Zuständigkeit kann von einer der zuständigen Behörden oder der Kommission übernommen werden, sofern der Anbieter wegen desselben Sachverhalts nicht Gegenstand eines Durchsetzungsverfahrens durch eine andere zuständige Behörde oder die Kommission ist. Um die Einhaltung des Grundsatzes ne bis in idem zu gewährleisten und insbesondere zu vermeiden, dass ein und derselbe Verstoß gegen die in dieser Verordnung festgelegten Verpflichtungen mehr als einmal geahndet wird, sollte jeder Mitgliedstaat, der beabsichtigt, seine Zuständigkeit in Bezug auf solche Anbieter auszuüben, unverzüglich alle anderen Behörden, einschließlich der Kommission, über das für die Zwecke dieser Verordnung eingerichtete Informationsaustauschsystem unterrichten.

(124) Angesichts ihrer potenziellen Auswirkungen und der Herausforderungen, die mit ihrer wirksamen Überwachung verbunden sind, bedarf es besonderer Vorschriften für die Überwachung und Durchsetzung in Bezug auf Anbieter sehr großer Online-Plattformen und sehr großer Online-Suchmaschinen. Die Kommission sollte – gegebenenfalls mit Unterstützung der zuständigen nationalen Behörden – für die Überwachung und öffentliche Durchsetzung systemischer Aspekte, wie etwa Aspekte mit weitreichenden Auswirkungen auf die kollektiven Interessen der Nutzer, zuständig sein. Daher sollte die Kommission die ausschließliche Zuständigkeit für die Überwachung und Durchsetzung der zusätzlichen Verpflichtungen in Bezug auf den Umgang mit systemischen Risiken haben, die Anbietern sehr großer Online-Plattformen und sehr großer Online-Suchmaschinen gemäß dieser Verordnung auferlegt werden. Die ausschließliche Zuständigkeit der Kommission sollte bestimmte Verwaltungsaufgaben, die gemäß dieser Verordnung den zuständigen Behörden des Mitgliedstaats der Niederlassung übertragen werden, wie etwa die Vorabüberprüfung von Forschern, unberührt lassen.

(125) Die Zuständigkeit zur Überwachung und Durchsetzung anderer Sorgfaltspflichten als der zusätzlichen Verpflichtungen in Bezug auf den Umgang mit systemischen Risiken, die Anbietern sehr großer Online-Plattformen und sehr großer Online-Suchmaschinen gemäß dieser Verordnung auferlegt werden, sollte sowohl bei der Kommission als auch bei den zuständigen nationalen Behörden liegen. Zum einen könnte die Kommission in vielen Fällen besser in der Lage sein, gegen systemische Verstöße dieser Anbieter, wie z. B. solche, die mehrere Mitgliedstaaten betreffen, gegen schwere wiederholte Verstöße oder gegen das Versäumnis, von dieser Verordnung geforderte wirksame Mechanismen einzurichten, vorzugehen. Zum anderen könnten die zuständigen Behörden in dem Mitgliedstaat, in dem sich die Hauptniederlassung eines Anbieters einer sehr großen Online-Plattform oder einer sehr großen Online-Suchmaschine befindet, besser in der Lage sein, gegen einzelne Verstöße dieser Anbieter, die keine systemischen oder grenzüberschreitenden Probleme verursachen, vorzugehen. Im Interesse der Effizienz, zur Vermeidung von Doppelarbeit und zur Gewährleistung der Einhaltung des Grundsatzes ne bis in idem sollte es der Kommission obliegen, zu beurteilen, ob sie es für angemes-

sen hält, diese geteilten Zuständigkeiten in einem bestimmten Fall auszuüben; und sobald sie ein Verfahren eingeleitet hat, sollten die Mitgliedstaaten nicht mehr in der Lage sein, dies zu tun. Die Mitgliedstaaten sollten sowohl untereinander als auch mit der Kommission eng zusammenarbeiten, und die Kommission sollte eng mit den Mitgliedstaaten zusammenarbeiten, um sicherzustellen, dass das mit dieser Verordnung geschaffene Überwachungs- und Durchsetzungssystem reibungslos funktioniert und wirksam ist.

(126) Die Vorschriften dieser Verordnung über die Zuweisung von Zuständigkeiten sollten die Bestimmungen des Unionsrechts und die nationalen Vorschriften des internationalen Privatrechts über die gerichtliche Zuständigkeit sowie das anwendbare Recht in Zivil- und Handelssachen – wie z. B. Klagen von Verbrauchern vor den Gerichten des Mitgliedstaats, in dem sie ihren Wohnsitz haben, im Einklang mit den einschlägigen Bestimmungen des Unionsrechts – unberührt lassen. Was die den Anbietern von Vermittlungsdiensten durch diese Verordnung auferlegte Verpflichtung betrifft, die erlassende Behörde über die Ausführung von Anordnungen zum Vorgehen gegen rechtswidrige Inhalte und von Anordnungen zur Bereitstellung von Informationen zu informieren, so sollten die Vorschriften über die Zuweisung von Zuständigkeiten nur für die Überwachung der Durchsetzung dieser Verpflichtung gelten, nicht aber für andere Angelegenheiten im Zusammenhang mit der Anordnung, wie etwa die Zuständigkeit für den Erlass der Anordnung.

(127) Angesichts der grenzüberschreitenden und sektorübergreifenden Bedeutung von Vermittlungsdiensten ist ein hohes Maß an Zusammenarbeit erforderlich, um die konsequente Anwendung dieser Verordnung und die Verfügbarkeit der einschlägigen Informationen für die Ausübung der Durchsetzungsaufgaben über das Informationsaustauschsystem sicherzustellen. Diese Zusammenarbeit kann – unbeschadet spezifischer gemeinsamer Untersuchungen – je nach den anstehenden Problemen unterschiedliche Formen annehmen. In jedem Fall muss der Koordinator für digitale Dienste am Niederlassungsort eines Anbieters von Vermittlungsdiensten die anderen Koordinatoren für digitale Dienste über Probleme, Untersuchungen und Maßnahmen, die gegenüber diesem Anbieter ergriffen werden, informieren. Darüber hinaus sollte der Koordinator für digitale Dienste am Bestimmungsort – wenn eine zuständige Behörde in einem Mitgliedstaat einschlägige Informationen für eine Untersuchung besitzt, die von den zuständigen Behörden im Mitgliedstaat der Niederlassung durchgeführt wird, oder in der Lage ist, solche Informationen, die sich in ihrem Hoheitsgebiet befinden und zu denen die zuständigen Behörden im Mitgliedstaat der Niederlassung keinen Zugang haben, zu erheben – den Koordinator für digitale Dienste am Niederlassungsort zeitnah unterstützen, unter anderem durch die Ausübung seiner Untersuchungsbefugnisse im Einklang mit den geltenden nationalen Verfahren und der Charta. Der Adressat dieser Untersuchungsmaßnahmen sollte ihnen Folge leisten und bei Nichtbefolgung haftbar sein, und die zuständigen Behörden im Mitgliedstaat der Niederlassung sollten die im Wege der gegenseitigen Amtshilfe erhobenen Informationen in Anspruch nehmen können, um die Einhaltung dieser Verordnung sicherzustellen.

4 EG DSA ErwG zum Gesetz über digitale Dienste

(128) Der Koordinator für digitale Dienste am Bestimmungsort sollte insbesondere auf der Grundlage eingegangener Beschwerden oder gegebenenfalls von Beiträgen anderer nationaler zuständiger Behörden oder des Gremiums im Fall von Angelegenheiten, an denen mindestens drei Mitgliedstaaten beteiligt sind, den Koordinator für digitale Dienste am Niederlassungsort ersuchen können, Untersuchungs- oder Durchsetzungsmaßnahmen in Bezug auf einen seiner Zuständigkeit unterstehenden Anbieter zu ergreifen. Solche Ersuchen um Maßnahmen sollten sich auf stichhaltige Beweise stützen, die das Vorliegen eines mutmaßlichen Verstoßes mit negativen Auswirkungen auf die kollektiven Interessen der Nutzer des Dienstes in dem betreffenden Mitgliedstaat oder mit negativen Auswirkungen auf die Gesellschaft belegen. Der Koordinator für digitale Dienste am Niederlassungsort sollte sich auf gegenseitige Amtshilfe stützen oder den Koordinator für digitale Dienste, der das Ersuchen gestellt hat, um eine gemeinsame Untersuchung bitten können, falls weitere Informationen für eine Entscheidung benötigt werden; dies gilt unbeschadet der Möglichkeit, die Kommission um eine Bewertung der Angelegenheit zu ersuchen, wenn Grund zu der Annahme besteht, dass es sich um einen systematischen Verstoß einer sehr großen Online-Plattform oder eine sehr große Online-Suchmaschine handeln könnte.

(129) Das Gremium sollte die Angelegenheit an die Kommission verweisen können, wenn Uneinigkeit hinsichtlich der Bewertungen oder der getroffenen oder vorgeschlagenen Maßnahmen besteht oder wenn im Anschluss an ein Ersuchen um grenzüberschreitende Zusammenarbeit oder an eine gemeinsame Untersuchung keine Maßnahmen gemäß dieser Verordnung vereinbart werden konnten. Ist die Kommission anhand der von den betroffenen Behörden bereitgestellten Informationen der Ansicht, dass die vorgeschlagenen Maßnahmen, einschließlich der vorgeschlagenen Höhe der Geldbußen, die wirksame Durchsetzung der in dieser Verordnung festgelegten Pflichten nicht gewährleisten können, sollte sie entsprechend ihre ernsthaften Zweifel äußern und den zuständigen Koordinator für digitale Dienste auffordern können, die Angelegenheit neu zu bewerten und innerhalb einer bestimmten Frist die erforderlichen Maßnahmen zu treffen, um die Einhaltung dieser Verordnung sicherzustellen. Diese Möglichkeit gilt unbeschadet der allgemeinen Aufgabe der Kommission, die Anwendung des Unionsrechts unter der Kontrolle des Gerichtshofs der Europäischen Union im Einklang mit den Verträgen zu überwachen und erforderlichenfalls durchzusetzen.

(130) Zur Erleichterung grenzüberschreitender Aufsichtstätigkeiten und Untersuchungen im Hinblick auf die in dieser Verordnung festgelegten Pflichten, an denen mehrere Mitgliedstaaten beteiligt sind, sollten die Koordinatoren für digitale Dienste am Niederlassungsort andere Koordinatoren für digitale Dienste über das Informationsaustauschsystem zur Teilnahme an einer gemeinsamen Untersuchung in Bezug auf eine mutmaßliche Zuwiderhandlung gegen diese Verordnung einladen können. Andere Koordinatoren für digitale Dienste und gegebenenfalls andere zuständige Behörden sollten sich an der vom Koordinator für digitale Dienste am Niederlassungsort vorgeschlagenen

ErwG zum Gesetz über digitale Dienste **EG DSA 4**

gemeinsamen Untersuchung beteiligen können, es sei denn, Letzterer ist der Ansicht, dass eine übermäßige Anzahl an teilnehmenden Behörden unter Berücksichtigung der Merkmale der mutmaßlichen Zuwiderhandlung und der Abwesenheit direkter Auswirkungen auf die Nutzer in diesen Mitgliedstaaten die Wirksamkeit der Untersuchung beeinträchtigen könnte. Gemeinsame Untersuchungstätigkeiten können vielfältige Maßnahmen umfassen, die vom Koordinator für digitale Dienste am Niederlassungsort im Einklang mit den Verfügbarkeiten der teilnehmenden Behörden zu koordinieren sind, etwa koordinierte Datenerhebung, Zusammenlegung von Ressourcen, Taskforces, koordinierte Auskunftsverlangen oder gemeinsame Nachprüfungen von Räumlichkeiten. Alle zuständigen Behörden, die an einer gemeinsamen Untersuchung teilnehmen, sollten mit dem Koordinator für digitale Dienste am Niederlassungsort zusammenarbeiten, auch durch die Ausübung ihrer Untersuchungsbefugnisse in ihrem Hoheitsgebiet im Einklang mit den geltenden nationalen Verfahren. Die gemeinsame Untersuchung sollte innerhalb einer bestimmten Frist mit einem Abschlussbericht abgeschlossen werden, in dem die Beiträge aller teilnehmenden zuständigen Behörden berücksichtigt werden. Ferner kann das Gremium, falls dies von mindestens drei Koordinatoren für digitale Dienste am Bestimmungsort beantragt wird, einem Koordinator für digitale Dienste am Niederlassungsort die Einleitung einer gemeinsamen Untersuchung empfehlen und Hinweise zu deren Organisation erteilen. Um Blockierungen zu verhindern, sollte das Gremium in bestimmten Fällen die Kommission mit der Angelegenheit befassen können, z. B. wenn der Koordinator für digitale Dienste am Niederlassungsort sich weigert, die Untersuchung einzuleiten, und das Gremium mit der Begründung nicht einverstanden ist.

(131) Im Interesse einer einheitlichen Anwendung dieser Verordnung ist es erforderlich, auf Unionsebene eine unabhängige Beratungsgruppe, ein Europäisches Gremium für digitale Dienste, einzusetzen, das die Kommission unterstützt und zur Koordinierung der Tätigkeiten der Koordinatoren für digitale Dienste beiträgt. Das Gremium sollte die Koordinatoren für digitale Dienste – sofern benannt – umfassen, wobei die Koordinatoren für digitale Dienste jedoch die Möglichkeit haben sollten, ad hoc auch Vertreter anderer zuständiger Behörden, denen bestimmte Aufgaben im Rahmen dieser Verordnung zugewiesen wurden, zu Sitzungen einzuladen oder zu ernennen, wenn dies aufgrund der Zuweisung von Aufgaben und Zuständigkeiten auf nationaler Ebene erforderlich ist. Nehmen mehrere Personen aus einem Mitgliedstaat teil, sollte sich das Stimmrecht auf einen Vertreter je Mitgliedstaat beschränken.

(132) Das Gremium sollte dazu beitragen, mit Blick auf eine einheitliche Anwendung dieser Verordnung eine gemeinsame Sichtweise der Union zu entwickeln, und die Zusammenarbeit zwischen den zuständigen Behörden unterstützen, etwa durch Beratung der Kommission und der Koordinatoren für digitale Dienste zu geeigneten Untersuchungs- und Durchsetzungsmaßnahmen, insbesondere gegenüber den Anbietern sehr großer Online-Plattformen oder sehr großer Online-Suchmaschinen und unter besonderer Berücksichtigung der Freiheit der Anbieter von Vermittlungsdiensten, Dienste in der gesamten

Union anzubieten. Zudem sollte das Gremium zur Entwicklung relevanter Vorlagen und Verhaltenskodizes sowie zur Analyse neu aufkommender allgemeiner Trends in der Entwicklung digitaler Dienste in der Union beitragen, unter anderem durch die Abgabe von Stellungnahmen oder Empfehlungen zu Fragen im Zusammenhang mit Normen.

(133) Zu diesem Zweck sollte das Gremium Stellungnahmen, Aufforderungen und Empfehlungen an die Koordinatoren für digitale Dienste oder andere zuständige nationale Behörden abgeben können. Wenngleich diese nicht rechtlich bindend sind, sollte eine Entscheidung, davon abzuweichen, ordnungsgemäß begründet werden und könnte von der Kommission bei der Prüfung der Einhaltung dieser Verordnung durch den betreffenden Mitgliedstaat berücksichtigt werden.

(134) Das Gremium sollte Vertreter der Koordinatoren für digitale Dienste und gegebenenfalls anderer zuständiger Behörden umfassen und unter dem Vorsitz der Kommission stehen, um die ihm vorgelegten Angelegenheiten aus umfassender europäischer Perspektive bewerten zu können. Angesichts möglicher weiterreichender Aspekte, die auch für andere Regulierungsrahmen auf Unionsebene von Bedeutung sein können, sollte das Gremium mit anderen Einrichtungen, Ämtern, Agenturen und Beratungsgruppen der Union zusammenarbeiten können, die z. B. in den Bereichen Gleichbehandlung, einschließlich Geschlechtergleichstellung, und Nichtdiskriminierung, Datenschutz, elektronische Kommunikation, audiovisuelle Dienste, Aufdeckung und Untersuchung von Betrug zulasten des Unionshaushalts im Zusammenhang mit Zöllen, Verbraucherschutz oder Wettbewerbsrecht tätig sind, soweit dies für die Ausübung der Aufgaben erforderlich ist.

(135) Die Kommission sollte den Vorsitz des Gremiums führen, aber nicht über Stimmrechte verfügen. Durch den Vorsitz sollte die Kommission sicherstellen, dass die Tagesordnung der Sitzungen im Einklang mit den Anträgen der Mitglieder des Gremiums sowie der Geschäftsordnung und den in dieser Verordnung festgelegten Aufgaben des Gremiums festgelegt wird.

(136) Zur Unterstützung der Tätigkeiten des Gremiums sollte es auf die Kenntnisse und personellen Ressourcen der Kommission und der zuständigen nationalen Behörden zurückgreifen können. Die besonderen operativen Regelungen für die interne Arbeitsweise des Gremiums sollten in der Geschäftsordnung des Gremiums näher festgelegt werden.

(137) Da sehr große Online-Plattformen oder sehr große Online-Suchmaschinen aufgrund ihrer Reichweite und Auswirkungen erhebliche Bedeutung haben, könnte die fehlende Einhaltung der ihnen obliegenden spezifischen Pflichten Auswirkungen auf eine erhebliche Zahl von Nutzern in verschiedenen Mitgliedstaaten haben und zu großen gesellschaftlichen Schäden führen; gleichzeitig kann eine solche fehlende Einhaltung besonders schwierig zu erkennen und zu behandeln sein. Aus diesem Grund sollte die Kommission in Zusammenarbeit mit den Koordinatoren für digitale Dienste und dem Gremium Sachkenntnis und Kapazitäten der Union in Bezug auf die Überwa-

ErwG zum Gesetz über digitale Dienste **EG DSA 4**

chung sehr großer Online-Plattformen und sehr großer Online-Suchmaschinen entwickeln. Die Kommission sollte daher diese Behörden koordinieren und deren Sachkenntnis und Ressourcen in Anspruch nehmen können, z. B. durch die dauerhafte oder vorübergehende Analyse spezifischer Trends oder Probleme, die in Bezug auf eine oder mehrere sehr große Online-Plattformen oder sehr große Online-Suchmaschinen auftreten. Die Mitgliedstaaten sollten bei der Entwicklung solcher Fähigkeiten mit der Kommission zusammenarbeiten, gegebenenfalls auch durch die Entsendung von Personal, und zur Schaffung einer gemeinsamen Aufsichtskapazität der Union beitragen. Um die Sachkenntnis und Kapazitäten auf Unionsebene zu entwickeln, kann die Kommission außerdem die Sachkenntnis und Kapazitäten der mit dem Beschluss der Kommission vom 26. April 2018 zur Einsetzung einer Expertengruppe für die Beobachtungsstelle für die Online-Plattformwirtschaft eingesetzten Beobachtungsstelle für die Online-Plattformwirtschaft, einschlägiger Expertengremien sowie Exzellenzzentren in Anspruch nehmen. Die Kommission kann Experten mit spezifischer Sachkenntnis, darunter insbesondere zugelassene Forscher, Vertreter von Agenturen und Einrichtungen der Union, Vertreter der Industrie, Nutzerverbände oder Vereinigungen der Zivilgesellschaft, internationale Organisationen, Experten aus dem Privatsektor sowie andere Interessenträger einladen.

(138) Die Kommission sollte Zuwiderhandlungen auf eigene Initiative im Einklang mit den in dieser Verordnung vorgesehenen Befugnissen untersuchen können, unter anderem durch Beantragung des Zugangs zu Daten, durch Anforderung von Informationen oder durch Durchführung von Nachprüfungen sowie durch Inanspruchnahme der Unterstützung der Koordinatoren für digitale Dienste. Deutet die Überwachung einzelner mutmaßlicher Zuwiderhandlungen von Anbietern sehr großer Online-Plattformen oder sehr großer Online-Suchmaschinen durch die zuständigen nationalen Behörden auf systemische Probleme hin, wie etwa Probleme mit weitreichenden Auswirkungen auf die kollektiven Interessen der Nutzer des betreffenden Dienstes, so sollten die Koordinatoren für digitale Dienste die Möglichkeit haben, auf der Grundlage eines hinreichend begründeten Antrags die Kommission mit diesen Problemen zu befassen. Eine solche Anfrage sollte mindestens alle erforderlichen Tatsachen und Umstände enthalten, die die mutmaßliche Zuwiderhandlung und deren systemischen Charakter untermauern. Je nach Ergebnis ihrer eigenen Bewertung sollte die Kommission die erforderlichen Untersuchungs- und Durchsetzungsmaßnahmen gemäß dieser Verordnung ergreifen können, einschließlich gegebenenfalls der Einleitung einer Untersuchung oder der Ergreifung einstweiliger Maßnahmen.

(139) Um ihre Aufgaben wirksam ausüben zu können, sollte die Kommission über einen Ermessensspielraum bezüglich der Entscheidung verfügen, Verfahren gegen Anbieter sehr großer Online-Plattformen oder sehr großer Online-Suchmaschinen einzuleiten. Wenn die Kommission das Verfahren eingeleitet hat, sollte es den Koordinatoren für digitale Dienste am Niederlassungsort untersagt sein, ihre Untersuchungs- und Durchsetzungsbefugnisse in Bezug auf

das fragliche Verhalten des betreffenden Anbieters einer sehr großen Online-Plattform oder einer sehr großen Online-Suchmaschine auszuüben, um Doppelmaßnahmen, Uneinheitlichkeit und Risiken unter dem Gesichtspunkt des Verbots der Doppelbestrafung (ne bis in idem) zu vermeiden. Die Kommission sollte jedoch um einzelne oder gemeinsame Beiträge der Koordinatoren für digitale Dienste zur Untersuchung bitten können. Im Einklang mit der Pflicht zur loyalen Zusammenarbeit sollte sich der Koordinator für digitale Dienste nach Kräften bemühen, begründete und verhältnismäßige Anfragen der Kommission im Zusammenhang mit einer Untersuchung zu erfüllen. Darüber hinaus sollten der Koordinator für digitale Dienste am Niederlassungsort sowie das Gremium und gegebenenfalls alle andere Koordinatoren für digitale Dienste der Kommission alle erforderlichen Informationen und Unterstützungsleistungen bereitstellen, damit diese ihre Aufgaben wirksam erfüllen kann, einschließlich der Informationen, die im Kontext von Datenerhebungen oder Datenzugängen erhoben wurden, soweit dies nicht durch die Rechtsgrundlage, anhand der die Informationen erhoben wurden, ausgeschlossen wird. Im Gegenzug sollte die Kommission den Koordinator für digitale Dienste am Niederlassungsort und das Gremium über die Ausübung ihrer Befugnisse informieren, insbesondere, wenn sie beabsichtigt, ein Verfahren einzuleiten und ihre Untersuchungsbefugnisse auszuüben. Außerdem sollte die Kommission, wenn sie ihre vorläufigen Feststellungen, einschließlich der Fragen zu denen sie Einwände erhebt, gegenüber den betroffenen Anbietern einer sehr großen Online-Plattform oder einer sehr großen Online-Suchmaschine mitteilt, diese auch dem Gremium mitteilen. Das Gremium sollte seine Ansichten zu den Einwänden und Bewertungen der Kommission äußern; die Kommission sollte diese Stellungnahme bei der Begründung ihrer endgültigen Entscheidung berücksichtigen.

(140) Da Maßnahmen zur Gewährleistung der Einhaltung dieser Verordnung durch Anbieter sehr großer Online-Plattformen oder sehr großer Online-Suchmaschinen mit besonderen Herausforderungen verbunden sein können und wirksame Maßnahmen angesichts ihres Umfangs und ihrer Auswirkungen und der möglicherweise resultierenden Schäden gleichzeitig sehr wichtig sind, sollte die Kommission über wirksame Untersuchungs- und Durchsetzungsbefugnisse verfügen, um in Bezug auf die Einhaltung der Vorschriften dieser Verordnung Untersuchungs-, Durchsetzungs- und Überwachungsmaßnahmen treffen zu können, wobei das Grundrecht auf Anhörung und Akteneinsicht im Kontext des Durchsetzungsverfahrens, der Grundsatz der Verhältnismäßigkeit sowie die Rechte und Interessen der Beteiligten umfassend zu berücksichtigen sind.

(141) Die Kommission sollte die Informationen anfordern können, die erforderlich sind, um die wirksame Umsetzung und Einhaltung der in dieser Verordnung festgelegten Verpflichtungen in der gesamten Union sicherzustellen. Insbesondere sollte die Kommission Zugang zu allen einschlägigen Unterlagen, Daten und Informationen haben, die für die Einleitung und Durchführung von Untersuchungen und die Überwachung der Einhaltung der in dieser Ver-

ordnung festgelegten einschlägigen Pflichten erforderlich sind, unabhängig davon, in wessen Besitz sich die betreffenden Unterlagen, Daten oder Informationen befinden und ungeachtet ihrer Form oder ihres Formats, ihres Speichermediums oder des genauen Orts der Speicherung. Die Kommission sollte den betreffenden Anbieter einer sehr großen Online-Plattform oder einer sehr großen Online-Suchmaschine sowie gegebenenfalls alle anderen natürlichen oder juristischen Personen, die zu Zwecken ihrer gewerblichen, geschäftlichen, handwerklichen oder beruflichen Tätigkeit handeln und Kenntnis von Informationen über die mutmaßliche Zuwiderhandlung oder die Zuwiderhandlung haben dürften, direkt im Wege eines hinreichend begründeten Auskunftsverlangens dazu verpflichten können, ihr alle einschlägigen Belege, Daten und Informationen vorzulegen. Darüber hinaus sollte die Kommission einschlägige Informationen für die Zwecke dieser Verordnung bei jeder Behörde, Einrichtung oder Agentur innerhalb des Mitgliedstaates einholen können. Die Kommission sollte Zugang zu Dokumenten, Daten, Informationen, Datenbanken und Algorithmen relevanter Personen sowie diesbezügliche Erläuterungen – im Wege der Ausübung von Untersuchungsbefugnissen wie Auskunftsverlangen oder Befragungen – verlangen und alle natürlichen oder juristischen Personen, die nützliche Informationen besitzen könnten, mit deren Zustimmung befragen und die gemachten Aussagen mit allen technischen Mitteln aufnehmen können. Zudem sollte die Kommission befugt sein, die für die Durchsetzung der einschlägigen Bestimmungen dieser Verordnung erforderlichen Nachprüfungen durchzuführen. Diese Untersuchungsbefugnisse sollen die Möglichkeit der Kommission ergänzen, Koordinatoren für digitale Dienste und andere Behörden der Mitgliedstaaten um Unterstützung zu ersuchen, etwa durch Bereitstellung von Informationen oder die Ausübung ihrer Befugnisse.

(142) Einstweilige Maßnahmen können ein wichtiges Instrument sein, um sicherzustellen, dass die zu untersuchende Zuwiderhandlung nicht während einer Untersuchung die Gefahr eines schweren Schadens für die Nutzer nach sich zieht. Sie sind ein wichtiges Mittel, um Entwicklungen zu vermeiden, die durch einen Beschluss der Kommission am Ende des Verfahrens nur sehr schwer wieder rückgängig zu machen wären. Die Kommission sollte daher befugt sein, im Rahmen eines Verfahrens, das im Hinblick auf den möglichen Erlass eines Beschlusses wegen Nichteinhaltung eingeleitet wurde, per Beschluss einstweilige Maßnahmen zu verhängen. Diese Befugnis sollte in Fällen gelten, in denen die Kommission auf den ersten Blick eindeutig einen Verstoß des Anbieters einer sehr großen Online-Plattform oder einer sehr großen Online-Suchmaschine gegen die sich aus dieser Verordnung ergebenden Verpflichtungen festgestellt hat. Ein Beschluss, mit dem einstweilige Maßnahmen auferlegt werden, sollte nur für einen bestimmten Zeitraum gelten, entweder bis zum Abschluss des Verfahrens durch die Kommission oder für einen festgelegten Zeitraum, der – sofern erforderlich und angemessen – verlängerbar ist.

(143) Die Kommission sollte geeignete Maßnahmen ergreifen können, um die wirksame Umsetzung und Einhaltung der in dieser Verordnung genannten Verpflichtungen zu überwachen. So sollten unabhängige externe Sachverständige

und Rechnungsprüfer bestellt werden können, die die Kommission bei dieser Aufgabe unterstützen – gegebenenfalls auch Sachverständige zuständiger Behörden der Mitgliedstaaten wie Datenschutz- oder Verbraucherschutzbehörden. Bei der Bestellung der Rechnungsprüfer sollte die Kommission für ausreichend Rotation sorgen.

(144) Die Einhaltung der einschlägigen Pflichten aus dieser Verordnung sollte durch Geldbußen und Zwangsgelder durchgesetzt werden können. Zu diesem Zweck sollten im Einklang mit den Grundsätzen der Verhältnismäßigkeit und des Verbots der doppelten Strafverfolgung Geldbußen und Zwangsgelder in angemessener Höhe auch für die Nichteinhaltung verfahrensrechtlicher Pflichten und Bestimmungen festgelegt werden, vorbehaltlich angemessener Verjährungsfristen. Die Kommission und die einschlägigen nationalen Behörden sollten ihre Durchsetzungsbemühungen abstimmen, damit sichergestellt ist, dass diese Grundsätze beachtet werden. Insbesondere sollte die Kommission allen Geldbußen und Sanktionen Rechnung tragen, die im Wege einer endgültigen Entscheidung in einem Verfahren wegen einer Zuwiderhandlung gegen andere Vorschriften der Union oder der Mitgliedstaaten wegen desselben Sachverhalts gegen dieselbe juristische Person verhängt wurden, damit sichergestellt ist, dass die insgesamt verhängten Geldbußen und Sanktionen angemessen sind und der Schwere der begangenen Zuwiderhandlung entsprechen. Alle Beschlüsse, die die Kommission auf der Grundlage dieser Verordnung fasst, unterliegen der Überprüfung durch den Gerichtshof der Europäischen Union im Einklang mit dem AEUV. Der Gerichtshof der Europäischen Union sollte im Einklang mit Artikel 261 AEUV über die Befugnis zur unbeschränkten Ermessensnachprüfung von Geldbußen und Zwangsgeldern verfügen.

(145) Angesichts der potenziellen erheblichen gesellschaftlichen Auswirkungen einer Zuwiderhandlung gegen die zusätzlichen Pflichten in Bezug auf den Umgang mit systemischen Risiken, die nur für sehr große Online-Plattformen und sehr große Online-Suchmaschinen gelten, und um diesen ordnungspolitischen Bedenken Rechnung zu tragen, ist ein System für die erweiterte Beaufsichtigung aller Maßnahmen, die zur wirksamen Beendigung und Behebung von Zuwiderhandlungen gegen diese Verordnung ergriffen werden, erforderlich. Daher sollte die Kommission, sobald eine Zuwiderhandlung gegen eine der Bestimmungen dieser Verordnung, die ausschließlich für sehr große Online-Plattformen oder sehr große Online-Suchmaschinen gelten, festgestellt und erforderlichenfalls geahndet wurde, den Anbieter einer solchen Plattform oder einer solchen Suchmaschine auffordern, einen detaillierten Aktionsplan zu erstellen, um die Auswirkungen der Zuwiderhandlung für die Zukunft zu beheben, und diesen Aktionsplan innerhalb eines von der Kommission festzulegenden Zeitrahmens den Koordinatoren für digitale Dienste, der Kommission und dem Gremium mitteilen. Die Kommission sollte unter Berücksichtigung der Stellungnahme des Gremiums feststellen, ob die in dem Aktionsplan enthaltenen Maßnahmen ausreichend sind, um die Zuwiderhandlung zu beheben, unter anderem unter Berücksichtigung, ob die Einhaltung der einschlägigen Verhaltenskodizes zu den vorgeschlagenen Maßnahmen gehört. Die Kom-

mission sollte auch alle nachfolgenden Maßnahmen des betreffenden Anbieters einer sehr großen Online-Plattform oder einer sehr großen Online-Suchmaschine gemäß seinem Aktionsplan überwachen, unter anderem unter Berücksichtigung einer unabhängigen Prüfung des Anbieters. Ist die Kommission nach der Umsetzung des Aktionsplans weiterhin der Auffassung, dass die Zuwiderhandlung noch nicht vollständig behoben ist, oder wurde der Aktionsplan nicht vorgelegt oder hält sie den Aktionsplan für ungeeignet, so sollte sie alle Untersuchungs- und Durchsetzungsmaßnahmen gemäß dieser Verordnung ergreifen können, einschließlich der Befugnis Zwangsgelder zu verhängen und ein Verfahren zur Sperrung des Zugangs zu dem betreffenden Dienst einzuleiten.

(146) Der betreffende Anbieter einer sehr großen Online-Plattform oder einer sehr großen Online-Suchmaschine und andere Personen, die von der Ausübung der Befugnisse der Kommission betroffen sind und deren Interessen durch einen Beschluss berührt werden könnten, sollten vor dem Erlass des Beschlusses Gelegenheit zur Äußerung haben, und die erlassenen Beschlüsse sollten auf breiter Basis bekannt gegeben werden. Neben der Wahrung der Verteidigungsrechte der Beteiligten, insbesondere des Rechts auf Akteneinsicht, ist auch der Schutz vertraulicher Informationen unabdingbar. Zudem sollte die Kommission unter Wahrung der Vertraulichkeit der Informationen sicherstellen, dass alle ihrem Beschluss zugrunde liegenden Informationen in einem Umfang veröffentlicht werden, der es dem Adressaten des Beschlusses ermöglicht, die zugrunde liegenden Fakten und Überlegungen zu verstehen.

(147) Um die einheitliche Anwendung und Durchsetzung dieser Verordnung zu gewährleisten, muss sichergestellt werden, dass nationale Behörden, einschließlich nationaler Gerichte, über alle erforderlichen Informationen verfügen, um sicherstellen zu können, dass ihre Entscheidungen nicht im Widerspruch zu einem von der Kommission im Rahmen dieser Verordnung erlassenen Beschluss stehen. Dies gilt unbeschadet des Artikels 267 AEUV.

(148) Die wirksame Durchsetzung und Überwachung dieser Verordnung erfordert einen nahtlosen Informationsaustausch in Echtzeit zwischen den Koordinatoren für digitale Dienste, dem Gremium und der Kommission auf der Grundlage der in dieser Verordnung festgelegten Informationsflüsse und Verfahren. Dies kann gegebenenfalls auch den Zugang anderer zuständiger Behörden zu diesem System rechtfertigen. Da die ausgetauschten Informationen vertraulich sein oder personenbezogene Daten beinhalten können, sollten sie gleichzeitig vor unbefugtem Zugriff geschützt bleiben, im Einklang mit den Zwecken, zu denen die Informationen erhoben wurden. Daher sollte jede Kommunikation zwischen diesen Behörden auf der Grundlage eines zuverlässigen und gesicherten Informationsaustauschsystems erfolgen, dessen Einzelheiten in einem Durchführungsrechtsakt festgelegt werden sollten. Das Informationsaustauschsystem kann auf bestehende Instrumente des Binnenmarkts gestützt sein, insofern diese die Ziele dieser Verordnung in kostenwirksamer Weise erfüllen können.

(149) Unbeschadet des Rechts der Nutzer, sich an einen Vertreter gemäß der Richtlinie (EU) 2020/1828 des Europäischen Parlament und des Rates[33] zu wenden oder jede andere Art von Vertretung nach nationalem Recht in Anspruch zu nehmen, sollten die Nutzer auch das Recht haben, eine juristische Person oder eine öffentliche Stelle mit der Ausübung ihrer in dieser Verordnung vorgesehenen Rechte zu beauftragen. Zu diesen Rechten können die Rechte im Zusammenhang mit der Einreichung von Meldungen, die Anfechtung der Entscheidungen von Anbietern von Vermittlungsdiensten und der Einlegung von Beschwerden gegen Anbieter wegen Zuwiderhandlungen gegen diese Verordnung gehören. Bestimmte Stellen, Organisationen und Vereinigungen verfügen über besondere Sachkenntnis und Kompetenz bei der Aufdeckung und Meldung fehlerhafter oder ungerechtfertigter Entscheidungen zur Moderation von Inhalten, und ihre Beschwerden im Namen der Nutzer des betreffenden Dienstes können sich positiv auf die Freiheit der Meinungsäußerung und die Informationsfreiheit im Allgemeinen auswirken. Daher sollten die Anbieter von Online-Plattformen diese Beschwerden unverzüglich bearbeiten.

(150) Im Interesse der Wirksamkeit und Effizienz sollte die Kommission eine allgemeine Bewertung dieser Verordnung vornehmen. Bei dieser allgemeinen Bewertung sollten unter anderem der Anwendungsbereich der unter diese Verordnung fallenden Dienste, das Zusammenspiel mit anderen Rechtsakten, die Auswirkungen dieser Verordnung auf das Funktionieren des Binnenmarkts, insbesondere in Bezug auf digitale Dienste, die Umsetzung der Verhaltenskodizes, die Verpflichtung einen in der Union niedergelassenen Gesetzlicher Vertreter zu benennen, die Auswirkungen der Verpflichtungen auf kleine Unternehmen und Kleinstunternehmen, die Wirksamkeit des Überwachungs- und Durchsetzungsmechanismus sowie die Auswirkungen auf das Recht auf freie Meinungsäußerung und Informationsfreiheit behandelt werden. Um unverhältnismäßige Belastungen zu vermeiden und die dauerhafte Wirksamkeit dieser Verordnung zu gewährleisten, sollte die Kommission außerdem innerhalb von drei Jahren nach Anwendungsbeginn der Verordnung eine Bewertung der Auswirkungen der in dieser Verordnung enthaltenen Verpflichtungen auf kleine und mittlere Unternehmen sowie innerhalb von drei Jahren nach ihrem Inkrafttreten eine Bewertung des Umfangs der von der Verordnung erfassten Dienste, insbesondere für sehr große Online-Plattformen und für sehr große Online-Suchmaschinen, und des Zusammenspiels mit anderen Rechtsakten vornehmen.

(151) Zur Gewährleistung einheitlicher Bedingungen für die Durchführung dieser Verordnung sollten der Kommission Durchführungsbefugnisse übertragen werden, in denen sie Vorlagen für Form, Inhalt und sonstige Einzelheiten der Berichte über die Moderation von Inhalten festlegt, die Höhe der jährlichen

---

33 Richtlinie (EU) 2020/1828 des Europäischen Parlaments und des Rates vom 25. November 2020 über Verbandsklagen zum Schutz der Kollektivinteressen der Verbraucher und zur Aufhebung der Richtlinie 2009/22/EG (ABl. L 409 vom 4.12.2020, S. 1).

Aufsichtsgebühr für Anbieter sehr großer Online-Plattformen und sehr großer Online-Suchmaschinen bestimmt und die praktischen Modalitäten für die Einleitung von Verfahren festlegt, die Anhörungen und die ausgehandelte Offenlegung von Informationen, die im Zusammenhang mit der Beaufsichtigung, Untersuchung, Durchsetzung und Überwachung in Bezug auf Anbieter sehr großer Online-Plattformen und sehr großer Online-Suchmaschinen durchgeführt werden, sowie die praktischen und operativen Modalitäten für die Funktionsweise des Informationsaustauschsystems und seine Interoperabilität mit anderen einschlägigen Systemen festlegt. Diese Befugnisse sollten im Einklang mit der Verordnung (EU) Nr. 182/2011 des Europäischen Parlaments und des Rates[34] ausgeübt werden.

(152) Zur Verwirklichung der Ziele dieser Verordnung sollte der Kommission die Befugnis übertragen werden, gemäß Artikel 290 AEUV Rechtsakte zur Ergänzung dieser Verordnung in Bezug auf die Kriterien für die Bestimmung sehr großer Online-Plattformen und sehr großer Online-Suchmaschinen, die Verfahrensschritte, die Prüfungsmethoden und die Berichtsvorlagen für die Prüfungen, die technischen Spezifikationen für Zugangsanträge und die genaue Methodik und Verfahren für die Festsetzung der Aufsichtsgebühr zu erlassen. Dabei ist von besonderer Bedeutung, dass die Kommission im Zuge ihrer Vorbereitungsarbeit angemessene Konsultationen, auch auf Sachverständigenebene, durchführt, die mit den Grundsätzen im Einklang stehen, die in der Interinstitutionellen Vereinbarung vom 13. April 2016 über bessere Rechtsetzung[35] niedergelegt wurden. Um insbesondere für eine gleichberechtigte Beteiligung an der Vorbereitung delegierter Rechtsakte zu sorgen, erhalten das Europäische Parlament und der Rat alle Dokumente zur gleichen Zeit wie die Sachverständigen der Mitgliedstaaten, und ihre Sachverständigen haben systematisch Zugang zu den Sitzungen der Sachverständigengruppen der Kommission, die mit der Vorbereitung der delegierten Rechtsakte befasst sind.

(153) Diese Verordnung wahrt die mit der Charta der Grundrechte der Europäischen Union anerkannten Grundrechte sowie die Grundrechte, die allgemeine Grundsätze des Unionsrechts darstellen. Diese Verordnung sollte daher im Einklang mit diesen Grundrechten ausgelegt und angewandt werden, einschließlich der Freiheit der Meinungsäußerung und der Informationsfreiheit sowie der Pressefreiheit und -pluralität. Bei der Ausübung der in dieser Verordnung vorgesehenen Befugnisse sollten alle beteiligten Behörden im Einklang mit dem Grundsatz der Verhältnismäßigkeit bei einem Konflikt zwischen verschiedenen Grundrechten die betreffenden Rechte in ausgewogener Weise berücksichtigen.

---

34 Verordnung (EU) Nr. 182/2011 des Europäischen Parlaments und des Rates vom 16. Februar 2011 zur Festlegung der allgemeinen Regeln und Grundsätze, nach denen die Mitgliedstaaten die Wahrnehmung der Durchführungsbefugnisse durch die Kommission kontrollieren (ABl. L 55 vom 28.2.2011, S. 13).
35 ABl. L 123 vom 12.5.2016, S. 1.

(154) Angesichts des Umfangs und der Auswirkungen von gesellschaftliche Risiken, die durch sehr große Online-Plattformen und sehr große Online-Suchmaschinen verursacht werden können, der Notwendigkeit, diese Risiken vorrangig anzugehen, und die Kapazität, notwendigen Maßnahmen zu ergreifen, ist es gerechtfertigt, den Zeitrahmen, nach dem diese Verordnung beginnt für Anbieter solcher Dienste zu gelten, zu beschränken.

(155) Da die Ziele dieser Verordnung, nämlich zu einem ordnungsgemäß funktionierenden Binnenmarkt beizutragen und ein sicheres, vorhersehbares und vertrauenswürdiges Online-Umfeld zu schaffen, in dem die in der Charta verankerten Grundrechte angemessen geschützt werden, von den Mitgliedstaaten nicht ausreichend verwirklicht werden kann, da sie allein nicht in der Lage sind, die erforderliche Harmonisierung und Zusammenarbeit und Koordinierung zu erreichen, sondern vielmehr wegen des territorialen und persönlichen Geltungsbereichs auf Unionsebene besser zu verwirklichen ist, kann die Union im Einklang mit dem in Artikel 5 des Vertrags über die Europäische Union verankerten Subsidiaritätsprinzip tätig werden. Entsprechend dem in demselben Artikel genannten Grundsatz der Verhältnismäßigkeit geht diese Verordnung nicht über das für die Verwirklichung dieser Ziele erforderliche Maß hinaus.

(156) Der Europäische Datenschutzbeauftragte wurde gemäß Artikel 42 Absatz 1 der Verordnung (EU) 2018/1725 des Europäischen Parlaments und des Rates[36] angehört und hat am 10. Februar 2021 eine Stellungnahme[37] abgegeben –

HABEN FOLGENDE VERORDNUNG ERLASSEN*:

(es folgt der Text des DSA)

---

36 Verordnung (EU) 2018/1725 des Europäischen Parlaments und des Rates vom 23. Oktober 2018 zum Schutz natürlicher Personen bei der Verarbeitung personenbezogener Daten durch die Organe, Einrichtungen und sonstigen Stellen der Union, zum freien Datenverkehr und zur Aufhebung der Verordnung (EG) Nr. 45/2001 und des Beschlusses Nr. 1247/2002/EG (ABl. L 295 vom 21.11.2018, S. 39).
37 ABl. C 149 vom 27.4.2021, S. 3.
* Aus redaktionellen Gründen wurde der Text des DSA vorgezogen.

DGA 5
VERORDNUNG (EU) 2022/868 DES EUROPÄISCHEN PARLAMENTS UND DES RATES

vom 30. Mai 2022 (ABl. L 152 S. 1)

über europäische Daten-Governance und zur Änderung der Verordnung (EU) 2018/1724 (Daten-Governance-Rechtsakt*)

(Text von Bedeutung für den EWR)

KAPITEL I
Allgemeine Bestimmungen

Art. 1 Gegenstand und Anwendungsbereich. (1) In dieser Verordnung wird Folgendes festgelegt:
a) Bedingungen für die Weiterverwendung von Daten bestimmter Datenkategorien, die im Besitz öffentlicher Stellen sind, innerhalb der Union;
b) ein Anmelde- und Aufsichtsrahmen für die Erbringung von Datenvermittlungsdiensten;
c) ein Rahmen für die freiwillige Eintragung von Einrichtungen, die für altruistische Zwecke zur Verfügung gestellte Daten erheben und verarbeiten und
d) ein Rahmen für die Einsetzung eines Europäischen Dateninnovationsrats.

(2) Diese Verordnung begründet weder eine Verpflichtung für öffentliche Stellen, die Weiterverwendung von Daten zu erlauben, noch befreit sie öffentliche Stellen von ihren Geheimhaltungspflichten nach dem Unionsrecht oder dem nationalen Recht.

Von dieser Verordnung unberührt bleiben
a) besondere Bestimmungen des Unionsrechts oder des nationalen Rechts über den Zugang zu bestimmten Kategorien von Daten oder deren Weiterverwendung, insbesondere in Bezug auf die Zugangsgewährung zu amtlichen Dokumenten und deren Offenlegung, und
b) die nach dem Unionsrecht oder dem nationalen Recht geltenden Verpflichtungen öffentlicher Stellen, die Weiterverwendung von Daten zu erlauben, oder die Anforderungen in Bezug auf die Verarbeitung nicht personenbezogener Daten.

Müssen öffentliche Stellen, Anbieter von Datenvermittlungsdiensten oder anerkannte Einrichtungen, die Datenaltruismus-Dienste erbringen, aufgrund sektorspezifischen Unionsrechts oder nationalen Rechts bestimmte zusätzliche technische, administrative oder organisatorische Anforderungen einhalten, einschließlich durch Genehmigungs- oder Zertifizierungsverfahren, so finden auch diese Bestimmungen des sektorspezifischen Unionsrechts oder nationa-

---
* Erwägungsgründe im Anschluss.

len Rechts Anwendung. Etwaige spezifische zusätzliche Anforderungen müssen nichtdiskriminierend, verhältnismäßig und objektiv gerechtfertigt sein.

(3) Das Unionsrecht und das nationale Recht über den Schutz personenbezogener Daten gelten für alle personenbezogenen Daten, die im Zusammenhang mit der vorliegenden Verordnung verarbeitet werden. Insbesondere gilt die vorliegende Verordnung unbeschadet der Verordnungen (EU) 2016/679 und (EU) 2018/1725 und der Richtlinien 2002/58/EG und (EU) 2016/680, einschließlich im Hinblick auf die Befugnisse der Aufsichtsbehörden. Im Fall eines Konflikts zwischen der vorliegenden Verordnung und dem Unionsrecht über den Schutz personenbezogener Daten oder dem entsprechend diesem Unionsrecht erlassenen nationalen Recht soll das einschlägige Unionsrecht bzw. das nationale Recht über den Schutz personenbezogener Daten Vorrang haben. Die vorliegende Verordnung schafft keine Rechtsgrundlage für die Verarbeitung personenbezogener Daten, noch berührt es die in den Verordnungen (EU) 2016/679 oder (EU) 2018/1725 oder den Richtlinien 2002/58/EG oder (EU) 2016/680 festgelegten Rechte und Pflichten.

(4) Die Anwendung des Wettbewerbsrechts bleibt von dieser Verordnung unberührt.

(5) Diese Verordnung lässt die Zuständigkeiten der Mitgliedstaaten für Tätigkeiten im Bereich der öffentlichen Sicherheit, der Landesverteidigung und der nationalen Sicherheit unberührt.

Art. 2 Begriffsbestimmungen. Für die Zwecke dieser Verordnung bezeichnet der Ausdruck
1. „Daten" jede digitale Darstellung von Handlungen, Tatsachen oder Informationen sowie jede Zusammenstellung solcher Handlungen, Tatsachen oder Informationen auch in Form von Ton-, Bild- oder audiovisuellem Material;
2. „Weiterverwendung" die Nutzung von Daten, die im Besitz öffentlicher Stellen sind, durch natürliche oder juristische Personen für kommerzielle oder nichtkommerzielle Zwecke, die sich von dem ursprünglichen Zweck im Rahmen des öffentlichen Auftrags, für den die Daten erstellt wurden, unterscheiden, abgesehen vom Austausch von Daten zwischen öffentlichen Stellen ausschließlich im Rahmen der Erfüllung ihres öffentlichen Auftrags;
3. „personenbezogene Daten" personenbezogene Daten im Sinne des Artikels 4 Nummer 1 der Verordnung (EU) 2016/679;
4. „nicht personenbezogene Daten" Daten, die keine personenbezogenen Daten sind;
5. „Einwilligung" eine Einwilligung im Sinne des Artikels 4 Nummer 11 der Verordnung (EU) 2016/679;
6. „Erlaubnis", dass Datennutzern das Recht auf Verarbeitung nicht personenbezogener Daten eingeräumt wird;
7. „betroffene Person" eine betroffene Person im Sinne von Artikel 4 Nummer 1 der Verordnung (EU) 2016/679;

Daten-Governance-Rechtsakt

8. „Dateninhaber" eine juristische Person, einschließlich öffentlichen Stellen und internationalen Organisationen oder natürlichen Person, die in Bezug auf die betreffenden Daten keine betroffene Person ist, welche nach geltendem Unionsrecht oder geltendem nationalen Recht berechtigt ist, Zugang zu bestimmten personenbezogenen Daten oder nicht personenbezogenen Daten zu gewähren oder diese Daten weiterzugeben;
9. „Datennutzer" eine natürliche oder juristische Person, die rechtmäßig Zugang zu bestimmten personenbezogenen oder nicht personenbezogenen Daten hat und im Fall personenbezogener Daten, unter anderem nach der Verordnung (EU) 2016/679, berechtigt ist, diese Daten für kommerzielle oder nichtkommerzielle Zwecke zu nutzen;
10. „gemeinsame Datennutzung" die entgeltliche oder unentgeltliche Bereitstellung von Daten durch eine betroffene Person oder einen Dateninhaber an einen Datennutzer für die gemeinschaftliche oder individuelle Nutzung dieser Daten auf der Grundlage freiwilliger Vereinbarungen, des Unionsrechts oder des nationalen Rechts, sowohl direkt als auch über einen Mittler, etwa im Rahmen von gebührenpflichtigen oder gebührenfreien offenen oder kommerziellen Lizenzen;
11. „Datenvermittlungsdienst" einen Dienst, mit dem durch technische, rechtliche oder sonstige Mittel Geschäftsbeziehungen zwischen einer unbestimmten Anzahl von betroffenen Personen oder Dateninhabern einerseits und Datennutzern andererseits hergestellt werden sollen, um die gemeinsame Datennutzung, auch für die Zwecke der Ausübung der Rechte betroffener Personen in Bezug auf personenbezogene Daten, zu ermöglichen, und die zumindest folgendes nicht umfassen:
    a) Dienste, in deren Rahmen Daten von Dateninhabern eingeholt und aggregiert, angereichert oder umgewandelt werden, um deren Wert erheblich zu steigern, und Lizenzen für die Nutzung der resultierenden Daten an die Datennutzer vergeben werden, ohne eine Geschäftsbeziehung zwischen Dateninhabern und Datennutzern herzustellen;
    b) Dienste, deren Schwerpunkt auf der Vermittlung urheberrechtlich geschützter Inhalte liegt;
    c) Dienste, die ausschließlich von einem Dateninhaber genutzt werden, um die Verwendung von im Besitz dieses Dateninhabers befindlichen Daten zu ermöglichen, oder die von mehreren juristischen Personen in einer geschlossenen Gruppe, einschließlich Lieferanten- oder Kundenbeziehungen oder vertraglich festgelegter Kooperationen, genutzt werden, insbesondere wenn deren Hauptziel darin besteht, Funktionen von Gegenständen und Geräten im Zusammenhang mit dem Internet der Dinge sicherzustellen;
    d) Datenvermittlungsdienste, die von öffentlichen Stellen ohne die Absicht der Herstellung von Geschäftsbeziehungen angeboten werden;
12. „Verarbeitung" die Verarbeitung im Sinne von Artikel 4 Nummer 2 der Verordnung (EU) 2016/679 im Hinblick auf personenbezogene Daten oder

Artikel 3 Nummer 2 der Verordnung (EU) 2018/1807 im Hinblick auf nicht personenbezogene Daten;
13. „Zugang" die Datennutzung im Einklang mit bestimmten technischen, rechtlichen oder organisatorischen Anforderungen, ohne dass Daten hierzu zwingend übertragen oder heruntergeladen werden müssen;
14. „Hauptniederlassung" einer juristischen Person den Ort, an dem sich ihre Hauptverwaltung in der Union befindet;
15. „Dienste von Datengenossenschaften" Datenvermittlungsdienste, die von einer Organisationsstruktur angeboten werden, welche sich aus betroffenen Personen, Ein-Personen-Unternehmen oder KMU, die in dieser Struktur Mitglied sind, zusammensetzt, und deren Hauptzwecke in der Unterstützung ihrer Mitglieder bei der Ausübung ihrer Rechte in Bezug auf bestimmte Daten bestehen, unter anderem beim Treffen einer sachkundigen Entscheidung vor der Einwilligung zur Datenverarbeitung, beim Meinungsaustausch über die den Interessen ihrer Mitglieder im Zusammenhang mit ihren Daten am besten entsprechenden Zwecke und Bedingungen der Datenverarbeitung und beim Aushandeln der Bedingungen der Datenverarbeitung im Namen der Mitglieder, bevor die Erlaubnis zur Verarbeitung nicht personenbezogener Daten erteilt oder in die Verarbeitung personenbezogener Daten eingewilligt wird;
16. „Datenaltruismus" die freiwillige gemeinsame Nutzung von Daten auf der Grundlage der Einwilligung betroffener Personen zur Verarbeitung der sie betreffenden personenbezogenen Daten oder einer Erlaubnis anderer Dateninhaber zur Nutzung ihrer nicht personenbezogenen Daten, ohne hierfür ein Entgelt zu fordern oder zu erhalten, das über eine Entschädigung für die ihnen durch die Bereitstellung ihrer Daten entstandenen Kosten hinausgeht, für Ziele von allgemeinem Interesse gemäß dem nationalen Recht, wie die Gesundheitsversorgung, die Bekämpfung des Klimawandels, die Verbesserung der Mobilität, die einfachere Entwicklung, Erstellung und Verbreitung amtlicher Statistiken, die Verbesserung der Erbringung öffentlicher Dienstleistungen, die staatliche Entscheidungsfindung oder die wissenschaftliche Forschung im allgemeinen Interesse;
17. „öffentliche Stelle" den Staat, Gebietskörperschaften, Einrichtungen des öffentlichen Rechts oder Verbände, die aus einer oder mehreren dieser Körperschaften oder einer oder mehreren dieser Einrichtungen des öffentlichen Rechts bestehen;
18. „Einrichtungen des öffentlichen Rechts" Einrichtungen, die die folgenden Eigenschaften aufweisen:
    a) sie wurden zu dem besonderen Zweck gegründet, im allgemeinen Interesse liegende Aufgaben zu erfüllen, und haben keinen gewerblichen oder kommerziellen Charakter,
    b) sie besitzen Rechtspersönlichkeit,
    c) sie werden überwiegend vom Staat, von Gebietskörperschaften oder von anderen Einrichtungen des öffentlichen Rechts finanziert, unterstehen hinsichtlich ihrer Leitung der Aufsicht dieser Körperschaften oder

Einrichtungen, oder haben ein Verwaltungs-, Leitungs- beziehungsweise Aufsichtsorgan, das mehrheitlich aus Mitgliedern besteht, die vom Staat, von Gebietskörperschaften oder von anderen Einrichtungen des öffentlichen Rechts ernannt worden sind;

19. „öffentliches Unternehmen" ein Unternehmen, auf das öffentliche Stellen aufgrund ihres Eigentums, ihrer finanziellen Beteiligung oder der für das Unternehmen geltenden Bestimmungen unmittelbar oder mittelbar einen beherrschenden Einfluss ausüben können; von einem beherrschenden Einfluss der öffentlichen Stellen ist im Sinne dieser Begriffsbestimmung in jedem der folgenden Fälle auszugehen, in denen diese Stellen unmittelbar oder mittelbar
    a) die Mehrheit des gezeichneten Kapitals des Unternehmens halten,
    b) über die Mehrheit der mit den Anteilen am Unternehmen verbundenen Stimmrechte verfügen,
    c) mehr als die Hälfte der Mitglieder des Verwaltungs-, Leitungs- oder Aufsichtsorgans des Unternehmens ernennen können;

20. „sichere Verarbeitungsumgebung" die physische oder virtuelle Umgebung und die organisatorischen Mittel, mit denen die Einhaltung der Anforderungen des Unionsrechts, wie der Verordnung (EU) 2016/679, insbesondere im Hinblick auf die Rechte der betroffenen Personen, der Rechte des geistigen Eigentums und der geschäftlichen und statistischen Vertraulichkeit, der Integrität und der Verfügbarkeit, sowie des geltenden Unionsrechts und des nationalen Rechts gewährleistet wird und die es der Einrichtung, die die sichere Verarbeitungsumgebung bereitstellt, ermöglichen, alle Datenverarbeitungsvorgänge zu bestimmen und zu beaufsichtigen, darunter auch das Anzeigen, Speichern, Herunterladen und Exportieren von Daten und das Berechnen abgeleiteter Daten mithilfe von Rechenalgorithmen;

21. „gesetzlicher Vertreter" eine in der Union niedergelassene natürliche oder juristische Person, die ausdrücklich benannt wurde, um im Auftrag eines nicht in der Union niedergelassenen Anbieters von Datenvermittlungsdiensten oder einer Einrichtung, die von natürlichen oder juristischen Personen auf der Grundlage des Datenaltruismus für Ziele von allgemeinem Interesse zur Verfügung gestellte Daten erhebt, zu handeln, und an die sich die für die Datenvermittlungsdienste zuständigen Behörden und die für die Registrierung datenaltruistischer Organisationen zuständigen Behörden hinsichtlich der Verpflichtungen nach dieser Verordnung ausschließlich oder zusätzlich zu den betreffenden Anbietern von Datenvermittlungsdiensten bzw. den betreffenden Einrichtungen, wenden auch um gegen einen nicht in der Union niedergelassenen Anbieter von Datenvermittlungsdiensten oder eine nicht in der Union niedergelassene Einrichtung, der bzw. die die Vorschriften nicht einhält, Durchsetzungsverfahren einzuleiten.

KAPITEL II
Weiterverwendung bestimmter Kategorien geschützter Daten im Besitz öffentlicher Stellen

Art. 3 Datenkategorien. (1) Dieses Kapitel gilt für Daten, die sich im Besitz öffentlicher Stellen befinden und aus folgenden Gründen geschützt sind:
a) geschäftliche Geheimhaltung, einschließlich Betriebsgeheimnissen, Berufsgeheimnissen, Unternehmensgeheimnissen;
b) statistische Geheimhaltung,
c) der Schutz geistigen Eigentums Dritter oder
d) der Schutz personenbezogener Daten, soweit diese Daten nicht in den Anwendungsbereich der Richtlinie (EU) 2019/1024 fallen.

(2) Dieses Kapitel gilt nicht für
a) Daten, die im Besitz öffentlicher Unternehmen sind,
b) Daten, die im Besitz öffentlich-rechtlicher Rundfunkanstalten und ihrer Zweigstellen oder anderer Stellen und deren Zweigstellen sind und der Wahrnehmung eines öffentlichen Sendeauftrags dienen,
c) Daten, die im Besitz von Kultureinrichtungen und Bildungseinrichtungen sind,
d) Daten, die im Besitz öffentlicher Stellen sind und aus Gründen der öffentlichen Sicherheit, der Landesverteidigung oder der nationalen Sicherheit geschützt sind, oder
e) Daten, deren Bereitstellung nicht unter den im betreffenden Mitgliedstaat gesetzlich oder anderweitig verbindlich festgelegten öffentlichen Auftrag der betreffenden öffentlichen Stellen fällt oder, in Ermangelung solcher Rechtsvorschriften, nicht unter den durch allgemeine Verwaltungspraxis in dem Mitgliedstaat festgelegten öffentlichen Auftrag fällt, vorausgesetzt, dass der Umfang der öffentlichen Aufträge transparent ist und regelmäßig überprüft wird.

(3) Dieses Kapitel berührt nicht:
a) Das Unionsrecht und das nationale Recht oder völkerrechtliche Übereinkünfte, denen die Union oder die Mitgliedstaaten beigetreten sind, in Bezug auf den Schutz der in Absatz 1 genannten Datenkategorien und
b) das Unionsrecht und das nationale Recht über den Zugang zu Dokumenten.

Art. 4 Verbot von Ausschließlichkeitsvereinbarungen. (1) Vereinbarungen oder sonstige Praktiken in Bezug auf die Weiterverwendung von Daten, die im Besitz öffentlicher Stellen sind und Daten der in Artikel 3 Absatz 1 genannten Datenkategorien enthalten, sind verboten, soweit sie ausschließliche Rechte gewähren oder aber zum Gegenstand haben oder bewirken, dass solche ausschließlichen Rechte gewährt werden oder die Verfügbarkeit von Daten zur Weiterverwendung durch andere Einrichtungen als die Parteien solcher Vereinbarungen oder sonstigen Praktiken eingeschränkt wird.

(2) Abweichend von Absatz 1 kann ein ausschließliches Recht auf Weiterverwendung der in dem Absatz genannten Daten gewährt werden, soweit dies

für die Erbringung eines Dienstes oder die Bereitstellung eines Produkts im allgemeinen Interesse erforderlich ist, die andernfalls nicht möglich gewesen wären.

(3) Ein ausschließliches Recht nach Absatz 2 wird durch einen Verwaltungsakt oder eine vertragliche Vereinbarung gemäß dem geltenden Unionsrecht oder dem nationalen Recht sowie im Einklang mit den Grundsätzen der Transparenz, der Gleichbehandlung und der Nichtdiskriminierung gewährt.

(4) Die Dauer des ausschließlichen Rechts auf Weiterverwendung von Daten darf 12 Monate nicht überschreiten. Wird ein Vertrag abgeschlossen, so ist dessen Dauer die gleiche wie die des ausschließlichen Rechts.

(5) Die Gewährung eines ausschließlichen Rechts nach den Absätzen 2, 3 und 4, einschließlich der Begründung, warum die Gewährung eines solchen Rechts erforderlich ist, ist transparent und wird in einer Form, die dem einschlägigen Unionsrecht für die Vergabe öffentlicher Aufträge entspricht, im Internet öffentlich zugänglich gemacht.

(6) Vereinbarungen oder andere Praktiken, die unter das in Absatz 1 genannte Verbot fallen und die in den Absätzen 2 und 3 festgelegten Bedingungen nicht erfüllen, die aber vor dem 23. Juni 2022 bereits bestanden haben, werden zum Ende des anwendbaren Vertrags, auf jeden Fall aber zum 24. Dezember 2024 beendet.

Art. 5 Bedingungen für die Weiterverwendung. (1) Öffentliche Stellen, die nach nationalem Recht dafür zuständig sind, den Zugang zur Weiterverwendung von Daten einer oder mehrerer der in Artikel 3 Absatz 1 genannten Datenkategorien zu gewähren oder zu verweigern, machen die Bedingungen für das Erlauben einer solchen Weiterverwendung und das Verfahren für die Beantragung einer solchen Weiterverwendung über die zentrale Informationsstelle nach Artikel 8 öffentlich zugänglich. Bei der Gewährung oder Verweigerung des Zugangs zur Weiterverwendung können sie von den in Artikel 7 Absatz 1 genannten zuständigen Stellen unterstützt werden.

Die Mitgliedstaaten stellen sicher, dass die öffentlichen Stellen über die notwendigen Ressourcen verfügen und den vorliegenden Artikel einhalten.

(2) Die Bedingungen für die Weiterverwendung müssen in Bezug auf die Datenkategorien, die Zwecke der Weiterverwendung und die Art der Daten, deren Weiterverwendung erlaubt wird, nichtdiskriminierend, transparent, verhältnismäßig und objektiv gerechtfertigt sein. Diese Bedingungen dürfen nicht der Behinderung des Wettbewerbs dienen.

(3) Öffentliche Stellen sorgen gemäß dem Unionsrecht und dem nationalen Recht dafür, dass die Daten geschützt bleiben. Sie können folgende Anforderungen vorschreiben:
a) Den Zugang zur Weiterverwendung von Daten nur zu gewähren, wenn die öffentliche Stelle oder die zuständige Stelle nach Eingang des Antrags auf Weiterverwendung sichergestellt hat, dass die Daten

i) im Falle personenbezogener Daten anonymisiert wurden und
  ii) im Falle von vertraulichen Geschäftsinformationen, einschließlich Geschäftsgeheimnisse oder durch Rechte des geistigen Eigentums geschützte Inhalte, nach einer anderen Methode der Offenlegungskontrolle verändert, aggregiert oder aufbereitet wurden,
b) der Zugang zu den Daten und deren Weiterverwendung erfolgt durch Fernzugriff in einer von der öffentlichen Stelle bereitgestellten oder kontrollierten sicheren Verarbeitungsumgebung,
c) der Zugang zu den Daten und deren Weiterverwendung erfolgt unter Einhaltung hoher Sicherheitsstandards innerhalb der physischen Räumlichkeiten, in denen sich die sichere Verarbeitungsumgebung befindet, sofern ein Fernzugriff nicht erlaubt werden kann, ohne die Rechte und Interessen Dritter zu gefährden.

(4) Die öffentlichen Stellen erlegen im Falle einer erlaubten Weiterverwendung gemäß Absatz 3 Buchstaben b und c Bedingungen auf, mit denen die Integrität des Betriebs der technischen Systeme der verwendeten sicheren Verarbeitungsumgebung gewahrt wird. Die öffentliche Stelle behält sich das Recht vor, das Verfahren, die Mittel und die Ergebnisse der vom Weiterverwender durchgeführten Datenverarbeitung zu überprüfen, um die Integrität des Datenschutzes zu wahren, und sie behält sich das Recht vor, die Verwendung der Ergebnisse zu verbieten, wenn darin Informationen enthalten sind, die die Rechte und Interessen Dritter gefährden. Die Entscheidung, die Verwendung der Ergebnisse zu verbieten, muss für den Weiterverwender verständlich und transparent sein.

(5) Sofern im nationalen Recht für die Weiterverwendung von Daten gemäß Artikel 3 Absatz 1 keine besonderen Schutzvorkehrungen bezüglich geltender Geheimhaltungspflichten vorgesehen sind, macht die öffentliche Stelle die Nutzung der gemäß Absatz 3 des vorliegenden Artikels bereitgestellten Daten davon abhängig, ob der Weiterverwender einer Geheimhaltungspflicht nachkommt, wonach ihm die Offenlegung von Informationen, die er möglicherweise trotz der getroffenen Schutzvorkehrungen erlangt hat, untersagt ist, wenn dadurch die Rechte und Interessen Dritter verletzt würden. Weiterverwendern ist es untersagt, betroffene Personen, auf die sich die Daten beziehen, erneut zu identifizieren, und sie ergreifen technische und operative Maßnahmen, um eine erneute Identifizierung zu verhindern und der öffentlichen Stelle etwaige Datenschutzverletzungen, die zu einer erneuten Identifizierung der betroffenen Personen führen könnten, mitzuteilen. Im Falle der unbefugten Weiterverwendung nicht personenbezogener Daten unterrichtet der Weiterverwender unverzüglich, gegebenenfalls mit Unterstützung der öffentlichen Stelle, die juristischen Personen, deren Rechte und Interessen beeinträchtigt werden könnten.

(6) Kann die Weiterverwendung von Daten gemäß den in den Absätzen 3 und 4 des vorliegenden Artikels festgelegten Verpflichtungen nicht erlaubt werden und es keine andere Rechtsgrundlage für die Übermittlung der Daten gemäß der Verordnung (EU) 2016/679 gibt, bemüht sich die öffentliche Stelle,

gemäß dem Unionsrecht und dem nationalen Recht, nach besten Kräften, mögliche Weiterverwender dabei zu unterstützen, die Einwilligung der betroffenen Personen oder die Erlaubnis der Dateninhaber einzuholen, deren Rechte und Interessen durch eine solche Weiterverwendung beeinträchtigt werden könnten, sofern dies ohne einen unverhältnismäßig hohen Aufwand für die öffentliche Stelle machbar ist. In den Fällen, in denen die öffentliche Stelle eine solche Unterstützung leistet, kann sie von den in Artikel 7 Absatz 1 genannten zuständigen Stellen unterstützt werden.

(7) Die Weiterverwendung von Daten ist nur unter Wahrung der Rechte des geistigen Eigentums zulässig. Öffentliche Stellen nehmen das in Artikel 7 Absatz 1 der Richtlinie 96/9/EG vorgesehene Recht der Hersteller von Datenbanken nicht in Anspruch, um dadurch die Weiterverwendung von Daten zu verhindern oder diese Weiterverwendung über die in dieser Verordnung festgelegten Beschränkungen hinaus einzuschränken.

(8) Werden angeforderte Daten nach den Bestimmungen des Unionsrechts oder des nationalen Rechts über die geschäftliche oder die statistische Geheimhaltung als vertraulich angesehen, so stellen die öffentlichen Stellen sicher, dass die vertraulichen Daten infolge der Erlaubnis einer solchen Weiterverwendung nicht offengelegt werden, es sei denn, die Weiterverwendung ist gemäß Absatz 6 zulässig.

(9) Beabsichtigt ein Weiterverwender nach Artikel 3 Absatz 1 geschützte nicht personenbezogene Daten in ein Drittland zu übertragen, so hat er die öffentliche Stelle zum Zeitpunkt der Beantragung der Weiterverwendung solcher Daten von seiner Absicht, solche Daten zu übertragen, und dem Zweck dieser Übertragung zu unterrichten. Im Falle einer Weiterverwendung gemäß Absatz 6 des vorliegenden Artikels unterrichtet der Weiterverwender, gegebenenfalls mit Unterstützung der öffentlichen Stelle, die juristische Person, deren Rechte und Interessen beeinträchtigt werden können, über diese Absicht, den Zweck und die angemessenen Schutzvorkehrungen. Die öffentliche Stelle gestattet die Weiterverwendung nur, wenn die juristische Person die Erlaubnis für die Übertragung erteilt.

(10) Öffentliche Stellen übermitteln nicht personenbezogene vertrauliche Daten oder durch Rechte des geistigen Eigentums geschützte Daten nur dann an einen Weiterverwender, der beabsichtigt, diese Daten in ein nicht gemäß Absatz 12 benanntes Drittland zu übertragen, wenn der Weiterverwender sich vertraglich dazu verpflichtet,
a) die gemäß den Absätzen 7 und 8 auferlegten Verpflichtungen auch nach der Übertragung der Daten in das Drittland weiterhin zu erfüllen und
b) die Zuständigkeit der Gerichte des Mitgliedstaats der übermittelnden öffentlichen Stelle für alle Streitigkeiten im Zusammenhang mit der Einhaltung der Absätze 7 und 8 anzuerkennen.

(11) Öffentliche Stellen bieten den Weiterverwendern gegebenenfalls und im Rahmen ihrer Möglichkeiten Beratung und Unterstützung, indem sie den in Absatz 10 des vorliegenden Artikels genannten Verpflichtungen nachkommen.

Zur Unterstützung der öffentlichen Stellen und der Weiterverwender kann die Kommission Durchführungsrechtsakte mit Mustervertragsklauseln für die Erfüllung der in Absatz 10 des vorliegenden Artikels genannten Verpflichtungen erlassen. Diese Durchführungsrechtsakte werden gemäß dem in Artikel 33 Absatz 3 genannten Prüfverfahren erlassen.

(12) Wenn dies aufgrund der Vielzahl unionsweit gestellter Anträge auf Weiterverwendung nicht personenbezogener Daten in bestimmten Drittländern gerechtfertigt ist, kann die Kommission Durchführungsrechtsakte erlassen, in denen sie erklärt, dass die Rechts-, Aufsichts- und Durchsetzungsmechanismen eines Drittlands

a) den Schutz geistigen Eigentums und von Geschäftsgeheimnissen in einer Weise gewährleisten, die im Wesentlichen dem durch das Unionsrecht gewährleisteten Schutz gleichwertig ist,
b) wirksam angewendet und durchgesetzt werden und
c) wirksame gerichtliche Rechtsbehelfe vorsehen.

Diese Durchführungsrechtsakte werden gemäß dem in Artikel 33 Absatz 3 genannten Prüfverfahren erlassen.

(13) Nach besonderen Gesetzgebungsakten der Union können bestimmte Kategorien nicht personenbezogener Daten, die im Besitz öffentlicher Stellen sind, für die Zwecke dieses Artikels als hochsensibel gelten, wenn die Übertragung dieser Daten in Drittländer Ziele des Gemeinwohls der Union, beispielsweise in den Bereichen Sicherheit und öffentliche Gesundheit, gefährden könnte oder die Gefahr einer erneuten Identifizierung anhand nicht personenbezogener, anonymisierter Daten birgt. Wird ein solcher Rechtsakt erlassen, so erlässt die Kommission gemäß Artikel 32 delegierte Rechtsakte zur Ergänzung dieser Verordnung durch Festlegung besonderer Bedingungen für die Übertragung dieser Daten in Drittländer.

Diese besonderen Bedingungen richten sich nach der Art der Kategorien der nicht personenbezogenen Daten, die in dem besonderen Gesetzgebungsakt der Union aufgeführt werden, und den Gründen, aus denen diese Kategorien als hochsensibel gelten, wobei sie die Risiken einer erneuten Identifizierung anhand anonymisierter Daten berücksichtigen. Sie sind nichtdiskriminierend und auf das erforderliche Maß zur Erreichung der in diesem Gesetzgebungsakt der Union festgelegten Ziele des Gemeinwohls der Union beschränkt; sie stehen im Einklang mit den internationalen Verpflichtungen der Union.

Wenn dies nach besonderen Gesetzgebungsakt der Union gemäß Unterabsatz 1 erforderlich ist, können diese besonderen Bedingungen Vorgaben für die Übertragung oder diesbezügliche technische Vorkehrungen, Beschränkungen bezüglich der Weiterverwendung von Daten in Drittländern oder Kategorien von Personen, die berechtigt sind, solche Daten in Drittländer zu übertragen, oder – in Ausnahmefällen – Beschränkungen für Übertragungen in Drittländer umfassen.

Daten-Governance-Rechtsakt

(14) Die natürliche oder juristische Person, der das Recht auf Weiterverwendung nicht personenbezogener Daten gewährt wurde, darf die Daten nur in solche Drittländer übertragen, die die Anforderungen der Absätze 10, 12 und 13 erfüllen.

Art. 6 Gebühren. (1) Öffentliche Stellen, die eine Weiterverwendung von Daten der in Artikel 3 Absatz 1 genannten Datenkategorien erlauben, können Gebühren für die Erlaubnis der Weiterverwendung dieser Daten erheben.

(2) Gemäß Absatz 1 erhobene Gebühren müssen transparent, nichtdiskriminierend, verhältnismäßig und objektiv gerechtfertigt sein und dürfen den Wettbewerb nicht einschränken.

(3) Öffentliche Stellen müssen gewährleisten, dass alle Gebühren auch online über weithin verfügbare grenzüberschreitende Zahlungsdienste ohne Diskriminierung aufgrund des Niederlassungsorts des Zahlungsdienstleisters, des Ausstellungsorts des Zahlungsinstruments oder des Standorts des Zahlungskontos in der Union bezahlt werden können.

(4) Erheben die öffentlichen Stellen Gebühren, so ergreifen sie Maßnahmen, um – gemäß den Vorschriften über staatliche Beihilfen – Anreize für die Weiterverwendung von Daten der in Artikel 3 Absatz 1 genannten Datenkategorien zu nichtkommerziellen Zwecken wie der wissenschaftlichen Forschung und durch KMU und Start-up-Unternehmen zu schaffen. In diesem Zusammenhang können öffentliche Stellen die Daten insbesondere KMU, Start-up-Unternehmen, der Zivilgesellschaft und Bildungseinrichtungen auch gegen eine ermäßigte Gebühr oder unentgeltlich zur Verfügung stellen. Öffentliche Stellen können zu diesem Zweck eine Liste der Kategorien von Weiterverwendern aufstellen, denen Daten für die Weiterverwendung gegen eine ermäßigte Gebühr oder unentgeltlich zur Verfügung gestellt werden. Diese Liste wird zusammen mit den Kriterien, die bei ihrer Aufstellung verwendet wurden, veröffentlicht.

(5) Gebühren werden aus den Kosten abgeleitet, die mit der Durchführung des Antragsverfahrens auf Weiterverwendung von Daten der in Artikel 3 Absatz 1 genannten Datenkategorien verbunden sind, und auf die für das Folgende erforderlichen Kosten beschränkt:
a) die Vervielfältigung, Bereitstellung und Verbreitung der Daten,
b) die Freigabe der Urheberrechte,
c) die Anonymisierung oder sonstigen Aufbereitung personenbezogener oder vertraulicher Geschäftsinformationen gemäß Artikel 5 Absatz 3,
d) die Instandhaltung einer sicheren Verarbeitungsumgebung,
e) der Erwerb des Rechts auf Erlaubnis der Weiterverwendung gemäß diesem Kapitel von Dritten außerhalb des öffentlichen Sektors und
f) der Unterstützung von Weiterverwendern bei der Einholung der Einwilligung der betroffenen Personen und der Erlaubnis der Dateninhaber, deren Rechte und Interessen durch eine solche Weiterverwendung beeinträchtigt werden könnten.

(6) Die Kriterien und die Methode für die Gebührenberechnung werden von den Mitgliedstaaten festgelegt und veröffentlicht. Die öffentliche Stelle veröffentlicht eine Beschreibung der wichtigsten Kostenarten und die Regeln der Kostenzuweisung.

Art. 7 Zuständige Stellen. (1) Für die Durchführung der in diesem Artikel genannten Aufgaben benennt jeder Mitgliedstaat eine oder mehrere zuständige Stellen, die für bestimmte Sektoren zuständig sein können, welche die öffentlichen Stellen, die Zugang zur Weiterverwendung von Daten der in Artikel 3 Absatz 1 genannten Datenkategorien gewähren oder verweigern, unterstützen. Die Mitgliedstaaten können entweder eine oder mehrere neue zuständige Stellen einrichten oder sich auf bestehende öffentliche Stellen oder interne Dienste öffentlicher Stellen stützen, die die in dieser Verordnung festgelegten Bedingungen erfüllen.

(2) Die zuständigen Stellen können nach dem Unionsrecht oder dem nationalen Recht, wenn darin eine solche Zugangsgewährung vorgesehen ist, befugt werden, den Zugang zur Weiterverwendung von Daten der in Artikel 3 Absatz 1 genannten Datenkategorien zu gewähren. In den Fällen, in denen sie den Zugang zur Weiterverwendung gewähren oder verweigern, finden die Artikel 4, 5, 6 und 9 auf diese zuständigen Stellen Anwendung.

(3) Die zuständigen Stellen müssen zur Erfüllung der ihnen übertragenen Aufgaben über angemessene rechtliche, finanzielle, technische und personelle Mittel, einschließlich der erforderlichen technischen Sachkenntnis, verfügen, damit sie in der Lage sind, das einschlägige Unionsrecht bzw. nationale Recht in Bezug auf die Regelungen für den Zugang zu Daten der in Artikel 3 Absatz 1 genannten Datenkategorien einzuhalten.

(4) Soweit erforderlich, beinhaltet die Unterstützung nach Absatz 1 Folgendes:
a) Leistung technischer Unterstützung durch Bereitstellung einer sicheren Verarbeitungsumgebung für die Gewährung des Zugangs zur Weiterverwendung von Daten;
b) Beratung und technische Unterstützung bei der bestmöglichen Strukturierung und Speicherung von Daten, um diese Daten leicht zugänglich zu machen;
c) Leistung technischer Unterstützung bei der Pseudonymisierung und Sicherstellung, dass die Datenverarbeitung in einer Weise erfolgt, bei der die Privatsphäre, die Vertraulichkeit, die Integrität und die Zugänglichkeit in Bezug auf die Informationen in den Daten, deren Weiterverwendung erlaubt wird, effektiv gewahrt bleiben; dazu gehören auch Techniken zur Anonymisierung, Generalisierung, Unterdrückung und Randomisierung personenbezogener Daten oder andere dem Stand der Technik entsprechende Methoden zur Wahrung der Privatsphäre sowie die Löschung vertraulicher Geschäftsinformationen, wie Handelsgeheimnisse oder durch Rechte des geistigen Eigentums geschützte Inhalte;

d) gegebenenfalls Unterstützung der öffentlichen Stellen, um Weiterverwender bei der Einholung der Einwilligung der betroffenen Personen zur Weiterverwendung oder der Erlaubnis der Dateninhaber entsprechend ihrer besonderen Festlegungen zu unterstützen, auch im Hinblick auf das Hoheitsgebiet, in dem die Datenverarbeitung stattfinden soll, und Unterstützung der öffentlichen Stellen bei der Einrichtung technischer Mechanismen, mit denen Einwilligungsanfragen oder die Erlaubnis der Weiterverwender übermittelt werden können, soweit dies praktikabel ist;
e) Unterstützung öffentlicher Stellen bei der Beurteilung, ob die von einem Weiterverwender nach Artikel 5 Absatz 10 eingegangenen vertragliche Zusagen angemessen sind.

(5) Jeder Mitgliedstaat teilt der Kommission bis zum 24. September 2023 die Namen der nach Absatz 1 benannten zuständigen Stellen mit. Jeder Mitgliedstaatteilt der Kommission auch alle späteren Änderungen des Namens dieser benannten zuständigen Stellen mit.

Art. 8 Zentrale Informationsstellen. (1) Die Mitgliedstaaten gewährleisten, dass alle einschlägigen Informationen in Bezug auf die Anwendung der Artikel 5 und 6 über eine zentrale Informationsstelle erhältlich und leicht zugänglich sind. Als Informationsstelle können die Mitgliedstaaten entweder eine neue Stelle oder Organisation einrichten oder eine vorhandene Stelle oder Organisation benennen. Die zentrale Informationsstelle kann mit sektoralen, regionalen oder lokalen Informationsstellen verknüpft sein. Die Funktionen der zentralen Informationsstelle können automatisiert werden, sofern die öffentliche Stelle für angemessene Unterstützung sorgt.

(2) Die zentrale Informationsstelle ist befugt, Anfragen oder Anträge in Bezug auf die Weiterverwendung von Daten der in Artikel 3 Absatz 1 genannten Datenkategorien entgegenzunehmen, und übermittelt diese – sofern möglich und angebracht durch automatisierte Verfahren – an die zuständigen öffentlichen Stellen oder gegebenenfalls an die in Artikel 7 Absatz 1 genannten zuständigen Stellen. Die zentrale Informationsstelle stellt auf elektronischem Wege eine durchsuchbare Bestandsliste mit einer Übersicht aller verfügbaren Datenressourcen, gegebenenfalls einschließlich der bei sektoralen, regionalen oder lokalen Informationsstellen verfügbaren Datenressourcen, und einschlägige Informationen mit einer Beschreibung der verfügbaren Daten bereit, die mindestens das Datenformat und den Datenumfang und die Bedingungen für ihre Weiterverwendung umfasst.

(3) Die zentrale Informationsstelle kann einen gesonderten, vereinfachten und gut dokumentierten Informationskanal für KMU und Start-up-Unternehmen einrichten, der auf deren Bedarf und Kapazitäten mit Blick auf die Beantragung der Weiterverwendung von Daten der in Artikel 3 Absatz 1 genannten Datenkategorien abstellt.

(4) Die Kommission richtet ein europaweites zentrales Zugangsportal ein, über das ein durchsuchbares elektronisches Verzeichnis der bei den zentralen

nationalen Informationsstellen verfügbaren Daten sowie weitere Informationen darüber bereitgestellt werden, wie über die zentralen nationalen Informationsstellen Daten angefordert werden können.

Art. 9 Verfahren für Anträge auf Weiterverwendung. (1) Sofern nicht gemäß dem nationalen Recht kürzeren Fristen festgelegt sind, treffen die zuständigen öffentlichen Stellen oder die in Artikel 7 Absatz 1 genannten zuständigen Stellen eine Entscheidung über den Antrag auf Weiterverwendung von Daten der in Artikel 3 Absatz 1 genannten Datenkategorien innerhalb von zwei Monaten nach Eingang des Antrags.

Bei außergewöhnlich umfangreichen und komplexen Anträgen auf Weiterverwendung kann diese Frist von zwei Monaten um bis zu 30 Tage verlängert werden. In solchen Fällen teilen die zuständigen öffentlichen Stellen oder die in Artikel 7 Absatz 1 genannten zuständigen Stellen dem Antragsteller möglichst bald mit, dass für die Durchführung des Verfahrens mehr Zeit benötigt wird, zusammen mit den Gründen für die Verzögerung.

(2) Jede natürliche oder juristische Person, die von einer Entscheidung gemäß Absatz 1 direkt betroffen ist, hat in dem Mitgliedstaat, in dem die betreffende Stelle ihren Sitz hat, einen wirksamen Rechtsbehelfsanspruch. Dieser Rechtsbehelfsanspruch ist durch das nationale Recht geregelt und umfasst die Möglichkeit der Überprüfung durch eine unparteiische Stelle mit entsprechender Sachkenntnis, wie die nationale Wettbewerbsbehörde, die für den Zugang zu Dokumenten zuständige Behörde, die gemäß der Verordnung (EU) 2016/679 errichtete Aufsichtsbehörde oder ein nationales Gericht, deren Entscheidungen für die betreffende öffentliche Stelle oder die zuständige Stelle bindend sind.

KAPITEL III

Anforderungen an Datenvermittlungsdienste

Art. 10 Datenvermittlungsdienste. Die Erbringung der folgenden Datenvermittlungsdienste erfolgt gemäß Artikel 12 und unterliegt einem Anmeldeverfahren:
a) Vermittlungsdienste zwischen Dateninhabern und potenziellen Datennutzern, einschließlich Bereitstellung der technischen oder sonstigen Mittel als Voraussetzung solcher Dienste; zu diesen Diensten können auch der zwei- oder mehrseitige Austausch von Daten oder die Einrichtung von Plattformen oder Datenbanken, die den Austausch oder die gemeinsame Nutzung von Daten ermöglichen, sowie die Einrichtung anderer spezieller Infrastrukturen für die Vernetzung von Dateninhabern mit Datennutzern gehören;
b) Vermittlungsdienste zwischen betroffenen Personen, die ihre personenbezogenen Daten zugänglich machen wollen, oder natürlichen Personen, die nicht personenbezogene Daten zugänglich machen wollen, und potenziel-

len Datennutzern, einschließlich Bereitstellung der technischen oder sonstigen Mittel als Voraussetzung dieser Dienste, sowie insbesondere Ermöglichung der Ausübung der in der Verordnung (EU) 2016/679 verankerten Rechte betroffener Personen;
c) Dienste von Datengenossenschaften.

Art. 11 Anmeldung der Anbieter von Datenvermittlungsdiensten. (1) Jeder Anbieter von Datenvermittlungsdiensten, der beabsichtigt, die in Artikel 10 genannten Datenvermittlungsdienste zu erbringen, muss sich bei der für Datenvermittlungsdienste zuständigen Behörde anmelden.

(2) Unbeschadet unionsrechtlicher Bestimmungen zur Regelung grenzübergreifender Schadenersatzklagen und damit zusammenhängender Verfahren gilt für die Zwecke dieser Verordnung, dass ein Anbieter von Datenvermittlungsdiensten, der in mehreren Mitgliedstaaten niedergelassen ist, der rechtlichen Zuständigkeit des Mitgliedstaats unterliegt, in dem er seine Hauptniederlassung hat.

(3) Ein Anbieter von Datenvermittlungsdiensten, der nicht in der Union niedergelassen ist, aber die in Artikel 10 genannten Datenvermittlungsdienste in der Union anbietet, benennt einen gesetzlichen Vertreter in einem der Mitgliedstaaten, in denen diese Dienste angeboten werden.

Um die Einhaltung dieser Verordnung sicherzustellen, beauftragt der Anbieter der Datenvermittlungsdienste den gesetzlichen Vertreter, neben ihm oder an seiner Stelle für Datenvermittlungsdienste zuständigen Behörden oder betroffenen Personen und Dateninhabern bei Fragen im Zusammenhang mit den erbrachten Datenvermittlungsdiensten als Anlaufstelle zu dienen. Der gesetzliche Vertreter arbeitet mit den für Datenvermittlungsdienste zuständigen Behörden zusammen und legt ihnen auf Verlangen umfassend dar, welche Maßnahmen und Vorkehrungen der Anbieter von Datenvermittlungsdiensten getroffen hat, um die Einhaltung dieser Verordnung sicherzustellen.

Es gilt, dass der Anbieter von Datenvermittlungsdiensten der rechtlichen Zuständigkeit des Mitgliedstaats unterliegt, in dem sich der gesetzliche Vertreter befindet. Die Benennung eines gesetzlichen Vertreters durch den Anbieter von Datenvermittlungsdiensten erfolgt unbeschadet etwaiger rechtlicher Schritte gegen den Anbieter von Datenvermittlungsdiensten.

(4) Sobald er die Anmeldung vorgenommen hat, kann der Anbieter von Datenvermittlungsdiensten gemäß Absatz 1 die Tätigkeit unter den in diesem Kapitel festgelegten Bedingungen aufnehmen.

(5) Die in Absatz 1 genannte Anmeldung berechtigt den Anbieter von Datenvermittlungsdiensten zur Erbringung von Datenvermittlungsdiensten in allen Mitgliedstaaten.

(6) Die in Absatz 1 genannte Anmeldung muss folgende Angaben enthalten:
a) den Namen des Anbieters von Datenvermittlungsdiensten,
b) den Rechtsstatus, die Rechtsform, die Eigentümerstruktur, die relevanten Tochtergesellschaften und, sofern der Anbieter von Datenvermittlungs-

diensten in einem Handelsregister oder einem anderen vergleichbaren öffentlichen nationalen Register eingetragen ist, die Registernummer des Anbieters von Datenvermittlungsdiensten,

c) die Anschrift der Hauptniederlassung des Anbieters von Datenvermittlungsdiensten in der Union, falls zutreffend, und die Anschrift einer etwaigen Zweigniederlassung in einem anderen Mitgliedstaat oder des gesetzlichen Vertreters,

d) eine öffentliche Website mit vollständigen und aktuellen Informationen über den Anbieter von Datenvermittlungsdiensten und seine Tätigkeiten, einschließlich mindestens der Informationen gemäß den Buchstaben a, b, c und f,

e) die Kontaktpersonen und Kontaktangaben des Anbieters von Datenvermittlungsdiensten,

f) eine Beschreibung des Datenvermittlungsdienstes, den der Anbieter von Datenvermittlungsdiensten zu erbringen beabsichtigt, und Angaben dazu, unter welche der in Artikel 10 genannten Kategorien dieser Datenvermittlungsdienst fällt,

g) den voraussichtlichen Tag der Aufnahme der Tätigkeit, falls dies ein anderer als der Tag der Anmeldung ist.

(7) Die für Datenvermittlungsdienste zuständige Behörde stellt sicher, dass das Anmeldeverfahren nichtdiskriminierend ist und zu keinen Wettbewerbsverzerrungen führt.

(8) Auf Antrag des Anbieters von Datenvermittlungsdiensten gibt die für Datenvermittlungsdienste zuständige Behörde innerhalb einer Woche nach einer ordnungsgemäß und vollständig abgeschlossenen Anmeldung eine standardisierte Erklärung ab, in der sie bestätigt, dass der Anbieter von Datenvermittlungsdiensten die in Absatz 1 genannte Anmeldung vorgenommen hat und dass die Anmeldung die in Absatz 6 genannten Informationen enthält.

(9) Auf Antrag des Anbieters von Datenvermittlungsdiensten bestätigt die für Datenvermittlungsdienste zuständige Behörde, dass der Anbieter von Datenvermittlungsdiensten die Anforderungen dieses Artikels und des Artikels 12 erfüllt. Nach Erhalt einer solchen Bestätigung kann der Anbieter von Datenvermittlungsdiensten bei der schriftlichen und mündlichen Kommunikation den das Label „in der Union anerkannter Anbieter von Datenvermittlungsdiensten" führen und ein gemeinsames Logo verwenden.

Damit in der Union anerkannte Anbieter von Datenvermittlungsdiensten in der gesamten Union leicht erkennbar sind, legt die Kommission im Wege von Durchführungsrechtsakten die Ausgestaltung eines gemeinsamen Logos fest. In der Union anerkannte Anbieter von Datenvermittlungsdiensten verwenden das gemeinsame Logo deutlich gut sichtbar auf jeder mit ihren Datenvermittlungsdiensten verbundenen Online- und Offline-Veröffentlichung.

Die Durchführungsrechtsakte werden nach dem in Artikel 33 Absatz 2 genannten Beratungsverfahren erlassen.

Daten-Governance-Rechtsakt

(10) Die für Datenvermittlungsdienste zuständige Behörde teilt der Kommission jede neue Anmeldung unverzüglich auf elektronischem Wege mit. Die Kommission führt ein Register aller Anbieter von Datenvermittlungsdiensten, die ihre Dienste in der Union erbringen, und aktualisiert dieses Register regelmäßig. Die Informationen gemäß Absatz 6 Buchstaben a, b, c, d, f und g werden in einem öffentlichen Register veröffentlicht.

(11) Die für Datenvermittlungsdienste zuständige Behörde kann nach Maßgabe des nationalen Rechts Gebühren für die Anmeldung erheben. Diese Gebühren sind verhältnismäßig und objektiv und beruhen auf den Verwaltungskosten, die durch die Überwachung der Einhaltung der Vorschriften und andere Marktkontrolltätigkeiten der für Datenvermittlungsdienste zuständigen Behörden in Bezug auf Anmeldungen von Anbietern von Datenvermittlungsdiensten entstehen. Im Falle von KMU und Start-up-Unternehmen kann die für Datenvermittlungsdienste zuständige Behörde eine ermäßigte Anmeldegebühr verlangen oder auf die Gebühr verzichten.

(12) Anbieter von Datenvermittlungsdiensten teilen der für Datenvermittlungsdienste zuständigen Behörde jede Änderung der gemäß Absatz 6 übermittelten Angaben innerhalb von 14 Tagen ab dem Tag der Änderung mit.

(13) Stellt ein Anbieter von Datenvermittlungsdiensten seine Tätigkeiten ein, so meldet er dies der nach den Absätzen 1, 2 und 3 bestimmten für Datenvermittlungsdienste zuständigen Behörde innerhalb von 15 Tagen.

(14) Die für Datenvermittlungsdienste zuständige Behörde teilt der Kommission jede der in den Absätzen 12 und 13 genannten Abmeldung unverzüglich auf elektronischem Wege mit. Die Kommission aktualisiert das öffentliche Register der Anbieter von Datenvermittlungsdiensten in der Union entsprechend.

Art. 12 Bedingungen für die Erbringung von Datenvermittlungsdiensten.
Die Erbringung von Datenvermittlungsdiensten nach Artikel 10 unterliegt folgenden Bedingungen:
a) Der Anbieter von Datenvermittlungsdiensten verwendet die Daten, für die er Datenvermittlungsdienste erbringt, für keine anderen Zwecke, als sie den Datennutzern zur Verfügung zu stellen, und stellt die Datenvermittlungsdienste über eine gesonderte juristische Person bereit;
b) die kommerziellen Bedingungen, einschließlich der Preisgestaltung, für die Erbringung von Datenvermittlungsdiensten für einen Dateninhaber oder Datennutzer sind nicht davon abhängig, ob der Dateninhaber oder Datennutzer andere Dienste desselben Anbieters von Datenvermittlungsdiensten oder eines verbundenen Unternehmens nutzt, und wenn dies der Fall ist, in welchem Umfang der Dateninhaber oder Datennutzer diese anderen Dienste nutzt;
c) die Daten, die in Bezug auf Tätigkeiten einer natürlichen oder juristischen Person zur Erbringung des Datenvermittlungsdienstes erhoben werden, einschließlich Datum, Uhrzeit und Geolokalisierungsdaten, Dauer der Tätig-

keit sowie Verbindungen zu anderen natürlichen oder juristischen Personen, die von der den Datenvermittlungsdienst nutzenden Person hergestellt werden, werden nur für die Entwicklung dieses Datenvermittlungsdienstes verwendet, was die Nutzung von Daten für die Aufdeckung von Betrug oder im Interesse der Cybersicherheit umfassen kann, und sie sind den Dateninhabern auf Anfrage zur Verfügung zu stellen;

d) der Anbieter von Datenvermittlungsdiensten ermöglicht den Austausch der Daten in dem Format, in dem er diese von einer betroffenen Person oder vom Dateninhaber erhält, wandelt die Daten nur in bestimmte Formate um, um die Interoperabilität innerhalb und zwischen Sektoren zu verbessern, oder wenn der Datennutzer dies verlangt, oder wenn das Unionsrecht dies vorschreibt oder wenn dies der Harmonisierung mit internationalen oder europäischen Datennormen dient und bietet betroffenen Personen oder Dateninhabern die Möglichkeit an, auf diese Umwandlungen zu verzichten („opt out"), sofern sie nicht durch das Unionsrecht vorgeschrieben sind;

e) Datenvermittlungsdienste können ein Angebot zusätzlicher spezifischer Werkzeuge und Dienste für Dateninhaber oder betroffene Personen umfassen, insbesondere um den Datenaustausch zu erleichtern, z. B. vorübergehende Speicherung, Pflege, Konvertierung, Anonymisierung und Pseudonymisierung; diese Werkzeuge werden nur auf ausdrücklichen Antrag oder mit Zustimmung des Dateninhabers oder der betroffenen Person verwendet, und die in diesem Zusammenhang angebotenen Werkzeugen Dritter werden für keine anderen Zwecke verwendet;

f) der Anbieter von Datenvermittlungsdiensten stellt sicher, dass das Verfahren für den Zugang zu seinem Dienst sowohl für betroffene Personen als auch für Dateninhaber sowie für Datennutzer – auch in Bezug auf die Preise und die Geschäftsbedingungen – fair, transparent und nichtdiskriminierend ist;

g) der Anbieter von Datenvermittlungsdiensten verfügt über Verfahren, um betrügerische oder missbräuchliche Praktiken in Bezug auf Parteien zu verhindern, die über seine Datenvermittlungsdienste Zugang zu erlangen suchen;

h) der Anbieter von Datenvermittlungsdiensten gewährleistet im Falle seiner Insolvenz eine angemessene Weiterführung der Erbringung seiner Datenvermittlungsdienste und richtet, sofern dieser Datenvermittlungsdienst die Speicherung von Daten sicherstellt, Mechanismen ein, die es Dateninhabern und Datennutzern ermöglichen, Zugang zu ihren Daten zu erhalten, diese zu übertragen oder abzurufen und im Fall der Erbringung von Datenvermittlungsdiensten zwischen betroffenen Personen und Datennutzern, ihre Rechte auszuüben;

i) der Anbieter von Datenvermittlungsdiensten trifft geeignete Maßnahmen, um unter anderem mithilfe von allgemein verwendeten offenen Standards in dem Sektor, in dem der Anbieter von Datenvermittlungsdiensten tätig ist, die Interoperabilität mit anderen Datenvermittlungsdiensten zu gewährleisten;

j) der Anbieter von Datenvermittlungsdiensten ergreift angemessene technische, rechtliche und organisatorische Maßnahmen, um die Übertragung nicht personenbezogener Daten oder den Zugang zu diesen Daten zu verhindern, die nach Maßgabe des Unionsrechts oder des nationalen Rechts des jeweiligen Mitgliedstaats rechtswidrig sind;
k) die Dateninhaber werden vom Anbieter von Datenvermittlungsdiensten im Falle einer unbefugten Übertragung, des unbefugten Zugriffs oder der unbefugten Nutzung der von ihm geteilten nicht personenbezogenen Daten unverzüglich unterrichtet;
l) der Anbieter von Datenvermittlungsdiensten trifft die notwendigen Maßnahmen, um ein angemessenes Sicherheitsniveau bei der Speicherung, Verarbeitung und Übermittlung nicht personenbezogener Daten zu gewährleisten, und der Anbieter von Datenvermittlungsdiensten stellt ferner das höchste Sicherheitsniveau bei der Speicherung und Übermittlung sensibler wettbewerbsrelevanter Informationen sicher;
m) der Anbieter von Datenvermittlungsdiensten, der Dienste für betroffene Personen anbietet, handelt bei der Erleichterung der Rechteausübung durch die betroffenen Personen im besten Interesse der betroffenen Personen; insbesondere informiert und –soweit erforderlich – berät er betroffene Personen in prägnanter, transparenter, verständlicher und leicht zugänglicher Weise über die beabsichtigte Nutzung der Daten durch Datennutzer und die üblichen Geschäftsbedingungen für solche Nutzungen, bevor die betroffenen Personen ihre Einwilligung erteilen;
n) stellt ein Anbieter von Datenvermittlungsdiensten Werkzeuge zur Einholung der Einwilligung betroffener Personen oder der Erlaubnis zur Verarbeitung der von Dateninhabern zur Verfügung gestellten Daten bereit, so gibt er gegebenenfalls das Hoheitsgebiet des Drittlandes an, in dem die Datennutzung stattfinden soll, und stellt den betroffenen Personen Werkzeuge zur Erteilung und zum Widerruf der Einwilligung sowie Dateninhabern Werkzeuge zur Erteilung und zum Widerruf der Erlaubnis zur Verarbeitung von Daten zur Verfügung;
o) der Anbieter von Datenvermittlungsdiensten führt ein Protokoll über die Datenvermittlungstätigkeit.

Art. 13 Zuständige Behörden für Datenvermittlungsdienste. (1) Jeder Mitgliedstaat benennt eine oder mehrere zuständige Behörden für die Wahrnehmung der Aufgaben im Zusammenhang mit dem Anmeldeverfahren für Datenvermittlungsdienste, und teilt der Kommission bis zum 24. September 2023 die Namen dieser zuständigen Behörden mit. Jeder Mitgliedstaat teilt der Kommission auch alle späteren Änderungen der Namen dieser zuständigen Behörden mit.

(2) Die für Datenvermittlungsdienste zuständigen Behörden müssen den Anforderungen des Artikels 26 genügen.

(3) Die Befugnisse der für Datenvermittlungsdienste zuständigen Behörden lassen die Befugnisse der Datenschutzbehörden, der nationalen Wettbe-

werbsbehörden, der für Cybersicherheit zuständigen Behörden und anderer einschlägiger Fachbehörden unberührt. Nach Maßgabe ihrer jeweiligen Befugnisse im Rahmen des Unionsrechts und des nationalen Rechts begründen diese Behörden eine enge Zusammenarbeit, tauschen Informationen aus, die für die Wahrnehmung ihrer Aufgaben in Bezug auf Anbieter von Datenvermittlungsdiensten erforderlich sind, und bemühen sich darum, dass die Entscheidungen, die bei der Anwendung der Verordnung getroffen werden, konsistent sind.

Art. 14 Überwachung der Einhaltung. (1) Die für Datenvermittlungsdienste zuständigen Behörden überwachen und beaufsichtigen die Einhaltung der Anforderungen dieses Kapitels durch die Anbieter von Datenvermittlungsdiensten. Auf Antrag einer natürlichen oder juristischen Person kann die für Datenvermittlungsdienste zuständige Behörde auch die Einhaltung der Rechtsvorschriften durch Anbieter von Datenvermittlungsdiensten überwachen und beaufsichtigen.

(2) Die für Datenvermittlungsdienste zuständigen Behörden sind befugt, von den Anbietern von Datenvermittlungsdiensten oder ihren gesetzlichen Vertretern alle Informationen anzufordern, die nötig sind, um die Einhaltung der Anforderungen dieses Kapitels zu überprüfen. Jede Anforderung von Informationen muss in angemessenem Verhältnis zur Wahrnehmung dieser Aufgabe stehen und mit Gründen versehen sein.

(3) Stellt die für Datenvermittlungsdienste zuständige Behörde fest, dass ein Anbieter von Datenvermittlungsdiensten gegen eine oder mehrere Anforderungen dieses Kapitels verstößt, teilt sie dies dem betreffenden Anbieter von Datenvermittlungsdiensten mit und gibt ihm Gelegenheit, innerhalb von 30 Tagen nach Erhalt der Mitteilung dazu Stellung zu nehmen.

(4) Die für Datenvermittlungsdienste zuständige Behörde ist befugt, die Beendigung des in Absatz 3 genannten Verstoßes innerhalb einer angemessenen Frist oder im Fall eines schwerwiegenden Verstoßes unverzüglich zu verlangen, und ergreift angemessene und verhältnismäßige Maßnahmen, um die Einhaltung sicherzustellen. In dieser Hinsicht müssen die für Datenvermittlungsdienste zuständigen Behörden gegebenenfalls dazu befugt sein,
a) im Rahmen von Verwaltungsverfahren abschreckende Geldstrafen, die Zwangsgelder und Zwangsgelder mit Rückwirkung umfassen können, zu verhängen gerichtliche Verfahren zur Verhängung von Geldbußen einzuleiten, oder beides zu tun;
b) eine Verschiebung des Beginns oder eine Aussetzung der Erbringung des Datenvermittlungsdienstes bis zu den von der für Datenvermittlungsdienste zuständigen Behörde geforderten Änderungen seiner Bedingungen anzuordnen oder
c) die Einstellung der Bereitstellung des Datenvermittlungsdienstes anzuordnen, falls schwere oder wiederholte Verstöße trotz der vorherigen Mitteilung gemäß Absatz 3 nicht behoben wurden.

Die für Datenvermittlungsdienste zuständige Behörde fordert die Kommission auf, den Anbieter des Datenvermittlungsdienstes aus dem Register der Anbieter von Datenvermittlungsdiensten zu streichen, sobald sie die Einstellung der Bereitstellung von Datenvermittlungsdiensten gemäß Unterabsatz 1 Buchstabe c angeordnet hat.

Wenn ein Anbieter von Datenvermittlungsdiensten die Verstöße beseitigt, teilt dieser Anbieter von Datenvermittlungsdiensten dies erneut der für Datenvermittlungsdienste zuständigen Behörde mit. Die für Datenvermittlungsdienste zuständige Behörde teilt der Kommission jede erneute Mitteilung mit.

(5) Wenn ein Anbieter von Datenvermittlungsdiensten, der nicht in der Union niedergelassen ist, keinen gesetzlichen Vertreter benennt oder der gesetzliche Vertreter es versäumt, auf Verlangen der für Datenvermittlungsdienste zuständigen Behörde die erforderlichen Informationen vorzulegen, durch die die Einhaltung dieser Verordnung umfassend belegt wird, ist die für Datenvermittlungsdienste zuständige Behörde befugt, den Beginn der Erbringung des Datenvermittlungsdienstes zu verschieben oder diese auszusetzen, bis der gesetzliche Vertreter benannt wurde oder die erforderlichen Informationen vorgelegt wurden.

(6) Die für Datenvermittlungsdienste zuständigen Behörden teilen dem betreffenden Anbieter der Datenvermittlungsdienste unverzüglich die gemäß den Absätzen 4 und 5 auferlegten Maßnahmen, die Gründe dafür sowie die notwendigen Schritte zur Behebung der entsprechenden Mängel mit und setzen dem Anbieter von Datenvermittlungsdiensten eine angemessene Frist von höchstens 30 Tagen damit der Anbieter von Datenvermittlungsdiensten diesen Maßnahmen nachkommen kann.

(7) Hat ein Anbieter von Datenvermittlungsdiensten für die gemeinsame Datennutzung seine Hauptniederlassung oder seinen gesetzlichen Vertreter in einem Mitgliedstaat, erbringt aber Dienste in anderen Mitgliedstaaten, so arbeiten die für Datenvermittlungsdienste zuständige Behörde des Mitgliedstaats, in dem sich die Hauptniederlassung oder der gesetzliche Vertreter befindet, und die für Datenvermittlungsdienste zuständigen Behörden der betreffenden anderen Mitgliedstaaten zusammen und unterstützen einander. Diese Unterstützung und Zusammenarbeit kann den Informationsaustausch zwischen den betreffenden für Datenvermittlungsdienste zuständigen Behörden für die Zwecke ihrer Tätigkeiten im Rahmen dieser Verordnung und das begründete Ersuchen umfassen, die in diesem Artikel genannten Maßnahmen zu ergreifen.

Ersucht eine für Datenvermittlungsdienste zuständige Behörde in einem Mitgliedstaat um Unterstützung einer für Datenvermittlungsdienste zuständigen Behörden aus einem anderen Mitgliedstaat, so stellt sie ein begründetes Ersuchen. Die für Datenvermittlungsdienste zuständige Behörde antwortet dieses Ersuchen unverzüglich und innerhalb einer Frist, die der Dringlichkeit des Ersuchens angemessen ist.

Alle Informationen, die im Zusammenhang mit einem Amtshilfeersuchen und geleisteter Amtshilfe nach diesem Artikel ausgetauscht werden, dürfen nur zu den Zwecken verwendet werden, für die um sie ersucht wurde.

Art. 15 Ausnahmen. Dieses Kapitel gilt nicht für anerkannte datenaltruistische Organisationen und andere Einrichtungen ohne Erwerbszweck, soweit deren Tätigkeit darin besteht, für Ziele von allgemeinem Interesse Daten zu erheben, die von natürlichen oder juristischen Personen auf der Grundlage des Datenaltruismus zur Verfügung gestellt werden, es sei denn, diese Organisationen und Einrichtungen sind bestrebt, Geschäftsbeziehungen zwischen einer unbestimmten Zahl von betroffenen Personen und Dateninhabern einerseits und Datennutzern andererseits herzustellen.

KAPITEL IV
Datenaltruismus

Art. 16 Nationale Regelungen für Datenaltruismus. Die Mitgliedstaaten können organisatorische oder technische Regelungen oder beides festlegen, um Datenaltruismus zu erleichtern. Hierzu können die Mitgliedstaaten nationale Strategien für Datenaltruismus festlegen. Diese nationalen Strategien können insbesondere dazu dienen, betroffene Personen dabei zu unterstützen, sie betreffende personenbezogene Daten im Besitz öffentlicher Stellen freiwillig für den Datenaltruismus zur Verfügung zu stellen, und die erforderlichen Informationen festzulegen, die betroffenen Personen in Bezug auf die Weiterverwendung ihrer Daten im allgemeinen Interesse zur Verfügung gestellt werden müssen.

Entwickelt ein Mitgliedstaat solche nationalen Strategien, so teilt er dies der Kommission mit.

Art. 17 Öffentliche Register der anerkannten datenaltruistischen Organisationen. (1) Jede für die Registrierung von datenaltruistischen Organisationen zuständige Behörde führt ein öffentliches nationales Register der anerkannten datenaltruistischen Organisationen und aktualisiert dieses regelmäßig.

(2) Die Kommission pflegt zu Informationszwecken ein öffentliches Unionsregister der anerkannten datenaltruistischen Organisationen. Sofern eine gemäß Artikel 18 im öffentlichen nationalen Register der anerkannten datenaltruistischen Organisationen eingetragene Einrichtung registriert ist, darf sie in ihrer schriftlichen und mündlichen Kommunikation die Bezeichnung „in der Union anerkannte datenaltruistische Organisation" und ein gemeinsames Logo verwenden.

Damit anerkannte datenaltruistische Organisationen in der gesamten Union leicht zu erkennen sind, legt die Kommission im Wege von Durchführungsrechtsakten die Ausgestaltung des gemeinsamen Logos fest. Anerkannte datenaltruistische Organisationen verwenden das gemeinsame Logo gut sichtbar auf jeder Online- und Offline-Veröffentlichung, die mit ihren datenaltruistischen Tätigkeiten in Zusammenhang steht. Das gemeinsame Logo erscheint gemeinsam mit einem QR-Code mit Link zum öffentlichen Unionsregister der anerkannten datenaltruistischen Organisationen.

Die Durchführungsrechtsakte werden nach dem in Artikel 33 Absatz 2 genannten Beratungsverfahren erlassen.

Art. 18 Allgemeine Eintragungsanforderungen. Um für eine Eintragung in ein öffentliches nationales Register anerkannter datenaltruistischer Organisationen infrage zu kommen, muss eine Einrichtung
a) datenaltruistische Tätigkeiten durchführen;
b) gemäß nationalem Recht Rechtspersönlichkeit haben, um gegebenenfalls gemäß dem nationalen Recht Ziele von allgemeinem Interesse zu erreichen;
c) selbst ohne Erwerbszweck tätig sein und rechtlich unabhängig von jeder Organisation, die Erwerbszwecke verfolgt, handeln;
d) die Datenaltruismus-Tätigkeiten über eine Struktur ausüben, die von ihren anderen Tätigkeiten funktionell getrennt ist;
e) dem in Artikel 22 Absatz 1 genannten Regelwerk entsprechen, und zwar spätestens 18 Monate nach dem Tag des Inkrafttretens der delegierten Rechtsakte, auf die in jenem Absatz Bezuggenommen wird.

Art. 19 Eintragung anerkannter datenaltruistischer Organisationen.
(1) Eine Einrichtung, die die Anforderungen des Artikels 18 erfüllt, kann einen Antrag auf Eintragung in das nationale öffentliche Register der anerkannten datenaltruistischen Organisationen in dem Mitgliedstaat stellen, in dem sie niedergelassen ist.

(2) Eine Einrichtung, die die Anforderungen des Artikels 18 erfüllt und in mehreren Mitgliedstaaten niedergelassen ist, kann einen Antrag zur Eintragung in das nationale öffentliche Register der anerkannten datenaltruistischen Organisationen in dem Mitgliedstaat beantragen, in dem sie ihre Hauptniederlassung hat.

(3) Eine Einrichtung, die die Anforderungen des Artikels 18 erfüllt, aber nicht in der Union niedergelassen ist, benennt einen gesetzlichen Vertreter in einem der Mitgliedstaaten, in dem diese datenaltruistischen Dienste angeboten werden.

Um die Einhaltung dieser Verordnung sicherzustellen, beauftragt die Einrichtung den gesetzlichen Vertreter, neben ihr oder an ihrer Stelle für die Registrierung datenaltruistischer Organisationen den zuständigen Behörden oder betroffenen Personen und Dateninhabern bei Fragen im Zusammenhang mit diesen Einrichtungen als Anlaufstelle zu dienen. Der gesetzliche Vertreter arbeitet mit den für die Registrierung datenaltruistischer Organisationen zuständigen Behörden zusammen und legt ihnen auf Verlangen umfassend dar, welche Maßnahmen und Vorkehrungen die Einrichtung getroffen hat, um die Einhaltung dieser Verordnung sicherzustellen.

Die Einrichtung gilt als in der Zuständigkeit des Mitgliedstaats liegend, in dem der gesetzliche Vertreter niedergelassen ist. Die Einrichtung kann einen Antrag zur Registrierung in das nationale öffentliche Register der anerkannten datenaltruistischen Organisationen in diesem Mitgliedstaat beantragen. Die Benennung eines gesetzlichen Vertreters durch die Einrichtung erfolgt unbeschadet etwaiger rechtlicher Schritte gegen die Einrichtung.

(4) Der Eintragungsantrag gemäß den Absätzen 1, 2 und 3 muss folgende Angaben enthalten:
a) den Namen der Einrichtung,
b) Rechtsstatus, Rechtsform und, sofern die Einrichtung in einem öffentlichen nationalen Register eingetragen ist, Registernummer der Einrichtung,
c) die Satzung der Einrichtung, falls zutreffend,
d) die Einnahmequellen der Einrichtung,
e) die Anschrift der Hauptniederlassung der Einrichtung in der Union, falls vorhanden, und die Anschrift einer etwaigen Zweigniederlassung in einem anderen Mitgliedstaat oder des gesetzlichen Vertreters,
f) eine öffentliche Website mit vollständigen und aktuellen Informationen über die Einrichtung und ihre Tätigkeiten, einschließlich mindestens der Informationen gemäß den Buchstaben a, b, d, e und h,
g) die Kontaktpersonen und Kontaktangaben der Einrichtung,
h) die Ziele von allgemeinem Interesse, die sie mit der Erhebung der Daten fördern will,
i) die Art der Daten, die die Einrichtung überprüfen oder verarbeiten will, sowie, im Fall von personenbezogenen Daten, die Kategorien von personenbezogenen Daten,
j) alle sonstigen Nachweise, die belegen, dass die Anforderungen des Artikels 18 erfüllt werden.

(5) Nachdem die Einrichtung alle erforderlichen Informationen gemäß Absatz 4 übermittelt hat und die für die Registrierung datenaltruistischer Organisationen zuständige Behörde den Eintragungsantrag bewertet hat und zu dem Schluss gekommen ist, dass die Einrichtung die Anforderungen des Artikels 18 erfüllt, nimmt die Behörde innerhalb von 12 Wochen nach Eingang des Antrags auf Registrierung die Eintragung der Einrichtung in das öffentliche nationale Register der anerkannten datenaltruistischen Organisationen vor. Die Eintragung gilt in allen Mitgliedstaaten.

Die für die Registrierung von datenaltruistischen Organisationen zuständige Behörde teilt der Kommission jede Registrierung mit. Die Kommission nimmt diese Registrierung in das öffentliche Unionsregister der anerkannten datenaltruistischen Organisationen auf.

(6) Die in Absatz 4 Buchstaben a, b, f, g und h genannten Angaben werden im einschlägigen öffentlichen nationalen Register der anerkannten datenaltruistischen Organisationen veröffentlicht.

(7) Eine anerkannte datenaltruistische Organisation teilt der entsprechenden für die Registrierung von datenaltruistischen Organisationen zuständigen Be-

hörde jede Änderung der gemäß Absatz 4 übermittelten Angaben innerhalb von 14 Tagen ab dem Tag der Änderung mit.

Die für die Registrierung datenaltruistischer Organisationen zuständigen Behörde teilt der Kommission unverzüglich jede solche Mitteilung auf elektronischem Wege mit. Auf der Grundlage einer solchen Meldung aktualisiert die Kommission unverzüglich das öffentliche Unionsregister der anerkannten datenaltruistischen Organisationen.

Art. 20 Transparenzanforderungen. (1) Eine anerkannte datenaltruistische Organisation führt vollständige und genaue Aufzeichnungen über Folgendes:
a) alle natürlichen oder juristischen Personen, denen die Möglichkeit zur Verarbeitung der im Besitz dieser anerkannten datenaltruistischen Organisation befindlichen Daten gegeben wurde, sowie deren Kontaktdaten,
b) den Zeitpunkt oder die Dauer der Verarbeitung personenbezogener Daten oder der Nutzung nicht personenbezogener Daten,
c) den Zweck der Verarbeitung entsprechend der Erklärung der natürlichen oder juristischen Person, der die Möglichkeit zur Verarbeitung gegeben wurde,
d) etwaige Gebühren, die von den die Daten verarbeitenden natürlichen oder juristischen Personen gezahlt wurden.

(2) Eine anerkannte datenaltruistische Organisation erstellt einen jährlichen Tätigkeitsbericht und übermittelt ihn der entsprechenden für die Eintragung von datenaltruistischen Organisationen zuständigen Behörde; dieser Bericht enthält mindestens Folgendes:
a) Informationen über die Tätigkeiten der anerkannten datenaltruistischen Organisation,
b) eine Beschreibung, in welcher Weise die Zwecke von allgemeinem Interesse, zu denen die Daten gesammelt wurden, in dem betreffenden Geschäftsjahr gefördert wurden,
c) eine Liste aller natürlichen und juristischen Personen, denen erlaubt wurde, die in ihrem Besitz befindlichen Daten zu verarbeiten, einschließlich einer zusammenfassenden Beschreibung der Zwecke von allgemeinem Interesse, die mit dieser Datenverarbeitung verfolgt wurden, und einer Beschreibung der hierzu herangezogenen technischen Mittel, die auch eine Beschreibung der zur Wahrung der Privatsphäre und des Datenschutzes eingesetzten Techniken umfasst,
d) gegebenenfalls eine Zusammenfassung der Ergebnisse der von der anerkannten datenaltruistischen Organisationerlaubten Datenverarbeitung,
e) Informationen über die Einnahmequellen der anerkannten datenaltruistischen Organisation, insbesondere alle Einnahmen aus der Zugänglichmachung der Daten, sowie über die Ausgaben.

Art. 21 Besondere Anforderungen zum Schutz der Rechte und Interessen betroffener Personen und Dateninhaber im Hinblick auf ihre Daten.
(1) Eine anerkannte datenaltruistische Organisation informiert betroffene Personen oder Dateninhaber vor der Verarbeitung ihrer Daten auf klare und leicht verständliche Weise über Folgendes:

a) die Ziele von allgemeinem Interesse und gegebenenfalls den angegebenen, ausdrücklichen und rechtmäßigen Zweck der Verarbeitung personenbezogener Daten, für die sie die Verarbeitung ihrer Daten durch einen Datennutzer erlaubt;
b) den Standort und die Ziele von allgemeinem Interesse, für die sie eine etwaige Verarbeitung in einem Drittland erlaubt, sofern die Verarbeitung von der anerkannten datenaltruistischen Organisation vorgenommen wird.

(2) Die anerkannte datenaltruistische Organisation verwendet die Daten nicht für andere als die Ziele von allgemeinem Interesse, für die die betroffene Person oder der Dateninhaber die Verarbeitung erlaubt hat. Die anerkannte datenaltruistische Organisation darf keine irreführenden Vermarktungspraktiken verwenden, um Daten zu erhalten.

(3) Die anerkannte datenaltruistische Organisation stellt Werkzeuge zur Einholung der Einwilligung betroffener Personen oder der Erlaubnis zur Verarbeitung der von Dateninhabern zur Verfügung gestellten Daten bereit. Die anerkannte datenaltruistische Organisation stellt ferner Werkzeuge zum einfachen Widerruf einer solchen Einwilligung oder Erlaubnis zur Verfügung.

(4) Die anerkannte datenaltruistische Organisation ergreift Maßnahmen, um ein angemessenes Sicherheitsniveau für die Speicherung und Verarbeitung der nicht personenbezogenen Daten sicherzustellen, die sie auf der Grundlage von Datenaltruismus erhoben hat.

(5) Die Dateninhaber werden von der anerkannten datenaltruistischen Organisation im Falle einer unbefugten Übertragung, des unbefugten Zugriffs oder der unbefugten Nutzung der von ihm geteilten nicht personenbezogenen Daten unverzüglich unterrichtet.

(6) Ermöglicht die anerkannte datenaltruistische Organisation die Datenverarbeitung durch Dritte, einschließlich durch die Bereitstellung von Werkzeugen zur Einholung der Einwilligung betroffener Personen oder der Erlaubnis zur Verarbeitung der von Dateninhabern zur Verfügung gestellten Daten bereit, so gibt sie gegebenenfalls das Hoheitsgebiet des Drittlandes an, in denen die Datennutzung stattfinden soll.

Art. 22 Regelwerk. (1) Die Kommission erlässt gemäß Artikel 32 delegierte Rechtsakte zur Ergänzung der vorliegenden Verordnung durch die Ausarbeitung eines Regelwerks, das Folgendes enthält:
a) angemessene Informationsanforderungen, um sicherzustellen, dass betroffene Personen und Dateninhaber vor Erteilung einer Einwilligung oder Erlaubnis für Datenaltruismus ausreichend detaillierte, klare und transparente Informationen über die Datennutzung, die Werkzeuge zur Erteilung und zum Widerruf der Einwilligung oder Erlaubnis und über die Maßnahmen erhalten, die ergriffen werden, um einen Missbrauch der mit der datenaltruistischen Organisation ausgetauschten Daten zu verhindern,
b) geeignete technische Anforderungen und Sicherheitsanforderungen, um ein angemessenes Sicherheitsniveau für die Speicherung und Verarbeitung von

Daten sowie für die Werkzeuge zur Erteilung und zum Widerruf der Einwilligung oder der Erlaubnis,
c) Kommunikationsfahrpläne, bei denen ein multidisziplinärer Ansatz verfolgt wird, um das Bewusstsein für Datenaltruismus, die Bezeichnung als „in der Union anerkannte datenaltruistische Organisation" und das Regelwerk unter den einschlägigen Interessenträgern, insbesondere Dateninhabern und betroffenen Personen, die möglicherweise ihre Daten austauschen würden, zu schärfen,
d) Empfehlungen zu einschlägigen Interoperabilitätsnormen.

(2) Das in Absatz 1 genannte Regelwerk wird in enger Zusammenarbeit mit datenaltruistischen Organisationen und einschlägigen Interessenträgern erstellt.

Art. 23 Für die Registrierung von datenaltruistischen Organisationen zuständige Behörden. (1) Jeder Mitgliedstaat benennt eine oder mehrere zuständige Behörden, die für das öffentliche nationale Register der anerkannten datenaltruistischen Organisationen zuständig sind.

Die für die Registrierung von datenaltruistischen Organisationen zuständigen Behörden müssen den Anforderungen gemäß Artikel 26 entsprechen.

(2) Jeder Mitgliedstaat teilt der Kommission den Namen seiner für die Registrierung von datenaltruistischen Organisationen zuständigen Behörden bis zum 24. September 2023 mit. Jeder Mitgliedstaat teilt der Kommission auch alle späteren Änderungen der Namen dieser zuständigen Behörden mit.

(3) Die für die Eintragung von datenaltruistischen Organisationen zuständige Behörde nimmt ihre Aufgaben in Bezug auf die Verarbeitung personenbezogener Daten in Zusammenarbeit mit der einschlägigen Datenschutzbehörde sowie mit den einschlägigen sektoralen Behörden desselben Mitgliedstaats wahr.

Art. 24 Überwachung der Einhaltung. (1) Die für die Registrierung von datenaltruistischen Organisationen zuständigen Behörden überwachen und beaufsichtigen die Einhaltung der in diesem Kapitel festgelegten Anforderungen durch die anerkannten datenaltruistischen Organisationen. Die für die Eintragung von datenaltruistischen Organisationen zuständige Behörde kann die Einhaltung der Rechtsvorschriften durch diese datenaltruistischen Organisationen auch auf Antrag einer natürlichen oder juristischen Person überwachen und beaufsichtigen.

(2) Die für die Registrierung von datenaltruistischen Organisationen zuständigen Behörden sind befugt, von den anerkannten datenaltruistischen Organisationen alle Informationen zu verlangen, die nötig sind, um die Einhaltung der Anforderungen dieses Kapitels zu überprüfen. Jede Anforderung von Informationen muss in angemessenem Verhältnis zur Wahrnehmung dieser Aufgabe stehen und begründet sein.

(3) Stellt die für die Registrierung von datenaltruistischen Organisationen zuständige Behörde fest, dass eine anerkannte datenaltruistische Organisation

gegen eine oder mehrere Anforderungen dieses Kapitels verstößt, teilt sie dies der anerkannten datenaltruistischen Organisation mit und gibt ihr Gelegenheit, innerhalb von 30 Tagen nach Erhalt der Meldung dazu Stellung zu nehmen.

(4) Die für die Registrierung von datenaltruistischen Organisationen zuständige Behörde ist befugt, die Beendigung des in Absatz 3 genannten Verstoßes entweder unverzüglich oder innerhalb einer angemessenen Frist zu verlangen, und ergreift angemessene und verhältnismäßige Maßnahmen, um die Einhaltung sicherzustellen.

(5) Erfüllt eine anerkannte datenaltruistische Organisation eine oder mehrere der Anforderungen dieses Kapitels auch dann nicht, nachdem sie von der für die Registrierung von datenaltruistischen Organisationen zuständigen Behörde gemäß Absatz 3 davon unterrichtet wurde, so
a) verliert sie ihr Recht, in ihrer schriftlichen und mündlichen Kommunikation die Bezeichnung „in der Union anerkannte datenaltruistische Organisation" zu führen,
b) wird sie aus dem einschlägigen öffentlichen nationalen Register der anerkannten datenaltruistischen Organisationen und dem öffentlichen Unionsregister der anerkannten datenaltruistischen Organisationen gestrichen.

Jede Entscheidung gemäß Unterabsatz 1 Buchstabe a, die das Recht widerruft, die Bezeichnung „in der Union anerkannte datenaltruistische Organisation" zu führen, wird durch die für die Registrierung von datenaltruistischen Organisationen zuständige Behörde öffentlich zugänglich gemacht.

(6) Hat eine anerkannte datenaltruistische Organisation ihre Hauptniederlassung oder ihren gesetzlichen Vertreter in einem Mitgliedstaat, betätigt sich aber in anderen Mitgliedstaaten, so arbeiten die für die Registrierung von datenaltruistischen Organisationen zuständige Behörde des Mitgliedstaats, in dem sich die Hauptniederlassung oder der gesetzliche Vertreter befindet, und die für die Registrierung von datenaltruistischen Organisationen zuständigen Behörden der betreffenden anderen Mitgliedstaaten zusammen und unterstützen einander. Diese Unterstützung und Zusammenarbeit kann den Informationsaustausch zwischen den betreffenden für die Registrierung von datenaltruistischen Organisationen zuständigen Behörden für die Zwecke ihrer Tätigkeiten im Rahmen dieser Verordnung und begründete Ersuchen umfassen, die in diesem Artikel genannten Maßnahmen zu ergreifen.

Ersucht eine für die Registrierung von datenaltruistischen Organisationen zuständige Behörde in einem Mitgliedstaat um Unterstützung durch eine für die Registrierung von datenaltruistischen Organisationen zuständige Behörde in einem anderen Mitgliedstaat, so stellt sie ein begründetes Ersuchen. Nach einem solchen Ersuchen antwortet die für die Registrierung von datenaltruistischen Organisationen zuständige Behörde unverzüglich und innerhalb eines Zeitrahmens, der der Dringlichkeit des Ersuchens angemessen ist.

Alle Informationen, die im Zusammenhang mit einem Amtshilfeersuchen und geleisteter Amtshilfe nach diesem Artikel ausgetauscht werden, dürfen nur zu den Zwecken des Ersuchens verwendet werden.

Art. 25 Europäisches Einwilligungsformular für Datenaltruismus. (1) Um die Erhebung von Daten auf der Grundlage des Datenaltruismus zu erleichtern, erlässt die Kommission nach Konsultation des Europäischen Datenschutzausschusses, unter Berücksichtigung der Empfehlungen des Europäischen Dateninnovationsrats sowie unter entsprechender Einbeziehung einschlägiger Interessenträger Durchführungsrechtsakte zur Festlegung und Ausarbeitung eines europäischen Einwilligungsformulars für Datenaltruismus. Das Formular ermöglicht das Einholen von Einwilligungen und Erlaubnissen in allen Mitgliedstaaten in einem einheitlichen Format. Diese Durchführungsrechtsakte werden nach dem in Artikel 33 Absatz 2 genannten Beratungsverfahren erlassen.

(2) Das europäische Einwilligungsformular für Datenaltruismus ist modular aufgebaut, damit es für bestimmte Sektoren und für verschiedene Zwecke angepasst werden kann.

(3) Werden personenbezogene Daten erfasst, so ermöglicht das europäische Einwilligungsformular für Datenaltruismus es, dass betroffene Personen gemäß der Verordnung (EU) 2016/679 damit ihre Einwilligung zu einem bestimmten Datenverarbeitungsvorgang erteilen und widerrufen können.

(4) Das Formular ist leicht verständlich und wird in einer Form bereitgestellt, in der es auf Papier ausgedruckt werden kann, sowie in elektronischer, maschinenlesbarer Form.

KAPITEL V
Zuständige Behörden und Verfahrensvorschriften

Art. 26 Anforderungen an zuständige Behörden. (1) Die für Datenvermittlungsdienste zuständigen Behörden und die für die Registrierung von datenaltruistischen Organisationen zuständigen Behörden müssen von allen Anbietern von Datenvermittlungsdiensten und allen anerkannten datenaltruistischen Organisationen rechtlich getrennt und funktional unabhängig sein. Die Aufgaben der für Datenvermittlungsdienste zuständigen Behörden und der für die Registrierung von datenaltruistischen Organisationen zuständigen Behörden können von derselben Behörde wahrgenommen werden. Die Mitgliedstaaten können entweder eine oder mehrere neue Behörden für diese Zwecke errichten oder bereits vorhandene Behörden nutzen.

(2) Die für Datenvermittlungsdienste zuständigen Behörden und die für die Registrierung von datenaltruistischen Organisationen zuständigen Behörden nehmen ihre Aufgaben unparteiisch, transparent, kohärent und rechtzeitig wahr. Bei der Wahrnehmung ihrer Aufgaben sorgen sie für einen fairen Wettbewerb und Diskriminierungsfreiheit.

(3) Die oberste Leitungsebene und die Mitarbeiter, die für die Durchführung der in dieser Verordnung vorgesehenen einschlägigen Aufgaben der für Daten-

vermittlungsdienste zuständigen Behörden und der für die Registrierung von datenaltruistischen Organisationen zuständigen Behörden verantwortlich sind, dürfen weder Konstrukteur, Hersteller, Lieferant, Installateur, Käufer, Eigentümer, Verwender oder Wartungsbetrieb der von ihnen bewerteten Dienste noch bevollmächtigter Vertreter einer dieser Parteien sein. Dies schließt die Verwendung von bewerteten Diensten, die für die Tätigkeit der für Datenvermittlungsdienste zuständigen Behörde und der für die Registrierung von datenaltruistischen Organisationen zuständigen Behörde nötig sind, oder die Verwendung solcher Dienste zum persönlichen Gebrauch nicht aus.

(4) Die oberste Leitungsebene und die Mitarbeiter der für Datenvermittlungsdienste zuständigen Behörden und der für die Registrierung von datenaltruistischen Organisationen zuständigen Behörden dürfen sich nicht mit Tätigkeiten befassen, die ihre Unabhängigkeit bei der Beurteilung oder ihre Integrität im Zusammenhang mit den ihnen übertragenen Bewertungstätigkeiten beeinträchtigen könnten.

(5) Die für Datenvermittlungsdienste zuständigen Behörden und die für die Registrierung von datenaltruistischen Organisationen zuständigen Behörden müssen über angemessene finanzielle und personelle Mittel verfügen, um die ihnen übertragenen Aufgaben erfüllen zu können, einschließlich der erforderlichen Fachkenntnisse und Ressourcen.

(6) Die für Datenvermittlungsdienste zuständigen Behörden und die für die Registrierung von datenaltruistischen Organisationen zuständigen Behörden eines Mitgliedstaats stellen der Kommission und den für Datenvermittlungsdienste zuständigen Behörden und den für die Registrierung von datenaltruistischen Organisationen zuständigen Behörden anderer Mitgliedstaaten auf begründeten Antrag und unverzüglich die Informationen zur Verfügung, die sie zur Wahrnehmung ihrer Aufgaben gemäß dieser Verordnung benötigen. Sieht eine für Datenvermittlungsdienste zuständige Behörden oder eine für die Registrierung von datenaltruistischen Organisationen zuständige Behörde die verlangten Informationen nach den Bestimmungen des Unionsrechts und des nationalen Rechts über das Berufs- und Geschäftsgeheimnis als vertraulich an, so gewährleisten die Kommission und alle anderen für Datenvermittlungsdienste zuständigen Behörden und die für die Registrierung von datenaltruistischen Organisationen zuständigen Behörden eine entsprechende vertrauliche Behandlung.

Art. 27 Beschwerderecht. (1) Natürliche und juristische Personen haben das Recht, wegen aller in den Anwendungsbereich dieser Verordnung fallenden Angelegenheiten bei der jeweiligen, für die Datenvermittlungsdienste zuständigen Behörde, allein oder gegebenenfalls gemeinsam, Beschwerde gegen einen Anbieter von Datenvermittlungsdiensten oder bei der jeweiligen, für die Registrierung von datenaltruistischen Organisationen zuständigen Behörde gegen eine anerkannte datenaltruistische Organisation einzulegen.

(2) Die für Datenvermittlungsdienste zuständige Behörde und die für die Registrierung von datenaltruistischen Organisationen zuständige Behörde, bei der die Beschwerde eingelegt wurde, unterrichtet den Beschwerdeführer

Daten-Governance-Rechtsakt

a) über den Stand des Verfahrens und die getroffene Entscheidung und
b) über die Möglichkeit eines gerichtlichen Rechtsbehelfs nach Artikel 28.

Art. 28 Recht auf einen wirksamen gerichtlichen Rechtsbehelf. (1) Jede betroffene natürliche oder juristische Person hat unbeschadet eines anderweitigen verwaltungsrechtlichen oder außergerichtlichen Rechtsbehelfs das Recht auf einen wirksamen gerichtlichen Rechtsbehelf gegen rechtsverbindliche Entscheidungen gemäß Artikel 14 durch die für Datenvermittlungsdienste zuständigen Behörden in Bezug auf die Verwaltung, Kontrolle und Durchsetzung der Anmeldevorschriften für Anbieter von Datenvermittlungsdiensten und rechtsverbindliche Entscheidungen gemäß Artikel 19 und 24 durch die für die Registrierung von datenaltruistischen Organisationen zuständigen Behörden in Bezug auf die Überwachung von anerkannten datenaltruistischen Organisationen.

(2) Verfahren nach diesem Artikel werden bei den Gerichten des Mitgliedstaats der für Datenvermittlungsdienste zuständigen Behörde und der für die Registrierung von datenaltruistischen Organisationen zuständigen Behörde, gegen die der allein oder gegebenenfalls gemeinsam von den Vertretern einer oder mehrerer natürlicher oder juristischer Personen eingelegte Rechtsbehelf gerichtet ist, eingeleitet.

(3) Bleibt eine für Datenvermittlungsdienste zuständige Behörde oder eine für die Registrierung von datenaltruistischen Organisationen zuständige Behörde auf eine Beschwerde untätig, haben betroffene natürliche und juristische Personen gemäß dem nationalen Recht entweder Anspruch auf einen wirksamen gerichtlichen Rechtsbehelf oder Zugang zur Nachprüfung durch eine unparteiische Stelle mit entsprechender Sachkenntnis.

KAPITEL VI
Europäischer Dateninnovationsrat

Art. 29 Europäischer Dateninnovationsrat. (1) Die Kommission setzt einen Europäischen Dateninnovationsrat ein, der die Form einer Expertengruppe hat und sich aus Vertretern der für Datenvermittlungsdienste zuständige Behörden und der für die Registrierung von datenaltruistischen Organisationen zuständigen Behörden aller Mitgliedstaaten, des Europäischen Datenschutzausschusses, des Europäischen Datenschutzbeauftragten, der ENISA, der Kommission, dem KMU-Beauftragten der EU oder einem vom Netz der KMU-Beauftragten benannten Vertreter und anderen Vertretern von maßgeblichen Stellen in bestimmten Sektoren und von Stellen mit spezifischen Fachkenntnissen zusammensetzt. Bei der Ernennung einzelner Sachverständiger strebt die Kommission im Hinblick auf die Zusammensetzung der Expertengruppe ein ausgewogenes Geschlechterverhältnis und geografische Ausgewogenheit unter den Mitgliedern der Expertengruppe an.

(2) Der Europäische Dateninnovationsrat besteht aus mindestens den drei folgenden Untergruppen:
a) einer aus den für Datenvermittlungsdienste zuständigen Behörden und den für die Registrierung von datenaltruistischen Organisationen zuständigen Behörden zusammengesetzten Untergruppe für die Aufgaben gemäß Artikel 30 Buchstaben a, c, j und k,
b) einer Untergruppe für technische Beratungen zu Normung, Übertragbarkeit und Interoperabilität gemäß Artikel 30 Buchstaben f und g,
c) einer Untergruppe für die Einbeziehung von Interessenträgern, der einschlägige Vertreter der Wirtschaft, der Forschung, der Wissenschaft, der Zivilgesellschaft, von Normungsgremien, einschlägigen gemeinsamen europäischen Datenräumen und andere einschlägige Interessenträger und Dritte angehören, die den Europäischen Dateninnovationsrat zu Aufgaben gemäß Artikel 30 Buchstaben d, e, f, g und h beraten.

(3) Die Kommission führt den Vorsitz in den Sitzungen des Europäischen Dateninnovationsrats.

(4) Der Europäische Dateninnovationsrat wird von einem Sekretariat unterstützt, das von der Kommission gestellt wird.

Art. 30 Aufgaben des Europäischen Dateninnovationsrats. Der Europäische Dateninnovationsrat hat folgende Aufgaben:
a) Beratung und Unterstützung der Kommission bei der Entwicklung einer einheitlichen Praxis der öffentlichen Stellen und der in Artikel 7 Absatz 1 genannten zuständigen Stellen für die Bearbeitung von Anträgen auf Weiterverwendung von Daten der in Artikel 3 Absatz 1 genannten Datenkategorien;
b) Beratung und Unterstützung der Kommission bei der Entwicklung einer einheitlichen Praxis für den unionsweiten Datenaltruismus;
c) Beratung und Unterstützung der Kommission bei der Entwicklung einer einheitlichen Praxis der für Datenvermittlungsdienste zuständigen Behörden und der für die Registrierung von datenaltruistischen Organisationen zuständigen Behörden bei der Anwendung der Anforderungen, die jeweils für Anbieter von Datenvermittlungsdiensten und anerkannte datenaltruistische Organisationen gelten;
d) Beratung und Unterstützung der Kommission bei der Entwicklung einheitlicher Leitlinien dazu, wie nicht personenbezogene sensible Geschäftsdaten, vor allem Geschäftsgeheimnisse, aber auch nicht personenbezogene Daten von Inhalten, die durch Rechte des geistigen Eigentums geschützt sind, vor unrechtmäßigem Zugriff, der möglicherweise den Diebstahl geistigen Eigentums oder Industriespionage zur Folge hat, optimal geschützt werden können;
e) Beratung und Unterstützung der Kommission bei der Entwicklung einheitlicher Leitlinien zu Cybersicherheitsanforderungen beim Austausch und der Speicherung von Daten;

f) Beratung der Kommission unter besonderer Berücksichtigung der Beiträge von Normungsgremien bei der Festlegung von Prioritäten für die Verwendung bzw. Entwicklung sektorübergreifender Normen für die Datennutzung und sektorübergreifende gemeinsame Datennutzung durch neue gemeinsame europäische Datenräume sowie für den sektorübergreifenden Vergleich und Austausch bewährter Verfahren in Bezug auf Sicherheitsanforderungen und Zugangsverfahren in bestimmten Sektoren, wobei sektorspezifische Normungstätigkeiten insbesondere bei der Klärung, welche Normen und Praktiken sektorspezifisch und welche sektorübergreifend sind, und bei der diesbezüglichen Differenzierung zu berücksichtigen sind;

g) Unterstützung der Kommission unter besonderer Berücksichtigung der Beiträge von Normungsgremien bei ihren Bemühungen, einer Fragmentierung des Binnenmarkts und der Datenwirtschaft im Binnenmarkt entgegenzuwirken, indem die grenzüberschreitende und die sektorübergreifende Interoperabilität von Daten sowie von Diensten für die gemeinsame Datennutzung zwischen verschiedenen Sektoren und Bereichen auf der Grundlage bestehender europäischer, internationaler oder nationaler Normen verbessert wird, um unter anderem die Schaffung gemeinsamer europäischer Datenräume zu fördern;

h) Unterbreitung von Leitlinien zu „gemeinsamen europäischen Datenräumen", also zu zweck- oder sektorspezifischen oder auch sektorübergreifenden interoperablen Rahmen mit gemeinsamen Normen und Praktiken für die gemeinsame Nutzung oder Verarbeitung von Daten – unter anderem zur Entwicklung neuer Produkte und Dienste, für die wissenschaftliche Forschung oder für Initiativen der Zivilgesellschaft; solche gemeinsame Normen und Praktiken tragen geltenden Normen Rechnung, entsprechen den Wettbewerbsregeln und gewährleisten den nichtdiskriminierenden Zugang für alle Beteiligten, um die gemeinsame Datennutzung in der Union zu erleichtern und das Potenzial bereits vorhandener und künftiger Datenräume auszuschöpfen; dabei werden folgende Bereiche behandelt:

  i) Verwendung und Entwicklung sektorübergreifender Normen für die Datennutzung und die sektorübergreifende gemeinsame Datennutzung, sektorübergreifender Vergleich und Austausch bewährter Verfahren in Bezug auf sektorale Sicherheitsanforderungen und Zugangsverfahren, wobei sektorspezifische Normungstätigkeiten insbesondere Klärung der Frage, welche Normen und Praktiken sektorspezifisch und welche sektorübergreifend sind, und bei der diesbezüglichen Differenzierung zu berücksichtigen sind,

  ii) Anforderungen bezüglich der Beseitigung von Marktzutrittsbeschränkungen und der Vermeidung von Lock-in-Effekten im Interesse eines fairen Wettbewerbs und der Interoperabilität,

  iii) angemessener Schutz für rechtmäßige Datenübertragungen in Drittländer, einschließlich Schutzvorkehrungen gegen nach Unionsrecht verbotene Datenübertragungen,

iv) angemessene und nichtdiskriminierende Vertretung der einschlägigen Interessenträger bei der Verwaltung gemeinsamer europäischer Datenräume,
v) Einhaltung der gemäß dem Unionsrecht geltenden Cybersicherheitsanforderungen.
i) Erleichterung der Zusammenarbeit zwischen den Mitgliedstaaten bezüglich der Festlegung harmonisierter Bedingungen für die Erlaubnis, binnenmarktweit im Besitz öffentlicher Stellen befindliche Kategorien von Daten gemäß Artikel 3 Absatz 1 wiederzuverwenden;
j) Erleichterung der Zusammenarbeit zwischen den für Datenvermittlungsdienste zuständigen Behörden und den für die Registrierung von datenaltruistischen Organisationen zuständigen Behörden mittels Kapazitätsaufbau und Informationsaustausch, insbesondere durch die Festlegung von Methoden für einen effizienten Informationsaustausch über das Anmeldeverfahren für Anbieter von Datenvermittlungsdiensten und die Eintragung und Überwachung anerkannter datenaltruistischer Organisationen, einschließlich der Abstimmung über Gebühren und Sanktionen sowie der Erleichterung der Zusammenarbeit zwischen den für Datenvermittlungsdienste zuständigen Behörden und den für die Registrierung von datenaltruistischen Organisationen zuständigen Behörden beim internationalen Zugang zu Daten und internationale Datenübertragungen;
k) Beratung und Unterstützung der Kommission bei der Prüfung der Frage, ob die Durchführungsrechtsakte gemäß Artikel 5 Absätze 11 und 12 erlassen werden sollen;
l) Beratung und Unterstützung der Kommission bei der Entwicklung des europäischen Einwilligungsformulars für Datenaltruismus gemäß Artikel 25 Absatz 1;
m) Beratung der Kommission bei der Verbesserung des internationalen Regelungsumfelds für nicht personenbezogene Daten einschließlich der Normung.

KAPITEL VII

Internationaler Zugang und internationale Übertragung

Art. 31 Internationaler Zugang und internationale Übertragung. (1) Die öffentliche Stelle, die natürliche oder juristische Person, der das Recht auf Weiterverwendung von Daten nach Kapitel II gewährt wurde, der Anbieter von Datenvermittlungsdiensten oder die anerkannte datenaltruistische Organisation ergreifen alle angemessenen technischen, rechtlichen und organisatorischen Maßnahmen, einschließlich vertraglicher Vereinbarungen, um die internationale Übertragung in der Union gespeicherter nicht personenbezogener Daten oder den Zugang von Regierungsorganisationen zu diesen Daten zu verhindern, wenn eine solche Übertragung oder ein solcher Zugang im Wider-

Daten-Governance-Rechtsakt **DGA 5**

spruch zum Unionsrecht oder dem nationalen Recht des betreffenden Mitgliedstaats stünde; Absatz 2 oder Absatz 3 bleiben davon unberührt.

(2) Entscheidungen und Urteile eines Gerichts eines Drittlands und jegliche Entscheidung einer Verwaltungsbehörde eines Drittlands, mit denen von einer öffentlichen Stelle, einer natürlichen oder juristischen Person, der das Recht auf Weiterverwendung von Daten nach Kapitel II gewährt wurde, einem Anbieter von Datenvermittlungsdiensten oder einer anerkannten datenaltruistischen Organisationen die Übertragung von in der Union gespeicherten nicht personenbezogenen Daten im Anwendungsbereich dieser Verordnung oder der Zugang zu diesen Daten in der Union verlangt wird, werden nur dann anerkannt oder vollstreckbar, wenn sie auf eine in Kraft befindliche völkerrechtliche Übereinkunft wie etwa ein Rechtshilfeabkommen zwischen dem ersuchenden Drittland und der Union oder auf eine solche Vereinbarung zwischen dem ersuchenden Drittland und einem Mitgliedstaat gestützt sind.

(3) Wenn keine völkerrechtliche Übereinkunft gemäß Absatz 2 des vorliegenden Artikels besteht und eine Entscheidung oder ein Urteil eines Gerichts eines Drittlandes oder eine Entscheidung einer Verwaltungsbehörde eines Drittlands, mit der die Übertragung nicht personenbezogener Daten im Anwendungsbereich dieser Verordnung aus der Union oder der Zugang zu diesen Daten in der Union verlangt wird, an eine öffentliche Stelle, eine natürliche oder juristische Person, der das Recht auf Weiterverwendung von Daten nach Kapitel II gewährt wurde, einen Anbieter von Datenvermittlungsdiensten oder eine anerkannte datenaltruistische Organisation gerichtet ist und die Befolgung einer solchen Entscheidung den Adressaten in Widerspruch zum Unionsrecht oder zum nationalen Recht des betreffenden Mitgliedstaats bringen würde, erfolgt die Übertragung dieser Daten an die Behörde des Drittlands oder die entsprechende Zugangsgewährung nur dann, wenn

a) das Rechtssystem des Drittlands vorschreibt, dass die Entscheidung oder das Urteil zu begründen ist und verhältnismäßig sein muss, und weiter vorsieht, dass die die Entscheidung oder das Urteil eine hinreichende Bestimmtheit aufweisen muss, indem z. B. darin eine hinreichende Bezugnahme auf bestimmte verdächtige Personen oder Rechtsverletzungen erfolgt,
b) der begründete Einwand des Adressaten von einem zuständigen Gericht des Drittlands überprüft wird und
c) das zuständige Gericht des Drittlands, das die Entscheidung oder das Urteil erlässt oder die Entscheidung einer Verwaltungsbehörde überprüft, nach dem Recht dieses Drittlands befugt ist, die einschlägigen rechtlichen Interessen des Bereitstellers der durch das Unionsrecht oder das nationale Recht des betreffenden Mitgliedstaats geschützten Daten gebührend zu berücksichtigen.

(4) Sind die in Absatz 2 oder 3 festgelegten Bedingungen nicht erfüllt, so überträgt die öffentliche Stelle, die natürliche oder juristische Person, der das Recht auf Weiterverwendung von Daten nach Kapitel II gewährt wurde, der

Anbieter von Datenvermittlungsdiensten oder die anerkannte datenaltruistische Organisation aufgrund einer vertretbaren Auslegung des Ersuchens nur die auf das Ersuchen hin zulässige Mindestmenge an Daten.

(5) Bevor die öffentliche Stelle, die natürliche oder juristische Person, der das Recht auf Weiterverwendung von Daten nach Kapitel II gewährt wurde, der Anbieter von Datenvermittlungsdiensten oder die anerkannte datenaltruistische Organisation dem Ersuchen einer Verwaltungsbehörde eines Drittlands auf Zugang zu den Daten eines Dateninhabers nachkommt, unterrichtet sie bzw. er den Dateninhaber über das Vorliegen dieses Ersuchens, es sei denn, das Ersuchen dient Strafverfolgungszwecken, und solange dies zur Wahrung der Wirksamkeit der Strafverfolgungsmaßnahme erforderlich ist.

KAPITEL VIII
Delegierung und Ausschussverfahren

Art. 32 Ausübung der Befugnisübertragung. (1) Die Befugnis zum Erlass delegierter Rechtsakte wird der Kommission unter den in diesem Artikel festgelegten Bedingungen übertragen.

(2) Die Befugnis zum Erlass delegierter Rechtsakte gemäß Artikel 5 Absatz 13 und Artikel 22 Absatz 1 wird der Kommission auf unbestimmte Zeit ab dem 23. Juni 2022 übertragen.

(3) Die Befugnisübertragung gemäß Artikel 5 Absatz 13 und Artikel 22 Absatz 1 kann vom Europäischen Parlament oder vom Rat jederzeit widerrufen werden. Der Beschluss über den Widerruf beendet die Übertragung der in diesem Beschluss angegebenen Befugnis. Er wird am Tag nach seiner Veröffentlichung im *Amtsblatt der Europäischen Union* oder zu einem im Beschluss über den Widerruf angegebenen späteren Zeitpunkt wirksam. Die Gültigkeit von delegierten Rechtsakten, die bereits in Kraft sind, wird von dem Beschluss über den Widerruf nicht berührt.

(4) Vor dem Erlass eines delegierten Rechtsakts konsultiert die Kommission die von den einzelnen Mitgliedstaaten benannten Sachverständigen im Einklang mit den in der Interinstitutionellen Vereinbarung vom 13. April 2016 über bessere Rechtsetzung enthaltenen Grundsätzen.

(5) Sobald die Kommission einen delegierten Rechtsakt erlässt, übermittelt sie ihn gleichzeitig dem Europäischen Parlament und dem Rat.

(6) Ein delegierter Rechtsakt, der gemäß Artikel 5 Absatz 13 und Artikel 22 Absatz 1 erlassen wurde, tritt nur in Kraft, wenn weder das Europäische Parlament noch der Rat innerhalb einer Frist von drei Monaten nach Übermittlung dieses Rechtsakts an das Europäische Parlament und den Rat Einwände erhoben haben oder wenn vor Ablauf dieser Frist das Europäische Parlament und der Rat beide der Kommission mitgeteilt haben, dass sie keine Einwände erheben werden. Auf Initiative des Europäischen Parlaments oder des Rates wird diese Frist um drei Monate verlängert.

Art. 33 Ausschussverfahren. (1) Die Kommission wird von einem Ausschuss unterstützt. Dieser Ausschuss ist ein Ausschuss im Sinne der Verordnung (EU) Nr. 182/2011.

(2) Wird auf diesen Absatz Bezug genommen, so gilt Artikel 4 der Verordnung (EU) Nr. 182/2011.

(3) Wird auf diesen Absatz Bezug genommen, so gilt Artikel 5 der Verordnung (EU) Nr. 182/2011.

KAPITEL IX

Schluss- und Übergangsbestimmungen

Art. 34 Sanktionen. (1) Die Mitgliedstaaten erlassen Vorschriften über Sanktionen, die bei Verstößen gegen die für die Übertragung nicht personenbezogener Daten in Drittländer gemäß Artikel 5 Absatz 14 und Artikel 31 geltenden Verpflichtungen, die nach Artikel 11 für Anbieter von Datenvermittlungsdiensten geltende Mitteilungspflicht, die gemäß Artikel 12 für die Erbringung von Datenvermittlungsdiensten geltenden Bedingungen und die gemäß den Artikeln 18, 20, 21 und 22 für die Eintragung als anerkannte datenaltruistische Organisation geltenden Bedingungen zu verhängen sind, und treffen alle für die Anwendung der Sanktionen erforderlichen Maßnahmen. Die vorgesehenen Sanktionen müssen wirksam, verhältnismäßig und abschreckend sein. In ihren Sanktionsvorschriften tragen die Mitgliedstaaten den Empfehlungen des Europäischen Dateninnovationsrats Rechnung. Die Mitgliedstaaten teilen der Kommission diese Vorschriften und Maßnahmen bis zum 24. September 2023 mit und melden ihr unverzüglich alle späteren diesbezüglichen Änderungen.

(2) Bei der Verhängung von Sanktionen aufgrund von Verstößen gegen diese Verordnung gegen Anbieter von Datenvermittlungsdiensten und anerkannte datenaltruistische Organisationen berücksichtigen die Mitgliedstaaten, gegebenenfalls die folgenden nicht erschöpfenden und indikativen Kriterien:
a) Art, Schwere, Umfang und Dauer des Verstoßes;
b) Maßnahmen, die der Anbieter von Datenvermittlungsdiensten oder die anerkannte datenaltruistische Organisation zur Minderung oder Behebung des durch den Verstoß bedingten Schadens ergreifen;
c) frühere Verstöße des Anbieters von Datenvermittlungsdiensten oder der anerkannten datenaltruistischen Organisation;
d) die durch den Verstoß bedingten finanziellen Gewinne oder Verluste des Anbieters von Datenvermittlungsdiensten oder der anerkannten datenaltruistischen Organisation, sofern diese Gewinne oder Verluste zuverlässig festgestellt werden können;
e) sonstige erschwerende oder mildernde Umstände im jeweiligen Fall.

Art. 35 Bewertung und Überprüfung. Bis zum 24. September 2025 führt die Kommission eine Bewertung dieser Verordnung durch und übermittelt dem Europäischen Parlament und dem Rat sowie dem Europäischen Wirtschafts-

und Sozialausschuss einen Bericht über ihre wichtigsten Ergebnisse. Dem Bericht werden, soweit erforderlich, Gesetzgebungsvorschläge beigefügt.

Dabei wird in dem Bericht insbesondere Folgendes bewertet:
a) Anwendung und Funktionsweise der von den Mitgliedstaaten gemäß Artikel 34 festgelegten Sanktionsvorschriften;
b) Grad der Einhaltung dieser Verordnung durch die gesetzlichen Vertreter von Anbietern von Datenvermittlungsdiensten und anerkannten datenaltruistischen Organisationen, die nicht in der Union niedergelassen sind, und Grad der Durchsetzbarkeit von verhängten Sanktionen gegen diese Anbieter und Organisationen;
c) Art der gemäß Kapitel IV eingetragenen datenaltruistischen Organisationen und ein Überblick über die mit der gemeinsamen Datennutzung verfolgten Zwecke von allgemeinem Interesse, um diesbezüglich klare Kriterien festzulegen.

Die Mitgliedstaaten übermitteln der Kommission alle zur Ausarbeitung dieses Berichts erforderlichen Informationen.

Art. 36 Änderung der Verordnung (EU) 2018/1724. In der Tabelle in Anhang II der Verordnung (EU) 2018/1724 erhält der Eintrag „Gründung, Führung und Schließung eines Unternehmens" folgende Fassung:

Lebensereignisse	Verfahren	Erwartete Ergebnisse, gegebenenfalls vorbehaltlich einer Bewertung des Antrags durch die zuständige Behörde gemäß nationalen Rechtsvorschriften
Gründung, Führung und Schließung eines Unternehmens	Meldung einer Geschäftstätigkeit, Zulassung zur Ausübung einer Geschäftstätigkeit, Änderung einer Geschäftstätigkeit und Einstellung einer Geschäftstätigkeit ausgenommen Insolvenz- oder Liquidationsverfahren, ausgenommen der erstmaligen Eintragung einer Geschäftstätigkeit in das Unternehmens-Register, und ausgenommen Eintragungen im Rahmen des Verfahren zur Gründung von – oder späteren Anmeldungen oder Einreichungen von Meldungen von – Gesellschaften oder Unternehmen im Sinne von Artikel 54 Absatz 2 AEUV	Bestätigung des Eingangs der Meldung oder Änderung einer Geschäftstätigkeit oder des Antrags auf Genehmigung der Geschäftstätigkeit
	Registrierung eines Arbeitgebers (einer natürlichen Person) bei obligatorischen Versorgungs- und Versicherungssystemen	Registrierung von Beschäftigten bei obligatorischen Versorgungs- und Versicherungssystemen
	Registrierung von Beschäftigten bei obligatorischen Versorgungs- und Versicherungssystemen	Bestätigung der Registrierung oder Sozialversicherungs-Kennnummer

Lebensereignisse	Verfahren	Erwartete Ergebnisse, gegebenenfalls vorbehaltlich einer Bewertung des Antrags durch die zuständige Behörde gemäß nationalen Rechtsvorschriften
	Einreichung einer Körperschaftsteuererklärung	Bestätigung des Eingangs der Erklärung
	Meldung an die Sozialversicherungssysteme bei Beendigung des Vertrags mit einem Beschäftigten, ausgenommen bei Verfahren zur kollektiven Beendigung von Arbeitnehmerverträgen	Bestätigung des Eingangs der Meldung
	Zahlung von Sozialbeiträgen für Beschäftigte	Empfangs- oder andere Art der Bestätigung der Zahlung der Sozialbeiträge für Beschäftigte
	Anmeldung eines Anbieters von Datenvermittlungsdiensten	Bestätigung des Eingangs der Anmeldung
	Eintragung als in der Union anerkannte datenaltruistische Organisation	Bestätigung der Eintragung

Art. 37 Übergangsregelung. Einrichtungen, die am 23. Juni 2022 die in Artikel 10 genannten Datenvermittlungsdienste bereits erbringen, müssen den in Kapitel III festgelegten Verpflichtungen ab dem 24. September 2025 nachkommen.

Art. 38 Inkrafttreten und Geltung. Diese Verordnung tritt am zwanzigsten Tag nach ihrer Veröffentlichung im *Amtsblatt der Europäischen Union* in Kraft.

Sie gilt ab dem 24. September 2023.

Diese Verordnung ist in allen ihren Teilen verbindlich und gilt unmittelbar in jedem Mitgliedstaat.

Geschehen zu Brüssel am 30. Mai 2022.

Im Namen des Europäischen Parlaments

Die Präsidentin

R. METSOLA

Im Namen des Rates

Der Präsident

B. LE MAIRE

EG DGA 6
Erwägungsgründe zum Daten-Governance-Rechtsakt

DAS EUROPÄISCHE PARLAMENT UND DER RAT DER EUROPÄISCHEN UNION –

gestützt auf den Vertrag über die Arbeitsweise der Europäischen Union, insbesondere auf Artikel 114,

auf Vorschlag der Europäischen Kommission,

nach Zuleitung des Entwurfs des Gesetzgebungsakts an die nationalen Parlamente,

nach Stellungnahme des Europäischen Wirtschafts- und Sozialausschusses[1],

nach Anhörung des Ausschusses der Regionen,

gemäß dem ordentlichen Gesetzgebungsverfahren[2],

in Erwägung nachstehender Gründe:

(1) Der Vertrag über die Arbeitsweise der Europäischen Union (AEUV) sieht die Schaffung eines Binnenmarkts und die Einführung eines Systems vor, das Wettbewerbsverzerrungen im Binnenmarkt verhindert. Die Festlegung von Regeln und Verfahren in den Mitgliedstaaten in Bezug auf den Aufbau eines gemeinsamen Rahmens für die Daten-Governance dürfte zu diesen Zielen unter uneingeschränkter Achtung der Grundrechte beitragen. Zudem dürfte sie die Stärkung der offenen strategischen Autonomie der Union gewährleisten und den freien internationalen Datenverkehr fördern.

(2) Im letzten Jahrzehnt hat die Digitaltechnik mit ihrem Einfluss auf alle Tätigkeitsbereiche und das tägliche Leben die Wirtschaft und Gesellschaft tiefgreifend verändert. Daten stehen im Mittelpunkt dieses Wandels: Die von Daten vorangetriebene Innovation wird sowohl den Bürgerinnen und Bürgern der Union als auch der Wirtschaft enorme Vorteile bringen, beispielsweise durch eine Verbesserung und Personalisierung der Medizin, durch das Ermöglichen einer neuen Mobilität und durch das Beitragen zu dem in der Mitteilung der Kommission vom 11. Dezember 2019 angekündigten europäischen Grünen Deal. Um diese datengesteuerte Wirtschaft für alle Unionsbürger inklusiv zu gestalten, muss der Verringerung der digitalen Kluft, der Stärkung der Teilhabe von Frauen an der Datenwirtschaft und der Förderung von auf dem neuesten Stand befindlichen europäischen Sachkenntnissen im Technologiesektor besondere Aufmerksamkeit gewidmet werden. Die Datenwirtschaft muss so gestaltet werden, dass Unternehmen – insbesondere Kleinstunternehmen sowie kleine und mittlere Unternehmen (KMU) im Sinne des Anhangs der Empfeh-

---

1 ABl. C 286 vom 16.7.2021, S. 38.
2 Standpunkt des Europäischen Parlaments vom 6. April 2022 (noch nicht im Amtsblatt veröffentlicht) und Beschluss des Rates vom 16. Mai 2022.

lung 2003/361/EG der Kommission[3] sowie Start-up-Unternehmen – gedeihen können, die Neutralität des Datenzugangs sowie die Datenübertragbarkeit und die Interoperabilität von Daten sichergestellt sind und Lock-in-Effekte vermieden werden. In ihrer Mitteilung vom 19. Februar 2020 über eine Europäische Datenstrategie (Europäische Datenstrategie) erläuterte die Kommission ihre Vision für einen gemeinsamen europäischen Datenraum, d. h. einen Binnenmarkt für Daten, in dem Daten unabhängig vom physischen Ort ihrer Speicherung in der Union unter Einhaltung des geltenden Rechts verwendet werden können, der unter anderem für die schnelle Entwicklung von KI-Technologien von entscheidender Bedeutung sein könnte.

Zudem forderte die Kommission einen freien und sicheren Datenverkehr mit Drittländern, wobei allerdings Ausnahmen und Beschränkungen zur öffentlichen Sicherheit, zur öffentlichen Ordnung und zu anderen berechtigten Zielen des Gemeinwohls in der Union im Einklang mit internationalen Verpflichtungen, auch den Grundrechten, zu beachten sind. Damit aus dieser Vision Wirklichkeit wird, schlug die Kommission vor, gemeinsame europäische Datenräume für verschiedene Bereiche für eine gemeinsame Nutzung und Bündelung von Daten einzurichten. Wie bereits in der Europäischen Datenstrategie vorgeschlagen, können sich diese gemeinsamen europäischen Datenräume auf Bereiche wie Gesundheit, Mobilität, Fertigung, Finanzdienstleistungen, Energie und Landwirtschaft oder auf eine Kombination dieser Bereiche, beispielsweise der Bereiche Energie und Klima, sowie auf Themen wie den europäischen Grünen Deal oder europäische Datenräume für die öffentliche Verwaltung oder Qualifikationen erstrecken. Die gemeinsamen europäischen Datenräume sollten dafür sorgen, dass Daten auffindbar, zugänglich, interoperabel und weiterverwendbar sind (im Folgenden „FAIR-Datengrundsätze") und gleichzeitig ein hohes Maß an Cybersicherheit gewährleistet ist. Wenn in der Datenwirtschaft gleiche Wettbewerbsbedingungen bestehen, stützt sich der Wettbewerb der Unternehmen auf die Qualität der Dienstleistungen und nicht auf die Menge der von ihnen kontrollierten Daten. Für die Gestaltung, Schaffung und Aufrechterhaltung gleicher Wettbewerbsbedingungen in der Datenwirtschaft bedarf es solider Governance mit Beteiligung und Vertretung relevanter Interessenträger eines gemeinsamen europäischen Datenraums.

(3) Es ist notwendig, die Bedingungen für die gemeinsame Datennutzung im Binnenmarkt zu verbessern und dazu einen harmonisierten Rahmen für den Datenaustausch zu schaffen sowie bestimmte grundlegende Anforderungen an die Daten-Governance festzulegen, wobei der Erleichterung der Kooperation besondere Aufmerksamkeit zu widmen ist. Ziel dieser Verordnung sollte es sein, die Entwicklung eines grenzfreien digitalen Binnenmarktes sowie eine auf den Menschen ausgerichtete, vertrauenswürdige und sichere Datengesellschaft und -wirtschaft voranzutreiben. Mit sektorspezifischem Unionsrecht,

---

3 Empfehlung 2003/361/EG der Kommission vom 6. Mai 2003 betreffend die Definition der Kleinstunternehmen sowie der kleinen und mittleren Unternehmen (ABl. L 124 vom 20.5.2003, S. 36).

wie beispielsweise dem vorgesehenen Unionsrecht zum europäischen Gesundheitsdatenraum und zum Zugang zu Fahrzeugdaten, können je nach den Besonderheiten eines Sektors neue und ergänzende Elemente entwickelt, angepasst und vorgeschlagen werden. Zudem werden bestimmte Wirtschaftssektoren bereits durch sektorspezifisches Unionsrecht reguliert, darunter auch Vorschriften für die grenzüberschreitende bzw. unionsweite gemeinsame Nutzung von Daten und den Zugang zu Daten, beispielsweise die Richtlinie 2011/24/EU des Europäischen Parlaments und des Rates[4] im Zusammenhang mit dem europäischen Gesundheitsdatenraum sowie die einschlägigen Gesetzgebungsakte im Bereich Verkehr, z. B. die Verordnungen (EU) 2019/1239[5] und (EU) 2020/1056[6] und die Richtlinie 2010/40/EU[7] des Europäischen Parlaments und des Rates mit Blick auf den europäischen Mobilitätsdatenraum.

Daher sollten die Verordnungen (EG) Nr. 223/2009[8], (EU) 2018/858[9] und (EU) 2018/1807[10] und die Richtlinien 2000/31/EG[11], 2001/29/EG[12], 2004/

---

4 Richtlinie 2011/24/EU des Europäischen Parlaments und des Rates vom 9. März 2011 über die Ausübung der Patientenrechte in der grenzüberschreitenden Gesundheitsversorgung (ABl. L 88 vom 4.4.2011, S. 45).

5 Verordnung (EU) 2019/1239 des Europäischen Parlaments und des Rates vom 20. Juni 2019 zur Einrichtung eines europäischen Umfelds zentraler Meldeportale für den Seeverkehr und zur Aufhebung der Richtlinie 2010/65/EU (ABl. L 198 vom 25.7.2019, S. 64).

6 Verordnung (EU) 2020/1056 des Europäischen Parlaments und des Rates vom 15. Juli 2020 über elektronische Frachtbeförderungsinformationen (ABl. L 249 vom 31.7.2020, S. 33).

7 Richtlinie 2010/40/EU des Europäischen Parlaments und des Rates vom 7. Juli 2010 zum Rahmen für die Einführung intelligenter Verkehrssysteme im Straßenverkehr und für deren Schnittstellen zu anderen Verkehrsträgern (ABl. L 207 vom 6.8.2010, S. 1).

8 Verordnung (EG) Nr. 223/2009 des Europäischen Parlaments und des Rates vom 11. März 2009 über europäische Statistiken und zur Aufhebung der Verordnung (EG, Euratom) Nr. 1101/2008 des Europäischen Parlaments und des Rates über die Übermittlung von unter die Geheimhaltungspflicht fallenden Informationen an das Statistische Amt der Europäischen Gemeinschaften, der Verordnung (EG) Nr. 322/97 des Rates über die Gemeinschaftsstatistiken und des Beschlusses 89/382/EWG, Euratom des Rates zur Einsetzung eines Ausschusses für das Statistische Programm der Europäischen Gemeinschaften (ABl. L 87 vom 31.3.2009, S. 164).

9 Verordnung (EU) 2018/858 des Europäischen Parlaments und des Rates vom 30. Mai 2018 über die Genehmigung und die Marktüberwachung von Kraftfahrzeugen und Kraftfahrzeuganhängern sowie von Systemen, Bauteilen und selbstständigen technischen Einheiten für diese Fahrzeuge, zur Änderung der Verordnungen (EG) Nr. 715/2007 und (EG) Nr. 595/2009 und zur Aufhebung der Richtlinie 2007/46/EG (ABl. L 151 vom 14.6.2018, S. 1).

10 Verordnung (EU) 2018/1807 des Europäischen Parlaments und des Rates vom 14. November 2018 über einen Rahmen für den freien Verkehr nicht-personenbezogener Daten in der Europäischen Union (ABl. L 303 vom 28.11.2018, S. 59).

11 Richtlinie 2000/31/EG des Europäischen Parlaments und des Rates vom 8. Juni 2000 über bestimmte rechtliche Aspekte der Dienste der Informationsgesellschaft, insbesondere des elektronischen Geschäftsverkehrs, im Binnenmarkt („Richtlinie über den elektronischen Geschäftsverkehr") (ABl. L 178 vom 17.7.2000, S. 1).

12 Richtlinie 2001/29/EG des Europäischen Parlaments und des Rates vom 22. Mai 2001 zur Harmonisierung bestimmter Aspekte des Urheberrechts und der verwandten Schutzrechte in der Informationsgesellschaft (ABl. L 167 vom 22.6.2001, S. 10).

48/EG[13], 2007/2/EG[14], 2010/40/EU, (EU) 2015/849[15], (EU) 2016/943[16], (EU) 2017/1132[17], (EU) 2019/790[18] und (EU) 2019/1024[19] des Europäischen Parlaments und des Rates sowie anderes sektorspezifisches Unionsrecht für den Zugang zu Daten und deren Weiterverwendung unberührt bleiben. Das Unionsrecht und das nationale Recht über den Zugang zu Daten und deren Weiterverwendung für Zwecke der Prävention, Ermittlung, Aufdeckung oder Verfolgung von Straftaten oder der Strafvollstreckung sowie die diesbezügliche internationale Zusammenarbeit sollten von dieser Verordnung unberührt bleiben.

Diese Verordnung sollte die Zuständigkeiten der Mitgliedstaaten für Tätigkeiten im Bereich der öffentlichen Sicherheit, der Landesverteidigung und der nationalen Sicherheit unberührt lassen. Die Weiterverwendung von aus diesen Gründen geschützten und im Besitz öffentlicher Stellen befindlichen Daten, einschließlich Daten aus Vergabeverfahren, die in den Anwendungsbereich der Richtlinie 2009/81/EG des Europäischen Parlaments und des Rates[20] fallen, sollte nicht unter diese Verordnung fallen. Für die Weiterverwendung geschützter und im Besitz öffentlicher Stellen befindlicher Daten bestimmter Kategorien sowie für die Erbringung von Datenvermittlungsdiensten und von auf Datenaltruismus beruhenden Diensten in der Union sollte eine horizontale Regelung geschaffen werden. Aufgrund der Besonderheiten verschiedener Sektoren

---

13 Richtlinie 2004/48/EG des Europäischen Parlaments und des Rates vom 29. April 2004 zur Durchsetzung der Rechte des geistigen Eigentums (ABl. L 157 vom 30.4.2004, S. 45).

14 Richtlinie 2007/2/EG des Europäischen Parlaments und des Rates vom 14. März 2007 zur Schaffung einer Geodateninfrastruktur in der Europäischen Gemeinschaft (INSPIRE) (ABl. L 108 vom 25.4.2007, S. 1).

15 Richtlinie (EU) 2015/849 des Europäischen Parlaments und des Rates vom 20. Mai 2015 zur Verhinderung der Nutzung des Finanzsystems zum Zwecke der Geldwäsche und der Terrorismusfinanzierung, zur Änderung der Verordnung (EU) Nr. 648/2012 des Europäischen Parlaments und des Rates und zur Aufhebung der Richtlinie 2005/60/EG des Europäischen Parlaments und des Rates und der Richtlinie 2006/70/EG der Kommission (ABl. L 141 vom 5.6.2015, S. 73).

16 Richtlinie (EU) 2016/943 des Europäischen Parlaments und des Rates vom 8. Juni 2016 über den Schutz vertraulichen Know-hows und vertraulicher Geschäftsinformationen (Geschäftsgeheimnisse) vor rechtswidrigem Erwerb sowie rechtswidriger Nutzung und Offenlegung (ABl. L 157 vom 15.6.2016, S. 1).

17 Richtlinie (EU) 2017/1132 des Europäischen Parlaments und des Rates vom 14. Juni 2017 über bestimmte Aspekte des Gesellschaftsrechts (ABl. L 169 vom 30.6.2017, S. 46).

18 Richtlinie (EU) 2019/790 des Europäischen Parlaments und des Rates vom 17. April 2019 über das Urheberrecht und die verwandten Schutzrechte im digitalen Binnenmarkt und zur Änderung der Richtlinien 96/9/EG und 2001/29/EG (ABl. L 130 vom 17.5.2019, S. 92).

19 Richtlinie (EU) 2019/1024 des Europäischen Parlaments und des Rates vom 20. Juni 2019 über offene Daten und die Weiterverwendung von Informationen des öffentlichen Sektors (ABl. L 172 vom 26.6.2019, S. 56).

20 Richtlinie 2009/81/EG des Europäischen Parlaments und des Rates vom 13. Juli 2009 über die Koordinierung der Verfahren zur Vergabe bestimmter Bau-, Liefer- und Dienstleistungsaufträge in den Bereichen Verteidigung und Sicherheit und zur Änderung der Richtlinien 2004/17/EG und 2004/18/EG (ABl. L 216 vom 20.8.2009, S. 76).

kann es erforderlich sein, ausgehend von den Anforderungen dieser Verordnung sektorale datengestützte Systeme zu konzipieren. Anbieter von Datenvermittlungsdiensten, die die Anforderungen dieser Verordnung erfüllen, sollten die Bezeichnung „in der Union anerkannter Anbieter von Datenvermittlungsdiensten" führen dürfen. Juristische Personen, die bestrebt sind, Ziele von allgemeinem Interesse zu unterstützen, indem sie einschlägige Daten auf der Grundlage von Datenaltruismus in entsprechend großem Maßstab zur Verfügung stellen und die in dieser Verordnung festgelegten Anforderungen erfüllen, sollten sich als „in der Union anerkannte datenaltruistische Organisation" eintragen lassen und diese Bezeichnung führen können. Sind diese öffentlichen Stellen, Anbieter von Datenvermittlungsdiensten oder, juristischen Personen (im Folgenden „anerkannte datenaltruistische Organisationen") gemäß sektorspezifischem Unionsrecht oder nationalem Recht verpflichtet, bestimmte zusätzliche technische, administrative oder organisatorische Anforderungen einzuhalten, etwa im Rahmen von Genehmigungs- oder Zertifizierungsverfahren, so sollten auch diese Bestimmungen des sektorspezifischen Unionsrecht oder des nationalen Rechts Anwendung finden.

(4) Diese Verordnung sollte die Verordnungen (EU) 2016/679[21] und (EU) 2018/1725[22] des Europäischen Parlaments und des Rates sowie die Richtlinien 2002/58/EG[23] und (EU) 2016/680[24] des Europäischen Parlaments und des Rates und die entsprechenden Bestimmungen des nationalen Rechts unberührt lassen, einschließlich in den Fällen, in denen personenbezogene und nicht personenbezogene Daten in einem Datensatz untrennbar miteinander verbunden sind. Insbesondere sollte mit dieser Verordnung keine neue Rechtsgrundlage für die Verarbeitung personenbezogener Daten für irgendeine der regulierten Tätigkeiten geschaffen werden bzw. keine Änderung der Informationsanforderungen gemäß der Verordnung (EU) 2016/679 bewirkt werden. Die Durchführung dieser Verordnung sollte der grenzüberschreitenden Datenübertragung im

---

21 Verordnung (EU) 2016/679 des Europäischen Parlaments und des Rates vom 27. April 2016 zum Schutz natürlicher Personen bei der Verarbeitung personenbezogener Daten, zum freien Datenverkehr und zur Aufhebung der Richtlinie 95/46/EG (Datenschutz-Grundverordnung) (ABl. L 119 vom 4.5.2016, S. 1).
22 Verordnung (EU) 2018/1725 des Europäischen Parlaments und des Rates vom 23. Oktober 2018 zum Schutz natürlicher Personen bei der Verarbeitung personenbezogener Daten durch die Organe, Einrichtungen und sonstigen Stellen der Union, zum freien Datenverkehr und zur Aufhebung der Verordnung (EG) Nr. 45/2001 und des Beschlusses Nr. 1247/2002/EG (ABl. L 295 vom 21.11.2018, S. 39).
23 Richtlinie 2002/58/EG des Europäischen Parlaments und des Rates vom 12. Juli 2002 über die Verarbeitung personenbezogener Daten und den Schutz der Privatsphäre in der elektronischen Kommunikation (Datenschutzrichtlinie für elektronische Kommunikation) (ABl. L 201 vom 31.7.2002, S. 37).
24 Richtlinie (EU) 2016/680 des Europäischen Parlaments und des Rates vom 27. April 2016 zum Schutz natürlicher Personen bei der Verarbeitung personenbezogener Daten durch die zuständigen Behörden zum Zwecke der Verhütung, Ermittlung, Aufdeckung oder Verfolgung von Straftaten oder der Strafvollstreckung sowie zum freien Datenverkehr und zur Aufhebung des Rahmenbeschlusses 2008/977/JI des Rates (ABl. L 119 vom 4.5.2016, S. 89).

Einklang mit Kapitel V der Verordnung (EU) 2016/679 nicht im Wege stehen. Im Fall eines Konflikts zwischen dieser Verordnung und dem Unionsrecht über den Schutz personenbezogener Daten oder dem gemäß diesem Unionsrecht erlassenen nationalen Recht sollte das einschlägige Unionsrecht oder das nationale Recht über den Schutz personenbezogener Daten Vorrang haben. Es sollte möglich sein, Datenschutzbehörden als gemäß dieser Verordnung zuständige Behörden zu betrachten. Wenn andere Behörden als zuständige Behörden gemäß dieser Verordnung handeln, sollten sie dabei die Aufsichtsbefugnisse und –zuständigkeiten der Datenschutzbehörden gemäß der Verordnung (EU) 2016/679 davon unberührt bleiben.

(5) Es muss auf Unionsebene gehandelt werden, um das Vertrauen in die gemeinsame Datennutzung zu stärken, indem geeignete Mechanismen geschaffen werden, die es den betroffenen Personen und Dateninhabern ermöglichen, Kontrolle über die sie betreffenden Daten auszuüben, und sonstige Hemmnisse für eine gut funktionierende und wettbewerbsfähige datengesteuerte Wirtschaft abzubauen. Die Verpflichtungen und Zusagen, die sich aus den von der Union abgeschlossenen völkerrechtlichen Handelsabkommen ergeben, sollten von dieser Maßnahme unberührt bleiben. Ein unionsweiter Governance-Rahmen sollte zum Ziel haben, das Vertrauen unter Einzelpersonen und Unternehmen in Bezug auf den Zugang zu Daten, deren Kontrolle, gemeinsame Nutzung, Verwendung und Weiterverwendung zu stärken, und zwar insbesondere durch die Schaffung geeigneter Mechanismen, die es den betroffenen Personen ermöglichen, ihre Rechte zu kennen und effektiv wahrzunehmen, sowie mit Blick auf die Weiterverwendung bestimmter Arten von Daten, die im Besitz des öffentlichen Sektors sind, auf die Erbringung von Diensten durch Anbieter von Datenvermittlungsdiensten für betroffene Personen, Dateninhaber und Datennutzer sowie auf die Erhebung und Verarbeitung von Daten, die von natürlichen und juristischen Personen für altruistische Zwecke zur Verfügung gestellt werden. Insbesondere kann durch mehr Transparenz hinsichtlich des Zwecks der Datennutzung und der Bedingungen, unter denen Unternehmen Daten speichern, zur Verbesserung des Vertrauens beigetragen werden.

(6) Die Vorstellung, dass Daten, die von öffentlichen Stellen oder sonstigen Einrichtungen mithilfe öffentlicher Gelder generiert oder erhoben wurden, auch der Gesellschaft zugutekommen sollten, hat seit Langem Eingang in die Strategie der Union gefunden. Die Richtlinie (EU) 2019/1024 und sektorspezifisches Unionsrecht zielen darauf ab, dass öffentliche Stellen die Zugänglichkeit der von ihnen erzeugten Daten für die Verwendung und Weiterverwendung in größerem Umfang erleichtern. Dennoch werden in öffentlichen Datenbanken vorhandene Daten bestimmter Kategorien, wie vertrauliche Geschäftsdaten, unter die Geheimhaltungspflicht fallende statistische Daten, durch die Rechte Dritter an geistigem Eigentum geschützte Daten, einschließlich Geschäftsgeheimnissen und personenbezogener Daten, oft nicht einmal für Forschungszwecke oder innovative Tätigkeiten im öffentlichen Interesse zur Verfügung gestellt, obwohl diese Verfügbarkeit gemäß dem anwendbaren Unionsrecht, insbesondere der Verordnung (EU) 2016/679, der Richtlinie 2002/58/EG und

der Richtlinie (EU) 2016/680, möglich ist. Aufgrund der Sensibilität solcher Daten müssen bestimmte verfahrenstechnische und rechtliche Anforderungen erfüllt werden, bevor sie zur Verfügung gestellt werden, nicht zuletzt zur Wahrung der Rechte Dritter an diesen sensiblen Daten oder zur Begrenzung nachteiliger Auswirkungen auf die Grundrechte, den Grundsatz der Nichtdiskriminierung und den Datenschutz. Die Erfüllung dieser Anforderungen erfordert in der Regel viel Zeit und Sachverstand. Dies hat dazu geführt, dass diese Daten unzureichend genutzt werden. Zwar haben einige Mitgliedstaaten Strukturen und Verfahren geschaffen oder Vorschriften erlassen, um die Weiterverwendung dieser Art von Daten zu erleichtern, doch gilt das nicht für die gesamte Union. Um die Nutzung von Daten für die europäische Forschung und Innovation durch private und öffentliche Einrichtungen zu erleichtern, bedarf es klarer Bedingungen für den Zugang zu solchen Daten und deren Nutzung in der gesamten Union.

(7) Für Datenbanken, die personenbezogene Daten enthalten, gibt es Techniken, die Analysen ermöglichen, z. B. Anonymisierung, differentielle Privatsphäre, Generalisierung oder Datenunterdrückung und Randomisierung, Verwendung synthetischer Daten oder ähnlicher Methoden sowie sonstige dem Stand der Technik entsprechende Methoden zur Wahrung der Privatsphäre, die zu einer datenschutzfreundlicheren Datenverarbeitung beitragen könnten. Die Mitgliedstaaten sollten öffentliche Stellen dabei unterstützen, solche Techniken optimal zu nutzen, um so viele Daten wie möglich für die gemeinsame Nutzung verfügbar zu machen. Mithilfe dieser Techniken im Verbund mit umfassenden Datenschutz-Folgenabschätzungen und sonstigen Schutzvorkehrungen kann ein Beitrag zu mehr Sicherheit bei der Verwendung und Weiterverwendung personenbezogener Daten geleistet werden und dürfte eine sichere Weiterverwendung vertraulicher Geschäftsdaten für Forschung, Innovation und statistische Zwecke gewährleistet werden können. In vielen Fällen bedeutet die Anwendung solcher Techniken, Folgenabschätzungen und sonstiger Schutzvorkehrungen, dass die Verwendung und Weiterverwendung von Daten nur in einer sicheren Verarbeitungsumgebung möglich ist, die der öffentlichen Stelle eingerichtet und beaufsichtigt wird. Auf Unionsebene gibt es Erfahrungen mit solchen sicheren Verarbeitungsumgebungen, die auf der Grundlage der Verordnung (EU) Nr. 557/2013 der Kommission[25] für Forschungsarbeiten zu statistischen Mikrodaten genutzt werden. Allgemein sollte die Verarbeitung personenbezogener Daten stets auf einer der Rechtsgrundlagen beruhen, die in den Artikeln 6 und 9 der Verordnung (EU) 2016/679 bestimmt sind.

(8) Im Einklang mit der Verordnung (EU) 2016/679 sollten die Grundsätze des Datenschutzes nicht auf anonyme Informationen angewendet werden, d. h. auf Informationen, die sich nicht auf eine bestimmte oder bestimmbare natürliche Person beziehen, oder auf personenbezogene Daten, die in einer Weise anony-

---

25 Verordnung (EU) Nr. 557/2013 der Kommission vom 17. Juni 2013 zur Durchführung der Verordnung (EG) Nr. 223/2009 des Europäischen Parlaments und des Rates über europäische Statistiken in Bezug auf den Zugang zu vertraulichen Daten für wissenschaftliche Zwecke und zur Aufhebung der Verordnung (EG) Nr. 831/2002 der Kommission (ABl. L 164 vom 18.6.2013, S. 16).

misiert wurden, dass die betroffene Person nicht oder nicht mehr bestimmt werden kann. Die erneute Identifizierung betroffener Personen anhand anonymisierter Datensätze sollte untersagt sein. Dies sollte die Möglichkeit unberührt lassen, im Einklang mit der Verordnung (EU) 2016/679 durchgeführte Forschungsarbeiten zu Anonymisierungstechniken durchzuführen, insbesondere um die Informationssicherheit zu gewährleisten, bestehende Anonymisierungstechniken zu verbessern und zur allgemeinen Zuverlässigkeit der Anonymisierung beizutragen.

(9) Um den Schutz personenbezogener Daten und vertraulicher Daten zu erleichtern und das Verfahren für die Bereitstellung solcher Daten zur Weiterverwendung gemäß dieser Verordnung zu beschleunigen, sollten die Mitgliedstaaten die öffentliche Stellen dazu anhalten, Daten im Einklang mit dem in Artikel 5 Absatz 2 der Richtlinie (EU) 2019/1024 genannten Grundsatz „konzeptionell und standardmäßig offen" zu erstellen und sie zugänglich zu machen, und die Erstellung und Beschaffung von Daten in Formaten und Strukturen fördern, die diesbezüglich eine Anonymisierung ermöglichen.

(10) Daten, die sich im Besitz öffentlicher Stellen befinden und unter die Kategorien fallen, für die eine Weiterverwendung nach dieser Verordnung infrage kommt, fallen nicht in den Anwendungsbereich der Richtlinie (EU) 2019/1024, die Daten ausschließt, die unzugänglich sind, weil es sich um vertrauliche Geschäftsdaten, unter die Geheimhaltungspflicht fallende statistische Daten und Daten handelt, die Teil von Werken oder sonstigen Schutzgegenständen sind und durch Rechte Dritter an geistigem Eigentum geschützt werden. Vertrauliche Geschäftsdaten umfassen Daten, die durch das Geschäftsgeheimnis geschützt sind, geschütztes Know-how und etwaige sonstige Informationen, deren unrechtmäßige Offenlegung die Marktposition oder die finanzielle Solidität eines Unternehmens beeinträchtigen würde. Diese Verordnung sollte für personenbezogene Daten gelten, die insoweit nicht in den Anwendungsbereich der Richtlinie (EU) 2019/1024 fallen, als nach deren Zugangsregelungen der Zugang zu diesen Daten aus Gründen des Datenschutzes, des Schutzes der Privatsphäre und der Integrität von Einzelpersonen nach den Datenschutzvorschriften ausgeschlossen oder eingeschränkt ist. Die Weiterverwendung von Daten, die möglicherweise Geschäftsgeheimnisse enthalten, sollte unbeschadet der Richtlinie (EU) 2016/943 erfolgen, die den Rahmen für die Rechtmäßigkeit von Erwerb, Nutzung oder Offenlegung von Geschäftsgeheimnissen festlegt.

(11) Diese Verordnung sollte keine Verpflichtung begründen, die Weiterverwendung von Daten zu erlauben, die sich im Besitz öffentlicher Stellen befinden. Daher sollte jeder Mitgliedstaat insbesondere entscheiden können, ob Daten zur Weiterverwendung zugänglich gemacht werden, und zwar auch im Hinblick auf die Zwecke und den Umfang eines solchen Zugangs. Auf Unionsebene oder nationaler Ebene geltende Vorschriften, die im Einzelnen noch genauer festlegen, welche Bedingungen öffentliche Stellen an die Weiterverwendung von Daten knüpfen müssen, sollten von dieser Verordnung unberührt

bleiben und von ihr ergänzt werden. Der Zugang der Öffentlichkeit zu amtlichen Dokumenten kann als öffentliches Interesse betrachtet werden. Unter Berücksichtigung der Rolle des Zugangs der Öffentlichkeit zu amtlichen Dokumenten und der Transparenz in einer demokratischen Gesellschaft sollte diese Verordnung auch das Unionsrecht und das nationale Recht über die Gewährung des Zugangs zu amtlichen Dokumenten und deren Offenlegung unberührt lassen. Der Zugang zu amtlichen Dokumenten kann insbesondere entweder im Einklang mit nationalem Recht, ohne besondere Bedingungen festzulegen, oder durch die Festlegung besonderer Bedingungen, die in dieser Verordnung nicht vorgesehen sind, gewährt werden.

(12) Die in dieser Verordnung enthaltene Weiterverwendungsregelung sollte für Daten gelten, deren Bereitstellung in den Mitgliedstaaten unter den gesetzlich oder anderweitig verbindlich festgelegten öffentlichen Auftrag der betreffenden öffentlichen Stellen fällt. Bestehen keine entsprechenden Vorschriften, sollte der Umfang des öffentlichen Auftrags, unter der Voraussetzung, dass er transparent ist und überprüft wird, im Einklang mit der allgemeinen Verwaltungspraxis der Mitgliedstaaten festgelegt werden. Der öffentliche Auftrag könnte allgemein oder für einzelne öffentliche Stellen fallbezogen festgelegt werden. Da die Begriffsbestimmung für öffentliche Stellen keine öffentlichen Unternehmen erfasst, sollten die im Besitz öffentlicher Unternehmen befindlichen Daten nicht unter diese Verordnung fallen. Auch sollte diese Verordnung nicht für Daten gelten, die sich im Besitz von Kultureinrichtungen – etwa von Bibliotheken, Archiven und Museen sowie Orchestern, Opern, Balletten und Theatern – oder Bildungseinrichtungen befinden, da die sich in ihrem Besitz befindlichen Werke und sonstigen Dokumente vorrangig den Rechten Dritter an geistigem Eigentum unterliegen. Forschungseinrichtungen und Forschungsfördereinrichtungen könnten auch als öffentliche Stellen oder Einrichtungen des öffentlichen Rechts aufgestellt werden.

Für solche hybriden Einrichtungen gilt diese Richtlinie nur in Bezug auf ihre Funktion als Forschungseinrichtung. Befinden sich Daten im Besitz einer Forschungseinrichtung, die Teil eines spezifischen öffentlich-privaten Zusammenschlusses mit Einrichtungen des privaten Sektors oder sonstigen öffentlichen Stellen, Einrichtungen des öffentlichen Rechts oder hybriden Forschungseinrichtungen, d. h. sowohl als öffentliche Stelle als auch als öffentliches Unternehmen aufgestellte Einrichtungen, mit dem Hauptzweck der Forschung ist, so sollten diese Daten ebenfalls nicht unter diese Verordnung fallen. Die Mitgliedstaaten sollten diese Verordnung gegebenenfalls auf öffentliche Unternehmen oder private Unternehmen, die Aufgaben des öffentlichen Sektors wahrnehmen oder Dienstleistungen von allgemeinem Interesse bereitstellen, anwenden können. Ein Austausch von Daten zwischen öffentlichen Stellen in der Union oder zwischen öffentlichen Stellen in der Union und öffentlichen Stellen in Drittländern oder internationalen Organisationen, der ausschließlich im Rahmen der Erfüllung ihres öffentlichen Auftrags stattfindet, sollte ebenso wie der Austausch von Daten zwischen Forschern zu nichtkommerziellen Forschungszwecken, nicht den Bestimmungen dieser Verordnung in Bezug auf die Weiterverwendung bestimmter Kategorien geschützter Daten im Besitz öffentlicher Stellen unterliegen.

(13) Bei der Festlegung der Grundsätze für die Weiterverwendung der in ihrem Besitz befindlichen Daten sollten öffentliche Stellen das Wettbewerbsrecht einhalten und den Abschluss von Vereinbarungen vermeiden, deren Ziel oder Wirkung darin bestehen könnte, für die Weiterverwendung bestimmter Daten ausschließliche Rechte zu begründen. Solche Vereinbarungen sollten nur dann zulässig sein, wenn sie sich aus Gründen rechtfertigen lassen, die in der Erbringung eines Dienstes oder der Bereitstellung eines Produkts im allgemeinem Interesse liegen, und sie hierfür notwendig sind. Dies könnte der Fall sein, wenn sich nur mit ihrer ausschließlichen Verwendung ein optimaler gesellschaftlicher Nutzen der betreffenden Daten erzielen lässt, weil es beispielsweise nur eine Einrichtung gibt (die sich auf die Verarbeitung eines bestimmten Datensatzes spezialisiert hat), die einen Dienst erbringen oder ein Produkt bereitstellen kann, mit dem eine öffentliche Stelle in die Lage versetzt wird, einen Dienst im allgemeinen Interesse zu erbringen. Diese Vereinbarungen sollten jedoch gemäß dem anwendbaren Unionsrecht oder nationalen Recht geschlossen werden und einer regelmäßigen Überprüfung anhand von Marktanalysen unterzogen werden, damit festgestellt werden kann, ob die Gewährung der Ausschließlichkeit nach wie vor notwendig ist. Ferner sollten solche Vereinbarungen gegebenenfalls den einschlägigen Vorschriften über staatliche Beihilfen entsprechen und nur für eine begrenzte Dauer, der zwölf Monate nicht überschreiten sollte, geschlossen werden. Im Sinne der Transparenz sollten solche Ausschließlichkeitsvereinbarungen im Internet in einer Form veröffentlicht werden, die im Einklang mit dem einschlägigen Unionsrecht über die Vergabe öffentlicher Aufträge steht. Entspricht ein ausschließliches Recht zur Weiterverwendung nicht dieser Verordnung, so sollte dieses ausschließliche Recht unwirksam sein.

(14) Bereits vor dem Tag des Inkrafttretens dieser Verordnung bestehende und nunmehr verbotene Ausschließlichkeitsvereinbarungen und sonstige Praktiken oder Vereinbarungen, die die Weiterverwendung von Daten im Besitz von öffentlichen Stellen betreffen und die zwar keine Ausschließlichkeitsrechte gewähren, bei denen jedoch nach vernünftigem Ermessen davon ausgegangen werden kann, dass sie die Verfügbarkeit von Daten für die Weiterverwendung einschränken, sollten nach Ablauf ihrer Gültigkeit nicht erneuert werden. Unbefristete oder langfristige Vereinbarungen sollten innerhalb von 30 Monaten nach Inkrafttreten dieser Verordnung beendet werden.

(15) Diese Verordnung sollte Bedingungen für die Weiterverwendung geschützter Daten festlegen, die für öffentliche Stellen gelten, die nach nationalem Recht als dafür zuständig benannt werden, die Weiterverwendung zu erlauben oder zu verweigern, und die die Rechte und Pflichten in Bezug auf den Zugang zu solchen Daten unberührt lassen. Diese Bedingungen sollten nichtdiskriminierend, transparent, verhältnismäßig und objektiv gerechtfertigt sein und

den Wettbewerb nicht einschränken, wobei insbesondere der Zugang von KMU und Start-up-Unternehmen zu solchen Daten gefördert werden sollte. Die Bedingungen für die Weiterverwendung sollten so gestaltet werden, dass wissenschaftliche Forschung gefördert wird, so dass beispielsweise die bevorzugte Behandlung der wissenschaftlichen Forschung als nicht diskriminierend betrachtet werden sollte. Öffentliche Stellen, die die Weiterverwendung von Daten erlauben, sollten über die für den Schutz der Rechte und Interessen Dritter erforderlichen technischen Mittel verfügen und dazu befugt sein, die notwendigen Informationen vom Weiterverwender anzufordern. Die Bedingungen für die Weiterverwendung von Daten sollten sich auf das beschränken, was zur Wahrung der Rechte und Interessen Dritter an den Daten und der Integrität der Informatik- und Kommunikationssysteme der öffentlichen Stellen notwendig ist. Die von öffentlichen Stellen auferlegten Bedingungen sollten den Interessen der Weiterverwender bestmöglich dienen, ohne dass den öffentlichen Stellen hieraus ein unverhältnismäßig hoher Aufwand erwächst. Die Bedingungen mit der Wiederverwendung von Daten verbundenen Bedingungen sollten derart konzipiert sein, dass wirksame Vorkehrungen in Bezug auf den Schutz personenbezogener Daten sichergestellt sind. Vor der Übermittlung sollten personenbezogene Daten anonymisiert werden, sodass ausgeschlossen ist, dass die betroffenen Personen identifiziert werden können, und sollten Daten, die vertrauliche Geschäftsinformationen enthalten, so verändert werden, dass keine vertraulichen Informationen offengelegt werden. Wenn die Bereitstellung anonymisierter oder veränderter Daten nicht den Bedürfnissen des Weiterverwenders entspricht und wenn etwaige Anforderungen in Bezug auf die Durchführung einer Datenschutz-Folgenabschätzung und die Konsultation der Aufsichtsbehörde gemäß den Artikeln 35 und 36 der Verordnung (EU) 2016/679 erfüllt wurden und die Risiken für die Rechte und Interessen der betroffenen Personen minimal sind, könnte die Weiterverwendung der Daten in den Räumlichkeiten der öffentlichen Stelle oder der Fernzugriff zur Verarbeitung in einer sicheren Verarbeitungsumgebung erlaubt werden.

Dies könnte eine geeignete Regelung für die Weiterverwendung pseudonymisierter Daten sein. Die Datenanalysen in solchen sicheren Verarbeitungsumgebungen sollten von der öffentlichen Stelle beaufsichtigt werden, damit die Rechte und Interessen Dritter geschützt werden. Insbesondere sollten personenbezogene Daten nur dann zur Weiterverwendung an Dritte übermittelt werden, wenn es hierfür im Datenschutzrecht eine Rechtsgrundlage gibt. Nicht personenbezogene Daten sollten nur übermittelt werden, wenn kein Grund zu der Annahme besteht, dass betroffene Personen anhand der Kombination nicht personenbezogener Datensätze identifiziert werden können. Dies sollte auch für pseudonymisierte Daten gelten, die ihren Status als personenbezogene Daten behalten. Im Falle der erneuten Identifizierung betroffener Personen sollte zusätzlich zur einer Verpflichtung, eine solche Datenschutzverletzung gemäß Verordnung (EU) 2016/679 einer Aufsichtsbehörde und der betroffenen Person mitzuteilen, auch eine Verpflichtung bestehen, diese Datenschutzverletzung der öffentlichen Stelle mitzuteilen. Gegebenenfalls sollten die öffentlichen Stellen die Weiterverwendung von Daten auf der Grundlage der Einwilligung betroffener Personen bzw. Erlaubnis von Dateninhabern zur Weiterverwendung ihrer Daten mit geeigneten technischen Mitteln erleichtern. In diesem Zusammenhang sollte die öffentliche Stelle die potenziellen Weiterverwender der Daten nach besten Kräften bei der Einholung dieser Einwilligung oder Erlaubnis unterstützen, indem sie technische Mechanismen schafft, mit denen Einwilligungs- oder Erlaubnisanfragen der Weiterverwender weitergeleitet werden können, soweit dies praktisch durchführbar ist. Dabei sollten keine Kontaktangaben weitergegeben werden, die es Weiterverwendern ermöglichen würden, betroffene Personen oder Dateninhaber direkt zu kontaktieren. Bei der Übermittlung einer Einwilligungs- oder Erlaubnisanfrage sollte die öffentliche Stelle sicherstellen, dass die betroffene Person oder der Dateninhaber unmissverständlich darüber informiert wird, dass sie die Einwilligung oder Erlaubnis ablehnen kann.

(16) Um die Nutzung von Daten im Besitz von öffentlichen Stellen für Zwecke der wissenschaftlichen Forschung zu erleichtern und zu fördern, werden die öffentlichen Stellen angehalten, einen harmonisierten Ansatz und harmonisierte Verfahren zu entwickeln, um diese Daten für Zwecke der wissenschaftlichen Forschung im öffentlichen Interesse leicht zugänglich zu machen. Dies könnte unter anderem bedeuten, dass gestraffte Verwaltungsverfahren, eine standardisierte Datenformatierung, informative Metadaten zu Entscheidungen über Methodik und Datenerhebung sowie standardisierte Datenfelder geschaffen werden, die es ermöglichen, Datensätze von verschiedenen Datenquellen des öffentlichen Sektors zu Analysezwecken gegebenenfalls leicht zusammenzuführen. Ziel dieser Verfahren sollte es sein, öffentlich finanzierte und erstellte Daten für Zwecke der wissenschaftlichen Forschung im Einklang mit dem Grundsatz „so offen wie möglich, so geschlossen wie nötig" zu fördern.

(17) Rechte Dritter an geistigem Eigentum sollten von dieser Verordnung unberührt bleiben. Diese Verordnung sollte weder bestehende Rechte öffentlicher Stellen an geistigem Eigentum oder deren Inhaberschaft daran berühren noch die Ausübung dieser Rechte in irgendeiner Weise einschränken. Die sich aus dieser Verordnung ergebenden Verpflichtungen sollten nur insoweit gelten, als sie mit völkerrechtlichen Übereinkommen zum Schutz der Rechte des geistigen Eigentums, insbesondere der Berner Übereinkunft zum Schutz von Werken der Literatur und Kunst (Berner Übereinkunft), dem Übereinkommen über handelsbezogene Aspekte der Rechte des geistigen Eigentums (TRIPS-Übereinkommen), dem Urheberrechtsvertrag der Weltorganisation für geistiges Eigentum (WCT) sowie dem Unionsrecht oder dem nationalen Recht über geistiges Eigentum vereinbar sind. Öffentliche Stellen sollten ihre Urheberrechte jedoch auf eine Weise ausüben, die eine Weiterverwendung erleichtert.

(18) Daten, für die Rechte des geistigen Eigentums gelten, sowie Geschäftsgeheimnisse sollten nur dann an Dritte übermittelt werden, wenn diese Übermittlung nach Unionsrecht oder nationalem Recht rechtmäßig ist oder die Zustimmung des Rechteinhabers vorliegt. Sofern öffentliche Stellen Inhaber des Daten-

bankherstellerrechts nach Artikel 7 Absatz 1 der Richtlinie 96/9/EG des Europäischen Parlaments und des Rates[26] sind, sollten sie dieses Recht nicht in Anspruch nehmen, um die Weiterverwendung der Daten zu verhindern oder über die in dieser Verordnung festgelegten Beschränkungen hinaus einzuschränken.

(19) Unternehmen und betroffene Personen sollten darauf vertrauen können, dass die Weiterverwendung von geschützten Daten bestimmter Kategorien, die sich im Besitz von Stellen des öffentlichen Sektors befinden, in einer Art und Weise erfolgt, die ihre Rechte und Interessen wahrt. Daher sollten zusätzliche Schutzvorkehrungen für Situationen getroffen werden, in denen die Weiterverwendung solcher Daten des öffentlichen Sektors außerhalb des öffentlichen Sektors erfolgt, wie eine Anforderung, dass öffentliche Stellen sicherstellen, dass in allen Fällen, auch wenn Daten in Drittländer übertragen werden, die Rechte und Interessen natürlicher und juristischer Personen in vollem Umfang gewahrt werden, insbesondere im Hinblick auf personenbezogene Daten, sensible Geschäftsdaten und Rechte des geistigen Eigentums. Öffentliche Stellen sollten die Weiterverwendung von Informationen, die von Versicherungsunternehmen oder sonstigen Dienstleistern in e-Gesundheitsanwendungen gespeichert werden, zum Zwecke der Diskriminierung bei der Festlegung von Preisen nicht gestatten, da dies dem Grundrecht auf Zugang zur Gesundheitsfürsorge zuwiderlaufen würde.

(20) Außerdem ist es zur Wahrung eines fairen Wettbewerbs und der offenen Marktwirtschaft von größter Bedeutung, geschützte nicht personenbezogene Daten, vor allem Geschäftsgeheimnisse, aber auch nicht personenbezogene Daten von Inhalten, die durch Rechte des geistigen Eigentums geschützt sind, vor unrechtmäßigem Zugriff, der möglicherweise den Diebstahl geistigen Eigentums oder Industriespionage zur Folge hat, zu schützen. Zum Schutz der Rechte oder Interessen der Dateninhaber sollte es möglich sein, nicht personenbezogene Daten, die nach Unionsrecht oder dem nationalen Recht vor unrechtmäßigem oder unbefugtem Zugriff zu schützen sind und die sich im Besitz öffentlicher Stellen befinden, nur dann in Drittländer zu übertragen, wenn angemessene Schutzvorkehrungen für die Nutzung der Daten getroffen wurden. Zu diesen angemessenen Schutzvorkehrungen sollte auch eine Bedingung gehören, dass öffentliche Stellen geschützte Daten nur dann an einen Weiterverwender übermitteln, wenn dieser Weiterverwender sich zum Schutz der Daten vertraglich verpflichtet. Ein Weiterverwender, der beabsichtigt, die geschützten Daten in ein Drittland zu übertragen, sollte sich dazu verpflichten, die in dieser Verordnung festgelegten Bedingungen selbst nach der Übertragung der Daten in das Drittland einzuhalten. Für eine ordnungsgemäße Durchsetzung der Einhaltung dieser Verpflichtungen sollte der Weiterverwender zur Beilegung von Rechtsstreitigkeiten zudem die Gerichtsbarkeit des Mitgliedstaats der öffentlichen Stelle, die die Weiterverwendung der Daten erlaubt hat, als zuständig anerkennen.

---

26 Richtlinie 96/9/EG des Europäischen Parlaments und des Rates vom 11. März 1996 über den rechtlichen Schutz von Datenbanken (ABl. L 77 vom 27.3.1996, S. 20).

(21) Angemessene Schutzvorkehrungen sollten auch dann als umgesetzt gelten, wenn in dem Drittland, in das nicht personenbezogene Daten übertragen werden sollen, gleichwertige Maßnahmen bestehen, mit denen gewährleistet wird, dass für Daten ein ähnliches Schutzniveau gilt wie das, das auf der Grundlage des Unionsrechts vor allem im Hinblick auf den Schutz von Geschäftsgeheimnissen und der Rechte des geistigen Eigentums Anwendung findet. Wenn dies aufgrund der Vielzahl unionsweit gestellter Anträge auf Weiterverwendung nicht personenbezogener Daten in bestimmten Drittländern gerechtfertigt ist, sollte die Kommission in der Lage sein, hierzu durch Durchführungsrechtsakte zu erklären, dass ein Drittland ein Schutzniveau bietet, das im Wesentlichen dem durch Unionsrecht gewährten Schutzniveau gleichwertig ist. Die Kommission sollte auf der Grundlage der von den Mitgliedstaaten über den Europäischen Dateninnovationsrat bereitgestellten Informationen die Notwendigkeit solcher Durchführungsrechtsakte prüfen. Durch solche Durchführungsrechtsakte hätten öffentliche Stellen die Gewissheit, dass der Schutz von Daten im Besitz öffentlicher Stellen bei deren Weiterverwendung in dem betreffenden Drittland nicht gefährdet wäre. Bei der Bewertung des in dem betreffenden Drittland gewährten Schutzniveaus sollten insbesondere das einschlägige allgemeine und sektorale Recht berücksichtigt werden, auch solche, die sich auf die öffentliche Sicherheit, die Landesverteidigung und die nationale Sicherheit beziehen, sowie die strafrechtlichen Vorschriften in Bezug auf den Zugang zu und den Schutz von nicht personenbezogenen Daten und auf den etwaigen Zugang der öffentlichen Stellen des betreffenden Drittlands zu den übertragenen Daten; außerdem sollten das Vorhandensein und die wirksame Funktionsweise einer oder mehrerer unabhängiger Aufsichtsbehörden, die in dem betreffenden Drittland für die Einhaltung und Durchsetzung der Rechtsvorschriften, mit denen der Zugang zu solchen Daten geregelt wird, zuständig sind, die internationalen Verpflichtungen hinsichtlich des Datenschutzes oder die Verpflichtungen, die sich aus rechtsverbindlichen Übereinkommen oder Instrumenten sowie aus der Teilnahme an multilateralen oder regionalen Systemen ableiten, berücksichtigt werden.

Im Zusammenhang mit der Übertragung nicht personenbezogener Daten in Drittländer ist es von besonderer Bedeutung, ob Dateninhabern, öffentlichen Stellen oder Anbietern von Datenvermittlungsdiensten in dem betreffenden Drittland wirksame Rechtsbehelfe zur Verfügung stehen. Solche Schutzvorkehrungen sollten daher auch das Bestehen durchsetzbarer Rechte und wirksamer Rechtsbehelfe umfassen. Diese Durchführungsrechtsakte sollten rechtliche Verpflichtungen oder vertragliche Vereinbarungen, die ein Weiterverwender zum Schutz nicht personenbezogener Daten, insbesondere von Industriedaten, bereits eingegangen ist, sowie das Recht öffentlicher Stellen unberührt lassen, Weiterverwender im Einklang mit dieser Verordnung zur Einhaltung der Bedingungen für die Weiterverwendung zu verpflichten.

(22) Einige Drittländer erlassen Gesetze, Verordnungen und sonstige Rechtsakte, die auf die unmittelbare Übertragung nicht personenbezogener Daten oder den unmittelbaren Zugang von Regierungsorganisationen zu diesen

ErwG zum Daten-Governance-Rechtsakt

Daten, die in der Union der Kontrolle natürlicher oder juristischer Personen in der Gerichtsbarkeit von Mitgliedstaaten unterliegen, abzielen. Beschlüsse und Urteile von Gerichten in Drittländern oder Entscheidungen von Behörden in Drittländern, mit denen eine solche Übertragung oder ein solcher Zugang zu nicht personenbezogenen Daten gefordert wird, sollten vollstreckbar sein, wenn sie sich auf ein völkerrechtliches Abkommen, etwa ein Rechtshilfeabkommen, stützen, das zwischen dem betreffenden Drittland und der Union oder einem Mitgliedstaat besteht. In einigen Fällen kann es dazu kommen, dass die sich aus einem Gesetz eines Drittlands ergebende Verpflichtung zur Übertragung nicht personenbezogener Daten oder zur Gewährung des Zugangs zu diesen Daten mit der Verpflichtung zum Schutz dieser Daten nach Unionsrecht oder nationalem Recht kollidiert, insbesondere im Hinblick auf den Schutz der Grundrechte der Einzelpersonen oder der grundlegenden Interessen eines Mitgliedstaats im Zusammenhang mit der nationalen Sicherheit oder der Landesverteidigung sowie auf den Schutz sensibler Geschäftsdaten und der Rechte des geistigen Eigentums, darunter auch vertragliche Vertraulichkeitspflichten nach einem solchen Gesetz. Besteht kein völkerrechtliches Abkommen zur Regelung dieser Fragen, so sollte die Übertragung von oder der Zugang zu nicht personenbezogenen Daten insbesondere nur dann erlaubt werden, wenn festgestellt wurde, dass das Rechtssystem des betreffenden Drittlands die Begründung und Verhältnismäßigkeit der Entscheidung oder des Urteils sowie die hinreichende Bestimmtheit des gerichtlichen Beschlusses oder des Urteils vorschreibt und dem Adressaten die Möglichkeit einräumt, seinen begründeten Einwand einem zuständigen Gericht des Drittlands, das befugt ist, die einschlägigen rechtlichen Interessen des Bereitstellers der Daten gebührend zu berücksichtigen, zur Überprüfung vorzulegen.

Darüber hinaus sollten öffentliche Stellen, natürliche oder juristische Personen, denen das Recht auf Weiterverwendung von Daten gewährt wurde, Anbieter von Datenvermittlungsdiensten und anerkannte datenaltruistischen Organisationen bei der Unterzeichnung von vertraglichen Vereinbarungen mit sonstigen privaten Parteien sicherstellen, dass der Zugriff durch Drittländer auf in der Union gespeicherte nicht personenbezogene Daten oder deren Übertragung in Drittländer nur im Einklang mit dem Unionsrecht oder dem nationalen Recht des entsprechenden Mitgliedstaats erfolgt.

(23) Das Vertrauen in die Datenwirtschaft kann nur weiter gestärkt werden, wenn die Schutzvorkehrungen, mit denen die Kontrolle über die strategischen und sensiblen Daten der Bürgerinnen und Bürger, des öffentlichen Sektors und der Unternehmen der Union sichergestellt wird, umgesetzt werden und das Recht, die Werte und die Standards der Union, unter anderem in Bezug auf die Sicherheit, den Datenschutz und den Verbraucherschutz, gewahrt werden. Zur Vermeidung unrechtmäßiger Zugriffe auf nicht personenbezogene Daten sollten öffentliche Stellen, natürliche oder juristische Personen, denen das Recht auf Weiterverwendung von Daten gewährt wurde, Anbieter von Datenvermittlungsdiensten und anerkannte datenaltruistische Organisationen alle Maßnahmen ergreifen, die nach vernünftigem Ermessen den Zugang zu den Systemen

verhindern, in denen nicht personenbezogene Daten gespeichert sind, auch durch Verschlüsselung der Daten oder innerbetriebliche Vorgaben. Zu diesem Zweck sollte sichergestellt werden, dass öffentliche Stellen, natürliche oder juristische Personen, denen das Recht auf Weiterverwendung von Daten gewährt wurde, Anbieter von Datenvermittlungsdiensten und anerkannte datenaltruistische Organisationen alle einschlägigen technischen Standards, Verhaltenskodizes und Zertifizierungen auf Unionsebene einhalten.

(24) Zum Aufbau von Vertrauen in die Weiterverwendungsmechanismen ist es möglicherweise notwendig, im Einklang mit völkerrechtlichen Verpflichtungen strengere Bedingungen an bestimmte Arten nicht personenbezogener Daten, zu knüpfen die im Hinblick auf die Übertragung in Drittländer in besonderen künftigen Gesetzgebungsakten der Union als hochsensibel eingestuft werden können, wenn diese Übertragung Ziele des Gemeinwohls der Union gefährden könnte. So könnten im Gesundheitsbereich bestimmte Datensätze, die sich im Besitz von öffentlichen Gesundheitseinrichtungen, wie beispielsweise Krankenhäusern, befinden, als hochsensible Gesundheitsdaten gelten. Andere einschlägige Sektoren erfassen die Bereiche Verkehr, Energie, Umwelt oder Finanzen. Um hier unionsweit einheitlich vorzugehen, sollte im Unionsrecht, beispielsweise im Zusammenhang mit dem europäischen Gesundheitsdatenraum oder anderem sektorspezifischem Recht, festgelegt werden, welche nicht personenbezogenen öffentlichen Daten als hochsensibel gelten. Diese Bedingungen für die Übertragung solcher Daten in Drittländer sollten in delegierten Rechtsakten festgelegt werden. Die Bedingungen sollten verhältnismäßig, nichtdiskriminierend und für den Schutz der genannten berechtigten Ziele des Gemeinwohls der Union notwendig sein, wie etwa für den Schutz der öffentlichen Gesundheit, der Sicherheit, der Umwelt, der guten Sitten, der Verbraucher sowie der Privatsphäre und personenbezogener Daten. Diese Bedingungen sollten den Risiken entsprechen, die mit Blick auf die Sensibilität dieser Daten bestehen, etwa dem Risiko der erneuten Identifizierung von Einzelpersonen. Diese Bedingungen könnten Auflagen für die Übertragung oder technische Vorkehrungen enthalten, z. B. die Anforderung der Verwendung einer sicheren Verarbeitungsumgebung, Beschränkungen hinsichtlich der Weiterverwendung der Daten in Drittländern oder Kategorien von Personen, die berechtigt sind, diese Daten in Drittländer zu übertragen und die in dem betreffenden Drittland Zugang zu den Daten haben. In außergewöhnlichen Fällen könnten diese Bedingungen zum Schutz öffentlicher Interessen auch Beschränkungen in Bezug auf die Übertragung der Daten in Drittländer enthalten.

(25) Öffentliche Stellen sollten Gebühren für die Weiterverwendung von Daten erheben können, aber auch eine Weiterverwendung zu ermäßigten Gebühren oder eine kostenlose Weiterverwendung erlauben können, beispielsweise für bestimmte Kategorien der Weiterverwendung, etwa für nichtkommerzielle Zwecke, für Zwecke der wissenschaftlichen Forschung oder durch KMU, Start-up-Unternehmen, die Zivilgesellschaft und Bildungseinrichtungen, um so Anreize für die Weiterverwendung der Daten in Forschung und Innovation zu schaffen und unter Beachtung der Vorschriften über staatliche Beihilfen Unter-

nehmen zu unterstützen, von denen wichtige Innovationen ausgehen und für die es in der Regel schwieriger ist, einschlägige Daten selbst zu erheben. In diesem besonderen Zusammenhang sollten die Zwecke der wissenschaftlichen Forschung – unabhängig von der organisatorischen oder finanziellen Struktur der betreffenden Forschungseinrichtung – jegliche Art von Forschungszweck umfassen, mit Ausnahme der Forschung, die von einem Unternehmen mit dem Ziel der Entwicklung, Verbesserung oder Optimierung von Produkten oder Dienstleistungen betrieben wird. Diese Gebühren sollten transparent und nichtdiskriminierend sein, in einem angemessenen Verhältnis zu den entstandenen Kosten stehen und den Wettbewerb nicht beschränken. Eine Liste der Kategorien von Weiterverwendern, von denen eine ermäßigte oder keine Gebühr erhoben wird, sollte zusammen mit den Kriterien für die Erstellung dieser Liste öffentlich zugänglich gemacht werden.

(26) Um die Weiterverwendung von Daten besonderer Kategorien im Besitz öffentlicher Stellen Anreize zu schaffen, sollten die Mitgliedstaaten eine zentrale Informationsstelle einrichten, die als Anlaufstelle für diejenigen dient, die die Weiterverwendung von solchen Daten beabsichtigen. Die Informationsstelle sollte sektorübergreifend angelegt sein und erforderlichenfalls sektorale Regelungen ergänzen. Die zentrale Informationsstelle sollte Anfragen oder Anträge in Bezug auf die Weiterverwendung auf automatischem Wege übermitteln können. Beim Übermittlungsprozess sollte für ausreichende menschliche Aufsicht gesorgt sein. Zu diesem Zweck könnten bereits vorhandene praktische Strukturen wie offene Datenportale genutzt werden. Die zentrale Informationsstelle sollte über eine Bestandsliste verfügen, die einen Überblick über alle verfügbaren Datenressourcen, gegebenenfalls einschließlich der bei sektoralen, regionalen oder lokalen Informationsstellen verfügbaren Datenressourcen, und einschlägige Informationen mit einer Beschreibung der verfügbaren Daten enthält. Ferner sollten die Mitgliedstaaten zuständige Stellen benennen, einrichten oder deren Einrichtung erleichtern, um öffentliche Stellen, die die Weiterverwendung geschützter Daten bestimmter Kategorien erlauben, zu unterstützen. Ihre Aufgaben könnten auch die Gewährung des Zugangs zu Daten umfassen, sofern ihnen hierzu auf der Grundlage des sektoralen Unionsrechts oder des nationalen Rechts der Auftrag erteilt wurde. Diese zuständigen Stellen sollten öffentliche Stellen mit moderner Technik unterstützen, etwa Technik zur optimalen Strukturierung und Speicherung der Daten, damit die Daten – insbesondere über Anwendungsprogrammierschnittstellen – leicht zugänglich, interoperabel, übertragbar und durchsuchbar werden, wobei bewährte Verfahren für die Datenverarbeitung sowie bestehende Regulierungs- und Technikstandards und sichere Datenverarbeitungsumgebungen zu berücksichtigen sind, die es ermöglichen, Daten unter Wahrung des Datenschutzes und der Privatsphäre zu analysieren.

Die zuständigen Stellen sollten aufgrund von Anweisungen der öffentlichen Stellen tätig werden. Solche Unterstützungsstrukturen könnten die betroffenen Personen und die Dateninhaber beim Einwilligungsmanagement oder Erlaubnismanagement für die Weiterverwendung unterstützen, wenn beispielsweise für bestimmte Bereiche der wissenschaftlichen Forschung die Einwilligung und Erlaubnis unter der Voraussetzung gegeben wird, dass anerkannte Standards der Ethik für die wissenschaftliche Forschung eingehalten werden. Die zuständigen Stellen sollten keine Aufsichtsfunktion haben, die gemäß der Verordnung (EU) 2016/679 Aufsichtsbehörden vorbehalten ist. Unbeschadet der Aufsichtsbefugnisse der Datenschutzbehörden sollte die Datenverarbeitung unter der Verantwortung der für das Datenregister zuständigen öffentlichen Stelle erfolgen, bei der es sich auch weiterhin und sofern es personenbezogene Daten betrifft, um einen Datenverantwortlichen im Sinne der Verordnung (EU) 2016/679 handelt. Die Mitgliedstaaten sollten eine oder mehrere zuständige Stellen benennen können, die für verschiedene Sektoren zuständig sind. Unter Umständen könnten die internen Dienste öffentlicher Stellen auch als zuständige Stellen fungieren. Eine zuständige Stelle könnte eine öffentliche Stelle sein, die gegebenenfalls andere öffentliche Stellen bei der Erteilung der Erlaubnis zur Weiterverwendung unterstützt, oder eine öffentliche Stelle, die die Weiterverwendung selbst erlaubt. Zur Unterstützung anderer öffentlicher Stellen sollte auch gehören, sie auf Anfrage über bewährte Verfahren zur Erfüllung der Anforderungen dieser Verordnung zu informieren, also etwa in Bezug auf die technischen Mittel zur Schaffung einer sicheren Verarbeitungsumgebung oder zur Gewährleistung der Privatsphäre und der Vertraulichkeit, wenn der Zugang zur Weiterverwendung von Daten im Rahmen des Anwendungsbereichs dieser Verordnung gewährt wird.

(27) Datenvermittlungsdienste dürften eine Schlüsselrolle in der Datenwirtschaft spielen, insbesondere durch die Unterstützung und Förderung freiwilliger Verfahren zur gemeinsamen Datennutzung zwischen Unternehmen oder die Erleichterung zur gemeinsamen Datennutzung im Zusammenhang mit den im Unionsrecht oder im nationalen Recht festgelegten Verpflichtungen –. Sie könnten zu Akteuren werden, die den Austausch erheblicher Mengen einschlägiger Daten erleichtern. Anbieter von Datenvermittlungsdiensten, bei denen es sich auch um öffentlichen Stellen handeln kann und die Dienste anbieten, die die verschiedenen Akteure miteinander verbinden, können zur effizienten Bündelung von Daten sowie zur Erleichterung des bilateralen Datenaustauschs beitragen. Spezialisierte Datenvermittlungsdienste, die von betroffenen Personen, Dateninhabern und Datennutzern unabhängig sind, könnten bei der Entstehung neuer, von Akteuren mit beträchtlicher Marktmacht unabhängiger datengetriebener Ökosysteme eine unterstützende Rolle spielen und dabei Unternehmen aller Größenordnungen – insbesondere KMU und Start-up-Unternehmen mit eingeschränkten finanziellen, rechtlichen oder administrativen Möglichkeiten – einen nichtdiskriminierenden Zugang zur Datenwirtschaft ermöglichen. Dies wird insbesondere im Zusammenhang mit der Schaffung gemeinsamer europäischer Datenräume, also zweck- oder sektorspezifischer oder auch sektorübergreifender interoperabler Rahmen mit gemeinsamen Normen und Praktiken für die gemeinsame Nutzung oder Verarbeitung von Daten – unter anderem zur Entwicklung neuer Produkte und Dienste, für die wissenschaftliche Forschung oder für Initiativen der Zivilgesellschaft – von Bedeutung sein. Zu den Daten-

vermittlungsdiensten könnten auch die zwei- oder mehrseitige gemeinsame Datennutzung oder die Einrichtung von Plattformen oder Datenbanken zur gemeinsamen Datennutzung oder -verwendung sowie die Einrichtung einer speziellen Infrastruktur für die Vernetzung von betroffenen Personen, Dateninhabern und Datennutzern gehören.

(28) Diese Verordnung sollte für Dienste gelten, deren Ziel darin besteht, mit technischen, rechtlichen oder sonstigen Mitteln geschäftliche Beziehungen zur gemeinsamen Datennutzung, auch zur Ausübung der Rechte betroffener Personen in Bezug auf personenbezogene Daten, zwischen einer unbestimmten Zahl von betroffenen Personen und Dateninhabern auf der einen und Datennutzern auf der anderen Seite herzustellen. Bieten Unternehmen oder sonstige Stellen eine Vielzahl von datenbezogenen Diensten an, so sollten nur diejenigen Tätigkeiten, die unmittelbar die Bereitstellung von Datenvermittlungsdiensten betreffen, unter diese Verordnung fallen. Die Bereitstellung von Cloud-Speicher, Analysediensten, Software zur gemeinsamen Datennutzung, von Internetbrowsern oder Browser-Plug-ins oder von E-Mail-Diensten sollte nicht als Datenvermittlungsdienst im Sinne dieser Verordnung gelten, sofern mit diesen Diensten betroffenen Personen oder Dateninhabern ausschließlich technische Werkzeuge zur gemeinsamen Datennutzung mit anderen bereitgestellt werden, die Bereitstellung dieser Werkzeuge aber weder darauf abzielt, zwischen Dateninhabern und Datennutzern eine geschäftliche Beziehung herzustellen, noch dem Anbieter von Datenvermittlungsdiensten ermöglicht, Informationen über die Herstellung geschäftlicher Beziehungen zum Zwecke der gemeinsamen Datennutzung zu erlangen. Beispiele für Datenvermittlungsdienste schließen Datenmarktplätze ein, auf denen Unternehmen anderen Daten zugänglich machen könnten, Orchestrierer von Ökosystemen zur gemeinsamen Datennutzung, die allen Interessierten, etwa im Zusammenhang mit gemeinsamen europäischen Datenräumen, offen stehen, sowie Datenbestände, die von mehreren natürlichen oder juristischen Personen gemeinsam erstellt werden, um dann allen Interessierten Lizenzen für die Nutzung dieser Datenbestände zu erteilen, die so gestaltet sind, dass alle beitragenden Teilnehmer eine Gegenleistung für ihren Beitrag erhalten würden.

Dies würde Dienste ausschließen, die Daten von Dateninhabern einholen und aggregieren, anreichern oder umwandeln, um deren Wert erheblich zu steigern, und Lizenzen für die Nutzung der sich daraus ergebenden Daten an die Datennutzer vergeben, ohne eine geschäftliche Beziehung zwischen Dateninhabern und Datennutzern herzustellen. Dies würde auch Dienste ausschließen, die ausschließlich von einem Dateninhaber genutzt werden, um die Verwendung von den im Besitz dieses Dateninhabers befindlichen Daten zu ermöglichen, oder die von mehreren juristischen Personen in einer geschlossenen Gruppe, auch im Rahmen von Lieferanten- oder Kundenbeziehungen oder vertraglich festgelegten Formen der Zusammenarbeit, genutzt werden, insbesondere wenn deren Hauptziel darin besteht, die Funktionen von mit dem Internet der Dinge verbundenen Objekten und Geräten sicherzustellen.

(29) Dienste, die auf die Vermittlung urheberrechtlich geschützter Inhalte ausgerichtet sind, beispielsweise Diensteanbieter für das Teilen von Online-Inhalten gemäß der Definition in Artikel 2 Nummer 6 der Richtlinie (EU) 2019/790, sollten nicht unter diese Verordnung fallen. „Bereitsteller konsolidierter Datenträger" im Sinne von Artikel 2 Absatz 1 Nummer 35 der Verordnung (EU) Nr. 600/2014 des Europäischen Parlaments und des Rates[27] und „Kontoinformationsdienstleister" im Sinne von Artikel 4 Nummer 19 der Richtlinie (EU) 2015/2366 des Europäischen Parlaments und des Rates[28] sollten für die Zwecke dieser Verordnung nicht als Anbieter von Datenvermittlungsdiensten gelten. Diese Verordnung sollte nicht für Dienste gelten, die von öffentlichen Stellen angeboten werden, um die Weiterverwendung entweder von geschützten Daten im Besitz von öffentlicher Stellen im Einklang mit dieser Verordnung oder die Verwendung jeglicher anderer Daten zu ermöglichen, sofern diese Dienste nicht darauf abzielen, Geschäftsbeziehungen herzustellen. Die in dieser Verordnung geregelten datenaltruistischen Organisationen sollten nicht als Anbieter von Datenvermittlungsdiensten gelten, sofern diese Dienste keine Geschäftsbeziehungen zwischen potenziellen Datennutzern einerseits und betroffenen Personen und Dateninhabern, die Daten für altruistische Zwecke zugänglich machen, andererseits herstellen. Sonstige Dienste, mit denen keine Geschäftsbeziehungen hergestellt werden sollen, wie Archive zur Ermöglichung der Weiterverwendung von wissenschaftlichen Forschungsdaten im Einklang mit den Grundsätzen des offenen Zugangs, sollten nicht als Datenvermittlungsdienste im Sinne der vorliegenden Verordnung gelten.

(30) Zu einer besonderen Kategorie von Datenvermittlungsdiensten gehören Anbieter von Diensten, die ihre Dienste betroffenen Personen anbieten. Diese Anbieter von Datenvermittlungsdiensten wollen die Handlungsfähigkeit betroffener Personen und insbesondere die Kontrolle von Einzelpersonen in Bezug auf die ihn betreffenden Daten verbessern. Diese Anbieter unterstützen Einzelpersonen bei der Ausübung ihrer Rechte gemäß der Verordnung (EU) 2016/679, insbesondere in Bezug auf die Erteilung oder den Widerruf ihrer Einwilligung in die Datenverarbeitung, das Recht auf Auskunft über ihre eigenen Daten, das Recht auf Berichtigung unrichtiger personenbezogener Daten, das Recht auf Löschung oder das „Recht auf Vergessenwerden", das Recht auf Einschränkung der Verarbeitung und das Recht auf Datenübertragbarkeit, das es betroffenen Personen ermöglicht, ihre personenbezogenen Daten von einem für die Datenverarbeitung Verantwortlichen auf einen anderen zu übertragen. In diesem Zusammenhang ist es wichtig, dass das Geschäfts-

---

27 Verordnung (EU) Nr. 600/2014 des Europäischen Parlaments und des Rates vom 15. Mai 2014 über Märkte für Finanzinstrumente und zur Änderung der Verordnung (EU) Nr. 648/2012 (ABl. L 173 vom 12.6.2014, S. 84).
28 Richtlinie (EU) 2015/2366 des Europäischen Parlaments und des Rates vom 25. November 2015 über Zahlungsdienste im Binnenmarkt, zur Änderung der Richtlinien 2002/65/EG, 2009/110/EG und 2013/36/EU und der Verordnung (EU) Nr. 1093/2010 sowie zur Aufhebung der Richtlinie 2007/64/EG (ABl. L 337 vom 23.12.2015, S. 35).

modell dieser Anbieter sicherstellt, dass keine falschen Anreize bestehen, die Einzelpersonen dazu bewegen, solche Dienste in Anspruch zu nehmen, um mehr sie betreffende Daten für die Verarbeitung zur Verfügung zu stellen, als im Interesse der Einzelpersonen liegt. Dies könnte die Beratung von Einzelpersonen über die mögliche Verwendung ihrer Daten, in die sie einwilligen könnten, und die Durchführung von Sorgfaltsprüfungen bei den Datennutzern umfassen, bevor diese Kontakt zu betroffenen Personen aufnehmen dürfen, um betrügerische Praktiken zu vermeiden. In bestimmten Situationen könnte es wünschenswert sein, die eigentlichen Daten in einem „persönlichen Datenraum" zusammenzustellen, damit eine Verarbeitung innerhalb dieses Raums erfolgen kann, ohne dass personenbezogene Daten an Dritte übermittelt werden, um die personenbezogenen Daten und die Privatsphäre bestmöglich zu schützen. Solche „persönlichen Datenräume" könnten statische personenbezogene Daten wie Name, Anschrift oder Geburtsdatum sowie dynamische Daten enthalten, die von Einzelpersonen zum Beispiel bei der Nutzung eines Online-Dienstes oder eines mit dem Internet der Dinge verbundenen Objekts generiert werden. Sie könnten auch zur Speicherung von geprüften Identitätsangaben, wie Reisepassnummer oder Sozialversicherungsdaten, sowie als Berechtigungsnachweise wie Führerscheine, Diplome oder Bankkontodaten verwendet werden.

(31) Datengenossenschaften sind bestrebt, eine Reihe von Zielen zu erreichen, insbesondere die Position von Einzelpersonen bei der sachkundigen Entscheidung vor der Einwilligung zur Datennutzung zu stärken, die Geschäftsbedingungen von Datennutzerorganisationen im Zusammenhang mit der Datennutzung in einer Weise zu beeinflussen, die den einzelnen Mitgliedern der Gruppe bessere Wahlmöglichkeiten bietet, oder mögliche Lösungen zu ermitteln, wenn einzelne Mitglieder einer Gruppe unterschiedliche Standpunkte zu der Frage vertreten, wie Daten verwendet werden können, wenn sich diese Daten auf mehrere betroffene Personen innerhalb dieser Gruppe beziehen. In diesem Zusammenhang ist es wichtig anzuerkennen, dass die Rechte gemäß der Verordnung (EU) 2016/679 persönliche Rechte der betroffenen Personen sind und dass die betroffenen Personen nicht auf diese Rechte verzichten können. Datengenossenschaften könnten auch ein nützliches Instrument für Ein-Personen-Unternehmen und KMU darstellen, die in Bezug auf das Wissen über die Weitergabe von Daten häufig mit Einzelpersonen vergleichbar sind.

(32) Um das Vertrauen in diese Datenvermittlungsdienste zu stärken, insbesondere in Bezug auf die Nutzung von Daten und die Einhaltung der von den betroffenen Personen und den Dateninhabern auferlegten Bedingungen, ist es erforderlich, einen Rechtsrahmen auf Unionsebene zu schaffen, in dem stark harmonisierte Anforderungen an die vertrauenswürdige Erbringung solcher Datenvermittlungsdienste festgelegt werden und der von den zuständigen nationalen Behörden umgesetzt wird. Dieser Rahmen wird dazu beitragen, dass betroffene Personen und Dateninhaber sowie Datennutzer eine bessere Kontrolle über den Zugang zu ihren Daten und deren Nutzung im Einklang mit dem Unionsrecht haben. Die Kommission könnte auch darauf hinwirken und den Weg

dafür bereiten, dass auf Unionsebene unter Einbeziehung der einschlägigen Interessenträger Verhaltenskodizes, insbesondere zur Interoperabilität, entwickelt werden. Sowohl bei der Datenweitergabe zwischen Unternehmen als auch zwischen Unternehmen und Verbrauchern sollten die Anbieter von Datenvermittlungsdiensten eine neuartige europäische Art der Daten-Governance ermöglichen, indem sie eine Trennung zwischen der Bereitstellung, der Vermittlung und der Nutzung von Daten in der Datenwirtschaft vorsehen. Anbieter von Datenvermittlungsdiensten könnten auch eine spezifische technische Infrastruktur für die Vernetzung von betroffenen Personen und Dateninhabern mit Datennutzern bereitstellen. In diesem Zusammenhang ist es von besonderer Bedeutung, diese Infrastruktur so zu gestalten, dass KMU und Start-up-Unternehmen nicht auf technische oder sonstige Hindernisse stoßen, wenn sie an der Datenwirtschaft teilnehmen wollen.

Datenvermittlungsdienste sollten Dateninhabern oder betroffenen Personen insbesondere zur Erleichterung des Datenaustauschs, z. B. durch vorübergehende Speicherung, Pflege, Konvertierung, Anonymisierung und Pseudonymisierung anbieten dürfen. Diese Werkzeuge und Dienste sollten jedoch nur auf ausdrücklichen Antrag oder mit der Zustimmung des Dateninhabers oder der betroffenen Person verwendet werden; und in diesem Zusammenhang angebotene Werkzeuge Dritter sollten Daten zu keinen anderen Zwecken verwenden. Gleichzeitig sollten Anbieter von Datenvermittlungsdiensten die ausgetauschten Daten anpassen dürfen, um auf Wunsch des Datennutzers deren Nutzbarkeit für den Datennutzer zu verbessern oder die Interoperabilität, beispielsweise zur Konvertierung der Daten in bestimmte Formate zu verbessern.

(33) Es ist wichtig, dass ein durch Wettbewerb geprägtes Umfeld für die gemeinsame Datennutzung ermöglicht wird. Ein Schlüsselelement zur Verbesserung des Vertrauens in die Datenvermittlungsdienste und zur Stärkung der Kontrolle über diese Dienste durch die Dateninhaber, betroffenen Personen und Datennutzer ist die Neutralität der Anbieter der Datenvermittlungsdienste in Bezug auf die zwischen Dateninhabern oder betroffenen Personen und Datennutzern weitergegebenen Daten. Es ist daher notwendig, dass Anbieter von Datenvermittlungsdiensten bei den Transaktionen lediglich als Mittler tätig werden und die weitergegebenen Daten nicht für andere Zwecke verwenden. Die kommerziellen Bedingungen, einschließlich der Preisgestaltung, für die Bereitstellung der Datenvermittlungsdienste sollten nicht davon abhängig sein, ob ein potenzieller Dateninhaber oder Datennutzer andere Dienstleistungen, wie etwa Speicherdienste, Datenanalytik, künstliche Intelligenz oder sonstige datenbasierte Anwendungen, die von demselben Anbieter von Datenvermittlungsdiensten oder von einer mit ihm verbundenen Einrichtung angeboten werden, in Anspruch nimmt, und wenn dies der Fall ist, in welchem Umfang der Dateninhaber oder Datennutzer diese anderen Dienste nutzt. Dies erfordert auch eine strukturelle Trennung des Datenvermittlungsdienstes von allen anderen erbrachten Diensten, um Interessenkonflikte zu vermeiden. Dies bedeutet, dass der Datenvermittlungsdienst von einer juristischen Person erbracht werden

ErwG zum Daten-Governance-Rechtsakt **EG DGA 6**

sollte, die von den anderen Tätigkeiten dieses Anbieters von Datenvermittlungsdiensten getrennt ist. Jedoch sollten die Anbieter von Datenvermittlungsdiensten die von den Dateninhabern bereitgestellten Daten zur Verbesserung ihrer Datenvermittlungsdienste verwenden können.

Auf ausdrücklichen Antrag oder mit der Zustimmung der betroffenen Person oder des Dateninhabers sollten Anbieter von Datenvermittlungsdiensten Dateninhabern, betroffenen Personen oder Datennutzern ihre Werkzeuge oder die Werkzeuge Dritter zur Verfügung stellen können, um die Datenweitergabe, etwa durch Werkzeuge zur Konvertierung oder Pflege von Daten, zu erleichtern. Mit den in diesem Zusammenhang zur Verfügung gestellten Werkzeugen Dritter sollten Daten ausschließlich zu mit den Datenvermittlungsdiensten verbundenen Zwecken verwendet werden. Anbieter von Datenvermittlungsdiensten, die die Datenweitergabe zwischen Einzelpersonen als betroffenen Personen und juristischen Personen als Datennutzer vermitteln, sollten darüber hinaus treuhänderische Pflichten gegenüber den Einzelpersonen haben, damit sichergestellt ist, dass sie im besten Interesse der betroffenen Personen handeln. Haftungsfragen in Bezug auf alle materiellen und immateriellen Schäden und Nachteile infolge eines Verhaltens des Anbieters von Datenvermittlungsdiensten könnten in den entsprechenden Verträgen auf der Grundlage der nationalen Haftungsregelungen geregelt werden.

(34) Damit der Binnenmarkt reibungslos funktionieren kann, sollten Anbieter von Datenvermittlungsdiensten angemessene Maßnahmen ergreifen, um die Interoperabilität innerhalb eines Sektors und zwischen verschiedenen Sektoren sicherzustellen. Zu diesen angemessenen Maßnahmen könnte gehören, dass die bestehenden, allgemein verwendeten Standards des Sektors, in dem der Anbieter von Datenvermittlungsdiensten tätig ist, eingehalten werden. Der Europäische Dateninnovationsrat sollte gegebenenfalls der Einführung zusätzlicher Industriestandards den Weg ebnen. Anbieter von Datenvermittlungsdiensten sollten die vom Europäischen Dateninnovationsrat festgelegten Maßnahmen für die Interoperabilität zwischen Datenvermittlungsdiensten rechtzeitig umsetzen.

(35) Die vorliegende Verordnung sollte die Verpflichtung der Anbieter von Datenvermittlungsdiensten zur Einhaltung der Verordnung (EU) 2016/679 und die Verantwortung der Aufsichtsbehörden, die Einhaltung dieser Verordnung sicherzustellen, unberührt lassen. Verarbeiten Anbieter von Datenvermittlungsdiensten personenbezogene Daten, so sollte diese Verordnung nicht den Schutz personenbezogener Daten berühren. Handelt es sich bei den Anbietern von Datenvermittlungsdiensten um für die Verarbeitung Verantwortliche oder Auftragsverarbeiter im Sinne der Verordnung (EU) 2016/679, so sind sie an die Bestimmungen der genannten Verordnung gebunden.

(36) Von Anbietern von Datenvermittlungsdiensten wird erwartet, dass sie über Verfahren und Maßnahmen verfügen, um Sanktionen bei betrügerischen oder missbräuchlichen Praktiken in Bezug auf Parteien, die über ihre Datenvermittlungsdienste Zugang zu erlangen versuchen, zu verhängen, unter anderem

durch Maßnahmen wie den Ausschluss von Datennutzern, die gegen die Geschäftsbedingungen oder geltendes Recht verstoßen.

(37) Die Anbieter von Datenvermittlungsdiensten sollten auch Maßnahmen ergreifen, um die Einhaltung des Wettbewerbsrechts sicherzustellen, und über entsprechende Verfahren verfügen. Dies gilt insbesondere dann, wenn die gemeinsame Datennutzung es den Unternehmen ermöglicht, Kenntnis der Marktstrategien ihrer tatsächlichen oder potenziellen Wettbewerber zu erlangen. Zu den sensiblen wettbewerbsrelevanten Informationen gehören in der Regel Informationen über Kunden, künftige Preise, Produktionskosten, Mengen, Umsätze, Verkäufe oder Kapazitäten.

(38) Es sollte ein Anmeldeverfahren für Datenvermittlungsdienste eingeführt werden, damit sichergestellt ist, dass die Daten-Governance auf der Grundlage einer vertrauenswürdigen Datenweitergabe in der Union erfolgt. Die Vorteile eines vertrauenswürdigen Umfelds ließen sich am besten dadurch erreichen, dass eine Reihe von Anforderungen an die Erbringung von Datenvermittlungsdiensten geknüpft würde, ohne dass jedoch eine ausdrückliche Entscheidung oder ein Verwaltungsakt der zuständigen Behörde für die Erbringung solcher Datenvermittlungsdienste erforderlich wäre. Durch das Anmeldeverfahren sollten keine unnötigen Hindernisse für KMU, Start-up-Unternehmen und Organisationen der Zivilgesellschaft entstehen, und es sollte dem Grundsatz der Nichtdiskriminierung folgen.

(39) Um eine wirksame grenzüberschreitende Erbringung von Dienstleistungen zu unterstützen, sollte der Anbieter von Datenvermittlungsdiensten aufgefordert werden, eine Anmeldung nur an die für Datenvermittlungsdienste zuständige Behörde des Mitgliedstaats zu richten, in dem sich seine Hauptniederlassung oder sein gesetzlicher Vertreter befindet. Eine solche Anmeldung sollte nicht mehr als eine einfache Erklärung der Absicht beinhalten, solche Dienste zu erbringen, und nur durch Angabe der in dieser Verordnung genannten Informationen ergänzt werden. Nach der entsprechenden Anmeldung sollte der Anbieter von Datenvermittlungsdiensten in der Lage sein, den Betrieb ohne weitere Anmeldpflichten in jedem Mitgliedstaat aufzunehmen.

(40) Das in dieser Verordnung festgelegte Anmeldeverfahren sollte spezifische zusätzliche Vorschriften für die Erbringung von Datenvermittlungsdiensten, die aufgrund sektorspezifischer Rechtsvorschriften gelten, unberührt lassen.

(41) Die Hauptniederlassung eines Anbieters von Datenvermittlungsdiensten in der Union sollte seine Hauptverwaltung in der Union sein. Zur Bestimmung der Hauptniederlassung eines Anbieters von Datenvermittlungsdiensten in der Union sollten objektive Kriterien herangezogen werden; ein Kriterium sollte dabei die effektive und tatsächliche Ausübung von Verwaltungstätigkeiten sein. Die Tätigkeiten eines Anbieters von Datenvermittlungsdiensten sollten gemäß dem nationalen Recht des Mitgliedstaats erfolgen, in dem sich seine Hauptniederlassung befindet.

(42) Um zu gewährleisten, dass die Anbieter von Datenvermittlungsdiensten diese Verordnung einhalten, sollten sie ihre Hauptniederlassung in der Union

ErwG zum Daten-Governance-Rechtsakt **EG DGA 6**

haben. Bietet ein Anbieter von Datenvermittlungsdiensten, der keine Niederlassung in der Union hat, Dienste in der Union an, so sollte er stattdessen einen gesetzlichen Vertreter benennen. Die Benennung eines gesetzlichen Vertreters ist in solchen Fällen notwendig, da solche Anbieter von Datenvermittlungsdiensten personenbezogene Daten sowie vertrauliche Geschäftsdaten verarbeiten, weshalb die Einhaltung dieser Verordnung durch die Anbieter von Datenvermittlungsdiensten eng überwacht werden muss. Um festzustellen, ob ein solcher Anbieter von Datenvermittlungsdiensten in der Union Dienste anbietet, sollte geprüft werden, ob er offensichtlich beabsichtigt, Personen in einem oder mehreren Mitgliedstaaten Datenvermittlungsdienste anzubieten. Die bloße Zugänglichkeit der Website oder einer E-Mail-Adresse und anderer Kontaktdaten des Anbieters von Datenvermittlungsdiensten in der Union oder die Verwendung einer Sprache, die in dem Drittland, in dem der Anbieter von Datenvermittlungsdiensten niedergelassen ist, allgemein gebräuchlich ist, sollte hierfür kein ausreichender Anhaltspunkt sein. Jedoch könnten andere Faktoren wie die Verwendung einer Sprache oder Währung, die in einem oder mehreren Mitgliedstaaten gebräuchlich ist, in Verbindung mit der Möglichkeit, Dienste in dieser Sprache zu bestellen, oder die Erwähnung von Nutzern in der Union darauf hindeuten, dass der Anbieter von Datenvermittlungsdiensten beabsichtigt, in der Union Dienste anzubieten.

Ein benannter gesetzlicher Vertreter sollte im Auftrag des Anbieters von Datenvermittlungsdiensten handeln, und es sollte der für die Anbieter von Datenvermittlungsdiensten zuständigen Behörden möglich sein, sich zusätzlich zu einem oder statt an einen Anbieter von Datenvermittlungsdiensten an den gesetzlichen Vertreter zu wenden, auch um im Falle eines Verstoßes ein Durchsetzungsverfahren einzuleiten, wenn ein nicht in der Union niedergelassener Anbieter von Datenvermittlungsdiensten die Vorschriften nicht einhält. Der Anbieter von Datenvermittlungsdiensten sollte den gesetzlichen Vertreter benennen und schriftlich beauftragen, in Bezug auf die ihm nach dieser Verordnung obliegenden Verpflichtungen in seinem Auftrag zu handeln.

(43) Damit betroffene Personen und Dateninhaber in der Union anerkannte Anbieter von Datenvermittlungsdiensten ohne Weiteres erkennen können und dadurch ihr Vertrauen in in der Union anerkannte Anbieter von Datenvermittlungsdiensten wächst, sollte zusätzlich zu der Bezeichnung „in der Union anerkannter Anbieter von Datenvermittlungsdiensten" ein in der gesamten Union wiedererkennbares, gemeinsames Logo eingeführt werden.

(44) Die für Datenvermittlungsdienste zuständigen Behörden, die für die Überwachung der Einhaltung der Anforderungen dieser Verordnung durch die Anbieter von Datenvermittlungsdiensten benannt wurden, sollten auf der Grundlage ihrer Kapazitäten und ihres Fachwissens in Bezug auf den horizontalen oder sektoralen Datenaustausch ausgewählt werden. Sie sollten bei der Wahrnehmung ihrer Aufgaben von allen Anbietern von Datenvermittlungsdiensten unabhängig sowie transparent und unparteiisch sein. Die Mitgliedstaaten sollten der Kommission die Namen jener benannten, für Datenvermittlungsdienste

zuständigen Behörden mitteilen. Die Befugnisse und Zuständigkeiten der benannten zuständigen Behörden sollten die Befugnisse der Datenschutzbehörden unberührt lassen. Insbesondere in Bezug auf Fragen, die eine Prüfung der Einhaltung der Verordnung (EU) 2016/679 erfordern, sollte die für Datenvermittlungsdienste zuständige Behörde gegebenenfalls um eine Stellungnahme oder einen Beschluss der gemäß der genannten Verordnung zuständigen Aufsichtsbehörde ersuchen.

(45) Die Nutzung von Daten für Ziele von allgemeinem Interesse, die von betroffenen Personen auf der Grundlage ihrer sachkundigen Einwilligung freiwillig oder – wenn es sich um nicht personenbezogene Daten handelt – von Dateninhabern bereitgestellt werden, birgt ein großes Potenzial. Zu diesen Zielen gehören die Gesundheitsversorgung, die Bekämpfung des Klimawandels, die Verbesserung der Mobilität, die einfachere Entwicklung, Erstellung und Verbreitung amtlicher Statistiken, die bessere Erbringung öffentlicher Dienstleistungen oder bessere staatliche Entscheidungsfindung. Die Unterstützung der wissenschaftlichen Forschung sollte ebenfalls als Ziel von allgemeinem Interesse betrachtet werden. Ziel dieser Verordnung sollte es sein, zur Entstehung von ausreichend großen Datenbeständen beizutragen, die auf der Grundlage von Datenaltruismus bereitgestellt werden, um Datenanalysen und maschinelles Lernen auch grenzüberschreitend in der Union zu ermöglichen. Um dieses Ziel zu erreichen, sollten die Mitgliedstaaten organisatorische oder technische Vorkehrungen oder beides treffen können, mit denen der Datenaltruismus erleichtert würde. Zu solchen Vorkehrungen könnte gehören, dass betroffenen Personen oder Dateninhabern leicht verwendbare Werkzeuge zur Verfügung stehen, mit denen sie die Einwilligung oder Erlaubnis zur altruistischen Verwendung ihrer Daten erteilen können, dass Sensibilisierungskampagnen veranstaltet werden oder die zuständigen Behörden einen strukturierten Austausch dazu führen, wie staatliche Maßnahmen wie die Verbesserung des Verkehrs, der öffentlichen Gesundheit und der Bekämpfung des Klimawandels von Datenaltruismus profitieren können. Zu diesem Zweck sollten die Mitgliedstaaten auch nationale Strategien für Datenaltruismus festlegen können. Die betroffenen Personen sollten eine Entschädigung nur für diejenigen Kosten erhalten können, die ihnen durch die Bereitstellung ihrer Daten für Ziele von allgemeinem Interesse entstehen.

(46) Es wird erwartet, dass die Eintragung anerkannter datenaltruistischer Organisationen und die Verwendung des Labels „in der Union anerkannte datenaltruistische Organisation" zur Einrichtung von Datenarchiven führt. Die Eintragung in einem Mitgliedstaat wäre unionsweit gültig, und sollte die grenzüberschreitende Datennutzung innerhalb der Union und die Entstehung von Datenbeständen, die mehrere Mitgliedstaaten abdecken, erleichtern. Dateninhaber könnten die Verarbeitung ihrer nicht personenbezogenen Daten für eine Reihe von Zwecken erlauben, die zum Zeitpunkt der Erteilung der Erlaubnis noch nicht festgelegt waren. Die Erfüllung der Anforderungen dieser Verordnung durch diese eingetragenen Einrichtungen sollte für Vertrauen darin sor-

gen, dass die für altruistische Zwecke bereitgestellten Daten dem allgemeinen Interesse dienen. Dieses Vertrauen sollte sich insbesondere aus einem Niederlassungsort oder einem gesetzlichen Vertreter in der Union sowie aus der Anforderung ergeben, dass anerkannte datenaltruistische Organisationen keinen Erwerbszweck verfolgen, aus Transparenzanforderungen und aus spezifischen Vorkehrungen zum Schutz der Rechte und Interessen der betroffenen Personen und Unternehmen.

Weitere Schutzvorkehrungen sollten umfassen, dass einschlägige Daten in einer von anerkannten datenaltruistischen Organisationen betriebenen sicheren Verarbeitungsumgebung verarbeitet werden können, dass mithilfe von Aufsichtsmechanismen wie Ethikräten oder -gremien, einschließlich Vertretern der Zivilgesellschaft, sichergestellt wird, dass der für die Verarbeitung Verantwortliche hohe wissenschaftliche Ethikstandards und den Schutz der Grundrechte einhält, dass wirksame und klar kommunizierte technische Mittel vorhanden sind, um die Einwilligung auf der Grundlage der Informationspflichten des Auftragsverarbeiters gemäß der Verordnung (EU) 2016/679 jederzeit widerrufen oder ändern zu können, sowie Mittel, mit deren Hilfe sich die betroffenen Personen über die Verwendung der von ihnen bereitgestellten Daten laufend informieren können. Die Eintragung als anerkannte datenaltruistische Organisation sollte keine Voraussetzung für die Ausübung datenaltruistischer Tätigkeiten sein. Die Kommission sollte im Wege delegierter Rechtsakte ein Regelwerk erstellen, das in enger Zusammenarbeit mit datenaltruistischen Organisationen und einschlägigen Interessenträgern erstellt wird. Die Einhaltung dieses Regelwerks sollte eine Voraussetzung für die Eintragung als anerkannte datenaltruistische Organisation sein.

(47) Damit betroffene Personen und Dateninhaber anerkannte datenaltruistische Organisationen ohne Weiteres erkennen können und dadurch ihr Vertrauen in diese Anbieter wächst, sollte ein in der gesamten Union wiedererkennbares, gemeinsames Logo eingeführt werden. Das gemeinsame Logo sollte zusammen mit einem QR-Code mit Link zum öffentlichen Unionsregister der anerkannten datenaltruistischen Organisationen erscheinen.

(48) Diese Verordnung sollte die Einrichtung, Organisation und Funktionsweise von Einrichtungen, die sich nach nationalem Recht dem Datenaltruismus verschreiben, unberührt lassen und sich auf die Anforderung stützen, dass die Tätigkeiten einer Organisation ohne Erwerbszweck in einem Mitgliedstaat nach nationalem Recht rechtmäßig sein müssen.

(49) Diese Verordnung sollte die Einrichtung, Organisation und Funktionsweise von Einrichtungen, die keine öffentlichen Stellen sind und im Bereich der gemeinsamen Nutzung von Daten und Inhalten auf der Grundlage von freien Lizenzen tätig sind und damit zur Schaffung von gemeinsamen, für alle zugänglichen Ressourcen beitragen, unberührt lassen. Dazu sollten offene, kollaborative Plattformen zum Wissensaustausch, frei zugängliche wissenschaftliche und akademische Archive, Plattformen zur Entwicklung von Open-Source-Software und Aggregationsplattformen für Open-Access-Inhalte gehören.

(50) Anerkannte datenaltruistische Organisationen sollten einschlägige Daten direkt bei natürlichen und juristischen Personen erheben oder von Dritten erhobene Daten verarbeiten können. Datenaltruistische Organisationen könnten die erhobenen Daten zu selbst festgelegten Zwecken verarbeiten oder könnten gegebenenfalls die Verarbeitung zu diesen Zwecken durch Dritte erlauben. Handelt es sich bei den anerkannten datenaltruistischen Organisationen um für die Verarbeitung Verantwortliche oder Auftragsverarbeiter gemäß der Verordnung (EU) 2016/679, so sollten sie die genannte Verordnung einhalten. In der Regel stützt sich Datenaltruismus auf die Einwilligung der betroffenen Personen im Sinne von Artikel 6 Absatz 1 Buchstabe a und Artikel 9 Absatz 2 Buchstabe a der Verordnung (EU) 2016/679, die den Anforderungen an eine rechtmäßige Einwilligung gemäß den Artikeln 7 und 8 der genannten Verordnung entsprechen sollte. Gemäß der Verordnung (EU) 2016/679 könnten wissenschaftliche Forschungszwecke, bestimmte Forschungsbereiche oder Teile von Forschungsprojekten durch die Einwilligung in die Weiterverarbeitung der Daten für diese Zwecke unterstützt werden, sofern anerkannte Standards der Ethik für die wissenschaftliche Forschung eingehalten werden. Gemäß Artikel 5 Absatz 1 Buchstabe b der Verordnung (EU) 2016/679 sollte eine Weiterverarbeitung der Daten für wissenschaftliche oder historische Forschungszwecke oder für statistische Zwecke gemäß Artikel 89 Absatz 1 der Verordnung (EU) 2016/679 nicht als unvereinbar mit den ursprünglichen Zwecken gelten. Für nicht personenbezogene Daten sollten die Nutzungsbeschränkungen in der vom Dateninhaber erteilten Erlaubnis aufgeführt sein.

(51) Die für die Registrierung datenaltruistischer Organisationen zuständigen Behörden, die benannt wurden, um die Einhaltung der Anforderungen dieser Verordnung durch anerkannte datenaltruistische Organisationen zu überwachen, sollten auf der Grundlage ihrer Kapazitäten und ihres Fachwissens ausgewählt werden. Sie sollten bei der Wahrnehmung ihrer Aufgaben von allen anerkannten datenaltruistischen Organisationen unabhängig sowie transparent und unparteiisch sein. Die Mitgliedstaaten sollten der Kommission die Namen dieser für die Registrierung datenaltruistischer Organisationen benannten zuständigen Behörden mitteilen. Die Befugnisse und Zuständigkeiten der für die Registrierung datenaltruistischer Organisationen benannten zuständigen Behörden sollten die Befugnisse der Datenschutzbehörden unberührt lassen. Insbesondere in Bezug auf Fragen, die eine Prüfung der Einhaltung der Verordnung (EU) 2016/679 erfordern, sollte die für die Registrierung datenaltruistischer Organisationen zuständige Behörde gegebenenfalls um eine Stellungnahme oder einen Beschluss der gemäß der genannten Verordnung zuständigen Aufsichtsbehörde ersuchen.

(52) Um insbesondere im Zusammenhang mit Daten, die altruistisch für die wissenschaftliche Forschung und für statistische Zwecke zur Verfügung gestellt werden das Vertrauen in das Verfahren der Einwilligung und des Widerrufs zu fördern und für mehr Rechtssicherheit und Nutzerfreundlichkeit darin zu sorgen, sollte ein europäisches Einwilligungsformular für Datenaltruismus entwickelt und bei der altruistischen Datenweitergabe verwendet werden. Ein

solches Formular sollte für die betroffenen Personen zu mehr Transparenz darüber beitragen, dass ihre Daten in Übereinstimmung mit ihrer Einwilligung und unter uneingeschränkter Einhaltung der Datenschutzvorschriften abgerufen und verwendet werden. Es sollte auch die Erteilung und den Widerruf der Einwilligung erleichtern und verwendet werden, um den Datenaltruismus von Unternehmen zu vereinheitlichen und einen Mechanismus bereitzustellen, der es diesen Unternehmen ermöglicht, ihre Erlaubnis zur Nutzung der Daten zurückzuziehen. Um den Besonderheiten einzelner Sektoren – auch aus datenschutzrechtlicher Sicht – Rechnung zu tragen, sollte das europäische Einwilligungsformular für Datenaltruismus modular aufgebaut sein, damit es an bestimmte Sektoren und für verschiedene Zwecke angepasst werden kann.

(53) Zur erfolgreichen Umsetzung des Rahmens für die Daten-Governance sollte ein Europäischer Dateninnovationsrat in Form einer Expertengruppe eingerichtet werden. Der Europäischer Dateninnovationsrat sollte sich aus Vertretern der für Datenvermittlungsdienste zuständigen Behörden sowie den für die Registrierung datenaltruistischer Organisationen aller Mitgliedstaaten, des Europäischen Datenschutzausschusses, des Europäischen Datenschutzbeauftragten, der Agentur der Europäischen Union für Cybersicherheit (ENISA), der Kommission, dem KMU-Beauftragten der EU oder einem vom Netz der KMU-Beauftragten benannten Vertreter und anderen Vertretern von maßgeblichen Stellen in bestimmten Sektoren und von Stellen mit spezifischen Fachkenntnissen zusammensetzen. Der Europäische Dateninnovationsrat sollte aus einer Reihe von Untergruppen bestehen, einschließlich einer Untergruppe für die Einbeziehung von Interessenträgern die sich aus einschlägigen Vertretern der Wirtschaft zusammensetzen, wie Gesundheit, Umwelt, Landwirtschaft, Verkehr, Energie, industrielle Fertigung, Medien, Kultur- und Kreativbranche und Statistik und gegebenenfalls Vertretern der Forschung, der Wissenschaft, der Zivilgesellschaft, von Normungsorganisationen, einschlägigen gemeinsamen europäischen Datenräumen und anderen einschlägigen Interessenträger und Dritten, gegebenenfalls von Stellen mit spezifischen Fachkenntnissen wie nationalen statistischen Ämtern.

(54) Unter Berücksichtigung der Normungsarbeit in bestimmten Sektoren oder Bereichen sollte der Europäische Dateninnovationsrat die Kommission bei der Koordinierung nationaler Verfahren und Strategien zu den unter diese Verordnung fallenden Themen sowie bei der sektorübergreifenden Datennutzung unterstützen, indem er die Grundsätze des Europäischen Interoperabilitätsrahmens befolgt und europäische und internationale Normen und Spezifikationen, auch im Rahmen der Multi-Stakeholder-Plattform der EU für die IKT-Normung, sowie die Kernvokabulare und die CEF-Bausteine, nutzt. Die Arbeiten an der technischen Normung könnten die Festlegung von Prioritäten für die Entwicklung von Normen und die Festlegung und Aufrechterhaltung einer Reihe technischer und rechtlicher Normen für die Datenübermittlung zwischen zwei Verarbeitungsumgebungen umfassen, die die Organisation von Datenräumen ermöglichen – insbesondere bei der Klärung, welche Normen und Praktiken sektorspezifisch und welche sektorübergreifend sind, sowie bei der diesbe-

züglichen Differenzierung. Der Europäische Dateninnovationsrat sollte mit sektoralen Gremien, Netzen oder Expertengruppen oder anderen sektorübergreifenden Organisationen, die sich mit der Weiterverwendung von Daten befassen, zusammenarbeiten. Im Hinblick auf den Datenaltruismus sollte der Europäische Dateninnovationsrat die Kommission in Absprache mit dem Europäischen Datenschutzausschuss bei der Entwicklung des Einwilligungsformulars für Datenaltruismus unterstützen. Durch Unterbreitung von Leitlinien für gemeinsame europäische Datenräume sollte der Europäische Dateninnovationsrat die Entwicklung einer funktionierenden europäischen Datenwirtschaft auf der Grundlage dieser Datenräume, wie in der europäischen Datenstrategie dargelegt, unterstützen.

(55) Die Mitgliedstaaten sollten Vorschriften über anzuwendende Sanktionen bei Verstößen gegen diese Verordnung festlegen und sollten alle Maßnahmen ergreifen, die sicherstellen, dass diese durchgeführt werden. Die Sanktionen sollten wirksam, verhältnismäßig und abschreckend sein. Große Diskrepanzen zwischen den Vorschriften über Sanktionen könnten zur Verzerrung des Wettbewerbs im digitalen Binnenmarkt führen. Die Harmonisierung dieser Vorschriften könnte in dieser Hinsicht von Vorteil sein.

(56) Um für eine wirksame Durchsetzung dieser Verordnung zu sorgen und sicherzustellen, dass Anbieter von Datenvermittlungsdiensten und Einrichtungen, die eine Eintragung als anerkannte datenaltruistische Organisation anstreben, vollständigen und grenzüberschreitenden Online-Zugang zu den Anmelde- und Eintragungsverfahren haben und diese vollständig online abwickeln können, sollten diese Verfahren im Rahmen des einheitlichen digitalen Zugangstors angeboten werden, das gemäß der Verordnung (EU) 2018/1724 des Europäischen Parlaments und des Rates[29] eingerichtet wurde. Diese Verfahren sollten in die im Anhang II der Verordnung (EU) 2018/1724 enthaltene Liste der Verfahren aufgenommen werden.

(57) Die Verordnung (EU) 2018/1724 sollte daher entsprechend geändert werden.

(58) Um die Wirksamkeit dieser Verordnung sicherzustellen, sollte der Kommission die Befugnis übertragen werden, gemäß Artikel 290 AEUV Rechtsakte zu erlassen, um diese Verordnung zu ergänzen, indem in besonderen Gesetzgebungsakten der Union besondere Bedingungen für die Übertragung bestimmter als hochsensibel geltender Kategorien nicht personenbezogener Daten in Drittländer festgelegt werden und indem ein Regelwerk für anerkannte datenaltruistische Organisationen ausgearbeitet wird, das von diesen Organisationen einzuhalten ist, das informationsbezogene, technische und Sicherheitsanforderungen sowie Kommunikationsfahrpläne und Interoperabilitätsnormen enthält. Es ist von besonderer Bedeutung, dass die Kommission

---

29 Verordnung (EU) 2018/1724 des Europäischen Parlaments und des Rates vom 2. Oktober 2018 über die Einrichtung eines einheitlichen digitalen Zugangstors zu Informationen, Verfahren, Hilfs- und Problemlösungsdiensten und zur Änderung der Verordnung (EU) Nr. 1024/2012 (ABl. L 295 vom 21.11.2018, S. 1).

im Zuge ihrer Vorbereitungsarbeit angemessene Konsultationen, auch auf der Ebene von Sachverständigen, durchführt, die mit den Grundsätzen in Einklang stehen, die in der Interinstitutionellen Vereinbarung vom 13. April 2016 über bessere Rechtsetzung[30] niedergelegt wurden. Um insbesondere für eine gleichberechtigte Beteiligung an der Vorbereitung delegierter Rechtsakte zu sorgen, erhalten das Europäische Parlament und der Rat alle Dokumente zur gleichen Zeit wie die Sachverständigen der Mitgliedstaaten, und ihre Sachverständigen haben systematisch Zugang zu den Sitzungen der Sachverständigengruppen der Kommission, die mit der Vorbereitung der delegierten Rechtsakte befasst sind.

(59) Zur Gewährleistung einheitlicher Bedingungen für die Durchführung dieser Verordnung sollten der Kommission Durchführungsbefugnisse zur Unterstützung der öffentlichen Stellen und der Weiterverwender bei der Einhaltung der Bedingungen für die Weiterverwendung gemäß dieser Verordnung durch Bereitstellung von Mustervertragsklauseln für die Übertragung nicht personenbezogener Daten durch Weiterverwender in ein Drittland, zur Erklärung der der Rechts-, Aufsichts- und Durchsetzungsmechanismen eines Drittlands, die im Wesentlichen dem durch das Unionsrecht gewährleisteten Schutz gleichwertig sind, zur Ausgestaltung des gemeinsamen Logos für Anbieter von Datenvermittlungsdiensten und zur Ausgestaltung des gemeinsamen Logos datenaltruistischer Organisationen, sowie zur Entwicklung des europäischen Einwilligungsformulars für Datenaltruismus übertragen werden. Diese Befugnisse sollten im Einklang mit der Verordnung (EU) Nr. 182/2011 des Europäischen Parlaments und des Rates[31] ausgeübt werden.

(60) Diese Verordnung sollte die Anwendung der Wettbewerbsvorschriften, insbesondere der Artikel 101 und 102 AEUV unberührt lassen. Die in dieser Verordnung vorgesehenen Vorschriften dürfen nicht dazu verwendet werden, den Wettbewerb entgegen den Vorschriften des AEUV einzuschränken. Dies betrifft insbesondere die Vorschriften für den Austausch sensibler wettbewerbsrelevanter Informationen zwischen tatsächlichen oder potenziellen Wettbewerbern durch Datenvermittlungsdienste.

(61) Der Europäische Datenschutzbeauftragte und der Europäische Datenschutzausschuss wurden gemäß Artikel 42 Absatz 1 der Verordnung (EU) 2018/1725 angehört und haben am 10. März 2021 ihre Stellungnahme abgegeben.

(62) Leitprinzipien dieser Verordnung sind die Achtung der Grundrechte und die Wahrung der Grundsätze, die insbesondere in der Charta der Grundrechte der Europäischen Union anerkannt sind, darunter die Achtung der Privatsphäre, der Schutz personenbezogener Daten, die unternehmerische Freiheit, das

---

30 ABl. L 123 vom 12.5.2016, S. 1.
31 Verordnung (EU) Nr. 182/2011 des Europäischen Parlaments und des Rates vom 16. Februar 2011 zur Festlegung der allgemeinen Regeln und Grundsätze, nach denen die Mitgliedstaaten die Wahrnehmung der Durchführungsbefugnisse durch die Kommission kontrollieren (ABl. L 55 vom 28.2.2011, S. 13).

Eigentumsrecht und die Integration von Menschen mit Behinderungen. Bezüglich Letzterer sollten die öffentlichen Stellen und Dienste gemäß dieser Verordnung gegebenenfalls die Richtlinien (EU) 2016/2102[32] und (EU) 2019/882[33] des Europäischen Parlaments und des Rates einhalten. Darüber hinaus sollte im Zusammenhang mit Informations- und Kommunikationstechnologie dem Konzept „Design für alle" Rechnung getragen werden; dabei handelt es sich um bewusste und systematische Bemühungen um die Anwendung von Grundsätzen, Methoden und Werkzeugen zur Verbreitung eines universellen Designs bei computerbezogenen Technologien – auch bei internetbasierten Technologien –, mit dem nachträgliche Anpassungen oder spezielle Designs hinfällig werden.

(63) Da die Ziele dieser Verordnung, nämlich die Weiterverwendung von Daten bestimmter Datenkategorien, die im Besitz öffentlicher Stellen sind, innerhalb der Union und die Schaffung eines ein Anmelde- und Aufsichtsrahmens für die Erbringung von Datenvermittlungsdiensten sowie eines Rahmens für die freiwillige Eintragung von Einrichtungen, die Daten für altruistische Zwecke zur Verfügung stellen und eines Rahmens für die Einsetzung eines Europäischen Dateninnovationsrats, von den Mitgliedstaaten nicht ausreichend verwirklicht werden können, sondern vielmehr wegen des Umfangs oder wegen der Wirkungen auf Unionsebene besser zu verwirklichen sind, kann die Union im Einklang mit dem in Artikel 5 des Vertrags über die Europäische Union niedergelegten Subsidiaritätsprinzips tätig werden. Entsprechend dem in demselben Artikel genannten Grundsatz der Verhältnismäßigkeit geht diese Verordnung nicht über das für die Verwirklichung dieser Ziele erforderliche Maß hinaus –

HABEN FOLGENDE VERORDNUNG ERLASSEN*:

(es folgt der Text des DGA)

---

32 Richtlinie (EU) 2016/2102 des Europäischen Parlaments und des Rates vom 26. Oktober 2016 über den barrierefreien Zugang zu den Websites und mobilen Anwendungen öffentlicher Stellen (ABl. L 327 vom 2.12.2016, S. 1).
33 Richtlinie (EU) 2019/882 des Europäischen Parlaments und des Rates vom 17. April 2019 über die Barrierefreiheitsanforderungen für Produkte und Dienstleistungen (ABl. L 151 vom 7.6.2019, S. 70).
* Aus redaktionellen Gründen wurde der Text des DGA vorgezogen.